打乱顺序

重读

中国史

唐岛渔夫◎著

华龄出版社
HUALING PRESS

责任编辑：王　旺
责任印制：李未圻

图书在版编目（CIP）数据

打乱顺序重读中国史 / 唐岛渔夫著 . -- 北京：
华龄出版社，2021.7
ISBN 978-7-5169-1400-7

Ⅰ．①打… Ⅱ．①唐… Ⅲ．①中国历史－通俗读物
Ⅳ．①K209

中国版本图书馆 CIP 数据核字（2021）第 121179 号

书　　名：打乱顺序重读中国史
作　　者：唐岛渔夫　著

出　版　人：胡福君
出版发行：华龄出版社
地　　址：北京市东城区安定门外大街甲 57 号　邮　　编：100011
电　　话：010-58122246　　　　　　　　传　　真：010-84049572
网　　址：http://www.hualingpress.com

印　　刷：北京楠萍印刷有限公司
版　　次：2021 年 11 月第 1 版　　2021 年 11 月第 1 次印刷
开　　本：710 毫米 ×1000 毫米　　1/16　　印　　张：41.25
字　　数：600 千字
定　　价：98.00 元（上、下册）

前　言

　　浩如烟海的中国历史，纷繁芜杂到让很多人望而却步。

　　我一直想用自己的语言，写一点相对通俗易懂的历史。我要写的历史不是通史，当然更不是教科书，但却能够基本将中国历史的脉络用某种逻辑串联起来。我写的历史可能会有点"八卦"，但是却没有脱离最基本的历史事实。

　　关于本书：

　　（1）历史的模块化

　　我将用模块化的概念来写历史。我会根据我的逻辑方式，将历史的时间顺序完全打乱，之后重组。这样的历史读起来不枯燥，而且独立成章。

　　（2）历史的立体化

　　我会把平面的历史立体化——之前我们会疑惑，三国魏蜀交兵为什么要用到木牛流马？赤壁之战为什么会跑到了湖北去保卫南京？疑问的原因，是平面的历史只关心政治军事，而不会涉及太多历史背后的经济、地理常识。在我的写作中，会尽量把平面历史立体化，将重要的历史事件交代清楚。

　　这是最好的时代，信息摄取的便利程度远超我们的先人；这是最坏的时代，各种段子手笔下的历史轮番霸占着我们的眼球，真伪难辨。就像我们坐拥满汉全席，却吃出了爆米花的味道……

中国人的信仰——敬天法祖、儒家思想、多神崇拜，都和中国历史息息相关。当代中国人若不懂历史，也就没法理解古代中国人的精神世界。所以，我把历史像魔方一样重置、变换、归纳、总结，而最终，万变不离其宗。我希望，我们都能看到中国历史的脉络和伏线，以及千载之下从未变过的中国人的精神世界。

其实历史是有其自然规律存在的，冥冥之中总有一只无形的手，在设计着各种或喜或悲的剧情。本书先从取代后周自立的赵匡胤讲起，揭示那些历史背后的轮回。再看男权时代被严重物化的女人们，她们同金钱与权力一样，都成为判定男人们是否成功的重要标志。中国古代，尽管属于女人们的舞台并不大，然而历朝历代，也总有一些弄巧成拙的男人们，让女人们有机会在男权世界中镌刻下自己的名字。

目录

第一章
赵宋王朝的轮回

　　北方的黄河，虽然也号称天险，但是黄河天险和长江天险却是完全不同的两个概念。所以我们又被平面的教科书给误导了。

　　无论如何，赵光义登位。当年给赵匡胤黄袍加身的人，又亲自继承了赵匡胤那件黄袍。赵匡胤，同样完成了自己的一个生命轮回。

　　公元1127年的靖康之变，算是打开了一个潘多拉魔盒，在这个悲剧的背景下，后世几百年，冥冥之中演绎着一段段苍凉的历史循环。

点检做天子

在赵匡胤最早的设想里，当皇帝这件事，原本并不在日程表之上。甚至，对官场他也曾经有过非常心灰意冷的感觉。比如赵匡胤年少的时候，曾经带着一封推荐信，到父亲的好友王彦超门下求职，当时被拒绝的滋味至今想起来还让他尴尬不已。这种对于官场政治的无力感，并没有因为在之后几年，赵匡胤得到郭威的提拔而有丝毫的改变。在郭威的手下，赵匡胤最高也不过做到了滑州副指挥使（相当于今河南滑州武装部副部长）。只是因为柴荣调任东京汴梁的缘故，赵匡胤才被升任为开封府马直军使，因为这个在首都的新工作，让赵匡胤在军界有了一点儿权力和人脉。也正因为如此，赵匡胤作为柴荣的重要亲信，对柴荣十分崇拜和尊重，也更加忠心耿耿。

柴荣即位称帝之后，赵匡胤随同柴荣一起南征北战。在这个过程中，而立之年的赵匡胤慢慢找到了一名后周朝廷高级将领的感觉，同时也在战争中最大化地提升了自己的军事造诣，当然，也培养了一批死忠的幕僚，比如赵普。赵普后来成为赵匡胤的重要谋士。虽然赵匡胤本身文化不高，但放在一堆大老粗的后周军营来讲，已经绰绰有余了。事实证明，赵匡胤还是颇有军事才华的，他辅佐柴荣，让后周军队从一个胜利走向另一个胜利，并且也让柴荣对自己信任有加。

赵匡胤的真正发迹来自一个偶然的突发事件。疾病缠身的柴荣相信了当时流行的一句谶言——"点检做天子"。

点检，也就是殿前都点检，相当于京城卫戍司令。当时的后周，继承五代的军制，吸取唐灭亡的教训，对于地方藩镇坐大提防有加。后周把全国最精锐的部队也就是禁军，全部集中到都城附近，并且分成殿前军和侍卫亲军两个部分。殿前军和侍卫亲军，各自设置一个都点检职务，号称两司并立，从而让掌管军事的最高长官互相掣肘，为皇帝所用。其中的殿前军，相当于京城卫戍区的禁卫军，受到柴荣的空前重视，其给养训练以及作战能力都远远高于侍卫亲军，是精锐中的精锐。因此，殿前都点检这个职务非同小可。

柴荣时期，当时担任殿前都点检一职的，正是郭威的唯一正牌女婿，也是柴荣的干姐夫——张永德。

从另外一个角度来讲，末日谶言这件事在古代非同小可，几乎历朝历代都有，前朝曾经应验的也不在少数，比如隋末的"当有李氏应为天子"。人在健康的时候，往往精神状态也如日中天，这个时候总是相信人定胜天；但当一个人失去健康，则往往会在内心深处充满对神灵的敬畏，甚至会拜倒在神祇脚下祈求健康平安。所以，我们在中国农村经常看到很多中老年人，因为疾病的原因选择信仰宗教，乃至于委身邪教，都是这种心理的具体呈现。年轻时雄姿英发的柴荣，在壮年时代一病不起，所以他对这个"点检做天子"的谶言异常敏感。

于是，心中如有块垒的柴荣，做了一个看起来非常折中的决策，他解除了自己姐夫张永德的殿前都点检一职，转而由赵匡胤担任这一重要职务。虽然这件事情本身疑点有很多，但毋庸置疑的是，这个突发事件的最终得利者是赵匡胤。

而且，就在赵匡胤被破格提拔后不久，柴荣驾崩了。

公元 959 年，柴荣的儿子柴宗训即位，史称后周恭帝。由于皇帝只有六岁，因此由柴荣生前的皇后符氏辅政。即位之后的柴宗训，擢升赵匡胤为归德军节度使，相当于河南商丘的军区司令员。河南商丘距离开封仅仅一步之遥，所以这个归德军节度使举足轻重。

直到这个时候，赵匡胤的内心才开始蠢蠢欲动。他没有料到柴荣去世会如此之早，也没有料到自己在几年之间，居然成为后周军界数一数二的人物。在朝廷内，因为众所周知的原因，早在柴荣生前，殿前都点检张永德的势力，就已经渐渐被替换为赵匡胤的势力。当前的京城防务，大部分都是赵匡胤的心腹。但在京城以外，依然还有赵匡胤忌惮的几个人：

第一个人是在"点检事件"中躺枪的张永德。作为郭威唯一的女婿，张永德从殿前都点检的位置上被拿下之后，并没有被柴荣一撸到底。而是调任忠武军节度使（治所，今河南淮阳）。赵匡胤的归德军治所是河南商丘，而张永德的忠武军治所在河南淮阳，两个地方距离京城汴梁的距离几乎是相同的。以汴梁为顶点，淮阳和商丘为底边，三座城市在一马平川的中原地区，组成了一个等腰三角形（见图1-1）。请注意，从距离上看，反而是商丘和淮阳二者更近一些。万一有风吹草动，互相很容易摸清对方情况。而一旦汴梁开封府有什么事，赵匡胤和张永德同时撒丫子往京城跑，还不一定谁第一个跑到。所以，张永德虽然从朝廷中枢的重要岗位上退下来了，但他依然是雄踞一方的地方军头，这一点毋庸置疑。

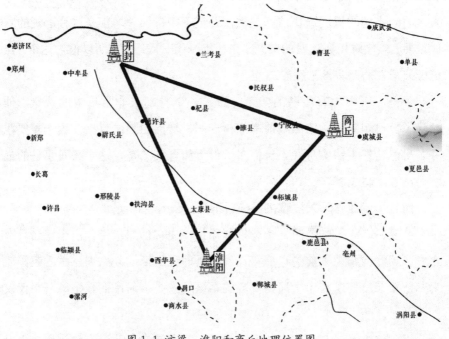

图 1-1 汴梁、淮阳和商丘地理位置图

赵匡胤所忌惮的第二个人：李重进。

作为郭威货真价实的亲外甥，在柴荣继位之前，李重进曾经按照郭威的要求，向柴荣行三跪九叩的大礼，对柴家的皇族正统宣誓效忠。柴荣登基之后，李重进被任命为淮南节度使，一个距离京城汴梁稍显遥远的地方。这个地方不仅遥远，而且处于同南唐军事对峙的一线。一旦汴梁有事，几乎很难迅速回防京城。但无论从哪个方面讲，李重进对于后周柴氏的忠心耿耿是毋庸置疑的。

赵匡胤所忌惮的第三个人：符彦卿。

符彦卿这个人，命大造化大。

符彦卿首先是周帝国的当朝国丈，皇后小符后的亲生父亲。小符后之所以叫小符后，是因为之前符彦卿已经嫁了一个女儿给柴荣，前面的这个叫作大符后。大符后的第一任丈夫，是后汉河中节度使李守贞的儿子李崇训。后来李守贞的叛乱被郭威荡平，李守贞父子齐奔黄泉，大符后才顺利改嫁了柴荣，并因为贤良淑德而被立为皇后。换句话讲，当年郭威最喜欢的柴皇后，是李存勖的遗孀；而柴荣最喜欢的符皇后，是李崇训的遗孀。不得不说，这一点上，柴荣倒是很好地延续了郭威的光荣传统。

大符后死后，出于对大符后的怀念，柴荣又娶了符彦卿的另外一个女儿，也就是现在的小符后。就符彦卿本人而言，他不仅贵为本朝前后两任皇后的生身父亲，被柴荣加封为魏王，而且符彦卿还手握兵权，担任后周天雄军节度使，治所在今天的河北大名一带。符彦卿一生，活了七十七岁，历经唐、后梁、后唐、后晋、后汉、后周、北宋七个朝代屹立不倒，堪称当时乱世第一有福之人。

总而言之，赵匡胤虽然身为殿前都点检，兼归德军节度使，但他的周围，还有张永德的忠武军、李重进的淮南军、符彦卿的天雄军相制衡，而且这三个人，都是后周皇帝柴宗训的皇亲国戚身份。

但凡事不能看表象，需要透过现象看本质。我们进一步分析。

实际上，"点检事件"中的冤大头张永德，是个性格宽厚的人，他在政治上没有什么特别的野心。张永德曾经在后周军中长期担任赵匡胤的上级领导，并且跟赵匡胤的私交也非常好。在赵匡胤生活拮据的时候，张永德曾经慷慨解囊，帮助过这个看起来追求进步的小伙子。

再看符彦卿。

符彦卿虽然是柴家的国丈不假，但是符彦卿同时也是老赵家的岳丈大人。符彦卿的第六个女儿，早在柴荣生前，就嫁给了赵匡胤的弟弟赵光义。实际上，郭威和柴荣虽然英雄了得，但郭家和柴家经历过刘承祐的灭门之后，人丁并不兴旺。而继位称帝的柴宗训，说白了还是个几岁的孩子。对比老赵家和老柴家，如果符彦卿足够聪明的话，他心里一定有自己的一本账。更何况，柴家的女婿已经离开这个世界了，赵家的女婿却活得好好的。并且，赵匡胤还是当时的京城卫戍司令兼归德军区司令员，享受后周王朝的副国级待遇。

唯一让赵匡胤觉得没有把握的，是李重进。但是这个时候的李重进，因为战事原因而驻军扬州，在首都汴梁的千里之外。

赵匡胤的脑海中，渐渐萌生了一个非常大胆的想法——军事政变，改朝换代。这个想法因为过于大胆，折磨得赵匡胤夜不能寐，他只能找到自己的弟弟赵光义和赵普来商量大事。

其实，军事政变在五代时期司空见惯。但凡有人有枪的军头们，哪个不想过过做皇帝的瘾？从立国的皇帝，到叛乱的大臣，半个世纪以来，中国的北方狼烟四起，以身试法者前赴后继，皇帝换了十几个，军事割据势力更是不可胜数。赵匡胤之所以内心忐忑，无非证明他是个有节操的将领，而不是一个没有底线的莽夫。更加重要的是，赵匡胤内心无比崇拜柴荣，柴荣的人生价值观，完全符合赵匡胤对于未来新时代的憧憬。而柴荣突然离世，不谙世事的小皇帝登基，不仅让赵匡胤感到空前沮丧，也让他的人生理想布满一片灰霾。既然如此，何不取而代之，亲自来实现自己的人生理想？取而代之本身难度并不高，难的是如何操作才能滴水不漏，不背负千古骂名。

在赵匡胤、赵光义和赵普[①]三个人的策划之下，一个秘密的政变计划

---

① 赵普：（922－992年），字则平。幽州蓟人，后徙居洛阳。五代至北宋初年著名政治家，北宋开国功臣。赵普虽读书少，但喜观《论语》。其"半部《论语》治天下"之说对后世很有影响，成为以儒学治国的名言。

出炉了。那就是，仿效当年后周太祖郭威的澶州兵变①，用一种最节省成本的方式夺取政权。

公元960年正月初一，传闻北汉和契丹南下，后周朝廷仓促召集人马对敌，赵匡胤挂帅出征。当赵匡胤的军队来到陈桥驿（今河南省新乡市封丘县东南）的时候，士兵哗变。哗变的理由很勉强，士兵有厌战情绪，且被谣言鼓动了——谁都知道远征契丹②是九死一生的苦差事，士兵们心里都在打鼓。而这个时候，有人在一旁煽风点火，说当朝皇帝年龄太小，不懂军队，国家需要赵匡胤这样成熟有担当的军人做皇帝（"诸军无主，愿策太尉为天子。"《宋史·卷一》）。之后，赵光义为假装睡觉的赵匡胤黄袍加身。按照事先策划的剧情，赵匡胤不无尴尬地，用极其业余的表演，表达了自己的推辞、谦让与无奈。虽然演技非常不堪，但这场作秀却非常成功，大部分士兵们无论从权威到人品，都对赵匡胤的起兵肃然起敬。当士兵哗变，由一场叛乱升华为一场为国为民的伟大救赎，那么它的胜利，也就水到渠成。赵匡胤回到汴梁之后，逼迫后周恭帝柴宗训禅让，自己登基称帝，改国号为宋，史称宋太祖。

后周，起于郭威澶州黄袍加身，终于赵匡胤陈桥驿黄袍加身，完成了一个王朝的宿命轮回。

---

① 澶州兵变：是发生于后汉隐帝乾祐三年（公元950年）的一场兵变。公元950年12月，太后派侍中郭威率军北上，大军渡过黄河，驻扎在澶州。一天早上士兵进入郭威所住驿馆，拥立郭威登基，即帝位，并将黄旗披在郭威身上作为皇袍（此时已有黄袍加身）。郭威率军返回大梁，后汉君臣出降，后汉灭亡。次年正月，郭威正式即皇帝位，改国号为"周"，史称"后周"（郭威即后周太祖）。

② 契丹：是中国历史上由契丹族建立的封建王朝，后称"辽朝"。共传九帝，享国二百一十年。

烛影斧声

完成夺取政权任务的宋太祖赵匡胤，却丝毫没有感到压力减轻，他内心那种无时无刻的压力，来自三个方面：一是柴荣生前对自己有恩，自己却夺取了柴荣留下的孤儿寡母的天下。如果说郭威的黄袍加身，是因为后汉隐帝苦苦相逼，那么自己的黄袍加身，则总是感觉缺少了那么一点儿正义感；第二个，自己称帝来得太过突然、太过容易。柴荣死后自己才开始动手谋划大事，到称帝也不过一年而已。称帝前后，也没有遇到像样的抵抗，除了李重进兵败自杀外，即便皇亲国戚如张永德，都望风投降，更何况其他人。在从军十几年的赵匡胤看来，太容易的胜利，总让人感觉不那么真实；最后一点，综上所述，如此没有正义感，如此没有技术含量的政变，居然能够获得成功。那么，若干年后，是不是别人也会如法炮制，推翻自己呢？

赵匡胤的担心并不是多余的。五代这个黑暗时期，虽然雄才大略的皇帝不多，但至少赵匡胤的老上司柴荣就算一个，但即便伟大如柴荣，只是因为英年早逝，结果不仅无法再去实现自己的远大理想，甚至江山都变成了姓赵。这是"多么痛的领悟"啊。换句话讲，从现在开始，赵匡胤不仅要保证自己身体健康，还要保证自己的江山永固，保证自己的执政理想能够代代相传。

自唐末以来一百多年的军阀混战，让赵匡胤心有余悸，为此他想了很多办法。

公元 961 年，赵匡胤称帝后的第二年。一场宫廷酒宴之中，宋太祖赵匡胤，同自己几个统兵的亲信——石守信、高怀德等人一起把酒言欢。人在喝酒之前和之后，说话分成两种状态。喝酒之前，是基于事实；喝酒之后，则是基于事实地胡说八道。酒过三巡，借着酒劲儿，赵匡胤谈到了自己的苦衷，自己的压力，尤其是，赵匡胤谈到，只要老哥几个交出兵权，依然可以退休后享受大宋正部级待遇，保证一辈子的荣华富贵。而且大家都是出生入死一起走过来的老兄弟，赵匡胤我说到做到，谁也不能蒙谁。一个皇帝，能把话说到这个份上，没有治罪，没有枭首，也没有捏造罪名杀你全家。这几个老军头们，也就只剩下感恩戴德，开开心心地写辞职报告了。

然而，赵匡胤棋高一着的地方在于，他不仅仅是从人的角度下手，来解决这个问题。他还从制度入手，从根子上解决问题，比如那个给柴荣皇帝惹事的"点检事件"，赵匡胤索性撤销了殿前都点检这个职务，防止再有人照方抓药；又比如，全国的军队精锐，重新整编为禁军，禁军的一半放在边疆，另一半掌控在东京汴梁，以防不测。同时，大宋的禁军，从中央到地方经常换防，造成"兵不识将，将不识兵"的一种常态。

这还不是最根本的，最根本的是赵匡胤对中央军事的改革。

当时五代和北宋，沿袭隋唐的三省六部制①。

三省六部制本身是个好制度。

比如尚书、中书、门下三省，体现了西方的三权分立原则。中书负责起草议案，门下负责审核议案。门下省觉得议案不妥，就退回到中书省重新起草议案，门下省认为可以的议案，则提交尚书省，尚书省统一发布吏、户、礼、兵、刑、工六部去具体执行。所以，中书省、门下省的掌门人，往往被称为宰相，从而成为"一人之下，万人之上"，集军政大权于一身的帝国第一人。不过自唐末以来，相权被严重削弱，地方军事实力派的节度使们做大，导致了上百年的战乱局面。

宋太祖赵匡胤充分考虑到了这种情况，所以他在中央重新确立了相权。然而，鉴于唐代早期宰相权力过大的局面，赵匡胤又不敢放兵权，于是就把军权从相权手中剥离出来，专门设置了一个叫作"枢密院"的掌兵

---

① 三省六部制：是中国古代封建社会一套组织严密的中央官制。它初创于隋朝，完善于唐朝，此后一直到清末，六部制基本沿袭未改。三省指中书省、门下省、尚书省，六部指尚书省下属的吏部、户部、礼部、兵部、刑部、工部。每部各辖四司，共为二十四司。

机构，枢密院的枢密使直接向皇帝汇报。枢密院成立之后，原来的六部中的兵部，则沦为了负责皇帝仪仗和选拔武举人的机构。也就是说，北宋兵部的主要职能，跟出兵打仗并没有什么关系，不研究兵法而是专门培养踢正步和搞仪仗，还有负责组织全国军事考试之类的工作。

赵匡胤的想法还不止于此，因为看起来，枢密院的权力还是过大。

于是在枢密院的基础上，赵匡胤重新整合了"三衙"。"三衙"，也就是前文讲到的殿前军和侍卫亲军这"两司"的变种。在两司的基础上，赵匡胤把侍卫亲军整体切割成两部分，侍卫马军司和侍卫步军司，再加上殿前军指挥司，统称为"三衙"。三衙成立之后，由三衙统一掌管军队。

这样一来，枢密院能调兵而不能掌兵，三衙能掌兵但不能调兵。

这还不算完，如果遇到边疆有战事，枢密院和三衙都要靠边站。大宋皇帝会根据战争的形势特事特办，选择自己信任的"率臣"来挂帅出征。而原则上，率臣平时既不能掌兵也不能调兵。

这依然不算完。

赵匡胤又借鉴了唐代官制，设置了专门的财政机构——盐铁、度支和户部三个财务专门司局，号称"三司"。三司的性质，有点像本朝建国早期的"计划经济委员会"，用经济的手段来调控整个国家的发展。三司的最高领导，叫作"三司使"。"三司使"类似于大宋朝廷分管财务的国家副总理角色——大宋股份有限公司的CFO，这个级别要比原来的户部尚书（财政部长）整整高了一级。

三司的设立，首先是严重架空了原来户部的职能，盐铁主管盐铁工商；度支掌管预算漕运；而户部只能掌管全国户口和普通赋税，沦为只能够到处找老百姓"收公粮"的催粮队。三司设立的另外一个用处是限制军队。不管是枢密院，还是三衙，每笔财政预算，都要事先向三司报备。而每花一分钱，都要和三司去扯皮。

用财政的柔性手段牵引整个国家，而不是军事的暴力机器来控制整个国家，赵匡胤设立的"三司制度"，可谓用心良苦。这个貌似强大的三司，同中书省、枢密使并立，号称"二府三司"，政、军、财三权分立。这个基于国家层面的三权分立，一直沿用到了一个多世纪后的宋神宗年间，才被变法图强的王安石予以废止。

所以，宋代前期的军制，充分发扬了民主议事的程序，如果边境有变，朝廷上下的一众官僚，就会率先展开口水横飞的大辩论。什么三衙和枢密院，什么三司和三衙，什么主战派或主和派，总是要屁股决定脑袋地维护自己的行政立场。所以，宋代的文人士大夫，吵架能力都特别强。不仅仅是大臣们之间吵，有时候皇帝也要参与其中，而且皇帝吵架未必吵得过大臣。反过来讲，在吵架这件严肃的事情上，文人士大夫们还不一定买皇帝的账。

吵架归吵架，这还没有算上大宋王朝"台谏"制度下专门负责骂人的御史与谏议大夫们。御史负责监察，专门针对大小官员论是非；谏议大夫负责进谏，专门针对皇帝提意见。宋朝朝廷对于台谏制度有着非常高的要求，如果在规定考核时间内，御史们和谏议大夫们没有弹劾上奏，就要给台谏官员们扣工作绩效，年底扣年终奖。总之，在大宋官场严格的考核体系下，这些人天天都琢磨着怎么给官员和皇帝找茬，有时候是小题大做，有时候是无中生有，反正总能找到骂人的理由。这些专业就是负责掐架的主儿，如果也参与军情讨论，你能够想象到开会的时候会有多热闹。

所以，哪怕军情紧急的时候，也经常会出现这样的情况——皇帝被各路神仙吵得脑仁疼，各部的官员们每个人都挂着一脸口水，而作为名义上最高行政者的宰相们则在一旁说着不疼不痒的风凉话。台谏官员们则拿着小本做记录，看看下个月弹劾谁，来完成自己的绩效考核。

宋太祖赵匡胤活着的时候，拥有至高无上的权威，他尚且不能乾纲独断。那万一赵匡胤不幸驾崩呢？新的年轻皇帝能否驾驭这复杂的军事官僚系统呢？

这个军事体制，赵匡胤煞费苦心。

作为开国皇帝，宋太祖被一百多年的军人政治吓怕了。

这样，从中央到地方，赵匡胤用立法的手段，限制了军人的地位与权力。

从此以后，重文轻武成为整个大宋王朝的基本国策，与此相对应的是，文人士大夫阶层的言论自由得到了最大的保证。

比如前文提到的，赵匡胤父亲的好友王彦超，虽然曾奚落过年轻时没有任何过人之处的赵匡胤。但是赵匡胤做了皇帝之后，已经成为君臣的两个人再次相见，赵匡胤不过对当年的尴尬付之一笑而已。又比如赵匡胤称帝初期，有位后周老臣叫作王著，曾经因为思念柴荣，借着酒劲，就开始在赵匡胤和群臣面前耍酒疯，睹物思人，胡言乱语。不过这件事，赵匡胤最后咬咬牙忍了。在他看来，这个就算是读书人的那点小气节和小情怀，酸腐文人心情不好了骂几句街，甚至喊几句妄图颠覆大宋特色的君权主义的话，动摇不了自己执政的大局。所以，王著事件最后不了了之。再比如，大宋的第四位皇帝仁宗，有次想让皇后张氏的父亲张尧佐升任宣徽使（一个虚职高官），结果这个动议却过不了包拯①这一关。包拯嗓门大气势盛，死活不肯让皇帝的老丈人升职。悻悻离去的宋仁宗到了后宫就对张皇后抱怨："包黑子你吵架就吵架，吐沫星子乱飞，害老子被喷了一脸。"（"中丞（包拯）向前说话，直唾我面。"《曲洧（wěi）旧闻②》）

江湖之远的文人言论，以及文人的文学创作，也空前自由繁荣。

最极端的例子，莫过于写词讽刺宋徽宗嫖妓的周邦彦③。周邦彦这样的人到最后，也没有被判重罪，只是赶出东京汴梁了事。而且宋徽宗狠了狠心，特别规定周邦彦这辈子永远不许回东京。这样的规定，与其说是惩罚，不如说是有点黑色幽默的味道。而且罚完周邦彦不久，就是靖康之变，宋徽宗被金人掳掠到了北国，他本人倒是一语成谶，一辈子再没回过东京。

当"重中央轻地方、重文人轻武将"变成了大宋的一项基本国策，这个基因独特的大宋帝国，会因此显得有点儿文弱、有点儿迂腐。

---

① 包拯：（999－1062年），字希仁。庐州合肥（今安徽合肥肥东）人。北宋名臣。多次论劾权贵。授龙图阁直学士，故民间也称其为包龙图。包拯廉洁公正、立朝刚毅、不附权贵、铁面无私，敢于替百姓申不平，故有"包青天"及"包公"之名。

② 《曲洧旧闻》：是南宋朱弁撰写的一部重要的文言小说集，共十卷。作于作者被羁金国期间，作品追忆、记录了北宋及南宋初期的朝野遗事、社会风情和士大夫轶闻，展现了作者高度的爱国热情及其对北宋灭亡、南宋贫弱的理性反思。

③ 周邦彦：（1057－1121年），字美成，号清真居士，钱塘（今浙江杭州）人，北宋著名词人。为后来格律词派词人所宗。在宋代影响甚大。有《清真居士集》，已佚，今存《片玉集》。

不过自从赵匡胤登基以来，他基本上延续了柴荣的军事路线和治国方略，也基本上实现了全国的统一，结束了半个世纪以来的军政府轮流执政状态，将乱纷纷的五代十国①切换到了尊崇文化的儒家治国正确轨道上来。换句话讲，即便赵匡胤得位不正，对不起柴氏一族，但他对得起柴荣心中那个大大的理想。更何况，赵匡胤据传曾经给后世子孙三条遗训，制作成"丹书铁券"。

一是厚待柴氏子孙，二是不杀士大夫，三是严格执行以上两条。

不管这个传说是真是假，单从结果来看，大宋三百多年的执政，基本是按照赵匡胤的这个指示来执行的。

不过，解决了军人政治的问题，不等于保证赵氏江山永固，也不等于保证江山就能够顺利传给赵匡胤自己的子孙。赵匡胤生命的最后时刻，就留下了这样的遗憾。

公元 976 年，赵匡胤突然驾崩，即位的是赵匡胤的弟弟——赵光义，史称宋太宗。

赵光义即位的过程，处处透着不正常，但是不正常不等于就可以信口开河。这件事情流传到现在，居然就演变成了惊悚离奇的宫廷传说。传说的版本也不一而足。比如，说当晚兄弟两个本来是在一起喝酒的，后来酒醉，赵光义非礼了赵匡胤的宠妃花蕊夫人，盛怒的赵匡胤要拿玉斧砍弟弟，没有砍中。之后，一不做二不休的赵光义砍死了赵匡胤，血溅宫廷。随后，赵光义在第二天继承大统。即便是比较保守的传说，也是赵光义抢先了赵匡胤的儿子赵德芳一步，早早跑到皇宫继承皇位，吓得赵匡胤的皇后连忙向自己的小叔子求开恩。不管传说的版本如何，后世将这个夜晚称为——烛影斧声。看看我们的野史，包含了多少电影元素在里面？兄弟、

---

① 五代十国（907－979 年）：是中国历史上的一段大分裂时期。这一称谓出自《新五代史》，是对五代（907－960 年）与十国（902－979 年）的合称。五代是指907 年唐朝灭亡后依次更替的位于中原地区的五个政权，即后梁、后唐、后晋、后汉和后周。而在唐末、五代及宋初，中原地区之外存在过许多割据政权，其中前蜀、后蜀、南吴、南唐、吴越、闽、楚、南汉、南平（荆南）、北汉等十余个割据政权被《新五代史》及后世史学家统称十国。最终被北宋统一。

父子、叔侄、叔嫂、宠妃、悬疑、暴力、色情、凶杀……

至今，后世史家还在津津有味地消费着距我们已经一千多年的那个夜晚。

先不管真相如何，我们可以先看几个事实：

第一，赵匡胤生前，没有确立皇太子，或者皇太弟。比如，赵匡胤有两个成年的儿子，一个叫赵德昭，另一个叫赵德芳（民间传说的八贤王原型）。赵匡胤去世的时候，这两个儿子一个二十五岁，另一个十七岁，但都没有被立为太子，甚至都没有封王。

第二，赵匡胤生前封赵光义为晋王，兼开封府尹。注意，这个晋王是位列在宰相之上的。也就是说，赵光义的地位，相当于高于国务院总理的第一副主席角色，同时还兼任首都市长。遥想当年的后周世宗柴荣，他即位之前的封号和赵光义是一模一样的。而相比之下，赵德昭最高做到了同中书门下平章事，也就是国务院总理。根据我们之前的分析，这个国务院总理已经被削去了军权和财权，是个瘸腿宰相而已。而赵德芳也差不多，而且职位更低一些，并没有位极人臣。

第三，可以认为赵匡胤是猝死的。佐证就是赵匡胤没有传位的遗诏流传后世，说明他没有想到自己会死。但是，猝死未必就是凶杀。

第四，赵光义的即位，连他自己都觉得需要澄清和解释。这一点，倒是特别像雍正帝以及他编纂的《大义觉迷录》。公元981年，也就是赵光义登基之后的第六年，突然由赵普宣布了一个"金匮之盟"。赵匡胤兄弟的母亲杜太后临终前（961年），曾经希望赵匡胤吸取柴荣身后孤儿寡母丢天下的教训，为国家立长君。简单来讲，赵匡胤传给赵光义，赵光义传给赵光美（杜太后的另外一个儿子），赵光美再传给赵德昭。不过，让人更加疑惑的是，为什么赵匡胤在世的时候没有提过这事？甚至赵光义登基之后没提？反而是登基五年之后出了一个"金匮之盟"呢？

第五，赵光义即位后，有很多人莫名其妙离世。赵光义在位时间，是公元976到公元997年。首先979年赵德昭去世，享年二十八岁；981年，赵德芳去世，享年二十二岁；984年，赵光美去世，享年三十七岁。尤其是赵光美，是被赵光义贬谪到房州（唐中宗李显和韦皇后被贬的同一个地方）之后，忧惧而死。注意一下，这几个人都是对赵光义的继承权有威胁的，也都是盛年而死，这不得不让我们产生怀疑。

以上五点，算是我们已经知道的事实。那么，根据已知的事实，我们不妨大胆假设一下当时"烛影斧声"的真相。我们认为，第一，"金匮之盟"是存在的，但它是没有成文的文件。杜太后的遗命，由赵匡胤兄弟三个铭记在心。换言之，赵匡胤其实当时也担心当时自己儿子尚小，重蹈后周覆辙，所以口头答应了母亲。第二，赵匡胤因为这个口头承诺，所以多年来没有公开立太子。他在等待两个儿子的历练，直到能够承继大统的那一天。而事实上，赵德昭和赵德芳确实在逐年升迁，只是还没有到最核心的权力层而已。第三，赵匡胤的死，是猝死，但应该不是被赵光义所杀。但他死后，皇后的意思一定是立赵匡胤的儿子为继承人。然而，阴差阳错，晋王赵光义凭借自己在宫中的人脉关系网，提前得到消息而捷足先登。不过，我们退一步讲，正因为宋太祖赵匡胤死前没有立下遗诏，即便两个儿子都已成年，但也没有提前确立皇太子或者皇太弟，那么赵光义和赵匡胤的两个儿子，都有等同的继承权，甚至如果根据杜太后的口头遗命的话，甚至赵光义还是继承人的第一顺位。所以，赵光义的登位，合理但不合情。第四，赵光义即位之后，一定与赵光美的死脱不开干系，因为即便根据"金匮之盟"，只要赵光美活着，那么接下来传位的优先级也轮不到赵光义的儿子们。赵德昭和赵德芳的死，我们没法去凭空揣测，但是我们至少从常识上想，赵光义是有嫌疑的。

所以，我们讲，"烛影斧声"这件事，可能并没有传说中的那么离奇。但是，即位前后，赵光义这个人的所作所为，确实难免有人品上的瑕疵。

然而无论如何，赵光义登位。当年给赵匡胤黄袍加身的人，又亲自继承了赵匡胤那件黄袍。赵匡胤，同样完成了自己的一个生命轮回。

李煜的残念

赵光义终于登上了梦寐以求的皇位，然而这种快乐却来得并不持久。很快，赵光义就发现，赵匡胤生前可以按照柴荣制定的通关攻略来一步步统一全国，然而换作自己，却步步受挫。宋太宗赵光义在位共二十一年，在位期间，仗打得不少，打赢的不多。其中，南征交趾（今越南北部）失败，使得大宋恢复汉唐故地的梦想落空。赵光义只能相信后世子孙的智慧，把这些"自古以来"的领土归属权交给他们去解决。面对北方游牧民族的地缘优势，连续两次北伐都败给了辽国，无法收回幽云十六州，继续远望着华夏民族自从后晋以来所丢失掉的领土。讨伐西夏失败的后果，则更加严重，这让大宋在之后的几百年里，只能老老实实向南开拓海洋，既无法获取充足的优良马匹作为战马，也无法占领同西方国家交流的重要通道——河西走廊①。

赵光义在历史上留下的名声很一般，不仅是因为"烛影斧声"和"外战外行"，还有个很大的原因，同南唐后主李煜有关。

李煜，南唐后主，五代十国中南唐的最后一位皇帝。历史记载中的李煜——"煜为人仁孝，善属文，工书画，而丰额骈齿"（《新五代史·李煜传》）。也就是说，李煜明眸皓齿，长得很帅，而且能诗善画。李煜的诗词自不必多说，单单是这一句"问君能有几多愁？恰似一江春水向东流"，就够这个风流才子吹一辈子的了；诗画方面，李煜擅长行书，他的行书使用颤笔，被世人称为"金错刀"（有没有身体打了个激灵，突然想

---

① 河西走廊：河西走廊夹在祁连山与合黎山、龙首山等山脉之间，狭长且直，形如走廊，因地处黄河之西，被称为"河西走廊"。古称雍州、凉州，简称"河西"，晋朝的前凉、后凉、南凉、北凉、西凉、大凉在此建都。是中国内地通往西域的要道，又称雍凉之地，是古凉州、雍州的属地，治所所在地。

起宋徽宗书法的自创流派——"瘦金体"？）。此外，李煜擅长风景画，尤其以擅长画竹子而出名。

李煜的诗画功夫，主要是受到了自己父亲李璟的影响。

李璟，南唐中主。我们单纯从李煜爷俩的帝号来猜想，李璟一定是南唐皇帝中承上启下的一位，实际上也确实如此。和儿子李煜一样，李璟的传世作品中也不乏脍炙人口之作。比如，李璟的这句"小楼吹彻玉笙寒"，从五代一直火到了今天。而且李璟的这句，同李煜的"小楼昨夜又东风"，又有着异曲同工之妙。李煜描写的"小楼"是去国怀乡，李璟描写的"小楼"是触景生情。脑洞稍微再开大一点，很有可能，李煜就是由眼前的"小楼"而联想到了当年父亲描写的故乡的那座"小楼"。

同李煜的为人文弱不同，李璟的性格非常强硬，在位期间对外用兵也非常多，所以李璟是一位堪称文武全才的皇帝。不过李璟这个皇帝，恰好和后周皇帝柴荣生活在同一时代。五代十国的任何一个草头王，和柴荣生活在同一时代，毫无疑问，都是自己个人职业生涯的大不幸。

李璟也不例外。

李璟和柴荣曾经交手多次，屡战屡败，落得个割地又赔款的结局。最为惨重的一次战败后，李璟主动去掉帝号，自降身份为"南唐国主"，并且使用了后周年号。不过像柴荣这样的人，几百年才能出一个。在那个时代，凶悍的契丹辽国，尚且怕柴荣怕得惶惶不可终日，其他人时不时被柴荣按在地上胖揍一顿，传出去也并不丢人。所以李璟肯定跟柴荣没法比，但作为普通皇帝中的佼佼者，李璟的表现还是可圈可点的。当时的北方中原地区，柴荣是皇帝中的大魔王，那么李璟就算是南方的小魔王。在李璟的任期内，南唐先后灭掉了闽国和楚国等几个南方割据的小国。就当时的中国而言，除了大魔王柴荣之外，李璟谁也不怕。

李璟的多才多艺遗传给了六子李煜，而他的强硬性格，则遗传给了自己的长子李宏冀。在确立皇位继承人的过程中，李璟在皇太子李宏冀和皇太弟李景遂之间游移不定，最终导致了李宏冀和李景遂两个人为争夺储位大打出手，两败俱伤。李景遂和李宏冀双双死在了李璟前面。这使得李璟痛定思痛，在最后确立皇储的时候，选择了性格宽厚、为人低调的李煜。

也就是说，李煜的即位，原本是一件计划外的事情。但凡哥哥李宏冀或者叔叔李景遂有一个在，皇位也很难轮到文弱的李煜。但是阴差阳错，这块看起来极具诱惑力的巨大的馅饼，却最终意外地掉在了无欲无求的李煜头上。登基后的文学艺术泰斗李煜，遇到了乱世军人出身的赵匡胤。这件事情，显然比父亲李璟遇到如日中天的柴荣更加让人沮丧。

和自己的父亲李璟最终被逼去掉帝号，向柴荣称臣一样，李煜甚至不敢做这个一直以来冒称李唐皇室后人的"南唐国主"，自己悄悄地从国号中删除了"唐"——这个看起来有点炫目，有点招祸的金字招牌，改称自己为"江南国主"。这就等于是向赵匡胤隔着长江喊话，南唐皇帝不做了，汉贼不两立也不提了，屈尊做个江南省省长总可以吧？我们甚至可以这样讲，如果当时的赵匡胤，对于李煜姓"李"这件事有意见，李煜也不排除改姓的可能。因为毕竟李煜的先祖——南唐开国皇帝李昪本人，当年就是为了现实利益，在姓"李"还是姓"徐"之间摇摆了很多次。最终为了附会唐朝国姓，李昪才决定选择姓李。所以改个称呼甚至改个姓氏，对于李煜家族来讲，并不算是多么关乎气节的大事。从某种意义上来讲，连续遭遇来自北方的政治军事强人，李璟和李煜都不算太走运。但作为政治领导人，父子二人显然都智商极高，懂得以退为进和求真务实的基本道理。二人都不是那种不知死活、不识时务，为了点儿虚荣和尊号就跟人玩命的愣头青。

然而，形势比人强。

在残酷无情的政治面前，不管李煜表现得何等卑微，何等人畜无害，赵匡胤的卧榻之侧，都容不下第二个人在一旁酣然大睡。（"不须多言，江南亦有何罪，但天下一家，卧榻之侧，岂容他人鼾睡乎？"李焘《续资治通鉴长篇》）

公元975年，南唐首都金陵（南京）被宋军攻破，南唐后主李煜率众投降。

押送到东京汴梁的李煜，被宋太祖封为"违命侯"，从此开始了长达三年的战俘生活。不过至少有一件事，看起来还是相当值得庆幸的。多愁善感的李煜并不形只影单，他带上了自己心爱的女人——小周后。

风流倜傥的前朝皇帝李煜，其实骨子里面是个彻头彻尾的文人。对于真正的文人来讲，很多时候现实境况并不是最重要的事情。属于读书人的浪漫主义情怀，总能让他们用精神的力量去战胜黑暗。比如"赢了你，输了世界又如何"的境界，就不是现实主义者们能够随便解释清楚的事情。正因为如此，历代的文人们，往往是骨头最硬的一群人，因为现实世界中，没有什么比心中的那点大理想和小美好更重要；也正因为如此，历代的文人们，也是精神世界最为脆弱的一群，当心中搭建的美好世界渐次坍塌的时候，很多人往往选择用自杀来排遣对于理想破灭的无奈。踯躅于内心而不低头于现实的文人们，如影随形的往往还有一个长长的自杀名单，比如屈原、王国维，比如莫泊桑、三岛由纪夫。

所以，对于文人李煜来讲，即便不能拥有江山社稷，甚至已经沦为阶下囚，但有心爱的美人小周后相伴左右，无论如何他的精神世界并非是全部灰暗的。

不过很快，李煜就会明白一个道理——"有情饮水饱"的浪漫，远远敌不过"贫贱夫妻百事哀"的现实。

在野史的记载中，这一时期的宋太宗赵光义，利用自己的强势地位，霸占了千娇百媚的小周后，这一点让李煜痛不欲生。不仅如此，小周后从最开始对赵光义忍气吞声，最终转变为乐在其中；对李煜从惭愧有加，到最后发展到恶语相向，甚至就像民间的市井女人一样，骂自己原装正版的丈夫李煜是个不中用的窝囊废。

可怜李煜一身的之乎者也，抑扬顿挫，如今落得个吭哧瘪肚，斯文扫地。

从正史上来讲，宋太宗赵光义有几个非常贤惠的后宫，比如前文提到的符彦卿的六女儿符皇后就是。而且不管事实真相如何，小周后也从来没有在赵光义正式册封的嫔妃之列。然而，这远远挡不住民间此起彼伏的揣测之声。最早的一段野史出自《默记》，该书饶有兴味地描绘了宋太宗赵光义"强幸"小周后的香艳记录。因为该书撰写于宋朝，所以从理论上讲，确实具备一定的可信度。这个《默记》其实还算是客气，更加让赵光义声名狼藉的，是此后一幅名为《熙陵幸小周后图》的春宫图。之所以叫作"熙陵"，是因为宋太宗赵光义死后葬在了河南巩县的永熙陵，所以用"熙陵"来委婉地代指赵光义。有了这幅春宫图，等于是赤裸裸地昭告天下，"强幸"这个事当时不仅是发生了，而且还有宫廷画师现场创作的、第一手的全方位多角度的图像资料。这幅春宫图，后来配合野史的记载，广泛地流传后世。

真实的历史已经不可考，历朝历代的升斗小民们往往把皇家的风流韵事当作茶余饭后的谈资，一些好事文人们更是喜欢添油加醋，推波助澜。所以越是香艳离奇的传说，就越是有作伪或者浮夸的嫌疑。从某种意义上讲，赵光义也只是有作案的重大嫌疑而已。然而图文并茂的野史和画作流传后世，让宋太宗坐实了这个"强幸"的罪名。

这一坐，就是一千年。这一坐，让已经成为战俘的风流才子李煜，生不如死。

公元978年，在忧愤和耻辱中生活了三年的李煜去世。同年，小周后也永远告别了这个有意无意物化女人的男权社会。

然而，谁也想不到的是，宋太宗的子孙传到第六世，由宋徽宗赵佶接班做了皇帝。宋徽宗同李煜一样，也是阴差阳错登基；也擅长书画诗词，而且造诣很深；也做了亡国之君，被俘虏到了北国；也像李煜的"违命侯"一样，被女真人封了一个带有侮辱性质的"昏德公"。

南唐后主李煜，穿越一百多年，同赵光义的后人宋徽宗赵佶，完成了一次更加离奇的轮回。

高宗传位

赵光义到了风烛残年的时候，弟弟赵光美，侄子赵德昭、赵德芳早就撒手人寰，他也不用再去遵守所谓的"金匮之盟"。公元997年，宋太宗赵光义驾崩，皇太子赵恒登基为帝，赵恒就是宋真宗。

从宋太宗开始，北宋所有皇帝都是太宗一系，但是这个家族似乎血缘天生不够坚挺，中间有几次出现无子的情况，比如宋太宗的孙子宋仁宗，无子，只能选择仁宗的堂侄——宋英宗赵曙即位；宋英宗的孙子——宋哲宗，又是无子，只能选择自己的弟弟宋徽宗赵佶即位。最严重的情况发生在靖康之变之后，宋徽宗几乎所有的子孙，全部被俘虏到北国，只有康王赵构侥幸逃脱。

赵构，是宋徽宗赵佶的第九个儿子。在宋徽宗当时健在的二十多个儿子里面，赵构不是最年长的，也不是最优秀的，而且不是嫡出的。但在当时的宋徽宗眼里，赵构至少是个脑子够用的人，而且身体也足够健康，所以，赵构承担了很多其他儿子们不愿意做的工作。比如，去敌国做人质，或者去敌国做外交使节等。

在李纲、种师道领导的第一次东京保卫战期间，赵构和著名的"主和派"大臣张邦昌[①]（北宋灭亡后的伪楚皇帝），就曾经作为大宋的使者，被当作人质扣押在金军大帐里面。然而让人啼笑皆非的是，即便是有弟弟作为人质被关押在金军大营，依然挡不住宋钦宗派宋军在夜里对女真人实施

---

① 张邦昌：（1081－1127年），字子能，北宋末年宰相、叛臣，主和派代表人物。进士出身，徽宗、钦宗朝时，历任中书侍郎、少宰、太宰兼门下侍郎等职务。金兵围开封时，他力主议和，与康王赵构作为人质前往金国，请求割地赔款以议和。靖康之难后，被金国强立为"伪楚"皇帝，历时一月。金撤兵后，逊位还政赵构，终被赐死。

偷营劫寨。宋钦宗派了他自认为得力的大将姚平仲偷袭金军,不宣而战的姚平仲居然还偷袭失败了。这样的笨贼作案,就等于是把在金营做人质的弟弟赵构和张邦昌逼上了一条死路。

不过事出意外。

当时女真人的东路军统帅完颜宗望,面对宋军夜里的偷营已经完全蒙圈了。蒙圈的原因,不是因为被宋军展示的强硬感到害怕或者恼火,而是他完全看不透宋钦宗的套路和逻辑,随即就起了疑心。完颜宗望判断,手上的这个康王赵构和张邦昌是两个冒牌货,或者至少是在大宋中央政府中的分量不够。否则,宋钦宗为啥会置自己亲弟弟的安危所不顾,半夜来偷袭呢?来自遥远北方的,刚刚由渔猎部落进入到文明社会的女真人完颜宗望,越想越是这么个理儿,最后自己就把自己说服了。如此一来,赵构两个人反而因祸得福。在女真人的压力之下,宋钦宗最后用肃王赵枢(宋徽宗的第五子)换回了康王赵构和张邦昌。

然而,说到底赵构还是个姥姥不疼、舅舅不爱的主。宋钦宗眼中的赵构,可有可无。每次看到这个貌似低调的弟弟,都嫌他死得不够快。第一次东京保卫战结束后不久,第二次东京保卫战还没有开打,金朝就要求大宋再派亲王去议和。出使金国去议和的,又是上次刚刚遭遇金人退货的——倒霉的康王赵构。

这一次,赵构刚刚走到河北磁州(今磁县),就遇到了老将宗泽[①]。

宗泽,北宋抗金名将。和种师道一样,宗泽当时也是一位年过花甲的老臣。但和种师道不同的是,宗泽是科举进士出身,长期以来在北宋官僚系统中都是担任文官职务。而且都是一些鸡零狗碎不起眼的基层文官。在六十岁之前的仕途生涯中,宗泽的职务从一个知县做到了另外一个知县,别人的官场之路都是"之字形"发展或者"螺旋式"以至于"直线式"上升,而

---

① 宗泽:(1060—1128年),字汝霖,汉族,婺州义乌(今浙江义乌)人,宋朝名将。历任县、州文官,颇有政绩。宗泽在任东京留守期间,曾二十多次上书高宗赵构,力主还都东京,并制定了收复中原的方略,均未被采纳。他因壮志难酬,忧愤成疾,临终三呼"过河"而卒。著有《宗忠简公集》传世。

宗泽的职业生涯就是一条毫无起伏的直线。断案、治水、收税……基层工作中的脏活累活干了个七七八八。

公元 1126 年，在面临亡国的危急时刻，北宋朝廷病急乱投医，在山西与河北战场上不断试验有能力带兵、有勇气独当一面的人才。比如李纲，就是以文人的身份担任河东、河北宣抚使（一线作战总指挥）。而宗泽的情况类似，长期不受朝廷待见的他被破格提拔，做了河北抗金作战一线的基层将领。正因为出身背景与价值观的接近，此后的几年内，李纲和宗泽两个人一直都惺惺相惜。

当时的宗泽，正担任河北磁州知府（市长）。

时年六十六岁的宗泽，综合考虑了当时的时局，凭借极其丰富的从政经验和社会经验，他希望年轻的康王赵构，能够停下奔赴金营的脚步，静观其变，相时而动。在宗泽和百姓将士的强行阻拦之下，赵构再也没有前进半步。与此同时，东京汴梁二次被围，康王赵构被朝廷任命为兵马大元帅，宗泽任副元帅，在河北就地招兵买马，准备回师勤王。

谁都没有想到的是，宗泽和赵构这次偶然的相遇，居然保留了宋太宗赵光义一系的皇室血脉。很快，靖康之变，皇室贵族几千人被掳走，赵构成了硕果仅存的皇子。

如果说，提拔抗金名将岳飞是老将宗泽这辈子做得第二成功的事，那么第一成功的那件事，就是在磁州力阻康王赵构北上。

靖康之变后的同一年，也就是公元 1127 年，年仅二十岁的赵构在南京应天府（河南商丘）登基自称皇帝，史称宋高宗。

宋高宗赵构这个皇帝位子，得来的太过侥幸，也太过意外。在相当长的一段时间里，赵构的内心深处，并不确认自己就是天命所归的皇帝。也正因为如此，在制定国家的大政方针的时候，赵构往往犹豫不决，又自相矛盾——尤其在他执政前期。

登位之初的赵构，心情非常不轻松。

首先，赵构最大的敌人，毋庸置疑是金朝，金人的铁骑几乎每隔两年就要跑到南方来大肆扫荡、杀戮和劫掠一番，这已经成为金朝对付大宋的固定戏码。赵构本人，包括赵构本人的重要幕僚秦桧，都在战时金军大营长时间体验过生活。他们深知金国军事动员能力之强大，并且对这一点非常恐惧。其次，赵构登基是自封的，不是父亲宋徽宗嫡传的，也不是宋钦宗临危任命的。虽然在东京城破前夕，赵构从朝廷捞了一个所谓的"兵马大元帅"的头衔，但是谁都知道，在河北沦陷区，名不副实的扣着大帽子的虚职简直满天飞。官场失意的宗泽、李纲，在河北战线哪个不是听起来名头震天响的主儿？古人讲究正统，不够正统的皇帝是不会得到别人的真心拥护的。况且赵构心里清楚，宋徽宗以及哥哥宋钦宗虽说已经被俘，但是生杀予夺的权力都在女真人手上，异国的蛮族们高兴了，也许明天就能把自己的父兄放回来；而且即便是他们不高兴了，把父亲和兄长杀掉，那么自己依然还有那么多在皇位继承权上与自己不相上下的兄弟们在北国，随便放回来一个，也够自己尴尬的。

此外，自宋太祖赵匡胤开始，连续九代帝王苦心经营的禁军编制被金军摧毁。禁军中战斗力最强的西军，就在东京和太原两次大战中被完全击溃。而地方上的厢军和乡兵，更是作鸟兽散，大宋延续了一百多年的军事体系被冲垮。

就在两宋之交这个军事体系空前混乱的当口，出现了一些地方上由亲族子弟、乡勇壮丁与地方政府武装相结合的新生事物——屯驻大军。比如岳飞的岳家军、韩世忠[1]的韩家军，最早都是屯驻大军。屯驻大军开始比较分散，后来慢慢地自发聚集在一起，在全国形成了五路大军——巴蜀地区的吴玠部队；江淮地区的岳家军；扎堆在长江下游地区，拱卫临安府（战时首都杭州）的韩世忠部队；张俊和刘光世的部队。这五路大军都属于"将在外，军令有所不受"的狠角色。因此，他们既不隶属"三衙"，也不隶属"枢密院"，宋高宗赵构为了重新加强中央对地方军队的控制，将他们

---

① 韩世忠：（1090－1151年），字良臣，晚年自号清凉居士。延安（今陕西省绥德县）人，南宋名将、词人。韩世忠十八岁应募从军。英勇善战、胸怀韬略，在抗击西夏和金的战争中为宋朝立下汗马功劳，而且在平定各地的叛乱中也做出重大的贡献。是南宋朝一位颇有影响的人物。有词作《临江仙》《南乡子》等传世。

统统收编在一个新的中央军事部门——"御营司"来统一节制。从而，屯驻大军成为名义上归属于朝廷的职业正规军，取代了之前在北宋时期的禁军的角色，军饷粮草也是由新的大宋领导班子来统一调拨。

在赵构执政的前期，因为金军不断南下的冲击，这种带有半藩镇性质的屯驻大军，名义上奉赵构大宋朝廷为正朔，然而实际上无论军事调动和战争部署，都带有很强的自主性。对岳飞、韩世忠这些军头，赵构在刚开始的几年，基本上是信任的。虽然偶尔他也会觉得如鲠在喉，但是不指望这些人，他又能指望谁呢？

说得直白一点，在即位最开始的一段时间里，赵构内外交困，他就像一只心灵受到创伤的惴惴不安的兔子。他立足未稳，也无法掌控内外局势，他最擅长的就是逃跑，当危险来临，第一个反应也是溜之大吉，因为这是他求生的本能。所以当战事来袭，赵构的第一个反应就是跑。最开始是好汉不吃眼前亏，打不过就跑；后来发展到，即使打得过也跑。"你们谁打得过？你们打先，我跑先。"就这样，赵构从一开始即位的应天府，跑到了扬州，又从扬州跑镇江，镇江跑杭州。后来金兵兵临城下，赵构又从杭州跑越州（今浙江绍兴），越州跑明州（今浙江宁波），明州跑定海（今浙江舟山），最后从定海跑到温州。

得位不正的"逃跑皇帝"赵构，尽失民心几乎是可以预见的。就是在这种情况下，爆发了"苗刘兵变"。

公元 1129 年，也就是赵构从镇江逃杭州的节骨眼上，士兵哗变，职位并不显赫的两位军人苗傅和刘正彦利用了士兵的哗变情绪，公开宣布宋高宗得位不正，要求并胁迫宋高宗赵构退位。之后，苗刘两个人，立宋高宗三岁的儿子赵旉（fū）为帝，赵构被奉为太上皇。这次兵变本身不是一件大事，而且不到一个月，兵变就被以韩世忠为首的几位大臣平定。然而，这次兵变却留下了三个不可逆转的后果。

后果之一，从"苗刘兵变"开始，政局的险恶逼迫着赵构迅速在政治上走向成熟。赵构开始从一个二十出头的毛头小子，变成一个头脑清醒的官场政客。他有意重用值得信赖的官僚士大夫来重组政府，同时他收紧军权，开始防备并且有计划地打压拥兵自重的军人，哪怕这些人是抗金的全民偶像。像岳飞和韩世忠这些人，在赵构眼里，变成了可以杀人也可以自戕的双刃剑。靖康之变后的第八年，也就是公元 1135 年，赵构重组屯驻大军，韩世忠为前护军，岳飞为后护军，刘光世为左护军，吴玠为右护军，张俊为中护军。在取消御营司的基础上，各军统一收归枢密院管辖，从形式上恢复了当年赵匡胤控制军队的祖制。

后果之二，在兵变过程中，赵构得知了在大批基层士兵眼里，自己的皇位根本就是来路不正。换句话讲，谁是正统这件事，每个老百姓心中都有一杆秤。万一朝廷有事，赵构振臂一呼，到底是应者云集还是被群起而攻之，结果也未可知。所以，"迎回二圣"这种偏感性的抗金口号，最早从懵懂少年赵构嘴里喊出来，又最早被赵构弃如敝屣。直到赵构慢慢坐稳龙椅之后，"迎回二圣"这种不切实际的军事浪漫主义口号，基本就算是绝迹了。

后果之三，这是最让人感到遗憾的。赵构的儿子赵旉在这次兵变中惊吓过度，早早就离开人世。更雪上加霜的是，在连续几年惊弓之鸟一样的颠沛逃亡中，赵构丧失了生育能力，再也没能够生出孩子。

总之，"苗刘兵变"之后，在赵构眼中，金人不可信任，家臣不可信任，父兄也不可信任，能够相信的只有自己的直觉和权威。此外，丧子之痛和丧失生育能力的打击，让赵构再也无法振作起来。从此以后，"光复中原，直捣黄龙"作为口号，沦为了赵构在谈判桌上的筹码。

公元 1132 年，对生育能力已经产生极大怀疑的赵构，在民间选择了两位赵氏宗室入宫，五岁的赵伯琮（cóng）和两岁的赵伯玖（qú），赵构将两个孩童封为皇子。两人是赵匡胤的七世孙，也是赵德芳的六世孙。

这里需要特别提到一点：在高宗立储这件事情上，名将岳飞也被牵扯其中。岳飞在 1137 年，也就是绍兴七年的时候，曾经向赵构建言，希望能够从赵伯琮和赵伯玖两个养子中间，抓紧找一个合适的立为太子，岳飞推荐的人选是赵伯琮。岳飞的这番话，实际上是出于公心。当时的宋金两国连年交兵，从 1125 年开始，宋金战争一直持续了接近四十年。一直到公元 1164 年的宋孝宗时代，战事才有所缓和。当时是宋金交兵最为激烈的年代，如果迟迟无法明确立储问题，那么万一皇帝本人有个意外怎么办？但凡金国有熟读史书的明白人，到时从俘虏之中，释放或者直接拥立一个赵光义的宗室后人为帝继承皇位，怎么办？因为拥立敌国宗室夺位，从而名正言顺地干涉敌国内政的烂剧本，早在中国南北朝时期就被玩烂了。当时既有北朝扶植南朝宗室的案例（比如南梁萧渊明），也有南朝扶植北朝宗室的案例（比如北魏元颢）。各种条件成熟，很快就会发生挟洋自重、自称正统等一系列政治军事外交的危机。这种敌国配合宗室夺位的政变、对外战争，所动摇的必然是整个大宋国家机器的正常运转，乃至于正统或者国本问题。

然而，这件事情不管与公与私，都犯了宋高宗赵构的大忌。

首先一点，当时的赵构只有三十岁，春秋正盛、血气方刚。这个年龄的男人，即便是自己确实失去了生育能力，也不会轻易认怂。就算放在今天的一个寻常百姓人家，生育能力也事关一个男人最基本的生理尊严。不到万不得已，即便是亲朋好友都不能够随便把男人最最隐私的事情拿出来讲，就算是拿出来讲，一个男人年纪轻轻，至少在嘴上也不会承认自己确实不行了。因为毕竟来日方长，保不齐哪天睡狮猛醒，生育能力就恢复了。

岳飞催促赵构立储，如果站在赵构的立场进一步解读，这不仅仅是一个施政建议，同时也是对赵构男性基本生理功能的一种质疑。即使退一步讲，对于大宋的国体传统而言，开国皇帝赵匡胤并没有像后世的朱元璋一样在《皇明祖训》里面确立严格的嫡长子继承制。什么时候立，甚至是立不立太子，在宋代根本也不算是什么大不了的事情。

和赵构一样，前朝皇帝中的第四位皇帝宋仁宗，也一直没有儿子。但是宋仁宗也不立太子，反而是几十年如一日在后宫辛勤耕耘劳作，寄希望于生出一个自己亲生的皇位继承人。

有宋仁宗的旧事在前，到了赵构这里，不立太子就不行了？

此外还有一点，也犯了赵构的忌讳，那就是立储这件事情实际上是皇帝的家事。大宋开国从赵匡胤开始，一直就有武将不得干预朝政的官场潜规则。然而这句话本身就是个悖论，在封建王权时代，明规则和潜规则固然重要，但是皇帝的个人意志更加重要。前朝的枢密使童贯，还有太尉高俅，也是广义的武将范畴，但童贯和高俅就不仅仅是干涉朝政的问题了，他们还和宋徽宗赵佶是艺术道路上的同路人。所以问题的关键是，岳飞和赵构两个人本来就心有嫌隙。这就好比在职场上，你和你的部门领导关系不好，那么他总能找到各种借口给你穿小鞋，这种借口可能是公司政策，也可能是道德伦理，总之只要他愿意，一点点小事就可以上纲上线。

那么岳飞和赵构矛盾的根因又在哪里呢？

岳飞、赵构，还有秦桧这三个人的历史公案，从古至今，通过正史、评书、演义、影视娱乐等各种手段，使得绝大部分中国人都耳熟能详。这段公案在古代封建王权时期是一个铁案，因为宣传"精忠报国"的价值观，在政治上的风险总是好过于宣传屈膝投降。然而，时间走到了今天，很多居心叵测的读书人为了名利，不惜一切代价搏出位、吸引眼球，搞了很多历史歪批和历史翻案的风潮出来。其中，也不乏很多文化名人参与其中。在很多所谓读书人搅浑水的情况下，至少看起来，岳飞这件事还无法完全定案。甚至岳飞这个人，也还无法完全定性。

中国的文人最擅长清谈，往往会把一个简单问题复杂化，如果跟他们较真你就输了。他们会穷尽所能，把一个很明显的实际问题巧妙地转化成立场和意识形态之争。然后运用自己生平所学，挖掘大量故纸堆里面的连篇累牍的文字，让一个务实的你，没有精力也没有时间同他们进行专业性的论战。最后，文人们再运用偷换概念或者以偏概全的诡辩之术，在这个他们最擅长的领域将你搞得无话可说。这也算了，他还能够站在辩论胜者的立场上俯视众生，用荒唐的结论，去影响更多更广泛的不明真相的吃瓜群众。

文人的清谈放在好死不死的魏晋六朝，是一种风度。但放在明末，就是一场不折不扣的国家悲剧。在朝堂上辩论的时候，一个个士大夫都立场坚定、口水横飞，似乎人人都可以为国慷慨赴死。私下里，广置田产、结党营私，完全丧失了读书人的气节。明亡，实亡于东林，这句话很有道理。

所以，我们在这里不会陷入和黑心文人们的诡辩之中，我们用最简单的分析，来重新审视这段公案。

首先来看，岳飞和秦桧的问题，实际上是"主战派"和"主和派"的问题。

搞政治的人都会有政见之分，如果搞政治没有立场，会死得很快。比如我们前文提到的唐高宗一朝的"废王立武"的废后问题，以长孙无忌和许敬宗为代表，居然能够引发一场政治大地震；前朝宋神宗时代，王安石和司马光两个体面的文化人，为了新政实施问题不惜撕破脸，各自选择了截然不同的政治立场互相倾轧。而宋高宗时代，当时的宋金两国连年交兵，因此在大宋政治生活中，绝大部分人都选择站队"主战"或者"主和"。当然，随风倒的骑墙派不能说没有，但是和稀泥本身也是一种境界，因为政客除了有务虚的立场之外，还得有务实的施政，只要是施政就必然体现自己的施政色彩与施政立场。作为一个合格的政客，天天和稀泥也能安然度过各种政治风波和危机的，确实属于凤毛麟角。

那么问题来了。

我们比较主战与主和。普通围观群众一个最自然的选择，就是选择主战，因为在宋金世仇的情况下，来自于民间或者朝堂的左派呼声是最高的。选择主战不用有心理负担，但是如果选择主和则必须要付出很高的道德和良心风险。换句话讲，喊出"主战"的，几乎闭着眼睛喊，都不用担心立场错误；但喊出"主和"两个字，则必须有对时局更加透彻的分析，还要有勇于承担压力的勇气。比如明末，崇祯皇帝时期就是左派当道，别说讲出"和谈"两个字，甚至提议迁都南京的，都要把心提到嗓子眼儿。因此，在当时两宋之交的局势下，勇于喊出"主和"这两个字的大臣们，他们所承受的舆论压力，理论上要远高于李纲、宗泽这些主战派。

然而一件咄咄怪事就是，宋高宗时代的主和派却大行其道。前有汪伯彦、黄潜善，后有秦桧、张俊，主和派不仅人数众多，而且还是朝堂上号召力比较大的一群人。这件事情的根本原因就在于，实际上当时的皇帝赵构才是最大的主和派。有皇帝坐镇后方，冲锋在前的大臣们是不会有太大的心理负担的。比如职场上一个部门中，领导不方便说的话，可以通过下属们的嘴说出来；领导不方便做的事，也可以通过下属们的手做出来。甚至对于一个忠心耿耿的下属而言，还可以帮助领导玩角色扮演。比如《水浒传》中，宋江最忠心的小弟李逵，就可以公开反对招安，并带头喊："招安招安，招甚鸟安？"之后宋江再枪打出头鸟，两人配合上演一场"辕门斩子"的好戏。既然宋江连自己的嫡系李逵都可以杀（当然不会真杀），这样的剧本一经上演，梁山上的其他英雄，就是傻子也都不敢再跳脚了。

我们分析到这里，就绕开秦桧的个人问题，他的个人私德是好是坏，跟我们的结论没关系。作为职场上政见相反的两个人，岳飞和秦桧各占各的立场，本身就没毛病。所以，问题还是横亘在岳飞和赵构之间。

赵构是最大的主和派，那么赵构的理论基础是什么？

第一点，赵构的求和投降路线是有渊源的。

其实很多人都忽略了一件很简单的事情，那就是宋高宗赵构的出身就是"专业求和专家"。我们前文已经讲到，第一次东京保卫战期间，赵构作为使者到金营求和；而第二次东京保卫战还没打，赵构就已经收拾行囊，北上金国求和了。亲王做使节或者人质，这不是问题的关键。关键是当时年轻气盛的赵构，表现出的态度是意料之中，而又义无反顾（"钦宗召帝谕指，帝（赵构）慷慨请行。"《宋史·卷二十四》）。我们注意到了"慷慨"二字，所以甚至可以不妨大胆假设一件事情——史上生育能力最强的宋徽宗，因为儿子众多，所以不同的儿子从小就进行了不同的职场规划。比如宋钦宗就培养成专业的皇太子，而端王赵枢和康王赵构，身体好、口才好，同时又是从小爹妈不爱的主儿，就走"求和谈判专家"路线。

更何况，无论立国的军制和舆论导向，大宋本身就不是一个尚武的朝代。赵匡胤凭借着柴荣时代留下的老家底，尚能南征北讨，建功立业。但到了宋太宗时代，军事上的成就已经惨不忍睹了。到了宋徽宗这里，国家长期和平发展，带来了经济进步和艺术繁荣。从皇帝到平民，都在追求享受大宋物质和精神文明成果。包括宋高宗本人，无论琴棋书画，都有很深的造诣。

第二点，赵构的投降路线，跟他在金营的经历有关系。

第一次东京保卫战期间，赵构曾经被扣押在金营中很长时间。那是一段不堪的往事，甚至在姚平仲劫营之后，完颜宗望还一度对赵构动过杀心。最关键的是，在此期间，赵构亲眼见证了金国军队这支虎狼之师到底有多强悍。相对应的，北宋耗尽百年打造的虎狼之师——西军，在东京保卫战和太原保卫战之后，被女真人完全击溃。虽然西军的失败，政治因素要大于军事因素，但这件事情对赵构触动很大。

第三点，赵构的投降是一贯的。

靖康之耻发生前夕，也就是东京城破之前，赵构在干什么呢？前文说了，当时的宋钦宗，给了赵构一个"兵马大元帅"的名号（"钦宗遣阁门祗候秦仔持蜡诏至相，拜帝为河北兵马大元帅"《宋史·卷二十四》）。我们且不论这个兵马大元帅是掌管天下兵马还是河北兵马，宋钦宗的本意是让赵构抓紧时间招兵勤王，回师东京。而且当时赵构所处的地理位置非常好，赵构被宗泽拦住，是在河北磁州。河北磁州就在之前我们所提到的古邺城（临漳）的正西面，背靠太行，虎视平原。而之后的赵构，就到了相州。我们知道，这个相州实际上就是当年郭威起兵杀回东京汴梁的邺城（新邺城，也就是安阳）。

有郭威的旧事在前，赵构一可以选择北上围魏救赵，二可以南下像郭威那样直奔东京勤王（见图1-2中虚线，赵构可能的南下路线）。但是赵构却出人意料地选择向东出发，到了永济渠（隋朝大运河）旁边的大名府。之后还不过瘾，为了躲避金军锋芒，又完全不顾宗泽的阻拦，毅然从大名府继续向东，到了山东腹地的东平府（"汪伯彦等皆信和议，惟宗泽请直趋澶渊为壁，次第解京城之围。伯彦、南仲请移军东平。帝遂遣泽以万人进屯澶渊，扬言帝在军中。自是泽不复预府中谋议。帝决意趋东平"《宋史·卷二十四》）。从地图上看，如果赵构再往东，都可以机智地躲进沂蒙打游击了。

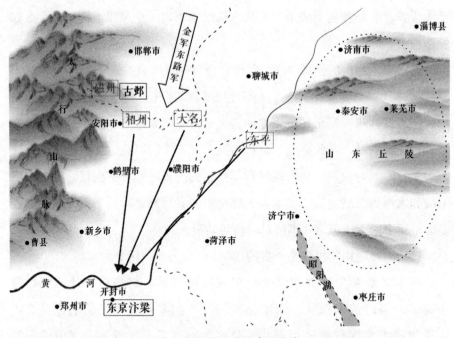

图 1-2 赵构可能的南下路线

从相州到大名，从大名到东平，这是一条自西向东的逃跑路线。这条路线，恰好就是所谓的黄淮海平原的"脖子"，陆路大交通中最狭窄的部分（见图 1-3）。

在第二次东京保卫战期间，赵构面对在京城苦苦抵抗的父兄见死不救，是因为他不想引火烧身、玉石俱焚。但是，无缘无故退缩到黄淮海大平原的边缘地带，放弃在交通要道上阻击金军，则是 件不可饶恕的战略失误。但这件事情，也只是"暴走天王"赵构整个大逃跑计划的一个序曲而已。

应该这样讲，赵构对于"靖康之耻"是负有连带责任的。

第四点，就是我们前文曾经讲过的，苗刘兵变。

苗刘兵变之前，赵构不管是被大臣道德绑架，还是自身的政治觉悟较高，对于积极北伐和励精图治这两件事情，都还是持正面态度的。虽然他本人一直在逃跑，但是他至少没有对大宋朝内部抗金势力的发展予以压制。但是苗刘兵变之后，赵构的心态变得非常复杂，他逐步模仿赵匡胤旧制，一点一点地收回分散在各大军头手中的兵权，也加大了对于朝廷内部局面的掌控力度。

最后一点，是足以改变赵构对整个宋金战争认识的一件事情——发生在绍兴七年的淮西军变。

图 1-3 黄淮海平原的最窄处

绍兴七年

淮西军变发生在绍兴七年——公元 1137 年。让我们记住这个年份，因为有很多围绕岳飞和赵构是非曲直的事件，都发生在这一年。

首先，在这一年中，五大护军（韩世忠前护军、岳飞后护军、刘光世左护军、吴玠右护军、张俊中护军）中的左护军刘光世，因为厌倦战争，贪图享乐，被朝廷罢免。朝廷虽然拿下了刘光世，但是对于这支大军的归属，却产生了犹豫。赵构先是准备把刘光世所部王德、郦琼等兵马五万余人交给岳飞来带，但是最终却又反悔了。

反悔的原因很简单：淮西这块地方，几乎是掐着赵构命根子一样的存在。在赵构能够下决心交给可靠的继任者之前，他需要深思熟虑。

宋金的拉锯区域，大体上是沿着秦岭淮河一线进行的，而四川的吴玠相对比较独立，他所在的防区又具备蜀道天然的防守优势，面对金军的攻势，基本上能够自保，所以排除掉吴玠以及吴玠的防区。而战事最为激烈的区域，莫过于东部淮河以南的荆襄和江淮一带。而这块防区上的岳飞、刘光世、韩世忠、张俊四个人，又被人称为南宋的"中兴四将"。到了刘光世主动交出兵权之后，岳飞、韩世忠、张俊三个人，又合称"三大将"。

岳飞在绍兴四年，也就是公元 1134 年，一举收复荆襄六郡（尤其襄阳）。从此坐镇鄂州（湖北武昌）长达七年之久，牢牢控制着这块战略要地。实际上，这块地区，也就是当年关公关二爷大意丢失的荆州地区（东汉十三州里的大荆州）。这块地区的地理位置非同小可（后文详述），北上出襄阳，可以走伊阙进入洛阳，也可以出伏牛山威胁中原，西北还可以走武关进关中，或者顺汉水到达汉中；向南隔长江，控制洞庭湖平原上的岳阳，长沙，西面则可以拒险抵御巴蜀，东出长江则可以顺流到达南宋朝廷腹地江南一带。

荆襄之地（见图1-4），居华夏之中，是西来东往，南下北上的通衢。荆襄地区和北面的南阳盆地摞在一起，恰好就是一个"宝葫芦"形状，而宝葫芦的上半部分南阳盆地，以及下半部分的荆襄地区之间的连接部，就是襄阳。因此"荆"和"襄"之间，荆楚是腹地，而襄阳则是面对北方的锁钥和门户。正因为如此，金庸小说里面郭靖死守襄阳，不是没有道理的。当时的岳飞，如果由鄂州（武汉）沿长江顺流过鄱阳湖平原边上的九江、安庆之后，第一站就会到达长江以北、淮河以南的大片区域，这里就是江淮平原的西部，俗称"淮西"。或许讲淮西太陌生，如果讲"淮右"，则亲切多了。明代的朱元璋发迹之后，动不动就自我标榜，当年自己是"淮右布衣"如何如何。所以朱元璋就是淮西人。

此时此刻，韩世忠和张俊的防区主要在江南，刘光世则主要驻扎在淮西一带。

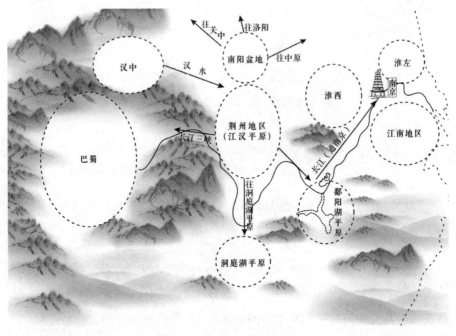

图 1-4 荆襄之地的重要性

淮西这块区域，从地图上看，几乎恰好处于富庶的江南地区的平行线上（见图1-5）。如果没有长江相隔，淮西实际上同江南地区就是同一块地理人口单元。所以，我们都被平面的历史书给骗了。我们在历史书和古代文学中无数次听到的所谓"江东"，或者叫作江南，江左，江表。和"江东"相对应，其实并不是"江西"，而是淮西。从淮西出发一直向东，过了长江就是江东。所以，太平天国时候讲保卫天京（南京），很多时候都是在保卫淮西在长江上的门户安庆。安庆一丢，下游的南京也就岌岌可危了。

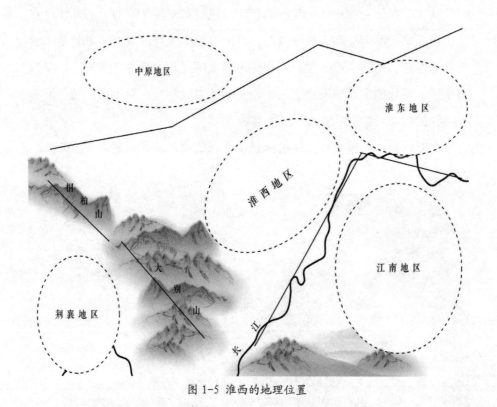

图 1-5　淮西的地理位置

　　我们再看一下详细一点的地形图（如图 1-6），江南地区，实际上相当于一个南山北水的封闭区域，是在长江以南较早开发的面积较大的平原地带。南边，是连绵的低矮小山，比如天目山、会稽山、闽浙丘陵等；北边，则是长江以及太湖等形成的北部水网区域。南京是这片区域的北部桥头堡，而杭州、宁波则居于这片开阔地的最南端。从宁波再往南一则又是群山，二则即便跨过群山，当时的福建开发程度也远远落后，不足以支撑偏安一隅的小朝廷。所以南宋朝廷看起来面积还算可以，但实际上太大的战略纵深无法提供，只有这块几乎半封闭的江南地区可供选择而已。因此，当年我们的"暴走天王"赵构一路狂奔到最后，从宁波往南没法再跑，只能沿着海边走温州或者干脆乘舟出海了。

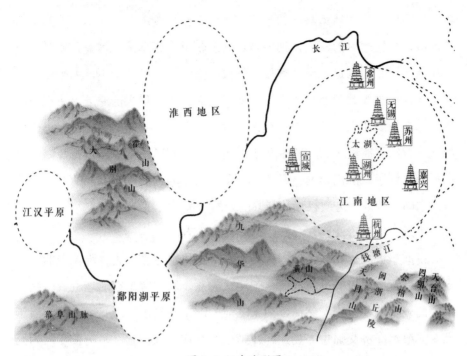

图 1-6 江南地形图

不过，这还不是事实真相的全部。

还有个因素很重要。

北方的黄河，虽然也号称天险，但是黄河天险和长江天险却是完全不同的两个概念。所以我们又被平面的教科书给误导了。

首先，黄河的径流量远远小于长江，单论河面宽度以及水流的湍急程度，黄河根本和长江不是一个量级。在上游的青海甘肃地区，用羊皮筏子就可以泅渡。即便是在水流量较大的下游黄河地区，比如济南，放上几艘船，连成浮桥也就可以顺利渡河了；其次，长江所流经的地区，很多都是崇山峻岭，从长江两岸布阵和安排渡江本身就存在着很大的困难。而黄河则不同，从中游到下游，黄河两岸大多是平坦的平原。选择在哪里集结，从哪里渡河，相对会有非常大的自由度。

最后，还有最最关键的一点。

北方游牧民族南下，往往会选择在寒冷的冬春季节。而北方的大河无论在夏秋季节如何威武雄壮，到了冬天也会乖乖地冰冻三尺。比如黄河，年年结冰不说，到了冰河解冻的时候，还会发生"凌汛"。在华北尤其是东北地区，冬天的冰封河面，别说是走马匹辎重，就算是过坦克装甲车，也不在话下。正因为这个至关重要的气候因素，游牧民族南下，如果选择在冬季，很多时候黄河不仅成不了天险，反而会变成最大的通途。所以中国古代总在说长江天险，而很少有人提黄河是天险，就是这个道理。也正因如此，游牧民族南下，一路杀到淮河很容易，到了淮河以南，长江以北就会遇到麻烦了。淮河以南，冬天河流是不结冰的。所以，淮西的群山、淮东的水网，就是南方政权克敌制胜的天然法宝。

不过，淮东这块地方，如今很没有存在感。

说淮东大家也比较陌生，因为历史上这块地方被称为"淮左"的时间更长些。这个地段的淮河靠南，长江又靠北，原本就是在地理上战略纵深不大的一块狭窄区域。然而，南宋之前的淮东发展水平还是很高的，当年淮东的政治经济交通中心扬州，在隋炀帝时代大红大紫。隋炀帝专门为扬州（江都）修建了大运河，并且最后也驾崩在扬州这个地方。大运河的修建，反过来又更加促进了扬州的发展。扬州东西方向有长江漕运 ①，南北方向有隋朝大运河漕运，这就相当于在冷兵器时代有两条高速公路在扬州交会，是一个江淮版本的"天下之中"的概念。来自江南地区"鱼米之乡"的各种生活用品，再加上扬州本地出产的海盐等，源源不断地被商人们从南方转运到北方。催生了扬州无数个盐商巨富，巩固了扬州的黄金城市地位。

尤其是对于南京来讲，扬州就是南京在北方的命门，如果从西部进攻南京，先夺安庆、马鞍山；如果从北部进攻南京，则先夺扬州、镇江。正

---

① 漕运：是我国历史上一项重要的经济制度。它就是利用水道（河道和海道）调运粮食的一种专业运输。中国古代历代封建王朝将征自田赋的部分粮食经水路解往京师或其他指定地点的运输方式。运送粮食的目的是供宫廷消费、百官俸禄、军饷支付和民食调剂。这种粮食称漕粮，漕粮的运输称漕运。

因为扬州的重要地理位置，金人在历次南侵过程中（包括后来的蒙古和满清），对于扬州的征服是非常残酷的。比如南宋辛弃疾，在他著名的词作《永遇乐·京口北固亭怀古》中，就曾专门提到："四十三年，望中犹记，烽火扬州路"；而同时期另外一个词人姜夔（kuí）对宋金战争的记述则更加直接——"淮左名都，竹西佳处……自胡马窥江去后，废池乔木，犹厌言兵"。（宋·姜夔《扬州慢·淮左名都》）

所以，淮东的衰落，恰好始于宋金战争。

当年靖康之变的高潮期，两宋之际的宰相杜充，下令掘开了黄河口，用来抵御金兵南下，于是从大名府往下游几百里都变成了名副其实的"黄泛区"。而到了公元1194年，也就是南宋宋光宗年间，黄河改道，夺淮入海，淮东地区更是变成黄河泥沙堆填的最理想的滩涂之地了。在此后的很多年中，常年的黄河（淮河）下游水患，动不动就波及此地。水患的增加以及战争的频繁带来了人口的大量减少，同时运河南北淤塞导致了经济活力下降。而到了清代中期以后，富甲天下的扬州盐商连同全国驰名的"淮盐"，也因为各种因素的交错作用，慢慢退出历史舞台。所以在南宋之后，淮东这块地方的经济发展受到了很大限制，一直到今天为止，淮东地区都没有响当当的区域大城市存在。（见图1-7）

后来的历史中，无论单独提"淮左"或者"淮东"的名字都比较少见了，反倒是经常有"淮扬"的说法，比如"淮扬剧"，或者"淮扬菜"。尤其淮扬菜，不仅位列中国四大菜系，更是今天外交国宴上的代表菜系。所谓"淮扬"，也就是以长江下游在江苏这段水域的北岸淮东和南岸江南的并称。

所以，即便是淮西淮东相提并论的话，淮西这块人口地理单元的战略意义，对于南宋政权来说依然是防守中的重中之重。

如果金军长期占有淮西这块地方，则随时都可以对南宋的江南腹地发起攻击。即便是这块土地不落在金国手上，如果落入一个心怀异志的军头手上，那么赵构的南宋小朝廷也会芒刺在背。所以，赵构犹豫是否将淮西军交给岳飞的问题，实质就是对岳飞的信任问题。根源不在于刘光世部队的兵力太多，或者战斗力太强，根源就在于淮西地区太过生死攸关。

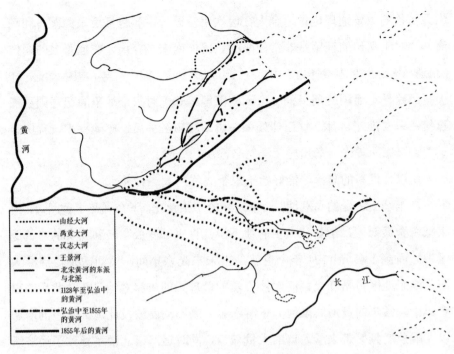

图 1-7 从两宋至清的黄河改道图

但是怕什么就来什么。

由于朝廷在划归这支部队给岳飞的问题上的摇摆不定和出尔反尔，最终导致了岳飞找借口离开一线到了后方的庐山，为逝去的母亲守孝去了。在朝廷的力劝之下，最终岳飞才回到了之前的原工作岗位。

但是，淮西部队并没有被军政明星岳飞接管。后来，朝廷提拔了郦琼原来的同事王德，由他来接替刘光世的位置。这件事情让郦琼很不服气，最终，郦琼率四万多士兵，并且裹挟了十万多淮西百姓一起叛变投敌。在淮西主力部队投敌之后，淮西这块大宋政府苦心经营的战略缓冲区，终于变成了真空。

淮西军变是一个标志性事件，在这件事情之后，赵构对驻守在边境的武将更加无法给予充分的信任，转而开始逐步进行兵权收归枢密院和兵部的步伐。就北伐而言，在赵构心目中，用有能力有个性的军头北伐金人，就相当于训练了一群狼去咬一只老虎。在群狼能够咬到老虎的情况下，他想利用群狼与老虎进行周旋，以便自己从中获利。但群狼可以咬伤老虎但不能咬死老虎，因为如果无法完全掌控群狼的动向，则狼在咬死老虎之后，完全有可能反戈一击，回过头来咬自己。貌似强大的老虎虽然看起来很凶，但距离自己更近的其实是群狼。实际上通过"苗刘兵变""淮西军变"和前些年已经有了僭越称帝实践的伪齐刘豫和伪楚张邦昌来看，虎在明处，狼在暗处。狼对自己的攻击更加隐蔽，而潜在威胁也更大一些。

所以，绍兴七年是一个转折年。从这一年开始，赵构坚定了自己以拖待变、以打促和的总战略方针，也就是说，打只是手段，而不是目的。打也只是点到为止，他不敢放手让当年的"屯驻大军"去光复中原，直捣黄龙。因为如果放任地方军头去北伐，那么打下来的江山还不一定是谁的，就像淮西军变的结果一样。更何况，赵构的担心并不是多余的。宋金交兵的上百年间，大宋朝廷很多精兵良将纷纷投靠金国，比如此时此刻淮西军中的郦琼，又比如若干年后，四川抗金名将吴璘的孙子吴曦。这些平日里看起来忠义为先，胸脯拍得山响的军人们，到了电光石火的时刻，还不是整建制率部投金。这让南宋朝廷猝不及防，狼狈不堪。因此从绍兴七年开始，在向金人求和这件事情上，赵构是铁了心了。

其次，岳飞的出走庐山事件以及敦促赵构立储事件，让赵构对岳飞的印象差到了极点。赵构和岳飞之间的矛盾，到了绍兴七年之后，基本上就已经成为一件不可调和的事情，赵构只是在等待一个合适的借口爆发而已。

前面一段，我们基本上是站在赵构的角度来看待当时的时局的。下面，我们换一个角度，站在岳飞的角度来理解发生的一切。

首先要讲清楚一点，岳飞的忠孝是始终如一的。

当年北宋同辽国对峙的时候，岳飞曾经从军抗辽（"宣和四年，真定宣抚刘韐（gé）募敢战士，飞应募"《宋史·列传·卷一百二十四》）；后来靖康之变，连年的宋金战争，岳飞又是保宋抗金。从抗辽到抗金，岳飞的从军职业规划从来没有改变。

再来看绍兴七年发生的岳飞出走庐山，葬母守孝的问题。这件事情实际上也不是第一次发生，早在公元1122年，也就是宋徽宗时代，当时在军中抗辽的岳飞，就曾经因为要为刚刚死去的父亲守孝，而从军中辞职。守孝满三年，才又在 1124 年重新投身军旅生涯的。我们不要用我们今天的标准来看待古人，古人对于"丁忧"①这件事情看得很重很重。守孝三年，对于很多官场上的公务员来说，是难以取消的一项道德必修课。尤其在理学甚嚣尘上的宋明时期，以道德伦理来影响、约束百姓生活甚至国家政治并不是什么稀罕事。比如明代嘉靖皇帝，就仅仅是为了给自己父亲争一个名分，闹出了一个"大礼议"的政治风波；又比如明代的张居正，因为坚持工作拒绝"丁忧"，而搞得满朝沸沸扬扬，甚至万历皇帝都要出来为他解释和力保。对于张居正这种坚持在工作岗位上而不回家守孝的行为，古代称之为"夺情"。"夺情"这个词本身，也在隐喻，这是不合情理的一件事情。

第二点我们要强调的，职场上的岳飞，是一个有个性的人。

岳飞前后有几任业务上的领导，早期有宗泽这样的名帅，后期有张浚（注意，是浚，不是俊）这样的抗金宰相。而在具体业务问题上，岳飞甚至曾经同这两个主战派的朝廷大员，都发生过一些争执。

在岳飞抗金的早期，曾经奉宗泽的命令，同太行山地区的八字军领袖王彦一起开展工作，岳飞因为和王彦的工作配合问题，负气离开一线，回到宗泽身边。但宽厚的宗泽作为部门领导，是一个爱才的人，最终他原谅了岳飞的年轻气盛；又比如和张浚的争执，则是因为岳飞反击金军，出击中原的具体业务执行问题。两个人红脸的事情，在南宋的很多史料里面，都有所记载。要知道，当时张浚的身份是当朝宰相，在身份和级别上本身就要高于岳飞。而岳飞并没有因为这一层关系，就在业务问题上轻易松动自己的立场。

第三点我们需要说明的，岳飞的业务能力是没有问题的。

除了四川的吴玠之外，岳飞在中兴四将中的功劳是首屈一指的。韩世忠打了个黄天荡，差点活捉金兀术，但是在同时进行的另外一场战役中，岳飞光复了建康府（南京），只是这件事情少有人大鸣大放而已。收复建康

---

① 丁忧：根据儒家传统的孝道观念，朝廷官员在位期间，如若父母去世，无论此人任何官何职，从得知丧事的那一天起，必须辞官回到祖籍，为父母守制二十七个月。

的意义不在于战斗本身，而是在于建康府对于抗金全局的意义（后文详谈南京的问题）。岳飞在绍兴四年到绍兴十一年，收复并苦心经营了荆襄地区，使得南宋政权夯实了江汉平原这块进可攻、退可守的根据地，并使南宋的版图大大扩张。正是因为岳飞收回南京以及经营荆襄地区这两件事情的存在，南方地区政权的两个拳头——东边的南京和西边的襄阳，才得以产生合力。南京和襄阳，分别成为出击江淮与中原的军事桥头堡（后文会用到数学建模的方式，详细讲解这两个区域对于南方政权的重要战略价值）。此外，在历次中原大战中，岳飞的军队表现优异，打出了军威国威。尤其值得称道的是军纪——"冻死不拆屋，饿死不掳掠"，这在当时的乱世之交，尤其弥足珍贵。

很多人用反传统的历史观点来解读这一时期的岳飞，说岳飞的北伐严重消耗了国库，是罔顾经济账的一场无知的豪赌。持这个观点的人，让人感到这些人是纯粹为了反对而反对。利用大家不熟悉的领域，进行浑水摸鱼的工作。很多人喜欢到故纸堆里翻书，用纯文字技术进行考据和推理，所以基于这个立场，他们往往也会恶意地揣测古人。但是显然，这事对岳飞是不成立的，岳飞是一个军事实战出身的职业军人。十九岁从军的岳飞，从少年时代就在军事一线摸爬滚打，后来又长期在一线担任军事指挥官的职责。很多人认为岳飞就是个只会打仗的武夫，说这些话的人，往往是真正不懂军事，也不懂经济的酸腐文人。

这里，我们不引用数字，也不陷入读书人设置的文字游戏和逻辑陷阱中去，我们仅从常识判断。

战争有三大要素——人、武器、后勤。而三要素中间，后勤又是重中之重的东西。比如当年的卫青霍去病，远征大漠，他就只管带兵，而不管骡马能不能够运粮到前线吗？去大漠吃土吗？比如近代的刘邓大军千里跃进，他们事先不考虑后勤，进大别山喝西北风去？为了远征岭南，秦始皇不惜代价开凿了灵渠；更不用说，隋炀帝为了远征高句丽，陆路十万民夫运粮，水路工匠造船三百，最后把隋帝国直接搞崩盘了。从某种意义上讲，打仗就是在打后勤，尤其是冷兵器时代。单纯的兵法斗阵水平之高或者战略战术之英明，并不能有效解决军队吃喝拉撒睡等最基本的问题。后勤跟不上，也不用谈什么盔明甲亮，什么马挂銮铃，那只是评书演义或者小说家言而已。历朝历代的农民军，大多都是打仗砍人一时爽，穷途末路变流寇。奥秘就是俩字——后勤。

一句话，打仗不是耍帅，因为战端一起，首先就是比拼背后的综合硬实力。

也即是说，一个能够百战百胜的将领，说他不懂经济那是绝对不可能的。一个合格的古代将领，天天盘算自己手里有多少兵可以用，养活这些兵需要多少粮食，维持这支部队需要多少军费开支，这是基本功也是必修课；就算是一个不合格的将领，也会盘算着如何吃空饷，骗朝廷的兵马钱粮。这还不算，古代大量的儒将带兵的情况，很多人出身就是搞经济的（后几本书里还会讲到司马懿，以及经济决定战争走向）。而一个出色的战场指挥官，懂兵法布阵，懂天文地理，更要懂钱粮度支，否则根本就做不到成竹在胸。

更何况，当年的大宋朝廷鼓励军队经商，各个战区的军头们，有一个是一个，都是赚钱的高手。以商养战，在经济繁荣的宋帝国本身就是一件蔚然成风的事情。退一万步讲，从靖康之变一直到岳飞被冤杀的绍兴十一年，长达十五年时间。期间，宋高宗已经有无数的文臣武将加入辅佐，从最开始无政府状态的一穷二白，一直到在南方站稳脚跟。南宋朝廷无论经济、军事都呈现明显的上升态势。当初大子儿没有一个，朝廷只知道逃跑的时候能够抗金，到了要雨得雨、要风得风的时候，怎么可能反而没有钱来抗金了？

养活几万军队，总比年年交岁币强吧？

说到底，岳飞就好像职场上的一个销售业务骨干，而赵构就相当于是经营大宋这家刚刚破产重组之后的新公司的董事长。岳飞和赵构的问题，实质是一个有能力、有个性且心直口快的业务骨干，同公司董事长的市场经营，存在严重的理念与战略冲突的问题。这件事情如果发生在职场上，不带任何先入为主立场的情况下，我们没有办法去指责任何一方，而只能说现实让人非常遗憾。极其悲情的一点是，岳飞这种人，在这样的职场氛围中纵然过得并不开心，但是他忠于国家，坚守儒家操守，所以他无论受了多大的委屈，他也没有像郦琼和吴曦那样跳槽到金国。

这是一件说起来让人无限伤感的事情。

绍兴十一年，赵构借秦桧等人之手除掉岳飞，在他自己看来，并没有任何问题。他只是效法前辈宋太祖赵匡胤，搞了一次沾了人血的"杯酒释兵权"而已。此事之前和之后，刘光世、张俊、韩世忠几个当年的"屯驻大军"的军头们，都先后交出了兵权。从而在军事上，由当年暂时的"战时共产主义"，平滑地过渡到了大宋最为常见的"枢密院＋兵部"二元军制上来。只是，在这个过程中，岳飞不幸成为了政治牺牲品。一石二鸟的地方在于，岳飞的"人血馒头"，换来了更多的"主和派"们同金人谈判的筹码。因为我们知道，赵构心里并没有什么幽云十六州，求和才是他的基本国策。

曾经建言赵构早立太子的岳飞死了，赵构不服归不服，然而男人行还是不行，是需要用事实说话的，而不是靠一张嘴死撑，或者杀几个人泄泄愤就能解决问题。又过了二十多年，到公元1162年，时年五十五岁的宋高宗赵构，彻底放弃了自己求子的渺茫希望，立岳飞当年曾经力挺过的赵伯琮为皇太子，改名赵昚（shèn）。同年，赵昚登基，奉赵构为太上皇，赵昚就是宋孝宗。

这样，经过了将近两百年的风云变幻，赵光义一支的皇位，终于又回到了赵匡胤后人手中。值得一提的是，四十多年后，宋孝宗赵昚的孙子宋宁宗赵扩也没有子嗣。最后，赵扩经过慎重考虑，效法宋高宗赵构，从宗室子弟中寻找继承人进行培养。然而阴差阳错的是，宁宗病危期间，宰相史弥远为了便于弄权，趋利而避害，矫诏并拥立了宗室远亲赵昀（yún）作为宋宁宗的接班人，而赵昀则是赵德昭（当年赵匡胤的长子）的九世孙。从宋理宗赵昀开始，一直到南宋灭亡，一共五位皇帝，都是出自赵德昭一系。换句话讲，南宋的皇位，不仅轮转到了赵匡胤后人手中，而且其中既有赵德昭子孙，也有赵德芳子孙。当年"烛影斧声"之前，赵匡胤的两个也许本该荣登大宝的短命儿子，分别由自己的后人们来得享国祚。

大宋王朝，共享国祚 319 年，中间历经了十八个皇帝。北宋和南宋，各有九个皇帝。北宋的皇帝中，除了赵匡胤，其余八个都是赵光义后人；南宋的皇帝，除了赵构是赵光义一系，其余八个都是赵匡胤后人。

整个大宋王朝，终于完成了烛影斧声以来的、历经三百年的轮回。

公元 1127 年的靖康之变，算是打开了一个潘多拉魔盒，在这个悲剧的背景下，后世几百年，冥冥之中演绎着一段段苍凉的历史循环。

第二章
马上民族的魔咒

历史的吊诡之处在于，亡国之君未必有亡国之相，但最终结局就是硬生生亡国了。

女真人早期灭辽灭北宋，就像是一只年轻的公牛，脸上挂着半斤荷尔蒙，肆意地发泄着自己旺盛的精力……也不可能天天靠荷尔蒙活着。如今时过境迁，当年的公牛，变成了瓷器店掌柜，坐拥北方偌大个瓷器店。面对初生的蒙古汗国，投鼠忌器的金国人再也没有了拿得起放得下的洒脱与张力。

忽必烈去世后，从1294年到1368年，74年的时间，期间换了10个皇帝。如果把最后一个皇帝元顺帝（在位35年）刨掉，元代用了39年的时间，换了9个皇帝。

很显然，这皇位有毒。

窝阔台的心结

契丹民族是一个伟大的游牧民族，契丹人在公元907年建立了辽朝，创造了悠久的历史和灿烂的文化。然而在公元1125年，辽被同样是马上民族的金所灭。

女真人建立的金朝取代了辽朝的历史地位，它也创造了不朽的功勋。公元1127年，金灭北宋，金军打到了秦岭和淮河一线，和南宋陷入长期的对峙之中，并雄踞北方。

然而，100年以后，蒙古的成吉思汗称霸草原，虎视北方，成为了金朝巨大的威胁。

公元1227年，靖康之变之后的第一百年，一代天骄成吉思汗去世。三年前，他刚刚结束了第一次蒙古西征，蒙古铁骑的兵锋已经到达了中亚里海和南亚印度河流域。他的身后，留下了一个横跨欧亚的、疆域空前辽阔的军事化蒙古汗国。此外，成吉思汗还留下了许多继承自己战斗基因的子孙，他们将沿着成吉思汗生前制定的战略，推进对于更多周边政权的军事征服。

成吉思汗嫡出的儿子有四个——长子术赤（当时已经去世），次子察合台，三子窝阔台，四子拖雷。这四个人各有特点，所以，成吉思汗生前，曾经在继承人问题上反复考虑。长子术赤，虽然性格敦厚、老成持重，但因为长期被怀疑不是成吉思汗亲生，早早淡出了接班人的阵容；次子察合台雷厉风行，但性格暴躁，他也不是汗位的合适人选；三子窝阔台善于权谋、性格稳重，是成吉思汗经过权衡，定下来的法定继承人；而四子拖雷，能征善战、做事干练，是成吉思汗生前最喜欢的儿子。此外，按照蒙古人"幼子守灶"①的传统,拖雷后来继承了成吉思汗大部分的领地、军队和牛羊。这四个儿子,成为成吉思汗死后,蒙古汗国的四个主要政治派系。

老三窝阔台虽然被成吉思汗指定为继承人,但当时的窝阔台,还需要通过库里勒台大会的正式法定程序,才可以正式即位。所谓库里勒台大会,相当于当时蒙古人的一种民主代表大会制度,只有当蒙古人掌权的各派势力都在场的情况下,经过共同决议,窝阔台才可以合理又合法地登上蒙古大汗的宝座。然而,成吉思汗死后,库里勒台大会一直都没有组织成功,这里面除了有征战中的诸位王子王孙们无暇出席之外,不可忽视的就是政治因素。老大术赤生前和老四拖雷关系很好,这种关系又从上一代延续到了下一代。后来术赤的继承人——他的次子拔都,同术赤一样支持拖雷以及拖雷后代的"拖雷系"。老三窝阔台的即位,则是术赤家族不想看到的。所以对于术赤家族来讲,慢慢磨洋工,库里勒台大会能拖一天是一天;而老二察合台,因为素来和术赤脾气相冲,所以坚定地同窝阔台站在了一起,希望窝阔台能够早日即位。在等待库里勒台大会召开的那段日子里,拖雷作为"幼子守灶"的唯一人选,代替死去的成吉思汗监国。

拖雷这一监国,就监了两年多。

在这两年多中间,窝阔台和拖雷两兄弟心中的心结,不断地生长和发酵。

公元 1229 年秋天,克鲁伦河畔(如图 2-1,发源于蒙古国肯特山,向东流入内蒙古呼伦湖),在蒙古各方政治势力的博弈之下,库里勒台大会终于顺利召开了。这个时候,术赤已经去世,而术赤家族的拔都年纪尚轻,战场上也还没有树立起绝对的威望。所以,这次大会上,发言权重最高的,依然是老一辈的三兄弟,察合台、窝阔台、拖雷。在大会开始后的四十多天里,各利益方进行了非常艰苦的讨论与争执。最后,在察合台的力挺,以及拖雷的让步下,窝阔台终于顺利继承了蒙古大汗的位置。

客观地评价,如果单纯作为一位政治领导人来讲,窝阔台之后的表现

---

① "幼子守灶":也称"幼子继承制","幼子继承制"是原始社会父系氏族制早期的一种继承制度。指其他儿子先分家立户,由最小的儿子再继承父亲剩余的财产及社会地位。蒙古族和满族在入主中原前的早期也有这种"幼子守灶"的习俗。

是基本合格的。尤其是他重用耶律楚材，让窝阔台在广大汉地占领区，为蒙古人赢得了不少的民心。

　　耶律楚材，汉化的契丹人，祖上是辽国贵族。耶律楚材在窝阔台时期的一些为政举措，直接影响到了后世元朝在汉人故地的统治策略。耶律楚材执政期间，最大程度地降低了战乱时期草原游牧文明对于汉地儒家文明的负面冲击。耶律楚材在他近三十年的为政生涯中，抢救儒家经典、传播儒家思想、保护儒家人才，同时修缮了孔庙，提醒蒙古统治者善待被征服

图 2-1　克鲁伦河

地区的人民，此外，他还不遗余力地推进蒙古上层统治者和贵族们对于中华传统文化的学习。历朝历代，不管世事艰辛、战乱频仍，正是有了耶律楚材这样的人，我们的文化才能够生生不息地流传到今天。

　　耶律楚材也为窝阔台登上汗位，立下了汗马功劳。比如，耶律楚材创造性地将汉人皇帝的加冕仪式，运用到了库里勒台大会上。当时以察合台、拖雷为首的所有蒙古贵族，集体向新任蒙古大汗窝阔台行跪拜礼。用这种

跪拜的外在形式，彻底改变了之前蒙古部落自然形成的相对平等和原始的加冕仪式，这也是蒙古人用汉制改变蒙古传统政权形式的开端。

从监国位置上退下来的拖雷，在窝阔台继承汗位之后，表现出了对窝阔台的完全效忠，甘于做窝阔台的左膀右臂。然而，窝阔台却并没有像拖雷这样释然，在他心目中，拖雷始终还是那个最得成吉思汗欣赏的小儿子，也是自己大汗宝座最大的威胁。在很长的一段时间里，窝阔台都没有放拖雷回到自己的领地，而是放在自己的身边听用。与之相对的是察合台，察合台早早就回到了自己的封地（察合台汗国，今天的新疆、中亚一带），做了一个天高皇帝远的逍遥大汗。当然，当时的窝阔台也没有找到太好的借口来对拖雷进行政治迫害。

直到有一天，窝阔台准备继承成吉思汗的遗志，彻底灭掉金国。

其实早在成吉思汗在世的时候，蒙古人就十几年如一日不断侵蚀着金国的边防线。到成吉思汗去世时为止，蒙金战争已经断断续续进行了十六年之久。在初生的蒙古与老迈的金国之间，游牧民族与农耕民族在军事上的差距被成倍地放大。

这是一个老生常谈的老话题。

如果单从军事角度而言，游牧民族对于农耕民族的优势显而易见。

第一，农耕民族在明，游牧民族在暗。

如果仅仅看土地面积的话，游牧民族的疆域往往都大得惊人。然而实际情况是，来自干旱与半干旱地区的水土往往无法养育更多的人口，单位面积土地的利用率有限。而同等面积的农耕民族区域，往往会足以养育十倍，乃至于百倍于游牧地区的人口。所以，游牧民族往往"逐水草而居"，而无法形成长期性的定居点；农耕民族则恰好相反，由于男耕女织，种桑养蚕，从而形成了大小不等的聚居村落，村落的基础上又有城镇，城镇的基础上形成带有城郭的巨大城市。

所以，游牧民族清楚地知道农耕民族的坐标在哪里，他们进攻是有方向的。农耕民族在城市与村落所积攒的海量财富，对于游牧民族又有着巨大的诱惑力，诱惑着一代又一代游牧民族不惜铤而走险迈向战争的边缘。

农耕民族则恰恰相反，不想打仗的时候敌人来了，想反击的时候又不知道敌人在哪里。好不容易探听到敌人的行踪了，远征大漠舟车劳顿，到了集结地又发现敌人跑了（比如，"马邑之战"）。而像以前提到的，李陵偏师远征遇到匈奴主力的情况，只能说是偶然。匈奴人在情报渠道畅通的情况下，主力也不会轻易就暴露在汉军将士跟前。也就是说，当农耕民族奋起反抗，磨刀霍霍准备战略决战的时候，往往因为找不到游牧民族的主力而计划落空。

第二，农耕民族善守，游牧民族善攻。

适合人类长期生存的区域，只要能够开垦出耕地，具备水源、光照与温度等基本条件，这些区域往往被农耕民族一点点占领，即便无法直接占领，也可以用成千上百年的时间"切香肠"，慢慢地变成农耕区。于是，留给游牧民族的区域，就只剩下了自然条件恶劣的苦寒之地。在这种环境下成长起来的民族，先天性格中带有很强的对自然的适应性。也就是说，论单兵作战能力，游牧民族往往高于农耕民族，尤其是骑兵。

对于骑兵来讲，最适合的作战方式就是野战和运动战。农耕民族如果在坚固的城郭中待着还好，如果出城进行硬碰硬的兵阵对冲，这个胜负就非常难说了。更不用说，农耕民族往往更加擅长的是步兵，而不是骑兵。

在生活习惯上，游牧民族往往在迁徙的时候能够拖家带口，老弱妇孺都可以在马背上生活，跟着大部队一起进行军事迂回。所以这样的生活方式，也决定了其在机动性上的巨大优势。而农耕文明的生活特点，决定了农耕民族很难做到举家迁徙。所谓"安土重迁"和"故土难离"，都是留恋农村庄园生活方式的真实写照。因此一旦边境有事，农耕民族的男人们，往往需要"万里赴戎机"，留在家里的就是女人和孩子。这样的战争形态，也就决定了农耕文明必须做好自己的防守。古代不仅仅是大城市有城有郭，即便是小的村落，很多也都有"墙围子"，以及村民自发形成的团练组织。这种村落防御的最高形式，就是福建的"土楼"。

农耕文明当然也可以选择主动进攻，但后勤就是个大问题。

农耕民族的军人们杀进游牧文明区，往往被千里运粮的窘迫所困，一次两次扑空之后，只能被迫撤军；而一旦游牧民族骑兵南下，杀进农耕文明区，他们日行千里，夜行八百，处处劫掠，处处补给。打到哪里就驻扎在哪里，根本不用考虑后勤的问题。尤其是千里沃野的黄淮海平原，在历史记载中，经常有北方草原骑兵在战斗间隙，跑到庄稼地里放牧喂马的记录。

第三，农耕民族有套路，游牧民族无约束。

很多时候，农耕民族经过千年的教化，往往会在一些最基本的军事问题上发生观念与道德上的自我拷问。军事的实质就是丛林法则，目的就是要让敌人屈服，虽然战争已经脱离了最低级的黑社会斗殴的性质，但万变不离其宗。一场战争落实到了每一个具体的冲锋，每一次鲜活的打斗，就是你死我活。

然而，受到文明教化的农耕民族，往往会被很多问题所牵绊。选择战还是和，选择前进还是撤退，选择气节还是妥协。此外，还有大量所谓军事常识做理论基础，比如"击鼓鸣金""杀降不祥""两国交兵，不斩来使"，等等。其实，这些问题在游牧民族看来尤其觉得滑稽，特别是早期崛起中的游牧政权。

草原或者渔猎文明来源于部落文明，部落与部落之间的打斗往往具备很强的原始属性。套路在这里是吃不开的，你打我一拳，我就要还你两拳；你杀我一个，我杀你一窝。如果两个部落械斗，要么我赢了，杀你全部落；要么我输了，被团灭。这是一件愿赌服输，天经地义的事情，不存在什么残忍不残忍，血腥不血腥的问题，因为这是丛林法则。正因为如此，几千年以来，北方的草原文明和渔猎文明，名号换了一批又一批，种族被团灭了一个又一个。在这种环境下生存下来的胜出者，一旦杀出草原，他们的嗜血与杀戮属性，在初期是温文尔雅的农耕民族所无法承受的。屠城只是起步价，灭族也只是考虑人口可利用价值情况下的一个备用选项。战争的形式也不会受道德或伦理的约束。用利刃在后，逼迫异族军人做攻坚的炮灰，驱使异族军人再去攻打别的异族，让敌人双双团灭，也是游牧民族对外征服中的常用手段。

如上，主要讲游牧民族在军事上的优势，当然也有劣势。

游牧民族如果没有十足的把握，一般不敢和农耕民族进行战略决战，尤其是面对坚城利炮的大城市。所以，游牧民族对于农耕文明区边缘城镇的劫掠，经常成为发展初期的一种常态，缺吃少穿，或者缺人畜马匹了，就来掠夺，抢了就跑，而不会长期占领农耕民族的城市。比如几百年之后的后金，皇太极就经常派人毁掉长城边墙入关，抓住明军不敢出城野战的心理。绕开明帝国的心脏北京，而把北京周边的无数的小城市和小村庄搞的十室九空、赤地千里。最后打劫结束，就进行"三光政策"，劫掠大量金银布帛，以及人口、牲畜入关北归后金。

此外，相比游牧民族的刚猛，农耕民族具备较高的文化信仰、人口储备以及政治经济自我修复能力，因此具备更大更深远的战争潜力。即便是在初期遭遇战争失败，只要给农耕文明足够的时间休整，来做好战争的动员工作，往往反击的能量也非常大。前文讲到长达几十年的宋金战争，虽然帝国在初期被女真人揍得狼狈不堪。但靖康之变之后，北方的太行山区、河北地区遍地烽火，南方的南宋朝廷赢得喘息机会后，不断调兵遣将。最终，南北双方僵持在了秦岭淮河一线，谁也无法前进一步。

总而言之，游牧民族和农耕民族的军事对抗，实质上是一场非对称战争。像这样的战争模式是由客观条件的差异决定的，而和尚武精神高低没有半毛钱的关系，更不是"某图腾"所杜撰的——农耕民族性格软弱使然。游牧和农耕，双方一旦卝打，战争初期走向总是有利于游牧民族，这个时间大概会持续几十年。而战争只是人类生活的一部分，威武雄壮的汉子们，套马才是主业，谁也不能天天靠砍人为生。别人不嫌你膈应人，你自己都觉得自己埋汰。人类总是天生向往更加文明的生活方式：衣冠华夏、峨冠博带、物质丰富、精神富足。而一旦游牧民族下决心安定下来，就必然放弃原来游牧民族生活方式，也就必然出现军事实力上的渐变。

游牧民族在蓬勃发展期，对于农耕文明的进攻，就如同一只撒着欢儿的公牛闯进了瓷器店。他来得快、走得也快。你跟他动手，就要损坏自己的瓷器，不动手，则会眼睁睁看着他毁掉整个店铺。女真人早期灭辽灭北宋，就像是一只年轻的公牛，脸上挂着半斤荷尔蒙，肆意地发泄着自己旺盛的精力。然而即便是公牛，也不可能天天靠荷尔蒙活着。如今时过境迁，当年的公牛变成了瓷器店掌柜，坐拥北方偌大个瓷器店。面对初生的蒙古汗国，投鼠忌器的金国人再也没有了拿得起放得下的洒脱与张力。

在长达十几年的连续拉锯中，蒙古人根本没有给女真人喘息的机会。西起关中平原，跨越幽云十六州，东边一直到辽东，蒙古人在三个方向上挤压女真人的生存空间。尤其是幽云十六州方向上，居庸关、太行八陉的紫荆关，处处都是蒙金交手的热点地区。在蒙古人长达七十多年的亚欧大陆对外征战中，就作战意志而言，女真人仅次于后来南方的宋帝国。女真人的狠劲上来，甚至一度采用了熔铁水浇门和遍洒铁蒺藜的方式，彻底封死居庸关。然而，凡此种种，也终究扛不住正处于上升期、如日中天的蒙古骑兵。

公元1214年，在蒙古人的连年打击之下，金宣宗完颜珣（xún）被迫将首都从中都（北京）迁到南京（河南开封）。

最开始的蒙古人，每到一地就屠城，留个空城就北归。就这样一年一年，耗光了金国人的家底。一直到最后，金国人根本没有办法守住靠反扑夺回来的一座座空城。而且，受压迫而奋起反抗的汉人起义队伍，也力量有限，最后只能眼看着蒙古人一天天羽翼丰满，最终强大到可以派出有效的行政团队管理占领区，在常年战乱的中国北方站稳脚跟。

到公元1227年成吉思汗去世时为止，金国人的防线已经大大后撤，金帝国的疆域也大大缩水。国境线的最西边从萧关退到了潼关，而北边则从幽云十六州退到了黄河一线，关中、河东、河北、辽西、辽东则全部成为蒙古人的势力范围。而南方，则还是秦岭淮河一线，宋帝国始终寸土不让，在前排围观中。

实际上，女真人这个瓷器店大掌柜，他拥有的瓷器店已经被别人占了一半。

公元1231年，窝阔台策划分三路攻击金国。

东路，由皇叔斡陈那颜率领，出山东济南，主要作用是牵制金军主力，负责围城打援和抄后路的工作；中路，由窝阔台本人亲自率领，绕开潼关，由河内地区渡黄河，从正面进攻金国首都汴梁；西路最为凶险，由拖雷率领。出凤翔（今陕西凤翔），入大散关（今陕西宝鸡南，川陕门户）。绕道大宋疆土汉中，过天险饶凤关（今陕西石泉西），在均州（今湖北丹江口市）北渡汉水，进兵河南腹地，从侧后方威逼东京汴梁。

实际上，早在成吉思汗死前，这个三路攻金的计划就已经出炉了。只是这个计划实施起来的难度太大，成吉思汗死后三年都没有人再提这件事情。不过在一次御前军事会议上，讨论伐金最后一战。拖雷终于按捺不住，把这个计划说出来了。当拖雷的发言结束之后，窝阔台马上反应道："昔太祖尝有志此举，今拖雷能言之，真赛因也。"[1] 窝阔台的反应，让人感觉他实在是等这句话等了好久了，而且窝阔台确实也不含糊，大家都知道，这个计划的西路是最难实现，但既然拖雷你自己说出来了，那你行你上吧。

这个计划初看起来问题不大，但仔细分析一下，东路基本上是负责打酱油的偏师；窝阔台从中路出击，从关中走河内再到河南，这条路是"崤函通道"在黄河北面的坦途大路，如果说困难，也就是南渡黄河会是一道坎而已。

我们再来仔细看看拖雷部队的预定行军路线，如图 2-2。

首先，从地缘上讲，从蒙古境内到大宋境内，从大宋借道再进入金国。宋军究竟是放行还是阻击，如果阻击，那阻击的程度多高，这些都是未知。其次，从气候上讲，这一路上有温带，有亚热带，有高山气候也有盆地气候。拖雷的部队要带够衣物，还要及时更换。最后，从地形上讲，拖雷要从关中平原，跨越秦岭，进入汉中，又从汉中盆地，翻过大巴山进入安康，然后走汉江水路到十堰，从十堰再过汉江进入南阳盆地，从南阳盆地出伏牛山进入中原……

---

① 赛因：赛因是蒙语，也就是非常好的意思。《元史·卷一百一十五·列传第二》。

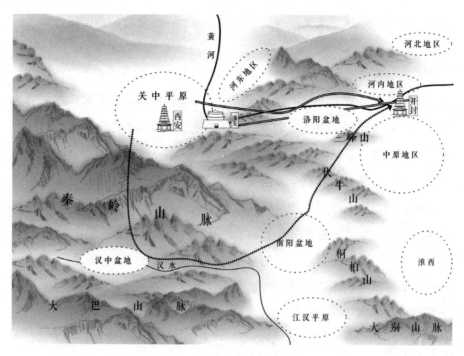

图 2-2 拖雷进攻路线图

大迂回深入敌后这种战略部署，其在军事上的突然性，我们毫不怀疑。然而，蒙古部队的强项在于骑兵闪电作战，并不擅长翻山越岭、跋山涉水。退一步讲，即便这些士兵以汉人士兵为主，丢弃了大量马匹辎重。拖雷的四万大军，在大迂回中的后勤补给问题也很头痛。即便是漫长而曲折的后勤补给线不被切断，顺利到达大平原地区之后的拖雷部队，十有八九也是一支疲惫之师。这样的部队，仓促之间万一遇到金国以逸待劳的伏兵，将又是一场典型的平原伏击战。

这次大进军，我们怎么看都像是窝阔台刻意为之。

无论拖雷成败，最后的赢家都是窝阔台。胜了，则直接将金国釜底抽薪，腹背受敌的金国也活不了几天了；败了，则拖雷不仅威风扫地，甚至可能命丧沙场，窝阔台在政治上，也就少了一个最强大的潜在对手。这就相当于，兄弟两人围着一锅滚烫的王八汤，两个人都想吃王八，但是苦于汤太热，短时间内喝不到嘴里；想吃肉，又没有合适的工具到锅里捞王八。于是，窝阔台开始忽悠拖雷赤手空拳捞王八。捞上来，兄弟俩就一起分享；如果捞不上来，拖雷的胳膊，保不齐也会被滚烫的汤汁烫"秃噜皮"。

南宋一方，实际上也已经察觉了蒙古部队的异动。打金国怎么打都可以，但是借我道打金国却不行，这是一个原则性问题。而且拖雷派出的使者与大宋商量借道，也被南宋方面严词拒绝了。谈判不成，拖雷只能硬着头皮强行借道。但让人非常遗憾的是，南宋四川守军对情报的判断出现了严重偏差，始终也没有完全掌握拖雷轻骑兵的计划行军线路，整个过程中一直在被拖雷控制节奏。所以跟拖雷遭遇的，都是一些非主力宋军。几次遭遇战之后，拖雷就迅速甩开了宋军的追赶，沿汉水顺流东出南阳盆地。

再说中路的窝阔台。三哥的路虽然好走，却走得不紧不慢。不是因为窝阔台的部队腿脚不好行动不便，而是他的部队开拔之后，索性在潼关脚下原地待命休息了四个月。一直到探马来报，拖雷的部队已经穿插到了南阳盆地。金国人的部队精锐，全部南下会战拖雷的时候，窝阔台的人马，才开始急匆匆赶往开封，参与最后的大会师。

下山摘桃子的时刻，终于到了。

决战三峰山

公元 1232 年正月，拖雷的西路军克服了重重艰难险阻，从崇山峻岭的秦岭余脉，冲到了平原地区。出伏牛山之后，拖雷成功地绕到了金国背后，几乎与走大路的窝阔台同时到达中原腹地。

拖雷所率领的这支命硬的蒙古部队，在河南三峰山（河南禹县西南）遭遇了金国的末世名将——完颜合达与完颜陈和尚。果不其然，枕戈待旦的十五万金国精锐，将拖雷的四万疲惫之师团团包围在山上。

完颜陈和尚，本名彝，字良佐。女真贵族，金末将星。他不姓陈，也没有当过和尚，陈和尚只是个小名，但他小名的名声比本名还要大。在成吉思汗去世之后，蒙古人在金国人身上迟迟占不到任何便宜，很大的原因就是金国重新启用了一批少壮派将领，完颜陈和尚就是其中之一。在完颜陈和尚短短几年的统兵生涯中，创造了很多军事奇迹，比如在公元 1228 年，也就是成吉思汗死后的第二年，完颜陈和尚在甘肃大昌原以四百骑兵，大破蒙古八千之众，取得了金国人蒙金交兵二十年以来第一次大捷。

完颜陈和尚所能够仰仗的，就是他手中的金国王牌部队——忠孝军。

忠孝军的成军不是偶然，他是金国女真人对于先祖创业精神的一种回归。早年的女真人横行无忌，灭辽破宋，靠的就是威震天下的骑兵部队。金国人的骑兵分成两类，一类是重骑兵，又叫"铁浮屠"[①]，主要布置在正

---

① 铁浮屠：又称为铁浮图，浮屠是梵语中塔的意思，铁浮屠即铁塔。杨汝翼《顺昌战胜破贼录》最早记载"铁浮屠"。文中称，金兀术"自将牙兵三千策应，皆重铠全装，号铁浮屠，又号叉千户"。属于具装重骑兵，即人马俱披重型盔甲，对敌阵发起冲击的骑兵，与拐子马一起随同完颜宗弼（金兀术）南征北战，立下了赫赫战功。

面，用作突击；还有一类是轻骑兵，又叫"拐子马"，主要布置在两翼，负责保护和迂回。"铁浮屠"与"拐子马"在当年，让辽军和宋军吃尽了苦头。即便是岳飞这样的南宋精锐，面对完颜兀术骑兵的时候，也总是要加十二分的小心。金国的骑兵战法，有点类似于《亮剑》里面孙德胜的骑兵连。在作战时，女真人充分发扬玩命和不怕死的战斗精神，一个冲锋之后，重新组织第二轮冲锋。连续十个冲锋下来，很多时候对手不管吃亏还是占便宜，在意志力上就已经先崩溃掉了。更何况，金国人出动的，是动辄几千上万的"铁浮屠"配合"拐子马"联合作战。

上百年过去了，金国骑兵优势已经荡然无存。首先马就没了，大部分的产马传统区域，都被蒙古人一块块蚕食掉；此外，女真人的尚武精神，已经完全不能和当年同日而语。不仅仅是尚武精神，还有汉人传统的忠孝节义，金国贵族们更是一头雾水。换句话讲，百年前的游牧民族优势丢了，入主中原之后，汉人的传统儒家思想也没有吃透。

于是，忠孝军应运而生。

女真士兵靠不住，那就重新组织兵源。因此，忠孝军中的民族成分极其复杂，有回纥人、乃蛮人、羌人、浑（吐谷浑）人，还有汉人。这些人的共同特点是，曾经在历次战斗中，同蒙古人结下了深仇大恨，只要上了战场，根本不用战前动员就能勇猛作战。忠孝军的战法，模仿了早年的金国骑兵。士兵们人人懂骑射，一人有两马，骑主马的同时，还有从马做备份，连续作战能力非常高。此外，忠孝军的作战素养非常高，胜不追、败不乱，战场上连续冲锋，能一直拼到最后一口气。

更为难能可贵的是，金国上上下下开始倡导汉人的儒家精神。忠孝军成军之后，强调了军容军纪，要求无论何时何地，都要对百姓秋毫无犯。当时的皇帝金哀宗完颜守绪，在全国范围内提倡忠义为先，在宗庙公祭烈士（"立褒忠庙，仍录其孤"《金史·列传·卷六十二》），抚慰历年来在对蒙古作战中英勇牺牲的先烈英魂。比如金哀宗正大二年，也就是公元1225年的一次金国国家公祭，被追谥褒奖的烈士共有一十三人，其中除了一位是西域异族勇士，其他十二位全部是汉人英雄。与此同时，皇帝同南宋政府休兵，试图结束宋金的世仇关系，集中精力对抗蒙古。

除了忠孝军之外，业务能力出众的完颜陈和尚，还遇到了能够对自己知人善任，充分放权的部门领导——完颜合达。完颜合达同样是军人出身，当时担任金国的平章政事，是名副其实的军人宰相。很多时候，完颜陈和尚只需要专注于军事斗争本身，而完颜合达则负责帮助完颜陈和尚，理清外交后勤与媒体造势的工作。完颜合达与完颜陈和尚这对将帅，堪称金帝国的黄金组合。仰仗他们的不懈努力，在成吉思汗死后的几年中，金国一度出现中兴崛起的迹象。

此时此刻，完颜合达和完颜陈和尚，全程参与了三峰山之战。

俗话说，人算不如天算，这次就是天说了算。

当时，谁都没有料到，三峰山突降大雪。不仅仅是大雪的问题，还有大风。纷纷扬扬的大雪伴着狂风，整整下了三天三夜。很多南方的朋友，往往不太理解风雪交加的真实含义，因为只有切身经历过的人，才有最深刻的感受。本身只是下雪的话，与平时冬季普遍温度，并不会有太大差异。但是就怕刮风，风一刮，透心凉。原本体感温度是零下十度，配合大风，体感温度马上下降到零下二十度。如果衣服的隔冷做得不好，大风雪天气中，人体失温就会很快。这还没算上在风雪交加的天气中，雪花对于能见度的影响。还有疾风带起来的雪粒，打在人的面部和身体露出部位，就像是无数个小刀子一样在划呀划。这样的风搅雪天气，恰似塞外草原的冬季，蒙古人非常适应。现在的很多艺术作品中，都有对于蒙古草原风搅雪天气的描述。比如《龙梅和玉荣》中的风雪故事，还有《狼图腾》中的白毛雪等。然而这样的大风雪，对于入主相对温暖的中原已经多年的金国人来讲，已经完全不能适应了。

史载，"金人僵冻无人色，几不能军"（《元史·卷一百一十五·列传第二》）。

仗还没有开打，风雪之中的金军，就已经失去了战斗力。

漫天的"白毛雪"中，被风雪冻僵的金国大军，没有被激发出最后的怒吼，长途奔袭的拖雷部反而更像是一群亡命之徒。最后蒙军以少胜多，将数倍于自己的金军击溃。"会风雪大作，其士卒僵仆，师乘之，杀戮殆尽"

（《元史·列传·卷八》）。史书中短短的几句话，读来却是寒意满身。

　　大势已去，完颜合达与完颜陈和尚率领残部退回到附近的均州城内（河南禹县）。

　　拖雷显然不会再给金国军队重整旗鼓的机会。紧接着均州城破，蒙金双方进行了非常残酷的巷战，最终完颜合达战死，完颜陈和尚被俘。已经成为俘虏的完颜陈和尚，被蒙古人虐杀，至死骂声不绝。拖雷敬重这位忠勇的战士，对死前的完颜陈和尚说："好男子，他日再生，当令我得之。"（《续资治通鉴·宋纪一百六十六》）

　　完颜合达与完颜陈和尚战死后，金国部队士气也跌落到了谷底。本来就已经不大的版图上，北部黄河天险被窝阔台平趟，南部拖雷又神兵天降，神挡杀神、佛挡杀佛。西部扼守潼关的金兵，精神防线终于垮掉，很快他们也献城投降。

　　仅存的有生力量，投降的投降，被歼灭的被歼灭。金国在短时间内，已经很难再组织起像样的反击攻势。而金国剩下的残兵败将，只能各自为战，退守中原地区几个围绕汴梁的城郭。

女真灭国

汴梁围城战爆发于公元 1232 年 3 月。

窝阔台和拖雷的两路大军会师，合兵进攻金国的都城汴梁。

冷兵器时代的武器革新，在这次战役中体现得淋漓尽致。人类社会，面临从冷兵器时代迈入热兵器时代的前夜。

困兽犹斗的金国军队，使用了"震天雷"和"飞火枪"来大面积杀伤攻城的蒙古兵。震天雷，相当于放大版的手雷，内部装填火药，外部包有生铁，设置有引信引爆。当然也可以借助抛石机，扔到敌群中爆炸；飞火枪，是在宋人陈规所造"竹竿枪"基础上的进化版本，同时又极大地影响了后世南宋的"突火枪"，相当于今天步枪的雏形。飞火枪的铁管中装填火药，烧杀近距离的敌军。飞火枪前装铁末，而这种铁末就相当于今天子弹的最原始形态。因为射程以及弹药装填速度的问题，在田野战斗中，飞火枪的威力远逊于弓弩。但在城墙攻守的近战中，飞火枪威力翻倍提高。

围城半个多月，蒙军攻而不克，自己的人员损失也非常大。这个时候，窝阔台权衡利弊，决定留下大将速不台继续围攻汴梁，自己带一部分大军北返修整。不过值得玩味的是，退兵的时候，窝阔台也带上了拖雷，一道返回北方。

在大军北上的途中，窝阔台病重。

为窝阔台治病的巫师说，连年征战，生灵涂炭，上天这是要带窝阔台回天上去了。而如果想治好窝阔台的病，只有让某个亲王代替窝阔台去上天报到。当时随军的亲王，只有拖雷一个。更让人觉得不解的是，根据史书记载，对窝阔台毫无二心的拖雷，同意替窝阔台去天上报到。于是，按照巫师的安排，拖雷喝下了巫师事先准备好的符水。

不久，公元 1232 年 6 月，年仅三十九岁的拖雷暴死。而这时，距离那场拖雷扬名立万的关乎金国生死的"三峰山之战"，仅仅过去了五个月而已。无论后世史书中如何描述拖雷之死，至少有一点是毋庸置疑的：窝阔台在拖雷暴死这件事情上，脱不了干系。那么再往前看，联系到拖雷之前千里战略大迂回一起来看整件事，无论从方案策划到实施，窝阔台的用心良苦让人印象深刻。

然而，无论是用心良苦还是运筹帷幄，窝阔台都没有想到，四弟拖雷会将一个几乎不可能的任务完成得如此漂亮，从而留给了窝阔台一个更加羸弱的金国。延续国祚近 120 年的女真完颜氏，从这一刻开始，只能无奈地等待命运的裁决。

这个时候的金国皇帝，是金哀宗完颜守绪。

完颜守绪不是个百无一用的废物皇帝，历史所有形容亡国之君的词汇，比如荒淫无道、玩物丧志、重用奸佞、暴虐嗜杀、朝政荒废……放在金哀宗身上都不成立。然而这样的皇帝却生不逢时，他偏偏遇到了整个亚欧大陆冷兵器时代以来最为强悍的一支军事力量——蒙古铁骑，而且还是紧挨着的一个邻居。历史的吊诡之处在于，亡国之君未必有亡国之相，但最终结局就是硬生生亡国了。这事就没法用正常的逻辑来分析，只能说女真人遇到了一个千年不遇的、杀神一样的邻居。这样的邻居，谁遇到谁悲催。

女真人的金朝，从公元 1115 年的完颜阿骨打立国开始，已经享国 110 多年了。女真人从开始以大宋为死敌，把大宋作为自己予取予求的钱庄和粮仓，到后来彻底融入汉文化，一直到成为北方汉族人眼中的正统王朝。女真人的汉化，是一种彻底的汉化，可以说除了血统之外，进入关内的女真人，无论语言、文字、文化、服饰，还是思维方式，都已经同汉人没有太大差异。进入中原的汉化女真人，甚至开始鄙视祖先的那种"猛安谋克①"式军事政权体系，转而以充分接纳和享受中原物质与精神文明成果

---

① 猛安谋克：猛安，千夫长。谋克，百夫长。猛安谋克是金代女真社会的最基本组织。它产生于女真原始社会的末期，由最初的围猎编制发展为军事组织。1114 年，金太祖为适应金即将建立和对地方进行统治管理的需要，"命三百户为谋克，十谋克为猛安，一如郡县置吏之法"。此制度变革为地方的行政组织，具有行政、生产与军事合一的特点。

而自居。为了恢复金国人的尚武传统，在金朝中期，曾经出现过短暂的女真文化复兴运动，然而却很快以失败告终。

几千年来，农耕文化与游牧文化的碰撞，在中国大地上演了一次又一次。游牧文化鄙视农耕文化的温良恭俭，然而却又不得不仰视辉煌灿烂的儒家文明；农耕文化鄙视游牧文化的原始野性，却又一次次被落后文明铁血屠戮。冷兵器时代的中国，几乎所有入主中原的异族政权，都要被迫在农耕和游牧二者之间二选一，这是一种灵魂深处的矛盾，也是一种痛苦的蜕变。

窝阔台和拖雷北去之后，继续围攻汴梁的速不台没有花多长时间，就让金国君臣在精神上崩溃了。因为这个时候的汴梁，不仅缺粮少水，而且开始出现了可怕的瘟疫。这场瘟疫极其恐怖，根据史书记载，当时 250 万人口的汴梁城，单是死于瘟疫的，就有 90 多万。这座当时中原地区最富庶繁华的城市，已经沦为一座死城。

局势不可为，金哀宗仿效北宋"东京保卫战"时的康王赵构，将曹王完颜讹可送到速不台军营中做人质，进而商谈议和。然而，这种城下之盟，实际上是没有任何意义的。绝望之下的金哀宗，带领部分宗室、大臣和士兵，冲出汴梁，逃往归德（河南商丘睢阳区）。之后，在归德危急存亡时，又逃往蔡州（河南汝南）。

公元 1233 年 4 月 20 日，群龙无首的汴梁城发生内乱，蒙古大军进入汴梁。汴梁围城战持续的时间长达一年，蒙古军人的死伤已经远远超出了他们可以承受的范围之内。汴梁城破前夕，大将速不台向窝阔台上书，请求屠城。在耶律楚材的苦苦进谏之下，窝阔台下达紧急命令，制止可能的大肆杀戮行为。以汉人为主的百姓们幸免于难，但女真贵族可就倒了血霉了。速不台要求，将城破之后清算的矛头，完全对准金国龙子龙孙、王公贵族、金枝玉叶，集中清算。"汴梁将下，大将速不台遣使来言：'金人抗拒持久，师多死伤，城下之日，宜屠之。'楚材驰入奏曰：'将士暴露数十年，所欲者土地人民耳。得地无民，将焉用之！'帝犹豫未决，楚材曰：'奇巧之工，厚藏之家，皆萃于此，若尽杀之，将无所获。'帝然之，诏罪止完颜氏，余皆勿问。"（《元史·列传·卷三十三》）。不仅如此，耶律楚材紧急派人进入汴梁城，找到了在战火中避难的孔子第五十一代嫡孙孔元措，尊其为蒙古汗国衍圣公，同时开坛讲义，复兴儒学。（"楚材又请遣人入城，求孔子后，得五十一代孙元措，奏袭封衍圣公。"《元史·列传·卷三十三》）

毫无疑问，这在中国历史上，是里程碑式的一件事情。

游牧民族入主中原，遇到最大的困扰就是由于身份，也即"华夷之辨"造成的法理正统问题。王朝末世，天下大乱，哪怕是游牧民族首领南下，如何拿到皇位在技术上实现的难度并不大，最困难的环节是如何让华夏故地的汉人心悦诚服。为此，历朝历代的草莽英雄们可谓绞尽脑汁，千年如一日地对自己进行身份洗白工作。

最早的大混乱时代——五胡乱华，匈奴鲜卑这些外来民族，纷纷自认炎黄子孙，比如前文提到的鲜卑北魏拓跋氏，北周宇文氏都是如此；再之后的五代十国，洗白工作进入新阶段。沙陀族的石敬瑭，言之凿凿、脸皮厚厚地自认西汉宰相石奋后人；脸皮更厚的是前文提到的刘知远，翻阅史书，找了一个东汉刘姓皇帝当祖宗。

这种情况到了宋代以后，身份洗白工作出现了进阶版本。

当时的北宋第四位皇帝仁宗，在宋帝国重文轻武的大背景下，强化并固化了历代皇室薪火相传的尊孔行为，加封孔子嫡系后人孔宗愿为"衍圣公"。用皇家册封的形式，将尊孔崇圣提高到至高无上的地位。孔子嫡系后人世袭"衍圣公"，在规格上，远远超越了之前历朝历代对孔子的各种光荣称号，比如褒成、褒尊、宗圣、奉圣、崇圣等。正因为儒家治国的崇高地位，所以宋金战争之后，为了和南宋争夺法理正统，北方的女真金朝索性也册封了一个"衍圣公"。从此南宋和金朝各有一个"衍圣公"，开创了儒家文化史上著名的"南北二宗"时期。南北二宗中的北宗，从金国肇始一直传到了女真灭国。蒙古人为了争夺北宗正统，耶律楚材将时任金国"衍圣公"的孔元措，改封为蒙古汗国的"衍圣公"，从而实现了"衍圣公"这个封号在异族政权之间的顺利交接。

"衍圣公"世袭罔替的制度，从金顺利交接到元，再加上后世的清，这些少数民族政权，争相尊孔，用孔子的名义笼络读书人，从而建立了一个稳定的士大夫官僚体系，解决了自己在夺取天下后的法理正统问题。换句话讲，游牧民族入主中原，从最早的追认血缘，到后来的乱认祖宗，再到后来以尊孔尊儒的名义追求文化认同，游牧民族终于找到了解答自己内心深处最大困惑的那把钥匙。换句话讲，册封"衍圣公"体系，实际上就是世俗皇帝为了获得民间的信仰认同，也就是中国版本的"罗马教皇加冕制度"，只不过册封的双方互换身份了而已。衍圣公这个封号也成为了中国版本的、活生生的"万世一系"。铁打的孔圣，流水的皇帝，孔门嫡系子孙的"衍圣公"封号永远不变，儒家弟子的地位永远不变。

　　由血缘而祖宗，由祖宗而文化。游牧民族在内心深处纠结挣扎了几千年，终于为自己的异族王朝正统，找到了精神家园。

　　我们再反过头来看。汴梁围城战，乃至于整个蒙金战争期间，耶律楚材的尊孔行动都最大程度地避免了战争带给北方汉族人民的苦难，同时又打着儒学复兴的大旗，名正言顺地在蒙古征服者的头上套上了一个紧箍咒。让入侵中原毫无忌讳的游牧民族在灵魂深处对汉地儒家文明充满了深深的敬畏之心。

　　遵照窝阔台的旨意，已经对汴梁上百万百姓举起屠刀的速不台，最终放弃了原本计划中的疯狂报复行动。然而，金国完颜氏则下场就很凄凉了。战后被俘的金国皇室成员，包括了金朝的太后王氏，皇后徒单氏、梁王完颜从恪、荆王完颜守纯，大批的后宫嫔妃等共五百多人，一共装了足足 37 个大车。这些金枝玉叶，统统被押往当时蒙古汗国的都城和林（蒙古哈尔和林），然而，在北去的路上，速不台用极其残酷的手段消灭掉了其中所有贵族男性成员，折磨死了大部分的女性成员。

　　被围困在蔡州的金哀宗完颜守绪，病急乱投医，急忙向多年的老对手大宋朝廷求援。然而，同完颜女真皇室有血海深仇的南宋当局，则充分发扬了落井下石的"国际主义精神"，派大将孟珙带领着两万人驰援蒙军，不仅如此，还"雪中送炭"地为蒙军提供了三十万石的粮草给养。

公元 1234 年正月，不愿意做亡国之君的金哀宗，在匆忙之中，将皇位传给了宗室成员完颜承麟，史称金末帝。然而金末帝的皇位只做了一个时辰，蔡州城告破。金哀宗完颜守绪在幽兰轩自缢，金末帝完颜承麟则死于乱军之中。

金哀宗，金末帝；宋徽宗，宋钦宗。

一百年的轮回，这样人死国灭的悲剧故事，居然在剧情上都如此雷同。

故事的尾声颇为出人意料。

皇帝这杆大旗倒下之后，金国境内的各族人民组成的政府军，纷纷放下武器投降。但甘肃境内的一支孤军，却退守孤城，拒不投降。带头的军人非常勇猛，名字也透着彪悍，他叫郭蛤蟆。郭蛤蟆是汉族人，却最终为女真金国殉节。在金哀宗与金末帝双双被杀后，郭蛤蟆依然打着金国正统的旗号，在西北的漫漫黄沙中坚持战斗了两年之久。公元 1236 年，郭蛤蟆镇守的小城郭被蒙古人攻破，郭蛤蟆的最后一支金国部队全军阵亡，无一人生还（"城中无一人肯降者。"《金史·列传·卷六十二》）。

至此，金国全境被蒙古人占领。

女真人在为自己祖先还债的同时，也在进一步地推动着历史的车轮。

拖雷系的胜利

除掉了拖雷，一统金国的窝阔台，没有停下战争的脚步。

公元 1235 年，在察合台的建议之下，窝阔台批准了一个"长子西征"计划，也就是继成吉思汗第一次西征之后的，蒙古人历史上的第二次大规模西征行动。此次西征，由术赤家族的继承人拔都为领袖，以灭亡金国的老将速不台为统帅，随军的其他统帅，包括察合台的长子拜答儿，窝阔台长子贵由，拖雷长子蒙哥等各个贵族成员的长子们，集合了十五万蒙古大军，向一望无际的西伯利亚和东欧平原进发。

六年之后。

公元 1241 年底，蒙古大军到达多瑙河流域，进入马扎尔人控制的匈牙利境内。在拔都的率领下，蒙军一度占领了匈牙利的首都布达佩斯城。就在这个时候，长期沉溺于酒色的蒙古大汗窝阔台驾崩。消息传到前线，拔都下令停止所有一线的军事行动，蒙古西征大军班师回朝。

窝阔台的猝死，政治的瞬间真空，使得王储之争出现纷争。

在拔都大军还没有班师的情况下，窝阔台的皇妃乃马真（长子贵由的生母）私自宣布摄政。乃马真的真实意图，是扶植自己的儿子贵由上位。因此，怀有私心的乃马真，在其摄政的五年里，坚持毫不利人、专门利己的用人标准。她所有的施政命令，只围绕一个中心思想，那就是是否有利于儿子贵由接下来顺利即位。而对于施政内容和施政效果，则不是乃马真需要费心考虑的事情。乃马真摄政期间，整个蒙古汗国暗流涌动，各派政治势力互相角力，思想和步调严重不统一，蒙古汗国已经出现了解体的前兆。

公元 1244 年，三朝老臣耶律楚材，在抑郁与失望中死去。

公元 1246 年，在乃马真一手操控之下，贵由顺利继承了汗位。三年之后，不够命硬的贵由死去，贵由的皇后斡兀立海迷失代表"窝阔台系"

继续摄政。

从此开始又过了五年，一直到公元1251年，在拔都的多方斡旋之下，新的库里勒台大会在斡难河畔举行。此时此刻的拔都，已经年满四十二岁，西征归来，兵权在握，声名日隆。他早已不是二十二年前库里勒台大会上那个稍显青涩的拔都，而是堂堂正正的成吉思汗的长子长孙。上一次会议，窝阔台三兄弟主宰了会议进程，而这一次的会议主角毫无疑问就是拔都。在会议期间，拔都极力推举拖雷长子蒙哥为大汗。虽然与会各方心怀鬼胎，但拔都用自己的兵权与威望控制了局面，又一次维持了蒙古汗国在政治上的统一与和平局面。最终，在察合台家族和窝阔台家族一片异议声中，蒙哥登上大汗之位。

空前强大的汗国，表面皆大欢喜，但政治裂痕的种子已经埋下。

蒙哥登上汗位不久，就处死了窝阔台系的斡兀立海迷失，此后，蒙哥又先后除掉窝阔台系宗室成员政治异议者七十多人。蒙哥的即位，窝阔台系损失其大，也为蒙古汗国最终的分裂埋下伏笔。从蒙哥开始，标志着蒙古大汗的宝座正式从"窝阔台系"，轮转到了"拖雷系"手中。

跨越二十年，窝阔台和拖雷兄弟二人的恩怨，宣布告一段落。

蒙哥，在蒙古汗国长达半个多世纪的军事征服史上，毫无疑问是承上启下的一位。

比如在蒙哥的策反之下，当时的朝鲜又一次发扬了认干爹的优良传统，主动向蒙古乞降，蒙哥很快将朝鲜钦定为蒙古的藩属国。消除了朝鲜这个后顾之忧，蒙哥又积极筹备南征宋帝国的军事行动。受到父亲拖雷大迂回灭金之战的启发，在对宋作战占不到太多便宜的情况下，蒙哥索性又一次展开战略大迂回，从四川绕道大理，在南宋的侧后方发起攻击。值得一提的是，蒙哥画的这个圈圈，要比他父亲拖雷划的那个圈圈更绕远，走的路也更崎岖。

不过蒙哥这样一个为战争而生的人，却像他的父亲拖雷一样命不长久。因为他遇到了当时整个亚欧大陆范围内，城防战最为擅长的宋帝国。宋蒙战争断断续续打了接近半个世纪，大宋堪称蒙古人无数个对手之中，最能打消耗战，也是拖到最后才被征服的一个。

公元 1259 年，蒙哥在四川钓鱼城（今属重庆）被宋军击伤，不久死去。

蒙哥死后，又是新的一轮关于汗位归属的大纷争。

拖雷的长子蒙哥没了，但还有拖雷嫡出的四子忽必烈，五子旭烈兀，七子阿里不哥。这几位小爷，没有一个是省油的灯。尤其是老五旭烈兀，此时此刻正率领十万蒙古大军远征中东，兵锋一直到达地中海东岸的大马士革附近。这次远征，也就是史书上所说的蒙古第三次西征。

拖雷系升级版本的嫡亲兄弟汗位争夺战，呼之欲出。

时过境迁。成吉思汗已经去世三十多年，蒙古人再也没有了术赤他们老一辈的四兄弟作为精神领袖，来维持表面的政治版图完整，甚至也没有了耶律楚材或者拔都这样具备崇高威望的辅臣。如日中天的蒙古人，就像一群嗜血的狼，对外撕咬，对内也不含糊。从成吉思汗本人开始，到第二代的老兄弟四个，一直到第三代的拔都、贵由和蒙哥，蒙古人窝里斗后浪推前浪，烈度逐级上升。不等新的库里勒台大会召开，支持汉化的忽必烈和反对汉化的阿里不哥，就迫不及待在开平（内蒙古自治区锡林郭勒盟）与和林（外蒙古哈尔和林）这两个地方，分别宣布自己为新的蒙古大汗，两个人展开了长达四年的草原内战。

当然，蒙哥之死，同样也深刻地改变了世界历史进程。

正在西征途中的旭烈兀，顾不上叙利亚战事正紧，在得知忽必烈与阿里不哥兄弟大打出手的消息之后，迅速停止西征，回师蒙古草原。此后，旭烈兀西征也顺势终止。所以这就是典型的蝴蝶效应——宋帝国在钓鱼城的拼死抵抗，为广大中东地区迎来了来之不易的和平。

在得到哥哥忽必烈的册封承诺之后，旭烈兀毫不犹豫地加入了忽必烈阵营，联手对付弟弟阿里不哥。旭烈兀的态度对于战争结局至关重要，他对忽必烈的支持，就相当于当年"长子西征"统帅拔都，对于蒙哥的支持。公元 1264 年，忽必烈取得蒙古内战的全面胜利，正式即位蒙古大汗。同年，忽必烈自称皇帝，改国号为元。

兵败之后的阿里不哥被幽禁，两年后暴死。

"拖雷系"的兄弟内战,极大地伤害了蒙古汗国内部各大政治势力的团结。而与此同时,成吉思汗后人们的血缘联系也越来越淡漠。战争期间,老一辈的术赤系、察合台系、窝阔台系清一色地站队阿里不哥,面对忽必烈大获全胜的结果,这三个老政治派系,对新搭台唱戏的蒙古汗国感到心灰意冷,并且萌发了分家各过自己日子的群体思潮。

　　战后不久,蒙古汗国正式分裂为钦察汗国(术赤家族)、窝阔台汗国、察合台汗国,以及伊利汗国(旭烈兀西征所创建)。其中,也只有伊利汗国承认新任大汗忽必烈的宗主地位。

　　因此,元世祖忽必烈是建立汉地元朝的第一位皇帝,也是蒙古汗国的末代大汗。

草原帝国

元朝建立之初，还是呈现了生机勃勃的活力。忽必烈参照汉人的典章，制定了从中央到地方的行政架构。发展农业，兴修水利，推崇儒学，建立科举。

然而，忽必烈之后的历任元朝皇帝们，整体上却始终没有融入到汉地文化中去。他们呈现出更多的，是在草原文明和农耕文明之间举棋不定、左右摇摆。虽然在之后的元仁宗和元英宗时代，曾经有过短暂的倡议"以儒治国"的口号，然而朝廷中的反汉化力量，则更加强大。元朝实行民族歧视的等级制，人分四等——蒙古人、色目人[①]、汉人、南人（南方汉人）。从根子上讲，元朝的皇帝们对汉人以及汉人文化，无法提起更高的兴趣。反而，元代宫廷中流行蒙古语，流行八思巴文，流行信仰国教喇嘛教。

忽必烈去世后，从1294年到1368年，74年的时间，其间换了10个皇帝。如果把最后一个皇帝元顺帝（在位35年）刨掉，元代用了39年的时间，换了9个皇帝。

很显然，这皇位有毒。

事实上，元代的大多数皇帝们，根本谈不上敬不敬业，因为他们压根没搞清楚"中原皇帝是什么"这个最基础的问题。他们与其说是把做皇帝当成一种职业，不如说是把皇帝当成一种皇室福利。皇帝这个位子，你爽几年，再换我爽几年，至于皇帝这个职业定位是什么，职业发展途径是什么，职位对个人能力的要求是什么，并没有几个人在意。

---

① 色目人：是元代时对来自中西亚的各民族的统称，也是元代人民的四种位阶之一，广义上的来讲，一切除蒙古、汉人、南人以外的西北民族都算是色目人。包括被蒙古人征服并带入蒙古帝国的中亚突厥人、粟特人、党项人、中亚契丹人、波斯人（花剌子模人）及少量阿拉伯人等，其中中亚突厥人最高，波斯人次之。

元代的皇帝们，对整个国家进行盘剥和搜刮的兴趣，远远大于他们对这个国家治理的兴趣。换句话讲，对于农业，他只管收公粮，不会在乎农民们有没有水灾、旱灾、虫灾；对于商业，他只管收交易税，他不会管你商业环境是否健康，国家对于整个商业环境是否有宏观调控。我虽然是这个国家的皇帝不假，但是这个国家跟我个人关系不大，只要到时候给我提供我需要的东西就好。正因为如此，跟大多数人的想象可能不太一样，实际上元代的老百姓非常自由，因为没人管。朝廷只是关注有没有人反抗，反正只要你反抗我就镇压你。而对于平时的社会如何发展，老百姓如何生活，不好意思，这事跟朝廷没多大关系。所以，自由自在的老百姓们，创造出了元杂剧这种反映自由主义的文学样式。

忽必烈本人虽然粗通汉语，但是他的大多数子孙们对于汉语没有太大的兴趣。所以，在元代朝廷，蒙汉翻译这份工作格外吃香，当然，也不排除中间有个别滥竽充数，两边糊弄的主。正因为不懂汉语，所以为了方便交流，皇帝身边的权臣，基本都是在蒙古贵族和色目贵族中挑选，汉人大儒则很难走近到皇帝身边。退一步说，即便是有汉人士大夫进入中央执政集团的法眼，也不会受到更多的尊敬。在大宋王朝那些"士可杀不可辱"的文人士大夫，在元代动不动就被皇帝打屁股。这种野蛮的"士可杀又可辱"的元代廷杖制度，甚至深深影响了后世汉人建立的大明王朝。

实际上，在当时蒙古贵族们的眼中，自己的根在草原上，至于在汉地做官，就相当于今天总部设在海外的外企常驻中国销售代表。汉语既然没用，所以在相当长的一段时间里，元代是没有科举的，或者说科举就像段誉的六脉神剑，时有时没，完全看皇帝的心情。甚至皇帝的权臣们还会时不时搞几个"治理天下"的良策来供皇帝参考，比如有个叫伯颜的丞相，曾经给皇帝支招，为了方便管理汉人，可以杀光"张王李刘赵"这几个汉人大姓的帝国公民（"伯颜请杀张、王、刘、李、赵五姓汉人，帝不从。"《元史·本纪·卷三十九》）。很难想象，这些话，出自于一个已经入主中原半个多世纪以上的王朝的丞相之口。不得不承认，元代丞相很机智，很有创意……很扯淡。

元代皇帝们这样扯淡式的统治，被推翻只是一个时间问题。

应该说，中国古代的老百姓，是一个忍耐力非常强的群体。比如在元朝，即便我是第三等人、第四等人，每天都有蒙古贵族和色目官员冲我白眼，说我低贱，我都没有在乎过。但是，至少你要满足我基本的生存权，你要让我吃得上饱饭，不至于饿死；在我吃饱饭的基础上，我希望能够养活我的家人，让他们也吃上饱饭；此外，在以上两条都满足的情况下，我要看得到希望，希望能够有一天脱离我的阶级，改变我的命运和我后人的命运。而在历朝历代的和平时代，改变自己命运的就是靠科举。

这些最基本的人权，在元代倒不是说没有保证，而是说压根就没人关心，老百姓属于自生自灭类型。那么在风调雨顺的时节，当然还好说。如果遇到大规模、大范围的天灾，而政府又没有帮助老百姓自救，也没有任何的所谓赈灾，那这就一定会成为农民起义、饥民造反的导火索。

公元 1351 年，在忽必烈去世后第五十七年，从因黄河水患而起的红巾军起义开始，农民军暴动迅速蔓延到全国。元代的蒙古骑兵，仍然具备了很强的战斗属性，然而在饥民眼里，饿死和战死是一样的。其中，北方以刘福通为首的红巾军，同元政府军长期作战，几乎消耗光了大部分的政府军精锐。

当时在位的皇帝，是元顺帝，蒙文名字孛儿只斤·妥懽帖睦尔。说句良心话，元顺帝同他之前的很多任元代皇帝相比，是为数不多能说几句汉语的人。甚至，元顺帝还会作一些看起来文笔还算通顺的汉诗。然而，元朝到了元顺帝时代，已经积重难返，连续半个世纪的时间无法融入汉地文化，无法形成有效的行政体系。这样的政权，从根子上来说只是草原游牧文明的中原移植变异，而完全没有蜕变成为一个治理天下的古代中央政府。元顺帝即便有心去治理这个国家，也不会再有充足的时间。

当然，也不是完全没有一线翻盘的机会，比如元顺帝的丞相脱脱就做了这种尝试。

脱脱，蒙古人，自小接受了系统的儒家教育，而且能书善画。儒家思想对他的影响极深，他后来把"日记古人嘉言善行，服之终身"（《元史·列传·卷二十五》）作为自己的座右铭。从政后，脱脱一度成为元顺帝的肱股之臣。在脱脱的主持之下，元代政府主编了《宋史》《辽史》《金史》，这三本书至今位列二十四史。脱脱政治上最重要的贡献，是恢复科举、整顿吏治，减轻政府对老百姓的盘剥。

在红巾军起义开始之后，脱脱成为剿灭红巾军的实际指挥者，并且很快就将红巾军的势头镇压下去。然而不久，在朝廷的政治斗争中，脱脱失去了元顺帝的信任。公元 1355 年，脱脱被朝廷革职，流放到云南，之后被迫自杀。

捕鱼儿海

公元 1368 年，崛起于江淮之间的农民起义军领袖朱元璋，派大将徐达（徐辉祖与徐增寿之父）率军 25 万，向元朝的首都大都（北京）进发。当徐达的部队到达通州的时候，元顺帝携带皇室成员北遁草原。逃到草原上的元朝皇室建立的政权，被称为北元。

徐达奉朱元璋之命，继续在漠北扫荡北元残余势力。公元 1370 年，元顺帝病逝，庙号为北元惠宗。元顺帝的儿子孛儿只斤·爱猷识理答腊即位，史称北元昭宗。同一年，徐达在沈儿峪（甘肃定西）之战中，大破北元，俘虏郯王、文济王及国公、平章以下文武僚属 1800 多人，俘虏士兵 8 万多人。同时，明朝大将李文忠，又在应昌（今内蒙古赤峰克什克腾旗）大胜北元，俘虏了北元昭宗的嫡长子孛儿只斤·买的里八剌，买的里八剌后来被押回南京，朱元璋封其为"崇礼侯"（后被放回北元）。

之后的几年里，北元和大明，又进行了很多次的拉锯战。北元军队，始终再未能接近大都。元代小朝廷，只能在北方草原上，承袭着始自忽必烈的正统，做一个偏安政权。

公元 1387 年 9 月，在先后荡平了四川、云南和辽东的蒙古军队之后，明太祖朱元璋派永昌侯蓝玉[①]为大将军，率军 15 万北伐。朱元璋要求蓝玉毕其功于一役，彻底剿灭北元残余势力。当时在任的蒙古皇帝是元昭宗的另外一个儿子——孛儿只斤·脱古思帖木儿。脱古思帖木儿的年号为天元，所以又称为天元帝。

追讨天元帝小朝廷的行动，进行得并不顺利。

---

① 蓝玉：（？－1393 年），定远（今属安徽定远县）人，常遇春妻弟，明朝开国将领。有胆有谋，勇敢善战，屡立战功。因在捕鱼儿海中大破北元，基本摧毁其职官体系而名震天下。

蓝玉大军出塞之后，从大宁（今内蒙古宁城）出发，一直到庆州（今内蒙古巴林左旗），一路上日夜兼程，却始终找不到敌人踪迹。惊弓之鸟一样的蒙古人，在茫茫无际的大漠与草原之上，同明军玩起了猫捉老鼠的游戏。包括蓝玉在内的大明很多高级将领，继续向北的决心已经动摇。自从出塞之后，天气越来越冷，军需补给也越来越困难，这十五万人马，每天的吃喝拉撒都足够蓝玉头疼，更不用说还要保证最基本的士气与作战能力。

佯装的镇定，无法掩盖内心敲得山响的退堂鼓，每个人都心照不宣。

关键时刻，蓝玉的部属——定远侯王弼站了出来。

王弼，安徽凤阳人，朱元璋的正宗老乡。这位硬汉一路追随朱元璋，从淮西打到江东，从云南打到塞北，他的足迹踏遍中华万里河山。

王弼厉声说道："承蒙皇帝信任，十五万人出塞，大军已经深入草原到了这里。如果现在不明不白地班师，怎么向圣上交代呢？"（"吾等奉圣主威德，提十万余众，深入至此，无所得，何以复命？"《明史·列传·卷二百一十五》）

一个完美的团队，像王弼这样态度决绝，一杆子干到底的硬汉，不可或缺。

1388年4月，进退维谷的蓝玉大军，终于获取到了准确的情报，北元大帐就在捕鱼儿海（贝尔湖，位于内蒙古呼伦贝尔市的中蒙边境）附近，见图2-3。

这个情报，可谓价值连城。

蓝玉下令，就以硬汉王弼为先锋，急行军直扑捕鱼儿海。王弼大军一路偃旗息鼓，岗哨收缩，探马回营，实行完全的军事静默。像这种远程奔袭中，保持全军步调一致的军事静默，在此之前和之后，古今中外的军事战争史上曾经多次出现。比如当年秦军大将章邯，就曾经率领部队夜袭项梁，所有的士兵衔枚疾进，最终楚军大败，项梁战死。这里提到的衔枚，意思是士兵们的嘴里叼着筷子一样的东西，防止路上说话。这种静默作战到了近现代，也就进化到了战争中的无线电静默，等等。

类似战例很多，冷兵器时代王弼的这一次，也异常成功。

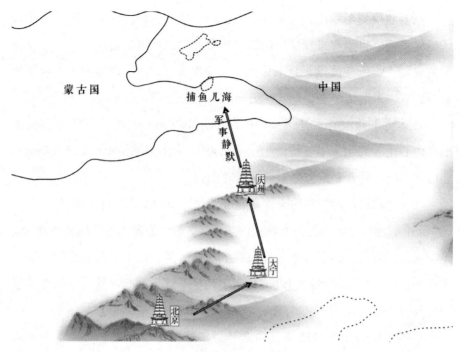

图 2-3 明军进攻路线图

此时的捕鱼儿海，恰好刮起了沙尘暴，风沙漫天，能见度极低。史载——"时大风扬沙，昼晦"（《明史·列传·卷二百一十五》），大白天的光景，就像傍晚一样昏暗。王弼的部队，就像是一群穿行在漫天黄沙之中的幽灵，静悄悄地逼近蒙古人最后的堡垒——捕鱼儿海。北元的皇室成员，还有大批的蒙古士兵，早已经丧失了百年前的先辈们吃苦耐劳的革命精神，在这样并不多见的恶劣气候中，他们纷纷在中军大帐中休息，包括岗哨。

所以，当王弼大军神不知鬼不觉接近北元大帐时，蒙古军队居然没有任何人察觉到死神的不期而至。

神兵天降的十五万明军，同毫无准备的北元部队，展开了一场非对称的短暂战斗。战斗的结果毫无悬念，北元皇室遭到了毁灭性的最后一击。

除了天元帝和他的长子天保奴逃脱之外。明军俘虏了天元帝的次子地保奴及皇室男性 64 人、后妃公主 59 人、吴王朵儿只、代王达里麻等皇室贵族 2990 人。与此同时，缴获大量图书，印玺，俘虏北元士兵和百姓共77000 人，牛羊马匹等更是数以万计。

汉人政权的明军，并没有像游牧民族军队一样，对失去反抗能力的敌人赶尽杀绝，也没有进行疯狂的屠杀报复行动。蓝玉只是进行了一个象征性的仪式，将所有被俘北元士兵身上的铠甲脱下，丢进熊熊烈火之中化为灰烬。（"聚铠伏焚之。"《明史·列传·卷二百一十五》）

虽然明军并没有大开杀戒，但我们并不知道，此时此刻的北元贵族们，内心是否想到了当年被他们杀到穷途末路的金哀宗和金末帝。乃至于之前之后的，西夏和南宋皇室的最后时刻。

北元的结局，同当年的金国，完成了又一个宿命的轮回。

同年，逃亡途中的天元帝和天保奴父子，被蒙古贵族也速迭儿所杀。做了俘虏的地保奴，后来被朱元璋流放到琉球。从此以后，忽必烈的皇室嫡系子孙，在中国大陆彻底绝迹。北元小朝廷从这一刻起，其实已经退出了历史舞台。

值得一提的是，也速迭儿，就是当年拖雷家的老七——阿里不哥的后人。

老四忽必烈的嫡系继承人，跨越一个多世纪，命丧老七阿里不哥的直系后裔之手。忽必烈和阿里不哥的兄弟恩怨情仇，至此也完成了一个因果相报的循环。

马上民族的魔咒，起自公元1125年，结束于公元1388年，两百多年，多少故事围绕着这个魔咒波澜壮阔地展开。留给后人的，是无限叹息与感怀。

第三章
姓氏的果报

朱氏代李，结束了一个唐末小乱世，最终又开启了一个五代十国的大乱世。这就是历史。

崇祯皇帝朱由检，从九岁到十六岁这短短七年里，死了爷爷死爸爸，死了爸爸死哥哥，终于为自己死出了一个未来。

应该说，徐光启才是中国睁眼看世界的第一人，不一定要等到清末才去喊这句话。我们只是明末看完世界，到了清朝又把眼睛闭上了而已。所以清末那不叫睁眼看世界，那叫睡醒了重新看世界。

朱氏代李

安徽人朱温，最终灭掉了陕西人的李唐王朝。

七百年后，陕西人李自成，又灭掉了安徽人朱元璋创建的朱明王朝。

令人唏嘘。

破落残唐

少年李柷（chù）每一天都在担心，朱温到底什么时候对自己下手。

李柷是唐帝国的第二十位皇帝，此时此刻的他已经被权臣朱温掳到了洛阳，早已远离了自己祖先陇西李氏发迹的龙兴之地——关中。

帝国尊严已经荡然无存。

150多年来，首都长安已经被叛军、异族、民变等各路反贼们，攻破了不下六次。从第六个皇帝唐玄宗逃亡四川开始，唐代的皇帝们流亡他处已经成为一种家族传统——关中的宝鸡、巴蜀、汉中、河东等都是躲避战乱的好去处。尤其是李柷的父亲唐昭宗李晔，一辈子被宦官和叛军们掳来掠去，东躲西藏。他做过战犯，也做过几年囚徒，受尽了人世间的屈辱。更加让人感到悲伤的是，李晔并不是个白痴皇帝。从公元888年，李晔即位的那一刻起，他就励精图治，致力于恢复皇室权威，实现帝国中兴，然而，形势比人强。折腾许多年，在宦官和藩镇的双重打击之下，唐昭宗李晔本人的雄心连同他背后偌大的李唐王朝，都最终走向了日暮途穷。

朝政已经不可收拾。

内朝的宦官和外朝的节度使们，纷纷开启了"关我屁事"和"关你屁事"

唐朝皇帝流亡明细表

序号	皇帝	任数	长安沦陷时间	外敌	逃亡方向
1	唐玄宗	第六任	756 年	安史派军	四川成都
2	唐代宗	第八任	763 年	吐将军	河南陕县
3	唐德宗	第九任	783 年	藩镇派军	陕西乾县
			784 年	藩镇派军	陕西汉中
4	唐僖宗	第十八任	881 年	黄巢农民军	四川成都
			886 年	藩镇派军	陕西宝鸡
5	唐昭宗	第十九任	895 年	藩镇派军	陕西华县
			901 年	宦官作乱	陕西宝鸡
			905 年	朱温作乱	河南洛阳

的模式。宦官们的逻辑是"关我屁事",他们控制内廷,只管眼前利益,对于广大帝国范围内的国计民生毫无兴趣;节度使们则是"关你屁事",他们招兵买马,只管自己地盘,对于来自朝廷的号令则阴奉阳违。夹在"关我屁事"和"关你屁事"之间的,则是遍地的劳苦大众。穷人们甚至丧失了最后一点儿活下去的权利,要么隐忍,最终沦为路旁的一个饿殍;要么参军,跟随军阀或者农民军,去制造更多的穷人出来。

现实让人感到绝望。

少年李柷的同胞兄弟们,还都没有成年的九个小王爷,统统被奸臣蒋玄晖除掉了。堂堂李氏皇室贵胄,如今居然沦落到如同猪狗一样被杀被宰的地步。然而即便如此,李柷也没有表现出更多的愤怒,而是默默地接受了这个现实,将所有的泪水都流进了自己的肚子里。因为他知道,只不过在十多年前,自己的叔叔伯伯们——多达十一位大唐王朝的王爷们,就曾经被权臣韩建集体屠杀过一次了。这还没有算上二十多年前,黄巢杀进长安城,将所有李氏皇室远亲屠杀殆尽的那次。皇室流的血已经够多了,李柷很清楚地知道这一点,关键是如何做才能摆脱掉这一切。

事实上,奸贼们屠杀小王爷还远远不算什么。

当时权臣朱温的团队,对于杀人是有分工的。目的就是铲除所有对朱温产生威胁，或者有可能产生威胁的人。比如蒋玄晖负责集体屠杀小王爷，朱温的另外一个心腹李振负责集体屠杀大臣，而朱温的养子朱友恭则负责杀皇帝。朱友恭杀掉的皇帝，也就是少年李柷的父亲唐昭宗李晔。李晔只活了三十七岁，虽然屈辱一生，最后却也难逃一死，这个心中有雄心壮志的男人，最后被朱友恭的部从们，像杀鸡一样在皇宫内追着砍，血溅内廷。

最让李柷感到恶心反胃的是，就是这个躲在背后的刽子手朱温，居然还一直搞出一副上帝视角的正义感。伪善到了极致的朱温，不仅对皇帝和皇室成员的死痛哭流涕，事后还杀了弑君的朱友恭，又在两年之后杀了蒋玄晖。尤其可笑的是，朱温杀这些亲信的根本原因，不过是觉得这些人也威胁到了自己而已，如此一石二鸟的事情，朱温干的何止一件？

毫无疑问，这些年以来，朱温就是帝国范围内最狡诈、最阴险的军阀。

乱世军阀养成手册

如果说前文讲到的刘知远，是一个适合乱世求生的人，那么朱温就是天生为这个乱世而生的人。

朱温是宋州砀山（安徽省砀山县）人，这个地方位于安徽省的最北端的突出部，恰好处于安徽与河南、江苏、山东四省交界的地方。虽然今天看起来这个地方属于安徽，但实际上我们现在看到的所谓安徽省，本身就是由不同地理人口单元强行捏合而成的一个行政集合体。所以砀山这个地方，与其说是属于安徽，倒不如说是属于河南更贴切一些。这个地方和朱元璋所在的淮西，在文化和地理上也是八竿子打不着。按照今天的观点，朱温和朱元璋算是安徽老乡不假。但如果放在古代，两个人的出生地，压根就风马牛不相及。

朱温的出身，比前文的乱世英雄郭威也好不到哪里去。郭威是父亲早亡，朱温也是。不过好在朱温的母亲比较吃苦耐劳。作为一个寡妇，她带着朱温三兄弟投身到一个地主豪强家里做工，用来支撑这个残破的家庭。所以，从小朱温就给地主家干活，并且学得了一手放猪的好手艺。不过放猪少年朱温并不安分，他崇尚武力，好勇斗狠。虽然家贫不假，但正是因为这种贫穷，让朱温迫切地想去改变自己的社会地位，为了快速实现自己的想法，朱温决定走捷径。

乱世若想出人头地，有自己的固定模式。比如郭威就选择了从军，通过战功，从基层慢慢熬到高层。然而这种模式并不适合朱温，从小跟随母亲寄人篱下的生活，让朱温总是在思考用最快最省的方式来实现自己的抱负。如果通过军队升迁的常规方式，朱温这种半文盲，比郭威那种识文断字的人，缺少更多更有效的上升渠道。所以，朱温的本钱是足够聪明的头脑，以及一往无前的战斗精神。寒门出身的他，不能轻易挥霍自己的本钱。

公元 875 年，王仙芝和黄巢起义的大旗席卷了整个关中地区。

朱温的家乡，距离农民军起义的地方，其实只有一步之遥。朱温隐约感到，自己的机会来了。

其实，无论在哪个朝代，造反都是风险相当大的一件事情。成功的概率不高，而且一旦造反失败，下场不仅仅是掉脑袋，而是诛九族。如果朱温是个足够聪明的人，他不会不知道这其中的利害关系。

不过，造反在朱温的那个时代，却未必会有如此惊险。

很多人在划分大唐王朝的时候，用了初唐、盛唐、中唐、晚唐的四分法。但是我们认为，这种分法是不够确切的。实际上，在安史之乱之后，藩镇割据愈演愈烈，所谓的唐朝内廷很多时候成了一种象征，而并不意味着一种统治。地方上的军权、财权、人事权，很多时候都无法被唐王朝中央完全掌控。唐朝天子的情况也差不多。在藩镇割据的时代里，皇帝经常被当作一种综合平衡藩镇势力的杠杆和缓冲，而不是真正意义上威加四海的帝王。

所以我们认为，在安史之乱之后，唐朝就直接进入了藩镇割据时代。而藩镇割据时代则明显分为前后两个阶段，第一个阶段叫作"藩镇春秋"，第二个阶段叫作"藩镇战国"，顾名思义，这两个阶段有点类似于历史上的春秋战国时代。"藩镇春秋"时代，藩镇之间互有攻伐，但各个藩镇基本听从唐天子调遣，还能够打着"尊王攘夷"的口号来尽臣子的职守；而到了"藩镇战国"时代，藩镇之间的兼并也就越来越多了，而唐朝皇帝的政令出不了宣政殿也就成了一种常态，甚至极端情况下，皇帝还要被藩镇欺负。"藩镇春秋"和"藩镇战国"时代的界限，就是黄巢起义。起义之前是"春秋"，起义之后是"战国"。

实际上，在藩镇割据时代的农民军，他们在面临政府军敌对势力的时候，受到的抵抗是有限的。首先唐朝中央政令，地方上能否落实和执行，本身就要打个很大的问号。其次，各个藩镇之间也是心怀鬼胎。这种心怀鬼胎分成两个层面，比如黄巢农民军攻打山东的藩镇，河南的藩镇可能要看一会儿热闹。反正死道友不死贫道，黄巢没来的时候，河南与山东军阀互相正掐得起劲，这下可好，让你们先掐个够。等你们互相消耗得差不多了，河南的藩镇再下山摘桃子，顺便还可以捞一把油水。而被农民军攻打的军阀也有自己的一本账——平时国家给的正规军编制太少，这下则可以公开招募壮丁和乡勇。国家给的军队编制是三个旅，借助剿灭叛军，可以光明正大地扩编到三个师。三个师有了，就需要吃饭拿饷，就有了更多的借口向中央狮子大开口。朝廷的钱是按照编制来发，那个兵荒马乱的年月，也没人会细究到底有没有人吃空饷。反正兵匪一家，没有匪的猖獗，何来兵的壮大？兵马钱粮这些事，朝廷给不了也没关系，那就公开地自外于中央，财政自决了，将在外军令有所不受嘛。

盘算固然是盘算。但就算是真正同黄巢农民军在战场上厮杀的时候，各路军阀也是围而不剿。把黄巢灭了，自己也可能元气大伤；如果把黄巢赶出自己的地盘，祸水也就引到了别人家。把邻居打残了，自己刚好坐收渔翁之利。

这就是在起义初期，各路藩镇的军阀，讨伐黄巢农民军的真相。

所以，此时此刻加入声势浩大的农民军，是一条成功的捷径，一个千载难逢的机会。经过慎重的选择，朱温加入了农民军，又因为战场上的英勇表现，成为了黄巢的骨干和值得信赖的依靠。

公元881年年初，黄巢大军攻破长安城，唐僖宗慌忙跑路，农民军蜂拥进入帝国的首都。

同年，黄巢称帝，改国号为大齐。

而直到这个时候，大唐境内的各路藩镇方才如梦初醒。祸水西引，居然一路引到了关中的皇宫。谋朝篡位这件事，大小军头内心不知盘算了多少个昼夜，然而不等他们行动，浑不吝的泥腿子黄巢居然抢先一步称帝。军阀们的心中如同打翻了五味瓶，于是之前还处于观望状态的各路藩镇，如今居然拧成了一股绳。在全国范围内，各路藩镇纷纷打出了"勤王"的口号，厉兵秣马、枕戈待旦。

农民军的苦日子终于来了。

之前还玩得不亦乐乎的流动作战，转瞬间成为了自己最大的软肋。因为从来没有想过要巩固一下自己的根据地，一心只想着杀进长安干掉唐朝皇帝。结果在前有堵截，后有追兵的形势下，他们一口气冲进了关中。如今得偿所愿，才发现坐在龙庭上的感觉并不那么美好，之前的想法似乎有点过于理想，内心的空虚从脚底一直上升到了天灵盖。西边的陇西不是自己的，西南的汉中、巴蜀不是自己的，东边的河东、洛阳，东南的南阳盆地，统统不是自己的。自己就像一只发疯的兔子，一头撞进了一个封闭的口袋，那么这一路上撒丫子狂奔的意义在哪里呢？

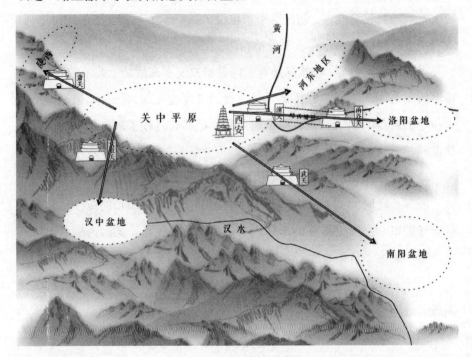

图 3-1 关中地理形势图

而农民军的一大噩梦是，皇帝还没有死，他在号令天下群雄勤王。

当时在位的唐僖宗李儇（xuān），是唐昭宗的哥哥，也是唐帝国的第十八任皇帝。当然，唐僖宗李儇也可以被看作是"藩镇春秋"时代帝国中央"看守内阁"的阁魁。

与弟弟唐昭宗李晔相比，李儇在治国的抱负与能力上并没有任何过人之处。因为即位的时候年幼，所以李儇没有实力，也缺乏胆识去跳出之前宦官专权的窠臼。

事实上，历史上绝大部分所谓"宦官专权"，并非就是宦官天生一肚子坏水，那都是皇帝和宦官集团愿打愿挨的结果。年幼的皇帝在深宫长大，他们身边每天除了宫女就是太监，这一点他们别无选择。守成皇帝比不了马上皇帝，年幼的皇帝没有办法、也没有魄力迅速建立起自己的政坛影响力，打造一支忠于自己的政治势力。无论人生履历还是施政经验，皇帝们都无法与居庙堂之高的士大夫集团以及处江湖之远的带兵军头们相提并论。因此，扶植宦官掌握朝政，是一种政治手段，也是年轻皇帝获取政坛第一缕阳光的必由之路。

只不过，宦官们天生个人素质不高，在他们掌握朝政之后，各种劣根性往往就会报复式地迸发。这事属于帝国政治平衡术的衍生品，而不是平衡术本身出了问题。正因如此，唐僖宗李儇一度将政务全权交给了大太监田令孜，称呼田令孜为"阿父"，并任命其为神策军中尉（京城卫戍区司令）。而唐僖宗本人，则躲在了深宫之中，潜心于他的马球造诣。

唐僖宗李儇颇具运动天赋，他的马球功夫确实了得。

球场上马踏连营，摧城拔寨的时候，唐僖宗曾经不无骄傲地对他身边的优伶石野猪（估计是艺名）说："朕如果参加击球科举考试，必定能考上状元！"（"朕若应击球进士举，须为状元。"《资治通鉴·唐纪六十九》）直到后来黄巢进犯，长安城破，逃亡四川的电光石火间，唐僖宗还不忘用马球比赛赌球的方式，来决定新一任四川地区地方官的任命问题。

热爱体育、赌球论政、赛场上球商极高的唐僖宗李儇，身体素质定然不错，内心深处也定是一个胜负心极强的人。所以，唐僖宗是一个荒唐君主，但年轻的李儇却并非一个怂蛋少年。

长安城破的这一年，李儇只有十九岁。他眼睁睁看着自己热爱的马球场沦陷于贼寇之手，徒呼奈何。一个落魄的皇帝可以暂时失去自己的首都，但一名狂热的球迷却永远不能抛弃自己的主场。

血气方刚的李儇，眼中充满着怒火，坐镇巴蜀，号令天下诸侯。

农民军这边心里也是明镜似的。

如果不赶快做盘算，就算是关中四塞之地也没办法固守。来自于四面的压力，将会把农民军关在关中平原这个大口袋里面，活活挤成肉饼。

防守这个大口袋袋口的，就是朱温。

此时此刻，朱温奉黄巢的命令，把守同州（陕西大荔县）。需要说明的是，同州这个地方，不是黄巢赐给朱温的。而是朱温拿着黄巢的空头任命状，真刀真枪自己抢过来的。同州的位置非同小可，隔潼关可以防守关东诸军阀，隔黄河又可以防守河东诸军阀。

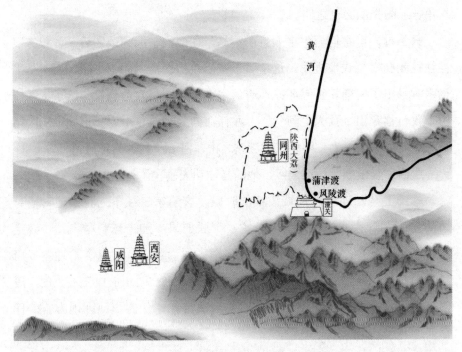

图 3-2 同州地理形势图

隔着黄河与朱温对峙的，是唐末诸藩镇中的一个强藩——河中节度使（今山西省南部）王重荣。

朱温确实是一个有种的人。

他虽然只是拿了黄巢的空头任命状，又执行了黄巢"堵死东大门"这个最吃力不讨好的一线任务，但朱温真的是在同州这个地方跟王重荣玩命了。在没有接到黄巢下一步的命令之前，朱温决定固守待援。正因为如此，朱温和王重荣的厮杀非常惨烈。两人隔河缠斗了整整七个月，旷日持久的战争让这个地方变成了绞肉机。双方战死的士兵越来越多，但朱温的阵地还在。

时间来到了公元882年9月，朱温的形势越来越不容乐观。

首先是王重荣对朱温胜多败少，朱温占不到任何便宜，困兽犹斗一样的固守让人感到乏味和绝望。即便如此，王重荣背后真正的大魔王还没有登场亮相，那就是镇守太原的河东节度使李克用。李克用的上万沙陀蛮族兵，堪称当时那个时代的虎狼之师。毫无疑问，李克用和王重荣是穿一条裤子的。而更加让人感到失望的是，朱温的求援信一次次石沉大海。他一共写了十多封信给黄巢，没有得到任何回复。毋庸置疑，农民军的中央指挥机构，已经失联了。

在黄巢已经完全没有下落的情况下，还固守关中的东大门，看起来是充满黑色幽默的一件事情。如果连首领都找不到了，剩下来在关中等着被政府军包饺子的，就是朱温本人了。

走投无路的朱温，想到了投降。

农民军的职业规划遭受沉重打击，职场上的第一个东家即将破产。在老东家的大船即将沉没之前，职业经理人的朱温肯定会弃船逃生，这是他的性格使然。当然，跳槽的时机并不难选择，难的是在道义上能否说得通。

实际上，在唐末藩镇割据时代，道义这事就是个传说。唐朝天子都可以为了保命而不顾气节，为了享乐而不要江山，民间又何来的君臣父子之说呢？藩镇割据的时代，各路军阀之间信奉的真理只有拳头。如果一顿拳头还说不清楚，那就再来一顿。所以，对于文化水平和历史修养不高的朱温来讲，投降与否不关乎太多微言大义，关乎的只是混黑社会的职业道德而已。在失联无援的情况下，他和王重荣拼到了几乎最后一颗子弹。这个时候投降，他也算是对得起黄巢对他在乱世职场上的栽培。

更何况，不投降只有死路一条，而投降之后还可以有其他选择。有很多人投降之后再反水，玩了一出又一出低智商的诈骗游戏。比如农民军头头黄巢，其后就跟政府军搞了一次并不高明的诈降；而之前有个叫作诸葛爽的政府军藩镇头目，也曾经在弹尽粮绝的时候被朱温说服投降黄巢，又在黄巢落魄之后反水回到朝廷的怀抱。这还不算，当时朝廷和藩镇、藩镇和藩镇之间互相安插的双面间谍大有人在，端起碗来吃肉，放下筷子吃里扒外的更不在少数。指责朱温的职业道德，当时的军头们都不够资格。

公元882年9月，朱温先纳了投名状，杀掉黄巢的监军使（随军监督官）严实，之后全体受招安，投降了王重荣。王重荣在兴奋之余，立刻写成奏章上报朝廷。得到消息的唐僖宗大喜过望，说"这是上天赐我也"（"是天赐予也。"《旧五代史·梁书·太祖纪一》）。给朱温赐名朱全忠。

事实证明，正是因为此前做敌人时候的浴血奋战，才换来皇帝的高看一眼。

已经更名为朱全忠的朱温，就此华丽转身上岸，由流寇身份成功拿到了国家公务员正式编制。然而，朱温的心里清楚，名字虽然改成了"全忠"，但这并不意味着他已经成为为朝廷和皇帝所信赖的一方诸侯。现在的一切，如果不是因为枪杆子还在自己手里，那么所有的所有都是空谈。而全忠这个名字则更是透着一股子黑色幽默——他以前的名字并不叫朱土匪，但他一样追随黄巢杀人越货，打家劫舍；如今改名成为朱全忠，也并不意味着，他朱温就会为了唐帝国的荣辱兴衰而战斗到最后一滴血。他的人生理想，依然是成为一名足以纵横捭阖的乱世军阀，而在当下，他离一个合格的乱世军阀标准还差得很远很远。全伙受招安，只不过是万里长征的第一步罢了。

朱温接下来要做的，是洗白自己的身份。

洗白最为快捷的方式，就是反戈一击，调转枪口扑向农民军，用旧时同一战壕兄弟的鲜血，来染红自己的顶子。

公元883年3月，时年三十一岁的朱温被任命为汴州刺史（治所开封），宣武军节度使，作为唐末众多有人有枪的节度使中的一员，正式以官方身份加入藩镇序列。4月，黄巢战败，退出关中，朱温和众多勤王的藩镇一起收复长安。

同年7月，朱温被委任为东北面都招讨使，兵出潼关，负责到汴州辖区一带继续剿灭黄巢旧部。在此期间，朱温在陈州（今河南淮阳）这个地方重创黄巢农民军和朝廷叛军蔡州刺史秦宗权组成的联军。与此同时，新军阀朱温和老军阀李克用的大军合兵一处，在广阔的黄淮海大平原上追击黄巢的残部。在当世两大军头的合围之下，这一次农民军的损失是破坏性的。

不久之后，黄巢兵败被杀。

值得一提的是，除了黄巢本人之外，对于黄巢的残部，只要心甘情愿放下武器投降的，朱温几乎都给了他们一条生路。从这一点上讲，朱温确实体现出了对于昔日战友的一点人文关怀，这种方式其实也只是朱温黑社会式处事方式的一种集中体现。用这种方式，朱温在军中博取了更多的人气和威望。应该说，朱温的很多黑道做法，在那个毫无诚信可言的乱世来说，是非常好用的。

中原大战，朱温取得了阶段性的胜利，并且成功地洗白了自己的身份。在同李克用并肩战斗的过程中，让自己名正言顺地成为了当时北方最为炙手可热的军阀之一。在杀红了眼的情况下，朱温甚至把血迹未干的屠刀对准了自己的革命战友——二十八岁的李克用。在胜利凯旋，一番把酒言欢之后，朱温命人悄悄在李克用下榻的酒店纵火，李克用只是侥幸而又狼狈地逃脱。这件事情，也让朱李二人从此结下了很深的梁子。

这事看起来做得极其下作，而且也丧失了江湖道义。然而，我们要知道，李克用是沙陀人，是当时不多的异族节度使，对于大量的汉人节度使来讲，李克用本身就是一个异类。李克用的沙陀兵，如果不是因为汉人王朝陷入藩镇割据的乱战局面，也很难在帝国的北部边陲站稳脚。唐朝皇帝对于沙陀族 ① 最早的态度是格杀勿论，在武力清剿无法奏效的情况下，才不得已采取了怀柔的政策，赐李克用的父亲李国昌国姓"李"。李国昌和李克用父子二人，长期以来并不是以帝国军阀的身份出现的，而是以帝国边患的身份出现的。正是因为黄巢农民军的内乱，才让李克用父子有机可乘，带领沙陀兵杀进雁门关，以太原为中心四处烧杀抢掠。在很多具有精神洁癖的中原文人士大夫眼中，李克用这种人的可怕程度，要远远高于

---

① 沙陀族：中国北方少数民族，原名处月，西突厥别部。分布在金娑山（今新疆博格多山）南，蒲类海（今新疆东北部巴里坤湖）东，名为"沙陀"的大沙漠一带，因此号称沙陀突厥，简称沙陀，亦作"沙陁"。

黄巢。

就李克用本人而言，他个人的学识修养，也仅仅限于弯弓射雕而已。李克用虽然有一只眼睛失明，但他射雕的本事确实也不小，他小时候曾经一箭射下过两只野鸭，而长大了之后则由一箭双鸭，进化到了一箭双雕。李克用的外号叫作"李鸦儿"，因此，他的沙陀兵又被中原汉人称为"鸦军"。这种称呼，带着一半的蔑视，又带着一半的恐惧。

所以，朱温暗杀李克用，有很多的背后复杂因素在内，而不能单纯以道义来定性。

总而言之，这一次中原大战朱温赚得盆满钵满。然而，中原大战还远远谈不上结束。因为黄巢虽然已经兵败被杀，但已经投降黄巢的叛军秦宗权还在经营蔡州（今河南汝南）。秦宗权不仅仅是要经营蔡州，他还继承黄巢的正统，自称大齐皇帝。称帝还不算，秦宗权还要占领整个中原，他的部队横行河南（黄河以南和淮河以北）地区，极大地挤占了朱温的生存空间。

要想成为一名合格的乱世军阀，除了洗白上岸和称雄诸侯之外，朱温还需要拥有一个坚固的根据地。所以无论从哪个角度考虑，朱温和秦宗权升级版的中原大战，都一触即发。

秦宗权是那个时代，乱世军阀的另外一个代表人物。

那个时代，比的不是忠信孝悌、礼义廉耻。在太平年里，选拔人才要看人才的上限在哪里，无论是学问还是道德，朝廷需要的都是一个标准的上限。然而在礼崩乐坏的乱世里，说什么都没有用，有枪就是草头王，没枪就追随草头王，这个肯定没错。因此，乱世比的是下限。无论是诚信还是道德，都是比下限在哪里，所以大部分人奋战的地方都在道德底层。有时候即便你明知道自己做的是错的，但是为了乱世求生，也不得不把自己拉低到和别人一样的道德层面上，这样才有公平竞争的平台。如果你还是高高在上保持一副菩萨心肠和圣人标准，不仅仅是没有市场的问题，而是死得最快的问题。

秦宗权的蔡州刺史不是朝廷封的，而是自封的。原来的蔡州刺史被秦宗权带兵打跑了，所以秦宗权和上一任的蔡州刺史，根本没有任何工作的交接，更谈不上朝廷的任命；不过为了剿灭黄巢，朝廷顾不上讨伐秦宗权，反而是因为秦宗权讨伐黄巢有功，朝廷破格加封了秦宗权；滑稽的是，黄巢大兵压境的时候，秦宗权又率部投降了黄巢；而等到黄巢去世之后，秦宗权居然又自顾自地自封为皇帝了。秦宗权的人生，就像是一个死宅的宅男，在屋里暗处一边抠脚，一边偷偷地玩一款统一天下的电脑游戏，而且还开启了作弊模式，玩到高潮的时候还要兴奋地吼几声。只不过，秦宗权这是活生生的人生，并非游戏。

所以，如果和秦宗权比下限的话，那么朱温算是一个正义凛然的人。

秦宗权的道德水准，和朱温之间至少还差了一个李克用。

秦宗权称帝，对于广大河南人民来说，就是不折不扣的一场灾难。秦宗权纵容部下烧杀抢掠，屠城掠户，把整个河南地区几乎搞成了无人区。在经济大倒退的情况下，没有军粮的秦宗权又开始腌制人肉，充作军粮。按道理说，人肉做军粮在残唐五代时期，也不是什么新鲜事，比如之前的黄巢就干过，之后的李克用也干过。但无论黄巢还是李克用，都是在逼急了的情况下，是没有办法的办法。但秦宗权，坐拥中原富庶之地，没有困难，给自己创造困难来治理天下。所以，秦宗权不仅人品是负数，智商也堪忧。

相比之下，朱温虽然也混黑社会，但却遵从了黑社会的基本道德和准则。所谓盗亦有道，单纯地拼下限，固然能够获取一时小利，但长久来看，也并不见容于整个乱世大背景。

朱温的军队，总体来说算是训练有素；朱温的辖区，总体来说能够有效行政。不管是军还是民，都尽在掌控。即便是朱温的地盘和人口不如秦宗权，但是朱温势力所呈现出的凝聚力和战斗力，则是秦宗权无可比拟的。更加重要的是，朱温在不同时期，还擅长建立最广泛的统一战线。比如在剿灭黄巢残部的时候，朱温就曾经联合了老军阀李克用。而在剿灭秦宗权的过程中，朱温又成功地得到了郓州朱王宣和兖州朱瑾两位山东军阀的协助。

伪帝秦宗权，在劫难逃。

公元 889 年，秦宗权被部将打断双腿，献给朱温。朱温把秦宗权装入木笼囚车，押送到都城长安正法。

不过，这场中原大战的尾声和续集颇为出人意料。革命盟友朱温与朱王宣、朱瑾三个人，因为战后的一些小过节，而反目成仇。这也为日后河南军阀朱温与山东诸军阀的旷日持久的战争，埋下了伏笔。

洗白上岸，打出名气又创建了自己稳固的河南根据地的朱温。其实已经算是一个合格的军头了，但却远远不是枭雄。要想做枭雄，朱温可以模仿的人并不多。因为在唐末那个时代，虽然乱世军阀很多，但却并没有几个人具备很高的政治素养。绝大部分情况下，军阀们只是关注眼前利益，看起来气焰嚣张其实只是另外一种形式的混吃等死罢了。很多军阀，连基本的内政问题都抛之脑后，只想着怎么去杀人屠城，怎么去掠夺更多的金钱与美女。黄巢的存在，只是让他们暂时找到了一个众矢之的，从而暂时抛弃了成见，聚集到了一起。黄巢这个巨大的靶子一旦倒掉，军阀们则带领着整个军事升级版本的藩镇割据，进入了一个更加黑暗的乱战时代。

不过要想结束这样的混乱局面，前朝倒是有非常好的参考教材。比如三国时的曹操，挟天子以令诸侯的感觉确实不错。如今的时局，跟东汉末年何其相似，黄巢起义就是黄巾起义，诸侯平叛就是讨伐董卓，大唐天子就是汉献帝。如果能够借用皇帝之手，荡平宇内，在当时是一个再好不过的办法了。不过，想做曹操的军阀可不止一个。

挟天子以令诸侯，这是乱世军阀升华的一种境界，谁都不想错过这个机会。

盘踞在关中西部的凤翔、陇右节度使李茂贞，就是其中的典型。

不得不说，对于"挟天子以令诸侯"这项技术与风险并存的活儿而言，相对朱温，李茂贞有非常明显的优势。因为李茂贞的辖区就在关中平原的西部，距离帝国心脏长安只是咫尺之遥。只要李茂贞愿意，他分分钟都可以杀到长安城下逼宫。而关东诸侯们，狡诈如朱温，需要走崤函通道从函谷关一路杀进潼关；凶狠如李克用，则需要南下强渡黄河渡口，而且中间还隔着河中节度使的辖区。关东军阀们，不仅仅是鞍马劳顿、劳师远征的问题，而且路途艰险，在冷兵器时代也只能是鞭长莫及。

而实际上，兵临城下的事，李茂贞也确实没少干。

在李茂贞的眼中，虽然没有"挟天子"的名分，但是自己的部队和长安近在咫尺这事，已经让李茂贞感到非常满足了。有时候，李茂贞会和皇帝通通书信，在书信里面和皇帝吵吵架，极尽奚落与嘲讽之能事；皇帝不听话了，李茂贞就会带着人到长安兴师问罪，每次都是以"清君侧"的名义杀鸡儆猴。所以，当时世界上最危险的职业就是大唐的宰相，基本上是皇帝惹事，宰相背锅。反正宰相只是个职务而已，死了一个还可以再任命一个，怎么死也死不完。李茂贞杀宰相给皇帝看，起到了修理皇帝的效果不说，还可以不用背"弑君"的骂名。李茂贞几次兵发长安，宰相从杜让能到李溪、韦昭度，有一个是一个，个个都被李茂贞逼死了。

当然，皇帝也不是没有想过反击，但是唐昭宗李晔训练的新兵作战素养太差，根本打不过军阀们手底下的兵油子。唐昭宗和李茂贞过招失败，招来的更是变本加厉的报复。这件事说起来，只能是无限悲哀。

皇帝受的窝囊气已经够多了，宰相们的血当然也不能白流。对于自小接受儒家教育的文人士大夫阶层而言，承受这样的君不君臣不臣的局面，他们是最痛苦的一群人。最终按捺不住，决定站起来做点事情的那个人，叫作崔胤。

崔胤是一个带种的宰相。

武人带种，是不怕死；文人带种，是有一颗家国天下之心。

崔胤，唐末著名宰相，来自于山东清河崔氏，也就是北魏名相崔浩家族。崔胤觉得，帝国的问题显而易见，外有藩镇不臣，内有宦官作乱。崔胤给出的药方也是猛药，猛药对应的就是休克疗法——那就是利用藩镇的军阀清理宦官，把现有的宦官全部杀掉，重新洗牌；宦官问题一揽子解决之后，再招募朝廷军队组建中央禁军，对抗地方上敢于和中央叫板的实力派军阀。所以，作为整个计划中至关重要的第一步，崔胤需要外部的藩镇作为盟友。

崔胤选择倚重的人，正是朱温。

崔胤和朱温，几乎是一拍即合的，因为双方各取所需。从古到今，朝廷内朝的斗争都集中在宦官、外戚以及士大夫三大主流群体身上。宦官和外戚之间的斗争到了关键时刻，往往很多时候都需要外来军事力量的介入。唐末的情况有所不同，外戚势力微乎其微，能够同宦官进行相互制衡的就是士大夫阶层。宦官们长期以来依仗的靠山就是李茂贞，正是有了外朝李茂贞的跋扈，才有了内廷宦官们的嚣张。而这一次，一不做二不休，崔胤主动联系了当时关东如日中天的军阀朱温，虽然崔胤知道，朱温并不是一个值得信赖的人。

但，崔胤既然决定以虎驱狼，他就别无选择。

公元 901 年，崔胤诛杀宦官的计划被识破，宦官们提前发动叛乱，太监韩全诲劫持了唐昭宗李晔，直奔凤翔（李茂贞辖区）。朱温则得到了崔胤的密信，率军西进关中平叛。朱温的河南兵，身处四战之地，因此多年以来积累的战斗力惊人。朱温部队不仅击败了李茂贞军，而且击败了前来援助李茂贞的李克用军。连战连胜的朱温部队，合围了凤翔城。

公元 902 年冬天，凤翔城漫天飞雪，城中弹尽粮绝，军民以人肉为食。

战争结束，朱温大获全胜。

宰相崔胤，终于看到了宦官们的末日。当时在内廷的一百六十多个宦官伏诛，在各地藩镇出外勤的太监们也悉数被杀。最后留在唐昭宗身边的，只剩下了年龄尚小的十几个太监。

这场战争之后，唐帝国自大太监李辅国以来一百多年的宦官干政，宣告结束。唐昭宗李晔和宰相崔胤，沉浸在胜利的喜悦之中，准备实施整个计划中的第二阶段。

实际上，崔胤的第二步计划，压根就没有胜算。

崔胤的想法是要重建禁军，重振朝纲；而朱温的想法，则是挟天子以令诸侯。崔胤一腔热血的公心，遇到的恰恰是冷冰冰的军阀朱温。朱温虽然已经回师关东，但崔胤的一举一动，都在朱温的眼皮底下。朱温离开之前，在朝廷布置了大量自己的党羽，其中有文有武，文臣如李振，武将如朱温的侄子朱友谅。这样的政治生态之下，崔胤根本没有任何机会。别说是发展朝廷自己的武装，就算是崔胤说了几句诋毁朱温的话，恐怕都要被如数记录在案，以观后效。

公元904年，在罗织了足够证据，又给足了自己借口之后，朱温终于对崔胤下手了。崔胤包括参与崔胤组织禁军活动的老将郑元规，还有清河崔氏几百人，同时被杀。可怜相隔几百年的两朝宰相，崔浩和崔胤，给清河崔氏带来的都是灭门之祸。

同一年，由于崔胤案的启发，朱温决定索性将皇帝劫持到洛阳，以绝后患。于是传承了近三个世纪的大唐首都，从长安被强行迁到了洛阳。也是在同一年，唐昭宗李晔被杀，唐哀帝李柷在洛阳登基。

血染的皇冠

和唐昭宗与崔胤一样，在同一年，从这个血腥乱世彻底解脱的，还有一个人。这个人是个女人，女人的名字叫作张惠。

张惠是朱温的结发妻子。

当年的朱温，不过是偌大的宋州众多年轻男性中，名声非常不好的其中一个。而张惠则是贵为宋州刺史张蕤（ruí）的千金小姐。张惠和郭威的妻子柴氏一样，都是出身不错，而又知书达理的大家闺秀。但和柴氏与郭威的奇遇不同，早在那时，朱温就立志把宋州当地才貌双全、名声在外的张惠娶回家。当朱温矢志于在乱世立足，并发奋依靠军功出人头地的艰苦岁月里，他始终都没有忘记少年时期的女神张惠。多年以后，已经熬成乱世一方诸侯的朱温，和落魄的张惠因为机缘巧合相遇在异乡同州（陕西大荔），最终两个人在乱军之中喜结连理。所以说，郭威和柴氏的结合是一次事故，而朱温和张惠的结合才算是一场故事。

和郭威的结发妻子柴氏一样，张惠也是一个相夫教子的高手。在张惠的影响之下，朱温虽然没有成为乱世独醒的圣人，但节操和底线这样的词汇，也会时不时地冲击朱温的价值观。更为难得的是，张惠虽然是一个弱女子，但是她经常能够在军国大事上帮助朱温出谋划策。在军情千钧一发的关键时刻，朱温如果拿不定注意，也会有意无意地询问张惠的意见。

在朱温的心中，张惠亦妻亦臣、亦师亦友。张惠这样的女人，让朱温这种横冲直撞又狡诈多变的野马，始终在心中都有一片宽阔而温馨的草原。有一次，朱温在亳州招妓，不仅招妓而且还不小心地让妓女怀孕了。这件事情让朱温感到惶惶不安、犹豫不决，不敢把事情告诉张惠。朱温知道，张惠这样雍容高贵的女人，可以容忍朱温收几房姨太太，但是张惠不愿放纵朱温肆无忌惮地找一些不三不四、来路不明的女人。朱温的惧怕，根源在于他怕失去长久以来张惠对他相濡以沫的夫妻之情。一辈子杀人如麻的朱温，恰好就保留着人心深处那最柔软的一块禁区，这也算是乱世军阀的一段佳话了。

公元 904 年，张惠去世。

临终之前，张惠对自己丈夫提了两个要求，一是戒杀，二是远色。

不得不说，最了解朱温的人，依然是这个相处了二十多年的糟糠之妻。张惠在自己生命弥留的最后一刻，一针见血地指出了乱世军阀朱温身上最大的两个为人所诟病的地方。不过，朱温不是郭威，失去了柴氏的郭威，依然不改英雄本色。而失去了张惠的朱温，则更像是失去独孤伽罗的隋文帝。对于年过五旬的朱温而言，妻子的离去，就好像身体里面的灵魂被抽走，而只剩下了一张躯壳。从这一刻一直到去世，对于结发妻子对自己的两个要求，朱温都在相反的道路上越走越远。

戒杀变成了嗜杀，远色变成了贪色。

对于乱世的乱象，正常来讲，至少要用到两种方式破局，破局前则需要分门别类地区分。比如针对外朝的藩镇，最合适的方式是"物理攻击"；而针对内朝的士大夫而言，最合适的方式是"魔法攻击"。"物理攻击"强调武力征服与肉体消灭，而"魔法攻击"则需要攻心为上，道德回归。朱温依然还是那个为乱世而生的人，但他再也没有了心灵的栖息与救赎之地。所以，朱温只想采取最为简单粗暴的方式来处理问题。

对于乱世图景，朱温选择的确实也是两种攻击方式，一种是物理攻击，另外一种是更高层次的物理攻击。

针对北方的大股军阀，比如老对手——河东的李克用，老朋友——山东的朱王宣与朱瑾，还有时而老对手时而老朋友的河北诸军阀，朱温都采取极为激进的方式进行压制或者剿灭；针对内朝的文人士大夫们，朱温也采取了相类似的方式进行处理。宰相崔胤的族诛自不必说，唐昭宗李晔以及众多小王爷被杀也自不必说。甚至在对昭宗动手之前，皇宫范围内昭宗身边的近臣和侍卫，也被杀得几乎一个不留。

崔胤死了，但是看起来脑后反骨多嘴多舌的大臣却还有很多。于是，朱温又唆使李振，将京兆尹（首都市长）裴枢为首的三十多个大臣，统统推进了黄河滚滚波涛之中淹死。

就这样，朱温把整个内廷进行大换血，把一大批前朝骨干统统干掉了。然而，换血容易造血难，要知道传统中国式的官僚体系有一套自己的生存哲学，一般能够做到宰相或者是省部级的官员，都是从基层一步步千锤百炼，才能够登堂入室伴随在皇帝左右的。地方藩镇上的军阀们，固然可以凭借军功一步登天，那是因为当时的地方是军政府状态。因此，执政能力的高低都是次要的，砍人能力的高低才是决定一个节度使是否合格的重要标准。但是内廷则完全不同，内廷官僚系统的运转，很多时候需要各个层级丰富的执政经验，有时候还需要多部门"之字形"的经验做铺垫。中央的官僚们，首先要能够做出符合全国基层现状的政策，同时又能够有足够的官场人脉把政策推行下去。第一条做不到，那是能力不够；第二条做不到，那是历练不够。

朱温将中央官场骨干一股脑儿杀了个遍，造成了瞬间人才真空。于是，朱温遍访自己辖区内的文化精英，打着求贤的名义四处网罗人才。这其实还不是朱温最头疼的一件事。真正让朱温寝食难安的，是自己的接班人问题悬而未决。

要说朱温的儿子并不少，亲儿子有七个，养子也有四个。但问题是儿子不少，成器的不多。朱温本来最为看重的就是长子朱友裕，但可惜的是朱友裕却早亡，和朱温的爱妻张惠死在了同一年。其他的儿子，多半是烂泥扶不上墙，骨子里面还随根儿，残忍嗜杀的本性都埋藏在内心深处。吊诡的一点是，朱温的几个养子，矬子里边拔大个儿，反而还比朱温的亲生儿子们更优秀一些。比如前文提到的，弑君的朱友恭。

让朱温艳羡的，是自己的老对手——河东李克用。李克用有十多个亲生儿子，还有九个养子，这帮儿子们如狼似虎，分担了李克用在战场上的很多压力。由于李克用的儿子们名声在外，所以他的这些养子们，在民间被附会成了"十三太保"。十三太保中最强大的是李存孝，但在现实中，李克用最为优秀的儿子是长子李存勖。李存勖在同朱温的乱战中，表现出了十足的少年英雄之气。战场上吃尽了李存勖的苦头，望眼欲穿的朱温不禁感慨道："生儿子就要生像李存勖这样的儿子，看看别人家的孩子李存勖，我自己的孩子都是一群猪狗而已！"（"生子当如李亚子，克用为不亡矣！至如吾儿，豚犬耳！"《资治通鉴·后梁纪一》）

所以，公元904年是朱温的人生转折年，这一年他弑君杀臣，但他同时又痛失爱妻爱子。政治前途渐渐明朗的同时，人生航向却越来越迷茫。

自感人生苦短的朱温，一不做二不休，加快了篡位的步伐。不能免俗的是，朱温依然因循了宋齐梁陈老一套的禅让把戏，只不过更加变本加厉。朱温让小皇帝李柷给自己上封号——相国，总百揆，检校太师、同平章事，蔡州四面行营都统，守中书令。诸道兵马元帅兼领护国军节度使、河中尹，兼判左右神策及六军诸卫事，总判盐铁、度支、户部等三司事。以宣武、宣义、天平、护国、天雄、武顺、佑国、河阳、义武、昭义、保义、戎昭、武定、泰宁、平卢、匡国、武宁、忠义、荆南等二十一道为魏国。封魏王，入朝不趋，剑履上殿，赞拜不名，备九锡之命。这就不仅仅是加九锡和独揽军政大权了，而且连三司财权也顺手拿了过来。

公元907年，小皇帝李柷禅位给朱温，朱温正式称帝，史称后梁太祖。

公元908年，李柷被朱温派人杀死。

延续国祚接近三百年的唐帝国，寿终正寝。藩镇割据以来，半死不活地存在了一个世纪之久，这样的灭亡方式，对于大唐王朝本身来讲，又何尝不是一种解脱？

皇帝当上了，整个北方的战事也渐趋平静。用鲜血染红的皇冠戴在头上，但依然掩盖不住老年朱温内心的空虚和痛苦。

为了麻醉自己的内心，朱温开始更加肆无忌惮地好色贪淫。

作为刚刚用武力征服北方的乱世皇帝，朱温利用自己的权力，当然可以得到所有他想得到的女人。比如有一次，朱温到手下大臣张全义家里做客，一时兴起，居然没有放过张府的任何女性成员。但是，好色这个事情总要有个限度，就算是嗜淫如命，终究也要讲个天理伦常。然而最终，朱温居然将魔爪伸向了自己的儿媳妇们。儿子们在外领兵打仗，他就在东京汴梁翻儿媳妇们的牌子。而且事毕，朱温还要给这些儿媳妇们的表现进行技术评比。侍寝最好的那个儿媳妇，老公就有可能成为朱温的皇储。

在立储这件事情上，朱温想破了脑壳也没有答案，已经被折磨得接近病态。他的这种玩法，有点像抓阄撞大运，或者俄罗斯轮盘赌。不管儿子们的能力，或者说儿子们之间暗流涌动的关系，自顾自地由着性子来了。

公元912年，朱温病危。

病榻之上，朱温决定，将皇位托付给自己的养子朱友文。并且，说话间，就已经将传国玉玺交给了朱友文的妻子，当然也是朱温的情人——王氏。然而，人算不如天算，朱温的亲生儿子，朱友珪也在同时得到了消息。朱友珪消息灵通，并非因为朱友珪智商够高，或者政治斗争经验丰富。而是因为朱友珪的妻子张氏也在朱温身边侍奉。王氏能够拿到玉玺，张氏同样能将消息顺利送出皇宫。

公元912年，朱友珪发动宫廷政变，朱温被杀，朱友珪自称皇帝。

特别值得一提的是，这个朱友珪，正是当年那个亳州妓女的儿子。

朱温被杀，同时也标志着后梁一统天下事业的终结。在朱友珪之后，朱氏一族自相残杀，李克用的儿子李存勖乘虚而入，取代了后梁。沙陀人李存勖，取代汉族正统，却冒用大唐帝号。从此，中国历史又一次，正式进入一个充满血腥与混乱的大乱世。

朱温是一个天生为这个乱世而生的人。他用自己毕生精力，不择手段地一统北方，基本上结束了北方一个多世纪的藩镇之乱。然而，朱温晚年的肆意妄为，让他最终功亏一篑。

谁也没有想到这样的结局。

朱氏代李，结束了一个唐末小乱世，最终又开启了一个五代十国的大乱世。

这就是历史。

李氏代朱

公元 1644 年，陕西人李自成，最终灭掉了安徽人朱元璋创建的朱明王朝。

然而就在七百年前，安徽人朱温灭掉了陕西人的李唐王朝。

令人唏嘘。

万历经济学

公元 1627 年，大明天启七年，明帝国皇位的接力棒，传到了明思宗朱由检手里。朱由检在第二年，也就是公元 1628 年改年号为"崇祯"，所以朱由检也被称为崇祯皇帝。

朱由检的人生际遇，当真是大起大落。

他能登上皇位这事，本身也算是个出人意料的奇迹。

十年以前的万历年间，正处在"撩狗嫌"年龄的朱由检，还不过是大明皇宫里一个经常被太监们欺凌的小朋友。做皇帝的爷爷万历，并不太待见朱由检，更加不待见朱由检的父亲朱常洛。

万历皇帝没有嫡亲儿子，所以在立太子的时候犯了嘀咕。如果按照朱元璋《皇明祖训》的要求，没有嫡，就要立长。长子是朱常洛，但是万历却更加偏爱郑贵妃生的小儿子朱常洵。但如果违背祖制，废长立幼，则必须有充足的理由来说服身边的文人士大夫集团。明代的士大夫们虽然薪水拿得可怜，但是一个个却非常擅长较真。只要他们觉得有必要，就要同皇帝理论个明白，争不过了就和皇帝怄气，甚至头断血流也在所不惜。万历的爷爷嘉靖皇帝，当年就是为了给父亲争个名分，掀起了轰轰烈烈的"大礼议"①事件，最后搞得皇帝和士大夫集团两败俱伤。

万历皇帝早年倚重张居正②这个帝国的职业经理人，因此不必劳心劳力，帝国的大政方针也搞得有声有色。张居正去世，万历皇帝获得了空前的权力，然而却在立太子的问题上，迟迟不能和士大夫集团达成一致意见。一群看起来正气凛然的士大夫们，明着在朝堂上内阁中怼皇帝，暗地里又以顾宪成为核心，成立了一个"东林学派"。

顾宪成这辈子，当的官不大，惹的事不少。张居正在的时候，跟张居正过不去；张居正没了，又跟皇帝过不去。顾宪成在公元1580年，也就是万历八年中了进士，作为新晋官僚，他被安排在中央机关的户部（中央民政部）工作。但到了七年之后的万历十五年，顾宪成就因为触怒上司而被赶出北京，到了地方。之后被复用，升任到吏部（中央组织部）任职，然而他对官场的人事安排工作，却被万历皇帝全盘否定，顾宪成最终被排挤出中央权力的核心。官场几经起落，被削职为民的顾宪成，回到了老家江苏镇江，投身东林书院，开坛讲经，针砭时政。

应该说，顾宪成敢言直谏的名声，以及在中央组织部的工作履历，还是让他累积了大量从中央到地方的人脉，他最终把东林书院打造成了一个品牌，相当于一个当时全国驰名的高校 BBS。而论坛的各位版主以及大 V 们，则是当时整个帝国范围内，思想最为活跃的一个群体。全国各地以清流自诩的读书人，还有在官场失意的士人夫们慕名而来，参与东林书院的讲习活动，最终衍生出了东林学派。而东林学派，最终发展成为拥有相似

① 大礼议：是指正德十六年（1521年）到嘉靖三年（1524年）间的一场关于皇统问题的政治争论。明世宗登基不久便与杨廷和、毛澄为首的明武宗旧臣们发生了争论，争论焦点是以谁为世宗皇考（即宗法意义上的父亲），以及世宗生父尊号为何的问题。以内阁首辅杨廷和为首的大臣要求世宗改换父母。当时观政进士张璁上疏责廷臣之非，提出了"继统"的理论。至嘉靖三年（1524年），以世宗钦定大礼而结束。

② 张居正：（1525－1582年），字叔大，号太岳，幼名张白圭，湖广荆州卫（今湖北省荆州市）军籍，生于江陵县（今属荆州），故而时人又称之"张江陵"。明朝中后期政治家、改革家，万历时期的内阁首辅，辅佐万历皇帝朱翊钧开创了"万历新政"，史称"张居正改革"。

政见的文官士大夫派系集团——"东林党"。

需要强调一点，东林党并不是一个政党，也不是具有政党萌芽性质的团体。东林党的帽子是他的政敌扣上的，它本身只算是一个政治派别，或者干脆说是一股政治思潮。这个派别结构松散，没有固定的章程和纲领，也没有明确的治国施政方针。但是这个派别标榜气节，推崇实学，强调运用儒学解决实际事务，参政议政。所谓的"实学"，是相对于宋明理学以及王阳明的"心学"而言的。从这个角度来讲，推崇实学的东林党，是在学术上具有进步意义的一个派别。

然而，一旦真正投身政治，东林党的所谓"实学"，反而并没有起到应有的作用，逐渐演变成了气节之争、立场之争。

当年顾宪成还在朝为官的时候，就是阻止万历皇帝"废长立幼"的排头兵。后来的东林党人，则干脆将立储问题上升成为"争国本"的政治事件。在立储问题上，东林党人坚持祖制，坚守儒家伦理纲常，铁板一块地站在了万历皇帝对立立场上。

"争国本"事件，就是嘉靖年间"大议礼"事件的翻版。皇帝和文官士大夫集团的较量，在这些政治风波中体现得淋漓尽致。

我们先看一下"大议礼"。

当年正德皇帝猝死，他本人没有后代，而嘉靖皇帝作为正德皇帝的堂弟即位登基。然而，嘉靖皇帝却被文人士大夫集团要求在宗法上改变自己的家庭关系——尊正德皇帝的亲生父母为父母，而称呼自己的亲生父母为叔婶。这就相当于，嘉靖皇帝在继承大统的同时，还要从宗法上过继给正德皇帝的父母。最终这件事情的结局是，嘉靖皇帝坚持自己的意见，坚守"继统不继嗣"的观点，在同士大夫集团的战斗中没有松动立场。但这个事件搞得鸡飞狗跳、狼奔豕突，文人们充分发扬了"二杆子"的战斗精神，不达目的誓不罢休。在朝堂上嚎啕大哭的，廷杖至死的，奉旨下狱的，人数之多蔚为大观。

虽然看起来荒诞不经，但是用道德伦理来绑架皇帝，这样的事情发生在程朱理学甚嚣尘上的明末，一点也不奇怪。但是实质上，这一次嘉靖皇帝的判断相当精准，文人士大夫集团的幌子是儒家经典、大明祖制，但是背后的深层政治隐喻，无非是想给新来的皇帝立威，从而在接下来的施政过程中，由文人士大夫阶层控制整个官僚集团的施政走向。

而发生在现如今的"争国本"事件，则是万历皇帝与文人士大夫的决战。

这件事情的结局，没有最终的胜利者。

万历皇帝默认了东林党人的建议，立朱由检的父亲朱常洛为太子。但从这个时候开始，皇帝在皇宫中深居简出，避免同文人士大夫集团产生更多的没有意义的口水战。在皇帝看来，这样的争执根本是浪费时间。而且万历皇帝并不傻，虽然不上朝不坐殿，但是这个国家还在正常运转。他身边有翰林院这样的中央智囊团机构，也有替自己死心塌地卖命的宦官集团。他的想法和施政纲领依然在影响着这个帝国，他在位期间的对外征战，"万历三大征"不管对西北蒙古、西南土司，还是攻日援朝，都取得了最后的胜利。

不仅仅是军事上的胜利，万历以及万历的中央智囊团，对于国家的经济形势也有非常清醒的认识。

当时的帝国，最大的问题是什么？

国库没钱。

古代朝廷，并非像在如今无良的影视娱乐剧中所呈现的一样八卦，天天不是官场倾轧，就是宫斗连连。一个正常运转的中央行政机构，每天发挥治理内政外交的职能，才是古代朝廷的一个正常状态。而如果要保证中央机构正常运转，则需要对于国计民生有着充分的考量，比如发展经济、整顿吏治、军事外交、开科取士、繁荣文化、兴修水利、赈济灾民，等等，这些活动每一样都离不开钱，如果没有钱，以上提到的这些都是扯淡。尤其是最后一条的赈济灾民，在冷兵器时代，一个国家所面临的水灾、旱灾、蝗灾、震灾、瘟灾，是我们今天的人们所无法想象的。老百姓的底线是拥有最基本的生存权，而一旦发生天灾，老百姓的生存权都成了问题的时候，往往就是王朝末世民变的开端。

因此，国库充盈才是国泰民安的基础，尤其在古代。

国库没钱的原因，是不是明帝国太穷了？

答案是否定的。

这个国家非但不穷，而且很富有。明末江南一带的工商业极其发达，大量的手工业作坊以及商品交易异常繁荣。此外虽然明代早期奉行朱元璋"海禁"的祖制，但是对外贸易却一直存在，只不过政府睁一眼闭一眼而已。但是这两块蛋糕，朝廷国库能不能正常吃到呢？

很难。

首先朱元璋创建的帝国，是以农为本的。也就是说，当年朱元璋时代，压根就没有想到到了明末，国家经济的主流居然不是农业，而变成了工商业。甚至，还出现了我们后世津津乐道的所谓"资本主义萌芽"。因此，朱元璋的祖制设计得就是有缺陷的，他对于工商营业税的征收，比例非常小。万历年间，只能眼看着大把大把的银子落入了工商士绅们的腰包，国家却并没有收上来多少。

此外，对外贸易的贸易额虽然大，但到了明末问题却很多，根本原因是倭寇的出现。早期的倭寇是真倭寇，比如被戚家军痛打的倭寇，就是真倭寇。但到了万历后期的倭寇，很多都是假倭寇。大量的日本浪人，也就是真正的"倭寇"，其实都是给中国人打工的，而幕后老板则是中国海盗，或者说是中国武装走私集团。倭寇和中国海盗勾结，垄断了海外贸易，大量内陆商人借倭寇之名，而行走私之实。因此万历朝倭寇的问题归根结底是一个经济问题，而不是一个军事问题。

谁都不愿意跟钱过不去，能够用钱解决的问题，何必动刀枪？比如著名的"倭寇"头子汪直，他本人的真实身份无非就是一个徽商。汪直这样做的好处有两个，一个是假借"倭寇"的名义，给自己做挡箭牌。对自己来说，号称"倭寇"就是给本地官府提供借口。当地官府只要涉及"倭寇"的话题，就可以堂而皇之地上报朝廷，为自己其他方面的失职而免责；第二个好处，是掩饰自己的明帝国的真实公民身份，以免自己天天在外边浪，结果老家却被连窝端了，满门抄斩甚至于被掘祖坟。当时，为了走私逃税，获取海上贸易的巨额红利，大量沿海普通百姓以及商人，以"倭寇"的名义进行武装走私，甚至当地官府也勾结在内。

工商营业税非常少，海外贸易关税收不上来，这还不是最致命的。

最致命的一点是，明帝国安身立命的农业税也收不上来。为什么说收不上来？因为王朝发展到一定程度，土地兼并现象也就愈演愈烈了。有限的土地，越来越向着大地主豪强手中集中。而大量自由农民破产，沦为地主庄园经济中的一员（后文还详细讲）。而明代以国家立法的形式，规定有功名的人可以免赋税和徭役。这件事情的可怕之处在于，有钱人家的读书人只要发奋努力，考取功名，就可以享有在这个帝国的特权，从而拿到更多的商业红利；而普通的大商人和大地主，即便是没有功名，也可以捐一个功名，或者干脆攀附一个有功名的人，为自己登记造册，从国家的人口登记表中涂改掉自己的身份。

结果就是，身为农业税纳税大户的大地主，反而是逃税了；而身为工商营业税纳税大户的大商人也逃税了。所以自明代以来，大地主和大商人集中的江南地区，多山多水多才子，不是没有道理的。总之就是，越有钱越读书，越读书越有钱。

农业税收入有限，工商营业税收不上来，这对于缺钱的帝国来讲，绝对称得上是一块心病了。

因为，当时大量的东林党人，本身就出身于江南地主或者商人家庭。即便是没有这样的出身，往往也都可以扯上这样的关系，因为大地主和大商人，谁不希望朝中有人？更何况，明代官僚体系的薪水俸禄少得可怜，如果靠自己的死工资，恐怕个个要像海瑞一样，带着全家人一起吃糠咽菜。反过来讲也成立，官僚集团的很多官员，也乐于做大地主与大商人的代言人。公平一点讲，也并非只有东林党人才暗通巨富权贵，当时万历年间东林党只算是其中一个政治派别而已，其他同东林党公开竞争，并参与党争的，还有以地域同乡为根基的其他党，比如"浙党""楚党""齐党"等。尤其是"浙党"，几乎就是东南沿海走私势力的朝廷代言人。

所以问题来了，国家越是缺钱，户部就越说钱收不上来。

收不上来，万历皇帝就自己收，因为文人士大夫集团在他心里的信用，已经完全破产了。万历之所以还用他们，是因为他知道，帝国离开这套体系就没法正常运转。而要想让这个运转更加接近自己的思路想法，只能依靠宦官集团来制衡文人集团。

于是，万历时代的"矿监"与"税使"应运而生。

想法很好，实施起来却很狗血。

大量的太监从皇宫外派，到各地充任收税的特派员。这些人毫无疑问是万历皇帝所信任的人，但是这些人先天文化素质不高，其中更是不乏见钱眼开之徒。结果收税变成了敛财，向大商人收税变成了被大商人带节奏。收税的主要对象，由大商人变成了下层手工业者和小本生意的商人。

好的政策没有执行好，反而让收税工作陷入了全民抵制的汪洋大海中，这就是在明史上记载的"矿税之弊"。文人的笔杆子，哪里肯放过这些敢动自己奶酪的人。于是，在明史记载的这段历史中，万历成了贪财小人，而太监们则成了鹰犬爪牙。

总之在万历一朝，"争国本"事件影响深远。皇帝与文人士大夫集团剑拔弩张，而东林党则渐成气候。皇帝揣着明白装糊涂，东林党们则自诩清流，看不上这，也看不上那。皇帝日渐倚重宦官集团来制衡士大夫集团，然而同时又衍生出其他问题。

大阉之乱

公元 1620 年，也就是朱由检九岁这一年，万历皇帝驾崩，朱由检的父亲朱常洛终于登上帝位，朱常洛就是明光宗。然而，背后的东林党为朱常洛争国本争了几十年，终究朱常洛也无福消受这个得来不易的皇位。仅仅在位一个月，朱常洛就撒手人寰。

朱常洛的死，在历史上争议很大。在朱常洛死前死后，发生的"明宫三大案"①，掀起了朝堂上东林党与阉党之间斗争的最高潮。

阉党又是一个带着鲜明时代烙印的称呼，阉党不是一个政党，而是一个政治派别；阉党也并非人人都是太监，而是以宦官为代表人物，同时还联合了"浙党""楚党""齐党"等其他政治派别的一些大臣参与其中。阉党是东林党人对宦官政治集团的蔑称，是同东林党在"后万历时代"进行党争的主要对手。所不同的是，东林党是以清流自诩，阉党是以忠君自诩。

一个合格的政治家，最重要的不是要做好人，而是要办成事。比如万历前期的张居正，就是典型的此类政治家。所以不管"东林党"还是"阉

---

① 明宫三大案：梃击案。万历四十三年（1615 年）五月初四黄昏，一壮汉手持枣木棍闯进朱常洛所住的慈庆宫，打伤官人。此人叫张差，由太监庞保和刘成引进宫。但庞、刘是郑贵妃手下，于是，案件没有进一步追查，只以疯癫奸徒之罪，杀张差于市，并毙庞、刘于内廷了案。此为梃击案。

红丸案。万历四十八年（1620 年），光宗朱常洛即位，十几天后突然病倒。太监进了一剂泻药，当晚朱常洛腹泻不止。后鸿胪寺丞李可灼进两粒红丸，朱常洛用了第一粒后稍见好转，用了第二粒后却昏昏睡去，翌日清晨驾崩。众人皆疑为郑贵妃指使，但无证据，最后将当事二人谪戍了事。史称"红丸案"。

移宫案。朱常洛死后，十五岁的太子朱由校继位，但抚养他的李选侍据守乾清宫，要挟获得皇太后的封号，并有意摄政。在群臣激烈反对与新皇下旨催促之下，李选侍不得不移出乾清宫，是为"移宫案"。

党"，最重要还是要有政绩，而不是搞气节之争或立场之争。然而，东林党这个政治派别的政见中，其中有一条就是反对宦官干政，这也就决定了东林党与阉党的水火不容，势不两立。

当一件事情不问青红皂白，只要是阉党拥护的就一定是错的，而只要是阉党反对的就一定是正确的，这就已经违反了做政客的一个最基本的良知。退一步讲，如果只谈身份背景，东林党有点像代表资产阶级利益的自由派，而阉党则有点像忠于君主的保守派。他们之间的政见之别，理应成为相互监督而不断推动国家进步的引擎才对，而不是互相揪斗或者彼此攻击。

然而现实却让人非常遗憾。

在朱常洛去世之后，朱由检的哥哥朱由校即位。朱由校就是明熹宗，也被称为"天启皇帝"。

朱由校的治国，深得其祖父万历皇帝的真传。他试图在东林党与阉党之间，找到一个合理的政治平衡点。从而，能够轻松驾驭朝政，而又能坐看党争对施政纲领起到更加积极的作用。然而，天启皇帝朱由校的个人素质，显然远远不如从小由张居正言传身教、耳提面命教育长大的万历皇帝。对于政治的认识以及解读，都严重地被身边人所左右和误导。所以，朱由校只能间歇性地选边站。朱由校在即位早期所倚重的是东林党，因为如果没有东林党旷日持久的"争国本"，连他父亲朱常洛的登基都是一个未知数，遑论自己。然而，东林党人的特点是喜欢嘴炮，喜欢上纲上线，总是站在道德的制高点上俯瞰众生。朱由校虽然天资有限，他或许看不透这一个个貌似忠良的东林党人背后的故事，但皇帝的一些个人想法，经常要被上升到苍生社稷、纲常伦理上来过度解读，这就让朱由校非常郁闷了。

由于幼年生活的不幸，朱由校是一个文化素质不高的人，甚至可以说是文盲。然而每个人，都有选择和被尊重的自由，也有选择做一个国家有为青年的上进心。渐渐地，朱由校和东林党人的距离越来越远。而且朱由校也渐渐发现，和东林党人表面的慷慨激昂相比，其实宫里那些生理上有残缺的男人，应该才是自己能够长期倚重的人。至少看上去，这些人不是男人，所以也就缺少欲望；没有后代，所以也就没有私心。

天启皇帝在位期间，阉党的势力发展到极盛。

阉党的代表人物，叫作魏忠贤。应该说，魏忠贤在天启一朝的大权在握，是靠自己一步一个脚印努力得来的。魏忠贤出身贫寒，为了出人头地，甚至在已经娶妻生子的情况下，自己给自己动了"去势"的外科手术，最终成功进入宫中。魏忠贤这样的人，至少知道明帝国最底层的市井生活到底是什么场景，而不只是端坐在庙堂之上指点江山。他一不靠家世，二不靠关系，靠自己的一股子好勇斗狠的滚刀肉战法，最终混成了宫中具有一定影响力的太监。

魏忠贤最终混出名堂，是因为搭上了客氏。客氏是朱由校幼年时的乳母。

魏忠贤搭上客氏，初衷未必就一定是政治投机。但很显然，和宫中其他太监有所不同的是，入宫前曾经有过婚姻生活的魏忠贤，更加清楚如何从生理和心理上取悦女人。朱由校登基即位，魏忠贤和客氏一步登天。魏忠贤被朱由校封为司礼监秉笔太监，已经可以称得上位尊权重了。在他个人职业生涯的最巅峰，被当时的人称为"九千九百岁"。

后世对于魏忠贤的评价，普遍非常低下。

然而史书都是读书人写的，从来没有听说过哪个太监参与了二十四史的创作。因此，我们依然还是从宏观角度看魏忠贤在天启年间的政治作为。

魏忠贤对付政敌的手段之残忍，应该是毋庸置疑的。在天启一朝，阉党的政敌以东林党人为代表，被魏忠贤为首的阉党彻底打垮，很多代表人物，也包括了忠臣良将都被残忍杀害，比如以忠义闻名的杨涟，又比如为官清廉的左光斗。然而应该看到一点，魏忠贤残酷打击政敌，但他的本意并非为了党争而党争。要知道，从万历朝到天启朝，朝堂上的党争本来就愈演愈烈。很多的读书人，仅仅是因为立场不同，就能不择手段地互相倾轧。反而是以魏忠贤为代表的阉党，他们才真正代表了皇帝的意志，也只有他们才是从帝国大业的角度来处理问题，而不是囿于无边无际的党争之中不能自拔。

比如，拿熊廷弼事件来看。

熊廷弼，湖北人，原为"楚党"，但和东林党人过从甚密。他作为辽东战局主守派的代表人物，早在万历三十六年（公元 1608 年），就已经在辽东战场上历练。万历四十七年（公元 1619 年），明军在萨尔浒[①]一战中大败于后金军，前任辽东经略（战时辽东军事总指挥）杨镐被拘押，并于崇祯二年（公元 1629 年）被处决。于是，熊廷弼临危受命，出任新的辽东经略。熊廷弼扛着万历皇帝御赐的尚方宝剑在辽东督师，收拾残局，严明法纪，遇有临阵脱逃者斩立决。熊廷弼的想法非常现实，他觉得首都北京的命门就是辽东，辽东的命门在辽河以东的河东，河东的命门就是开原（今辽宁铁岭开原）。因此，熊廷弼不惜一切代价加固城池，以守代攻，坚守在河东。与此同时，联合朝鲜一起牵制并限制后金军的活动范围。

一时之间，辽东防务的面貌焕然一新。

然而天启皇帝即位之后，朝廷上的政治势力重新洗牌。熊廷弼的大红大紫，引起了朝堂上很多人的侧目，于是熊廷弼被无缘无故卷入一场毫无意义的党争。"浙党"的代表人物姚宗文，义正词严地出面弹劾熊廷弼。

要说带兵打仗在一线，总有百密一疏，无论怎么小心，都躲不开朝廷的明枪暗箭，更躲不过朝廷钦差拿着放大镜到一线来玩找茬游戏。更何况，擅长带兵的熊廷弼，并不擅长传统中国官场上的虚与委蛇，折冲樽俎[②]。熊廷弼没有办法，只能让出了辽东经略之职。天启朝初期，正值东林党如日中天，于是东林党的袁应泰渔翁得利，走马上任辽东经略一职。

袁应泰上任一年，熊廷弼辽河以东苦心经营的老本全丢，重镇辽阳沈阳沦陷，袁应泰慷慨自焚而死。这一次，明军在辽东输得裤衩都没了，但袁应泰本人却凭借死前这一把火，名扬天下。袁应泰被皇帝追封为兵部尚书，全家人都跟着鸡犬升天。东林党人这个团体，也在朝堂上博得了一个精忠报国

---

① 萨尔浒战役：明万历四十七年，后金天命四年（1619 年）二到三月间，在明朝与后金的战争中，努尔哈赤在萨尔浒（今辽宁抚顺东大伙房水库附近），以及附近地区大败明军四路进攻的反击战，是明朝与后金辽东战争中的战略决战。

② 折冲樽俎：在酒席宴会间制敌取胜，指进行外交谈判（樽俎：古时盛酒食的器具）。语本《战国策·齐策五》："此臣之所谓比之堂上，禽将户内，拔城於尊俎之间，折冲席上者也。"晋·张协《杂诗》之七："何必操干戈，堂上有奇兵，折冲樽俎间，制胜在两楹。"

的好名声。这就是中国文化的劣根性之一，所谓"文死谏，武死战"——读书人的气节固然是好，但是幻想死了就能杀身成仁，树碑立传，在明末的残酷环境里面几乎毫无用处。可惜，从明末开始一直到清末，一代又一代的所谓慷慨悲凉之士，一到大势已去就流行抹脖子，反正不管身后洪水滔天，遇到困难就想办法把自己弄死，至少还能够保证名节与全家的性命安全。

这与其说是担当，不如说是逃避；与其说是慷慨殉国，不如说是畏罪自杀。

正所谓，百无一用是书生。

辽东战局乱成一锅粥，于是专门收拾烂摊子的"救火队长"熊廷弼官复原职。然而这一次，熊廷弼遇到了另外一位心比天高的东林党人——王化贞。王化贞是天启前期东林党的代表人物，此时此刻，他被任命为新的辽东巡抚。然而，辽东新组建的领导班子核心，熊廷弼和王化贞在作战方略上产生了非常大的分歧，也就是后来常说的"经抚不和"。王化贞主张放弃熊廷弼的政策，变积极防御为主动进攻。虽然熊廷弼的辽东经略在军事上的定位要高于辽东巡抚，但架不住东林党出身的王化贞此时在朝堂上正是左右逢源。在王化贞的撺掇之下，明军在辽东四面出击，紧接着就四面楚歌。

于是，"东林党"的袁应泰丢了河东，王化贞"再接再厉"又丢了河西。至此，辽东已守无可守，只能接受熊廷弼的建议，保存有生力量，退到山海关以内。

实权轮不到辽东经略，背锅熊廷弼却跑不掉。

复盘辽东之败，熊廷弼和王世贞双双被下狱候审。据事后的很多传说，都认为在这个期间，熊廷弼曾经试图贿赂魏忠贤，但魏忠贤得到了空头支票，却没有拿到一分钱的实惠。于是，熊廷弼被处决，并被史无前例地创造性地"传首九边"①。而另外一位主角王化贞，惶惶不可终日之下，思来想去投靠了阉党。有魏忠贤的羽翼护体，变节的前东林党人王化贞又苟活了很多年。

熊廷弼事件的直接后果，就是东林党人的彻底失势。

----

① 传首九边：项上人头被边疆九个重镇传阅，《明史·列传·卷一百四十七》。

首先在辽东一线，输了个七荤八素的袁应泰和王化贞，这二位同为东林党人，这个无话可说。而对于一个党外人士熊廷弼，是保是斥，东林党人却迟迟无法达成共识。于是，在辽东惨败的大背景下，在军事现实的大是大非面前，东林党人没有从业务的角度出发研究问题实质，而是在立场问题上又开始了最擅长的嘴炮。东林党人内讧，王化贞叛变，最终所有的矛头都对准了东林党人自己。当然，魏忠贤的阉党也不含糊，以叛徒王化贞为马前卒，以熊廷弼事件为突破口顺藤摸瓜，将东林党内部那档子事，不管真的假的，反正摸了个底儿掉。

　　阉党的卖力演出，让东林党人在政治上迅速污名化。

　　自诩清流许多年，一夜回到解放前。

　　很多人认为，以魏忠贤为首的阉党是为了整垮东林党才落井下石，借着"熊廷弼事件"持续发酵，将党争搞到极致。然而，从帝国政事的开展来看，并不能这样认为。因为在熊廷弼之后，魏忠贤很快又启用了一位东林党人。

　　这位新的东林党人，是天启皇帝的老师孙承宗。

辽东长颈瓶

孙承宗是河北人，明末东林党的代表人物之一。孙承宗不是一般的东林党人，而是东林党人的骨干。他也不仅仅是口头上的东林党，而是已经出现在阉党编纂的《东林点将录》里面，被阉党们按照《水浒传》的称呼方式，称为"地短星出林龙大学士孙承宗"。要知道，《东林点将录》可是阉党的黑名单，凡是在名单上出现的东林党人，阉党无不想杀之而后快。然而，在辽东危急存亡的关键时刻，完全得势的魏忠贤，却在第一时间从业务角度出发，选择了更加适合辽东战局的孙承宗。

而孙承宗的出现，在一定程度一定时间内化解了后金咄咄逼人的战略态势。孙承宗虽然没有熊廷弼的大开大合，但万历朝科举榜眼出身的儒将孙承宗，步步为营、筑城屯田，像切香肠一样一点点回收后金手中的沦陷国土。同时，孙承宗推行"以辽人守辽土，以辽土养辽人"（《明史·列传·卷一百四十七》）的政策，以此实现官兵的本地化与守土的属地化。自此以后，帝国真正将辽东的防线，提升到一个战略高度来重视。而不是头疼医头、脚疼医脚地把后金威胁当成疥癣之疾，次次都草草对付。孙承宗从山海关开始，坚持筑城占地的方式，慢慢延伸到宁远、锦州一线直到大凌河。就这样，一寸土地一寸土地，蚕食挤压后金的领地人口。以孙承宗的战略构想为雏形，后来帝国才慢慢打造出了名噪一时的"关宁防线"。

"关宁防线"依托的是辽西走廊的存在。所谓"辽西走廊"，非常容易理解，它是位于今天的辽宁省锦州市与河北省山海关之间的一条狭长沿海平原走廊，东临辽东湾，西依松岭山，西南—东北走向，长约185公里，宽8～15公里。

孙承宗接手辽东战局的时候，整个辽东尽落入后金手中。孙承宗沿辽西走廊布局，打造了"关宁防线"的雏形。简单来讲，辽西走廊和辽河平原（人

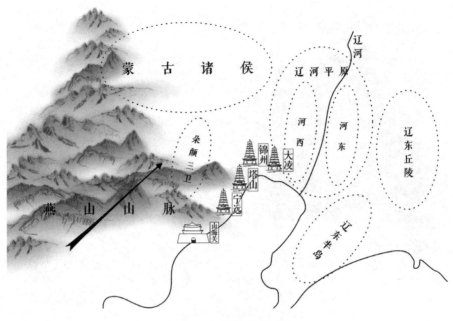

图 3-3 辽东地理形势图

口地理单元）组成了一个长颈瓶，只不过这个长颈瓶是倒置和斜放的。瓶身是辽河平原，瓶颈是辽西走廊，瓶塞是山海关。那么按照这个逻辑，后金军队如同瓶子里面的清水，分分钟准备倾泻而下。我们索性，就叫他"辽东长颈瓶"（如图 3-4）。

我们先刨除袁应泰和王化贞这两位璀璨的东林双子星，只看熊廷弼和孙承宗，比较一下这两位策略的异同——熊廷弼和孙承宗的相同点，都是积极防御，但是两人的积极防御却有本质的不同：

熊廷弼——主要防守方向是瓶身，尤其是瓶底。万一瓶身守不住，那么索性放弃瓶颈，只守瓶塞（山海关）。孙承宗——主要防守方向是瓶颈，因为瓶身早就已经丢了。瓶颈分成一节一节，分兵把守，步步为营地防御。先不谈熊廷弼和孙承宗防守战法孰优孰劣。只看此时此刻，孙承宗短时间收拾残局，稳定大局，面向全局，做得很好。

由熊廷弼的积极防御，到王化贞的主动进攻。而到了孙承宗，则又变成了"防御式蚕食"的战法。事实证明，孙承宗的策略未必是最优解。但

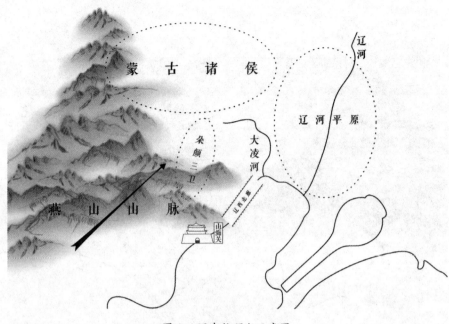

图 3-4 辽东长颈瓶示意图

在当时的危局下，却很奏效。

孙承宗这种人，身为东林党，却为魏忠贤所重用。这种俨然超越于党争而存在的人物，是明末那个时代所缺乏的一种务实施政精神的象征。魏忠贤贪婪，魏忠贤残忍，但由熊廷弼而孙承宗，阉党们的所作所为，其实并不是纯粹的党争，治国方面的务实态度，在辽东防务上体现得淋漓尽致。

我们把目光从辽东移开，放眼整个帝国的边边角角。

其实所谓的"大阉之乱"，乱在帝国上层的官僚体系，而不是乱到了基层。基层老百姓不会管朝廷的党争，他们只关心物质和精神上是否富足，是否活得有幸福感。而在天启朝的几年之中，国家经济的基本盘尚好，也没有大的外敌入侵，更没有后来崇祯朝连续不断的饥民造反。而阉党依靠控制东厂对东林党人搞的白色恐怖，完全是朝廷官僚体系处理政治犯的可控范围，并没有因此而波及到帝国的国计民生。恰恰相反的是，由于魏忠贤有皇帝的无条件支持，他更加坚定地向东林党背后的大商人大地主征税，从而保证了国库的正常运转，杜绝了帝国财政可能的入不敷出的情况。

从道德层面来讲，魏忠贤的个人私德确实不咋样，比如阴险狡诈、心狠手辣、不择手段之类的话，用在他身上一点都不过分。但魏忠贤对皇帝忠心耿耿，对于皇帝的命令执行力极强。为了帮助皇帝实现自己的政治诉求，魏忠贤甘愿冲锋在前，作为皇帝平衡朝中士大夫势力的一把匕首，魏忠贤是非常合格的。从某种意义上讲，魏忠贤的出现，也是天启皇帝在政治上的一种自然而然的需求。再退一步讲，魏忠贤所有有违天理伦常的表现，其实都是经过皇帝默许甚至是纵容的。而且，皇帝也绝对不可能不知道前朝发生了哪些事情。在某种程度上，他只是效法自己的祖父万历皇帝，对于国家政治生活躲在暗处遥控而已。

平心而论，就天启朝的政治现实而言，东林党垮了，帝国的摊子并没有变得更糟；而如果没有阉党擅权，同样是这副摊子，也未必会变得更好。

帝国亏空

回到我们本章开始时的时间，天启七年。

这一年的魏忠贤，显然没有做好天启皇帝朱由校突然驾崩的心理准备。魏忠贤组织一帮阉党文人编纂的著作——《三朝要典》，才刚刚杀青。这部书是一本明宫三大案的案情汇总，涉及了万历、泰昌、天启三朝的涉案细节。这本书的主旨就是把脏水全部泼在东林党人身上，东林党的一些骨干，在书中除了背锅就是扛雷。这本书的编纂思路完全符合魏忠贤的性格——说不行就不行，行也不行。用四个字来形容这本书——臭名昭著。

然而，这本书成书之后，还没有来得及公开发行，皇帝就驾崩了。

崇祯皇帝朱由检，从九岁到十六岁这短短七年里，死了爷爷死爸爸，死了爸爸死哥哥，终于为自己死出了一个未来。

自从亲生母亲去世之后，后宫战战兢兢，看人脸色的日子，朱由检过够了；受太监们的排挤和白眼的日子，朱由检更过够了。一旦权柄在手，这个十六岁的少年在内心深处迸发出了万丈的豪情。他想做一个雄才大略的帝王，做一个先祖朱元璋那样拿得起放得下的盖世英豪。最起码，也要恢复朱棣时代的文成武德，万邦来朝。

第一件事情，无论于情于理，于公于私，都要清算阉党。

魏忠贤被贬出京城，到凤阳为朱氏先祖守陵。不久，被赐死。

这一切，都发生在朱由检即位之初短短几个月内。魏忠贤没有吃里扒外的打算，也没有另立朝廷的企图。他生前所做的一切，无非是某种程度上代表了皇帝的想法，仅此而已。如果从皇权角度上讲，他其实远远算不上什么乱臣贼子。

阉党被彻底清算，东林党人被重新启用，随之而来的还有大量冤案的平反。

少年天子，拨乱反正；

英明果决，前途无量。

崇祯皇帝朱由检的政治威望，一时无人能比。

对于明帝国来说，魏忠贤的最后一点剩余价值，就是被当作一个政治上的丑角打翻在地——没人骂天启帝，人人都骂九千岁。皇帝没错，错的永远是奸臣；皇帝犯错，也是受到了奸臣蛊惑。魏忠贤就是为刚刚接班的新皇帝量身打造的一个箭靶，他在反面烘托了正面人物伟岸的群像，从皇帝到士大夫们，从庙堂之高到江湖之远。

然而，对于政治本身来讲，一切并没有那么简单。

阉党们被打垮，东林党们被重用，那么江南大商人的税还收不收了？如果不收了，那么帝国的财政怎么填补亏空？国库没有钱，拿什么去应付战端又起的辽东？没有钱，拿什么去赈济灾民？如果继续沿用魏忠贤的狠辣手段来治国，那又怎么向朝廷上的清流们交代？儒家规定的忠信孝悌礼义廉耻，又在哪里？这是很大很大的一个局，可惜年方十六岁的皇帝，还并没有完全看清楚。

皇帝是跑步上岗，他本人在政治经验上的欠缺，没有办法去基层得到实际锻炼。他只能从祖制中寻找答案，只能用对东林党人的信任，来回报他们暂时在政治上的效忠。

面对当时明帝国内忧外患的局面，朱由检想到了乱世用重典，他模仿的对象是先祖朱元璋。在朱由检的皇帝生涯中，他基本上践行了朱元璋在《皇明祖训》中所规定的"朱氏子孙行为守则"。能够做到这一点的，不得不说，在明朝二十个皇帝中，朱由检是仅次于朱元璋的第二人。夙兴夜寐、晨习日讲、奏章朝议、通宵达旦。由于过度缺乏睡眠，有时候朱由检在座位上坐着坐着就睡着了。有一次皇帝因为生病缺席了一次早朝，结果连篇累牍的批评与自我批评就来了。

不过，学霸和学渣的衡量标准，从来都不是学习时间投入的长短。有时候不得不承认天赋这件事情的存在，就算是一腔热血地投入全部精力去解一道题目，也未必能够顺利得到答案，更何况是明末这盘千年不遇的大残局。

东林和阉党的话题暂且一放，我们看一看朱由检即位的这一年——

在中央，财政已经出现赤字，国库的银子拆了东墙补西墙；

在地方，地主豪强的土地兼并愈演愈烈，破产农民越来越多；

在辽东，皇太极发兵朝鲜，把这个铁杆的帝国附属国一顿海扁；

在陕西，百年不遇的旱灾，饥民开始造反，并有渐渐蔓延的趋势。

这个残局太过难解，不仅仅是见招拆招的问题，其中还有很多环节环环相扣，互相掣肘。首当其冲的，就是财政开源的问题，既然东林党一致反对，收不到多少工商营业税，那就加大农业税的收缴力度。于是在原来赋税的基础上，皇帝向农民们增加了"三饷"。所谓"三饷"，是指"辽饷""练饷"和"剿饷"，辽饷主要用于辽东战事，练饷用于军事训练，剿饷用于剿灭农民军。

根据史书的记载，这三饷如果分摊到每亩地来说，实际绝对值也没有增加太多。然而这个"三饷"的愚蠢之处有两个：

第一个，是征收赋税的主要对象搞错了，前朝的万历皇帝尚且知道拿着江南富户开刀，宁肯搞出一个"矿税之弊"，背负着骂名也要跟这些地主老财们宣战。然而崇祯皇帝不仅没有想到这一点，反而还是在农民头上做文章，如果说增加地主的赋税也就罢了，事实上根据我们前文的分析，往往地主豪强们还可以免于赋税。崇祯皇帝的"三饷"，等于是拐着弯跟自由农民伸手要钱，自由农民如果正在遭遇饥荒，那么很快就变成破产农民。

第二个，是明代征饷，都是统一换算成银子来支付。这个问题本来不是个问题，但问题是恰好赶上了整个明帝国的"银荒"问题。本来明代的对外贸易是巨大的顺差，每年的外来白银流入额巨大。然而，这些银子大多通过走私上岸，所以大把白花花的银子，都进入了东南沿海的大商人和小农户家里。中国的所谓工商业者大多不喜欢扩大再生产或者进行工业革命似的生产革新。转而，他们会把大把的银子存起来保值，或者干脆购买耕地，去制造更多的流民。所以，明代缺银子是指政府和北方老百姓缺银子，南方沿海的老百姓和国家的大地主大商人并不缺银子，都在家里囤着呢。

就这，还没有算上当时遍布全国的朱元璋的龙子龙孙。经过近三百年的人口自然增长，这个数字已经有几十万人之多，而这些人个个都是干吃饭不干活的主儿，没事就在家敛财和攒钱玩。比如前文提到的万历皇帝偏爱的小儿子——福王朱常洵，就是其中的典型。

朱常洵同学从生下来那天开始，就耳濡目染老爸万历皇帝和文官集团吵架，老爸每天上朝，朝堂上文官集团鸡飞狗跳，乌烟瘴气的就是一个主题——我们坚决拥护朱家老大朱常洛做太子，坚决不拥护你喜欢的老三朱常洵做皇储。无奈老爸万历虽贵为天子，治气却治不过文官集团。治气治不过，让朱常洵留在老爸身边做个好孩子也不行。太子归位，朱常洵进封福王，迟迟不去洛阳就藩，惹得一群文人们天天蹦高，又是先祖遗训，又是圣人教诲，又是皇室脸面地堵着皇帝门口骂。于是到了万历四十二年，朱常洵二十八岁，只能七个不情、八个不愿地到洛阳就藩。

福王朱常洵和自己的老妈郑贵妃为皇位战斗的二十多年，也就是被文人在背后戳着脊梁骨臭骂的二十多年。这样扭曲的成长环境，失去皇位继承权的巨大心理落差，让就藩之后的朱常洵意志消沉，纵情声色。反正帝国执政的是老大朱常洛，这个天下的兴亡关我鸟事，刚好省去政务的烦恼。尤其是大哥朱常洛死得太快，后来两个侄子朱由校、朱由检先后做了两朝皇帝，何必让隔了一辈的年轻皇帝，在老皇叔身上看到一个前朝话题人物的政治威胁呢？索性我就涂上政治保护色，闭门谢客，一心一意地声色犬马，纸醉金迷便是（"常洵日闭阁饮醇酒，所好惟妇女倡乐。"《明史·列传第八》）。

游戏人间不是事，游戏太烧钱才是事。

朱常洵贵为帝国亲王，无论玩啥娱乐项目，都需要很高的经济投入。搞钱是正事，否则政治护身符没体现，还辱没了皇室贵胄的脸面。福王在洛阳属地本来就已经占地两万多顷，地主式庄园经济并不缺钱。但即便如此，福王的搞钱团队依然非常敬业，巧立名目，把前朝旧臣张居正被抄家充公的财产据为己有，这事只是起步价。在福王驻地不管国税地税，税金不管盐税茶税，盐税不管井盐海盐，反正只要是让福王的搞钱小分队过一手，总要雁过拔毛，见者有份。

搞钱小分队的搞钱能力极佳，银子也就源源不断地流入福王王府。

其实说到底，这也只是福王一个人的敛财方式而已。就整个帝国而言，几十万人的朱氏子孙，到底在家里囤积了多少银子，恐怕没人说得清楚。

国家流通领域银子奇缺，就造成了银子的购买力空前强大，今天的小米还是一两银子买一百斤，明天就可以买一百一十斤。在银子不断升值的情况下，越来越多的富户囤银子等着增值。最可怜的还是北方的自由农民，因为他们手里只有粮食可以兑换成银子。他们交"三饷"，今天可以用一百斤小米来抵扣，明天就得用一百一十斤小米来抵扣。这样的赔本买卖，谁肯做？

所以这个崇祯皇帝的"三饷加派"，比起万历皇帝的"矿税之弊"，简直是又好笑又好气，这样的政策只会制造出更多的饥民造反。

开源不好开，那就节流吧。

节流也不好节，因为公务员队伍的名义平均工资已经够低了，如果再削减开支，像海瑞这样家里常年没米没面的，接下来只能卖闺女了。那么只能是裁员，于是就是全国范围内的大裁员。这一裁，可就裁出了问题。

因为，就在陕北，有一个驿站的驿卒下岗了。

这个下岗驿卒的名字叫作——李自成。

崇祯二年

崇祯元年，也就是公元 1628 年，李自成的驿卒生涯画上了一个并不完美的句号。这一年的李自成只有二十二岁，也就是今天我们大学毕业的岁数，刚毕业就失业，说的就是李自成。被裁撤回家的李自成，发现自己这些年的基层公务员生涯居然没有任何积蓄，身无分文的他，很快就在家乡借了一屁股债。债主天天逼债不说，还把李自成告到官府蹲大牢去了。在牢里的生活没过多久，李自成被亲友救出。然而祸不单行的是，自己坐牢的这段时间里，隔壁老王居然乘虚而入，把自己给绿了。

一不做二不休，李自成杀了债主，又杀了隔壁老王，跑到甘肃边疆投军去了。

从军生涯并没有想象中的那样美好，很快李自成就发现，当兵也没钱拿。当普通一兵和当普通百姓，只不过是手里多了一把国家统一配发的制式兵器，但在社会地位上却没有本质上的区别。国家加租都加在了百姓身上，而地主老财反而毫发未损。当兵也是一样。国家财政困难，基层军官也缺钱，缺钱了只能动歪脑筋，于是就克扣甚至停发士兵们的饷银。百姓逼急了尚且可以饥民造反，那么手里有刀有枪的士兵也就更简单了——哗变。

哗变之前的其他士兵，尚且还有一丝内心的犹豫和隐忧。而对于李自成来讲，这事压根儿就不算个事。首先，投军之前，自己已经有两条人命官司在身；其次，自己的舅舅高迎祥，早在去年就已经在陕北率领饥民，组成了农民军队伍，目前正在积极招募各路精英加盟。而且到目前为止，舅舅的造反事业开业大吉，顺风顺水，看起来比端朝廷的饭碗，反而更有前途些。

公元 1629 年，也就是崇祯二年这一年，李自成所在的部队在甘肃哗变。哗变之后的李自成，投奔了当地农民军头目王左挂。在王左挂的统一部署之下，李自成杀奔汉中，摇身一变投身到了如火如荼的暴动大潮中。

崇祯二年，实际上这一年非常不平静。对于年轻的新皇朱由检来说，他已经由刚刚铲除魏忠贤的意气风发，而开始感受到了背后传来的阵阵凉意。这一年的皇太极，征服了朝鲜，逼迫朝鲜去掉了崇祯年号。朝鲜在几年之后更是尊奉后金为宗主国，并改用后金年号。

失去朝鲜，尤其是在明军失去了长期坚持敌后作战的老兵油子毛文龙之后。后金开始把矛头直接指向了帝国的心脏——北京。我们回头来看，这一年恰好就是因为皇太极入关，李自成所在部队需要开拔到一线勤王，勤王的路上欠发粮饷，才造成了李自成部队哗变。

这一年冬天的皇太极，并没有走从孙承宗开始一直不惜重金打造的"关宁防线"，也即滨海大道的锦州—宁远—山海关一线，而是绕道蒙古人的传统防区，在燕山一线毁掉长城边墙，从喜峰口入关。绕道蒙古人的传统防区，并不是因为蒙古人怂了，而是因为早在两年之前，蒙古人的末代大汗林丹汗^① 就率领十万蒙古人西迁了。西迁的原因，固然是林丹汗想仿效先人，有一统蒙古诸部的客观想法，但实际上跟后金势力的强势崛起也不无关系。毕竟，正常人都是趋利避害的居多。

林丹汗这一走不要紧，燕山东北一直延伸到大兴安岭以东的广大地区，就拱手让给了皇太极的后金。之前^② 提到的，广宁卫以及朵颜三卫的所有防区，尽归皇太极所有。这样，燕山长城以北的外围防线已经无险可守，皇太极的部队只要愿意，就可以分分钟丢掉辎重，轻骑长途奔袭北京，而完全不用考虑走滨海大道。

如此一来，如果后金不是带着车辆马匹、炮火辎重全面开战，而仅仅是绕道偷袭的情况下。帝国几代将领的心血"关宁防线"，基本上变成了

---

① 林丹汗：（1592－1634年），孛儿只斤氏，名林丹巴图尔，汗号为呼图克图汗，是蒙古末代大汗。林丹汗试图恢复蒙古的统一，重建成吉思汗的霸业。因此，他对外采取联明抗金的方针，对内则谋求控制蒙古其他部落。1634年，林丹汗因天花死于青海大草滩。其子额哲于翌年投降后金，蒙古帝国灭亡。

② 见《魔方中国史：帝位进化论》第四章。

中国古代版本的"马奇诺防线"。

皇太极这一次，率领两万后金军队，绕开关宁防线入关，史称"己巳之变"。

己巳之变，只是后金很多次入关的第一次。而这一次入关的意义却非同寻常，因为明帝国的首都北京，已经近 180 年没有经历过大的战火。上一次的北京出事，是在三个甲子之前，也是源于一个"己巳之变"，那一次的己巳之变被称为"土木堡之变"。而和这一次有所不同的是，那一次的北京被围，起因是由于明军出击塞外，而不是像这一次一样的，事先完全不知道，事中窝在家里被动挨打，事后又无计可施地看着别人扬长而去。因此，这一次的入关，震动了朝野，也震惊了年轻的皇帝朱由检。

在几路勤王大军，尤其是袁崇焕的关宁军力战之下，北京安然无恙。但皇太极在北京周边的几座城市，杀人屠城，放火抢劫。北京没丢，但帝国的面子丢了，里子也丢了，帝国周边的羽翼小城被毁，燕山南麓只剩孤零零一座北京。年轻的崇祯皇帝朱由检又羞又恼，童年记忆带给他的那种不安全感，对周边人群的戒备感，以及隐藏在他内心深处那种深深的自卑感，百感交集。

后金入塞，不能白白杀人越货就溜之大吉了，必须要有人顶缸才对。

杀不了皇太极，但杀自己人的决绝之心总还是不缺的。

出来背锅的是袁崇焕。

袁崇焕，广东人，万历朝进士出身，中国古代儒将的代表人物。

天启朝袁崇焕毛遂自荐，主动请缨到辽东作战，从而成为孙承宗的得力助手和学生。在熊廷弼下狱被杀之后，继任者孙承宗用筑城屯田的方式，获得对后金作战中"势"的逆转，但老人家却又因为部下马世龙冒进失利，从而引咎辞职。天启五年，孙承宗走了，来了一个比老帅孙承宗还要老三岁的高第。高第自认为自己在下一盘很大的棋，而为了证明自己不是个臭棋篓子，他索性不出手下棋。这个选择足够机智，因为不下棋，也就永远没人知道你到底是不是臭棋篓子。高第想完全地彻底地放弃辽东这盘棋，退守山海关。而且高第说干就干，几年来孙承宗步步为营占地盘，高第一个冷不丁就跑到了山海关。

高第退守的节骨眼上，后金军队包围了辽东孤城宁远，守城的正是袁崇焕。

袁崇焕不是个怂人。不然，他也就不可能主动请缨来到辽东。要知道在朝堂上其他嘴炮型政客嘴里，辽东可是个唯恐避之而不及的烂摊子。换句话，对于一个正直无私的普通官僚来说，一线的辽东仅仅是个战场，它关系着社稷安危、帝国国运；但对于明末很多所谓的士大夫们来说，辽东就是政坛上那一池塘的浑水。这池子浑水，从明金开战的第一枪，也就是从抚顺陷落开始，已经浑了八年了，趟过的人也不少，从杨镐、杜松，到袁应泰、王化贞，甚至包括有所建树的熊廷弼、孙承宗，有一个是一个、打一场输一场。熊廷弼的经略辽东，胜在战略清晰；孙承宗的步步为营，胜在因势利导。但要说对后金的胜仗，门都还没有摸到。

但袁崇焕不信这个邪。

作为一个文人，他除了相信自己的判断之外，还相信自己手里的"红衣大炮"。

红夷大炮

　　"红衣大炮"也就是"红夷大炮"的讹称，"红夷大炮"说白了也是讹称，"红夷"就是红毛夷荷兰人的意思。之所以这么喊，是因为明代人接触最早的玩炮的欧洲人就是荷兰人。但是荷兰人在亚洲玩炮却不卖炮，卖也不卖给大明。不过，这也倒没关系。当时大明家大业大，偌大的国土上，有一群不远万里来到中国租地皮的房客，这些房客就来自欧洲——到达澳门的葡萄牙人。

　　恰逢全球范围内的大航海时代，葡萄牙人当时为了在澳门这个地方尽可能地赖着不走，想尽一切办法取悦明帝国。早在前朝的嘉靖年间，葡萄牙人就帮助明帝国装备了相当数量的"佛郎机大炮"，从而取代了帝国军队中相对比较落后的"神机营"。"神机营"虽然是世界上最早的专业火器部队，但同时期的欧洲在文艺复兴之后，近现代的基础学科的发展已经日新月异。反而是发源于中国的火器越来越跟不上时代步伐，靠传统经验吃饭的帝国工匠们，无论如何也比不过欧洲的数学、化学、几何学、物理学、冶金学这些学科的同时崛起。"佛郎机大炮"之所以叫作"佛郎机"，是因为当时的明代人称呼葡萄牙，就叫"佛郎机"。所以无论"红夷大炮"还是"佛郎机"，都是当时明代人对欧洲人的称呼，转而把他们的名字，嫁接到了足以让明代人震撼和艳羡的武器装备上。

　　"佛郎机大炮"是一种非常典型的后填装滑膛加农炮，这个名字显然听起来有点过于专业。没关系，我们分开来说。后填装，是指炮弹弹丸从炮的后部装填；滑膛，是指当时还没有膛线这种高科技的发明；加农炮，是指弹道低平，可以多角度瞄准，并且炮弹速度较高的火炮类型。佛郎机炮的最大特点，就是炮的整体分成了"母炮"和"子炮"两部分，一个母炮，可以带四到九个子炮。所谓"母炮"和"子炮"，其实也没有什么稀奇的，如果说佛郎机母炮相当于一个放大版本的手枪，那么子炮就相当于一颗子弹，子炮炮膛就是可以循环利用的子弹壳，而子炮炮弹就是子弹头。正因为如此，佛郎机大炮的优点非常明显，首先是炮身比较轻，且可以分离，便于野战中的迅速移动；其次是在子炮装填速度够快的情况下，佛郎机大炮可以做到速射；此外，佛郎机大炮的母炮的炮腹可以打开，因此炮身整体的散热速度很快，不会因为连续射击发热而造成炮身损坏。

佛郎机大炮也有很多缺陷。由于设计工艺的一些问题，佛郎机大炮炮身较小，炮管较短也较细，因此这种大炮所发射炮弹的杀伤力比较差。此外，后填装大炮在生产工艺上，当时还没有完全解决空气密闭性问题，所以炮身所能够提供的空气推力非常有限，射程非常短。

在明末民族战争与农民战争愈演愈烈的情况下，这些缺陷让佛郎机大炮变得聊胜于无，并不能够大规模列装明军部队，实现对敌人的最大杀伤。于是水到渠成地，即便在同时期的欧洲也不落人后的"红夷大炮"，开始登上历史舞台。

红夷大炮，是一种典型的前装填重型滑膛炮，前装填是和后装填相对应的，意思是炮弹的弹丸从炮口送入。这种大炮比较笨重，动辄两吨，甚至十吨；而最重的佛郎机大炮，一般也不会超过半吨。然而，红夷大炮的威力却是显而易见的。红夷大炮在设计上炮管长，管壁厚，且由铸铁乃至于铸钢打造，从炮口到炮尾逐渐加粗。更加重要的是，前装填的设计使得空气密闭性非常好。红夷大炮的射程达到了惊人的三到五公里，而佛郎机大炮最远射程也不过一公里多。仅就杀伤力而言，佛郎机大炮能够做到的红夷大炮都能做到，而佛郎机大炮做不到的，红夷大炮也能够做到。

于是，红夷大炮在明金战争中的大规模使用，呼之欲出。

最早提出在对敌作战时使用红夷大炮的人，叫作徐光启。

徐光启，上海人，明帝国著名的科学家，政治家。徐光启受到了旅居中国的意大利传教士利玛窦的很多影响，皈依天主教，同时系统地学习和传播了一些欧洲文艺复兴以来的科学知识。欧洲的几何学经典《几何原本》，就是由徐光启翻译的，甚至说"几何"这个名字的来历，就是由徐光启确定的。应该说，徐光启才是中国睁眼看世界的第一人，不一定要等到清末才去喊这句话。我们只是明末看完世界，到了清朝又把眼睛闭上了而已。所以清末那不叫睁眼看世界，那叫睡醒了重新看世界。

天启朝，当时在帝国的国家天文台（钦天监）担任公务员的徐光启，主动向朝廷上书，并且承担了向澳门葡萄牙人购买红夷大炮的工作。通过各种努力，最终徐光启为朝廷购到了四门红夷大炮。并且，颇具生意头脑的葡萄牙人，还为朝廷选送了一些操作和维护大炮的技术人员。以这四门红夷大炮为基础，再加上朝廷通过各种手段搞到的另外二十六门红夷大炮，总共三十门大炮，除了有一门炸膛之外，其中有十八门装备在了帝都北京，而其他十一门则统统装备在了辽东重镇宁远。

我们为什么花了如此大的气力，来讲佛郎机大炮和红夷大炮？

因为本文之前所涉及到的朝代以及相关论述，都是基于冷兵器时代这个基本认知。而从明代后期开始，全球范围内的战争形态，即将进入热兵器时代。对于中国而言，明末清初的这段时间，恰好处于冷热兵器相互较量的关键时期。

热兵器的使用和普及，将最大程度地改变中国历史的走向。

此时此刻的袁崇焕别无选择，他将在辽东战场上，第一次使用最先进最具备科技含量的武器来对付后金，这种秘密武器是否奏效，文人出身的袁崇焕心里没底。但不管武器的实际效果如何，袁崇焕都没有退路可言。

抬头向前，是黑压压的后金军队；回头远望，是早就看不见踪影的顶头上司——远远地躲到了山海关的蓟辽经略高第；脚下只剩宁远孤城一座，以及一万多名的明军将士。

当然，还有红夷大炮。

基于教科书上的理论，尤其是基于在欧洲战场的长期作战实践，拥有加农炮纯正血统的红夷大炮，最早被布置在宁远城外的壕沟里。但一反常态的是，袁崇焕经过深思熟虑，认为清军在野战中的巨大机动性，这必将会极大抵消红夷大炮在城外的作战优势。于是袁崇焕更改了军事科技学中关于加农炮操作说明的经典结论，他赶在后金军队合围之前，将红夷大炮从城外搬上了城头。

这毫无疑问是一次空前的创举，也是冒险。

红夷大炮被请上宁远城头的同时，袁崇焕对城外进行了坚壁清野，扫荡出了一块视野足够开阔的空旷阵地。

努尔哈赤率领的后金军队，总共有六万多人，气势汹汹地杀将过来。

战斗开始。

对于后金军队来讲，这是一场非常奇怪的、前所未见的战斗模式。

城外几公里扎营，居然都能够被炮火所伤，只能把大营搬得更远；刚刚组织起人马攻城，还没有靠近城郭，又被大炮轰了个七荤八素；最后没有办法，只能拿刀逼着士兵们靠近城墙，结果大炮近战的效果依然非常显著，一炮轰过去，就是一个长长的血窟窿（"城内架西洋大炮十一门，从城上击，周而不停。每炮所中，糜烂可数里。"《明季北略·卷二》）。不敢近前的后金士兵，只能躲在炮火的死角观察动静，但如此一来，也就完全丧失了后金军队赖以成名的野战优势以及不怕死的精神。

图 3-5 辽东防御形势图

这仗，根本就没法打。

真正的攻城战，仅仅持续了三天。后金败退。

虽然，恼羞成怒的后金军队，之后血洗了明军据守的觉华岛。但是毫无疑问的是，宁远大捷是明金战争八年以来的第一场货真价实的胜利，这件事绝对是太提气了。

仅仅半年之后，战后心情压抑的后金领袖努尔哈赤，一命归天。

袁崇焕，一战成名。

这场胜利让袁崇焕坚定了一个信念，那就是"坚城利炮"，是老师孙承宗的"筑城屯田"策略的一个 PLUS 版本，也是在辽东克敌制胜的一件法宝。接下来，这个政策需要加以推广。第二年，也就是天启七年，在袁崇焕的指挥之下，明军又取得宁远和锦州两个地方的"宁锦大捷"。在这次战役中，坚城利炮，同样发挥了非常重要的作用。

五年复辽

崇祯皇帝上台之后，重用袁崇焕，任命其为兵部尚书兼任右副都御史，督师蓟辽，兼督登莱、天津军务。年轻的皇帝给袁崇焕的头衔确实足够多也足够高，并且还御赐了袁崇焕传说中的"尚方宝剑"。要知道在这之前，天启朝的袁崇焕最高也不过做到了辽东巡抚。而且他手下的军队都是环绕帝都的，以及堵在与后金交兵一线的、帝国最精锐的部队。

年少缺乏政治经验的崇祯帝朱由检头脑一热，将所有无缘无故的信任，都明明白白地和盘托出。但文人出身的袁崇焕也毫不含糊，对朱由检同学喊出了"计五年，全辽可复"（《明史·列传·卷一百四十七》）的豪言壮语。

如此素昧平生的两个人，一个是青涩政治家，一个是文人掌军权。一个像是求贤若渴，一个像是得遇明主，刚刚开场就是山盟海誓地互相给予最大的信任。这事怎么看都像是职场上的上司和下属，俩人大晚上喝了二斤二锅头，喝多了互相拍胸脯、搂肩膀的时候才能有的场景。从两个人见面的那一刻起，这种没有根基的互信就已经蕴藏了重重危机。

崇祯三年，皇太极耀武扬威地走了，背锅的必须是袁崇焕。

袁崇焕是督师蓟辽，除了辽东，皇帝背后的燕山防线一样是他的防区。虽然当时的兵部右侍郎刘策，同时也在总理蓟辽军务，他才是燕山防线的第一责任人。但无论是中央的兵部，还是一线的军务，刘策只是袁崇焕的直接下属而已。

袁崇焕到底是不是罪无可赦呢？

袁崇焕名义上是因为失职而下狱。但事实上在他下狱之后，朝堂上那些嘴炮们就开始给袁崇焕扣"通敌"的帽子了。失职如果还算是小事，那么通敌可就是必须要杀之而后快的大逆不道了。前者最多属于玩忽职守，没有看住大门把强盗放进了家门，那么后者则就相当于打开大门让强盗进家了。这个锅显然太大，袁崇焕至死都不能认，但关键是崇祯皇帝的态度，而事实上，在这件事情上崇祯皇帝也是举棋不定、狐疑不止的。既然皇帝的态度如此，那么群臣也就更加没有什么忌讳了。

打仗的时候没有本事，仗打完了，士大夫们又一个个趾高气扬起来，这就是典型的孩子死了来奶了。这一次，一群落井下石之徒，索性给袁崇焕又扣了两顶大帽子——私自与后金议和，擅杀毛文龙。

先说议和。

通过史料解读来看，很显然议和这件事情是确实存在的。但是，要知道议和这件事情，于皇帝是朝廷上涉及大政方针的大事，但如果对于一线带兵的统帅来讲，完全可以作为自己的一张牌来出。以"议和"为幌子暗中进行战备，或者以议和为资本而行缓兵之计，这些都是一线统帅的自由度，如果不给这些自由，那么一线的战局瞬息万变，难道事事都要由后方来主导。所谓兵不厌诈，从宏观角度来看当时明末的战局，其实不管是农民军、后金军、还是政府正规军，都各自在火烧眉毛的时候有过诈降的案例，更何况这不是诈降，而是"诈和"呢？更不用说，"议和"的这些事情，袁崇焕也分别都向皇帝汇报过，所以也不存在什么私下议和的问题。

再说擅杀毛文龙。

毛文龙，出生于杭州，但他祖上却是山西人。再说得精确一点，他的祖父是山西经营官盐的大商人。到了毛文龙这一辈，家里头开始有了弃商从政的风气。毛文龙在他二十九岁这一年，过继给了远在辽东的伯父，开始在辽东生活。

毛文龙加入明军队伍之后不久，就遇到了辽东努尔哈赤攻陷抚顺，继而经历整个辽东沦陷的全过程。不过毛文龙算是半个本地人，而且他本人的脑子足够活络，于是在大明全线收缩的情况下，毛文龙自己反而跑到一个叫作皮岛的小岛上，占岛为王，成立了一个叫作东江镇的管理机构。更加重要的是，从这个时候开始，毛文龙没完没了地跟后金玩敌后作战，而且自始至终都还是用朝廷的正规军编制。如此一来，等于是明军在后金的侧后方，牢牢地砸下了一颗钉子，对于后金来讲犹如芒刺在背。

但这仅仅是就军事角度而言。如果从其他角度而言，毛文龙经营皮岛就必须用钱，用钱就要向朝廷伸手，而且经常是大手大脚就把钱花掉了。不仅如此，毛文龙还充分发扬了祖上遗风，时不时搞个走私之类的事情进行自主经营创收。袁崇焕之前的历任辽东经略，都对毛文龙的所作所为睁一眼闭一眼，还是看重毛本人所发挥的军事作用。但袁崇焕这个人比较认死理，他眼睛里面容不下毛文龙这种对上级毫无尊敬、毫无军纪，甚至是败坏军纪的人存在。况且袁崇焕知道，自己手里还有皇帝御赐的"尚方宝剑"。

然而，尚方宝剑这个东西，实际上并不值钱，尤其在明末。

说书唱戏，经常把所谓尚方宝剑，与北宋八贤王的金锏、包公的狗头铡、佘太君的龙头拐杖，乃至于上古时代殷商太师闻仲的打王金鞭之类的物件，当成至高无上的神器。所谓"上打昏君，下打奸臣"这句话，包含着多少布衣草民，对于国家最高政治生活的理想主义倾向。但不管是尚方宝剑还是打王金鞭，这些东西在历史上到底存不存在暂且不论，它们充其量只是代表着皇帝对大臣的一种信任，从而在皇帝角度赋予大臣一种至高无上的权威。这种权威的作用在于不怒自威，比如尚方宝剑，你拿到手里挂在办公室，天天让别人看，让别人心里怕怕的、凉凉的，这就是驭人之术。但是如果你真的拿着这把剑到处砍人，那这个物件实际上也就失去作用了。所以这就是一个悖论，尚方宝剑是皇帝给予你便宜杀人权力的东西，但却不能真用来杀人，真的杀了人沾了血也就失效了。这个世界上只有皇帝才有资格超越法律的存在去杀人或者豁免人，其他人都说了不算。皇帝高兴了，别说尚方宝剑，就算是封个一字并肩王也不是不可以，但是做臣子的自己心里应该有数才对。

退一万步讲，尚方宝剑在明末并不是个什么稀罕物，有皇帝御赐尚方宝剑的臣子并不少，甚至达到了泛滥成灾的地步，前文我们讲过的老将熊廷弼家里就曾经有一把。那么问题来了，袁崇焕有崇祯朝的尚方宝剑，比袁崇焕还大八岁的老革命毛文龙，同样也有天启朝的尚方宝剑，那怎么办？

两个人用尚方宝剑先练一练，看谁的剑法更好些？

袁崇焕的问题在于他骨子里还是个书生，书生意气很多时候让他做事坚决且不留后路，同时也在无时无刻左右着他对于事情的判断。之前，他一个人带着十一门红夷大炮死守宁远，是书生；这一次，他扛着一把尚方宝剑，深入虎穴杀毛文龙，也是书生。

如果单纯从管理学上来讲，毛文龙这样的下属如果不能完全为上司所用，那么他能力再强，也不过是个祸害。因为在此期间，光是花在沟通协调上的成本，就已经远远高于这个人的实际业务产出。而如果清理掉这个人，换一个得力的助手重新开始，那么只要给予足够的时间调整，业务与管理会形成良性循环。而时间对于袁崇焕来讲并不是个问题，毕竟在他心里，他和新皇帝在没有喝醉的情况下互相拍胸脯，为自己博得了"五年复辽"的宝贵时间窗口。至少在这五年里，只要不出大的意外或者不可抗力造成的重大工作失误，君臣两个人，还是应该能够互相给予最大的信任的。

崇祯二年的五月，袁崇焕亲自到皮岛，用尚方宝剑杀了毛文龙。

然而很遗憾，袁崇焕显然低估了毛文龙对于整个皮岛（东江镇）的下属官兵的影响力。当地的辽人守辽土，不管是毛文龙的家庭出身还是个人魅力，都给这支孤悬海外的部队打上了深深的个人烙印。换个人，还真未必玩得转。事实上，袁崇焕后来派过去空降的官员黄龙，就压根打不开工作局面，东江系的军人们对于毛文龙的被杀感到兔死狐悲。更加可悲的是所谓"五年复辽"的时间窗口。多疑而又优柔寡断的年轻皇帝，压根就没有给袁崇焕足够的时间。

崇祯二年十一月发生"己巳之变"，同年年底，袁崇焕被下狱。

崇祯三年八月，袁崇焕就被秋后问斩了，而且是被极其残酷的凌迟处死。

公平一点讲，袁崇焕杀毛文龙，令东江系军人心寒，军心动荡，固然已经犯错，而崇祯皇帝用最残酷的方式杀了袁崇焕，则是错上加错，从此"关宁系"军人也开始心寒，同样是军心浮动。

俗话讲，天高皇帝远。皇帝如何看待、如何处理袁崇焕，自有他自己的道理。但和袁崇焕一起刀头舔血的将士们，心里对袁本人到底如何，实际上都有一杆秤。既然袁崇焕这样的人都可以死，而且是这样残忍的死法，那么其他人呢？

比如负责驻守锦州的祖大寿，随同袁崇焕千里迢迢入关勤王。结果袁崇焕被下狱，惊慌失措的祖大寿第一时间调转马头，准备反出关外，并且还带上了自己的妹夫吴襄和十七岁的外甥吴三桂。后来在老臣孙承宗的斡旋之下，祖大寿才没有再做过激的行动。即便如此，当时祖大寿的心里是怎么想的，包括以祖大寿为首的辽东将领们是怎么想的，这也只有当事人心里才清楚。

打工者心态

崇祯三年，袁崇焕死了。

从与新皇帝惺惺相惜畅谈破敌之策，到被逮捕下狱碎尸万段，只有两年时间。

袁崇焕之死是一个标志性事件，这个标志性事件对于整个明帝国官僚系统的健康运行，有着非常深远的影响。从崇祯三年开始，整个士大夫阶层都开始出现巨大的离心力。不仅是军人，还有文人，也不仅仅是中央，也包括了地方。当时大明王朝的整个官僚体系，从上到下、从里到外都出现了非常大的问题。

问题的源头，还是在崇祯皇帝本人。

其实崇祯皇帝的起点很高，天启七年登基之后，一举肃清阉党，树立威望，为自己带来的政治红利一直吃了好几年。崇祯皇帝迫切需要解决的，足以给帝国带来潜在最大危机的问题也很明显，一个是以李自成为代表的民乱，一个是山海关以外皇太极的后金。然而这两个问题，皇帝朱由检一直没有解决好。

问题还是老问题，国库空虚，银子不够花。

这就像是一张很大的桌子，却留给皇帝一个很小的桌布。桌布只能盖一边，盖了左边就不能盖右边，盖了右边就不能盖左边。所以，这两个问题随便先集中精力解决哪一个都不为过，先剿灭民乱，就是攘外必先安内；先解决异族入侵，那就是民族大义为先。无论怎么样，都可以说得通。究竟是先与哪一方"战"，还是先与哪一方"和"，总要有个持久而有力的政策支撑。总之不能双线作战，否则财政就破产了，一旦财政破产，无论剿匪还是戍边都是扯淡。

不过从事后来看，在整整十几年的时间里，优柔寡断的朱由检始终都在战还是和、剿匪还是戍边的问题上反复摇摆。

如果说后金的渔猎民族打法让人感到头痛，那么农民军武装怎么看都没有那么难以对付。就拿李自成来说，崇祯二年李自成造反，崇祯三年李自成的老板王左挂就被朝廷招安了；于是李自成投奔了张存孟，结果崇祯四年，张存孟也被朝廷招安了；随后的崇祯六年，李自成投奔了自己的舅舅闯王高迎祥。结果到了崇祯九年，高迎祥又在陕西巡抚孙传庭的打击之下兵败被杀。

高迎祥死后，李自成接过了高迎祥的枪，并继承"闯王"大旗，继续作战。

其实李自成包括其他各路农民军的战法并无稀奇之处，他们的作战方式主要是流动作战。活跃地区主要是在川陕晋豫鄂五省交界的三不管地区，反复穿插。如此一来，可以让朝廷的围剿不能够号令一致，从而为自己创造更多的战斗生存机会。为此，朝廷才不得已而设置了一个能够统一调度各省防务的职务——五省总督。五省总督的人选，前期有陈奇瑜，后期有洪承畴、卢象升。

在陈奇瑜时代，李自成等人一度被堵在了秦岭古栈道上的车箱峡，走投无路之下的李自成向陈奇瑜诈降，之后复叛才得了一条生路。在洪承畴时代，曾经在四川被逼得像李自成那样造反的同路人张献忠投降朝廷，当然还是老套路——复叛。同时的其他战线，洪承畴率军杀得李自成只剩下了十八骑，逃亡到了陕西南部的商洛山。

然而农民军的问题，总是要下决心解决才可以。如果没有宏观政策指导，总是会陷入顾此失彼。如果最高决策者首鼠两端，犹豫不决，那么下边的人就只能活活累死。可惜同一时期有很多有类似主张的人，建议都没有被采纳。

比如崇祯朝一度出任兵部尚书的杨嗣昌。

杨嗣昌是一个具有战略眼光高度的帝国官僚。他对于时局的分析有自己的一整套成体系的理论，比如他提出的全国总战略布局有三点：一、攘外必先安内；二、足食然后足兵；三、保民方能荡寇。这些方针其实非常符合当时的实际，也非常地切中要害。因为帝国国库是亏空的，攘外和安内只能保一头，此外剿匪往往陷入越剿越多的困境，根本原因是山穷水尽的饥民越来越多，而发不出饷银的士兵哗变也越来越频繁。

尤其是哗变的问题，太过致命。

明代早期实行的是依托于卫所的"府兵制"，府兵制前面提到过很多次，这是一种半职业军人性质的征兵制度。朱元璋搞卫所制度的初衷是好的，军事屯田不用花朝廷几毛钱，结果全国处处是如狼似虎的明军。然而，到了明末的时候，卫所的性质开始变了，已经开始向土地兼并的方向发展。卫所官兵的关系也变了，成了地主老财和长工的关系。卫所的军官带兵不行，欺上瞒下的本事倒是不小；卫所士兵打仗不行，种田养猪倒是一把好手。正因为如此，明末基本上就废除了卫所，打仗靠"募兵制"，所谓募兵制也就是职业军人制度。换句话讲，当兵都是为了挣工钱而来的，既然到了部队还被克扣军饷，也发不出薪水，那么当兵的意义何在呢？所以，如果银子跟不上，募兵制出现的问题会更多，战斗力和忠诚度会成倍下降。

最为严重的士兵哗变事件，是发生在崇祯五年的孔有德哗变。

孔有德是辽东人，之前在东江镇时代，毛文龙的得力干将之一。毛文龙被袁崇焕擅杀之后，孔有德投靠了徐光启的门生孙元化。作为热兵器时代的先行者，孙元化继承徐光启的科学精神，组建了大明新一代火器营。崇祯五年，辽东战线吃紧，孔有德万里赴戎机，奔赴辽东前线。孔有德部队一路风餐露宿，日夜兼程，但由于部队缺米少粮，加之沿途的官府纷纷闭门谢客，士兵们已经断炊很长时间了。到了河北吴桥的时候，士兵们实在撑不下去了。最终，不堪受辱也饥饿难忍的士兵们哗变了，并杀回了山东登州、莱州。

孔有德的叛变，损失的不是普通的明军，而是上承徐光启，下承孙元化的配备最先进装备的火器部队。孔有德最终反水投靠了后金，带走了同样出身毛文龙东江镇系统的耿仲明、尚可喜为首的火器营骨干，还有大量的造炮专家、技术人员。最终，后金在火器制造水平上超过了明军，也取得了热兵器比拼的第一局胜利。后来满清南下，大多数的坚城，都是被孔有德的红夷大炮一炮一炮、一座一座轰开的。而且满清为了避嫌，居然把"夷"改成了"衣"，从此才有了红衣大炮的说法。

我们退回到"足食然后足兵"和"保民方能荡寇"的问题。

如果朝廷不能满足这些人类最基本的生存需求，单是靠东林党人的夷夏之防，或者民族大义的嘴上风暴，解决不了任何问题。

杨嗣昌认为天下大势好比人的身体，京师是头脑，宣、蓟诸镇是肩臂，黄河以南、大江以北的中原之地是腹心。目前帝国的局面就是肩膀和胳膊被后金人打伤，而腹心里面又中了农民军的毒，如果听任"腹心流毒，脏腑溃痈，精血日就枯干"。所以，他强烈建议同后金和谈，稳住关外之后，腾出手来集中精力解决农民军的问题。

而张献忠诈降和李自成败走商洛山，根本原因也是朝廷在剿匪上采用了杨嗣昌的一些具体主张，比如"四正六隅，十面张网"的八字方针。

但可惜的是，对于农民军彻底打击的问题，朝廷迟迟未下决心。比如张献忠的诈降，其实就是因为崇祯皇帝朱由检自己下令招安的。溃退商洛山中的李自成，获得了足够的时间厉兵秣马，东山再起。因为过于悠闲，当时李自成甚至还在商洛山忘情地撩妹—娶妻—生子。而反过来讲，同后金的和谈问题，在崇祯朝却又几乎成了一个政治禁忌。杨嗣昌的和谈建议，首先就遭到了卢象升的坚决抵制，卢是实战派，抵制和谈倒是情有可原。但东林党们充分发挥了嘴炮的战斗力，动不动就给人扣上卖国投敌的帽子，谁和谈谁卖国，谁卖国谁该死。这也就导致了，帝国最精锐的部队始终处于两线作战的泥潭中而不能自拔。崇祯十二年，抵制和谈的卢象升，就在这种疲于奔命之中，同再次入塞的后金军队遭遇，力战而死。

像卢象升一样的有生力量没了，皇帝就算想先安内也没法安了。

公元 1639 年，也就是崇祯十二年，张献忠复叛，李自成率领数千人马杀出商洛山。崇祯十四年，张献忠攻下了襄阳，获取了大量的兵马钱粮，杀掉了襄王朱翊铭；而李自成则攻入河南，杀掉了当年万历皇帝最喜欢的小儿子福王朱常洵，并且把朱常洵的肉同鹿肉一起煮熟，做成了"福禄宴"分着吃了。消息很快传到杨嗣昌处，这位一生致力于为国分忧的病重卧床的睿智老臣，忧惧交加而死。

安内安不了，攘外就更是没法安了。

自从崇祯二年的己巳之变从燕山长城防线入塞之后，皇太极算是尝到了甜头，在长达十三年的时间里，后金军队连续五次入塞。帝都军队畏战而不敢出城，小城市明军躲在城郭内又不能自保。赶来平乱的明军犹如抱薪救火，在野战与运动战中的劣势尽显。结果，每一次都让后金军队满载金银布帛，人畜马匹北归。后金最猖獗的一次是崇祯十二年，这一年，后金军队绕开北京，一口气杀到了山东腹地，攻克了济南府。生擒德王朱由枢、郡王朱慈颖、奉国将军朱后金，共掳掠人畜46万多，黄金4000多两，白银97万多两。

而更加令人痛心的是，老臣孙承宗的老家也在后金入塞期间被包围，孙家祖孙三代一十八口男丁，全部战死。值得一提的是，同样遭遇后金包围的老臣高第，则举家南逃，最后他活到了八十多岁。

整个帝国北方、西部几乎是年年大旱，农民军遍地烽火，天天都有新节目；东部的华北平原，每隔几年就要被后金洗劫一次，每一次都是惨不忍睹，这也是固定戏码。家住河南的前兵部尚书吕维祺上书朝廷，描述了当时北方的凄凉景象，"野无青草，十室九空。……黄埃赤地，乡乡几断人烟；白骨青磷，夜夜常闻鬼哭"。

而几年之后，皇帝召见直隶巡抚徐标入宫觐见。徐标也不无感伤地说："臣自淮江来，数千里见城陷处，荡然一空，即有完城，仅余四壁，蓬蒿满路，鸡犬无声，曾不见一耕者，土地人民，如今有几？皇上亦何以致治乎？"（《明季北略·卷十九》）徐标一路所到之处，无不十室九空，人烟断绝。而徐标把这个话题递给了崇祯皇帝——问皇帝，在这样的局面下，究竟还如何治理天下？皇帝居然没有任何的建设性意见，也没有哪怕是象征性的信心传递。

你徐大人多此一举跟皇帝聊这些，其实皇帝也烦着呢。而且你说了也不顶用，只能是让皇帝陪着你哭一场了事。（"上歙歔泣下。"《明季北略·卷十九》）

说句直白点的，当时整个北方除了首都北京还在正常运转之外，其实其他地方早就不足以支撑大量人口的存在。

　　这就是毫无疑问的亡国之相。

带路党的前世今生

公元 1643 年，大明崇祯十六年，冬天。

紫禁城。

三十二岁的朱由检就坐在那里，深情的目光望过去，都是自己二十二岁的影子。那个时候，年纪尚轻的皇帝，踌躇满志，意气风发，他想做又一个朱元璋，做帝国两百年来最有作为的中兴之主。然而，折腾十年了，形势不仅没有好转，反而急转直下，他夜以继日，不知疲倦地操劳，效果反而不如多年以前自己哥哥朱由校，放权给阉党的无为而治。

这一年的春天，京城开始流行鼠疫，听太监们的疫情汇报，整个京城都弥漫在死亡气氛之中，四成多的死亡率，即便是抬死人，都快凑不够劳力了。士兵们也被波及，整个城市不仅仅是失去了活人的味道，而且也失去了基本的城防与战斗能力。除了北京之外，天津乃至于整个华北处处瘟疫。这一年的正月，李自成改襄阳为"襄京"，并自称为"新顺王"，而这一年的五月，张献忠攻克武昌，自称"大西王"。北方千里无鸡鸣，路有冻死骨，但两路民贼却在南方逍遥快活。

再往江南那边看，那里依然莺歌燕舞、灯红酒绿，南京城的富商大贾、官宦子弟们，甚至开始为秦淮河上的娼妓们搞选秀。经过层层海选，最后由各路文人骚客评选出的，红灯区的八位优秀工作者，并称"秦淮八艳"。

很显然，帝国的银子并不少，问题是完全没在帝国国库里。

想来想去，崇祯皇帝朱由检都觉得这事太过讽刺。

政治上完全失败，军事上也到了穷途末路。

抛开前文提到无数次的国库没银子的问题不谈，其实明帝国的正规军一直都有相当强的战斗力，关键看你怎么使用。传统意义上，我们一直用强汉、盛唐、富宋、硬明来形容汉人四大强盛王朝。其中的明帝国确实一直都很硬，从建国一直硬到了亡国。明初徐达、蓝玉、李文忠，何等英雄了得；后续的朱棣继承太祖遗志，五征漠北，三犁虏庭；甚至一直到了万历年间，万历三大征都无一例外地取得全胜。从编制上来讲，五军都督府，明军三大营，地方上卫所和边王，一直都有模有样。到了崇祯朝，虽然看起来全国狼烟四起，但年轻的皇帝朱由检手中，依然掌握着当时全国范围内最精锐的三支部队——祖大寿的关宁铁骑、孙传庭的秦兵、卢象升的天雄军。

然而，各种脑残式的中央决策，各种首鼠两端的军事命令，活生生玩死了明末的这三大精锐。前文已经提到，性情刚烈的卢象升在不断的往来奔波之后战死沙场。而曾经把高迎祥逼上绝路的孙传庭，还有曾经在己巳之变中血战后金的祖大寿，此时也都回天乏术。

我们先看孙传庭。

这一年的九月，皇帝认为兵部尚书孙传庭讨贼不力，而且还涉嫌自存实力，于是皇帝催促孙传庭率大军十万，由关中兵出潼关剿匪。当时大明的摊子已经摇摇欲坠，朝廷的各种专业人才不断凋零，封官许愿，临阵拜将的事也就屡见不鲜。这一次，急火攻心的崇祯皇帝，索性给孙传庭封了一个空前绝后的大帽子——七省总督。也就是说，在我们前文提到的，由剿匪专门设置的川陕晋豫鄂五省总督基础上，再加上江南、江北两省。好嘛，掰指头数帝国总共十三省，倒是给了孙传庭一多半的管辖权。

遥控指挥的崇祯皇帝火急火燎的心情可以理解。但是久经沙场的老帅孙传庭，根据一线战局发展，究竟是主守还是主攻，他的心里却明镜似的。这种对于战争本身的透彻了解，也绝对不是什么"七省总督"的震古烁今的乌纱帽所能够左右的。但君命不可违，何况皇帝表面上给了你这么大的信任。这一次，你是去也得去，不去也得去。

结局果不其然。

仓促出兵的孙传庭很快在河南境内与李自成遭遇，最终大败。十月，孙传庭战死。

高高飘扬在帝国西北、剿匪最为强悍的一杆大旗倒下。

而就在前一年，辽东战场。

皇太极发动松锦会战，另外一位当年的剿匪功臣洪承畴被围在小城松山长达半年之久。在万般无奈的情况下，洪承畴投降了。而洪承畴的投降是帝国军人塌方式崩溃的前兆，而且洪承畴是一个南方汉人，并非辽东汉人。他这样饱读儒家经典，号称有气节有节操的国家重臣，在关键时刻却不能为国尽忠，完全不顾夷夏之防地宣誓效忠了满清。这对于文人士大夫阶层来说，意味着很多东西。因为既然没有华夷之辨，那投降满清跟投降汉人政权并没有任何区别，无非也就是改换一下门庭，而无论接下来的朝代姓什么，他依然需要一群文人士大夫阶层，来组成一个治理国家的完善的官僚系统。

国家危亡时刻，我们所谓的文人士大夫们，心里的小九九打得山响。

松山的洪承畴反水了，祖大寿防守的锦州也挺不住了。

祖大寿，作为关宁军起家、发展的标志性人物，被围困一年之久，力战而不得脱，求援而不得继。死守、反击和诈降的手段用了一堆，最终难免一声长叹地投入敌营。

松锦一战持续两年，关外明军大部分战死或者投降，剩下的残兵败将跟着吴三桂撤退到宁远。帝国几代人心血经营的辽西走廊，如今只剩宁远孤城一座。

搞笑的是，军事上双线失败，都到了这步田地，朝堂上的争吵居然还在继续。

拿着帝国俸禄的有文化的喷子们，反对给江南富户加税，反对天子迁都南京，反对与满清议和……仅仅在一年之前的八月份，朱由检本人希望能够同满清达成协议，希望暂时不要再打了，至少给帝国一点喘息的机会。不料这个秘密和谈的计划，却遭到了泄密。于是各路正义的卫道士们开始捶胸顿足，如丧考妣地破口大骂。无奈之下，皇帝只能把执行自己秘密和谈命令的兵部尚书陈新甲拉出来，负责躺枪、顶缸，最终被斩首。

帝国的最后一点骨气，居然被用在了内讧上。

朝堂上扫视一圈，似乎个个都没有错。

东林党们错了吗？看起来并没有太大问题。

这些人一个个看起来义正词严、正气凛然。他们号召减租、体谅民间疾苦。遇到战事的时候，他们是在口头上最有骨气的一群人，忠信孝悌礼义廉耻的事情，从他们嘴里说出来总是那样水到渠成。不管是攘外还是安内，他们总是立场坚定的主战派。就算是有人惹到皇帝不高兴，皇帝不管是抓几个、杀几个，这些人也从来没有服过软。总之，挑不出错。

后宫宦官们错了吗？看起来问题也不大。

因为宦官们是在忠实执行自己的命令，前些年皇帝倚重东林党，但是东林党们的口水太厚，挡住了无数背后的真相。所以皇帝感到害怕，感到担忧。每一次日讲或者朝议，每一次大臣的发言，皇帝都要推敲再三。多问几个为什么，因为怀疑一切的态度总是没错的。正因为如此，后来几年，皇帝越来越倚重宦官了，派太监带着东厂的特务监视东林党，派太监去盯着户部工部的财务，派太监去做监军，到辽东和剿匪战线上去，看这些军头们是不是真的在杀敌，而不是卖国……

地方官员们错了吗？似乎依然没有错。

国库的银子不够花，但是他们还在为国家尽心竭力地征缴赋税和徭役。这事没错。没有这些忠心耿耿的地方官，没有自太祖朱元璋年间就传下来的官僚管理体系，如今各地早就像是唐末一样的节度使藩镇当道了。征缴赋税和地租的中间环节，虽然没有仔细过问，但是帝国的法律《大明律》在上，皇帝严酷的惩罚在下，无论如何这些地方官们都不会太过造次。虽然看起来他们的俸禄都不够高，但至少比起民间的饥民在野，总能够吃饱饭吧。

说了一圈，从中央到地方都没有错，那么一定是皇帝自己错了。

既然如此，那就下罪己诏。

当年的崇祯八年，李自成等七十二路民贼齐集荥阳，进而东去攻打安徽凤阳。凤阳不幸失守，朱氏列祖列宗的祖坟被掘。那一年，是年轻的皇帝朱由检第一次下"罪己诏"。但是令他想不到的是，从这一年开始，一直到崇祯十七年，十年间下了六个"罪己诏"。罪己诏这个东西吧，就像是皇帝给上天写检讨书。检讨书这个东西，写一次两次好用，比如汉武帝的"轮台罪己诏"，就起到了流传千古的作用。但是检讨书写多了，也就失去药效了，这就是一次次的政治秀。相当于平时作恶，到时候写检讨忏悔而已。反过来理解也可以，就是说不管平时怎么作恶，老天也不会介意，毕竟有罪己诏在帮自己顶着呢。

罪己诏只是形式，皇帝从来没有真正认识到自己的问题。

皇帝从小成长环境非常悲苦，原生家庭的问题在他身上体现得尤其显著。

首先朱由检是一个非常多疑的人。

根据史书的记载，在每天的日讲和朝议中，朱由检经常鼓励大家畅所欲言，搞头脑风暴，但是他同时又会格外留意每个人的观点态度。最开始是对事不对人，但是只要后边有事，皇帝就会根据他自己的判断来定你的罪名。比如你曾经说过谁的好话，你就是在结党。你要是说过谁的坏话，那么就是在搞党争，两顶大帽子就飞了过来。这种情况，就是典型的先引蛇出洞，然后再关门打狗。

朱由检又是一个有精神洁癖的人。

他觉得他的下属，必须每一个人都是情操高尚的人，不仅要说出来，还要做出来，而从他本人开始就以身作则。比如君子所谓的君子坦荡荡，小人常戚戚。某大臣甲如果上书说，朝中风气不正，有人在议论何种敏感话题，这种现象值得警惕。那么皇帝就会问，到底是谁在议论，有多少人在议论，只要是大臣甲知道的，要求他全部汇报。然后第二天，就要求该大臣在朝堂上现场指认或者对峙。这种幻想天下人人为公的从政观，会造成更多的人噤若寒蝉。

朱由检还是一个内心深处极端不自信的人。

由于成长环境的原因，造成朱由检内心深处深深的自卑感。他心目中理想的自己，是一个英明自诩、顾盼自雄的人，他的偶像就是先祖朱元璋，所以无论是勤奋工作、通宵达旦，还是严刑峻法、白色恐怖，朱由检都在刻意地模仿自己的先人，或许在他心目中，自己就是第二个朱元璋。然而实际上，每个人的天资有限，朱由检显然不是一个智力或者判断力超群的人。然而作为统治者，或者说管理学上的管理者，作为上级领导就比下属有更多的信息渠道。而一旦掌握了这些信息渠道，为了显示自己的乾纲独断，又要特别运用这些额外的信息，去打压自己的下属发表自己的个人意见。这样的领导，最终会打击掉所有愿意发表自己意见的人。

最重要的一点是，如上所提到的所有属于朱由检个人的精神状态，最终都会影响大臣或者说下属的身家性命，因为动辄得咎而身首异处。这样的皇帝，虽然谈不上是暴君，但也是典型的暴虐成性。

所以，在崇祯一朝，已经不存在一个正常的官场秩序。

在这个官僚体系内部，人人都不敢发言，人人不敢做事。说对了得不到好处，说错了就要被严酷地惩罚。所以，有本事的人都远离了公务员队伍，跑到了江湖之远去做自己力所能及的事情。而没本事的，或者表面玩嘴炮，背后玩阴谋的则留下了，比如说崇祯后期极其信任的温体仁、周延儒。大家都是多一事不如少一事。对于崇祯皇帝认为无误的，或者是帝国历来政治正确的事情，大家都敢说，都敢做。比如说和后金打仗这事吧，文死谏、武死战，人人都要给自己贴一个忠臣的标签。但是对于一些具体事情的执行上，在摸不到政治风向的情况下，则就人人不敢出头了。

这样的官场文化，说到底有点搞成了一个太过职业化的职场，人人都是打工者心态在这里混日子，多一事不如少一事，反正明帝国这家公司不是我家的，也不是你家的。只有老板才玩命，有事可以让他先担着，而我不会为这个公司真正抛头颅，洒热血，因为不值。这种打工者心态的最高等级，就是甚至会盼着这家公司早日倒掉，从而有另外一家口碑更好的公司，来收购这家破产公司。说白了，打工者人人都在等着看崇祯皇帝的笑话。万一公司有个风吹草动，这些人摇身一变就是带路党。

崇祯皇帝操劳一辈子，结果把官场文化、官场伦理搞成了这个样子，可见他与张居正之间，究竟是隔了多少条大街。

压垮骆驼的最后一根稻草还是到来了。

崇祯十七年，公元1644年正月，李自成在西安称帝，定国号为"大顺"。

紧接着，李自成率军东征。

这是一次非常奇怪的东征。

李自成选择的路线，是和当年李渊进关中相反的一条路线。他从关中出发，过黄河进入河东，从河东过大同、宣府，东出居庸关抵达北京。在这条路线上，最开始李自成还是遇到了一些抵抗的，比如太原，又比如代州。而且就在代州，李自成遇到了自出征以来，明政府军打仗最凶的人，这个人就是周遇吉。最后，李自成虽然勉强获胜，但农民军自己的损失也非常大。要知道，这还没有到大同和宣府、居庸关。这几个地方的守军，随便拿一个出来，都够李自成喝一壶的。

然而李自成没有想到，惨胜周遇吉，也就真的遇难呈祥，逢凶化吉了。

图 3-6 山西糖葫芦示意图

因为在同周遇吉的火拼中损失过大，而面前还有大同、宣府、居庸关等一堆的政府军据点等着李自成。周遇吉的区区万余人，把李自成号称五十万乃至于一百五十万的"主力大军"折磨得死去活来。而前面的大同守军还有十万，宣府守军也有十万，居庸关更是拥兵二十万。如果不去攻大同、宣府，那么就只能舍弃大路，冒险东出太行了。东出太行有两条路，一条先走平型关，再走紫荆关，直奔北京；要么就翻山越岭，走倒马关，绕开保定，再取北京。（如图3-7所示）

图 3-7 李自成义军进攻示意图

然而，无论平型关、紫荆关还是倒马关，每个关口都是像宁武关那样的一夫当关，万夫莫开。

李自成感到空前的无助、绝望。

一路走来，虽然没说一定要拿下北京，但是农民军浩浩荡荡，像李渊那样从龙门渡河，沿途虚张声势，牛皮吹了无数。从太原到忻州，所到之地的政府军，无不作鸟兽散或者望风而降。泥腿子们的信心指数一路暴涨，谁都没有想到居然被硬骨头周遇吉的区区一点儿人马打得丢盔弃甲……就这样灰头土脸回去？沿着李渊一样的路线，怎么来的就怎么回关中大本营吗？

就在李自成主力骑虎难下，甚至准备退兵回河西的关键时刻。当天晚上，得到李自成得胜消息的大同总兵姜瓖、宣府总兵王承胤，分别送来了投降书。

这事，确实足够无厘头。

于是，大喜过望的李自成带领农民军主力继续前进，锋芒直指北京。

李自成所带来的莫名恐慌，各路守军阵前倒戈所造成的蝴蝶效应，还在持续发酵。

农民军主力刚刚到达居庸关，监军宦官杜之秩、总兵唐通又是不战而降。与此同时，李自成主力之外的另外一路刘芳亮偏师，先期过太行山进入华北，已经抵达真定。而令人匪夷所思的是，负责北京以南防区的真定太守邱茂华、游击谢素福出降，大学士李建泰在保定整建制投降。

就这样，越过居庸关之后的李自成，几乎吃着火锅唱着歌就来到了北京城下。

带路党们的表演，依然没有结束。

3月17日，守城太监曹化淳，率先打开北京外城西侧的广宁门。

然而，即便到了这个千钧一发的时刻，李自成心里依然没有底。甚至在3月18日晚上，李自成派出的和谈代表，在同崇祯皇帝的秘密谈判中，提出了一个出人意料的条件——"闯人马强众，议割西北一带分国王并犒赏军百万，退守河南……闯既受封，愿为朝廷内遏群寇，尤能以劲兵助剿辽藩。但不奉诏与觐耳。"（《小腆纪年附考》）

这事本身就已经透着诡异了，然而比这事更加诡异的是，朱由检居然拒绝了这个条件，双方的谈判破裂。皇帝有足够的理由选择拒绝，于公不能与贼谋皮，于私不能与掘了朱家祖坟的大恶人和平共处。况且，自己还急调辽东总兵吴三桂、蓟辽总督王永吉等人参与勤王，他们或许正在赶来的路上。

土匪不像土匪，皇帝也不像皇帝。

千里迢迢带兵打到了北京城，李自成只想逼皇帝封自己做个西北王；

被一群穷棒子弄得狼狈不堪，皇帝如今还在自我感觉良好……

就在我们对这样的意外感到唏嘘的时候，更加意外的事情发生了。

谈判破裂的当天晚上，一直到 3 月 19 日凌晨。兵部尚书张缙彦主动打开正阳门，迎刘宗敏所部军，中午，李自成由太监王德化引导，从德胜门入，经承天门步入内殿。

武装进入皇宫大内的李自成，此时此刻的心情百感交集。

李自成感到如释重负，感到喜从天降，感到胜利来得太过意外；

李自成不相信幻觉，不相信运气，但是他却实实在在地坐在了龙椅上。

农民军以及农民军的领袖们，也是人人一脸茫然……

一个月前苟延残喘的是这群人，一个月后从"龙"进京的也是这群人……

这支军队，显然之前没有做好如此短时间杀进北京的预案；

而李自成，更没有做好建立一个帝国的充分准备。

他连想都没想过。

这一天，中国历史交给了意外。

这一天，崇祯带着太监王承恩上煤山，君臣二人双双自缢而死。

依然年轻的皇帝，在自己的蓝色袍服上写道：

"朕自登基十七年，虽朕薄德匪躬，上干天怒，然皆诸臣误朕，致逆贼直逼京师。朕死，无面目见祖宗于地下，自去冠冕，以发覆面。任贼分裂朕尸，勿伤百姓一人。"

毫无疑问，这样的皇帝，是一个好人。

可是很多时候，好人无用，尤其对政治而言。

从朱元璋、朱棣一直到朱由检的大明正朔，至此划上句号。

值得一提的是，李自成进北京，大多数当年号称清流的大臣们纷纷投降，敢于死节并为国尽忠的人，只有很少一部分。

仅仅一个多月后，清兵入关，李自成败退。

清朝又用了几十年的时间，席卷天下……

不过，与此同时，历史还是给我们开了一个更大的玩笑……

清兵入关定鼎中原仅仅五年之后。

公元 1649 年，英国的查理一世^①被新兴资产阶级送上了断头台……

以英国人为开端，欧洲人弱化王权，宣告告别中世纪。欧洲的列强争霸，再也不仅限于欧洲大陆，而是迅速扩展到全球范围。而争霸的方式，再也不限于争夺土地，而是以经济开拓为先导，军事、科技、人口爆发式地对外扩张。

全球如火如荼的大航海、大殖民时代，英国人以一种全新的姿态积极开拓，一次次抓住历史机遇，其中也包括了工业革命这样颠覆性的社会进步。英国最终称霸全球三百年，而权杖又薪火相传到美国，直到今天。

那段时间的中国人，被远远地抛弃在全球加速发展的体系之外。

在英美称霸的近四百年间，我们被所谓的坚船利炮轰开了国门，我们麻木而又无奈地睁开眼睛看世界。大多数的时间内，我们都在追赶，甚至被侮辱、殴打和奴役。

朱氏代李，唐帝国被一种近乎绝望的手段所抛弃；

而李氏代朱，明帝国同样被摧枯拉朽，完成了一个近乎神奇的轮回。

李氏代朱的过程，充满了各种客观因素和主观意志下的必然。然而，层层铺陈之下，李氏代朱的结局，却以一种近乎荒诞的手法让一个庞大的帝国寿终正寝。

历史的荒诞，对于朱元璋当年的事无巨细，毫无疑问是一种嘲弄；

历史的荒诞，对于整个华夏民族来讲，这个玩笑，毫无疑问开得有点大。

---

① 查理一世：（1600 — 1649 年），英格兰斯图亚特王朝国王，詹姆斯一世和丹麦公主安妮次子，英国历史上唯一被公开处死的国王，欧洲史上第一个被公开处死的君主。在位 24 年。因与国会爆发英国二次内战，最终战败，随后被捕，并在不久后以叛国罪被处死。

第四章
强大的基因

普通人可以把两者大概分清楚，工作是工作，生活是生活。不过某种程度上，皇帝就没有这么幸运了，周旋在国家政治中心的代价就是，他无法像普通人那样拥有属于自己的生活。生活即是政治，政治即是生活。

好人丙吉精神上的闪光之处在于，在卫子夫家族被一网打尽的时候，他甘冒风险解救了刘氏孤儿；在国家社稷需要的时候，丙吉及时推荐了潜力无限的候选人刘病已；而在多年以后，当刘病已终于苦尽甘来熬成了汉宣帝，丙吉又选择了低调而不张扬。山东大汉丙吉这样的人，是几千年来我们民族的脊梁。

在狱中，《今文尚书》，夏侯胜教，黄霸学。这一教一学，就是三年。别人进监狱就是蹲大牢，黄霸蹲监狱等于读了个研。

歌女逆袭

之前两章，讲到各种轮回的往事，冤冤相报、生死往复。这里，我们不能不提到发生在汉武帝刘彻生前的恩怨情仇，身后的皇位轮回，在两汉四百年历史上，那是一段堪称经典的往事。

古代中国的皇宫，分成前朝与后宫两部分，这代表了皇帝一分为二的两种身份。前朝是工作，身份是政府首脑；后宫是生活，身份是家庭角色。普通人可以把两者大概分清楚，工作是工作，生活是生活。不过某种程度上，皇帝就没有这么幸运了，周旋在国家政治中心的代价就是，他无法像普通人那样拥有属于自己的生活。

生活即是政治，政治即是生活。

公元前 139 年，也就是汉武帝建元二年的一天，年仅十七岁的皇帝刘彻刚刚祭祖归来，路过姐姐平阳公主的府邸，他打算到姐姐府上一聚，享受片刻的天伦之乐。不过，此时的平阳公主却正在酝酿着一个计划，为了这个计划她已经考虑了很久。做皇帝的刘彻，固然是自己同父同母的亲弟弟，但涉及到任何宫廷政治斗争的戏份，平阳公主都不想落于人后。比如现在，她就正在同自己的姑姑馆陶公主刘嫖，进行着一场争夺皇帝未来宠信的角逐。

刘彻虽然已经在两年前登基，而且也已经立馆陶公主的女儿为皇后，但后宫如此之多的嫔妃，居然也没有见哪个给年轻的皇帝添个一男半女。馆陶公主看在眼里，她不能坐任这种情况继续。即便是女儿陈皇后不能生，那也要找个能生的女孩作为礼物送给刘彻。在宫廷过去几十年的斗争中，无论嫁女儿、立太子，还是扶女婿登基，馆陶公主还没有输过。

当然，同样不想输的，还有平阳公主。

此次刘彻来访，是平阳公主精心策划的一个局。

平阳公主在刘彻来之前，就已经特意物色了十几个美女，供刘彻挑选。然而，男人女人的审美差异是如此之大。面对一众精心打扮的美女们，刘彻居然没有一个中意。万分沮丧的平阳公主只能安排上酒菜，开宴席，同时吩咐自己府中的职业讴者（歌女）歌舞助兴。不过，令平阳公主感到意外的是，年轻的刘彻对平阳公主精挑细选的美女毫无兴趣，但他居然相中了酒宴期间唱歌助兴的一位歌女。

歌女的名字叫卫子夫。

卫子夫是一个出身非常低微的女孩子，她当时并没有太过不切实际的非分之想。实际上，能够在平阳公主府内做职业歌女，这件事情本身已经让卫子夫的全家足够骄傲了。比如卫子夫的同母异父弟弟卫青，就靠着姐姐的关系在平阳公主身边做了一名牵马坠镫的仆人。但就在这一天，卫子夫的命运迎来了一个戏剧性的转折。血气方刚的汉武帝刘彻，对职业歌女卫子夫产生了非常强烈的好奇心。宴席没有结束，年轻的刘彻就迫不及待地把卫子夫带进了自己的尚衣轩（更衣室），温存一番。并且随后，在离开平阳公主府邸的时候，刘彻和卫子夫同乘一辆马车，将卫子夫带回了自己的未央宫。

当刘彻的马车即将发车的时候，平阳公主才在五里雾中清醒过来，她抚摸着卫子夫的后背说："去吧，在宫中吃好喝好，勤勉努力！将来荣华富贵了，不要忘记我的引荐之功。"（"行矣，彊饭，勉之！即贵，无相忘。"《史记·外戚世家》）其实，从平阳公主最后的这番话，我们也可以很容易得出这样一个结论——卫子夫的进宫的确是一场意外，她曾经对精心准备的美女们面授机宜，而对卫子夫，则压根没有想到过事前进行任何叮咛和嘱咐……

面对皇帝后宫的一众佳丽，卫子夫的面前注定不是一片坦途。

进宫一年之久，皇帝居然就忘记了卫子夫的存在，这件事情让她倍受打击。卫子夫是个知足的女人，明白眼前一切的来之不易，但一个知足的女人也并不意味着要甘于接受命运的摆布。命运要掌握在自己手中，否则与其在这深宫大院中空耗青春，倒不如回到平阳公主门下，做一个普通的歌女，做自己喜欢的事情。打定主意的卫子夫，找到机会接近刘彻，表达了自己希望被打发出宫做平常人的想法。

这一次，卫子夫赌对了命运。

从这一天开始，刘彻终于记起了这个多才多艺、性格直爽而真实的卫子夫。也从这一天开始，刘彻和卫子夫度过了两个人感情最为融洽的十年。

很快，卫子夫怀孕了。

卫子夫性格平和，进退有据，刘彻恰恰喜欢她这一点。但这样的性格，在后宫的竞争中，有一种天然的劣势。所以青春正盛的卫子夫虽受宠快十年，但她不是皇后，也不是正一品的妃子，只是个普通的从一品的夫人。

很多时候，一入皇宫深似海。介入政治这件事不是你喜不喜欢，愿不愿意的事情，绝大部分人都是被残酷的政治裹挟到了前台，比如杨贵妃。不要以为我们本章开始的两位柔弱女子——平阳公主和馆陶公主，她们的明争暗斗是孤立的。这只是整个帝国政治生活中最为常见的一部分，在庞大的、更加波谲云诡的政治背景之下，所有的这些押宝与投机，其实并没有任何稀奇之处。

我们不妨把历史的镜头拉远，看一看同样是在建元二年（公元前139年）这一年，宏大的帝国政治版图上发生了哪些事情。

在明面上，这一年的帝国权力的斗争到达了一个巅峰。

汉武帝的祖母，汉景帝和馆陶公主的亲生母亲窦太后，此时的身体状况尚无大碍。喜欢黄老之术的窦太后，一直致力于在意识形态领域全方位控制年轻的刘彻，并借此控制整个帝国的政治经济生活。而年轻的刘彻则不甘居于窦太后之下，他在暗自推行儒术，同时培养自己的亲信与追随者。而在建元二年这一年，皇帝的小心思被洞若观火的窦太后识破。帮助皇帝推行儒术的丞相窦婴，太尉田蚡（fén）都被免职。而没有贵族背景护身符的御史大夫赵绾，郎中令王臧则被批捕，后来惨死狱中。我们参考当时的"三公九卿"制度。三公被一网打尽，九卿之首的郎中令也被拿下。汉武一朝的政治局常委，被窦太后像撸狗毛一样，一把撸了个干净。

皇帝在隐忍，当然也在尝试用不同的方式一点点实现着自己心中的抱负。

也是在建元二年这一年，皇帝的使者张骞踏上了西行之路。带着一点微茫的希望，帮助皇帝实现凿空西域的伟大梦想。这一年，太史令司马谈（司马迁的父亲）被皇帝重用，司马谈披着天文历法、史料档案的外衣，被委任以财政审计的工作，尽心竭力帮刘彻打理并监控着这个年轻的帝国。

这些都只是明面上的，还有像鸭子划水一样，在水面之下的暗流涌动。

建元二年，淮南王刘安入朝觐见。

刘安是汉高帝刘邦的亲孙子，世袭的淮南王。这个刘安很有才，据传说他发明过豆腐，发明过热气球，由他主编的一本古代百科全书《淮南鸿烈》，在中国文化史上的地位举足轻重。此外，刘安这个人还颇具政治手腕，在他治下的淮南国可谓政通人和、百业兴旺。然而，文武全才的刘安却素有反心，一直不甘于做一个普通的边疆列侯。早在景帝朝期间，刘安就意图参与"七国之乱"，但却被擅长跟淮南王打马虎眼的国相及时叫停。而到了武帝朝，刘安更是暗地里整军备战，想冷不丁整点儿事情出来，给年轻的汉武帝刘彻看一看，你大爷绝不是只会做豆腐的。

而这次入朝，刘安暗中观察了朝廷内部的政治风向，同时结交各路政治势力。也就是在这个期间，刘安同暂时失势的田蚡结成攻守同盟。这一切都是在暗中进行，年轻的皇帝并不知情。要知道，太尉田蚡的另外一个重要身份，是皇帝的舅舅，是刘彻母亲王娡同母异父的弟弟。舅舅田蚡作为外戚，同刘姓王族私下谋划政变，这样耸人听闻的事情，是大部分人都万万没有料到的。

多年以后，刘安东窗事发，自刎身亡。田蚡做内应的往事也被揪出来，已经年过而立之年的刘彻，还恨恨地说："如果武安侯还活着，该被灭族了！"（"使武安侯在者，族矣。"《史记·魏其武安侯列传》）

而所有这一切，缺乏政治素养的年轻女子卫子夫都并不太明白。生存在政治风暴中央的大内皇宫，这是非常危险的一件事情。

不过，殊为难得的是，卫子夫遇到了一个猪一样的对手——皇后陈氏。

陈皇后能够成为刘彻的首任皇后，靠的不是国色天香和母仪天下，而是凭借一本镶了金边的秘籍——陈氏族谱。陈皇后的爹爹叫陈午，是汉帝国的世袭堂邑侯。陈午的祖父陈婴，曾经追随汉高帝刘邦闹革命，是根正苗红的开国老臣子。陈皇后的妈妈，就是前文提到的馆陶公主刘嫖。馆陶公主是汉景帝刘启同父同母的亲姐姐，文景两朝唯一的一位长公主，地位等同于列侯。而更加要命的是，汉景帝和馆陶公主的妈妈窦太后一直都健在。而且我们知道，窦太后的一言一行，还在极为深刻地左右着这个帝国几乎所有的内外决策。

所以，馆陶公主也就是汉武帝刘彻的亲姑姑，而刘彻与陈皇后成婚之后，馆陶公主则就自动升级为刘彻的岳母。这还不算完，刘彻一母同胞的妹妹隆虑公主，又嫁给了老陈家做儿媳妇。所以，馆陶公主等于是身兼皇室老刘家的长公主、丈母娘和婆婆三重身份。就当时的整个帝国而言，馆陶公主是一人之下，万人之上的狠角色。

馆陶公主对于帝国的巨大影响力，从刘彻的上位过程就能窥豹一斑。

汉景帝的第一任皇太子其实并不是刘彻，而是长子刘荣。刘荣虽然是庶出的皇太子，但是刘荣是典型的子以母贵。刘荣的妈妈栗姬，长期以来都是汉景帝刘启最为宠爱的妃子。馆陶公主刘嫖历来都具备高度的政治敏感性与前瞻性，因此馆陶公主选择的第一位女婿也并不是刘彻，而是时任皇太子的刘荣。然而，馆陶公主的热脸，却贴了栗姬的冷屁股。当时如日中天的栗姬，并不买馆陶公主的账。万般无奈之下，馆陶公主只能做政治投机，同汉景帝的另外一个妃子王娡联盟，并将自己的女儿许配给了王娡的儿子刘彻。

这一年，刘彻只有三岁。

馆陶公主是一位典型的政治强人，她嫁女儿不是指哪儿打哪儿，而是打哪儿指哪儿。既然刘荣的太子妃做不成，那就索性废掉刘荣立刘彻。最后，老陈家的女儿依然还是太子妃。

有了刘荣被废、刘彻上位的旧事在前，帝国的各路政治势力纷纷对馆陶公主刮目相看。并且，这种裙带关系凌驾于政坛生态之上的运作模式，也极大地鼓舞了后来人的仿效。我们本节开始的那一幕，平阳公主明珠暗投地宴请汉武帝刘彻，只不过是仿效馆陶公主旧事，做一次政治投机的尝试而已。只是同帝国范围内的其他政治派别一样，平阳公主身在姑妈馆陶公主的政治高压之下，也不敢太过张扬。所秉承的策略，也是"悄悄地进村，打枪的不要"。

说白了，年纪尚幼的刘彻立老陈家的女儿为皇后，这只不过是在政治现实面前的一次博弈，刘彻的妈妈王娡押对了宝，只是"万里长征"的第一步。其后的每一步，都要依靠树大根深的馆陶公主的运筹帷幄。在刘彻以及刘彻背后的王娡家族羽翼丰满之前，他们和馆陶公主的联手是闯荡帝国政坛的基石，除此之外别无选择。

不过，坚固的堡垒往往都是在内部被攻破的。

含着金汤匙出生的陈家女儿，天命所归地成为了帝国皇后，背后又有陈氏的家族势力以及母亲馆陶公主的巨大荫蔽。这就如同玩斗地主，陈皇后拥有两个王带四个二的起手牌。在陈皇后的面前，卫子夫几乎无牌可出，甚至能不能上桌做玩家，都要打一个大大的问号。

但是，再好的棋局也架不住一个臭棋篓子的挥霍。

公元前138年，早在卫子夫怀第一胎的时候，一直没有生育的陈皇后，就已经妒火中烧。她急火火地要给卫子夫下马威，她同自己的母亲馆陶公主密谋，准备杀掉卫子夫同母异父的弟弟卫青。拿卫青下手，不仅仅是因为卫青身为卫子夫的弟弟，还因为他供职于刘彻的中央警卫团（给事建章）。杀掉卫青不仅可以打击卫子夫，还可以给汉武帝刘彻起到敲山震虎的警示作用。政治隐喻再明显不过，刘彻你的江山都是老陈家给的，陈皇后虽然不能生孩子，但你大爷永远是你大爷，你老姑妈也永远是你老姑妈。

要说杀人这事，讲究兵贵神速，以免夜长梦多。反正杀了也就杀了，毕竟死人不能再开口讲话。等人一死，再凭借政治身份以及不容置喙的话语权，给死人扣一个万劫不复的大罪名，之后再用死人的这点事大做文章，用死人来株连活人。比如前朝的韩信，就是这么稀里糊涂从世界上消失的。然而，陈皇后的这次刺杀事件，节奏却搞得极其拖沓。不仅拖沓，还搞成了满城风雨。

陈皇后的人把卫青绑了，但却惊动了卫青在宫中的诸多同事。卫青的同事中有个叫作公孙敖的，带着全副武装的大内武士，救下了卫青。最终，陈皇后和馆陶公主所策划的这件事，不仅没有成功，反而把自己搞得声名狼藉。与此同时，汉武帝刘彻充分地吸取了经验教训，把卫青带在了自己的身旁，并且升卫青为建章监（中央警卫团高级军官）。

卫青因祸得福。这事，算是不了了之。

牌局上出昏招很常见，但最怕的是连出昏招。

婚后一直无子的陈皇后，年龄也日渐增大。在此期间，卫子夫连续为汉武帝刘彻生了三个孩子，从怀孕生娃的频度来推理，皇帝和卫子夫不仅仅是两情相悦，而且在后宫的很多时间，也都腻乎在一起。一想到这个节骨眼，陈皇后顿时感到万念俱灰、生无可恋。而且除了卫子夫之外，陈皇后的竞争者也一天多过一天，年轻的皇帝精力充沛，在前朝日理万机的同时，也在后宫广播雨露。陈皇后从小养尊处优、予取予求的贵妇生涯让她眼睛里面容不下沙子。馆陶公主的强势地位，更让她要风得风、要雨得雨。陈皇后忍受不了自己的失宠，忍受不了宫中那些看起来身份低微的人，对她流露出的怜悯和轻蔑。比如这个出身低贱、貌似忠厚的卫子夫，还有后宫一众看起来狐媚无比，一个赛一个年轻的妃嫔们。

忍无可忍的陈皇后联络江湖术士，用巫蛊的方式，给后宫很多竞争对手下了最为恶毒的诅咒。

巫蛊之术在汉朝非常盛行，甚至居于至高无上的地位。自夏商以来，道教和佛教在中国历史上交相辉映之前，巫蛊之术已盛行几千年之久。而儒家思想此时尚在一统中华思想界的前夜。

巫蛊诅咒，在中国历朝历代的后宫中都不少见。后宫职场上明争暗斗、争风吃醋，总不能像市井村妇一样脏话连篇、互相揪斗。巫蛊这种方式十分隐秘，也十分低调，而且咒人生病或者暴死的效果，也是最为直接和解恨的。巫蛊这种进攻模式，几乎是为后宫宫斗量身打造的"魔法攻击"手段。几千年来，攻击手段代代相传、层出不穷。

然而，作为无上尊贵的母仪天下的皇后，做如此下作之事，显然是太过分了。因为这事，完全就毫无必要。

　　且不说陈皇后显赫的家世背景，单就皇后这个职务来讲，只要不是自己作死，在这个位置上完全可以左右逢源。自己青春正盛，皇帝也是二十郎当岁，将来能生就生一个，不能生就让能生的妃嫔给过继一个。再不济，效法平阳公主旧事，让老妈馆陶公主物色几个美女为皇帝充实后宫，保不齐这些美女里面就能出现下一个卫子夫。只要老陈家的政治势力在，那么皇后的位子就是你的；即便皇帝没了，未来的皇太后位子也还是你的，最多就是在当下，寂寞春闺守空房而已。就政治现实而言，别人只有替你陈皇后做嫁衣裳的份儿，而没有享福的份儿。这还不用说，卫子夫虽然连续生了三个娃，但是这三个娃都是女孩，根本无法对陈皇后构成实质威胁。而且刘彻登上皇位虽然已经十多年了，龙种也播了不少，却连儿子的影子都没有见到。

　　对方毫无胜算，我方阵脚先乱，说的就是陈皇后。

　　公元前130年，陈皇后下巫蛊的事，最终让汉武帝查了个水落石出。

　　盛怒之下的刘彻，将陈皇后的皇后之位废掉，打入冷宫。

　　刘彻敢于做这样的决定，其实并不是老陈家的政治影响力下降了，而是刘彻的政治影响力火箭般地蹿升了。十一年以来，刘彻从一个十六岁的少年，成长为一个胸怀大志的年轻人，一个庞大帝国的掌舵者。五年以前，汉景帝和馆陶公主共同的母亲——太皇太后窦太后去世，窦家混得最好、能力最强的窦婴迅速失势，刘彻得以在内朝大权独揽；三年以前，刘彻按照自己心中的想法，起兵三十万，在马邑布置对匈奴的作战方略，虽然最终无功而返，但这件事却标志着一个年轻帝王对于帝国军事的完全掌控，并从此揭开了长达十四年的不间断对匈奴作战的大幕。

　　就政治斗争而言，刘彻一直在等待一个机会，以彻底肃清外戚对于朝政的控制。就这一点而言，刘彻的头脑比谁都更加清醒。不仅窦婴是外戚，田蚡也是。窦家被边缘化了，田家也没有捞到好处。不学无术的田蚡本来以为自己政治上的春天来了，准备痛打落水狗，主动挑起了跟窦婴的政坛角力。然而，刘彻却顺水推舟，将计就计。田窦之争两败俱伤，一年前窦婴获罪被斩首，而随后田蚡也因为做贼心虚，惊惧而死。

所以，与其说是陈皇后自毁长城，不如说是她正好撞在了汉武帝刘彻的枪口上。

受到陈皇后下蛊事件的影响，有多达三百多人被诛杀。

陈皇后的倒台，其实并非偶然。一位亲政的年轻皇帝，彻底掌握政权之后，必须肃清所有敢于挑战皇权的势力，皇后被废只是这种碰撞的一个标志性事件。从这个角度而言，汉武帝前期的这次废后事件，实际上跟唐高宗李治的"废后事件"，别无二致。只不过唐高宗是利用废后，来打击关陇贵族集团，而汉武帝是利用废后，来打击以馆陶公主为代表的外戚而已。

舞台不断变换，剧本却始终大同小异。

被废掉的陈皇后，在汉武帝刘彻的安排之下，幽居在远离皇宫的长门宫，孤独终老。值得一提的是，这个长门宫恰恰是馆陶公主的情夫董偃献给刘彻做礼物的。而最终陈皇后永居长门，也算是求仁得仁。在陈皇后被废黜后的第二年，馆陶公主的丈夫——堂邑侯陈午去世。馆陶公主刘嫖，以半百老妪之躯，公然与情夫董偃同居。并且馆陶公主在临终之前，还拒绝与原配陈午共埋一穴，反而要求与小情夫董偃合葬霸陵（馆陶公主的父亲，汉文帝的陵寝）。

不过，对于此后姑妈的恣睢好色，汉武帝刘彻一反常态地乐观其成。

馆陶公主远离是非，沉溺男色，这或许正是她的政治保护色。因为馆陶公主知道，手上沾满人血的汉武帝，已经再也不是三岁时目睹刘荣被废的孩子；也不是十八岁时，眼看卫青被陈皇后母女戕害，但却忍气吞声的那个少年了。

陈皇后被废两年之后。公元前 128 年，再次怀孕的卫子夫最终为刘彻生下了一个男孩，这个男孩同时也是刘彻的第一个儿子。兴奋的刘彻亲自为皇长子取名为刘据，还邀请当时帝国朝堂上诗词造诣最高的文化人枚皋与东方朔，为新生儿刘据连写两首汉赋——《皇太子生赋》及《立皇子禖（méi）祝》；与此同时，刘彻又以政府名义修建了句芒之祠，以万世香火来答谢春季之神对刘彻的恩德。

这一年的汉武帝刘彻，已经二十八岁，登基也已经13年了。这个岁数，在古代已经不算太年轻，所以我们可以想象，当时汉武帝心中那难以掩饰的狂喜。

同一年，水到渠成地，卫子夫被封为皇后，入主未央宫的椒房殿。

公元前122年，皇长子刘据被封为皇太子。

诞下皇子，新晋皇后。卫子夫得宠，卫子夫家族也如日中天。

卫子夫的大姐叫作卫君孺，嫁给了太仆（主管车辆、畜牧的朝廷大员）公孙贺，后来公孙贺被提拔为丞相。卫子夫的二姐叫卫少儿，卫少儿是个风流女人。也正因为风流，生下了一个叫作霍去病的私生子。霍去病成年以后，成为汉帝国的一代将星。

卫子夫同母异父的弟弟有三个，除了前文提到的卫青之外，还有卫步、卫广。卫家兄弟都是不可多得的军事人才，卫青北伐匈奴，卫广南击昆明，为汉武帝立下了汗马功劳。卫青后来官至大将军（国防部长），被封为长平侯。

卫子夫家族的高明之处在于，他们并没有因为卫子夫的尊荣而忘乎所以。或者说，他们并没有把宝完全压在卫子夫一个弱女子身上。务实济世的处世态度，是这个家族非常难得的闪光点。除了卫子夫得宠之外，在朝廷的政治军事层面，卫子夫的弟弟卫青和外甥霍去病，还有卫家的大女婿公孙贺，都是实打实地在为汉武帝的江山社稷出生入死。尤其值得一提的是卫青，卫青在自己的军事生涯中堪称完人，曾经在对战匈奴的作战中七战七捷。然而卫青高调做事，低调为人，即便是贵为大将军，他也从来不公开养士，以免引起皇帝的反感。在因为误会而被李广的儿子李敢殴打之后，卫青也采取了息事宁人的态度去处理。当然，后来霍去病还是找到机会，杀了李敢报仇。

卫家在巅峰之时，卫子夫得宠，卫青、霍去病等六人封侯，卫青还娶了当时寡居的旧时女主人平阳公主为妻，与汉武帝刘彻互为对方的小舅子。卫家一门的男男女女都是帝国当时最炙手可热的话题人物，大汉民间的各路段子手们创作的故事都激情满满。一度曾经有这样的歌谣流传在帝

国的街头巷尾："生男无喜，生女无怒，独不见卫子夫霸天下。"（《史记·外戚世家》）

卫氏一门，极尽尊崇。

然而，水满则溢，月盈则亏。

极尽尊崇之时，也是走下坡路的起始。

巫蛊之祸

刘彻和卫子夫，相识相知于少年时代。正所谓少年夫妻老来伴，即便后来的卫子夫年老色衰，但两个人感情却并没有丝毫减弱，转而，以一种更加和谐的亲情关系而存在。在两个人相处的几十年中，刘彻巡游或者征战的日子里，卫子夫以及皇太子刘据经常代替刘彻处理政事，而皇帝对于卫子夫批阅的奏章大都没有异议，刘彻对卫子夫家族的信任可见一斑。

不过，进入花甲之年之后的刘彻，随着健康状况一天天变得糟糕，他的精神也时常处于疑神疑鬼的恍惚状态中。年轻时英雄了得的皇帝，面对生老病死的自然规律，心情是复杂的。不仅仅是生理机能的显著下降，还有灵魂深处的那种倦怠。

年轻时他曾七伐匈奴，将河西走廊、狼居胥山、焉支山，全部踏于马下。如今，卫青、霍去病这些名将全部离世，剩下的李陵、李广利这些人，连吃败仗固然可悲，但更可悲的是，他们居然还叛变投敌。生理和心理的双重挫败，让皇帝有一种痛彻心扉的无力感，尽管他依然想做一些事情来改变这一切。

这个时期，汉武帝一朝著名的政治事件"巫蛊之祸"的发生，给皇帝的精神带来了最沉重的一次打击。

巫蛊之祸的先声，源于一次偶然发生的离奇事件。

离奇事件，发生在长安城西的一座城郊离宫。

当时的汉长安城，同后来唐长安城的"长安三大内"一样，拥有三座闻名遐迩的皇家宫殿——自东向西是长乐宫、未央宫和建章宫，三者被合称为"汉三宫"。

长安城东是东宫长乐宫，有今天的八个北京故宫那么大。长乐宫承继自秦代旧宫兴乐宫，大汉开国肇始时，作为汉高帝刘邦的皇宫而存在。后来西边的未央宫建成，汉代以西为尊，刘邦把自己的办公场所搬到了未央宫，于是长乐宫后来就变成了太后宫寝。长安城西是西宫未央宫，未央宫形制小于长乐宫，有六个北京故宫那么大。长期以来，未央宫就是汉帝国（西汉）的象征，就像大明宫之于唐帝国一样，很多震古烁今的前尘旧事都发生在未央宫。比如著名的皇后宫椒房殿，又比如供奉大汉十一功臣的麒麟阁，都在未央宫之中。

未央宫再往西，西边城外跨城同未央宫用飞阁辇道相联接的，就是建章宫。建章宫并不是单独的一座离宫，而是归属于一个宏大的建筑体系以内，也就是当时世界上最蔚为壮观的大汉皇家园林——上林苑。当时修建上林苑，因为占地面积过大，工程量太多，枚皋和东方朔两位大臣还曾经进行过劝谏和抵制。

进入老年的汉武帝刘彻，就经常在上林苑的建章宫处理公务。

公元前92年的一个晚上，正在建章宫休息的六十四岁的刘彻，突然看到一位佩剑的不速之客出现在建章宫。然而，当刘彻派人抓捕的时候，这位陌生人丢掉了剑，仓皇逃走。受到惊吓的皇帝，下令将当天负责皇宫治安的人处死。并且动用国家军队，对整个上林苑两千多平方公里的辖区（地跨今天的长安、咸阳、周至、户县、蓝田五县县境），进行了为期十一天的地毯式搜查。

一无所获之下，最后事情不了了之。

即使到今天为止，我们依然不知道那天到底发生了什么，也不知道那位神秘的佩剑人士是谁。我们甚至不知道这件事情的真实存在性，比如这到底是不是年老的汉武帝刘彻的幻觉？但是这件事情，却成为后来一系列连锁反应中，第一块倒下的多米诺骨牌。

第二块多米诺骨牌，是"朱安世事件"。

公元前91年，朝廷通缉要犯朱安世，丞相公孙贺主动请缨捉拿。

朱安世，是当时京城长安附近的江洋大盗，被朝廷视为眼中钉，肉中刺。而公孙贺是抗击匈奴的名将，也是前文提到的卫子夫姐姐卫君孺的丈夫。卫子夫家族极尽尊荣，公孙贺家族也是其中的典型代表。事实上，作为卫子夫家族的重要成员，年老的汉武帝刘彻早已经对公孙贺心有顾忌。要说通缉朱安世的事情，还远远轮不到当朝的丞相来亲自过问。但不久之前，公孙贺的儿子公孙敬声，刚刚因为挪用公款而被汉武帝逮捕下狱。所以，这次公孙贺主动请缨的真实动机，是要戴罪立功，赎出儿子公孙敬声。公孙贺想当然地认为，只要抓获了朝廷重犯朱安世，那么儿子公孙敬声的官司，必将从轻发落。

事情的前半部分，基本是按照公孙贺的剧本发展，朱安世顺利被缉拿归案。然而事情的后半部分，却远远超出了公孙贺个人的控制范围。

让人意想不到的是，被打入大狱的朱安世居然反咬一口，诬告公孙敬声与汉武帝的女儿阳石公主私通，并且公孙贺和公孙敬声一家，经常用巫蛊来诅咒皇帝。更加让人意想不到的是，这种无厘头的凭空乱咬，汉武帝居然就信了。

结果很惨烈。这件事情导致了公孙贺、公孙敬声一家被灭族，后来还牵扯到了卫子夫的女儿阳石公主和诸邑公主（是否是卫子夫的女儿，有争议），以及卫青的长子卫伉，三位来自卫子夫家族的皇亲国戚同时被杀。

这件事情非常蹊跷，因为此时的卫子夫家族已然风光不再。卫青、霍去病这些国之栋梁早就离开人世，而卫子夫的影响力也大不如前。卫子夫家族中，如果还有能够拿得出手的，也就只有丞相公孙贺与世袭长平侯的卫伉。然而，朱安世事件之后，公孙贺与卫伉统统被杀。卫子夫家族失去这两个人，也就完全丧失了在朝廷上进行政治博弈的话语权。这样的定点清除，让人感到细思极恐。

不论这次事件中皇帝所扮演的角色如何界定，这场政治风波还在持续。

第三块倒下的多米诺骨牌，是"江充事件"。

随着皇帝身体素质的每况愈下，他愈来愈怀疑自己身边的人在用巫蛊之术来谋害自己。当他对皇宫大内进行进一步搜查的时候，果然在很多后宫嫔妃的房间里面，都搜到了巫蛊用的人偶。虽然，今天的我们可以自动脑补很多俗不可耐的宫斗剧情，就如同汉武帝前期的陈皇后下蛊事件一样，这些人偶不过是后宫女人们之间明争暗斗的小道具而已。然而，当时的刘彻却并不这么认为。

年老的汉武帝的潜意识中认为，自己的权力链条可能已经开始松动。在自己的身体状态与政治掌控力每况愈下的节骨眼上，一定有人想图谋颠覆自己的权力与威望。

于是，满腹狐疑的汉武帝刘彻，想到了自己的近臣——术士江充。

江充，河北邯郸人。一位通晓巫医两道的江湖骗子，一位擅长捕风捉影的特务头子，一位充分发扬了搅屎棍精神的近臣。不过，这只是在外人眼中的江充。而在汉武帝刘彻眼中，江充不畏强暴，铁面无私，最重要是对皇帝忠贞无二。

早在巫蛊事件之前，江充就仰仗皇帝的纵容，在整个长安城上窜下跳。江充不仅惩治过太子刘据的家臣，也拦过馆陶公主刘嫖的车驾。

江充这种人，历朝历代都不缺。当权者之所以信任这样的人，是因为当权者很多时候对谁都不信任。皇帝不方便，那么江充就充当皇帝的一把刀，这把刀就是专门挑头，替皇帝砍人的。

砍人砍对了，是皇上英明；砍人砍错了，这把刀就丢进粪池里。

汉武帝授权江充，成立了以江充为核心的事件调查专案组，或者我们称之为"打击巫蛊办公室"。以此为法律依据，"打巫办"开始对朝野内外进行大面积搜查，一旦查到证据，则上纲上线。甚至发展到，"打巫办"主任江充，可以利用自己手上的权力，制造各种假现场和假证据，并且利用酷刑来屈打成招。在皇帝的默许之下，整个巫蛊案演变为一场政治动乱，被严重地扩大化处理，江充在此期间制造了大量的冤假错案。一时之间，长安城内人人自危，父子反目，夫妻成仇，亲戚朋友之间一言不合就给你扣个巫蛊的帽子，互相检举揭发成为家常便饭。在整个"巫蛊案"期间，长安城中被牵连的政治犯，居然达到了数十万人之多。以当时汉长安城的人口基数论，这个数字无疑是触目惊心的。

值得一提的是，被巫蛊案牵连的人，波及到了下层的贩夫走卒，也波及到了大量上层的政治人物。比如汉匈战争中的名将，年轻时曾经搭救过卫青性命的公孙敖，就因为妻子的牵连而被腰斩于巫蛊之乱；而帝国名将李广的一个孙子，李敢的儿子李禹（又是悲情的李广家族），就被人揭发曾经联系过家中的"海外关系"（也就是李陵）。结果被扣了一个勾结李陵，暗通匈奴的大帽子处死了事。所谓巫蛊斗争，一抓就灵，简直就是屡试不爽。

巫蛊之祸从开始到蔓延，从基层到高层的线索虽然千头万绪，但却一点点指向同一个人身上，这个人就是太子刘据。

三十七岁的刘据，即将面对人生中最大的一次考验。

从青年到中年，刘据在朝中的各个办事机构进行了跨部门的岗前培训，取得了非常好的效果。尤其是父亲汉武帝喜欢四处征战，皇太子和母亲卫子夫为刘彻分担了很多朝廷日常的工作。然而，和自己的父亲汉武帝刘彻相比，皇太子刘据仁慈宽厚、秉性正直，遗传了卫子夫的很多性格特点。这种性格，其实并不完全见容于肮脏的政坛，即便贵为皇子也不例外。而且即便是父亲刘彻本人也曾经说过，刘据并不像年轻时候的自己（"性仁恕温谨，上嫌其材能少，不类己。"《资治通鉴·汉纪十四》）。有政治洁癖的刘据，身边往往聚集了一群宽厚和正义之士（"群臣宽厚长者皆附太子"《资治通鉴·汉纪十四》）。而对于一些小人行径，刘据打心眼里就看不上，并且很容易就能体现在自己的一言一行中。因此，刘据在无意中，当然也得罪了一些宵小之徒，比如汉武帝刘彻身边当红的太监苏文，就同刘据有非常大的过节；此外，在前文提到的惩治家臣事件中，江充也同刘据结下了很深的梁子。

十几年来，皇后卫子夫因年长而失宠，大将军卫青也撒手人寰，宫内宫外大量的小人，判断卫子夫家族已经大势已去。尤其是三年前，年过花甲的汉武帝刘彻老来得子，皇帝在后宫嫔妃中的心尖子钩弋夫人，生下了刘弗陵，证明了自己雄风犹存。宝刀未老的皇帝，大喜过望之下，把钩弋夫人的宫门改名叫作"尧母门"。"尧母门"三个字引人遐想，关于汉武帝想立幼子刘弗陵为皇储的宫廷传说，甚嚣尘上。

凡此种种，皇太子刘据的处境越来越微妙。

而如今，太子刘据身边的人，很多都陷入到巫蛊之祸中。比如公孙贺是刘据的大姨夫，公孙敬声是刘据的亲姨表兄弟；而刚刚提到的李禹，是刘据的众多小舅子之一。要命的是，故人江充"打巫办"的大权在握，他一定不会放过这个借力打力的机会。

虽然最开始，江充在卫子夫居住的未央宫椒房殿一无所获。但在"打巫办"全员日复一日的"不懈努力"之下，最终，刘据的冤家太监苏文，协助江充在太子寝宫水到渠成地发现了桐木人偶。

照常理，太子蒙冤，只需要向皇帝说明情况即可，这样的特权在平头百姓看起来似乎再正常不过。然而，年事已高的皇帝，如今整日在长安城的离宫甘泉宫修养。别说击鼓鸣冤，太子刘据恐怕连见上一面也难。晚年的皇帝，对外的通信手段极为单一，几个近臣把持了所有信息来源。年轻时自负而又桀骜的皇帝本人，则固执地认为帝国依然在自己的掌控之中。对于长安城中的"打巫工作"，皇帝本人远程指挥、运筹帷幄，皇帝的打手江充则手持尚方宝剑，横行无忌。如此，"打巫工作"就变成了国家政治生活中的最高指示，其他任何胆敢挑战这个最高指示的行为，都将被碾得粉碎。

刘据感到愤怒，感到无助。

刘据的愤怒，是因为他的冤屈，所有人都心知肚明；刘据的无助，是因为他的冤屈，所有人都爱莫能助。毫无疑问，这是世界上最悲哀的一件事情。

终于有一天，忍无可忍的太子刘据，像囚笼中的野兽一样爆发了。刘据派人星夜进入未央宫，请示了皇后卫子夫，并得到母亲的支持之后，矫诏起兵，缉拿江充。太子打开了皇家的武器库，借用了宫中的车马，同时发动长乐宫中的年轻的汉军士兵，宣誓为正义而战。

太子起兵后，汉武帝刘彻很快将太子起兵的性质，定位成一场反政府叛乱，并且火速从长安远郊的甘泉宫，赶回了长安西郊的建章宫。在城外的建章宫，皇帝亲自坐镇，指挥城内的汉军部队平叛。一时间，汉军在长安城中自相残杀，血流成河。这场发生在首都的完全没有意义的混战，持续了整整五天，数万年轻士兵不明就里地献出了自己宝贵的生命。

混战之中，不管是城中的士兵还是百姓，都陷入了心灵深深的自我拷问之中，同情太子的当然有，然而太子已经被皇帝贴上了谋反的标签；有心杀太子的当然也有，但却顾忌太子是皇帝养了三十多年的皇太子，而不敢下狠手。比如司马迁的军中好友任安，就是在这场宫廷内讧之中骑虎难下，犹豫不决。任安虽然手握兵符，但却没有倒向任何一方。虽然在内讧中保全了性命，但事后被汉武帝下旨追查，终究也难逃一死。

天时地利人和都不占，太子刘据最终起事失败。大势已去的情况下，刘据带着自己的两个幼子逃往外地。

公元前 91 年 7 月，汉武帝刘彻派人到椒房殿，要求卫子夫交出皇后印信，收回她号令后宫的权力。这个时候的卫子夫，知道自己已经完全失去丈夫刘彻的信任，在陪伴了汉武帝刘彻接近半个世纪之后，不堪受辱的卫子夫，选择了自杀明志。

卫子夫死后，同年 8 月，太子刘据自杀。同时死去的，还有刘据的长子刘进王翁须夫妇俩，以及和刘据一起逃亡的两个幼子。

相较于明太祖朱元璋发动的"胡惟庸案""蓝玉案"这两个政治目的鲜明的冤狱，巫蛊之祸是一场不折不扣的政治闹剧，一场由皇帝授意和纵容的人间浩劫。经过这场浩劫，朝堂上的政治精英、长安城的士兵精锐被消耗殆尽。不仅仅使国家政治经济受到影响，巫蛊之祸还影响到国家军事层面。比如巫蛊之乱期间，贰师将军李广利率领的七万汉军士兵溃败于匈奴，李广利本人畏罪投降。

当然，受到最大影响的还是卫子夫家族。卫子夫本人自尽，家族主要成员被牵连、被诛杀，几乎遭到了灭顶之灾。百姓们唏嘘于皇家的冷酷与无常，也再没有人翻唱当年那首风靡全国的流行歌曲——《卫皇后歌》。

好人丙吉

时间，公元前 87 年。

地点，长安城皇家监狱（郡邸狱）。

监狱中，有一位叫作刘病已的小朋友。

刘病已是个孤儿，早在几个月大的时候，就被送到了监狱，他也是当时整个皇家监狱岁数最小的囚犯。就在公元前 87 年，也就是汉武帝后元二年这一年，刘病已意外地得知，自己有个亲生祖母，名字叫作史良娣；更加意外的是，他知道自己还有个尚在人世的曾祖父，这个人的名字叫作刘彻。

刘病已是巫蛊之祸中已经死去的皇太子刘据的长孙，已经故去的刘进夫妇的亲生儿子。

其实，在这之前的几年里，刘病已小朋友，从来没有怀疑过自己的家就是这所监狱，而自己的妈妈就是给自己喂奶的胡组、郭征卿两位女囚犯。以至于奶妈胡组刑满出狱，刘病已还曾经大哭一场，年幼的小朋友以为自己的妈妈不要自己了。正因为如此，主管皇家监狱的丙吉爷爷，才自掏腰包千方百计把胡组找了回来，又用了几个月的时间，陪伴和解劝年仅四岁多的刘病已。

丙吉，山东人。无论在地方还是在中央，丙吉都是在监狱管理方面的专门人才。巫蛊之祸期间，帝国任命丙吉以廷尉右监的身份，分管了皇家监狱的日常工作。

在丙吉在任的这段时间内，巫蛊之祸刚好发展到了顶峰。丙吉充分发扬了和稀泥的作战策略，来应对五花八门、层出不穷的冤假错案。尽管大量的案件悬而未决，丙吉依然心中默念"拖"字诀。连续几年，大量的案件都没法结案，更不用说宣判或者执法。用这种方式，丙吉保护了大量因为巫蛊而受到冤枉的犯人，乃至于这些犯人背后的整个家族。丙吉对于刘病已小朋友的身世非常同情，前面所说的胡组、郭征卿两位奶妈，就是丙吉利用自己的特殊身份，专门为刘病已安排的。

时过境迁，"巫蛊之祸"已经结束了几年，追悔莫及的汉武帝早就灭掉了"打巫办"主任江充的三族，声势浩大地建立了"思子宫"，用来表达对太子刘据的怀念。期间，对自己晚年内政外交的极端政策有所反思的汉武帝，还曾经象征性地给自己下了一道"轮台罪己诏"。但这一切，跟在监狱中的小囚犯刘病已都似乎关系不大。这几年中，如果不是好人丙吉和两位奶妈的悉心照顾，体弱多病的刘病已恐怕早已告别人世。即便是活过了褓褓之年，尚未明白人事的刘病已也要面对来自于皇宫大内的无时无刻的监视与威胁。杀掉江充是为了丢卒保帅，显示皇帝的永远正确。建思子宫，是为了给舆论界一个交代，同时还体现了皇恩浩荡。然而，撕开政治伪装之下的汉武帝刘彻，对于前太子刘据以至于整个卫子夫家族的态度依然游移不定。

曾经一度，汉武帝派手下人来打探皇家监狱的情况，准备对年幼的孩子下手。好人丙吉除了一身正气之外，还是一个不折不扣的硬骨头，丙吉就如同一尊泰山石敢当，堵在监狱的门口厉声大呼："没错，皇曾孙是在我这里！但是无论哪个无辜的人，都不能被随意滥杀，更何况是皇上亲生的曾孙？"（"皇曾孙在。他人亡辜死者犹不可，况亲曾孙乎！"《汉书·魏相丙吉传》）最终这件事情没有了下文。当然，这件事情，除了好人丙吉的勇敢与执着之外，最重要的还是因为刘彻本人的犹豫。卫子夫家族被团灭，汉武帝心里或多或少还是对刘病已有那么一点儿怜悯。

刘病已命运的大转折，是好人丙吉冒着欺君之罪，将刘病已送到他的祖母史良娣家中抚养。史良娣是前太子刘据的姬妾之一，也是前文提到的在巫蛊之祸中死去的刘据长子刘进的母亲。"良娣"并非史良娣的真实名字，而是一种称呼。太子的众多姬妾，地位从高到低，分别为太子妃、太子良娣、太子孺子三个等级。因为在众多史料的记载中，并没有明确提到前太子刘据的太子妃，所以我们有理由相信，史良娣乃是在前太子刘据身边的妻妾中，地位为尊的一个。并且正因为如此，长子刘进在生前有一个固定称谓，叫作"史皇孙"，由此也可推测史良娣以及史良娣背后的山东鲁国史氏地位之高。

史良娣本人死于巫蛊之祸，但是好在史良娣的母亲贞君（刘病已小朋友的曾外婆）身体尚好。从这一天开始，风烛残年的贞君，开始精心抚养刘病已这个可怜的孩子；也是从这一天开始，四岁的刘病已看到了监狱之外的阳光，感受到了真正来自家庭的温暖。

公元前 87 年 3 月，汉武帝刘彻驾崩。

英明一世的汉武帝，终究还是立了自己的幼子刘弗陵做皇帝，刘弗陵也就是汉昭帝。由此而推测，当年汉武帝为钩弋夫人所设立的"尧母门"，乃至于那场臭名昭著的"巫蛊之祸"，也都并不是无意为之的。只是，取代了长子刘据的刘弗陵虽然登上皇位，但他付出的代价也极为惨痛。刘弗陵的母亲钩弋夫人，被离世之前的汉武帝以"主少母壮"（《资治通鉴·汉纪十四》）的名义借故杀掉了。

汉武一朝无论谁，所有人其实都只不过是皇帝的一颗棋子而已，概莫能外。

汉武帝遗诏，立七岁的刘弗陵为皇帝，命霍光为首的大臣们辅政。除此之外，汉武帝还专门下旨，将刘病已的名字正式纳入皇室家谱。不管离世之前的汉武帝是如何考虑和谋划的未来，他这个将刘病已纳入族谱的动作，都将极人地改变刘病已一生之命运。因为从此时此刻开始，刘病已将不再是皇家监狱的小囚犯，也不是史良娣家的沙发客，而是堂堂正正的皇室正统、大汉苗裔。身份焕然一新的刘病已，很快被接到皇宫中的掖庭居住，由皇家派人专门照料。掖庭，也就是帝国皇宫中，后妃以及宫女们居住的地方，是后宫的一部分。进入掖庭，也就等于是进入了皇家的日常生活中。

汉武帝遗诏中，另外值得一提的一个人是辅政大臣霍光。

霍光是霍去病同父异母的弟弟。因为霍去病生前的显贵，霍光从中受益而进京为官。进京之后的霍光平步青云，官运亨通，一直官至今天的大司马大将军（军委主席）兼汉昭帝刘弗陵的辅政大臣。虽然与霍去病是同出一脉的兄弟俩，但霍光与霍去病完全是属于两个世界的人，如果说霍去病是一个纯粹的军事天才，霍光则具备非常高超的政治手腕。霍光极具执政天分，在职场上异常强势。在霍光眼中，他是帝国聘任的高级职业经理人，他拥有政治抱负，他觉得自己有责任和义务去保证帝国的运转正常有序。这种作为职业经理人的纯粹政治理想，让霍光与天斗与地斗。只要他认为正确，甚至于挡在他面前的是皇帝本人，霍光也视若无物。霍光这样的大臣，在中国历史上并不少见，这些人虽然没有皇帝命，但却有一颗忧国忧民之心。像霍光这样的工作作风，往前哪怕再多走一步，后世史家就会无情地把他定义为权臣；即使有自知之明地主动往后退一步，这样的人也往往不得善终。

这里需要指出的一点是，霍去病的母亲，是卫子夫的妹妹卫少儿；而霍光与霍去病是同父异母，所以霍光的母亲并不来自于卫子夫家族。换句话讲，霍去病是卫子夫家族成员，但霍光不是，因此霍光跟刘病已当然也没有丝毫的血缘关系。

在掖庭，刘病已度过了自己的少年时代。他获得了良好的教育，获得了之前不敢想象的生存条件，再也不用为了想吃一口奶妈的奶而哭闹不止。除此之外，父母双亡这件事，在皇室中反而成了刘病已的一种特殊福利。堂堂皇宫大内的掖庭中，居然有像刘病已这样一位皇室子弟，他无父无母、无权无势，甚至除了在血缘上已经远到不能再远的史良娣家族，他没有亲戚以及哪怕一丁点儿像样的社会关系（后文会讲，刘病已的母亲王翁须同样来自民间，巫蛊之祸期间，王翁须娘家彻底失联）。这种天然属性，保证了刘病已不会在小小年纪就卷入皇室子弟的残酷政治斗争中去。其他的刘氏子孙们，想当然地把刘病已当成对自己无害的人，或者根本就忽视刘病已的存在。这种天然属性，给了刘病已一个相对健康的成长环境。他不用天天担心被人算计，也不用天天担心被人下蛊。用更多的时间，他博览群书、广交朋友、热爱旅行，用自己的足迹感知皇宫之外的世界，感受自己记忆最深处的民间疾苦。相对于其他掖庭长大的皇室子弟，刘病已更加接地气，更加懂得生命的宝贵、生活的艰辛。

若干年过去了。

少年刘病已，终于不再是那个病怏怏的小囚徒，他已然成长为满腹经纶、意气风发的大汉皇室精英。

公元前74年，汉昭帝刘弗陵英年早逝，且并没有留下任何子嗣。以霍光为首的辅政大臣们经过充分讨论，拥立昌邑王刘贺为帝。

刘贺，是昌邑哀王刘髆的儿子。刘髆又是汉武帝刘彻的第五个儿子，汉昭帝刘弗陵的同父异母哥哥，也是贰师将军李广利的亲外甥。

这么说显然还是有点小糊涂，我们不妨换个正常的角度。

汉武帝在不同的时间段先后有几个心爱的女人，比如卫子夫，比如李夫人，又比如钩弋夫人。卫子夫和钩弋夫人，在不同的历史时段，都曾经带给汉武帝刘彻极大的幸福与满足感，李夫人也不例外。同其他几位嫔妃相比，李夫人的颜值是她行走江湖的第一大利器，我们今天所听到的成语"倾国倾城"就是从李夫人这里引申出来的。当年李夫人的另外一个哥哥——音乐家李延年，曾经为自己的妹妹李夫人创作了一首歌——"北方有佳人，绝世而独立，一顾倾人城，再顾倾人国。宁不知倾城与倾国，佳人难再得"。听闻这首歌的汉武帝刘彻，很快就将李夫人纳入宫中为妃，并宠幸有加。

卫子夫生了长子——前太子刘据，李夫人生了老五刘髆，钩弋夫人生了老六刘弗陵。但汉武帝死后，接班的是刘弗陵。刘弗陵驾崩后无子，结果侄子又接了叔叔的班，轮到了刘髆的儿子刘贺做皇帝。

李夫人的哥哥李广利，曾经有投降匈奴这样的历史污点。李广利就是刘贺的亲舅爷（舅内祖父），这样的出身，让刘贺一家从来没有太多的非分之想。即便是汉昭帝刘弗陵的突然驾崩，刘贺也万万没有料到，继承大统的那个人居然会是自己。刘贺作为一个晚辈，在自己的六叔刘弗陵身后继承皇位，辈分上看起来也算顺理成章。不过如果按照政客操弄政治的思维逻辑，更大的政治背景，是刘贺从小生长在首都之外的昌邑国（山东巨野），跟京城的各路政治派系瓜葛甚少。如果按照派系来讲，刘贺的政治影响力在山东，在他周围很容易形成一个政治上的天然帮派。然而，这个"山东帮"却并不是帝国的政治派别主流，充其量算是具备一定的影响力，远远谈不上统治力。要知道我们前文曾经说过，藩王里面的前辈淮南王刘安，虽然既是政治家又是文学家，既是艺术家又是发明家，但这样的人到了京城，还是要巴结田蚡，利用本来就不多的进京机会，频频上下打点，多多结交权贵。

所以，我们不妨顺着这个逻辑，以辅政大臣霍光的视角来看，刘贺符合了继承皇位的第一个必要条件，那就是远离首都，缺乏在京城的社会关系。

这个条件非常关键。

这样空降就职的皇帝，就如同帝国当时常见的异地就职的大臣们，在就任之初的相当一段时间之内，他必须先适应周边环境，而不是一开始就搞政治斗争和权谋之术，也就保证了政治轮替的平稳过渡。不过社会关系单纯，只是客观条件。霍光心目中的好皇帝，还必须符合另外一个主观条件，那就是听话。

可惜，生长在江湖之远的刘贺，远远没有庙堂之高的那种政治心计。他掩饰不住意外就任皇帝的巨大喜悦，他也没有因为自己六叔刘弗陵的去世而强行假装哀痛，刘贺甚至在继位之初的几天内，就开始大肆封赏自己昌邑旧部。刚来首都没几天，政治上的在野势力——"山东帮"居然就甚嚣尘上了，这已经远远脱离了在朝的传统长安权贵们的掌控之外。

显然，这跟霍光开始所设计的完美方案相去甚远。仅仅二十七天之后，刘贺就被霍光废掉，理由是，刘贺在短短二十七天之内，做了一千一百二十七件错事。

这事透着一股子邪性。

我们姑且不说刘贺有没有能力在二十七天内做那么多坏事，就算是做了这么多坏事，那么记录这些坏事的记录人，也需要有相当厚颜无耻的狗仔队精神。二十七天，来自山东的刘贺，甚至还没有完全适应陕西关中的天气，就被硬生生从皇帝职位上解雇。不到一个月，人生中的大起大落来得太快，对刘贺来说实在是太刺激不过。面对那个所谓一千一百二十七件坏事的清单，刘贺竟无言以对。

其实根本的原因，还是在于刘贺犯了霍光的职场忌讳。刘贺犯忌并不是因为糊涂，而是作为中央政治博弈的素人，他完全没有搞清楚京城的政治生态，也不知道宫廷政治的套路。至于所谓一千一百二十七件坏事，纯粹属于程序性的工作而已。

刘贺被废之后，霍光以及满朝文武大臣们开始争论继任者的问题。皇帝职位空缺，照理说应该不乏应征者。如果能够公开投简历面试的话，相信朝野内外的汉室宗亲，刘邦的龙子龙孙们，踊跃报名的一定很多。搞不好，还要设计几轮的海选才能进入最后的决赛。但如果按照之前霍光的皇帝选拔标准，候选人必须听话，必须没有太多的京城社会关系。一时之间，霍光并没有太好的选择。

站出来指点迷津的，依然是好人丙吉。

此时的丙吉，已经不再负责监狱工作，而是调任大将军长史一职务，也就是霍光的办公室秘书长。做事踏实而低调的丙吉，很得霍光的信任，霍光丙吉在性格上的互补，使得二人在工作中十分默契。前面刘贺进京，霍光派出迎接新皇帝专项组的组长，就是丙吉。身为刘贺的老乡，丙吉光荣地完成了接驾的任务，也并不那么光荣地如实记录下了刘贺一路上的表现。

丙吉不愧为刘病已的命中贵人。

这一次，丙吉力荐刘病已作为新皇帝候选人。

内吉的发言极具政治智慧，面对在短短一个月内发生的诸多政治动荡与变故，他先是给霍光一个光芒四射、自带音响效果的定位——辅佐幼主汉昭帝，霍光您是头功一件；昭帝驾崩，力排众议危难之中选择刘贺，又是头功一件；新皇不堪大任，废掉刘贺的行动坚定果决，您依然还是头功一件。反正就是霍光做的对也是对，错也是对，永远都对。（"将军事孝武皇帝，受襁褓之属，任天下之寄，孝昭皇帝早崩亡嗣，海内忧惧，欲亟闻嗣主，发丧之日以大谊立后，所立非其人，复以大谊废之，天下莫不服焉。"《汉书·魏相丙吉传》）

丙吉一番话，霍光心里一块石头落了地。借丙吉之口，霍光向朝堂上下暗流涌动跃跃欲试的各路喷子们表态。老子这么做，都是为了社稷苍生。以社稷苍生的名义，就是把天捅个窟窿，我霍光也觉得值得。

套路打完，丙吉才真正亮明了自己的观点，我推荐掖庭内的刘病已作为候选人。并表示，如果霍光不放心，可以先占卜一下，然后再把刘病已带进宫观察一段时间，作为新皇帝见习期。（"愿将军详大议，参以蓍（shī）龟，岂宜褒显，先使入侍，令天下昭然知之，然后决定大策，天下幸甚。"《汉书·魏相丙吉传》）

丙吉对霍光的提醒，起到了柳暗花明的作用，霍光的目光一下子从帝国边疆，倏地收回到了皇宫掖庭之内。丙吉针对刘病已的提案，打通了霍光以及霍光背后政治集团的任督二脉，进而所有的政治谜题，一通百通。当然，丙吉的推荐，并不是刘病已上位的决定性因素。问题最关键在于，刘病已作为新皇帝候选人，他完全符合面试官霍光的用人标准。

好人丙吉精神上的闪光之处在于，在卫子夫家族被一网打尽的时候，他甘冒风险解救了刘氏孤儿；在国家社稷需要的时候，丙吉及时推荐了潜力无限的候选人刘病已；而在多年以后，当刘病已终于苦尽甘来熬成了汉宣帝，丙吉又选择了低调而不张扬。

山东大汉丙吉这样的人，是几千年来我们民族的脊梁。

仁者爱人

公元前 74 年 7 月，名不见经传的刘病已被立为皇帝，史称汉宣帝。

卫子夫尽管早已去世，但她的基因还在同生前对手钩弋夫人（刘弗陵之母）与李夫人（刘贺之母）竞争。刘病已即位，卫子夫一脉的基因，在连续经历两任皇帝的轮转之后，宣告回归。

刘病已显然不是纨绔子弟刘贺，他具备相当的宫廷生活经验，良好的政治素养，更重要的是，刘病已有一颗忍辱负重的心。他清楚地知道自己的皇位是怎么来的，也知道自己的堂叔刘贺的皇位是怎么没的。皇帝的废立，在霍光的掌控之下，居然如同正常的官员任免一样合理。这件事情，本身就是帝国政治生活中最大的不合理。但是，在自己的羽翼丰满之前，刘病已只能隐忍。更何况，刘病已知道，霍光固然跋扈可畏，但在治国理政方面，朝堂上下比霍光强的大臣凤毛麟角。在汉宣帝具备足够的治国经验以及获取足够的政治威望之前，贸然对霍光这样的资深老一辈进行开刀，将会使朝野上下陷入更大的混乱。

值得一提的是，霍光的权威和气场，让中国历史从此多了两个著名的成语。比如"芒刺在背"——汉宣帝刘病已，曾经同霍光同乘一辆马车，之后宣称自己如有芒刺在背；又比如"汗流浃背"——之前提到的司马迁的女婿杨敞（弘农杨氏的先祖），曾经被霍光的言行吓得汗流浃背。

小上司刘病已、老同事杨敞，无一例外都怕霍光。

我们暂时不提刘病已，只提杨敞。

要知道杨敞和霍光，背后的故事可非同一般。

当年汉昭帝刘弗陵年幼即位，汉武帝生前做了最为周密的安排。干倒了长子刘据背后的卫子夫一家，压制了五子刘髆背后的李夫人一家，杀掉了刘弗陵的亲生母亲钩弋夫人。可是汉武帝的人算不如天算，到了汉昭帝时代，除了次子齐王刘闳早亡，汉武帝家的鄂邑长公主、三子燕王刘旦、四子广陵王刘胥，个个继承了汉武帝刘彻好胜又好战的基因，个个都在策划自己上位，取代年少且无子的汉昭帝。其中鄂邑长公主、燕王刘旦与辅政大臣上官桀结盟，准备把霍光和汉昭帝一举拿下。千钧一发的时刻，政变计划被泄密了，得到消息的就是司马迁家的宝贝女婿杨敞。胆小的杨敞没敢直接告诉霍光，却告诉了谏大夫杜延年。于是霍光才提前反制对手，粉碎了上官桀集团的政变计划。

从某种意义上来讲，杨敞是霍光的大恩人。但即便如此，杨敞见了霍光，依然像耗子见了猫一样地害怕。霍光本人对朝臣的威慑力，可见一斑。

霍光是一个政治头脑非常清醒的人，他专注的是他的职业本身带给他的责任感。以苍生社稷的名义，这么多年来，上司无论是武帝还是昭帝，挡在他面前的无论是刘旦还是刘贺，无论是上官桀还是长公主，他都没有怕过。以此为出发点，他始终坚守最基本的道德操守，尽心竭力为汉宣帝刘病已做大汉的职业经理人。

然而，这只是霍光本人而已。如果我们放眼整个霍光家族，他们却因为霍光的权势而渐渐飞扬跋扈起来，这一点恐怕也是霍光始料未及，而又防不胜防的。

比如，霍光的妻子霍显。

霍显这个人和霍光完全不同，她没有政治理想也没有道德底线，她的身上集中体现最多的，是市井之徒的原始贪欲。所以，即便霍光已经做到了一人之下，万人之上，霍氏家族的其他成员也一个个鸡犬升天，但霍显的心里并不踏实。霍显的如意算盘，是将自己的女儿霍成君立为皇后，再立未来霍成君的儿子为太子，这样霍氏家族的血脉就和皇族联系在一起。就像卫子夫家族的基因一样，只要大汉皇帝的江山永不变色，就能保证霍氏家族的长盛不衰。

霍显的想法，也只是这个世界上大多数普通人的真实想法而已。吃不上饭的想填饱肚子，填饱肚子的想过好日子，过上好日子的想出人头地，出人头地的想升官发财，升官发财的想荫蔽子孙，代代相传。只是这样不断膨胀的人类欲望，大多数普通人是通过合情合理合法的手段实现的。霍显与普通人的不同之处在于，她被眼前的无限尊荣迷惑了双眼，为达目的而不择手段。

霍成君若要成为皇后，最大的障碍是汉宣帝当时的皇后——许平君。

不巧的是，许平君的皇后位子异常稳固。除非许平君从这个世界上突然消失，否则霍显以及霍成君，这辈子根本看不到取而代之的希望。这其中的奥秘在于，许平君和汉宣帝刘病已结合于刘病已登基称帝之前。换句话讲，许平君家族当时只是将女儿嫁给了一个极为落魄的普通皇室成员。许家当年嫁女儿给刘病已，根本看不到飞黄腾达的希望，更远远谈不上政治投机。

当年的刘病已，被寄养在掖庭，许平君父亲许广汉，因为早年遭遇宫刑，恰好也在掖庭做基层公务员（"暴室啬夫"）。许广汉等于是一路看着刘病已长大，刘病已从一个病恹恹的小小幼童，成长为一个长身玉立的翩翩少年，许广汉是早就看好刘病已的。但当时看好刘病已的并不只许广汉一个人，负责掌管整个掖庭的掖庭令张贺，也是其中之一。

张贺原来就是前太子刘据的故交，因为巫蛊之祸被太子牵连，遭受了跟许广汉一样的宫刑。然而巫蛊之祸的风头过去之后，张贺却因祸得福，谋得了掖庭令的职务。要知道，掖庭公务员包括掖庭令这种掌管后宫实权的高级行政官，历来都必须是生理上不完整的男人才可以做，这个位子等于是替张贺量身打造的。

张贺打定主意要嫁孙女给刘病已之前，特意征求了弟弟张安世的意见。张安世在相当长的一段时间内，一直是以霍光的副手（右将军）而存在的，在整个帝国范围内，也算一口唾沫一个钉的实力派。张安世对张贺嫁孙女的事情给出了自己的意见："刘病已是罪臣刘据的后人，如今有幸能够成为一介平民，能够吃上饭了。这就很不容易了，以后不要跟我谈什么嫁女的事！"（"曾孙乃卫太子后也，幸得以庶人衣食县官，足矣，勿复言予女事！"《汉书·外戚传上》）。

张贺最终听从了弟弟张安世的建议，并没有许配孙女给刘病已。但张贺作为刘据的故交，却把刘病已的婚事从此放在了自己心上。

于是，张贺第一顺位，但却有那么一点点嫌弃刘病已的情况下，地位稍微低一个等级的许广汉家才有了机会。张贺借故，宴请掖庭的老同事许广汉，两个人喝酒喝到了兴头上，张贺借着酒劲鼓动许广汉把女儿许平君嫁给刘病已。作为张贺的下属，许广汉当场同意了这门亲事，但当时许平君的母亲却怒不可遏……这事也很容易理解——本来要嫁也是张家嫁闺女，怎么自己吃了后悔药嫌弃刘病已，反而又掉过头来忽悠老许家的闺女呢？

许平君妈妈的抵制无效。

父亲许广汉的坚持，最终促成许平君顺利嫁给刘病已。两个人在婚后的第二年，就生下了一个儿子。所以，也正是许广汉的坚持，让许平君意外地成为了后来的汉帝国的皇后。应该说，许平君的别样经历，让她和刘病已之间的关系牢不可破。就像唐中宗李显与韦皇后一样，共同经历贫寒的夫妻之情，是经得起时间考验的。

这样的现实情境，让霍显感到绝望。在没有十足的把握成为皇后之前，霍显甚至不想让女儿霍成君入宫服侍皇帝。如果入了宫而没有成为皇后，这样的亏本生意，霍家显然不能做。就在皇帝眼皮子底下，霍显的小算盘打得山响。这样市井似的精明，跟去菜市场和小贩们讨价还价并没有任何两样。

不过霍显依然没有放弃希望，这种残存的希望像一颗火苗，被封存在内心深处，等待能够熊熊燃烧的那一天。

霍显终于等到了这一天，一个并不是绝对机会的机会。

公元前 71 年，帝国的皇后许平君即将再次分娩。手眼通天的霍家提前获取了这个重要情报，于是霍显发动自己的人脉，买通了皇宫负责妇产科的女医生淳于衍。在两个女人的密谋之下，女医淳于衍负责在许平君分娩过程中下毒。一次正常的女人生孩子，就这样被人为地伪装成了一场医学意外，许平君最终被毒杀身亡。

后世史书，并没有记载当时汉宣帝是否了解许平君之死的内幕。但至少我们知道，在这件事情之后，汉宣帝并没有迁怒于任何人。按照正常人的逻辑，深爱的妻子因为医疗事故去世，参考如今方兴未艾的医闹事业，刘病已至少也要有一番对主治医生的讨伐。但主治妇产医生淳于衍居然没有得到任何惩罚。更重要的是，之后不久，刘病已就顺从霍光家族的意愿，迎娶霍成君，并同时立霍成君为自己的新任皇后。

没人知道，两千年前汉宣帝的真实想法，也不知道他当时经过了内心深处多么痛苦的纠结。对于汉宣帝刘病已来讲，他自从有记忆开始，就几乎失去了所有的亲人。对比刘据之死和卫子夫之死，许平君之死只是几十年时空变换之下，宫斗悲剧的又一次重复上演而已。这些悲剧，演员和道具可以换，而剧本则恒久不变。

看透这一切的汉宣帝刘病已，即便身为皇帝，他的任何选择也都不能完全信马由缰，从自己的真实意愿出发，而是需要包含大量的斟酌与妥协。比如刚刚登上帝位的时候，汉宣帝匆匆忙忙地为卫子夫家族所有冤死的先人们平反昭雪并上谥号——他为自己的曾祖母上谥号为"思"，这也让自己的曾祖母卫子夫能够成为中国历史上第一个有谥号的皇后，从而含笑九泉；然而轮到自己的祖父——前朝太子刘据，汉宣帝刘病已贵为当朝天子，却选择为自己的祖父上谥号为"戾"，也就是"不悔前过，知而不改"的意思（《逸周书·谥法解》）。

这个选择其实非常明智，因为太子刘据在汉武帝生前并没有被公开平反，汉武帝所做出的种种悔改举措，都是基于亲情和家庭范畴内的行为。也就是说，从官方层面来讲，前太子刘据还是罪人之身，而汉宣帝的皇位法理正统承袭自汉武帝刘彻、汉昭帝刘弗陵、昌邑王刘贺这一系，而不是承袭自自己的祖父、前太子刘据。尽管在血缘上，汉宣帝是刘据的亲孙子。但在宏观上，儒家治国的理念之下，只要你想在帝国的"体制内"，就必须尊重体制内的规则，身为皇帝，更是如此。

从这个意义上讲，汉宣帝小小年纪，就已经具备高度的政治敏感与洞察力。

生死无常，权力斗争，在刘病已看来都是宫廷政治的重要组成部分。既然要做普天之下，莫非王土的皇帝，那么就要承受家庭生活和政治斗争纠缠在一起的残酷现实。所以，站在上帝视角看待结发妻子之死，汉宣帝刘病已就已经赢得了未来。

公元前68年，霍光去世。

霍光去世之后，用人不疑且不计前嫌的汉宣帝，选择了张贺的弟弟张安世，作为接替霍光的帝国首席职业经理人。

第二年，公元前67年。汉宣帝刘病已立刘奭（shì）为太子，刘奭正是汉宣帝与许平君唯一的儿子。登基六年之后，已经二十四岁的汉宣帝刘病已，再也不用"芒刺在背"，他勇敢地做回了自己。

又过了一年，霍光家族被族诛。

霍显的罪名是谋反，而霍成君的罪名是阴谋毒杀太子刘奭。

这事，充满了黑色幽默。

站出来揭发霍显谋反的人，正是杨敞的儿子，当然也是司马迁的宝贝外甥——杨恽（yùn）。

昭帝朝，杨敞揭发了上官桀，让霍家攀上了帝国权力最巅峰；

宣帝朝，杨敞的儿子又揭发了霍显，让霍家的故事从此画上句号。

其实，以何种罪名逮捕霍家人已经不重要了，因为许平君当年的旧事，被汉宣帝重新提起。这件事情在皇帝的心中压了许多年，终于爆发出来。刘病已与霍家的恩怨情仇，一起做了一个了断。

霍氏家族从此绝后，退出了历史舞台。

不久，汉宣帝刘病已宣布为自己改名为刘询。

改名的动因十分简单，重名的太多了。当代人起名，动不动就搞个什么子轩、什么欣怡之类的附庸风雅，重名率极高。古人可没有今人这么矫情，就想自家孩子无病无灾，长命百岁。于是"病已""去病"或"延年""延寿"这样的名字在当时非常流行，重名率很高。为了避免民间起名字总是要避讳自己，汉宣帝索性改名，放弃了"病已"，选择了"询"这个当时人看来还比较冷僻的字作为新名字。与此同时，汉宣帝刘询下令，当年曾经因为避讳"病已"这个名字而获罪的百姓，统统大赦。

毫无疑问，从小遍尝人间冷暖的皇帝刘询，拥有一颗传统儒家的"仁者爱人"（《孟子·离娄下》）之心。汉帝国以孝治天下，而宣帝刘询更是兼具仁者之心。

仁者之心在很多地方都能够看到。比如当年登位之初的汉宣帝刘询，就比较完美地解决了当时一个非常重大而又现实的内政问题——汉武帝刘彻的历史定位问题。

这在今天并不是个事，但在当时，却曾经引起过朝野上下的大讨论。

汉武帝刘彻的晚年，曾经犯下许多错误，对内有"巫蛊之祸"，对外曾经有"轮台罪己诏"。而且当年受到冲击的政治犯的后人，到了昭帝朝、宣帝朝，很多又进入了国家公务员体系任职。尤其是，汉宣帝刘询本人也曾经被"巫蛊之祸"波及，失去了曾祖母、祖父母和父母，而且在幼年时期长期混迹于民间。所以朝廷上揣测皇帝心思的人，也不在少数。

历史定位的核心问题，是汉武帝刘彻的庙号问题。

庙号，也就是历代皇帝被后人供奉在宗庙中的名号。

首先庙号意味着一种褒奖。

普通皇帝死后，先是在家庙祭祀，过若干年后一定要迁回太庙。这也很容易理解，因为随着时间的流逝，一家人亲兄弟之间的远近亲疏就会越来越明显，各家的先人，都请回到了各家的家庙里面去了。这样的话，即便亲侄子也不能在家祭祀亲叔叔，因为各家祭祀各家的，亲叔叔自有自己的亲儿子来祭祀，轮不到亲侄子跪拜磕头。这样，如果个个都在家庙祭祀，就非常不利于帝国皇室的家族团结和管理统一。不过这只是针对普通皇帝而言，不普通的皇帝就单独开庙祭祀。这样的话，后世子孙不管是谁家的，就代代祭祀不普通的皇帝，不普通的皇帝拥有自己独立的宗庙，于是也就有了自己独立的庙号。

庙号最早起源于商代，比如我们熟悉的商高宗武丁。周代基本上没有沿用庙号这个制度，但到了汉代，庙号制度却又开始流行，甚至于神圣化。汉代的皇帝们都有谥号，但并不是每个人都有庙号。汉朝的开国皇帝刘邦就有庙号，刘邦的谥号是"高"，庙号太祖；汉文帝刘恒也有庙号，庙号太宗。

但汉武帝刘彻这个人有争议，有争议就有必要讨论一下。

争议太大，以防不测，朝堂讨论开始之前，宣帝本人就带头定了调子——"孝武皇帝躬仁谊，厉威武，北征匈奴，单于远循，南平氐羌、昆明、瓯骆两越，东定薉（huì）、貉（mò）、朝鲜，廓地斥境，立郡县，百蛮率服，款塞自至，珍贡陈于宗庙；协音律，造乐歌，荐上帝，封太山，立明堂，改正朔，易服色；明开圣绪，尊贤显功，兴灭继绝，褒周之后；备天地之礼，广道术之路。上天报况，符瑞并应，宝鼎出，白麟获，海效巨鱼，神人并见，山称万岁。功德茂盛，不能尽宣，而庙乐未称，朕甚悼焉。其与列侯、二千石、博士议。"（《汉书·眭（suī）两夏侯京翼李传》）

拿出来讨论，是宣帝刘询要做出民主的姿态；定调子，分明就是不想讨论。这两件事情并不矛盾，这也是领导者常见的一种习惯性做法。皇帝如此，下边人也就心领神会，没意见就没意见，有意见就憋回去，忍着。

但是有人就是直肠子，比如夏侯胜。

长信少府（长信宫负责人）夏侯胜说，我说点实话吧——武帝刘彻当然有开疆拓上的功劳，这个没有任何问题。但是……

一般人在说到"但是"之前，"但是"前面说的无论是啥，都是废话。

……但是，武帝在位的时候，海内外用兵太多，百姓生灵涂炭。虚耗国库，蝗灾遍地，很多地方赤地千里，人民群众都开始人吃人了。我就问，这样的人还能给他单独上庙号？（"然多杀士众，竭民财力，奢泰亡度，天下虚耗，百姓流离，物故者半。蝗虫大起，赤地数千里，或人民相食，畜积至今未复。亡德泽于民，不宜为立庙乐。"《汉书·眭两夏侯京翼李传》）

夏侯胜是真敢说。

汉宣帝刘询感到哭笑不得。

你丫夏侯胜真行。我刘询的皇位，本来就是从汉武帝刘彻那一脉传下来的。汉昭帝刘弗陵、汉废帝刘贺，都跟我锤子关系没有。也就只有汉武帝刘彻，是个正经八百的直系亲属。今天上庙号，就是为了强化我和汉武帝的这层联系。彻底打倒汉武帝，对我刘询半毛钱好处没有。只有把刘彻举得高高的，我刘询才有执政的根基。从这个角度讲，汉武帝刘彻就算有错也没有错。

这事很严肃，非常严肃。

然而，直肠子夏侯胜还是不服，而且还补充，为了说点真话，我死都不怕。（"议已出口，虽死不悔。"）

宣帝下不来台，那就发动辩论吧。

皇帝不吭气，反而是一众大臣起来大骂夏侯胜。而且，这事不能简单地定位成夏侯胜直肠子或者二杆子的问题，而是要定性成路线问题。既然定性成路线问题，大臣就必须要选边站。于是，朝堂上参与讨论的高级公务员纷纷表达立场。表达立场的方式很简单，联名弹劾夏侯胜。不过，不愿意这样顺风倒的也自有其人，时任丞相长史（总理办公室秘书长）的黄霸就是。于是，黄霸也被拖下水了。御史大夫田广明说，我看夏侯胜之所以这么嚣张，就是因为有总理办公室的秘书长黄霸撑腰。这事不简单。

于是，夏侯胜求仁得仁，黄霸慷慨躺枪。

黄霸、夏侯胜被打入死牢。汉武帝刘彻则被单独上了庙号，顺利地尊为世宗。史载——"奏《盛德》《文始》《五行》之舞，天下世世献纳，以明盛德。武帝巡狩所幸郡国凡四十九，皆立庙，如高祖、太宗焉。"（《汉书·眭两夏侯京翼李传第四十五》）

值得一提的是，黄霸和夏侯胜虽然被打入死牢，但是奇怪的是，汉宣帝并没有按照《汉律》将两个人秋后处斩或者株连九族。两个人被扔进大牢就无人问津了，以至于这哥俩后来莫名其妙，却又无所事事。黄霸索性在狱中拜夏侯胜为师，学习起了儒家的经典《今文尚书》。

黄霸知道，和大儒夏侯胜一起蹲监狱，这个机会可是千载难逢。

其实早在汉废帝刘贺时代，夏侯胜就曾经严肃地告诫过刘贺，大意是——刘贺你就作吧，我预测过不了多久，你手下的大臣就会有人搞死你。刘贺不爽，就把夏侯胜下狱了。然而皇帝旁边的霍光听到夏侯胜这番话，心中却十分不安。心中不安的霍光，就跑去问夏侯胜，为啥知道有大臣要搞刘贺。要说霍光也够实诚，这种问题，就差没说正是自己要废掉皇帝了。

夏侯胜也索性卖起了关子，说，因为我读了《今文尚书》。

不久，刘贺被废。

夏侯胜的神奇预测，把《今文尚书》炒成了儒家必读，把自己炒成了帝国大儒。

于是在狱中，《今文尚书》，夏侯胜教，黄霸学。

这一教一学，就是三年。

别人进监狱就是蹲大牢，黄霸蹲监狱等于读了个研。

三年之后，这两位被汉宣帝刘询从大狱里捞出来。黄霸后来一路被提拔到了扬州刺史，照样享受帝国的省部级公务员待遇。到了宣帝朝末期的时候，黄霸更是接班丙吉，做到了帝国的丞相一职。惹事的夏侯胜，则真正放飞了自我。既然爱抬杠，那就索性让你做个谏大夫①。从心所欲的夏侯胜，直到九十岁高寿才离开人世，死后被汉宣帝特意安排葬到了汉昭帝平陵旁边。夏侯胜的葬礼上，皇太后为他穿素五日。倒是先前送两人入狱的御史大夫田广明，在之后与匈奴作战期间，谎报军情，畏罪自杀。

除了内政问题之外，还有外交问题。

汉武帝在位期间的外交遗留问题，比如西域的分裂、匈奴的死而不僵，统统在汉宣帝期间得到了完美解决。

汉宣帝刘询即位后不久，帝国中枢就和当年远嫁乌孙的解忧公主取得联系。近三十年前和亲乌孙的解忧公主，是当年汉武帝步下的一颗冷棋。乌孙虽然只是西域三十六国中间的一个，但是乌孙这个国家长期占有西北边陲最为富饶的一块土地——伊犁河谷。在武帝时代远嫁乌孙的解忧公主，已经完成了对于乌孙政权的基本掌控。正是有了乌孙这个来自遥远西域的内应，彻底打垮匈奴的议题，才会被旧事重提。

为了实现这个半个世纪以来的帝国夙愿，汉宣帝刘询重用了老臣常惠。

---

① 谏大夫：朝廷专门负责提意见的台谏官员。

外交家常惠①在血气方刚的年龄，和苏武一起被匈奴扣押，俩人一起在塞外吃土放羊十几年。到了汉昭帝时代，才和苏武一同归汉。应该说，常惠这样的人，不仅熟悉西域的风土人情，而且和匈奴有着非同一般的国恨家仇。常惠联合乌孙，动员了帝国十五万大军，兵分五路，对匈奴展开了大汉四百年历史上规模最大的一次骑兵出击。匈奴的人口，十去其三，整个匈奴的战略态势，彻底从主动进攻变为被动防御。

公元前60年，汉宣帝神爵二年，汉朝派郑吉在西域边陲成立西域都护府，统一管辖西域三十六国，郑吉就是西域的首任都护。值得一提的是，西域都护府的首府，就设置在当年让晚年汉武帝停下征伐脚步，并发布"轮台罪己诏"的"轮台"（乌垒城，在今天的新疆轮台县）。西域，从此正式以地方区划的姿态，加入到了中原王朝的行政序列。（"汉之号令班西域矣，始自张骞而成于郑吉。"《汉书·西域传》）

公元前51年，也就是汉宣帝甘露三年的正月，面临已经土崩瓦解的局面，匈奴呼韩邪单于来朝，朝拜时自称藩臣，向汉家皇帝宣誓效忠（搞分裂的郅支单于，依然宣布对抗朝廷，后文还会涉及）。

至此，历经半个多世纪，由武帝到宣帝、由张骞到苏武、由卫青到霍去病，由李广而李陵、由傅介子而常惠、由细君公主而解忧公主。无数大汉精英抛头颅、洒热血、苦心经营的西域问题，终于得到完美解决。

和自己的曾祖父汉武帝相比，汉宣帝刘询在中国历史上的名气并不是很大。然而这并不妨碍汉宣帝成为一个扎扎实实的好皇帝，他在位期间，社会生产力得到极大的提升，百姓安居乐业。汉昭帝、汉宣帝、霍光，君相三人一起创造的盛世，被称为"昭宣中兴"。我们尤其要提到，太史公的巨著《史记》，也正是在汉宣帝在位期间得以出版发行，同时流传后世。与汉武帝的霸气外露相比，汉宣帝春风化雨，却更加有效而又扎实地延续了

① 常惠：（？—公元前46年），西汉大臣，太原郡人。活跃在汉武帝、汉昭帝、汉宣帝三朝的外交活动家。年轻时作为苏武的副使出使匈奴，被扣留十九年。汉昭帝时回国，封为光禄大夫。出使乌孙，击败匈奴，被封为长罗侯。常惠诛杀杀害汉使的龟兹贵人姑翼，之后为典属国（负责属国的官员）。汉宣帝时为右将军，汉元帝时去世，谥号壮武侯。史称"明习外国事，勤劳数有功"。

汉帝国的文治武功。

公元前 51 年，志得意满的汉宣帝刘询，将本朝的十一位功臣画像，陈列在未央宫中的麒麟阁。而当年同样志得意满的汉武帝，他当时想要做的事情是"封禅"，也就是彰显业绩，做一次系统性的工作汇报，以昭告天地。而汉宣帝的"志得意满"，则是反其道而行之，在麒麟阁公示自己下属们的丰功伟绩。

祖孙二人，价值观取向方面，居然是如此不同。

麒麟阁十一功臣名单的闪光点，是汉宣帝把个人好恶放在一边，真正以功劳大小排座次。

十一大臣中，政绩不大却又名声极大的老臣苏武，被放在了最后一位。

好人丙吉赫然在列。不前不后，排名第六。

曾经轻慢过少年刘病已的张安世，排名第二。更加值得玩味的是，霍光家族虽然已经被族诛，但麒麟阁排名第一的功臣，就是霍光。并且为了避霍光的名讳，只有霍光的名字被郑重地写成"大司马、大将军、博陆侯，姓霍氏"，而不体现真实名字。

为十一大臣排名两年之后，传奇皇帝汉宣帝刘询驾鹤西去。自汉宣帝开始，此后西汉的五位皇帝，全都回到了卫子夫一系，完成了一个神奇的家族轮回。

也许，这是基因的力量。

第五章
外戚篡权

最多的时候王政君娘家人有九人封侯。本来在武帝一朝并不常见的封侯活动，到了成帝朝几乎到了泛滥的程度。飞将军李广若地下有知，不知道他老人家会作何感想。

土地兼并

公元前 49 年，克己奉公、兢兢业业的汉宣帝刘询走完了传奇的一生，继承他皇位的人叫作刘奭（shì），史称汉元帝。

其实不管是当初的立太子，还是后来的传位，对于刘奭的表现，汉宣帝并不是十分满意。

曾经有一次，"柔仁好儒"的刘奭试探性地向自己的父亲进言："父亲您用刑太深，应该多用儒生才对。"然而汉宣帝却非常恼怒地回答："大汉的执政根基是行霸道王道，用儒根本不合时宜。"（"汉家自有制度，本以霸王道杂之。奈何纯任德教，用周政乎！且俗儒不达时宜，好是古非今，使人眩于名实，不知所守，何足委任！"）而且还感叹地说了一句"乱我家者，太子也！"（《资治通鉴·汉纪十九》）

这里有一个悖论——自汉武帝刘彻独尊儒术开始，实际上整个汉帝国的理论基础是儒学。而且以此为出发点，在哲学层面上，汉代的经学研究达到了一个巅峰。然而刘奭这种看起来政治正确的进言，却被汉宣帝一点情面都不留地全部驳回。那么问题出在哪里？

知子莫如父。

其实在汉宣帝刘询的内心深处，他对刘奭的懦弱性格是有清晰认识的。之所以这样回答刘奭的进言，并非是告诉刘奭大汉立国的根基改成了儒家以外的学说。而是要告诉刘奭，需要改一改自己的心性，乃至于今后治国的手段。

刘奭作为帝位竞争者的最终胜出，跟他的母亲是前皇后许平君有着莫大的关系。许平君之死，一直是汉宣帝刘询心里的一个结，传位刘奭则是打开这个结的不多的选择之一。以一个合格政治家敏锐的眼光，刘询对刘奭不仅不甚满意，甚至某种程度上还有对帝国未来的担忧。原因在于汉宣帝看到了刘奭性格中的软弱和优柔寡断，对于大汉这样一个亘古未有的、强有力的中央集权王朝而言，软弱的性格会让中央政府越来越弱势，从而失去对整个帝国的有效控制。更何况，从经济学角度来讲，当时大汉的土地兼并现象已经到了无以复加的程度。

土地兼并，是中国古代社会中非常常见的经济现象。简而言之，土地兼并是大量土地向豪强地主手中集中的一种趋势。这是由中国古代土地私有的社会属性所决定的，这种现象并不以人的意志为转移。一般来讲，土地兼并包括了两种情况：一是对处女地的开发，二是对于已开发土地的巧取豪夺。王朝初期，一般会经过大规模战争，从而造成大量的无主之地。耕地的重新分配以及对荒地的开发，会让一个王朝的生产力爆发式增长。不过，一般一个王朝经过长时间和平发展之后，就会出现财富不断向少数人手中集中的现象。中国古代不管是务农还是经商，最后的结局都是回乡置田买地，而手中握有大量商业利润的大商贾回乡买地，这种情况比单纯的地主土地兼并，更加让普通农民们深恶痛绝，土地兼并的危害也集中体现在这里。假如遇到灾荒年，水灾、旱灾、虫灾盛行，农民们颗粒无收，地主和商贾们却会趁此机会，大量地收容土地和破产农民。

古代中央政府对于地方的需求，一是赋税，二是徭役。赋税带来的是钱粮，充实的是国库。徭役带来的是城市农民工和边防义务兵，建设和保卫国家就是靠徭役。大量的豪强地主兼并土地，造成两个恶果，一是大量农民的流离失所，卖儿鬻女，完全成为地主的家丁或家奴；二是豪强地主对于中央政府赋税徭役的逃避，中央来自于地方的收入也会直线下降。所以，王朝末期的土地兼并，直接导致了地方势力做大，以及农民抵抗力量的揭竿而起。

对土地兼并的深刻认识，让历朝历代的皇帝们痛彻心扉，比如后世宋代的王安石变法，明代的张居正新政，都是以解决土地兼并问题为重要的改革方向。

尤其，本朝汉武帝的算缗（mín）令，更是为后世帝国掌舵人提供了一个非常好的解决此类问题的标准模板。

汉武帝认为，土地兼并的根因在于社会上有些人的闲钱太多了，而国家和普通老百姓手里的钱又太少了。到最后这些有闲钱的人，就会回乡置田置地，于是土地开始兼并，大量农民破产，而这个期间国家又没有拿到任何好处，反而眼看着地方势力做大。尤其是像汉帝国这样一个庞然大物，自汉高帝刘邦开国以来，长期所坚持的政策是"重农抑商"。因为毫无疑问，帝国的立国之本是农业，商业的实质是贱买贵卖，商业本身并不产生任何价值。恰恰相反，商业的本质是逐利，而并不关注交易中的道德问题。比如说，如果有一个像崇祯皇帝这样的人，搞一个"三饷加派"之类的政策。农民兄弟们手里急需要把粮食换成银子用，商人们就会趁机砍价，甚至半价收购；而往往遇到灾荒年的时候，农民兄弟们迫切需要良种播种和生活用品度日，商人们又会囤积居奇，趁机涨价。所以由于这些天然属性，商业从业者向来不被帝国的统治者们所喜欢，尤其在汉代早期，汉武帝一朝不断北伐匈奴，偶尔还牵扯到周边小国。为了维护整个亚洲的军事安全新秩序，帝国军费开支逐年攀升，甚至有出现财政赤字的时候。

刘彻所颁布的"算缗令"，就是在这个大背景下出现的。

算缗令，实质是富户财产公开制度和强制奢侈税制度的合体。

所谓"缗"，本义是穿铜钱的绳子，后来就管穿起来的一千个铜钱，称为"一缗钱"或者"一贯钱"；而所谓"算"，是指穿起来使用的一百二十个铜钱。算缗令，简单来讲，就是帝国范围内的富户主动申报自己的财产总额，每申报"两缗钱"或者"四缗钱"，就要上交给帝国国库"一算钱"。这就相当于以国家名义为幌子的"吃大户""打秋风"，反正国家缺钱，老百姓缺钱，绝对不能让你们这些有钱的主儿睡踏实。

只有"算缗"并不算完，因为富户们并不甘心被这样平白无故地"薅羊毛"，他们还会千方百计地隐匿自己的真实财产。这样在"算缗"的基础上，又出现了"告缗"。

告缗比算缗更狠，告就是打小报告，也就是检举揭发。

只要穷人检举揭发一个富户隐匿财产，那么这个富户的财产就要被全部没收。没收后的财产二一添作五，国家一半，揭发人一半。

　　"算缗告缗"的制度一旦确立，帝国范围内的富商大贾的灾难就算是降临了，所以在汉武帝一朝，商人的地位不高，商品经济也不发达。在打击富商大贾的基础上，汉武帝本人对外戚和贵族们又是穷追猛打，这样双管齐下，在一定程度上，抑制和延缓了土地兼并的出现。

　　然而这一切，都必须有一个强有力的中央政府作保证，都必须有一个像汉武帝一样权柄在握、生杀予夺的掌权者做背后推手。如果掌权者本人的火候未到，或者掌权者掌权的程度不到，那就不要硬搞，硬搞也要出事的。

　　时光蹉跎，帝国掌权者的接力棒到了汉元帝时代，此时此刻，摆在汉元帝刘奭面前的，就是这样一个复杂的局面。其实早在汉宣帝时代，土地兼并问题就已经开始抬头，而到了汉元帝时代更是愈演愈烈。然而很可惜，以刘奭的能力和水平，他并不足以全面认识和解决这样的社会问题。

　　在汉元帝一朝，帝国只是依靠自己发展的强大惯性，继续向前保持行进的姿态，而实质性的问题并没有得到任何解决。

　　然而汉元帝更大的问题，出现在后宫。

良娣的诅咒

汉元帝早在做皇太子的时候，就宠爱一个叫作司马良娣的妃子。不幸的是，公元前51年，司马良娣病重，司马良娣临死之前，对于短暂的人生充满了深深眷恋之情，于是意味深长地讲了一段临终遗言——我命不该绝，是太子的其他姬妾得不到宠幸，活活地把我诅咒死了。（"妾死非天命，乃诸娣妾、良人更祝诅杀我。"《资治通鉴·汉纪十九》）本着"老娘死了，你们也不能有好果了吃"的宫斗哲学，红颜短命的司马良娣凭空想象了一个或许有也或许无的诅咒，却给大汉帝国从此开启了一个更大的、阴差阳错的新诅咒。

司马良娣去世之后，多才多艺而又多愁善感的刘奭，陷入了感情的旋涡。他对身边其他的嫔妃提不起太大的兴趣，看着身边这些或妖娆，或温柔，或可爱的姬妾们，刘奭总是能想起司马良娣那令人不寒而栗的临终遗言。这种眼看着活色生香的女人们，却又分分钟出戏的精神状态，渐渐地让年轻的皇子对男女之情也心灰意冷。

这件事情，毫无疑问成了皇室内部不可言传的一块心病。

时年已经四十岁，依然还没有抱上孙子的汉宣帝刘询十分焦急。为了让这位带着亡妻许平君血脉，同时又肩负刘询毕生希望的皇子刘奭一扫阴霾，重振雄风。刘询特意安排邛（qióng）成皇后王氏，为刘奭物色美女。

汉宣帝时代先后有三任皇后，第一任许平君，第二任霍成君，邛成皇后王氏是第三任。王氏之所以能够当上皇后，并非因为王氏家世显赫，或者王氏本人出人意料的出色，而是因为机缘巧合。

王氏的父亲叫作王奉光，跟许平君的父亲许广汉一样，王奉光和刘询熟识于刘询尚未发迹的民间时代。有了霍成君的旧事在前，刘询偏执地讨厌豪门大户的女子，偏执地按照许平君的模板聘任新皇后。而对于新皇后来讲，还有一个特别重要的考量，那就是要作为皇子刘奭的养母。如何才能让后妈死心塌地地疼爱没有任何血缘关系的养子刘奭，那最好的条件就是这位后妈没有生育，膝下没有自己的亲生骨肉。而王氏入宫之后，恰好就是符合了如上两个条件——王氏本人无论如何生不出娃，而王氏的父亲王奉光，是刘询的旧交。

仅此而已。

所以，与其说是刘询给自己找了个皇后，倒不如说是刘询给未成年的刘奭找了个保姆。而且事实上，自从王氏被立为所谓的皇后之后，刘询也就没怎么待见过这位"皇后"了。刘询想用这种方式告诉王氏，要想在皇宫中继续生存下去，你王氏的筹码就只剩下抚养好刘奭这一个选项。为了给从小失去母亲的刘奭创造最好的成长环境，英明一世的汉宣帝刘询可谓煞费苦心。

后来的王奉光被封为"邛成侯"，王氏也就被后世称为"邛成皇后"。

邛成皇后急汉宣帝刘询之所急，为养子刘奭找到了五位相貌姣好的"家人子"（没有任何官职品级的宫女），让刘奭从中挑选一位临幸。这一幕，像极了如今 KTV、夜总会等娱乐场所的经典开场。类似于夜总会某个熟悉的桥段，毫无兴致的刘奭，随手挑了一位离自己最近，且衣服颜色比较特殊的家人子。

被选中的女孩叫作王政君。

在王政君之前，王政君家族最有名望的人叫作王贺。王贺是王政君的爷爷，曾经供职于汉武帝一朝，官至"绣衣御史"。绣衣御史并非一个常规官职，而是一个特设称谓。所谓"绣衣"，是指皇帝御赐的"绣衣"，表示皇帝本人极其宠信。绣衣御史，也就是代表皇帝本人意志出巡的御史，这个人若是文人就持节，若是武将则持虎符。虽然拥有如此至高无上、便宜行事的权力，但是王贺本人却并非酷吏，反而利用职务之便而行怀柔之实，释放过大量被株连的无辜犯人。要知道，汉武帝一朝尤其到了后期，滥杀才是国家政治生活的主旋律。换个角度，也只有滥杀的酷吏，才能够得到皇帝本人的赏识。而王贺这样的义举，曾经在一定程度上改变了黄色恐怖的局面。正因如此，才有很多人在背后偷偷地评价王贺，说王贺这样行善积德，整建制成批量地救黎民百姓于水火，以后家族一定会兴旺发达（"吾闻活千人者有封子孙，吾所活者万余人，后世其兴乎！"《汉书·元后传》）。

果然，王贺的善举没有白费，到了宣帝朝，皇子刘奭的随手一指，将会改变整个王氏家族的命运。当然，还有整个大汉王朝的国运。

从某种意义上讲，我们已经不能称王政君为女孩。因为此时此刻，年方二十一岁的王政君，已经连续嫁了两任丈夫，也死了两任丈夫。然而实际上，我们确实又可以称王政君为女孩。因为她这两次许配人家，都是还没有同房，未婚夫就先死了。因此在西汉那个时代，王政君是个如假包换的小寡妇，但是这个小寡妇的大帽子又顶得有点冤枉。

小寡妇王政君入宫，等于是寻觅自己的第三段婚姻而已。巧的是，皇后安排的五位"家人子"，恰好就有王政君；巧的是，这一次刘奭的随手一指，让王政君有了接近自己心中梦想的机会；更巧的是，随后刘奭履行程序一样的一夜春风，王政君居然怀孕了。

不久，王政君生下了一个男孩，这个男孩也是汉宣帝刘询的嫡长孙。当年大喜过望的刘询，亲自给皇孙起名刘骜[①]，字太孙。刘询希望自己的孙子像一匹骏马一样，无所畏惧，勇往直前。此外，汉宣帝把太孙这个名号直接放进了刘骜的姓名里面，老皇帝刘询对于皇孙降生的惊喜之情可见一斑。

---

① 骜（áo）：骏马。

谈判专家

刘骜的出生，原本也是一场意外。所以，即便刘骜被汉宣帝如此宠爱，然而在爱情和家庭生活方面，也依然改变不了王政君在刘奭心中可有可无的地位。对此，未过门就已经死过两次丈夫的王政君心知肚明。所以，王政君知道，自己的丈夫刘奭根本靠不住，而她的命运和自己的儿子刘骜息息相关。因为母以子贵，只要刘骜将来能够继承大统，王政君就能够彻底摆脱出身低微和不被宠爱的现实。

作为皇宫内一个不被皇帝喜欢的女人，王政君能够仰仗的，是自己儿子作为皇帝候选人之一的良好表现。除此之外，她还需要有足够的政治势力来为他的儿子保驾护航。而在这一点上，王政君的运气确实也足够好，汉元帝命当时的两个很有分量的外戚，来陪伴刘骜成长。

其中一个外戚叫作王商。

王商的父亲叫作王武，王武是汉宣帝刘询的亲舅舅。当时巫蛊之祸，汉宣帝刘询的父母双亡，母亲王翁须在民间的娘家人就失联了。一直到汉宣帝刘询做了皇帝，到河北一带不断打听自己姥姥家的音信，才从民间找到了自己的外祖母王媪，两个舅舅王无故和王武。即便如此，找到姥姥家的汉宣帝还是用了很长一段时间确认真假，验明正身，最后才宣布认亲成功的。所以，王翁须家族这支外戚并不远，只是因为并非豪门大族，且汉宣帝落难期间没有突出表现，在汉宣帝时代并没有加以重用。

不过，除许平君家族之外，王翁须这支外戚的亲缘关系跟皇室实在是太近了。到了汉元帝时代，皇帝就开始有意识地提拔王家人进入国家重要机关工作，王商就是其中之一。王商此时并不是位高权重，只是担任国家的右将军（副总参谋长）兼光禄大夫（国务院非第一副总理），但是作为汉元帝不多的可以选择的外戚，王商在皇帝跟前说话，还是很有分量的。而且在此后的很多年中，王商也为王政君和刘骜出过很多力。

重点谈一谈另外一个外戚，史丹。

史丹的祖父叫作史恭，而史恭就是当年史良娣的哥哥。史丹负责刘骜的成长与教育问题，甚至于充当刘骜的智囊，王政君绝对是捡到了一块宝。原因有三：

第一，史丹来自当年汉武帝时期的史良娣家族，这个家族曾经在汉宣帝刘询落难的时候帮助过他。像这样的家族，只要没有大逆不道的罪过，在汉宣帝以及汉宣帝之后的时代拥有天然的政治正确。

第二，史丹虽然官职不高，但在汉宣帝和汉元帝两朝都是皇帝的近臣。汉宣帝时代，史丹担任刘奭的中庶子（太子老师）长达十余年。而在汉元帝时代，史丹则担任驸马都尉和侍中，驸马都尉相当于皇帝的司机，侍中则相当于皇帝内廷智囊团成员之一，都是皇帝身边平时能够递上话，关键时刻又能传出话的厉害角色。

第三，史丹家族也就是鲁国史氏，历经了汉宣帝、汉元帝两朝的兴盛，其实已经开始走向没落。

作为外戚来讲，往往最为辉煌的时间节点就是前朝和本朝，一共两代。这样讲还有点云里雾里，简单来说，一般外戚的身份，做皇后的"后族"是最好的一种选择方式，因为皇帝就是掌权者，而且皇帝正值壮年，所谓有权不用，过期作废。前文讲到的霍光家族，为什么那么热衷于把女儿霍成君立为皇后？还不是想做堂堂正正的"后党"。那么退一步讲，做不成"后党"，做"太后党"也不错，也就是做皇帝的姥姥家。比如前朝汉武帝登基，刘彻母亲王姞家族的田蚡就跟着一步登天了。然而作为亲戚关系来讲，做"太后党"就已经有点儿疏远了，皇帝并非你们家族的女婿，而是你们家族的表亲而已。而如果过了这两代，再往后传，亲戚的关系只能是越来越远了。像前朝窦太后那样，孙子刘彻当皇帝，依然能够塞一个老窦家的窦婴做丞相，这样的案例显然还是比较稀有的。

所以，皇帝家的外戚并不神秘，他的本质上就是亲戚。所谓亲戚属性，也就跟民间没有什么区别了。民间所谓的"两姨亲，不算亲。死了姨，断了亲；姑舅亲，才是亲，打断骨头连着筋"如此这般的亲戚属性，到了皇室内部，依然是颠扑不破的真理。

鲁国史氏的发迹，发端自巫蛊之祸前后，和好人丙吉一起搭救了落难民间的幼小的汉宣帝刘询。实际上如果论亲戚关系，哪怕是史良娣，也只不过是汉宣帝的奶奶而已，而且史良娣本人还在巫蛊之祸中去世了。不过汉宣帝本人在登基之前，基本上没有什么亲戚可言；登基之后，也只是信任许平君家族的许氏外戚，这样才成全了后来的鲁国史氏家族。也就是说，鲁国史氏这支远支外戚在西汉一朝的崛起，本身就有很大的偶然因素。鲁国史氏的繁荣历经汉宣帝、汉元帝两朝，到了汉元帝末期，已经到了再也不能继续下去的地步了。

临终托孤，汉宣帝为汉元帝刘奭精心挑选了史丹父亲乐陵侯史高，太子太傅萧望之（出身于兰陵萧氏，汉宣帝麒麟阁十一功臣排名第十）、少傅周堪作为辅政大臣。外戚和文官集团组成的三驾马车，老中青结合，有能力有忠诚度，同时又能够互相制衡。三驾马车中虽然以史高为主，但是后来的汉元帝刘奭已经在渐渐刻意冷落史家人。以至于后来，史高主动挑起了同萧望之与周堪的路线之争，居然还要依靠皇帝身边宦官——中书令（内廷智囊团长）弘恭和仆射（副团长）石显的力量解决问题。外戚和宦官二打一，才解决了朝堂上的政治斗争问题。

所以，在鲁国史氏这支外戚逐渐没落的当口，迫切地需要有人能够站出来，重新撑起家族的荣誉，延续家族的辉煌。一句话，史丹本人以及他背后的家族，此时也要选择投靠一家新的大树，即便是押宝站队，也必须要赌一把。

后来的事实证明，王政君和史丹家族的对赌，的确是一桩双赢买卖。

比如建昭四年，也就是公元前35年。

建昭四年这一年，先后发生了两件事情，都对当时乃至于多年以后的帝国，产生了异常深远的影响。

这一年的春天。

北匈奴第一代首领，郅支单于的人头被送到京城长安，示众十天。西域都护骑副都尉（相当于新疆军区副司令员）陈汤，成功地忽悠了都尉甘延寿，矫诏起兵。举兵四万，兵分六路，一鼓作气拿下了北匈奴的首都郅支城（今哈萨克斯坦国江布尔市）。在这之前，相对听话的南匈奴首领呼韩邪单于，已经向帝国宣誓效忠；而这一次，相对不听话的北匈奴则被连窝端了，匈奴在汉元帝一朝已呈苟延残喘之势。陈汤这个人，不仅有一线指战员的狡猾，还有文人笔杆子出身的刻薄。战争结束，陈汤非但没有自作主张、矫诏起兵的悔意，反而在这一年的正月上书朝廷说——明犯强汉者，虽远必诛！（《资治通鉴·汉纪二十一》）

杀人，也诛心。

这一年的夏天。

汉元帝刘奭的弟弟，中山哀王刘竟去世，汉元帝悲伤不能自已，同刘骜见面时也泪流满面。然而，刘骜却异常淡定，一副进错片场的茫然感觉——刘骜居然同老爹汉元帝没有任何感情上的互动。于是史丹私下为刘骜开脱，说太子刘骜正是因为怕加重皇帝的悲伤，而情感不敢太过外露，这才是一片孝心的体现。（"毋涕泣，感伤陛下。"《资治通鉴·汉纪二十一》）要说真是"人嘴两张皮，官字两张口"，当官时间长了，这卖嘴皮子的本事已经到了张口就来的程度。史丹的及时进谏，让坏事变好事，汉元帝刘奭对刘骜由怒上心头转而变成了赞誉有加。

不用杀人，照样诛心。

我们仔细复盘一下这件事，其实也是透着几分蹊跷的。

汉元帝刘奭是汉宣帝刘询的长子，而中山哀王刘竟是汉宣帝的第五个儿子，汉元帝刘奭是许平君生的，而刘竟是庶出的。不仅岁数差距大，而且俩人本来就不是一个妈。如果说两个人从小长大在一起的感情有多深厚，这事本来就要画个问号。此外，当时的中山国是帝国范围内的一个刘姓诸侯国，刘竟没有自己的子女，他死了中山国也就绝嗣了。绝嗣也就意味着，中山国从此就被帝国官方取缔除名了，中山哀王刘竟就是最后一代王。

汉元帝你高兴还来不及呢，你到底悲从何来呢？

所以，这场戏，极有可能是汉元帝本人设计好的一场心理学考试。考验的，则是汉元帝本人的演技和刘骜本人的临场反应。所以如果论演技的话，汉元帝到底能不能悲伤得起来，我们并不敢打包票。

　　从这个角度来讲，刘骜不哭有不哭的道理，甚至没笑场都已经不错了。

　　当时的汉元帝，对于皇位继承人，有两个选择。第一个选择是太子刘骜，第二个选择则是定陶王刘康。刘康的母亲姓傅，当年被称为傅婕妤。

　　实际上，汉元帝刘奭除了当太子的时候，为了配合父亲同邛成皇后的好意，和王政君有交作业似的鱼水之欢，一击中鹄才有了刘骜。这些年以来，在男女之情上一直在冷落王政君。毫无疑问，汉元帝的心尖子，另有其人。

　　当年汉元帝宠两个女人——傅婕妤和冯婕妤。

　　按照今天的视角，婕妤这个名字听起来很受用，实际上婕妤这个称号，是在汉武帝时代才确立下来的。汉武帝之前，遵循秦汉旧制，宫中的后妃们分成八个等级——皇后、夫人、美人、良人、八子、七子、长使、少使。这八个等级，对应类似于官员的八个品级。汉武帝时代，增加了婕妤、娙（xíng）娥、容华、充依四个工作岗位，婕妤成了仅次于皇后的第二名，在官员爵位上也等同列侯。

　　汉元帝专宠傅婕妤和冯婕妤，觉得婕妤这个称号委屈了二位佳人，而且两个人分别为汉元帝生下了儿子，儿子又都被封做了列侯。这样，列侯的母亲，爵位就不能再是列侯了。

　　要说这规矩都是人定的。就如同唐玄宗李隆基打算为武惠妃封后而不可得，在贵妃、淑妃、德妃、贤妃四妃之上，又创造性地打造了"惠妃"这么一个新名词。汉元帝也灵机一动，在婕妤之上，皇后之下，发明了一个新的叫法——昭仪。昭仪这个词的意境也不错，也就是"彰显仪表"的意思。

　　汉元帝专门为傅昭仪、冯昭仪量身打造了"昭仪"这个光荣称号，也为后世帝王招募嫔妃找了一个新名头。汉元帝本人对傅昭仪、冯昭仪的宠爱之情，可以窥豹一斑。

子以母贵。

汉元帝心中，两个成年儿子刘骜与刘康之间，势必有一场无声的较量。

相比太子刘骜的贪玩好色，刘康则更加乖巧，且多才艺，通音律。尤其是，刘康同汉元帝刘奭都爱好一种叫作鼙（pí）鼓的打击乐。鼙鼓并非普通乐器，而是一种军鼓，同古代战争密切相关。在后世文学界，把鼙鼓同烽火、号角、旌旗一起，当成战争中激烈战况的一种象征。比如白居易《长恨歌》中，就有"渔阳鼙鼓动地来，惊破霓裳羽衣曲"一句。站在汉元帝的角度，刘康不仅有艺术天分，还某种程度上承继了老刘家尚武的传统，更加重要的是爷俩的爱好是如此相似。毫无疑问，当时的刘康，深得自己父亲的赏识。

不过对此，史丹也很快给出了自己的评价——刘康艺术天分确实高，高得就像一个艺术家。所以越是像艺术家，他就愈发适合做一个辅臣，而不是未来要继承帝国权杖的一把手。所谓艺术家嘛，就像本朝的陈惠和李微一样；所谓辅臣的模板，本朝的匡衡就不错。（"凡所谓材者，敏而好学，温故知新，皇太子是也。若乃器人于丝竹鼓鼙之间，则是陈惠、李微高于匡衡，可相国也。"《汉书·王商史丹傅喜传》）。

我们看看史丹提到的这几个人吧——陈惠、李微，是两个太监，当时供职于内廷黄门的音乐家。不过古代称呼他们可不是音乐家，而是叫作倡（同唱）优或者倡人，无论何种称呼实际上都是贬义。当年汉武帝宠妃李夫人的二哥李延年，就是典型的宫廷倡人。

再说匡衡。

看起来，匡衡当时已经官至帝国丞相一职，年少时又有"凿壁偷光"的光荣事迹。但匡衡是个典型的盛名之下、其实难副的人。在元帝一朝，匡衡虽然一直官运亨通，但他为官的口碑一直很差，人前含辛茹苦，人后苍蝇老虎。匡衡的身上，有着浓浓的明末东林范儿，做事不是出于公心，而是披着公心外衣的意气之争。匡衡的同事陈汤、甘延寿虽然一举端掉了郅支单于的老窝，但是因为矫诏起兵这档子事，又因为陈汤喜欢在破敌之后搜刮敌人财物这点小嗜好，被匡衡与石显两个人联手挤兑。以至于战后总结，在陈汤、甘延寿究竟有功还是有罪的问题上，自匡衡开始，朝堂上从元帝朝一直争论到了元帝的孙子哀帝朝，到死都没有给陈汤、甘延寿一个公论，甚至把功臣下狱、流放。

多年以后，匡衡被人弹劾"专地盗土"，查证属实，最终被废为庶人。

史丹长期供职于内廷，知道皇帝喜欢听什么样的话，也知道皇帝害怕听什么样的话。史丹这种明褒实贬、顺水推舟的解读方式，比直接反驳还要奏效。

这就是语言的艺术。

更加巨大的影响，是史丹的临门一脚。

竟宁元年，公元前33年，汉元帝病重，在此期间，汉元帝频繁地召见傅昭仪和刘康，渐渐冷落了皇后王政君和太子刘骜。在内廷多年，熟悉皇帝秉性的史丹非常敏锐地察觉到，如果不能主动出击，那么只能是坐以待毙。而且，不到汉元帝生命的最后一刻，没有他亲口说出，或者他亲手写出继承人的名字，基本上不会存在绝对的胜局或者败局。赌局是公平的，对史丹和王政君是如此，对傅昭仪这一派也是如此。

史丹知道，汉元帝这种拖泥带水、瞻前顾后的性格，由来已久。即便是作为皇帝富有四海，即便这个懦弱的皇帝到了生命的最后一刻。

比如，就在这一年的年初，早已率领南匈奴归顺大汉的好兄弟——呼韩邪单于觐见，汉元帝大手一挥就要赐给人家美女。后宫的王昭君，多年以来没有得到过皇帝的一点点恩宠。无奈之下，王昭君自告奋勇站出来，去完成这个艰巨的、官方的、并没有其他女孩愿意去完成的政治联姻。内廷选出来的五个人中，只有王昭君才是最为耀眼夺目的那一个，她的光芒不仅吸引了年事已高、阅女无数的呼韩邪单于，也吸引了汉元帝的眼睛。于是，堂堂一国之君，大庭广众之下居然反悔了（"昭君丰容靓饰，光明汉宫，顾景裴回，竦动左右。帝见大惊，意欲留之，而难于失信，遂与匈奴。"《后汉书·南匈奴列传》）。

史丹对皇帝性格的拿捏，对局面的判断，精准到了毫发。

史丹的个人价值，在皇帝生命的最后一刻，体现得淋漓尽致。

傅昭仪和刘康，几乎一直在皇帝病重期间随王伴驾。而且在皇帝清醒的时刻，汉元帝居然堂而皇之地跟自己的智囊，讨论起了关于当年汉景帝废掉太子刘荣，另立胶东王刘彻的前尘旧事了。至少在看上去，胜负已分，至少在看上去，王政君和太子刘骜已经毫无胜算。

但史丹依然抓住了仅有的，或许也是最后一次机会。

恰好有一个间隙，闲杂人等都不在皇帝床前，而皇帝本人也是思维逻辑清晰的片刻。史丹不顾一切地冲到了皇帝身边，俯身跪倒，声泪俱下。眼泪和着鼻涕，在史丹的脸上倾泻而下。史丹告诉皇帝，刘骜登上太子之位已经十来年了，百姓称颂，群臣归心。如果今天要废长立幼，那么朝堂上下必然有人要闹事，或许就会破坏我们大汉帝国来之不易的大好局面。如果说真有这样的事，我史丹就先死给你看。（"皇太子以嫡长立，积十余年，名号系于百姓，天下莫不归心臣子。见定陶王雅素爱幸，今者道路流言，为国生意，以为太子有动摇之议。审若此，公卿以下必以死争，不奉诏。臣愿先赐死以示群臣！"《汉书·王商史丹傅喜传》）

一半是哀求，一半是威胁。

史丹——是天生的谈判专家。

史丹用上了自己所有的能量，在关键时刻力保太子的皇帝继承人第一顺位。汉元帝最终听从了史丹的建议，在立储问题上没有再发生摇摆。

公元前33年，汉元帝刘奭驾崩，太子刘骜即位，刘骜就是汉成帝。

王政君实现了母以子贵的理想，被尊为皇太后。

帝国进入了新的时代。

一日五封侯

那个曾经被汉宣帝想象成大汉皇室一匹骏马的刘骜，那个被命名为"太孙"的汉宣帝长支长孙刘骜，对帝位已经等了太久太久。登上帝位，意味着自己将更加不受约束地享受人世间的声色犬马。这件事情对刘骜很重要，在他心目中，生命的真谛在于及时行乐。

刘骜身边不缺女人。比如许皇后，端庄秀丽，出身汉宣帝皇后许平君家族；比如班婕妤，擅长诗歌音律，她的作品流传至今；比如卫婕妤，年轻貌美，笑靥如花。除此之外，后宫佳丽三千，刘骜更是流连忘返，游遍芳丛。

刘骜身边也不缺男人。比如富平侯张放，史载"少年殊丽，性开敏"（《汉书·成帝纪》），活脱脱翩翩美少年；又比如关内侯淳于长，贵为皇太后王政君的外甥，天天察言观色陪伴在皇帝左右。

男女通吃的刘骜，对自由奔放的生活方式，有着自己的独到见解和狂热追求。酒色淘空了刘骜的身体，但他依然孜孜不倦地寻求更多的新鲜刺激来满足自己的欲望。

这样的一个皇帝，你不用指望他做太多事情。

刘骜的父亲汉元帝刘奭，充其量只是性格懦弱，优柔寡断，但是老皇帝好歹还有一股子想把朝政处理清楚的工作热情。而刘骜则完全对皇帝的本职工作没有太多概念，也没有太大兴趣。朝野之外，土地兼并，农奴买卖，比大汉立国之后的任何阶段都要更加严重；朝野之内，外戚、宦官、文官集团的斗争依然存在。

尤其是王政君家族，终于苦尽甘来。

凭借一个对业务并不熟悉的皇帝儿子，凭借王政君对王氏娘家人死心塌地的阶级感情，王政君的家人纷纷进入帝国的权力中枢，担任关键部门的关键职务。王政君当然也不含糊，几乎把自己的能量发挥到了极致，老王家有一个是一个，在朝堂大量安排工作（"王氏子弟皆卿、大夫、侍中、诸曹，分据势官满朝廷。"《汉书·元后传》）。而且，跟前面曾经掌握实权的历朝外戚都有所不同，王政君娘家是一个非常庞大的家族。即便是只算亲兄弟姐妹，王政君家就有兄弟八人，姊妹四人，这里面除了王政君的二哥王曼早亡之外，几乎个个都是当打之年。

王政君家族的鼎盛时期，王政君的七兄弟（老二王曼早亡，所以只剩下七兄弟），老大王凤做了大司马大将军，老三王崇为安成侯，其他兄弟王谭为平阿侯，王商（这个王商，并不是王翁须家族的王商）为成都侯，王立为红阳侯，王根为曲阳侯，王逢时为高平侯。这里面又因为后面的哥五个是同一天加封的，被后世人称为"一日五封侯"，最多的时候王政君娘家人有九人封侯。本来在武帝一朝并不常见的封侯活动，到了成帝朝几乎到了泛滥的程度。飞将军李广若地下有知，不知道他老人家会作何感想。

王政君家族此时此刻的风头，俨然已经超越之前提到的帝国历朝外戚，比如武帝朝的窦太后家族、王娡家族、卫子夫家族、李夫人家族，宣帝朝的鲁国史氏家族、许平君家族。

老王家早期的带头大哥，是王政君的长兄，王凤。

王凤在政坛上的崭露头角，是在元帝朝的末期。只不过，在当时的政治生态中，王凤还不算一个真正说一不二的人物。因为在元帝一朝，外戚、宦官和文官集团，还基本上保持了一个均势状态。就比如说立储这件事，明眼人都知道元帝一直在太子刘骜和定陶王刘康之间摇摆不定。但外戚团队中，有王商（王翁须家族的王商），有史丹来为刘骜保驾护航，暂时还轮不到王凤来起到中流砥柱的作用——尽管他是刘骜的亲大舅；而单有外戚团队的支持还是不够的，宦官团队的领军人物，石显的态度也很重要。

当年石显与弘恭两个宦官，联手外戚史高搞倒了文官集团的萧望之，后来又成功地接了弘恭的班，由内廷仆射升任中书令。元帝临终前，外朝说了算的是丞相匡衡，内廷说了算的就是中书令石显。

在太子刘骜上位的过程中，石显是站在太子一方的。由此推论，石显觉得自己至少是押对了宝。然而，石显并没有想到，刘骜登基之后，除了王政君家族飞黄腾达，王凤大权在握之外，石显并没有捞到什么便宜。非但没有捞到便宜，石显还被皇帝扫地出门，由未央宫被赶到了长乐宫，在长乐宫中的长信宫做一个只拿俸禄不干事的资深太监去了。

在企业里，管理线走不通，那就走专业线，但在官场却并非如此。此时此刻的石显就是如此，看上去白吃白拿比以前爽得多，实则离开了权力中心，完全受制于人。石显失势了，外戚和文官集团弹冠相庆。丞相匡衡等人开始借力打力，准备为当年的萧望之出一口恶气。丞相和御史们一顿穷追猛打，石显从长信宫太仆的位置，一路被撸成了庶人，贬回老家。气恨难消的石显，又在回故乡的途中病死。

不过丞相匡衡又捞到好处了吗？没有。

又过了几年，匡衡贪污事发，被废为庶人，回乡不久也一命归西。

这样，汉成帝刘骜上台没几年，太监和文官集团火拼得两败俱伤，朝堂上还能够斗一斗的就只剩下了外戚们。

除了王政君家族之外，外戚中当时看上去还比较有实力的——史丹家族、王翁须家族、许平君家族、冯昭仪背后的冯氏家族。这里面，当然有非常优秀的人物，比如王翁须家族的王商。当年王商，也算是辅佐过太子刘骜上位的有功之臣，在成帝朝继任匡衡，当上了丞相。王商这个人的执政能力很强，而且秉性忠厚，具备很强的正义感。而且不仅如此，王商还身材高大，相貌英俊（"长八尺余，身体鸿大，容貌甚过绝人。"《汉书·王商史丹傅喜传》），天生一副正面人物形象，王商这种人，放在今天就是天生的政治明星。

不过玩政治的人都不单纯，他们往往都有追逐权力的渴望与动力。但是追逐权力的又有两种人，一种是专为攫取权力而生的人，比如王凤；还有一种，是利用权力，想为天下苍生做点事情的人，比如王商。前一种一般不问结果如何，我们都称之为政客；后一种，只有成功了，后世才会尊称他们为政治家。而一旦失败，则会被后世史家无情地抹黑，乃至于背负一世之骂名。

王商和王凤两个人，是天然的政敌。

王凤一直想要找到王商的把柄，可惜王商不是匡衡，他并没有做对不起执政道德的事情。不仅如此，王商本人的私德也几乎无懈可击。为了打倒王商，王凤又找到了我们的老熟人，混迹政坛十几年不倒的老油子——史丹。

此时的史丹，似乎早已超然物外。自从辅佐刘骜登位以来，史丹达到了自己人生以及职业生涯的巅峰，但他也看穿了政坛的世态炎凉。如今的史丹开始一门心思地享受人生。史丹家里的妻妾就有数十个之多，这些妻妾又给史丹生了二十多个孩子。史丹每天，就只是穿梭于酒色财气、美女丝竹之间。

王凤和史丹两个人，最终给王商定下的罪名是，乱搞男女关系。

话说这事根本也就不算事，如果算事，那么史丹应该是第一个该被弹劾的。而且，皇帝也说了，要说乱搞，王商根本不算啥。你不乱搞？史丹不乱搞？就算皇帝我本人，还不是男女通吃，来者不拒？男人活着就为了这点事，拿这事说话就没意思了。然而，堂堂一国之君却拗不过大臣王凤。王凤要求彻查，一查到底。（"天子以为暗昧之过，不足以伤大臣，凤固争。"《汉书·王商传》）在王凤的坚持之下，王商最终因为并不存在的男女作风问题而被定罪，做了四年的丞相一职被免掉。撤职仅仅三天之后，王商病气交加，口吐鲜血而死。

王凤和王商的对决，并没有胜负手。

如果有，那就是皇帝的表叔，显然不如皇帝的大舅来得更加重要。

除掉了外戚中最难啃的骨头王商，而且是用了如此不堪的手法，王政君家族的领军人物王凤，一时间风头无两。至于许皇后的老爸许嘉，冯昭仪家族的冯野王，根本就撑不起皇帝他大舅的眼皮。许嘉和冯野王先后被王凤拿下，而鲁国史氏最红的史丹，显然已经无意于政坛了。

王凤以及王凤背后的整个家族，几乎控制了整个帝国的权力中枢。

王氏专权，甚至一度已经到了皇帝都无可奈何的程度。比如在当时，刘氏皇族内部出了一个几百年不遇的天才人物——刘歆。刘歆熟知儒家经典，天文地理，为《山海经》做过批注，还曾经推算出精确版本的圆周率。但就是这样一位刘氏宗亲，汉成帝刘骜想要给刘歆封一个只拿俸禄不上班的"中常侍"，居然被周围人规劝道："大将军还不知道这事呢。"于是，皇帝赞成，但是扛不住"大将军"的一票否决，这事只能不了了之。

仅就权力而言，王凤确实是王政君家族的泰山北斗。而且在王凤死后，担任辅政大臣的先后有王音、王商、王根等人，权力中枢终于被搞成了王氏兄弟会。

面对王氏家族一手遮天的政治局面，士大夫集团也并非没有人起来反对。比如王章。

和丙吉一样，王章也是个典型的山东大汉。王章这个人出身贫寒，擅长吵架，擅长认死理，不怕得罪人，也不怕跟黑恶势力硬杠。正因为如此，不怕死的王章长期在帝国担任级别低工资少，得罪人却又最多的谏大夫一职。王章在元帝朝做谏大夫，跟正当红的宦官石显死嗑。结果王章被石显蓄意打击报复，被施以髡刑[1]，并削职为民。

跟宦官集团的领军人物掰手腕，硬杠杠不过又被剃了个阴阳头。

王章的二杆子精神，很快让他成为帝国公务员队伍中的知名人士。正因如此，到了成帝朝，王凤把王章请出了山，希望借此吃一下官场明星王章的政治红利。当然，王凤还有另外一层考量，那就是利用王章这把快刀，震慑一下自己在京城的政敌。而王章出场，果然京城的达官贵人们都噤若寒蝉。（"大臣贵戚敬惮之。"《汉书·赵尹韩张两王传》）

很显然，在王凤的心目中，王章是一个不折不扣的"酷吏"，并且这个酷吏已经算是自己的门生。

王凤的算盘打错了。

中国古代的酷吏确实很多，酷吏一般向皇帝效忠，并能够得到皇帝的御赐特权。在皇帝的默许之下，酷吏滥用权力，做事不计成本。严刑峻法，尸山血海。这样的不顾一切是建立在"唯上"的基础之上。然而和酷吏相对应，历史上循吏的人数也蔚为大观。循吏和酷吏有类似之处，那就是"挡

---

① 髡（kūn）刑：中国上古"五刑"之一，为将人头发全部或部分剃掉的刑罚，是一种耻辱刑，主要流行于中国古代夏商周到东汉。

我者死"。但循吏除了向皇帝负责之外，还会从业务本身的角度出发考虑问题。在大部分时间里，循吏并不唯上，在必要的时候，他们会考虑全局，反复推敲事情的成本，秉持公正客观的态度看问题，会考虑普通百姓的切身利益与荣辱生死。

王章，就是一个典型的循吏。

在王凤的运作之下，王章官复原职，继续担任谏大夫，并且很快就被提拔成了京兆尹（长安市市长）。让王凤感到万分意外的是，刚刚履新的王章就开始反戈一击，上书皇帝对王凤进行弹劾。

王凤感到，自己被深深地愚弄了。

王章被关进大牢，一起被逮捕的还有王章的妻女。王凤不是石显，更何况他已经恼羞成怒了。

王章最终没有活着走出牢门。

王章死后，成帝朝乃至于成帝身后几个皇帝任内，几乎再没有人做出像王章一样飞蛾扑火的壮举。

汉宫飞燕

其实无论王凤如何跋扈，所有的故事本来都应该有另外一个版本。

至少在成帝朝，相比外戚，皇权还没有旁落到无可收拾的程度。大汉开国近两百年来，刘氏皇族的执政，历经文景、汉武、昭宣，累积了非常高的执政基础。这样的强大的民意根基，受命于天的皇室光芒，并不是很短时间蹿升的王政君家族就能够轻松取代的。

然而，外朝王凤和各路宦官、外戚、文官已经打成了一锅粥。内朝的皇帝却依然躲在暗处，享受着廉价的快感，徜徉在"自由"的人生。

皇帝好色，人尽皆知。

投其所好，物色美女的人很多，但是让皇帝眼前一亮的是阳阿公主。阳阿公主效法自己的前辈平阳公主，在自己的府邸宴请汉成帝，利用酒宴向皇帝进献美女。如同当年平阳公主向汉武帝引见了卫子夫，如今阳阿公主向汉成帝成功地引见了自己的歌伎赵飞燕（姓赵，号飞燕）。大汉的公主们，在为皇帝拉皮条这件事情上，几十年来殚精竭虑、前赴后继。

和卫子夫一样，赵飞燕也出身贫寒，甚至还不如卫子夫。出生后，襁褓之中的赵飞燕就被丢弃到了旷野。三天之后，这个婴儿居然没有死。赵的父母觉得这事挺不可思议的，所以才给了赵飞燕一口饭吃。

出身虽然不好，但赵飞燕是一个绝色女子，堪称两千年前的旷世尤物。在后世中国古代文人的笔下，赵飞燕的故事活色生香，各种意淫性质的文学作品层出不穷。有添油加醋者，也有画饼充饥者。然而刘骜阅人无数，绝色女子对刘骜来说并不稀奇。能够打动这样一个好色皇帝，一定绝非易事。

我们索性看一看正史之外关于赵飞燕的记载。

对于赵飞燕来讲，除去出众的外表，她的过人之处大概有三点。第一，赵飞燕身轻如燕，能歌善舞。跟这样的女人双宿双飞，等于今天拥有一个来自娱乐圈的女友。所以皇帝和赵飞燕在一起，有成就感，同时也能够在精神上得到最大的放松。第二，传说赵飞燕非常注重美容养颜，比如她长期使用息肌丸，保证了肌肤的雪白娇嫩。又传说赵飞燕精通房中术，能够让皇帝对自己保持长久的好奇心。应该说，同这样的女人在一起，恍惚间皇帝经常有回到初恋时代的错觉。第三，赵飞燕非常善于揣测男人的心思，在汉成帝渐渐对自己失去新鲜感之后，赵飞燕主动引荐了自己的双胞胎妹妹赵合德（正史没有记载赵合德的名字，我们按照野史的习惯来称呼）。所谓肥水不落外人田，姐妹二人共侍一夫，继续保证赵氏在宫廷的恩宠独享。赵氏姐妹的巅峰时刻，赵飞燕贵为皇后，赵合德被封为昭仪，姐妹二人独享万千宠爱。

即便已经过去了两千年，如此色艺双全、善解人意的赵飞燕，依然让很多人神往，更不用提当年的好色皇帝刘骜。

情场上予取予求、左拥右抱，成帝刘骜虽然每天以这种方式来麻醉自己的感官，但只要他还是帝国首席执政官，就无法逃避愈来愈糜烂的政治现实。

土地兼并愈演愈烈。朝廷式微，没有办法改善破产农民的困难处境，更加没有好的对策来对付地方豪强势力做大。汉成帝一朝，傰（péng）宗起义①，郑躬起义②，两次铁官徒起义③……这些小规模的底层暴动层出不穷。

---

① 傰宗起义：西汉建始三年（前 30 年）傰宗等数百人据南山（今陕西西安西）起义，诛杀官吏，断绝交通，长安为之震动。汉成帝诏令校尉傅刚率一千射士前往逐捕，历时一年毫无所得。王凤荐原高陵令王尊，次年十一月，王尊率兵镇压起义。

② 郑躬起义：鸿嘉三年（前 18 年）广汉（治今四川金堂东南）"钳子"（钳徒）郑躬等六十余人发动起义，攻官府，释放囚徒。郑躬自称山君。次年，起义军经历四县，发展到万人。同年冬，广汉太守赵护率军三万余人镇压，起义失败。

③ 铁官徒起义：汉朝自武帝始，在各地设置"铁官"，利用刑徒冶铁铸器。在残酷奴役下，铁官徒不断举行起义。成帝阳朔三年（前 22 年），颖川（今河南禹县）铁官徒申屠圣等 180 人举行起义，为丞相长史、御史中丞督兵镇压。成帝永始三年（前 14 年），山阳（今河南省焦作市）铁官徒苏令等 228 人发动起义。后在汝南太守严沂镇压下失败。

王氏家族鸡犬升天。前朝的历任皇帝，往往选择拉一派打一派，保持外朝和内朝两方，以及外戚、文官、宦官三者的政治基本均衡。两方三者都不出幺蛾子，这个朝廷才会有竞争有合作，工作才会正常而有序。但在成帝朝，我们知道，文官集团土崩瓦解，宦官们也完全失势。没有生育能力的宦官，其实比起外戚和文官，天然具备政治上的纯洁性。如今，没有了宦官们的鞍前马后，皇帝很难做一个高枕无忧的甩手掌柜。

当然，成帝热衷醉卧温柔乡，还有一个很大的原因——长期没有子嗣。

虽然许皇后和班婕妤曾经先后为汉成帝生下过儿子，然而都不幸早夭。汉成帝刘骜长期宠爱的赵飞燕、赵合德姐妹，却一直没有生育。刘骜就像一位勤勤恳恳的老黄牛，在赵氏姐妹的土地上花费了大量的心血和时间，却劳而无功。更变本加厉的是，有一次成帝的妃子曹姬生下儿子，居然被赵合德偷偷处理到宫外，下落不明，曹姬本人也被赵合德毒杀了。

更加夸张的是许美人事件。

许美人是许皇后的侄女，也来自于许平君家族。许美人并非成帝所宠爱的女人，只不过在赵飞燕姐妹的把持之下，许美人曾经见缝插针，在一年之中，跟皇帝亲近过至少几个月时间。在这之后，许美人居然顽强地生下了一个儿子。然而，许美人不知道，看上去即将大获全胜的一场豪赌，居然会以异常惨烈的方式结局。

因为所有这一切，都瞒不过赵合德那双充满怨恨的眼睛。

赵合德的恨，是可以理解的。

许美人并不是小门小户的女孩，她的背后是那个红了接近一个世纪的许氏家族。姐姐赵飞燕牺牲了全部的青春年华，才勉强斗败了许皇后。如今赵飞燕端坐皇后之位，却已经年华老去，风光不再。像赵氏姐妹这样的卑微出身，而且还没有帮皇帝拉扯个一男半女。如果不能趁着青春正盛，尽可能攫取更大的权力，那么即便是端坐在皇后之位上，也看不到任何生的希望。如今妹妹赵合德上位，却要面对一个更加年轻并已经生了儿子的许家人的挑战。赵合德的愤怒，可想而知。

赵合德恨恨地说："许美人生了儿子，皇帝莫非又要立一个姓许的做皇后？"（"许美人儿何从生中？许氏竟当复立邪？"）紧接着，就是自己打自己——用头撞柱子、满地打滚；从床上滚到地下、嚎啕大哭、绝食并且威胁："让我回娘家去吧，我不跟你刘骜过日子了！"（恚，以手自捣，以头击壁户柱，从床上自投地，啼泣不肯食，曰："今当安置我，欲归耳！"（《汉书·外戚传下》）

我们确实不敢想象，两千年前，像赵合德这样一个尤物，如市井女人们一样"一哭二闹三上吊"，这究竟会是怎样一副光景？但浑浑噩噩的刘骜，居然真的就吃这一套。

我女人骂我，我就对骂；

我女人绝食，我也绝食。

这个时候赵合德态度忽然就缓和了下来，问刘骜说："皇上你是不是说过'永远不负我'？结果今天有人给你生了儿子，你就要移情别恋吗？"（"'约不负女'，今美人有子，竟负约，谓何？"《汉书·外戚传下》）

成帝刘骜，看到美人如此楚楚可怜，他知道自己的心融化了。

之后，许美人被杀。又过了不久之后，成帝派人把自己的亲生儿子带到了自己和赵合德身边。并且，把房门紧紧地关上。当房门再一次被打开的时候，这个初生的男婴，已经死了。

这个婴儿之死，也断送了成帝刘骜江山传续的最后一点希望。

公元前7年，汉成帝刘骜暴死在白虎宫。

宫中很多人说，四十四岁的皇帝，是在和赵合德同房时死去的。

其实，不管事实的真相如何。一生不羁放纵爱"自由"的汉成帝刘骜，如果生命的最后一刻结束在美人怀中，也算是死得其所。

皇帝之死，赵合德百口莫辩，于是自杀以谢天下。

一代尤物，魂归天国。

限田限奴

汉成帝刘骜一生阅女无数，也阅男无数，后宫的嫔妃们更是雨露均沾，可惜的是，如此辛勤的耕耘却没有留下一男半女。因此，汉成帝只能在自己的侄子中间选择继承人。最终胜出的是定陶王刘康的儿子刘欣。在成为皇储的漫漫长路上，刘欣的祖母傅昭仪上下打点，皇后赵飞燕和宠妃赵合德枕边风劲吹，三位女人为刘欣上位立下了汗马功劳。

公元前7年，刘欣继承皇位，尊赵飞燕为皇太后，王政君为太皇太后。刘欣史称汉哀帝。

初登帝位的汉哀帝，至少在表面上看，还是想有一番作为的。主要原因并不是因为汉哀帝本人天赋异禀，而是因为汉哀帝刘欣有一个出类拔萃的老师——师丹。

当时汉帝国基层流行的选拔人才方式是"举孝廉"，师丹便出身于此。他当年师从匡衡，打下了深厚的儒学基础，对圣贤理论与治国之术也很有心得。汉哀帝上台，师丹取代王政君族人，成为朝廷新任大司马，同时王政君家族的其他显贵们被排挤或者遣返回家。

汉哀帝一朝，土地兼并和蓄养奴婢的社会矛盾，已经大到了不可调和的程度。在以师丹为首的文官集团的建议之下，帝国以行政命令的方式，颁布了"限田限奴"的改革措施。限田限奴，简单来讲就是根据贵族身份的高低、官员品级的不同来限定占有土地以及蓄养奴婢的绝对数量，然后在严格根据这个配额，用法律的手段加以约束。而且在这项新政策的条文中，还包括严禁商业从业者用多余资金占有田地或者捐官的行为。

应该说，"限田限奴"绝对是个利国利民的好政策。而与此同时，政权中心，王政君家族的外戚力量也被严重打击。漫漫长夜之中，有一瞬间，帝国似乎重燃了中兴的希望。

不过，师丹虽是个明白人，但在揣摩圣意这方面，他却并不足够聪明。在改革的过程中，师丹严重低估了来自汉哀帝本人的抵触。

首先，汉哀帝刘欣并不是汉成帝刘骜的儿子，他当上皇帝的时候，距离做皇太子不到一年。刘欣原本也不是首都长安人，而是跟随他的爸爸定陶恭王刘康，出生于山东定陶。这跟当年昌邑王刘贺进京的背景非常相似，同样是皇帝无子，侄子即位；同样是从山东到关中即位。

也就是说，汉哀帝刘欣自身尚且立足未稳，他贸然进行的大规模改革，是触动了所有王公贵族，所有朝廷大员，甚至包括朝野之外的商贾巨富的一项改革。如果过于操切，一定是引火烧身。一旦这种情况发生，当年昌邑王刘贺的殷鉴不远。

当时，汉哀帝刘欣迫切需要做的，首先是稳定自己的权力。

正因为如此，汉哀帝打击了王氏外戚，却又在顺手趁机扶植自己的外戚。接受了刘欣朝臣的建议，准备将自己的亲生母亲丁姬尊为"帝太后"，以区别于赵飞燕的"皇太后"。然而，作为受儒家教育多年的资深官僚，师丹对这件事情进行了抵制。称号问题决定着身份的尊卑，也影响着刘氏政权的祖制。再说得夸张一点儿，这样的称谓以及身份确认，还决定着统治者的正统以及合法性的问题。在师丹的坚决抵制之下，最终，刘欣只能因循定陶恭王刘康的谱系，给自己的母亲丁姬上封号"恭皇后"，给自己的祖母傅昭仪上封号"恭皇太后"。刘欣的父亲刘康则改称"恭皇"或者"定陶恭皇"。

师丹为首的文官集团抬杠虽然抬赢了，但是师丹和皇帝师生二人心里的梁子算是结下了。

不久之后，师丹被拿下，很快被废为庶人。

毫无疑问，这件事情几乎就是后世大明嘉靖皇帝"大礼议"事件的缩水版本。

师丹被拿下，皇帝终于搬开了自己夺取权力的一个绊脚石。

汉哀帝刘欣旧事重提，给自己的祖母傅昭仪上封号，尊为"帝太太后"（后来干脆改为"皇太太后"），以区别于王政君的"太皇太后"；给母亲丁姬上尊号"帝太后"，以区别于赵飞燕的"皇太后"。与此同时，汉哀帝大量启用丁氏家族和傅氏家族的外戚进入朝廷。一时之间，丁家和傅家的各路神仙从天而降，纷纷占据了国家各大部委的重要部门。而且，跟王政君家的外戚盘根错节、一步一个脚印地在京城经营多年不一样，丁家和傅家几乎是火箭般地蹿升，有很多亲戚还是从外地赶来，到京城上班发薪。

那么师丹走了，"限田限奴"这套还搞不搞？

没法搞了。

继续搞的话，老傅家和老丁家首先就不能干。

傅昭仪和丁姬属于是多年的媳妇熬成婆，早些年被边缘到山东定陶的委屈，一定要变本加厉地讨还回来。况且，这些年老史家、老许家、老王家的外戚纷纷在占田蓄奴，享尽了荣华富贵，凭什么到了政权变天，却开始让老傅家和老丁家过憋屈日子？既得利益者不肯松口，而新上位的外戚丁氏家族和傅氏家族又联合抵制。最终，"限田限奴"这个彻底解决大汉王朝尖锐经济社会问题的方案，被束之高阁。

说到底，这场改革执行的是双重标准。在政治上，皇帝想打击别家外戚，又引入自家外戚；经济上，给别人限田限奴，而又对自己人网开一面。说白了，汉哀帝考虑的根本不是江山社稷，而是为了一己之私。像这种私心太重的所谓政治经济改革，一定不会获得成功。

更加令人感到惋惜的，改革先行者师丹被扫地出门。帝师不在，皇帝也渐渐地偏离了正常轨道。

皇位在看上去渐趋稳固的同时，汉哀帝荒唐和任性的一面也开始显露无遗。

哀帝一朝，有一位远近闻名的花美男，名叫董贤。这个美男子美到什么程度，史书载："二岁余，贤传漏在殿下，为人美丽自喜，哀帝望见，说其仪貌，识而问之，曰：'是舍人董贤邪？'因引上与语，拜为黄门郎，由是始幸。"（《汉书·董贤传》）也就是说，"只是因为在人群中多看了你一眼，再也没能忘掉你容颜"（王菲《传奇》）。

很快，汉哀帝刘欣就和董贤如胶似漆了，二人的关系进展神速。有一次，两个人在午睡的时候，刘欣想起身，没想到董贤压住了刘欣的袖子。因为担心自己抽身离开会惊了董贤的清梦，刘欣索性用剑斩断了自己的衣袖。从此，刘欣和董贤就背负起了"断袖之癖"这个光荣称号，延续几千年。

然而二人的关系，却不仅仅是这么简单。刘欣对董贤的优待，超越了性别，超越了常规。比如有一次，刘欣一次性赏赐了两千顷土地给董贤，这件事情让朝廷颁布"限田限奴"政策彻底沦为了一个笑话。为了更方便和董贤在一起，刘欣甚至要求董贤住在皇宫中，还索性让董贤的妻子也搬进皇宫同住。与此同时，汉哀帝刘欣还娶了董贤的妹妹做自己的昭仪。后来，汉哀帝在位的第六年，董贤被破格提拔为大司马兼卫将军。

而这一年，董贤只有二十岁。

如果说汉哀帝只是因为年轻而放纵，那么汉哀帝祖母傅昭仪，就只能用小人得志来形容了。所谓子系中山狼，得志便猖狂。在汉元帝一朝，带着自己的儿子刘康同王政君争夺帝位未果的傅昭仪，隐忍了二十多年，终于迎来了自己生命怒放的时刻。已经一大把年纪，已经贵为"皇太太后"的傅昭仪，依然没有忘记当年在汉元帝一朝宫斗的往事。她忘不掉的那些往事中，反一号女主除了当年的皇后王政君，还有和她争风吃醋的冯昭仪。于是，汉哀帝登基之后不久，傅昭仪就找到借口，毒死了同样也是一人把年纪的冯昭仪，为当年的积怨出了一口恶气。然而，对于王政君，傅昭仪却不敢太过造次。因为虽然傅昭仪贵为皇帝的亲祖母，但从先帝汉成帝刘骜的源流来论，不管是赵飞燕的皇太后，还是王政君的太皇太后，地位都远远高于她的所谓"皇太太后"。这跟叫什么名字无关，根本的原因是皇族正统。更何况，成帝一朝王政君家族经营多年，在朝廷上上下下拥有无与伦比的人脉关系。这样树大根深的配置，并非是一朝一夕就能撼动的，尽管此时此刻，老王家的亲族在表面上都已经靠边站了。所以，傅昭仪也只能在嘴上占点便宜，每次看到王政君，明里暗里地，傅昭仪都称呼王政君为"老妪"（老太婆）。

我们只能说，傅昭仪内心深处是个不折不扣的小女人。乡野村妇的睚眦必报，口舌之快，在她身上都体现得淋漓尽致。

这个时候的太皇太后王政君，一直在隐忍。

同样在隐忍的，还有王政君的侄子，被迫下野的前大司马王莽。

早熟的少年

王莽同王政君，其实是同一类人。

和王政君一样，王莽出身很一般。

王政君平辈的兄弟八人，姐妹四人，提前离开人世的，就是二哥王曼，王曼也就是王莽的亲生父亲。雪上加霜的是，父亲走的早，本来应该挑起整个家庭重担的长兄王永，也是早早撒手人寰。

就这样，少年王莽被形势裹挟着来到了家庭前台，他要尽力承担起家庭内部的责任，这句话可不是说说那么轻松的，古人讲究孝道，即便是不孝也要装出孝顺的姿态。国家的舆论导向更是如此，帝国以孝治天下，几乎每个皇帝的谥号里面，都要刻意地加上一个"孝"字开头，汉文帝就是孝文皇帝，汉景帝就是孝景皇帝。所以汉代的人才选拔制度里面，举孝廉就是一个重要的途径。对于王莽来讲，他首先要侍奉自己的老妈。不仅如此，儒家讲究"长嫂如母"，王莽还要侍奉自己的大嫂，这就相当于在孝道这件事上，王莽有两个妈同时需要伺候；不仅如此，长兄王永虽然死得早，但是却留下了一个年幼的儿子，这样王莽就还需要照顾自己的侄子。除了家庭内部的责任，在王氏家族内部，王莽还要撑起属于王曼这一支的家族责任。属于传统中国人的礼尚往来，人情交际圈子这就不必说了，就传统中国人来讲，老兄弟八个中间，只要是有王曼这一枝需要做的，小到随份子凑劳力，大到礼拜、供奉、祭祀等族人活动，毫无疑问王莽就是第一责任人。尤其是，王氏家族成员人数异常庞大，王莽的众位伯伯叔叔非富即贵，位居高位。如何和王氏家族族人处理好内部关系，是王莽的必修课。

我们应该这样讲，少年王莽是一个早熟的孩子。

尽管如此，王氏家族有了什么好事，也往往轮不到王莽。不仅没有什么好事，失去父兄荫庇，王莽平时还要看别人的脸色活着。这样的成长环境，让王莽性格敏感，但是却又非常要强且有担当。他在乎别人的眼光，在乎自己的名节，但是只要他想做到的事情，哪怕再难再苦，他也要不择手段地去实现。长大之后的王莽，成了王氏家族的一个略显异类的人物。不同于其他王氏家族纨绔子弟的穷奢极欲，王莽为人低调，行事谨慎不事张扬；不同于其他纨绔子弟的不学无术，王莽满腹经纶，踏实上进坚忍不拔。

好处也很明显。

老王家的一股清流——王莽，尚未出山就已经名声在外，尽人皆知。

汉成帝阳朔三年，也就是公元前 22 年，这一年是王莽命运的转折之年。这一年，王莽被提拔到了京城长安，进入到了国家公务员梯队。

应该说，王莽进京的时间实在是来的不偏不倚。因为就在这一年，王氏家族的擎天柱王凤，重病卧床，即将离开人世。王凤在京的子侄和外甥们并不少，每天过来例行公事嘘寒问暖的想必也不在少数，但是真正懂得如何尽孝道，如何伺候老人的，王莽还真是并不多见的一位专业人员。一连几个月，在王凤病床前王莽鞍前马后，事无巨细，就连熬好的药也是王莽亲自尝。由于连续在床前侍奉，来不及换衣洗漱，王莽天天蓬头垢面。（"莽侍疾，亲尝药，乱首垢面，不解衣带连月。"《资治通鉴·汉纪二十三》）

有很多人讽刺，说王莽是一个擅长作秀的人，而第一次作秀的秀场就是王凤病床前。这些人其实是站着说话不腰疼，伺候重症病人如果是真的尽心尽力了，跟打仗真的没有什么区别。蓬头垢面都还是小事，老话讲"久病床前无孝子"，这不是说着玩。况且王凤一病几个月，我们今天只是从事后来品头论足，而彼时彼地的王莽，又怎么能知道王凤什么时候去世呢？对于当事者王莽来说，如果这个"作秀"时间太久，而且投入的程度又太高，他不考虑无法抽身的问题？万一王凤变植物人，在床上躺个几十年，王莽怎么办？

旁观者只有一句话说对了，王莽最终从侍奉王凤这件事上得利了。

公元前22年，王凤去世。去世之前，王凤向汉成帝与太后王政君力荐王莽。同年，王莽被拜为黄门郎（内廷近臣），迁射声校尉（常备禁军军官）。官不大，但是王莽却开启了人生的另外一扇大门。

当然，从侍奉王凤这件事上得利的，并不止王莽一个人，还有一个人，叫淳于长。淳于长这个人，在我们前文中曾经出现过一次，他和汉成帝刘骜之间的那点暧昧关系，始终也搞得不清不楚。

淳于长的妈妈也是王政君的姐妹之一，所以王凤是王莽的大伯，也是淳于长的亲大舅。当时王凤病床前，王莽的表现如果可以打九十分，那淳于长至少也算个及格以上了。史载："长侍病，晨夜扶丞左右，甚为甥舅之恩。"（《汉书·佞幸传》）。也就是说，当时不管白天黑夜，淳于长都陪在大舅身边。或许我们可以这样理解，当时侍奉王凤的第一责任人是王莽，淳于长是第二梯队，随时作为备份处于二十四小时待机状态。淳于长虽然没有王莽那种侍奉病人的专业知识，但是却体现了对自己亲大舅的孝道，一直在旁边关注大舅的病情进展。

所以，王凤在保举王莽的同时，也向皇帝推荐了淳于长。王莽获封黄门郎，迁射声校尉。那与此同时，淳于长也捞了一个列校尉诸曹、迁水衡都尉侍中、至卫尉九卿。也就是说，因为皇帝本人的偏爱，淳于长居然比王莽做的官更大些，升迁得也更快些，早早就位列九卿。

从这一刻开始，两个同样年轻的王氏外戚的代表人物——王莽和淳于长，开始长达十几年的明争暗斗。只不过，王莽靠的是硬实力，是一步步脚踏实地接近心中梦想的官场实践；而淳于长则是曲线救国，仰仗皇帝的宠爱不断获取政治红利。如果说两个人都有一点点暗自较劲的小手段，那么王莽的小手段是借助软实力，用已经气候初成的口碑，博取更多名望，树立个人品牌；而淳于长则是凭借硬件上的优势，利用俊朗的外形，在女人脂粉圈中周旋往复，建立宫廷人脉关系。比如，当时赵飞燕被立为皇后，淳于长就从中立下了汗马功劳。

因此，两个人的路数，从一开始就判若云泥。

然而王莽虽然后来在官场的名声极大，也谋得了新都候的爵位，但就公务员在岗的实际权力而言，王莽确实一直不如淳于长。所以，如果说当时王氏外戚中间推选一个最佳潜力股的话，第一顺位还真不一定就是王莽。

不过，王莽，一直在建立属于自己的王国；而淳于长，则始终没有脱离皇帝的荫庇，即便这个皇帝是整日在半醉半醒、声色犬马之间徘徊的——汉成帝刘骜。

淳于长最终还是倒在了女人身上。

淳于长的众多姘头中间，有一个叫作许孊（mǐ）的女人。许孊不同寻常，她出身于许平君家族，是当年汉成帝第一任皇后许氏的姐姐。许孊守寡多年，耐不住春闺寂寞，同淳于长打得火热，淳于长养情妇也就算了，而且还毫无掩饰地对外宣称许孊是自己的"小妻"。借助许孊的这点关系，淳于长又搭上了前皇后许氏。前皇后许氏这个时候刚刚被废，赵飞燕则刚刚升级为新任皇后。前皇后知道赵飞燕上位过程中，淳于长出力不少。她认为，或许只有淳于长，才能够帮助她重新回到宫中陪皇伴驾，或许运气好的话，还能做个"左皇后"（副皇后），哪怕至少做个婕好也好。于是，淳于长就利用了她的这点可怜而卑微的想法。三天两头来要钱，许氏也是予取予求。而淳于长，则坦然地把许氏当成了自己的小金库，或说取款机。而蒙在鼓里的许氏，则把淳于长当成了一场赌局，一根救命稻草。虽然在淳于长这里投入的钱如泥牛入海，但许氏丢掉的筹码越多，就越是发疯似地想要投入更多筹码翻本。于是前前后后，淳于长诈骗的钱达到了"千余万"（《汉书·佞幸传》）之多。

淳于长这档子事，并没有逃过王莽的眼睛。

公元前8年，汉成帝绥和元年，王氏家族的又一位大司马兼辅政大臣王根就要退休了。退休之前，他要遴选他的继任者。因为自带头大哥王凤开始，帝国军事统领的职位不管叫作"大司马大将军"，还是后来被简化，叫作"大司马"，其实一直都是在王氏兄弟手中轮转。如今王政君兄弟中相对年轻的王根，也要告老还乡。那么王根的盘算，是要在王氏家族的下一代中选一个人，继续家族的荣誉。究竟是王莽还是淳于长，王根一直在犹豫。

步步为营的王莽，终于等到了毕其功于一役的关键时刻。

最终，在王莽的检举之下，淳于长对前皇后许氏的诈骗案事发，被贬出京师。虽然成帝刘骜千方百计护着自己的心头肉，但很显然，淳于长在政治上的生命已经宣告结束了。

同年，王莽取代自己的七叔王根，就任新的大司马，兼辅政大臣。

王莽代汉

王莽的幸福感觉，并没有持续太久。

尽管王氏家族的尊荣，当时已经远远超过了帝国之前的任何一家外戚；尽管在这种如日中天之中，王莽依然保持着清醒的头脑；尽管王莽为了彰显自己的低调，始终在一众王氏子弟中间，保持着谦虚谨慎的革命本色。

甚至为了营造一种王莽没有被升职加薪冲昏头脑的社会舆论，他不惜为自己创造各种生活的困难状况：领了工资自己不花，全部接济给自己的门客和手下；卖掉车马行头换钱，然后再去捐助给帝国慈善机构帮助穷人。所以王莽官越做越大，家里却越来越穷，月月都是"月光族"（"家无所余"《汉书·王莽传》）。甚至百官到王莽家做客，看到有位用人穿得破衣烂衫，仔细一问，才知道这就是王莽的老婆。（"见之者以为僮使，问知其夫人。"《资治通鉴·汉纪二十四》）

王莽除了生活简朴，行为节制，在当时的社会来讲，王莽还有着道德模范似的良好口碑。尤其出任大司马一职，王莽殚精竭虑，兢兢业业，认真履行着自己皇家首席职业经理人的职务。执政期间，王莽所表现出的高超执政能力，获得了帝国朝野的广泛认可。换句话讲，不到三十八岁的王莽，已经积累了丰富的社会经验、执政经验，还有来自政界的威望与群众基础。

不过，雄心壮志的王莽，遇到了略显任性的汉哀帝刘欣。

公元前 7 年，做大司马刚满一年，王莽就被刘欣的老师师丹所取代。王莽包括王氏家族的很多亲属，都被边缘化处理，乃至于削职为民。

从幼年丧父开始，从照顾母亲和长嫂开始，从为王凤端屎端尿换来缙绅身份开始，到今天王莽的所有努力居然付之东流。

王莽，你可以委屈，你也可能不服，但是现在你被扫地出门了。

王莽选择了韬光养晦，作为自己安身立命的护身符。王莽卸下一身大小官职，回到了属于自己"新都候"爵位的封地新野（今河南新野），安安静静地隐居起来。隐居期间的王莽，其实并没有彻底淡出人们的视野，他反而以另外一种方式，赚取了朝野内外更多人的目光，尽管我们并不知道，他的这种方式是否真正发自本心。

　　王莽的次子王获杀了自己的家奴，毫无疑问是犯了国法，国法自有国法是问，然而王莽却没有把王获送官，但在王莽的胁迫之下，王获自杀了。这件事情令人极为惊悚，即便是已经过了两千年，按照今天的道德与法律尺度，我们依然能够感到那种从背后传来的阵阵寒意。然而毫无疑问，这件事情在当时，极大地升华了王莽的道德模范形象。王莽在封地三年，期间满朝文武百官，纷纷为王莽鸣冤，希望能够早日迎回这位治世之能臣，道德之楷模，公众之偶像。

　　王莽这样的政治表现，跟王政君一脉相承。

　　大权在握的时候，他们不骄狂；大权旁落的时候，他们不仓皇。尽管我们清醒地看到，王莽为维护自己的清誉，而不择手段。尽管我们看到，王莽为继续延续自己的政治生涯，"虽千万人吾往矣^①"。不过我们还是要说，王莽这样的性格，具备做大事的天然属性。

　　公元前 2 年，在朝野上下各路大臣们的强烈建议之下。王莽以照顾自己年迈的姑母王政君的名义，被汉哀帝重新启用，返回京城长安。

　　很显然，归隐期间炙了并再次回到京城的王莽，内心深处再也不是之前那个只会夹着尾巴做人的、单纯的道德楷模了。

　　公元前 1 年，年仅二十四岁的汉哀帝刘欣病逝。太皇太后王政君，迅速重新掌握了国家政权，大臣们纷纷推举王莽官复原职，出任大司马。跟汉成帝刘骜一样，汉哀帝刘欣又是早亡。于是在新皇帝人选上，王莽和王政君，选择了汉元帝和冯昭仪（轮也轮到冯昭仪了）的孙子，年仅八岁的中山王刘衎（kàn），史称汉平帝。

---

① 虽千万人吾往矣：出自《孟子·公孙丑上》，意思是纵然面对千万人（阻止），我也勇往直前。孟子认为这是一种勇气和气魄，代表一种勇往直前的精神。

新皇上位，王莽大权独揽，对权力的大肆收割开始了。

同一年，一代传奇的皇太后赵飞燕被废为庶人，之后自杀；刘欣的好友董贤也被废为庶人，之后自杀。也是在同一年，刘欣的母族丁氏外戚，刘欣的祖母傅氏外戚，被集体罢官回乡。在朝廷的名义下，傅昭仪的尊号被从"皇太太后"重新降为"定陶恭王母"，而丁太后则由"帝太后"被重新降为"丁姬"。几年以后，傅昭仪和丁姬的坟墓被刨开，把所有金银珠宝从墓穴中拿出，并另行安葬。从这个时候开始，整个帝国的权力，全部集中在了王政君和王莽之手，再没有任何人可以参与竞争。

公元 1 年，汉平帝元始元年。

皇帝身边的高级公务员们，建议为王莽上尊号为"安汉公"，因为"莽有定国安汉家之大功"（《汉书·王莽传》）。应该说，按照公侯伯子男的爵位排列，公是在皇帝与诸王之下，列侯与百官之上的第一人。而且大汉开国以来，刘邦斩白马为誓，昭告天下号曰"非刘氏而王，天下共击之"（《史记·吕太后本纪》），因此，"公"这个爵位，已经是在不修改帝国宪法的基础上异姓爵位的最高点了。在这个最高爵位的基础上，又加上了"安汉"两个看起来有点扎眼的嚣张字眼。这次安汉公的称号，已经可以算得上僭越了。

从某种角度上讲，王莽和王政君是同一类人，然而严格意义上讲，他们又完全不同。

抛开所有的外在政治属性和头衔，王政君首先是一个女人，在王政君的心目中，她自始至终是皇室刘家的儿媳妇。百年之后无论坟茔还是宗庙，都要归属刘氏皇族。虽然她名义上曾经有过三段婚姻，但是也只有刘家，给了她一生享不尽的荣华富贵，所以，刘家对于王政君是有恩的。王政君对权力很依赖，但她并不迷恋。对于王氏家族的地位，也在千方百计地维护，但这并不代表她想让王氏取代刘氏坐天下。当朝的吕后，即便权倾一时，最终也没有代刘汉而自立；几百年之后的武则天，虽然已经改元称帝，但最终依然还政给自己儿子，入了李唐的宗庙。

所以，对于女人来讲，篡位这件事情的性价比太低。

例如扶持八岁的刘衎继位称帝这件事情，王政君的本意是小孩子便于操控，但王莽却有着自己的打算。

公元3年，王莽立自己的长女王嬿为汉平帝刘衎的皇后，换句话讲，十一岁的皇帝，娶了一个六岁的皇后。不管实际情况如何，王莽自顾自地当上了岳父，从而抛弃了太皇太后王政君带来的这一层老一辈的外戚关系，堂而皇之地成为了大汉正宗国丈。

帝国国丈，这才是正宗外戚，而不是一个拐弯抹角的什么表叔。王政君背后，姓王的表叔数不清，但皇后的正经爹却只有一个，就这么简单。

做国丈这倒也不算啥，但就怕流氓有文化。王莽背后的幕僚参谋们翻遍史书，居然找到了一个比之"安汉公"更加适合王莽的光荣称号——宰衡。"宰衡"这个名字原本并不存在，而是由王莽的智囊们发明出来的。叫宰衡不是因为这个名字好听，而是因为当年商代辅政的伊尹被称为"阿（ē）衡"，而周代辅政的周公被称为"大宰"，伊尹和周公两个人，在先秦的历史记载中，都是比皇帝还要威风、不是皇帝而胜似皇帝的主。于是，王莽的幕僚们索性把阿衡和大宰两个称号合一，发明了"宰衡"这个亘古未有的金光灿灿的新马甲。

由"安汉公"而"宰衡"，王莽以及王莽团队的终极目标其实已经昭然若揭。更何况，在被封为宰衡之后不久，王莽还开创性地被皇帝加了"九锡"[1]，这个九锡加身，更是权臣篡位史上旷古未有，开天辟地的一件大事。

而且，我们不要忽略一件事情。王莽的所作所为看起来非常突兀，甚至有点嚣张跋扈，但是王莽其实拥有强大的民意基础。就拿晋位宰衡这件事情来讲，除了在帝国最核心权力层的操作之外，同时在朝野还有至少八千个普通老百姓联名上书，要求改封王莽为"宰衡"。站在今天的角度，老百姓的这个联名上书，或许有造假之嫌，但不可否认的是，王莽在当时打造的个人品牌威望之高，的确是实实在在的。因为用民意和舆论的方式影响朝廷决策，这一次并不是孤证。

之前，王莽策划女儿王嬿入宫随皇伴驾。当时可不是只有老王家的

---

[1] 九锡：是中国古代皇帝赐给诸侯、大臣有殊勋者的九种礼器，是最高礼遇的表示。

一个女孩备选，太皇太后王政君委托相关部门，草拟了一个长长的海选名单。因为竞争问题呈现白热化的发展趋势，到后来大概每天，都有一千多人联名上书，要求皇帝接受王莽的女儿为皇后，而不是其他人。值得注意的是，每天都上书的一千多人里面，人员组成是十分有代表性的，其中有老百姓，有太学学生，也有公务员后备干部。（"庶民、诸生、郎吏"《汉书·王莽传》）

之后又有一次，朝廷决策部门以汉平帝的名义大封刘姓诸侯，因为王莽放弃新都封地（河南新野）感到委屈并为王莽主动上书鸣不平的人数，居然达到了四十八万七千五百七十二人（"吏民以莽不受新野田而上书者前后四十八万七千五百七十二人。"《汉书·王莽传》）。这些人中，包括政府官员，也包括普通老百姓。

公平一点讲，我们回过头来，复盘王莽整个上位的过程，其中不仅血腥味不够，甚至还弥漫着浓浓的民主氛围。以当时的记载来看，动不动就是各种民众集会，各种请愿团体陈情。当时有记载的集会中，最高的一次居然能够聚集起十万余众的百姓与学生（"诸生、庶民大和会，十万众并集。"《汉书·王莽传》）。事实上，自元成哀平以来，刘姓皇帝越来越不成器，帝国官场人心思变，这已经足够让汉室正统从上层出现动摇。而愈演愈烈的土地问题、蓄奴问题，则更加让老百姓们的内心充满各种改朝换代的无穷想象。况且，当时整个国家不断出现所谓"祥瑞"，天有异象这件事，不管真的假的，都足以引起古代人的恐慌，更何况还有背后政治现实做推手。

当然还有一点也很重要，王莽自年轻时候开始，在家中恪守仁孝，广布善缘；在职场克己奉公，为民请命。累积了长达几十年的政治储蓄，终于可以零存整取了。

所以，这个世界上，没有哪一件事是完全无缘无故的。

公元5年，汉平帝元始五年，小皇帝刘衎病重。王莽的道德模范形象再一次有了进一步升华的机会。王莽声称：他可以替皇帝去死。（"莽作策，请命于泰，愿以身代。"《资治通鉴·汉纪二十八》）

王莽并没有死，反而是过了几天，皇帝死了。

按照《资治通鉴》白纸黑字、言之凿凿的说法，汉平帝暴死这件事情，跟王莽脱不了干系，这里我们不去深究事件的真伪。我们只需要知道，王莽确实就是皇帝驾崩最大的受益者。因为随后王莽没有另立新君，而是自己自称"假皇帝"或称"摄皇帝"（代理皇帝）。转而，王莽从汉宣帝后人中间，选择了一个叫作刘婴的一岁孩童，做自己的皇太子。刘婴并没有做皇帝，王莽则一直称呼他为"孺子"（小孩子），所以后世称刘婴为"孺子婴"。

　　王莽的幕僚团队，具备相当强的专业性，这里面王莽的老同事刘歆功不可没。我们知道，当年刘姓贵族神童刘歆，在王凤手下并没有得到帝国的重用。在王凤死后，刘歆和王莽同时做了黄门郎，刘歆才迎来了自己政治上的春天。王莽对这位老同事的本事了然在胸，对刘歆也有着谜一样的信赖。所以干脆，后来王莽封刘歆做了自己的"国师"。围绕国师刘歆打造的团队十分成功，文化宣传这块阵地，后来成了王莽团队最坚固的一块堡垒，这跟刘歆本人的聪明才智密不可分，也跟当时时局动荡，新思潮涌动的社会现实有关。在刘歆团队的精心布置之下，一场场的文化秀、政治秀、祥瑞秀轮番上演，为王莽的最终成事打下了非常好的舆论基础。

　　各种秀，有真有假，有实有虚，总之都是为终极目标服务的。

　　就拿在前朝一直悬而未决的陈汤、甘延寿矫诏出兵这件事情来说吧。王莽的团队十分细心地为陈汤的历史定位进行了重新评价，并且以国家政府的名义给他追加了尊号。追封陈汤为"破胡壮侯"，封陈汤儿子陈冯为"破胡侯"，另外一个儿子陈勋为"讨狄侯"。如此这般一本万利的政治秀，王莽团队又何止做了一件。

　　王莽团队最为精彩的一次政治秀，是一次"祥瑞"演出，主演是一个叫作孟通的基层公务员。孟通号称自己在挖井的时候挖出了一块宝贝，这块宝贝上圆下方，上面还刻有红色的字——"告安汉公莽为皇帝"。

　　这件事情搞得非常露骨，在太皇太后王政君看起来十分夸张搞笑，当然也十分忤逆犯上。王政君想当然地认为，娘家人的飞扬跋扈，她有必要站在刘家儿媳妇的角度上予以制止。所以，王政君试探性地对王莽的重要幕僚，同时也是王政君本人的另外一个侄子王舜说："你们欺骗天下人，这事你们干不成的。"然而，作为晚辈的王舜，并没有给这位年届八旬的老姑妈哪怕一点面子，王舜冷冷地回应说："事已至此，无可奈何啊。"（"太后曰：'此诬罔天下，不可施行！'太保舜谓太后：'事已如此，无可奈何……'"《汉书·王莽传》）

王政君知道，一切都已经无可挽回了。

作为王家的女儿，王政君为老王家的荣华富贵，操心操了一辈子。

作为刘家的媳妇，王政君到了最后才发现，自己可能这辈子都在做傻事。

三年以后。

公元 9 年，王莽安排孺子婴禅位，王莽自称皇帝，改国号为"新"，改年号"始建国"。主持皇帝工作三年之后，"假皇帝"终于做成了真皇帝。

同时，老王家的侄子王舜，又一次找到了自己的姑母王政君，逼迫王政君交出传国玉玺。情绪激动的王政君破口大骂："你们这帮老王家的父一辈子一辈，哪个不是亏了老刘家的皇恩浩荡，才有了今天？你们受皇恩不求报答也就算了，今天反而恩将仇报，真是猪狗不如的一群人。我就是汉家的老寡妇，反正也快老死了，就让我带着这块玉玺，一起去死吧！"。（"而属父子宗族，蒙汉家力，富贵累世，既无以报，受人孤寄，乘便利时夺取其国，不复顾恩义。人如此者，狗猪不食其余，天下岂有而兄弟邪！且若自以金匮符命为新皇帝，变更正朔、服制，亦当自更作玺，传之万世，何用此亡国不祥玺为，而欲求之！我汉家老寡妇，旦暮且死，欲与此玺俱葬，终不可得！"《资治通鉴·汉纪二十八》）然而，时年已八十一岁的王政君，知道凭一己之力已经完全无力阻止王莽臻于完美的政变计划。在王政君和身边左右的痛哭流涕声中，老迈的太皇太后将玉玺砸在了地上，丢给了王舜。从此以后，传国玉玺就被磕掉了一个角。

又过了几年。

公元 13 年，新莽政权的始建国五年，八十四岁的王政君与世长辞。

王政君的一生，是传奇的一生。王政君当初的崭露头角，带着男权时代挥之不去的烙印，从一个名不见经传的"家人子"，被男人们挑选出来当作释放情欲的玩物。然而，最终王政君却让这个偶然，变成了自己一生的命运转折。也恰恰因为这个偶然，刘汉王朝寿终正寝，被王氏外戚篡权成功，在贵族革命与农民暴动之外，创造性地建立了一套和平夺取政权的合法程序。

当繁华落尽，走到生命尽头的时候，王政君固然心有戚戚。但作为一个女人，王政君改变了一个时代，也结束了一个时代。这是对男权时代的嘲讽，也是一次称得上完美的逆袭。

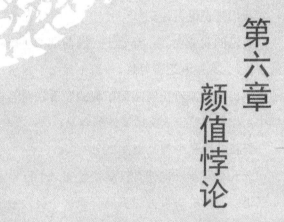

第六章
颜值悖论

所谓勇气，并非不害怕。勇气的真正含义是，即便害怕，也依然能够迎难而上。我们这个民族，即便千百年来磨难和战乱不断，却依然延绵不绝，就因为我们从不缺少有勇气的人。

押宝的仕途

西晋武帝司马炎时代，尚书令（相当于国务院总理）贾充一家绝对算的上是京城洛阳的大户人家。年轻时代战功赫赫的贾充，同时还身兼车骑将军（相当于军事二把手）这样的军职，在整个朝廷上下，贾充都拥有绝对的地位和威望。

贾充的从政资本，一部分来自父亲贾逵的政治遗产，还有一部分来自他本人在西晋代魏的过程中，为司马一家立下的汗马功劳。

我们先说说贾逵。

贾逵的职业生涯，开始于三国前期的曹操时代。贾逵做了半辈子的职业官僚，为官生涯乏善可陈，一直不显山不露水。在讲究门第的东汉末期，贾逵并不出众的家庭出身阻碍了他的发展，而且在当时人才济济的曹操阵营当中，如果想要出人头地又谈何容易。

好在贾逵是个擅长把握机会的人。

公元 220 年，也就是汉献帝建安二十五年，一生英明神武的曹操在洛阳病逝。曹操的去世太过突然，而这个极为敏感的消息，保密措施又做得不够。

于是问题来了。

第一个问题是，几十年来一直誓死追随曹操的铁杆部队——"青州兵"，在死了老主人之后感到前途无望，于是开始搞事情。当时的青州兵们，纷纷敲锣打鼓，准备散伙（"擅击鼓相引去。"《资治通鉴·魏纪一》）。要知道青州兵可不是一般的部队番号，这是一支出身草莽的半职业军人集团。青州兵在早期的全称是"青州黄巾军"，当年在黄巾军张角兄弟的主力被剿灭之后，山东泥腿子为班底的青州黄巾军，依然冒死扛起黄巾大旗，坚持战斗了八年之久。后来在公元 192 年，也就是汉献帝初平三年这一年，曹操依靠强大的个人魅力，全伙招安了这支部队。当时的"青州兵"，连同随军一起的家眷在内，号称有百万之众。

青州兵这支部队，在投靠曹操之后，迅速地接受了正规编制和改造，一部分人继续当兵打仗，而另外一部分人则屯田种地，以战养战。这个改造非同寻常，因为青州兵本身的战斗力是非常强大的，否则不可能一群乌合之众秉承黄巾精神坚持战斗八年之久。在青州兵战场上十分能打的基础上，曹操的职业化军人改造等于是为这支部队带来了成建制和成套路的资金、培训，为这支部队注入了灵魂。也就相当于一支创业小公司被大品牌收编，小公司的战斗力依然还在，而内心深处又接受了大平台先进的企业文化。

已经今非昔比的青州兵，为曹操南征北战，不管是在山东还是在河北，不管是打吕布还是打袁绍，都能够看到勇猛善战的青州兵的身影。

二十八年过去了，青州兵已经不再是单纯的部队番号。青州兵的大旗已经跨越了两代人。这支部队父死子继，兄弟相承，入则为民，出则为兵。业已成为曹操手下一支带有明显"府兵"性质的半职业化军人，而这支部队也在长期的征战与家族传承中，打上了深深的曹操个人烙印。然而，一个组织誓死效忠某一个人，是同一件事情的两面。今天因为有你而效犬马之劳，明天也会因为没有你而作鸟兽散，这事很容易理解。曹操去世的当口，驻扎在洛阳的这支类似曹操亲兵的强大部队奔走相告，其实已经站在了部队哗变的边缘。

很多人主张压制，压制不住就大打出手（"禁止之，不从者讨之。"《三国志·魏书·贾逵传》）。不过，时任谏议大夫的贾逵，却不以为然。贾逵力排众议，希望朝廷能够尊重青州兵的个人选择，免费拨发钱粮路费，予以和平遣散。

最终，游走在哗变边缘的青州兵中的大部分人谢恩而去，这件事情得到妥善解决。

青州兵的问题，只是曹操突然离世产生的连锁反应中的第一个。

还有一个。

老王驾崩，新王未立，这是非常敏感的时刻。正常的程序应该是秘不发丧，然后等新王初定大局之后，再开始慢慢把丧事完成，并且借丧事上的一整套传统程序，强化新王个人的权威。换句话讲，老王去世之后，头等重要的事情是保密工作，其次是新王即位工作，最后一位的才是丧事办理的工作。就这，还没有算上当时的魏王曹操的世子曹丕并不在首都洛阳，而是远在曹魏五都之一的邺城。曹操去世，曹丕这位世子别说能不能即位，就算是能不能及时赶到洛阳奔丧都还不一定。

结果，事件流程被本末倒置，老王发丧，消息传遍天下。这件事差点逼反了"青州兵"不说，还招来了曹操最能打的一个儿子——曹彰。

当时的世子曹丕没到，鄢陵侯兼越骑将军曹彰，先曹丕一步到了。

要说曹操的儿子着实不少。连同在世的和早夭的，曹操一共有二十五个儿子。曹丕在这二十五个儿子里面，并不算是曹操的心尖子。前期曹操培养的人叫作曹昂，可惜曹昂命短。在曹操讨伐张绣的时候，年轻的曹昂离开人世。后期曹操培养的人叫作曹冲，由于"曹冲称象"这件事情的存在，让曹冲在今天的名气甚至某种意义上还超越了曹丕。可惜曹冲的命也不长，年仅十三岁就撒手人寰。而曹冲的离世对曹操打击很大，曹操甚至指着曹丕的鼻子说，要是曹冲在，有你什么事。曹冲死了，对你老子我是坏事，对你就是大好事。说完号啕大哭。（"此我之不幸，而汝曹之幸也。言则流涕。"《三国志·魏书·武文世王公传》）

正是因为曹昂和曹冲的先后离世，才成全了曹丕和曹植两个人的明争暗斗。曹丕和曹植乃是一母同胞，他们共同的母亲叫作卞氏，所以曹植说"煮豆燃豆萁，豆在釜中泣"这话真是一点不假。然而卞氏的孩子，可不止曹丕、曹植。两个人之外，还有曹彰、曹熊。曹熊固然死得早，而曹彰却是能够在曹操阵营中挂上一号的响当当的人物，尤其在军界。

史载，曹彰这个人，"少善射御，膂力过人，手格猛兽，不避险阻"（《三国志·魏书·任城陈萧王传》）。虽然曹彰同学立志军界，但他是曹丕、曹植一母同胞的兄弟，又有手格猛兽、勇冠三军的本事，所以在曹操去世的当口，曹彰抢先一步来到洛阳城下逼宫，这事一定没那么简单。曹丕在曹操生前被立为世子就不能服众，更何况曹丕是踩着一母同胞的曹植上位的，这也就不能怪曹彰眼里揉不得沙子。

曹彰质问，父王生前的玺绶在哪里？

贾逵怒斥：你不是王储，先王玺绶干你毛事？（"太子在邺，国有储副。先王玺绶，非君侯所宜问也。"《三国志·魏书·贾逵传》）

当着所有人的面，一句话把曹彰怼到了南墙上。

最终，这件事不了了之。

当然，从阴谋论的角度来看，这件事情的真相，还可能会有另外一个版本。因为当时曹操过世，魏王戎马一生，他手下的官僚集团并不是吃素的，他们最早的计划就是"秘不发丧"，而正是贾逵坚持要先发丧，诏告天下。（"谏议大夫贾逵以为事不可秘，乃发丧。"《资治通鉴·魏纪一》）然而，不管事情的真相如何。在曹操去世、曹丕即位这件事情上，贾逵是最大的得益者。

后来的贾逵官运亨通，一路做到了豫州刺史（东汉末年十三州之一，也是魏手中的九个州之一）、建威将军。

贾充的父亲贾逵，摆平了曹操三子曹彰，从而为曹丕顺利即位铺平道路。因此，贾充一家，很早就开始消费贾逵的政治资本，然而贾充本人也不含糊。

四十年之后的公元260年，曹魏甘露五年，司马昭时代。

当时的司马昭以及司马昭背后的司马家族，已经历经几十年的薪火相传，把篡位事业推向了一个又一个高峰；而当时曹魏的皇帝曹髦，是曹操的后人之中，比较有思想和反抗精神的一个。历史的进程，让司马昭站在了父兄司马懿和司马师的肩膀之上。当时的司马昭，其所作所为已经基本不太避讳君臣之礼。篡位的三十六拜都拜过了，就只差最后的一哆嗦。

绝望的皇帝曹髦甚至悲凉地喊出了——司马昭之心，路人皆知。

与其说是准备战斗的檄文，倒不如说是被逼摊牌的哀鸣。绝望之下的皇帝，组织了一场在京城洛阳的刺杀行动。贾逵的儿子贾充，作为当时的中护军（相当于禁军统领），非但没有保护皇帝，反而掉转枪口，参与了随后的弑君行动。此后的贾充官运亨通，在司马昭时代攀上权力高峰。

这还不算完。

公元265年，曹魏咸熙二年。

病重的司马昭，在继承人的选择上，摇摆于长子司马炎和次子司马攸之间，当时的贾充作为股肱之臣，力保长子司马炎。司马昭也投桃报李，指定贾充作为司马炎的辅政大臣之一。在司马炎即位之后，对贾充感恩戴德，推崇备至。不过值得玩味的是，尽管在明面上，贾充力荐的是司马炎，但贾充自己的长女贾荃，却早早嫁给了司马攸。不难想象，无论何种结果，贾充这种两面下注的方式，都足以保证自己在司马昭之后的帝国政坛，屹立不倒。

又过了15年，公元280年。

在西晋灭亡东吴之战前夕，晋武帝司马炎准备委贾充以重任，让他担任南征东吴的总指挥。不过，贾充的算盘却打得山响。他思来想去，伐吴这个事对于自己来讲性价比太低。虽然伐吴这件事情在晋帝国已经一拖再拖，从灭蜀代魏算起，已经有十五年之久。而且在这十五年中，东吴和晋帝国的实力此消彼长，差距已经越来越明显。然而，对于贾充这个已经年过花甲的政坛老油子来讲，不南征，他一样在京城享受荣华富贵，锦衣玉食；而如果南征，成，对自己的毕生荣耀没有加分，万一输了则晚节不保。

于是贾充几次上表，表达了南征之困难——"西部北部的蛮夷们对我帝国虎视眈眈，而国家的国库也不丰盈，而且贾充我也是一把老骨头了，怕是这事搞不成啊。"我们不妨看一看原文，会说话的文化人，用词之恳切，的确令人动容——"西有昆夷之患，北有幽并之戍，天下劳扰，年谷不登，兴军致讨，惧非其时。又臣老迈，非所克堪。"（《晋书·列传·第十章》）

晋武帝司马炎也不含糊，转身给贾充撂了一句——"你行，南征你不去，我去！"（"君不行，吾便自出"《晋书·贾充传》）

贾充没办法，硬着头皮出任了晋军南征大都督。

其实这压根也不是个什么事，最终晋军一鼓作气，一举灭吴。

开战之前，说了那么多的困难在前，可是真打起仗来，贾充所指挥的战局却如此之顺利。

老臣贾充在晋武帝心目中的地位，更加屹立不倒。

曹操去世的节骨眼儿，贾逵怒斥曹彰，力挺曹丕上位。

曹丕的孙子曹髦刺杀司马昭，贾充参与弑君，力保司马昭团队。

半个多世纪以来，贾充家族总是能够在最恰当的时机，在重大历史事件中适时出现，并发挥重要作用。这是一种存在于基因中的天赋。由此，可以得到正反两面完全不同的两个结论——正面来讲，贾充家族具备高度的政治嗅觉，非常善于把握稍纵即逝的机会；从反面来讲，贾充一家擅长政治投机，不管江山社稷姓甚名谁，贾充家族总能够幸运地站在正确的一边。

贾充的烦恼

尽管贾充在政坛呼风唤雨，然而在家庭生活中，贾充却表现得力不从心。

贾充的人生，并行地分成截然不同的两个部分——在家庭之外，他位高权重，叱咤风云，建立卓越功勋，获得了晋武帝司马炎的绝对信任；在家庭之内，他优柔寡断，患得患失，长期的职业军人和公务员生涯，让他忽视了对家庭生活和家庭教育的投入。人到中年的贾充，固然事业有成。但来自家庭的烦恼让他心力交瘁，妻子和孩子们，看起来个个都不怎么让人省心。

话说贾充原本有个非常端庄贤淑的原配李氏。成亲之后，李氏连续为贾充生下了两个女儿贾荃、贾濬。但是由于受到父亲李丰的一桩案件的牵连，李氏被流放到乐浪郡（朝鲜）。这样，在不得已的情况之下，贾充选择了迎娶他的第二任妻子——郭槐。

郭槐这个女人，不是一盏省油的灯。

晋武帝司马炎登基后，曾经大赦天下，于是贾充的原配李氏得以从乐浪郡释放回到了京城。而且司马炎跟贾充的私交非同一般，皇帝准备做一次君子，成贾充之美，皇恩浩荡地希望贾充设置李氏和郭槐左右两个夫人，以享齐人之福。并且在君命的基础上，家法也力促这件美事。贾充的老妈柳氏，力挺宝贝儿子贾充坐拥两个老婆。

这件事可算是打翻了醋坛子，郭槐怒斥贾充："你那个李氏，有啥资格敢跟我平分秋色呢？"（"李那得与我并？"《晋书·贾充传》）贾充于是向皇帝推脱，说自己岁数大了，而且也不好色。

当然，皇帝其实心里明镜似地，贾充你鬼扯什么，说到底你还不是惧内。

作为继室，刚刚过门的郭槐很快为贾充生下了一个儿子，郭槐就此在贾家站稳了脚跟。不过有一次，贾充下班回家，跑去逗弄奶妈怀中的小宝宝，这事刚好被郭槐撞见。在郭槐的眼中，贾充的注意力放在奶妈怀里，而不是放在奶妈怀里的宝宝身上。妒火中烧的郭槐，由此而产生了种种关于贾充和奶妈的联想。脑补的场景越来越多，越来越不堪入目，于是郭槐以此为根据，活活打死了奶妈。奶妈之死的后果很严重，郭槐的儿子因为思念乳母，不久也一命呜呼，享年三岁。

不久，颇为争气的郭槐，又生下了一个儿子。然而这一次几乎原封不动地重复了上一次的剧情。因为同样的原因，郭槐打死了第二个儿子的奶妈。结局也是雷同的，刚刚满周岁的小儿子早夭。

嫉妒之心，让郭槐在相同的地方连续跌倒两次，害人害己。从此以后，作为贾充唯一的老婆，郭槐再也没有为贾充生出过儿子。历史对郭槐的评价是公正的，至今给我们留下了"郭女绝嗣"的典故，来警示那些被怨念蒙蔽自己理智的人们。

除了两个早夭的儿子，郭槐也给贾充添了两个女儿。大女儿贾南风，小女儿贾午，这两个女儿同样让贾充不省心。

大女儿贾南风的问题，在于外形。史载：贾南风"丑而短黑"且"短形青黑色，眉后有疵"（《晋书·列传·第一章》），也就是说，贾南风身材矮小，面目黑青，眉后还有一大块胎记。按照我们今天的审美观，这个外形基本上已经很丑了。对于贾充的家庭来讲，这幅尊容确实有辱门风，有碍观瞻。关键是，如此长相，太难找到婆家，即便是瞒天过海找到婆家，那也一定是对男方怀有极大的恶意和不负责任。

二女儿贾午的问题，在于花痴。少女情窦初开的贾午，尚待字闺中，就对父亲贾充的幕僚——美男子韩寿产生了浓厚的"性"趣。

要说韩寿的出身可不简单，韩寿的祖上，是秦末和刘邦、项羽他们一波闹革命的韩王信。韩寿美到什么程度呢？史书载："美姿貌，善容止。"一般古人写一个人帅，就用"美姿容""美姿仪"或者"美姿貌"，而形容韩寿又在这三个字基础上，强调了另外三个字，"善容止"，这事可是并不多见。在侍女的穿针引线之下，韩寿和贾午两个人天雷勾动地火，开始了频繁的幽会。

贾家的院墙很高，高到贾充并不相信家中会发生这样伤风败俗的事情，直到有一天贾充发现，韩寿身上居然会带有一种来自西域的异香。而这种异香，正是贾充自己在西域带来的一种香料。除非是贾充和贾充家人，抑或是跟贾充和贾充家人有过耳鬓厮磨的接触，否则京城很难再有别人获取如此稀有的香料。贾充这才发现，再高的院墙，也挡不住热恋之中的痴情男女。

盛怒之下，贾充索性将错就错，将小女儿贾午顺水推舟嫁给了韩寿。可见韩寿不仅仅是长得帅，平素应该也很得自己的顶头上司贾充的青睐。而且能夜夜翻过贾府的院墙来会贾午，帅哥韩寿，其态度很执着，其身体想必也是棒棒哒。这段艳事代代相传，为我们留下了"韩寿偷香"的典故，成为历代文人骚客口中津津乐道的"风流四事"①之一。当然，大帅哥韩寿后来在官场之上也好风凭借力，一路做到了帝国的河南尹、骠骑将军。

来自于家庭的烦恼，终究还是小事，更大的烦恼来自皇帝的一个决策。

公元 271 年，草原深处的鲜卑族开始崭露头角，发兵侵扰西晋的西北战线。鲜卑族的首领叫作秃发树机能，在他的带领之下，鲜卑人在帝国的西北边陲玩得风生水起，已经严重威胁到了秦州（关中），凉州（河西走廊）两处地方政府的存在问题。当时担任侍中（皇帝的智囊团）的任恺建议，由贾充挂帅出征，一定能运筹帷幄，决胜千里。

任恺也是皇帝的近臣，而且任恺这个人平时仗义执言，直言敢谏。任恺这样的人，一辈子做不了宠臣佞臣，而只能踏踏实实地凭自己本事吃饭，任恺这样的人在朝廷上未必能够像贾充一样左右逢源，名利双收，但

---

① 风流四事：韩寿偷香与以下三件被古代文人列为"风流四事"。

相如窃玉：西汉时，司马相如一曲《凤求凰》引得富豪卓王孙之女与其私奔一事。玉代指卓文君。

张敞画眉：张敞与妻子感情甚笃，晨起为妻画眉后才去上朝，有人在汉宣帝面前非议其行为，张敞坦然答曰："闺房之乐，有甚于画眉者。"

沈约瘦腰：南朝文学家沈约晚年欲退休，辞呈上写："百日数旬革带常应移孔，以手握臂，率计月小半分"。原意并无男女之情，后被文人代指男女之间因思念而导致的消瘦。

是这样的人皇帝不能缺，帝国官僚体系的正常运转，就是靠任恺这样的人们一点点推动。对于任恺的提案，贾充不敢直接拒绝，但他嘴上不说，心里早已经把任恺咒骂了一万次。

贾充当时的想法，跟九年之后南征东吴那次左右推脱，没有任何区别。而且在九年之后拒绝南征的上书中，提到的那句"西有昆夷之患"，说的就是秃发树机能这次的犯边事件。当时已经年过半百的贾充，为司马家族兢兢业业了一辈子，本想岁数大了，可以在首都洛阳享享清福。然而战事一起，自己一把年纪的人了依然要披挂上阵。要知道当前这次，贾充的判断并不托大，秃发树机能的蛮族部队异常强悍，西北战事一共打了八年。期间，秃发树机能的部众连续杀了三任凉州刺史，杀到后来已经没人敢去接这个烫手山芋了。后来到了公元 277 年，三国猛将文鸯出马，逼降了二十万鲜卑军民，才把秃发树机能的势头打了下去。而仅仅是一年之后，秃发树机能又卷土重来，再夺凉州。

任恺把平叛这个苦差事丢给了贾充，贾充怎么办？

不知道该如何应对皇帝征召，而且心中闷闷不乐的贾充，找到老同事荀勖（颍川荀氏）为自己指点迷津。荀勖这个人一肚子墨水，是朝廷的笔杆子，擅长出谋划策。荀勖和贾充是多年的老同事，对外打着明牌穿一条裤子。如果贾充离开京城，又万一在战事中有什么不测，对荀勖在官场上的发展就非常不利。于是荀勖对贾充建议，何不趁此机会，嫁一个女儿，和当时的皇太子司马衷撮合在一起？这样贾充可以继续留任洛阳，名声并不怎么样的丑女贾南风，或者欲女贾午也可以有了婆家，可谓一石二鸟的锦囊妙计。

丑女贾南风或者欲女贾午，高攀皇太子。这件事情看起来过于离奇，但事实上却合情合理。因为皇太子司马衷本人，当时在西晋王朝也属于小有名气的传奇人物。只是这传奇，来得稍微有点尴尬。史书记载了皇太子司马衷的两件轶事——"帝文尝在华林园，闻虾蟆声，谓左右曰：'此鸣者为官乎，私乎？'或对曰：'在官地为官，在私地为私。'及天下荒乱，百姓饿死，帝曰：'何不食肉糜？'其蒙蔽皆此类也。"（《晋书·惠帝纪》）

这两桩笑谈，在晋武帝一朝流传甚广，当时朝野上下，对于皇太子智商瑕疵也多有质疑。

不过，这样的皇太子，配自家不省心的女儿，又何尝不是天作之合呢？贾充不禁为老同事荀勖的大胆建议暗自击节叫好。贾充将这个主意告诉了妻子郭槐，妻子郭槐也豁然开朗，迷津点破，一通百通，烦恼不复存在。贾充一家，甚至开始憧憬起女儿的美好未来——第一步，把女儿保送到太子妃之位；第二步，将来司马衷即位，女儿荣升皇后，母仪天下；第三步，女儿一人得道，贾氏家族再得五十年的繁荣。

不过，再美好的理想，也必须先脚踏实地付诸实践。要实现这个理想，贾充一家要先说服一个人。

这个人就是晋武帝司马炎的皇后——杨艳。

伟大的母爱

杨艳是司马炎的第一位皇后，出身于名门望族的弘农杨氏。尽管司马炎本人的私生活荒淫无度，后宫嫔妃也一度人满为患，但杨艳始终是司马炎最为宠爱的一个女人。杨艳只活了三十多岁，但她和时间赛跑，在短短的一生中，争分夺秒地犯各种错误。其中有三个错误，是犯得最有创意的。

错误一：立储。

杨艳一辈子生了三男三女共六个孩子，大儿子司马轨早亡，活下来的孩子里面，年纪最长的就是司马衷。司马衷在智商上的巨大硬伤在别人眼里是个问题，但是在亲生母亲那里未必是。杨艳与生俱来的母性告诉她自己，越是这样的孩子，越是要加倍地疼爱。毕竟作为父母，总有撒手人寰的那一天，到时候又有谁会真正心疼自己的傻儿子呢？这还不用说，司马炎妻妾成群，这帮女人一共为司马炎生了二十多个儿子，其中光是活到成年熬到帝国封王的就有十八个之多。

所以，同普天下所有的寻常父母没有什么区别，杨艳想趁着有生之年，给自己的儿子司马衷找一份躺着都能挣钱的好工作。并且这份工作，需要匹配一份不会被老板解聘的终身制合同。在杨艳的眼里，只有帝国的皇帝这份职业，是最适合司马衷的。况且从法统上来讲，司马衷确确实实也是晋武帝的嫡长子。所以作为实现这个宏愿的第一步，就要立司马衷为太子。

当然，对于杨艳的想法，司马炎期间不无狐疑，却也最终照单全收了。

错误二：选妃。

尽管司马衷被顺利地立为太子，作为一国之君的晋武帝司马炎，却不像杨艳一样始终让情感凌驾于自己的理智之上。对于司马衷的智商问题，司马炎的真实态度一直有所保留。既然立太子已经木已成舟，那么之后的太子妃的选择，则成为司马炎不敢大意的一件事情。选择一个贤良淑德的太子妃，从某种程度上可以平衡太子的愚钝，甚至太子可以借助外戚的势力拾级而上，这件事情关系到太子未来的命运，也关系到帝国未来的国运。

经过了反复的论证和推敲，司马炎心中的结亲对象，圈定为另外一位晋室的有功之臣，时任太子少傅的卫瓘（guàn）。司马炎显然是有备而来，他一共向皇后杨艳列举了五点原因，来说明卫家女儿对比贾家女儿的优势。第一，贤良淑德；第二，特别能生儿子；第三，长得漂亮；第四，长得高挑；第五，长得白净。而相比之下，贾家的女孩没有一样能比得上卫家的女儿。（"卫公女有五可，贾公女有五不可。卫家种贤而多子，美而长白；贾家种妒而少子，丑而短黑。"《晋书·后妃传》）

卫瓘曾经在年轻时候参与讨伐蜀汉，灭蜀之后，又先后诛杀了搞内讧的三国名将邓艾和钟会。卫瓘一生为司马家族南征北战，后来在晋武帝时代，官至司空，兼尚书令、侍中、太子少傅（相当于水利部部长，兼事实上的宰相，兼皇帝智囊团成员，兼太子老师）。也就是说哪怕退一步，即便卫瓘和贾充不比较各自的女儿，单论二人的门第高低，也只是伯仲之间。

不过司马炎知道，太子老妈杨艳的一票才是最重要的。司马炎虽然有备而来，连举五个原因，但杨艳同样是有备而来。她果断地选择了贾家女儿，同时又找来了贾充的老同事荀勖等人，为贾家女儿美言。表面上的原因，是因为杨艳接受了郭槐的重金贿赂。

然而，我们不妨站在杨艳这位母亲的角度，分析一下深层次原因——其实杨艳并不喜欢漂亮女人，尤其是漂亮女人做自己的儿媳妇。她知道，自己的儿子淳朴憨厚，找一个颜值太高的美女过来，司马衷不仅仅是拢不住的问题，明里暗里也难免被漂亮媳妇算计。所以卫家女儿长得漂亮修长白皙，这些在杨艳看来反而都是不折不扣的劣势。

当然，对于杨艳的意见，司马炎又是斟酌再三，最后还是勉强同意了。

错误三：选后。

公元274年7月，杨艳一病不起，生命已经到了弥留之际。作为一名母亲，杨艳心里最放不下的还是自己的傻儿子司马衷，尽管之前她已经成功地将儿子立为太子，又选择了一位自己心中理想的太子妃。但是，杨艳依然怕在她死后，一切都失去掌控。司马炎的后宫，后来一度拥有一万多名后宫嫔妃组成的豪华阵容，三条腿的蛤蟆难找，两条腿的后妃在司马炎的后宫多如牛毛。皇帝很快就会找一个杨艳的替代者，这事并不难。比如当时，司马炎就正在宠爱一名叫作胡芳的妃子。这位胡贵嫔自打入宫开始，就一直以一股与柔弱女子不同的英武之气，影响着皇帝的精神状态，乃至于大政方针的决策。而不管是哪位后妃成为新皇后，作为后妈，轻则会给自己的傻儿子小鞋穿，重则就会寻找机会废掉太子。如果是这样，杨艳所有的苦心孤诣，都会前功尽弃。

如何来化解自己心中无法释怀的担心呢？

已经走到生命尽头的杨艳，终于想到了一个"万全之策"——杨艳向司马炎隆重推荐了自己的堂妹杨芷，她用尽自己最后的一点能量，苦苦哀求司马炎选择杨芷为新皇后。直到晋武帝司马炎对这件事情点头同意，杨艳才露出了久违的笑容。她的头枕在司马炎膝盖上，安详地离开了人世。

不得不说，杨艳是一位好妈妈。站在一位母亲的立场上，杨艳的所有选择，看起来都无比正确。然而，杨艳的这些选择，在残酷的宫廷政治生活中却显得格格不入。她或许至死都不会想到，正是她身上所闪耀的母性光辉，直接开启了司马衷的悲惨一生。

贾南风上位

有惊无险，贾家女儿被成功地选为太子妃，贾充一家的美好憧憬，终于实现了第一步。不过，当时贾家嫁女的第一选择却并不是大女儿贾南风，而是二女儿贾午。原因之一是贾南风的长相，让贾充对司马家族感到深深的歉意；原因之二，是二女儿贾午的早熟，让贾家希望早点将这颗定时炸弹打发出门。不过让人啼笑皆非的是，妹妹贾午因为年龄太小，身形居然还撑不起结婚的嫁衣。

对此我们只能说，历史是一个爱开玩笑的顽童。

机缘巧合，贾南风顺利进入皇宫，成为司马衷的太子妃。

初为人妇的贾南风，还没有完全从意外嫁人的困惑中清醒过来，她谨小慎微地观察着陌生皇宫中的一切。对皇室至高无上的权力，贾南风也还没有一个清晰的概念。仅有的一点生活常识告诉贾南风，皇宫不是自己长大的贾府，只有牢牢抓住身边这个叫作司马衷的男人，她才有机会站稳脚跟，哪怕眼前这个男人看起来有点愚钝不堪。

不过此时此刻，失去母亲的司马衷，即将经历自己人生中第一次大考。

整个晋帝国而言，有两位著名的白痴皇帝。

西晋第二位皇帝司马衷，和东晋倒数第二位皇帝司马德宗。司马德宗这位仁兄口不能言，不知寒暑，不知饥饱。如果与他比起来，司马衷还勉强算是及格。司马衷不仅能说话，而且从出发点上分析，司马衷还能够替后花园的青蛙的仕途着想，也能够替天下水深火热中的万民吃肉问题着想。

但无论如何，从小生活在聚光灯下的司马衷，他的智商问题应该是显而易见的一件事情。但如果不出意外，司马衷将来还要继承皇位，君临天下。即便如此，多年以来，真正能够戳破这层窗户纸的人，却寥寥无几。因为敢于讲皇帝的儿子、当朝的太子是个弱智，真的要有足够二杆子的勇气才可以。不过，所谓勇气，并非不害怕。勇气的真正含义是，即便害怕，也依然能够迎难而上。我们这个民族，千百年来即便磨难和战乱不断，却依然延绵不绝，就因为我们从不缺少有勇气的人。朝堂上，终于有人开始直面太子弱智的这样一个事实。这个人不是别人，正是司马炎当年心中的完美老丈人，老臣卫瓘。不过道理即便正确，话可不能直说，卫瓘以及其他大臣们评价说：太子"纯质""有淳古之风"，今后恐难当大任。

要说这些大臣们说话艺术就是高，不说弱智，就强调了"太子聪明得不是太明显"，司马炎一点就透。司马炎一动心，事情就好办多了。大臣们趁热打铁，顺势提出了解决方案。第一，进行智商测试，看太子是否有能力继承大统；第二，如经检验没有能力，则马上另立储君。大臣们的热情非常高涨，解决方案貌似也非常完美。但是，这个方案却有两个明显的纰漏。

首先，第一步所提及的智商测试，并没有制定测试原则，是有人监考的闭卷考试，还是自设考场的开卷考试呢？并没有人去严格定义，也没人敢和皇帝去较这个真；其次，第二步所讲的立储君这件事，则更加匪夷所思——大臣们提议"另立储君"的候选人，居然是司马炎的弟弟司马攸（司马昭的次子，贾充的大女婿）。现实是，除了嫡长子司马衷之外，司马炎还有十几个在世的儿子，而且这些儿子中的大部分，想必智商也够用。就算是嫡子，杨艳所亲生的司马柬，也只是比司马衷小三岁而已。太子是弱智，皇帝可没有老糊涂。

立齐王司马攸为皇太弟？除非皇帝是个棒槌。

司马昭在世的时候，司马攸和司马炎两兄弟相争，输了的就是司马攸，怎么到了司马炎本人做皇了帝，难道还会让司马攸重温旧梦？这事的扯淡之处在于，大家都以为贾充可以做骑墙派，因为只有他有资格左右押宝，不管大女婿司马攸，小女婿司马衷，无论谁赢了都是贾家赢了。可是朝臣们并不知道，贾充的老同事、老战友、老朋友荀勖，正是司马攸的政敌与死对头。

自诩为清流的正直文人们，空谈误国，徒呼奈何。

秀才遇到兵，有理说不清。贾南风身上无处不在的市侩气息，恰好是正直文人们的墓志铭。虽然自身文化不高，但贾南风同学对考试作弊却颇有心得。请了一个叫作张泓的人为司马衷代笔做枪手，这事并不难想到。出人意料的是，张泓和贾南风合谋，居然用到了同理心的逻辑。张泓参照司马衷同学的智商标准，模仿司马衷的语气和行文方式来作文。张泓用这样的原则，以自己的才华融入了司马衷的灵魂，文章一气呵成。

文章写毕，顺利交卷。当答题纸送到阅卷老师卫瓘手里的时候，卫瓘目瞪口呆，正当他老人家愣神儿的一刹那。满朝文武仿佛明白了什么，朝堂之上一片山呼万岁。司马炎本人，也龙颜大悦。

至此，司马衷成功保住了自己的太子之位。贾南风，也成功赢得了她入宫以来最危险的一次权力斗争。

不过，入宫时间已久，熟悉了周边环境之后，贾南风的本性开始慢慢暴露，对权力和地位的迷恋开始让贾南风逐渐自我膨胀。

作为一个女人，一个还没有在政坛上有一席之地的女人，在皇宫中要想凭自己的一己之力获得无限尊荣，无外乎两个手段，一个是争宠，集万千宠爱于一身；还有一个是母以子贵，早早生下儿子。第一个条件，对贾南风来说是一个问题，又不是一个问题。

是一个问题，是因为司马衷不懂什么是喜欢；不是一个问题，是因为司马衷也不懂什么是不喜欢。所以，只要贾南风愿意，她尽可以利用自己太子妃的身份为所欲为。

关于第二个条件，却不能以人的意志为转移，比如贾南风嫁给太子之后，连生四个女儿，却没有一个男丁。这件事情让贾南风感到抓狂，一种无可奈何的抓狂。正因为如此，贾南风变本加厉，索性把持了对于司马衷的"性特权"——不允许其他姬妾接近太子。

然而百密总有一疏。有一次，司马衷成功地让身边的一位侍妾怀孕。得到消息的贾南风，居然亲手持方天画戟，猛击这个可怜的女人，直到流产为止。

事实证明，贾南风这次真的作大了，大到晋武帝司马炎下决心要废掉她的太子妃之位。而且连贾南风最后的归宿都选好了，那就是新落成的金墉城（俗称冷宫，清宫戏里面所说的"宗人府"）。

关键时刻，贾家和杨家背后运作，联合两家在京城的亲朋故旧求情，以皇后杨芷以及宠妃充华赵粲从中说和，在晋武帝司马炎面前力保贾南风。最终，这件事情不了了之，贾南风神奇地逃过一劫。这件事情之后，贾南风也老实了相当长的一段时间，直到她最终登上权力的巅峰。

公元290年，晋武帝司马炎离开人世，太子司马衷继位，史称晋惠帝。贾南风终于熬成了皇后，杨芷则升级为皇太后。

贾南风终于权柄在手。

我们总结一下贾南风的上位之路，发现整件事情都充满了各种不可思议。

其一，太子妃出嫁之前，贾南风姐妹临时掉包。

其二，大臣议立新王储，司马衷通过考试蒙混过关。

其三，贾南风虐死姬妾，但废太子妃的提案最终胎死腹中。

不得不说，冥冥之中自有天意。

暴走的皇后

成功登上皇后宝座的贾南风，一旦手中掌握了至高无上的权力，其性格中最阴暗的一面就如火山一样喷发出来了。

其貌不扬的贾南风，这些年内心压抑了太久太久。因为相貌的问题，贾南风在男人面前每每感到自惭形秽。眼睁睁看着周围俊男美女、才子佳人们成双入对，贾南风只能守着一个傻丈夫苦熬，心中万千酸楚更与何人说。所以得势之后，贾南风对男色的追求成为了当务之急。

如同甄嬛传中帅帅的温太医，贾南风惦记已久的一位帅哥，也是宫中的太医，这个人的名字叫作程据。多年以来，贾南风对程据垂涎欲滴却不敢造次。大权在握之后，程据终于被贾南风揽入怀中。除了高超的医术，贾南风终于享受到了英俊太医在医术之外的其他造诣。

在贾南风的心中，她这些年失去的东西，要分毫不差地全部补偿回来。除了皇宫内触手可及的男色，贾南风还把手伸到了皇宫之外。当时的洛阳城中，经常有美少年莫名其妙失踪的案件，这些小鲜肉，统统被贾南风捉入宫中供她本人享用。可恨的是，当美少年们被发泄完之后，贾南风全部杀人灭口。只要是被贾南风使用过的男生，少有人能够活着走出晋皇宫。

放纵自己的欲望，原本不是一件太过出格的事情。有很多人，突然间获得空前权力、地位，或者财富，短时间之内都无法平复自己的心情，这种在内心深处的失衡往往会支配自己的行为。在民间，我们管这样的表现，叫作"暴发户"。所以，缺啥补啥，贾南风在突然间获得权力之后所作出的淫乱宫廷的行为，是在压抑多年之后的一种释放。

贾南风心里很清楚，她所有欲望的释放，有赖于司马衷继位带来的权力更迭。所以要想千秋万载地永远享受权力带来的各种乐趣，就必须懂得玩弄权力的游戏。晋武帝虽然已经去世，但是朝堂之上依然有一个叫作杨骏的辅政大臣，身为皇后杨芷的亲生父亲，杨骏在司马炎死后权倾一时；后宫之内，晋惠帝司马衷固然愚钝，但他还有一个智商健全的皇太子司马遹（yù）。

杨骏和司马遹，毫无疑问是对贾南风威胁最大的两个潜在政敌。

要说杨骏，可是杨艳与杨芷背后杨家人的代表，贾南风能混到今天，他也算是出了不少力。因此，贾南风与杨骏的交恶让人感到有点突兀。不过凡事都有两面，我们抛开贾南风这个人的私德不说，以江山社稷的名义，在处理杨骏这件事情上，贾南风确实是凑巧站在了正义的立场之上。

杨骏这个人，除了业务不行，其他的低劣政治斗争手段，他都行。

对比像贾充、卫瓘这样从改朝换代的血雨腥风中走出来的开国元勋，杨骏能够平步青云做到辅政大臣这个位子，一是靠裙带关系，侄女杨艳和女儿杨芷先后做了晋武帝的皇后；二是靠自己为政中的平庸无奇，以及和的一手好稀泥。

在晋武帝司马炎的眼中，不管西汉的霍光和王莽，还是东汉末年的权相曹操，乃至于曹魏时代的司马家族，都是因为丞相的权力大过了皇帝的权力，才导致了最后的皇权旁落，反而大臣们趁机上位。当职业经理人最后把业务做成了自家生意，董事会和董事长也就成了摆设。司马炎对于大臣擅权这件事情的深刻领悟，让他对杨骏的平庸听之任之，一直视为心腹，并委以重任。更何况，杨骏这个人一直生不出儿子，岁数大了也就放弃了。在古代皇家，没有儿子的人就像是宦官一样用着放心——不用担心他会有太多谋朝篡位的野心。

人算不如天算，可天也算不到，杨骏这种人也会弄权。

晋武帝司马炎离世之前，整个人都处于时而清醒时而糊涂的半昏迷状态。就在这个当口，杨骏把司马炎身边的近侍换了个遍，统统变成了他的自己人。临死之前，司马炎终于看到了杨骏的狐狸尾巴，他不仅不堪大用，而且还有一颗不安分的心。于是在辅政大臣的人选上，司马炎特意加了一个汝南王司马亮（司马昭的四弟，同父异母），用来钳制已经原形毕露的杨骏。然而，就是这样一份重新改过，没有对杨骏辅政有破坏性后果的诏书，也没有送出宫外，而是被送到了杨骏的废纸篓里。

要知道，汝南王司马亮可不是一般人，这个人是庞大的司马家族内部为数不多有一定执政能力，也有各部门锻炼基础的高级公务员。虽然司马亮的业务能力也马马虎虎，可但凡在重大历史事件中，总能够看到他的影子。即便在司马家族内部，司马亮也是被着力培养的当红政坛明星。当初曹魏时期，司马亮就参与过平定诸葛诞（诸葛亮的族弟）哗变；到了司马炎时代，秃发树机能啸聚西北，担任西北军务第一人的，就是时任都督关中雍凉（关中陇西陇东河西）诸军事的司马亮。

杨骏这种二流政客，往往把事情想得过于简单。他排挤掉了汝南王司马亮，成为唯一辅政大臣，将所有可以攫取的职务统统兼任了一个遍，但结果众位朝臣还是不服。于是，杨骏在权力中枢的各个部门，大量安插自己的亲信，卖官鬻爵大肆封赏，用来抵消自己在威望上的千夫所指和业务上的稀里糊涂。

所以，杨骏这个人虽然位高权重，但却并不难对付。而且杨骏这个人早就犯了众怒，大家只是在等待一个群起而攻之的机会而已。

公元 291 年 3 月，贾南风密谋联络自己的小叔子——司马炎第五个儿子楚王司马玮。司马玮起兵发动京城政变，杨骏被杀。皇太后杨芷被关进了金镛城，之后饿死，杨氏被诛灭三族。不过，在朝野的呼声和压力之下，随后楚王玮和贾南风并没有掌握执政的权力，危难时刻出来组阁的是老成持重的汝南王司马亮，以及皇帝的老师，贾充当年的国丈竞争对手——卫瓘。这个结局，显然与楚王司马玮和贾南风的初衷相去甚远，也为下一次政变埋下伏笔。

司马亮与卫瓘掌握朝政，却并没有维持住帝国的政治平衡。

公元 291 年 3 月，贾南风再次联络楚王司马玮，楚王进入京城，矛头直指司马亮和卫瓘。随后，汝南王司马亮被灭族，整个家族仅剩下幼子司马秉免祸。而卫瓘一家，子孙九人被杀。不过，楚王不知道，就算他本人，其实也是贾南风的一枚棋子而已。政变的第二天，贾南风宣布楚王玮矫诏行事，以欺君之罪杀掉了他。事实证明，司马玮这条跑马的汉子，跟洛阳城失踪的美少年们起到的作用没有什么两样，都是贾南风用来纵欲的一次性工具而已。

二流政客杨骏没了，一流政客卫瓘也没了，威望高能镇场子的司马亮没了，岁数小敢作敢当的司马玮也没了。

从此，在政坛上，贾南风独领风骚，一时无两。

然而，如果说杨骏等人在外朝，是贾南风现实的威胁，而司马遹则是未来的威胁。毕竟，贾南风虽然可以让自己的各种男人们夜以继日地辛勤工作，但是生孩子这件事情，男人却无法代替女人来完成。司马遹的存在，让只有四个女儿的贾南风在宫中的安全感大打折扣。

司马遹是正牌皇太子，而且他的来路无可争议。当年晋武帝司马炎在世，没有废掉傻太子司马衷的原因之一，也是因为司马遹年幼时表现出的聪明伶俐。司马遹生母叫作谢玖，是原来司马炎的嫔妃。本来司马炎特派谢玖教司马衷练习男女的房中秘术，没有想到傻太子竟然一击中的，成功让谢玖怀孕。后来在晋武帝司马炎的安排之下，谢玖躲开了残暴善妒的贾南风，在其他的寝宫内偷偷生下了司马遹。出于安全考虑，司马遹在其他寝宫内一直长到了三岁。甚至连司马衷本人对司马遹的存在也是一无所知。有晋武帝司马炎的保驾护航，司马遹的地位不容置喙。且对比贾南风的淫乱后宫，本分厚道的谢玖所生的儿子，无论源流和血统都更加纯正。

司马遹是贾南风的眼中钉，肉中刺。不除掉司马遹，等晋惠帝百年之后，贾南风不敢想象自己的结局会有多难看。所以，贾南风必须要等待一个绝佳的机会，她不仅仅要除掉司马遹这个心头之患，她还要培养属于自己的皇位继承人。

这个机会很快就来到了。

公元299年的一天，贾南风谎称司马衷生病，骗司马遹到后宫探望，随后在贾南风的设计之下，司马遹食用宫女提供的醉枣过多而醉倒。紧接着，贾南风指示黄门侍郎（皇帝近侍）潘岳，模仿司马遹平时的语气，起草了一份大逆不道的文字，之后诱使半睡半醒的司马遹龙飞凤舞地誊写了一遍。这篇绝命文字的内容如下：“陛下宜自了；不自了，我当入了之。中宫又宜速自了；不了，吾当手了之。并谢妃共要克期而两发，勿疑犹豫，致后患。茹毛饮血于三辰之下，皇天许当扫除患害，立道文为王，蒋为内主。愿成，当三牲祠北君，大赦天下。要疏如律令。”翻译成现代汉语，这篇文字的大意就是，皇帝皇后都该死，要死你们赶紧死。如果你们不想死，我就把你们都杀死。这篇文字无论从内容上讲是有多荒谬，但是确确实实出自司马遹本人之手。这个谋反之罪，司马遹是百口莫辩。值得一提的是，这个起草文字的黄门侍郎潘岳，又称为潘安，是中国历史上数一数二的美男子。他是否是贾南风的男宠之一，并没有更多的史料证明，但毫无疑问的是，他起草的这份文字，直接毁掉了司马遹。

以这个事件为借口，皇太子司马遹被废为庶人，他和他的三个儿子被拘禁在了金墉城。一年之后，司马遹被杀，母亲谢玖也一起被杀害。一不做二不休，在太子司马遹被杀害前后，贾南风索性把自己的妹妹贾午和韩寿所生的九岁儿子韩慰祖秘密接到了宫中，对外谎称是自己的儿子。并且自圆其说，编造了一个故事，将故事的背景追溯到十年以前晋武帝去世后，声称当时自己曾经秘密怀孕并生出儿子韩慰祖。事实上，这个故事因为编造得过于玄幻，让贾南风的政治威望瞬间崩塌。

贾南风在废太子事件中表现出的狠辣歹毒，布局之精心和周密令人叹为观止。但贾南风显然被自己飞扬跋扈、无法无天的假象冲昏了头脑，她高估了自己的智商和权威，也低估了来自朝野的正义力量。她撒的这个弥天大谎，违反了基本常识，也彻底激怒了西晋司马皇族，开启了之后一系列疯狂杀戮的潘多拉魔盒。

贾南风的倒行逆施，终于引起了司马皇室成员的群情激愤，于是他们纷纷表示不满。在一次次政治事件中，不同的皇室成员，也看到了自己登基称帝或者擅权专政的希望。

公元 300 年，原本忠于贾南风的赵王司马伦率先发难，发动政变囚禁了贾南风，并将她安排在了金墉城。不久，贾南风被赐金屑酒毒杀。

一代丑后贾南风，退出了历史舞台。

公平一点讲，贾南风除了在私德上存在巨大瑕疵，在政治上的表现并没有太过火之处，但是她本人的执政能力无法撑起她的巨大政治野心，也不足以扭转晋帝国病入膏肓的顽症。

八王之乱只是一个表象，祸根早在司马炎在世的时候就已经存在，只是贾南风并没有找到这个病根，并且加速了病灶的发生；与此同时，各路蛮族纷纷开始厉兵秣马，准备入主中原。前文讲到的鲜卑人秃发树机能只是打响了第一枪。而到了贾南风时代，匈奴等异族纷纷起事，尤其是氐族的民族首领齐万年，居然发展到了登基称帝的地步，这无疑都是帝国崩溃非常明显的前兆。

贾南风死后，又一大波西晋皇室成员登台演出，你方唱罢我登场。除了前文已经出现的汝南王亮、楚王玮、赵王伦之外，后来还有齐王冏、长沙王乂（yì）、成都王颖、河间王颙（yóng）、东海王越。他们之间，又陆续进行了持续六年的政变或者混战。

从公元299年到公元316年，算上之前贾南风专权期间的诸侯乱斗，前后共有八个诸侯王参与皇室混战，时间持续17年之久，史称"八王之乱"。在八王之乱的后期，中央政府威信扫地，各诸侯王各怀鬼胎，轮番上演"挟天子以令诸侯"的好戏，西晋王朝摇摇欲坠，最终亡国。

西晋，短暂结束了三国分裂局面，但贾南风的擅权一手引发八王之乱。之后，开启了一个更大更长的战乱时期——五胡乱华[①]。一直到隋文帝再次统一中国之前，整个北方地区，陷入了接近三百年的无休止的民族大劫难。

---

① 五胡乱华：指在西晋时期塞外众多游牧民族趁西晋"八王之乱"、国力衰弱之际，陆续建立数个非汉族政权，形成与南方汉人政权对峙的时期。"五胡"主要指匈奴、鲜卑、羯、羌、氐五个胡人大部落，但事实上五胡是西晋末各乱华胡人的代表，数目远非五个。

第七章
红颜雄主

结束太原战役的同时，在北汉老窝里庆祝了端午节。结果仅仅两个月之后，幽州战役落下帷幕，也没耽误皇帝跑回大宋的土地庆祝乞巧节。和韩德让的老爹韩匡嗣"挺身鼠窜"相比，赵光义的逃跑方式更加从容有创意，也更加具备临危不乱、审时度势的皇室风范。

契丹中兴

周世宗柴荣，死得确实不太是时候。仅仅不到两个月，连下两州三关十七个县，兵锋直指幽州城，最后却望洋兴叹，徒呼奈何。

其实，这也只是后人扼腕叹息的原因之一。

还有一点也很重要——跟柴荣的豪华阵容相比，当时的对手太菜。

柴荣本人就不用说了。

而柴荣的手下，比如名将韩通，经营河北多年。深刻领会了地缘学说中"平原筑大城"的军事防御精髓，充分地利用了纵横交错的华北平原河道，"城"与"河"互相拱卫，把河北地区这片无险可守的一马平川之地完全盘活。甚至在柴荣北伐的当口，韩通的"筑城挖河"战术以守为攻，一路把河道修进了沧州，使得后周大军形成了水陆并进的立体攻势。除了韩通之外，前文出现的赵匡胤、李重进、张永德这些人，也还都正是当打之年。

和柴荣军队对垒的人，叫萧思温。

萧思温，当时辽帝国的股肱之臣，时任兵马都总管一职，对抗后周军队。

萧思温出身于契丹人的萧氏一族。

其实强调萧思温的姓氏，这事本身也没有太大意义。契丹族人的构成，虽然曾经有"契丹八部"之说，但就掌权的说了算的人来说，掰着指头数，也就只有"耶律"和"萧"两个姓而已。不管是"耶律"还是"萧"，很多契丹人都是后改的姓。当年辽太祖耶律阿保机汉化程度极深，他仰慕汉高祖刘邦的风采，于是要求皇姓由"耶律"改为"刘"，而辅佐汉高祖刘邦的明白人，顺理成章就是汉丞相萧何（"太祖慕汉高皇帝，故耶律兼称刘氏；以乙室、拔里比萧相国，遂为萧氏。"《辽史·列传·卷一》）。于是契丹贵族一部分改姓刘，一部分改姓萧。只是后来改姓"刘"的这部分人没有坚持下来，又改回了"耶律"，但改姓萧的这部分人却始终坚持了姓"萧"。不仅是坚持姓萧,甚至人家还发扬光大,自称自己出身于萧何身后那个光照千古的豪门大族——兰陵萧氏。

既然很多都是后改的姓,那么同姓是一家这事,在契丹族并不存在。不存在归不存在,契丹人却较上了真,始终贯彻了同姓不通婚的传统,所谓"同姓可结交,异姓可结婚"。结果到了最后,就是辽国的皇帝都姓"耶律",而皇后倒是十个有九个都姓"萧"。

萧思温对上了柴荣,火候还差点。

打一次败一次不说,最后被打的没有勇气面对敌人,也没有勇气面对自己了。只能忽悠自己的后台老板辽国皇帝御驾亲征,好为自己找个借口脱罪("恐朝廷罪己,表请亲征。"《辽史·列传第八》)。背后的意思再明显不过了,你是老板,我是打工的不假,但我萧思温也真是玩命了,玩命了还打不过,我怎么办?不信你就自己来看,看看我说的是不是实话。

实际上也是这么回事。

幽云地区毕竟世代都是汉地,在石敬瑭时代方才被辽国拿走也不过二十年,人心还在思汉不说,本地守将也都三心二意。除了萧思温在玩命,大部分的守将都望风而降,柴荣部队兵不血刃,连战连捷。

守也守不住,打又打不过,逃更不敢逃,忽悠后台老板御驾亲征也不好使。

结果柴荣突然离世,化解了萧思温的万般尴尬,险过剃头。

萧思温背后,那个怎么都请不动的老板,名字叫作耶律璟,是辽帝国的第四任皇帝,史称辽穆宗。比辽穆宗这个庙号更加响亮的,耶律璟还有个光荣称号——睡王。

睡王是个人物。

睡王有三大爱好——喝酒、打猎、睡觉。

喝完酒就去打猎,打猎的时候也不忘喝酒,喝酒喝大了没法打猎,就睡觉。头天晚上通宵喝酒,第二天睡一天,到晚上才醒过来,第二天晚上搞不好还是接着喝。连续几天喝也就连续几天睡,所以人送外号"睡王"。

睡王偶尔清醒,清醒的时候也懊恼,也很负责任。于是嘱咐手下人说,我喝完酒脑子不清醒，这个时候不要找我批阅奏章，等我醒了再说。结果这句话说完，睡王喝酒喝了一个月，中间就没怎么清醒过，于是一个月没有处理公务。

睡王睡觉间隙处理公务的时候，往往脾气不好，被睡王宣判死刑的人很多，睡王周边的人被睡王处死的也不少。于是睡王周边的人经常莫名其妙就消失了，有些岗位天天都在招聘新人。

最终大结局，睡王周边的人不堪忍受，杀掉了睡王。搞死睡王的人，职务分别是睡王的贴身仆人、厕所专员、御用厨师等（近侍小哥、盥人花哥、庖人辛古等六人）。睡王用一生之行动，来证明"睡王"的称号绝非浪得虚名。

从辽应历元年（公元951年）到应历十九年（公元969年），睡王耶律璟共在位十八年。换句话讲，这十八年是貌似强大的契丹辽国留给中原王朝的一个巨大的历史机会。在这个期间，中原王朝的首席执行官们，有机会像柴荣生前那样，厉兵秣马直到北伐成功，把幽云十六州这个历史遗留问题一揽子解决掉。

因为睡王之前，辽太祖耶律阿保机，辽太宗耶律德光都锋芒毕露，而在睡王之后，契丹辽国则又迎来了新的中兴之主。

中兴之主的诞生并不容易，主要是因为契丹辽国尚未确立像汉人王朝一样的嫡长子继承制，老皇帝的谢幕往往伴随暴死，新皇帝的产生往往伴随政变。退一步讲，别说是嫡长子继承制，就算是皇帝终身制，也仅仅是在几十年前的耶律阿保机时代才刚刚确立的。在耶律阿保机之前，契丹人的汗位是有任期的，一般是三年一换届。前任大汗三年任期一到，则由契丹八部贵族，共同选举产生新的大汗。在这种带有原始部落属性的民主选举制度下，耶律氏要想把持汗位，就需要先搞定并团结自己本部的迭剌部，之后还要陆续摆平契丹八部中的其他七个。也正是因为当年耶律阿保机的强势，以及耶律阿保机背后汉人智囊团们的坚持，才有了契丹汗国到辽帝国的转变，也有了民主可汗到儒家皇帝的转变。

这种转变期间的阵痛以及余波，催生了后耶律阿保机时代，绵延半个世纪的辽帝国大宗与小宗之争。

话说耶律阿保机嫡出的儿子一共有三个，长子耶律倍、次子耶律德光、幼子耶律李胡。论威望，耶律倍略胜一筹；论战功，次子耶律德光则当仁不让。幼子耶律李胡十三不靠，只是仰仗自己亲妈对老儿子的呵护才有一片立足之地。

按照辽国官制，当时的皇帝叫作"天皇帝"，皇后叫作"地皇后"。公元926年，也就是辽太祖天赞五年，天皇帝耶律阿保机东征，一举灭掉了号称"海东盛国"的渤海国。同时改渤海国为"东丹国"，把原属渤海国的土地和人民都封给了他的长子耶律倍，并上尊号给耶律倍——人皇王。

汉化程度极深的耶律阿保机，按照儒家思想中的"天、地、人"三才的排列顺序，在天皇帝和地皇后之后，把长子耶律倍尊为"人皇王"，这事的影射意义就太明显了。汉化程度更深的耶律倍明白，这几乎就已经确立了自己辽帝国准皇储的角色，只差官方认证程序了。

人算不如天算，人皇王和天皇帝都没有算到，就在辽太祖东征渤海国凯旋班师的路上，耶律阿保机暴死。他的离世太过突然，雄才大略的耶律阿保机还没有确立新生的契丹王朝的皇位继承模式。更重要的是，在耶律阿保机暴死之前，他也尚未宣布立储。

契丹军中威望极深的耶律德光，在自己的母亲皇后述律平的支持下，走马上任。于是，在大宗耶律倍一支呼声极高的情况下，小宗耶律德光抢得帝位。几年以后，不堪忍受新皇耶律德光猜忌的耶律倍，无奈之下放弃了东丹国国主的尊荣，带着除正妻萧氏之外的，花费自己毕生心血收藏的女人和书籍，乘船出海流亡到中原汉地。出于政治考量，当时的中原皇帝后唐庄宗李嗣源，热情洋溢地接待并收容了耶律倍。

到达汉地之后的耶律倍改姓皇姓，并有了一个新名字——李赞华。

大宗小宗之争的第一回合，小宗胜出。

又过了二十年。

公元947年，辽太祖耶律阿保机的前尘旧事，诅咒一样地原封不动发生在了辽太宗耶律德光身上。这一年，耶律德光倾契丹辽国之力，大举南征后晋，对后晋这个弱不禁风的中原王朝实施了灭国之战。结果就在凯旋班师的路上，耶律德光暴死。

耶律德光死后，耶律阿保机家的老三耶律李胡，和耶律倍家继承东丹国国主的长子耶律阮进行了一场针对皇位的较量，最终胜出的是大宗，耶律阮。

然而，仅仅四年之后，辽世宗耶律阮御驾亲征后周。契丹大军走到河北宣化火神淀，遭遇哗变，耶律阮死于内乱，时年只有三十四岁。

耶律阮之后继承皇位的，正是前文提到的睡王耶律璟。

耶律璟是耶律德光的长子，当然也来自小宗。

小宗的睡王耶律璟又是暴死，于是耶律阮家的次子耶律贤（耶律阮长子早夭，耶律贤是事实上的长子），在朝廷几位重臣的拥戴之下，继承了大辽皇位。

皇帝之位，重回大宗。

主少国疑

如果没有身体羸弱这一项的话，辽景宗耶律贤，其实算得上是一位好皇帝的标准模板。

耶律贤身体不好的病根，是来自多年前的那场宫廷政变——火神淀之乱。当时耶律阿保机的侄子，泰宁王耶律察割发动叛乱，在南下伐周的途中杀掉了耶律贤的亲生父亲——辽世宗耶律阮。一起被杀的，还有耶律贤的祖母和母亲，幼小的耶律贤当时被惊吓过度，成人之后也病恹恹的。

实际上，当年旁支贵族耶律察割发动的火神淀之乱，之所以能够暂时成功，跟辽世宗耶律阮生前在个人政见上的坚持不无关系。受封到东丹国的大宗耶律倍这一支，汉化程度一直非常深。从耶律倍到耶律阮，一脉相承。这种个人价值观上的选择转化为施政纲领，就是把契丹辽国的政体彻底改为汉制，以及吸纳大量汉臣进入公务员体系。然而如此之改革，一定会得罪契丹贵族，朝野上下积蓄的矛盾也呈现出越来越公开化的趋势。从这个角度上讲，火神淀之乱的发生并非偶然。

然而，耶律阮死后多年，辽景宗耶律贤登上帝位，他所奉行的依然是彻底的汉化政策。这种汉化并非是单点突破，而是整个体系的转变，既包括了顶层皇位嫡长子继承制的确立，也包括中间层官僚选拔上更多的汉人官员被吸收，还包括了来自中原战区的大量下层流亡的汉人老百姓，作为新生劳动力补充到辽国公民户口中去。

当然，必须要指出的是，契丹辽国开国以来，连续几代人尤其大宗耶律倍这一支的持续汉化政策，实质上是一种部落封建化以及社会文明化的过程。只不过，这个参考模板是以中原儒家为典范而已。

所以，汉化是大势所趋，也是形势所逼。

辽景宗耶律贤的身体不好，但好在一个好汉三个帮。在能够识人用人的耶律贤手下，先后涌现了几个好帮手，说起来这些名字也都是掷地有声。

首先是拥立有功的萧思温。

萧思温这个人，在睡王时代的对外战绩马马虎虎。但在耶律贤登位的过程中却立下了汗马功劳，睡王被近侍杀掉之后。萧思温封锁消息秘不发丧，最终带来了他心目中的明主——耶律贤。

正因为如此，耶律贤登位以后，第一个回报的人就是萧思温。

萧氏家族的代表是萧思温，耶律家族的代表就是耶律休哥、耶律斜轸和耶律屋质。

耶律休哥、耶律斜轸，作为大辽开国以来不可多得的两员名将，堪称为大辽东挡西杀的两把菜刀。这两个人还会被多次提及，我们暂时放下，重点说一说耶律屋质。

耶律屋质，是为契丹崛起而生的。

当年耶律德光暴死，辽太祖耶律阿保机的遗孀——老太后述律平带着自己的老儿子耶律李胡，同后来的辽世宗耶律阮兵戎相见，出来和稀泥的就是耶律屋质。耶律屋质的逻辑很简单——作为三个儿子的妈妈，述律平你疼老儿子没毛病，但是耶律阮是你的长支长孙，也没有远到哪里去，况且还有隔辈儿疼这个说法呢。如今你家二儿子耶律德光尸骨未寒，你的亲儿子和你的亲孙子大打出手，无论谁赢谁输，都是外人得利。那么换个角度讲，在耶律德光暴死、朝政混乱的当口，先让你的亲孙子继承大统，控制局面，也算是肥水不流外人田。等到政治局面稍微一明朗，究竟是你的亲孙子继续做皇帝，还是再换你的老儿子过把瘾，那不就是你述律皇后的家事了吗？

一句话惊醒梦中人，耶律阿保机家庭内部的一场血战被消弭于无形。

事情虽然被摆平了，但承诺却成了空口无凭。没过多久，登上帝位的耶律阮，迅速地控制了奶奶述律平和三叔耶律李胡。耶律屋质和的这把好稀泥，最终让政权顺利地从二帝耶律德光，切换到了三帝耶律阮。

到了火神淀之乱，耶律察割发动叛乱杀掉辽世宗耶律阮，站出来控制局面的依然是耶律屋质。

耶律屋质在叛乱发生之后，迅速想办法从暴风眼中央脱身，同时宣布拥立后来的睡王耶律璟。耶律屋质手下可以仰仗的，是他统领的宣誓效忠于皇帝的数万"皮室军"。皮室军，作为一支扩大化加强版的契丹御林军，是整个辽帝国部队中精锐中的精锐。皮室军和耶律璟的势力合兵一处，最终以闪电般的速度干翻了耶律察割的伪政权。保证整个辽帝国顺利由三帝耶律阮，交接给四帝耶律璟。

两造共和的耶律屋质后来又辅佐了辽国的五帝耶律贤。和稀泥和打硬仗的本领样样精通，耶律屋质这张牌，是辽景宗耶律贤手中不可多得的前朝政治遗产。

不过，以上提到的几个人，都不是耶律贤手上最大的那张牌。

耶律贤手上堪称王牌的人，叫作萧绰，小字燕燕，民间称其为萧太后。

一个女人，要想成为太后并不容易，至少需要满足以下三个必要条件：

一、嫁了个丈夫是皇帝。

二、生了个儿子也是皇帝。

三、丈夫皇帝必须死在自己前面，也就是你要为国守寡。

这是历代"太后"必须满足的条件。而大辽还有一个特性——几乎每个太后都姓"萧"。可后世提到"萧太后"，人们想到的只有她。能够将名称"专有化"，显而易见，这事更有难度。

事实上，从"燕燕"到"萧太后"，萧绰也是被现实裹挟，一步步逼到"这步田地"的。

大部分太后在正式成为"太后"之前，都要经历一段惊心动魄的"皇后"之路，萧绰也不例外。虽然一直被民间称为"萧太后"，但萧绰的皇后生涯并不短，做"萧皇后"的感觉也并不那么坦然。

要说萧绰的起手牌并不差。萧绰是萧思温的第三个女儿，在萧绰之前，萧绰的大姐嫁给了"睡王"耶律璟的弟弟，而二姐嫁给了新皇耶律贤的弟弟。萧绰的老爹萧思温又是大辽正经八百的三朝元老，而且还是拥立辽景宗耶律贤的开国功臣。所以就在耶律贤登基的同一年，也就是公元969 年，十六岁的萧绰就被耶律贤纳为贵妃，当年就上位成了皇后。

然而好景不长，萧绰当上皇后的第二年，萧思温就被人暗杀了。

娘家的顶梁柱轰然倒掉，自己的老公又是个病秧子，说不定哪天就撒手西归了。萧绰别无退路，只能选择坚强。所以在辽景宗耶律贤一朝，几乎所有的帝国大政方针背后，始终都若隐若现地隐藏着萧绰的身影。耶律贤总共在位十三年，这一段漫长的从政生涯，为辽国皇帝耶律贤留下了非常好的执政口碑，当然也强化了皇后萧绰的参政议政能力。

公元982年，辽景宗耶律贤病逝于云州（今山西大同），享年三十四岁。

要知道过去的半个多世纪中，从大辽开国的耶律阿保机，一直到四帝睡王耶律璟，每一次的政权交替都伴随着阴谋与杀戮、政变与流血。而这一次，耶律贤的突然离世，把萧绰和他的三个儿子逼到了风口浪尖之上。

萧思温去世多年，萧绰再没有树大根深的娘家外戚团队；萧绰本人，也不是出手狠辣的地皇后述律平。

多年以前，在耶律阿保机辞世之后，刚刚遭遇丧偶之痛的述律平，面对一众拥护长子耶律倍的文武百官，舌战群臣毫无惧色。后来，支持耶律倍的死忠，很多都被述律平以为先皇殉葬的名义杀掉。有人质疑述律平：既然要殉葬，为啥天皇帝死了，殉葬的都是大臣？地皇后你为嘛自己不去殉葬？述律平眼睛都没眨一下，手起刀落剁下了自己的右手，放进了耶律阿保机的灵柩，这个女人断腕的举动，震慑了朝野，也为自己和次子耶律德光巩固大权奠定了基础。

萧绰个是述律平，她所面对的局面也更加复杂。

耶律阿保机之后，皇位在大宗和小宗之间梅花间竹般地轮换了三次，二帝到五帝，四位皇帝的三次交接，都是政权的非正常轮转。这一次究竟能否顺利为长子耶律隆绪拿到皇位，萧绰心里并没有底。

面对复杂的政治局面，萧绰流着眼泪在朝堂上说："母寡子弱，族属雄强，边防未靖，奈何？"（《辽史·列传·卷一》）女人的哭泣，激起了男人的保护欲，还有匡扶社稷的万丈豪情。两位辅政大臣韩德让与耶律斜轸说："信任臣等，何虑之有！"在诸位臣工的支持之下，萧绰的长子耶律隆绪顺利登基，耶律隆绪也就是辽圣宗。

这也是大辽开国 66 年以来，皇位第一次以嫡长子继承制的方式交接。

萧绰萧皇后顺利升级，成为了货真价实的"萧太后"。

然而，我们需要复盘一下朝堂上的那次哭泣。萧太后的几滴眼泪，真的就能够胜过当年述律平皇后的"女人断腕"吗？女人的悲情与示弱，真的能够成功化解像政变这样的潜在危机吗？

绝对不是。

耶律斜轸，是萧太后的侄女婿。

而韩德让，则另有故事。

韩德让是汉人。

当年耶律阿保机为大辽定鼎开国，原始创业团队中，除了耶律氏和萧氏之外，有两个人的名字非常扎眼，一个叫韩延徽，一个叫韩知古。这两个汉人都姓韩，都是被强行扣留在北国的汉人，后来都为耶律阿保机的创业立下了汗马功劳。韩延徽家族与韩知古家族后来在北国落地生根，枝繁叶茂，分别成为契丹辽国的汉人世家大族——幽州韩氏、玉田韩氏。韩延徽和韩知古，也就是两个世家大族的始祖。

韩知古就是韩德让的爷爷。

韩延徽家族的发迹是有赖韩延徽的杰出表现，才有了后来幽州韩氏一族的繁荣。但作为玉田韩氏的始祖，韩知古的表现非常一般，是到了第二代韩匡嗣这里，玉田韩氏才慢慢发迹。到了第三代韩德让，才达到了登峰造极的程度。

正常来讲，被契丹人掳掠过来的汉人，一般都被看作是契丹人的奴隶。这个出身是不容易改的，除非你能有异常杰出的表现，而韩德让就做到了。韩德让不仅改变了自己的奴隶出身，还被赐姓"耶律"，赐名"德昌"，死后被辽帝国官方谥号"文忠"。传统评书《杨家将》里面，和杨六郎在黄土坡大战三天三夜的韩昌韩延寿，其实说的就是韩德让。

韩德让究竟何德何能，能够如此与众不同呢？

这件事正史上记载不多，反倒是野史甚嚣尘上。

因为萧太后是个年轻寡妇，她开始守寡的那一年，也不过才二十九岁而已。而韩德让作为一个汉人，正常来讲不太可能在契丹辽国得到如此至高无上的地位。故此，野史顺理成章地给韩德让和小寡妇萧太后安排了某种不可言说的关系。然而在这个论断的背后，很多人都忽略了一点，萧太后开始守寡的那一年，也就是公元982年这一年，韩德让已经四十一岁了。

事实上，在"华夷之辨"异常凶猛的宋明时期，把"蛮夷"那边的一些史实来点儿添油加醋的小花絮，也算是政治非常正确的一件事情。因此，韩德让与萧太后的风流韵事，有夸大其词的可能性。

退一步，即便韩德让真是传说中的"小白脸"，人家也是为大辽的江山浴血奋战，立下过汗马功劳的。

"小白脸"韩德让，以及"两把菜刀"耶律斜轸、耶律休哥，其成名作都是同一次战役——高粱河之战。

得胜口

确切地说，高粱河之战应该叫作"幽州战役"，后世一直用高粱河之战代替整个幽州战役，其实是不准确的。高粱河之战仅仅是整个幽州战役的最后一次战斗，只不过这次战斗决定了战役最后的走势而已。更确切一点讲，幽州战役也不能孤立地来看，因为谈幽州战役必须要谈之前发生的太原战役，幽州战役是太原战役的延续，而太原战役是幽州战役的前哨站。

当年赵匡胤在世，四次攻打北汉的都城太原未果。公元979年，宋太宗赵光义接过赵匡胤的接力棒，继续进行一统天下的战争，在南方战事大体上告一段落情况下，宋太宗再次兴兵讨伐北汉。

太原战役一触即发。

太原战役虽然是幽州战役的前哨站，但我们依然不能把太原战役和幽州战役并列地放在一起，当成一次北伐战争对待。因为幽州战役的爆发，十分偶然，当事的两方事先也并没有充分地计划。幽州战役的爆发，很大程度上是因为当时的宋太宗赵光义的临时起意。一是被太原战役的胜利所鼓舞，准备继续扩大战果；二是被太原战役的经典战法所启发，想在幽州复制粘贴一把太原的旧事。

这里谈到的经典战法，叫作"围城打援"。

围城打援分成三种情况：

一是以攻城为目的，我们可以称之为"攻城堵援"。

二是以打援为目的，我们可以称之为"堵城打援"。

三是攻城和打援都要，我们可以称之为"攻城打援"。

太原战役属于第一种。

围城打援若要成功，有几个必要条件：

一是围城的兵力要足够多，或换个角度，被围的城要足够小。

二是打援之前，要肃清外围，同时占据有利地形或关隘打埋伏。

三是预备队，预备队的作用是牵制和留后手。

赵光义打仗，既不是实战派，也不是学院派。论实战，他吃的是赵匡胤留下的老本；论学院，他并没有摸到赵匡胤"先南后北"统一方略的精髓。早在周世宗柴荣时代，王朴的《平边策》就已经确定了"先南后北"的统一思想。但柴荣同志并没有死抠教条，他是在实战中运用这个理论的。比如，看到大辽出了个"睡王"，柴荣在南方没有统一的情况下，就已经剑指幽云十六州了。死抠教条的先南后北，让大宋在赵匡胤时代就已经晚了一步了，到了赵光义时代，更是赶上了耶律贤和萧绰治理下的一个极盛的契丹辽国。

图 7-1 山西地形图

但是好在赵匡胤之前四次讨伐北汉，积累了一箩筐的经验总结与作战草案。

赵光义的太原作战计划很明确——围城堵援。

围是围的北汉都城太原，堵是堵的契丹人的援军。

围，并不难。

就像当年的"三王会战"唐王李世民围王世充的洛阳一样。三下五除二，宋军就剪除了太原周围的羽翼，将太原城围了个水泄不通。说水泄不通，这话也有瑕疵，除了水泄是通的，其他都不通。赵光义派人挖开了汾河，汾河的大水倒灌进了太原，而且宋军还沿着太原的周边，修了一周遭的围墙。

这是插翅也难飞的节奏。

堵，也不难。

西面南面，是大宋的地盘。北面，宋军大将郭进堵住石岭关，忻定盆地方向上，南下援军不管是北汉军还是辽军，过来并不容易。东面，宋太宗赵光义亲率大军堵在了镇州，阻截可能南下并西进的幽州方向上的辽军。镇州也就是今天的河北正定，河北正定西边，是太行八陉之一的井陉，井陉也就是从华北平原西出太原盆地的必经之路。

赵光义率主力的一部堵在镇州，既可以北面防备幽州之敌，也可以作为机动部队，随时增援太原战场。

排兵布阵非常明确，围城打援的工作做到了极致，战役也毫无悬念。

北面阻敌的郭进，遇到了辽国大将耶律沙。结果，耶律沙不仅输了个干净，而且要不是耶律斜轸带着"万箭齐发"的援军及时赶到，还会被杀红了眼的宋军追杀一阵。东面，假想中也许会增援的辽军迟迟没有出现，赵光义带人直接加入了围城战。围城战持续两个星期，城中已是汪洋一片，城外也不见有辽国援军，北汉守军的精神防线彻底垮掉。

公元979年五月初五，北汉末代皇帝刘继元开城投降。整个战事持续了不到三个月，战术执行完全成功，过程干脆利索。

发展到现在，并没有问题。

老板原定的作战计划，本来就是拿下太原，灭亡北汉。从职业经理人的角度出发，这个任务已经完成了。

不过，职业经理人和老板的想法总是有出入的。

职业经理人想的是，先暂时让兄弟们缓一缓，至少先把第一个项目成功突破的项目奖金发了，然后再开始第二个项目；老板想的却是，再接再厉，连续作战，复制"太原模式"，迅速拿回幽云十六州中的核心节点——幽州。

老板这么想，职业经理人们不干了。

老板的想法错了吗？没错。

从宏观角度出发，一鼓作气再拿下幽云十六州，这是名垂青史的一件事情，不仅可以为中原王朝一雪前耻，还可以一举改变对契丹辽国作战中的地缘劣势。但是，老板却没有从管理的角度认真思考人性。不管是哪个层面的老板，最容易犯的一个错误就是一厢情愿。老板可以讲情怀，可以讲企业文化，但一定是要在填满职业经理人肚子的情况下才行。大家不可能饿着肚子讲情怀，不可能刚刚用完洪荒之力搞定项目之后，拿不到一个大子儿就要重新出发。最起码，休息几天，把上次出差的车马费给报销一下吧？

士气的问题，还不是最致命的。真正的问题是，太原模式可以复制到幽州吗？

围城打援，幽州可以这么干吗？

首先幽州是当时的一个超级大城市，二十万人口的保有量远超太原。幽州的地理位置靠北，也更加靠近契丹辽国的核心区。

这座城，并不容易被包饺子。

其次是外围。

太原的外围，往北石岭关就在宋军手中，往东再远一点，靠太行山的镇州和井陉也在宋军手上。两个阀门一关，援军想打进来，需要付出非常高昂的代价。而幽州的外围，燕山南麓的要塞，比如古北口、喜峰口。别说不在宋军手上，就连地形宋军都不一定知道。而这些燕山南麓的小路，分分钟都可以有辽军增援过来。再往远处看，幽云十六州统统不在宋军手上，尤其是云州，就在幽州的西北方向上，幽州和云州互为掎角之势，这套战略战术几乎打的就是明牌。

这还不用说，契丹援军在太原救的是北汉伪军，而在幽州则是要援救自己人。

急于扬名立万的宋太宗赵光义，也不是没有胜算，他的取胜之匙有两把：

一是在开战之前封锁消息，静默行军。

二是在开战之后闪电出击，速战速决。

要明确一点，此次来的目的就是拿下幽州，战术上就是和太原一样的"攻城堵援"。如果不能迅速拿下幽州，战线则越拉越长，宋军将陷入既要攻城，又要打援的窘迫境地。尤其打援打的都是骑兵，如果不能拒险而守，步兵阻击骑兵的胜算几乎没有。

我们想到的，赵光义也想到了。

于是五月初五拿下了北汉，仅仅修整到了到了五月二十日，宋军这支疲惫的胜利之师就重新开拔，东出太行进入大平原，转而北上幽州。没有论功行赏，没有开庆功会挂大红花，甚至没有来自皇帝的口头表彰。

朝议讨论，几乎没人支持皇帝的一意孤行。

于是，皇帝觉得众位臣工没有和自己一条心，赌着一口气要证明给没有远见的下属们看看辉煌战果；而臣工们也被压制了真实想法，憋着一口怨气，拖着疲惫的双腿重新投入前线。

在后方，个别意志不够坚定的人，甚至已经等着看皇帝的笑话，对前线的幽州啥时候开战拭目以待。

可是，静默行军并没有那么容易做到，幽州不像太原，幽云十六州的外围太过开阔，卫星城数量太多，沿途就算没有战事，光是招降也要招得打草惊蛇了。迅速拿下幽州，更是并没有那么容易。

因为，守城的就是韩德让。

韩德让守幽州，不是他自己想来的，而是替老爹韩匡嗣来的。

因为老爹韩匡嗣，刚刚作了个大死。

本来辽国官方任命的幽州留守一职，就是韩匡嗣担任。但是在宋军拿下太原之后，韩匡嗣带领属下以攻代守，主动出击攻打大宋。宋军用了诈降的套路，耶律休哥认为宋军有诈，但韩匡嗣却力排众议接受宋军投降，结果被打得大败；大败也就算了，逃跑途中他还中了埋伏，旌旗战鼓丢了一路；负责殿后的耶律休哥为了维护尊严，将丢了的战备物资又悉数捡了回来，相当于给韩匡嗣擦了一路屁股。

战后复盘，韩匡嗣被辽景宗耶律贤判了五条大罪，条条都是死罪。眼瞅着就要被军事法庭正法了，皇后萧绰带着人苦苦进谏，才保住了韩匡嗣一条命。韩匡嗣死罪得免，但降职降薪，幽州留守也做不成了，换成你儿子韩德让吧。

韩德让一来，就赶上了赵光义进攻幽州。

韩德让是个狠人，从小就狠，从小凑热闹就不怕事大。（"喜建功立事。"《辽史·列传十二》）而且韩德让是生活在契丹的汉人第三代，基本上已经是一个完全胡化的汉人了。这一点他和爷爷韩知古、老爹韩匡嗣都不一样。

老爹被降职降薪，耶律贤当着所有人的面，还给韩匡嗣用了个词——"挺身鼠窜"。这次丢人真是丢大发了，韩德让要把家族的荣誉找回来。在这个节骨眼上，哪怕打不过，就算是死也要死在幽州，否则整个玉田韩氏，就不用在契丹贵族圈子里面混了。

除了精神层面的东西之外，韩德让的底气还来自于一个要塞——得胜口。

前面的行文中，我们刻意忽略了北京附近一个非常重要的关隘，就是得胜口。之前强调了很多次居庸关，居庸关所在的天然通道叫作"军都陉"，军都陉和井陉一样，也是太行八陉之一，连接的就是幽州与云州。我们打开一张放大的地图，看端详。

大同到北京的必经之路，其实除了八达岭——居庸关这条线路，在昌平县城正北方向十三陵附近还有一条路，这条路中间的关隘，就叫得胜口。得胜口在明代改名叫德胜口，其实是同一个地方。自唐代以来，得胜口和居庸关一直是并列被人提起的。两道天险一北一南，恰好都卡在云州到幽州的交通要道上。当年金太祖完颜阿骨打灭辽，以及后来李自成进北

图 7-2 军都陉、得胜口地形图

京，都是大军在南北两条要道一起向前推进。如今的得胜口之所以不为人所知，是因为到了近代，得胜口慢慢被废弃不用，建国以后更是在原址之上建起了德胜口水库，从此得胜口这个名字作为一道雄关，终于被人淡忘在历史记忆之中了。

　　得胜口之于韩德让的幽州城，其地位就相当于太原战役中的石岭关。

　　太原战役的围城打援，石岭关就是堵死忻定盆地援军的命门；一触即发的幽州战役，居庸关和得胜口，就是切断幽云两地互为掎角之势的命门。只是，宋军对于石岭关的关注，是用前面太祖赵匡胤四次伐汉失利那血的教训买回来的。而对于得胜口，宋军知之甚少。

　　退一步讲，就算是赵光义知道了居庸关和得胜口的重要价值。宋军的进军总战略也是非常托大和充满着侥幸心理的，或者干脆说，是完全错误的。

　　我们前面讲过，围城打援成功的三个条件，一是要保证城要围得住，二要占领重要关隘，三要有预备队备不时之需。即便是幽州城像太原城一样，能够被宋军团团围住，即便是赵光义知道居庸关和得胜口的存在，并且就像是石岭关一样，提前派兵，抢先占领，堵住了云州方向可能的来犯之敌。也就是说，在前两个条件都满足的情况下，幽州战役也依然复制不了太原战役的战争形势。很简单，赵光义的预备队，在幽州这里根本找不到像镇州——井陉（娘子关）这样的一个地方。因为低矮的燕山不是高大的太行，绵延几百公里的燕山山脉南麓，处处都有可能成为井陉，处处都有可能面对辽军的增援。就像几百年后，皇太极能够无数次做到的一样。

赵光义急于打幽州，急于复制一个"太原模式"，其实根本是个伪命题。因为战争情况，尤其是地缘形势发生了巨大变化，再死抱着太原的成功经验去对赌幽州，无异于刻舟求剑。然而，太原战役的巨大成功，给了赵光义强大的心理暗示，他根本无法说服自己放弃这样的天赐良机。

所以，如果要打幽州，从进军路线的选择上来讲，李自成才是我们的好样本。从山西（河东）兵出两路，一路东出河北平原，走真定（镇州，今天的正定）北上。当然，这条路跟赵光义的选择是类似的；而另外一路必须是主力，主力从太原北上，过忻州，出雁门关（或宁武关），拿下云州（大同）、居庸之后再打幽州（北京）。换句话说，打幽州必须要先剪除云州这个羽翼，同时肃清幽州周边可能的抵抗力量。这样，就可以安心腾出手来布置燕山南麓防线，甚至于兼顾到辽东方向上可能的驰援（比如当时李自成进北京时，万里勤王的吴三桂）。

从如上角度分析，赵光义的战略眼光，甚至不如李自成。心急火燎想要一口吃掉幽州，仓促之间却没有把账算清楚，也没有做万一兵锋受挫之后的 B 计划。

韩德让守幽州，帮他掐住命门的是耶律斜轸，耶律斜轸就驻军得胜口。

耶律斜轸，当时在辽国军界所挂的名号，叫作"南院大王"。

简单谈一谈契丹辽国的官制。

辽国的官员，分成北面官和南面官。北面官是管理契丹人内部事务，而南面官依汉制，管理汉地事务。在北面官中，有专门负责部族内部事务的部门，这个部门分成北府和南府，各自设立宰相这个职务，统一管理原来的契丹八部。朴素的契丹人民，把汉地几千年的"宰相"称呼，直接变成了一个实际职务。这就相当于我们把"老板"这个称呼，直接在官方定义成一种职务而存在了。

耶律氏皇族的组成，则根据血缘关系的不同，分成"四帐皇族"和"二院皇族"，四帐是指跟耶律阿保机的老爹血缘关系最亲的兄弟几个，分成孟父房、仲父房、季父房和横帐，共一帐三房；而两院皇族，则是耶律氏皇族中支配更远的几房，分成五院部和六院部。五院加上六院，实际上就是当年的耶律氏起家的契丹迭刺部。五院司设立一个北院大王，而六院司设立一个南院大王。早期的北院大王和南院大王都有兵权，而且兵权还很大。早期的辽帝国内，北院大王手下掌握五院军，南院大王手下掌握六院军。但到了辽朝末期，两院大王的兵权都收归了北府枢密使统一管理。

所以，《天龙八部》里面，萧峰所担任的"南院大王"，实际上并没有多少实权，充其量算是皇帝身边一个有名无权的高级贵族。

幽州城外，负责防守得胜口的耶律斜轸，也是南院大王。而且是契丹辽国早期能够掌握兵权的南院大王。其实当时的辽帝国精锐皮室军，主要是御林军的作用。而真正对外征战的王者之师，则是北院和南院大王统帅的五院军、六院军，迭刺部亲缘较近的乙室部族军，以及地理上靠近汉地并和契丹人关系极好的奚人组成的奚族军。

五院军、六院军、乙室军、奚族军，就是当时辽国军界的四张王牌。

在赵光义的宋军到达之前，除了城内的韩德让，得胜口的南院大王耶律斜轸，幽州城北驻扎的还有北院大王耶律奚底等人。这些人正在严阵以待。应该来讲，宋军的这次带着疲惫的长途奔袭，已经远远算不上什么奇袭。对手契丹辽国的精锐尽出，而且也做好了战斗预案。

幽州的南部外围，其实并没有遇到多少实质抵抗，很多汉人守将，就像当年柴荣北伐时一样，纷纷投降了宋军。

公元 979 年 6 月 23 日，赵光义带领的先头部队，到达幽州城下。

战局出人意料地朝着对宋军有利的方向发展，在幽州城下遭遇的耶律奚底被打得大败，耶律斜轸出来救场。刚刚在太原战役中救过一次耶律沙的耶律斜轸，这一次依然扮演的是"救火队长"。不仅帮耶律奚底找回一城，而且还反攻杀到了北京城北的清沙河一带。城内的韩德让得到消息，知道自己人在帮自己解幽州之困，也是大受鼓舞。

然而，与赵光义所部的三十万宋军相比，耶律斜轸的人马显然在绝对数量上不够与宋军周旋。几次试探性接触之后，宋军也摸透了耶律斜轸的底细——耶律斜轸属于小股骑兵部队，优势在于机动性。进可以冲到幽州城下骚扰宋军，退则可以躲进得胜口凭险据守。这样的机动部队作为侧翼还用得上，但是要说与宋军决战，那就差太远了。搞清楚了耶律斜轸的底细，宋军也就转而毫无顾忌地对幽州实施了四面围城。

四面围城，这事不是没干过，比如上个月在太原。

但是幽州不是太原，太原的城防指挥官也不是狠人韩德让。

幽州城最为危急的关头，甚至宋军的地道已经挖到了幽州城根底下，甚至一度，三百宋军都已经站到了幽州城的城墙上。然而，红了眼睛的韩德让以及幽州城内的军民，依然在等待那个可能存在的、渺茫的胜机。

幽州告急的同时，辽景宗耶律贤和萧绰派出的后续部队也开始投入战场，南府宰相耶律沙来了，主动请缨直奔一线的耶律休哥也来了。与此同时，赵光义却想毕其功于一役，尽快结束战斗。赵光义现场决策，曹翰和米信率领的预备队，也加入了攻城大军。

到现在为止，赵光义在幽州的老本，全部押上了。

然而令人感到遗憾的是，围城战从六月二十五日持续到了七月初六，幽州城依然铁桶一般。城内的很多人已经开始动摇，但没有动摇的是韩德让。

对于伤亡惨重的攻城，宋军已经开始感到胜利无望。

幽州城西的高粱河，耶律沙的一路援军已经到了，耶律沙看上去并不难对付。然而，耶律沙只是个肉盾。耶律沙背后，统帅五院军的耶律休哥才是生力军，而耶律休哥的侧翼，还有带着六院军冲出得胜口的耶律斜轸。城头上已经看到宋军溃败前兆的韩德让，派大将耶律学古杀出幽州城，腹背夹击赵光义的宋军主力。

宋军一败涂地。

宋太宗赵光义慌乱之中，坐着驴车逃走，一个晚上的时间，一口气狂奔七十公里到了涿州。到了涿州还不放心，又绕道跑到了金台屯。

这一天，是七月初七。

快，实在是快。

结束太原战役的同时，在北汉老窝里庆祝了端午节。结果仅仅两个月之后，幽州战役落下帷幕，也没耽误皇帝跑回大宋的土地庆祝乞巧节。和韩德让的老爹韩匡嗣"挺身鼠窜"相比，赵光义的逃跑方式更加从容有创意，也更加具备临危不乱、审时度势的皇室风范。

赵光义的恨，深深地埋在了心底。

辽帝国的两把菜刀——耶律斜轸、耶律休哥，一战封神。

韩德让死守幽州两星期，替父雪耻，也让自己慢慢成为朝堂上更加说一不二的人物。

我们回到前文，辽景宗耶律贤驾崩，萧太后声泪俱下的那一幕。

这一幕发生在幽州战役之后的第三年，公元 982 年。这一年，无论韩德让还是耶律斜轸，都已经手握契丹辽国的军政大权。两位国之栋梁的表态，让萧太后的孤儿寡母治天下的态势成为定局。从此，历史翻开了新的篇章，进入萧太后时代。

命运大剪刀

韩德让的确是今时不同往日了。

无论年轻的小寡妇萧太后同韩德让是何种关系，或许是情有独钟，也或许是慧眼识珠，甚至是政治上的互相利用也未可知。但我们从结果上来看，韩德让的说一不二，确实已经大到了令人匪夷所思的程度。

史载："（耶律虎古）与韩德让以事相忤，德让怒，取护卫所执戎仗击其脑，卒。"（《辽史·列传·卷十二》）。要知道，耶律虎古是耶律觌烈的孙子，耶律觌烈当年也是曾经做过南院大王的人。这样的皇族成员，仅仅是因为和韩德让有口舌之争，韩德让就当着所有人的面把人脑袋打开瓢了，而且事后还没有受到任何处罚。所有关于耶律虎古的记载，到了这里就结束了，生命的终点有且仅有这聊胜于无的一个字：卒。

耶律虎古是贵族不假，但跟韩德让比，贱命一条。

这事，不正常。

类似不正常的事情不止一件。

史载："六年，太后观击鞠，胡里室突隆运坠马，命立斩之。"（《辽史·耶律隆运传》）和耶律虎古比起来，这个胡里室就更冤了。俩人参加马球比赛，球技好不好就不说了。仅仅是球场上的一次冲撞，还不知道是不是韩德让犯规在先，萧太后不明就里，把人就给斩了。

这件事还有个不同的说法。《续资治通鉴·宋纪十四》里说："韩德让从太后观击鞠，瑚哩实突德让坠马，太后怒，立命斩之。"

如果按《续资治通鉴》里面的说法，韩德让很可能根本没有上场参赛，契丹人尚武，他们可能是随萧太后在马上观赛。不过无论是在场上还是场下，萧太后因为韩德让坠马而砍了一个大活人，这事是确定的。

我们只能说，萧太后和韩德让的关系，确实非比寻常。

有了韩德让和耶律斜轸忠心耿耿，还有前朝辽景宗耶律贤的前朝政治遗产。萧太后孤儿寡母治天下，反倒是把辽国的社稷民生搞得有声有色，契丹辽国在经历睡王时代的十八年惨淡时光之后，终于迎来了真正的中兴。

但是，同样事情就会有两样解读，屁股决定立场的事，从古就有。

当时宋帝国北部边境，有个叫作贺令图的地方官员，他上书赵光义说："契丹主年幼，国事决于其母，韩德让宠幸用事，国人疾之，请乘其衅以取幽蓟。"（《续资治通鉴·宋纪十三》）贺令图的意思是，第一，敌人孤儿寡母好欺负；第二，女人治国就是牝鸡司晨；第三，和韩德让的风流韵事满城皆知，被契丹老百姓耻笑。然后结论是，太宗皇帝抓紧时间，抓住机会北伐吧。

要说这贺令图陈述的这三条，萧太后条条都中了。

不过这三条，无一例外全是从个人品德方面来说。这些事情，在宋帝国儒家思想占主导的范围内，当然是大逆不道甚至是泯灭人伦的大事件。然而，同样一件事情放在刚刚从部落联盟进步到国家政权没几十年的契丹辽国，那还真就不一定是个什么大不了的事。拿着这三条事实，来做出了忽悠皇帝北伐的结论，本身就是南辕北辙的一件事情。

这还不用说，这个贺令图，本人就是个一瓶子不满半瓶子晃荡的主儿。贺令图是前朝皇亲，宋太祖赵匡胤贺皇后的侄子，凭借裙带关系进入政坛。作为皇亲，长期供职于一线作战序列，说来也是没有功劳也有苦劳。但作为一线军事指挥员而言，有苦劳没有什么卵用，能够带兵打胜仗才是硬道理。在随后不久的战争中，同样是这个贺令图，因为轻信中了契丹人诈降之计，被辽军活捉（后来生死不明）。

贺令图的论断虽然经不起推敲，但赵光义的北伐之心已经按捺不住。所以，贺令图只是在合适的时间上了一道合适的折子，真正决定北伐动议的，还是赵光义本人的主观意志。

宋太宗雍熙三年，也就是公元986年这一年，已经是高梁河之战失败的第七个年头。压在心头的恨，还有急于收回幽云十六州的政治使命感，让已经四十七岁的赵光义，急于想在战场上把失去的尊严找回来。

贺令图的上奏固然是一个借口，然而赵光义有自己的判断。契丹人的萧太后与小皇帝"主少国疑"这话有可能言重了，但是高粱河之战后，宋军曾经面临非常大的军事压力，辽景宗耶律贤生前连续指挥了几次大的对宋作战，比如满城之战、雁门之战、瓦桥关之战等。这些战事不管胜负如何，都是辽攻宋守，战略态势的主动发起方在辽国一侧。而自从四年之前耶律贤去世之后，萧太后母子一直对大宋采取了非常温和的外交基调。这事，也是一个不争的事实。

赵光义把自己的目光，重新投向了北方。

此时此刻的北方战线，和太原幽州战役时期相比，已经发生了非常大的变化。

首先是宋辽双方经过几年的拉锯，对峙的军事分界线已经非常明朗。

这条分界线，西起雁门关，走飞狐口，中间经过岐沟关（在今河北涿州）、瓦桥关（在今河北雄县）、益津关（在今河北霸州）、淤口关（在今河北霸州信安镇），向东直到泥沽寨入海。

这条线听起来蛮复杂的，我们一个个研究一下。

我们反向，从东往西说。

这里面的泥沽寨，其实就是天津的前身。天津建城，要从明代初年设立天津卫开始计算。所以天津算是一个年轻的城市，满打满算也不过六百年多一点，而泥沽寨的辈分就比天津高多了。泥沽寨也叫直沽寨，因为在海河、卫运河、子牙河的三河交界处，所以也叫三汊口，在北宋时期就已经是一个非常大的居民点。先有泥沽寨，后有天津卫，最后才是到了近代闻名遐迩的天津。

我们再看这条军事分界线的中间部分。

其实淤口关、益津关、瓦桥关这三个关口应该放在一起说，这三个关合称"三关"。我们听说书唱戏人常说的"三关震动""三关大帅"，其实说的就是这三道关。这三道关在前文曾经出现过，我们一直念念不忘的柴荣北伐，拿回了睡王手中的两州三关十七个县，其中的"三关"就是这三道关。柴荣一举光复幽云十六州中间的瀛州（今河北河间）、莫州（今河北任丘）两个州，契丹人手中只剩"幽云十四州"，之后虽然柴荣病逝，但却三关在手。三关从此重兵布防，成为中原王朝与辽国的军事分界线。相对应的，三关以南被抢回来的这两个州，就被称为关南之地。

西边的岐沟关情况差不多，岐沟关沿着河流的走向，在今天的河北涿州西南设防，靠近北京市的房山区。

中间这四个关隘的设置，其实说白了都是沿着并不那么宽阔的河流而建，也就是拒马河（或者说白沟河）流域。只是单单依靠这些河流并不靠谱，中原王朝充分发动群众，在地面上种柳树，在地面下挖地洞。把整个华北平原变成了立体式的攻防体系，用来弥补平原地区无险可守的局促。

从岐沟关再往西，就到了太行山区。

飞狐口是太行八陉之一，我们前文提到的内三关之一的倒马关，就是与飞狐口相连，二者合称"飞狐倒马"。飞狐口这种自然形成的"陉"，与人工开凿的"关"相组合，构成一个军事堡垒或者要塞，这样的情况在太行山山区屡见不鲜，比如前文提到的"井陉"和娘子关的组合，以及飞狐口往北的"蒲阴陉"与紫荆关的组合。飞狐口向西北可以到灵丘，（属于幽云十六州中的蔚州）向东北方向上威胁幽州，军事价值极高。

飞狐倒马，可谓险中之险。

最后就是雁门关。

雁门关扼守恒山山脉，向南防御忻定盆地，向北就是云州（大同）。我们前文说李自成的时候曾经简单提了一下，占领代州并且跑到宁武关死战周遇吉之后，李自成的选择可以有两个，一个是北出雁门，走大同、宣府，居庸关到北京；还有一条路，就是东出平型关，经灵丘、涞源，往东南走飞狐倒马，直奔北京（或者往东北向，走蒲阴陉，过紫荆关，也是直捣北京）。

自西向东的这条军事分界线的东段，霸州以东的泥沽寨地区，长期以来地势低洼，又是平原地区海河流域的河流汇集之处，因此并不适合军事作战，双方都是以守为主。而西部的雁门关、飞狐口又地势险要，易守难攻，因此基本上也算太平。而中间大平原地区的这四道关，就是宋辽双方争夺的重点。

图 7-3 幽云十六州地形图

说完军事分界线，我们再看幽云十六州。

幽云十六州以太行山为界，太行山以东称为"山前"，太行山以西称为"山后"。于是，太行山北支东南的檀、顺、蓟、幽、涿、莫、瀛称为"山前七州"，太行山西北的儒、妫、新、武、云、朔、寰、应、代称为"山后九州"。而我们知道，关南之地的瀛州、莫州，早在柴荣时代已经光复，于是契丹辽国掌握的，就是"幽云十四州"。

我们打开地图，可以把我们以上提到的军事分界线，以及山前山后分野的太行山脉，全部标示出来。

我们看到了什么呢？一把活灵活现的大剪刀出现了。

这把剪刀有两个刀刃，左边的刀刃就是飞狐倒马一直到居庸关，得胜口这一条线；而右边的刀刃，则是飞狐口、岐沟关、淤口关到瓦桥关这一条线。那么两个利刃张开，要剪掉的对象是谁？

没错，就是幽州！

所以，这个大剪刀也是一把钥匙。

这把大剪刀非常明白地讲清楚了，要想拿下幽州（北京），必须从左右两个方向上使力。这也就完美地解释了当年的幽州战役——高粱河一战功败垂成的终极奥义。宋太宗赵光义没有选择两路出击，而是选择了全军东出娘子关（井陉），之后北上，全力用右边的刀刃来剪掉幽州。然而，一个只能一侧发力的剪刀，作用还不如一把匕首。

回头再来看当年李自成的进军路线，刨除一路明军望风而降的因素不考虑，李自成的两路出击战略，两个刀刃同时使力的总战略，是准确的。

地图一打开，战略也就来了。

北伐路线图，呼之欲出。

赵光义最终派了三路人马出击——

西路军，出雁门，大将潘美和杨业领衔。潘美曾经单独领队，平定过两广的南汉政权，而且在剿灭南唐和北汉的过程中，立下大功。而杨业则是《杨家将》中杨继业的原型人物，杨业长期活动于河东地区，被当时的人称为"杨无敌"；中路军，出飞狐，由田重进领衔。田重进出身五代后周武将行列，随同赵匡胤南征北战多年，经验丰富，有大将之风。

再来说这一次的战斗主力——东路军。东路军在平原地区摊大饼，需要照顾的侧翼纵深较大，所以东路军分成了左右两路。右路由老将曹彬领军，出三关进攻固安；左路由米信率领，出三关进攻新城。曹彬和米信的战斗组合，看上去也很完美。曹彬老成持重，为人大度，曾经带队参与过灭后蜀和南唐之战，因为曾经用人性化的态度处理战后事宜为人所津津乐道。米信是奚族人，作战勇猛彪悍，擅长骑射，在战场上勇冠三军。

所以，这一次宋军阵中，从西到东，将星璀璨；北伐的队伍名义上是三路，实际上是四路伐辽的进攻态势，其实说四路伐辽也不准确，因为宋军还派了一路海军，沿海岸线直奔辽东，这一路只是负责骚扰和协同的偏师，由大将高琼率领。全部的五路人马一字排开，东路军主打，西路军、中路军副攻，海军负责策应。五路大军共二十万，就像人的五个手指头，握住了一把巨大的命运大剪刀，刀刃指向幽州。

这一次，宋军志在必得。

宋太宗赵光义身上有老伤，所以并没有随军出征，坐镇汴梁遥控指挥。

然而，基本战略虽然已经清楚，在战争真正打响之前，跟上一次的幽州战役一样，朝廷内的反对声浪依然非常大，比如老臣宋琪。

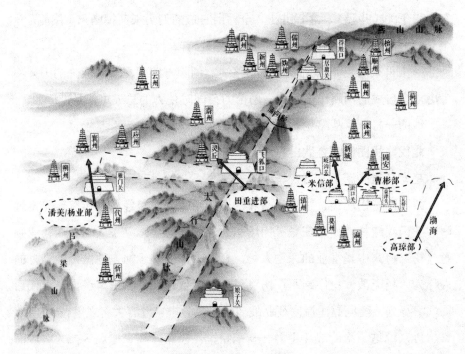

图 7-4 宋军进军示意图

宋琪此时已经年届古稀，是皇帝身边的重要幕僚之一，三年以前还曾经出任过帝国的宰相（中书省的同平章事一职，可以同时由多人出任）。宋琪这个人有几个特点，在此时此刻非常对赵光义的胃口。首先宋琪是幽州人，他的出生地相当于在今天的北京大兴。也就是说，这个人本身对幽州地区的山川地理、风土人情十分了解；其次宋琪年轻时候，曾经是辽国的进士及第，做过辽国的公务员，曾经在近距离做过睡王耶律璟的侍读。此后，机缘巧合之下，宋琪先后效力于后汉、后周和辽，一直到今天的宋帝国。

然而，宋琪在三年之前担任宰相的时候，就曾经力阻赵光义的北伐行动。到了三年之后的今天，宋琪依然不赞成出兵幽燕。不过，不赞成归不赞成，在皇帝的北伐大计已经板上钉钉之后，宋琪依然结合自己平生所知所学，为皇帝献上了一道非常详尽描述此次北伐的总作战方略《平燕十策》，其中涉及辽国的历史、地理、种族、军力、战术等，供赵光义做参考，并提出了自己的应对之策。

为了防止自己的决策再次被宰相噎回去，也为了防止如此重大的军事部署走漏消息，所有部队开拔和进攻的安排，皇帝本人都绕开了中书省，单线联系枢密院，又由枢密院把总战术安排下达给各路统兵将领。

安排停当之后，皇帝也亲自担负起了指挥职责，直接对一线战事进行调度。

血战幽云

宋军大兵压境，我们看一看萧太后的应对。

跟赵光义一样，萧太后也安排了五路人马回应，见图7-5。

图7-5 辽军防御示意图

两把菜刀出击，耶律斜轸出山后，阻击宋军的西路军和中路军；耶律
休哥出山前，迎击宋军的东路军。辽国的东京（辽宁辽阳）留守耶律抹只
驰援幽州，林牙（辽国的枢密院官员之一）勤德防守平州（河北卢龙），以
应对可能的宋军的海上进攻。而萧太后本人，则带着小皇帝耶律隆绪，率
领万余人的辽军骑兵，驻扎在幽州郊区的驼罗口（北京南口）作为机动力量。

跟赵光义不一样的是：

第一，萧太后没有一次把牌打完，而是两把菜刀出击，其他两部守关键据点。

第二，萧太后和耶律隆绪是御驾亲征，五路人马中，萧太后带精锐作为机动。

第三，萧太后的中枢指挥系统，就设置在战场不远，而且几乎就在各个战区的中心位置。

尤其是这最后一条，我们再看一张更加详细的地图，图7-6。

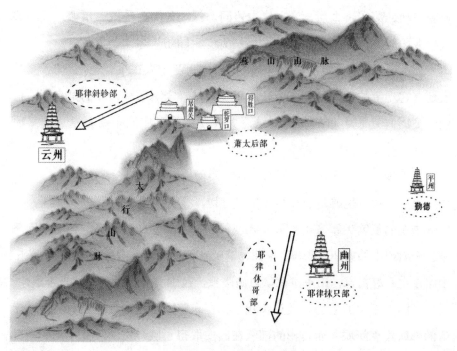

图 7-6 辽军部署示意图

萧太后部队所在的驼罗口，几乎就在居庸关与得胜口这两个重要关卡旁边。萧太后的人马作为机动力量，在驼罗口驻守是一箭三雕的一件事情——西进可以支援耶律斜轸的山后部队，南下则可以支援耶律休哥的山前部队，同时扮演了七年前耶律斜轸曾经在得胜口所扮演的角色，与幽州城遥相呼应，形成掎角之势。与此同时，萧太后与小皇帝相当于此次辽国防御战的中央指挥部，中央指挥部设在驼罗口，距离战区并不远，不管往哪个方向上传递距离都不算远。因此，坐镇驼罗口，一是能根据战场瞬息万变的态势来决策，二是能够保证中央决策及时下达到基层部队。与之形成鲜明对比的是赵光义，越级制定作战方案以及下达作战命令就不用说了，在部队开拔之前，也完全没有意识到，所谓的五路伐辽，最后可能连最基本的信息传递都会成为问题，包括各部之间的信息传递，以及各部与汴梁总部之间的信息传递。部队临行之前，赵光义也只是轻描淡写地说了一句："持重缓行，毋贪小利以要敌。"

很显然，这样的作战方案太过粗略，执行起来也会面临诸多困难。而反观被动迎敌的萧太后，亲自居中协同，保证各部兵马统一步调，并能够根据战场形势，及时而准确地做出作战方案上的应变。

如上所说的，其实都属于赵光义和萧太后两个人在主观选择的范畴，其次还有客观上的不同。无可否认的事实就是，宋军成军依靠的是步军，他们需要对阵辽军大量的骑兵部队，尤其在无险可守的东路军这边的平原地区。

关于步兵和骑兵在冷兵器时代的差距问题，不再赘述。

雍熙三年，也就是公元 986 年三月初，战争打响。

宋军的五路大军齐出，最开始获得了非常好的作战效果。西路军连下幽云十六州中的寰州、朔州、应州，甚至拿下了非常具有象征意义的云州；中路军也有好消息，田重进部队攻破飞狐，包围灵丘，分兵一部直奔蔚州。

五路大军中的主力以及重头戏，都在东路。东路的推进也算顺利，米信的部队攻克新城，而曹彬的部队在固安取得小胜，进而攻克了幽州南部重镇涿州。

萧太后方面负责东部战线的耶律休哥，他的部队虽然是骑兵，但是在人数上却不如曹彬的十万大军，而在初期，士气上辽军也不如兵锋正盛的宋军。不过耶律休哥借助了骑兵灵活机动的战法，避免与宋军过早地进行战略决战。白天，出来虚张声势，晚上就跑出来轻骑袭扰。耶律休哥的这种战法，其实类似于千百年来农耕民族与游牧民族战法的缩小版本。反正你在明处我在暗处，我能找到你，而你非常不容易找到我。你士气正盛的时候我让你干着急，而等你士气低落的时候我就神兵天降出现在你面前。

耶律休哥的这个移植版本的草原战法非常奏效，东部战局开始朝着不利于宋军的方向发展。

战争进入四月下旬，战争的转折点终于还是到来了——耶律休哥断了曹彬的粮道。

很显然，这是一块多米诺骨牌。

十万大军，在战斗的时候是雷霆万钧的一群，然而在缺粮的时候就是十万张嘴，十万个无法填满的肚子。缺少粮食的宋军开始出现恐慌，进而左右了高级将领们的决策。正是因为缺乏粮草，才导致了曹彬部队放弃了已经攻克的涿州；正是因为放弃涿州，曹彬部队不得不退回了关南之地；正是因为战略撤退，导致曹彬手下的东路军将领觉得脸上无光。于是，决定战略冒险，仅仅携带五天军粮，再攻涿州。（"乃裹五日粮，再往攻涿州。"）

这一次再来，曹彬的部队有了上一次的教训，也有些许带着必死之心的悲壮。

虽然宋军是有备而来，但让人意想不到的是，辽军也出现了异动。

萧太后和小皇帝的御驾开始南下了。

作为机动部队待命的萧太后部，得到曹彬进攻涿州的消息之后，将御驾转移到了涿州城东五十里扎营，和耶律休哥一东一西，形成钳形攻势夹击曹彬。萧太后穿上了打仗的戎装，出现在了辽军将士面前，一线官兵备受鼓舞，士气大振。

五月初三日，感觉形势不对的曹彬率部撤退，耶律休哥穷追不舍，双方在岐沟关的拒马河畔遭遇。

宋军大败。

沿途，因为战死或者被自己人践踏至死的宋军达数万之多。

岐沟关一战过后，宋军的东路军，基本上已经丧失了再次反击的能力。

七月初，辽军集中火力，主攻宋军山后的西路军，中路军、萧太后依然是带着皇帝御驾亲征。宋太宗赵光义在分析了当时的形势之后，决定放弃已经拿下的山后各州，带着汉人百姓退进雁门关之内，并据守代州。

然而，在撤退的过程中，西路军的副帅杨业被耶律斜轸的部队活捉，其子杨延玉牺牲。杨业在绝食三天之后，壮烈殉国。

至此，轰轰烈烈的雍熙北伐，宣告失败。

萧太后这个名字，从此成为一个神话，流传千年。

澶渊之盟

萧太后起兵再次南下的时候，耶律隆绪已经不是小皇帝了。

这一年是公元 1004 年，北宋景德元年，契丹辽国的统和二十二年。耶律隆绪已经三十二岁的年纪，不过多年以来，因为头上有萧太后这样的妈妈在，所以耶律隆绪给人的感觉就永远是个小皇帝。

这一年的闰九月，萧太后带着耶律隆绪，还有时年已经六十三岁的韩德让，南征大宋。这一年距离上一次的雍熙北伐，已经过去了整整十八年。在这十八年中，当年那些如雷贯耳的人物早就成为历史书上的一个个人名，比如曹彬、潘美、杨业、米信、田重进，又比如耶律斜轸、耶律休哥。这些当年曾经在宋辽交兵一线抛头颅、洒热血的人们，如今已经统统去了另外一个世界。

当时大宋一方的对手，也不再是那个一辈子疑神疑鬼、怕人戳着脊梁骨骂烛影斧声的赵光义了。当时在任的是大宋第三位皇帝，叫作赵恒，史称宋真宗。

好在当年雍熙北伐，海路远征的大将高琼还在，算是一位故人。

高琼此时早已升任殿前都指挥使一职，在北宋军界已经是一位说一不二的人物，而文臣方面则出了一个百年难遇的宰相——寇准。

宋真宗的登位，跟寇准有直接关系。

当时赵光义自己对传位问题讳莫如深，基本上朝堂上的文武百官没有人敢提这个事。毕竟心里有鬼嘛，传位要是传赵匡胤家的孩子，不甘心；要是直接传赵光义自己的孩子，怕人指指点点。说白了还是虚伪。当时有个嘴快话多的主儿，叫作冯拯，这位多嘴的冯拯想带节奏试探一下宋太宗立储的风向问题，结果刚刚开了个头，就被老皇帝识破，发配到岭南吃荔枝去了。

赵光义心里，早就有储君的人选，其实就是赵恒。只是这个流程怎么搞才能服众，这事需要讨论，但必须要小范围讨论。否则提前放出话来，弄不好还是挨骂，烛影斧声这事就像一个噩梦，困扰了赵光义一辈子，他不想老了老了还被大臣在台面上拿着说事玩，背地里还被嚼舌头。但随着身体越来越差，这个话题又绕不开，赵光义迫切需要一个说话有分量的人来帮他指点迷津。所以，说到底，这事必须小范围说，说话的人是要比冯拯更有分量的人。

这个能够说上话的人，正是寇准。

我们并不知道，是否寇准帮助赵光义设计了"亲王尹京"这个经典说辞。但总之老皇帝问寇准襄王赵恒怎么样的时候，寇准就借势把这个事情给挑明了。而在和寇准的谈话之后，襄王赵恒就做了开封府尹，之后又升任太子，成功即位了。

所以，有了这个桥段铺陈，宋真宗赵恒对寇准一直言听计从。

至少在景德年间是这样的。

所以当时的宋真宗文有寇准，武有高琼，虽然前朝的名将悉数凋零，但是看上去牌面也不差。

关键这次契丹人的来势太猛。

萧太后、小皇帝、韩德让的铁三角，虽然老了，但依然是黄金组合。契丹人的大军南下，很快就攻破三关中的瓦桥关，一路沿着黄淮海大平原，势如破竹，直奔黄河而来。离开封不远，黄河边上有座名城，前文曾经提到过，就是当年郭威发动兵变的地方——澶州。到了澶州就不能再往南了，这已经是到了开封家门口上了，再渡河，根本无险可守。

何况这黄河也算不上天险。

契丹人每次都选择秋冬两季南下，华北一带的河流统统结冰，这里头就憋着坏呢。契丹人从闰九月就发兵了，结果进度太快，到了十一月就来到了澶州。

时任宰相的寇准怒了。

寇准怒了不是因为辽兵的势头猛，而是大兵压境，朝堂上一众宵小，却都在撺掇着宋真宗南逃。地方都选好了，就是南京。

寇准找不到同侪，放眼看去，都是怂蛋，只能找高琼。并且还提前跟高琼说好了，演个没有破绽的双簧。皇帝不问寇准，因为无论怎么问都是挨骂。转而问高琼，高琼说，你不用问，寇准说的对。皇帝你跑是全家跑，我的兵可是自己跑。他们陪你跑不要紧，但是他们的家都在东京汴梁，你不怕兄弟们心里不爽吗？你不仅不能跑，你还得亲征呢！（"随驾军士父母妻子尽在京师，必不肯弃而南行，中道即亡去耳。愿陛下亟幸澶州，臣等效死，契丹不难破。"《续资治通鉴·宋纪二十五》）说完，高琼就是一顿急头白脸地，坚决请皇帝御驾亲征。

旁边已经被重新启用的，那个多嘴的冯拯不爽了，开始批评高琼对皇帝无礼。高琼也怒了，说，打仗的事，你一边去，有本事你冯拯写首诗，把契丹人写死。（"君以文章致位两府，今敌骑充斥如此，犹责琼无礼，君何不赋一诗退敌邪？"《续资治通鉴·宋纪》）

这下好了，宋真宗南逃不成，还被弄到前线了。

不过话又说回来了，如果说开封是现在的北京，澶州都等于是今天的天津了，你亲不亲征，根本没区别。只要不撤退，都是御驾亲征。

话说，宋真宗是真的怕。

因为宋真宗赵恒跟宋代很多皇帝一样，是个热爱生活的人，比如就在景德年间，军国大事这么忙，宋真宗还特意跟今天江西的一家瓷器工厂打好招呼，以后你家的瓷器专供皇帝，上面必须写上景德年制，这才有了景德镇。但热爱生活的人往往都怕死。宋真宗这一年已经三十六了，一把岁数的人，还没有儿子。前面的儿子统统早亡，连续五个儿子，都是如此。要是宋真宗赵恒本人御驾亲征，那么京城留守的监国都找不到，只能找雍王赵元份。这个赵元份不是宋真宗的儿子，而是宋太宗的四儿子，让他监国，宋真宗当然不爽。

不爽也得去。

宋真宗等于是被寇准和高琼两个人掐着脖子去的前线。

澶州分成南城和北城，中间被黄河分开两个城区。

南城还算安全，北城就是一线，守城的叫作李继隆。

当时北宋将星陨落，但是当年二线年轻的将校还可以用，比如这个李继隆就是。当年李继隆跟着潘美的西路军，全程参加了雍熙北伐。受到了潘美的兵法熏陶，也受到了杨业之死的爱国主义教育。

五十五岁的李继隆，跟契丹人也是玩了命了，因为退无可退。李继隆如果再退，那就可不是澶州南城，而是整个的大宋江山。

皇帝来到一线，全军将士大受感动，众将官高呼万岁，声震几十里。（"既至，登北城门楼，张黄龙旃，诸军皆呼万岁，声闻数十里，气势百倍。"《续资治通鉴·宋纪》）

三军将士拼死效命，不仅挡住了契丹人的攻势，还干掉了契丹人的大将萧达兰。而且萧达兰的死法还特别令人震慑，史载："时威虎军头寿光张瓌（xiāng）掌床子弩，弩潜发，达兰中额仆，辽众竞前舆曳至寨，是夕，死。"（《续资治通鉴·宋纪》）宋军用了当时极为先进的床子弩，这一弩下去，贯穿了萧达兰的前额。

萧达兰之死，也动摇了契丹人的军心。

当时的情况比较微妙，契丹人孤军深入，在侧翼没有保护的情况下，两个月之内，长驱直入到了澶州。而且，在澶州城下遇到了挫折。更加重要的是，萧太后一行人，也属于是御驾亲征，万一有个闪失，辽国必乱。

大宋一方占据了气势上的上风，但是情况却不容乐观。一旦黄河防线失守，契丹人一口气冲到开封，也不是不可能的事情。况且，当时皇帝到了前线，留守东京的雍王赵元份却暴死。知道弟弟去世的消息，宋真宗只能派当时的参知政事王旦回去主持工作。

王旦问："十日之间未有捷报，时当如何？"

宋真宗赵恒想了半天，从牙缝里挤出来几个字——"立皇太子"（《宋史·列传四十一》）。

双方都没有必胜的把握，也缺乏继续打下去的决心。

和谈是自然而然的事情。

和谈这事，寇准和高琼一直在抵制。宋真宗没办法，只能找了一个目标比较小的低级官员——曹利用。曹利用临走之前，宋真宗偷偷摸摸说了一个岁币的预算——一百万。后来寇准找到曹利用说，不能高于三十万，高于三十万回来就杀了你。（"虽有敕，汝所许毋过三十万，过三十万，吾斩汝矣。"《宋史·列传四十》）

协议终于达成了，看上去并没有吃亏太多。

划界还是在白沟河一线，也就是"三关"。岁币共有三十万，寇准的震慑，是有效的。宋辽从此结成了所谓"兄弟之国"，我们如果再回想起来几十年前，石敬瑭、刘知远、石重贵们的父子之国，甚至爷孙之国，这个兄弟之国，显然是有进步的。

澶州属于澶渊郡，所以这个协议，后来被称为"澶渊之盟"。

最后一战，看起来更像是萧太后为自己永远的小皇帝，保送和平的一场加时赛，只不过求取和平的过程，也会沾血。

澶渊之盟之后的一百多年，辽宋再也没有发生过大的战事，双方以白沟河为界，进行着互市的活动。直到女真金国兴起之后，那时候是辽朝末年，当然也是北宋末年。

澶渊之盟之后又五年，公元 1009 年，萧太后去世。

萧太后去世之后又两年，韩德让离世。

属于他们共同创造的传奇，落下帷幕。

第八章
子贵母死

拓跋鲜卑的历代领导人，怎么看都像是从现代穿越回古代的。

拓跋焘奋六世之余烈，最终荡平五胡十六国在北方的残余势力，完成了中国北方的基本统一。放在整个三国两晋南北朝三百多年的大乱世来看，北魏太武帝的统一，算的上是当时不多的历史闪光点之一。

立子杀母

到公元 386 年，道武帝拓跋珪复国成功，建立北魏为止，鲜卑人已经创造性地从理论上将自己的源流追溯到了黄帝，名副其实地成为"炎黄子孙"。他们是这样对自己的源流进行自圆其说的——"魏之先，出自黄帝轩辕氏。黄帝子曰昌意，昌意之少子受封北国，有大鲜卑山，因以为号。""黄帝以土德王。北俗谓土为托，谓后为跋，故以为氏。"（《北史·魏先世纪》）也就是说，毫无疑问鲜卑人就是黄帝子孙，而且指名道姓地说明自己是昌意一支的后人；鲜卑这个名字，是因地名而得名；拓跋这个名字，"拓"就是"土"，"跋"就是"后"，是为了遥尊黄帝的"土德"。这样一来，鲜卑统治者不认祖李陵的原因就清楚了。李陵这样有污点的汉族名人，在鲜卑人看来是上不得台面的。北魏统治者的野心，是成为轩辕黄帝的直系后裔，而不是去攀附一个变节投敌的汉族的叛徒。我们前文中曾提到的崔浩，有很大可能就是因为在为北魏修史的时候提到了"李陵源流"这种说法，而惨遭族诛的。

自称炎黄，鲜卑人的"去鲜卑化"国策，从理论上已经接近完美。

鲜卑人彻底解决了民族源流上的学术性问题，也就解决了日后入主中原的正统性问题。不过更大的挑战是逐步汉化的问题，涉及到一些操作层面的细节，比如姓氏、语言、风俗等，一定不是一代人、两代人就可以完成的。北魏的统治者们，几代人不遗余力地进行着统一战争，也进行着将鲜卑人整体打包改造为汉族的一个历史进程。

北魏道武帝拓跋珪继承前辈遗志，复国成功，拓跋鲜卑从一个小小的代国，成长为称霸北方的北魏，其间拓跋珪付出了太多的心血。不过，年龄越来越大的拓跋珪，却愈发感到创业的艰难，守业的不易。当时的北魏，虽然已经宣布是一个王朝，但"统国三十六，大姓九十九"（《魏书·序纪》），看起来更加像是一个个管理松散的游牧部落。所谓部落与部落之间，一言不合就可以刀兵相见、血流成河。即便拓跋珪已经自称皇帝，但是北魏的中央集权制度远远没有建立起来。拓跋珪起家时依靠了来自母族鲜卑贺兰部、妻族独孤部等力量，因此称帝之后也经常受到来自部落势力的掣肘。此外，鲜卑人的王位继承制度，也存在很多理论上的重大缺陷。王位的"兄终弟及"在优先级上高于"父死子继"，此外还要鲜卑部落大会共同推举确认。即便如此，鲜卑王位继承制度也没有形成真正的传统，每一次的王位更迭，无不包含着血腥暴力和阴谋。比如拓跋珪本人的皇位，就是通过与自己的叔父拓跋窟咄内战而得来。

自称帝之后二十年中，拓跋珪南征北战，名震朔方，他对自己在军事上的征服是自信的。不过，拓跋珪非常清楚地知道，他真正的威胁不是来自外部，而是来自鲜卑人内部。长期的内部的政治斗争和倾轧，让拓跋珪多疑，做事手段狠辣。为了自己家族的延续以及自己一手所缔造事业的延续，拓跋珪拒绝在政治斗争中讨论儿女情长。比如，在拓跋珪一手策划之下，堂弟拓跋觚（gū）和拓跋仪先后死去，这同兄终弟及的草原传统自然有脱不开的干系；又比如，拓跋珪通过和亲的方式，把自己非常喜欢的女儿华阴公主远嫁给了死敌柔然的首领闾大肥。政治其实也是一种贸易，区别在于贸易攫取利润而政治攫取利益。所以，在利润和利益面前，忠孝仁义都只是说给别人听的，古今中外，概莫能外。

在拓跋珪的心中，最合适的帝国继承人是自己的长子拓跋嗣。对比次子拓跋绍的顽劣和残忍，长子拓跋嗣显得更加宽厚和睿智。不过，拓跋珪自始至终都无法抹去母族贺兰部落给自己的青少年时代留下的深刻影响。偶尔，这种影响会让拓跋珪感觉烦躁。正面来讲贺兰部落是自己发迹的根基，不过负面来讲，贺兰部落的强大又是自己一生的阴影。所以，最终拓跋珪想到了一个两全其美的好办法——立子杀母。

立子杀母这件事情，在前朝历史中早有先例。比如在汉武帝时代的末期，卫子夫和戾太子刘据因为"巫蛊之祸"双双自杀，汉武帝选择了立自己最小的儿子刘弗陵为太子。为了保证刘弗陵的皇帝之路一片坦途，汉武帝为刘弗陵选择了一位执政能力超群的辅政大臣霍光。同时为了防止"子幼母壮"，重蹈汉高祖死后吕后擅权的覆辙，汉武帝赐死刘弗陵的母亲钩弋夫人。

拓跋珪所面对的局面，比汉武帝末期更加复杂，所谓的"外戚"背后，是一个个虎视眈眈的鲜卑部落。拓跋氏对鲜卑人的汉化改造，远远没完成；对于汉族式中央集权封建帝国的建设，更是刚刚起步。一旦拓跋珪撒手人寰，没有人能够保证，鲜卑的各部落不会趁机进行夺权，已经和平了几十年的草原难免进入新一轮的混战和自我消耗。

下定决心的道武帝拓跋珪，赐死了拓跋嗣的生母刘贵人。当拓跋珪以汉武帝的掌故对拓跋嗣进行解释的时候，年轻的拓跋嗣并不买账。在母亲死后的很长一段时间内，拓跋嗣昼夜痛哭，表达自己的哀痛以及对父亲的不满。道武帝对拓跋嗣的反应深感失望，作为未来鲜卑拓跋氏的皇位继承人，绝对不应该如此没出息。于是气头上的道武帝，再一次宣拓跋嗣进宫。拓跋嗣熟悉自己父亲的秉性，预感到凶多吉少，于是拓跋嗣索性一走了之，偷偷地躲了起来。

公元 409 年，像拓跋嗣的母亲刘贵人一样，拓跋嗣弟弟拓跋绍的母亲贺夫人，也被拓跋珪幽禁在宫中，准备择日处死。拓跋绍的性格不同于哥哥拓跋嗣，自小残忍暴戾的性格，让拓跋绍做事没有底线。十月十三日，拓跋绍率兵进入皇宫，杀害了拓跋珪。随后，拓跋嗣也率兵进入京城，平定叛乱，处死拓跋绍。

公元 409 年，拓跋嗣宣布继皇帝位，史称北魏明元帝。

道武帝拓跋珪死去了，但从北魏明元帝拓跋嗣开始，拓跋珪所创立的"子贵母死"制度，成为北魏一朝的祖制而代代相传。虽然，子贵母死制度的初衷，是为了限制母系坐大。然而出乎道武帝的意料之外，后世子贵母死的制度虽然一直在执行，但母系的权力却始终没有受到有效限制，反而太后干政成为北魏一朝最为常见的政治现象。

冯太后——冯氏女

明元帝拓跋嗣驾崩之后，继承帝位的人是拓跋嗣的儿子，太武帝拓跋焘。

拓跋焘奋六世之余烈，最终荡平五胡十六国在北方的残余势力，完成了中国北方的基本统一。放在整个三国两晋南北朝三百多年的大乱世来看，北魏太武帝的统一，算得上是当时不多的历史闪光点之一。

公元 436 年，拓跋焘率兵打败北燕皇帝冯弘，北燕灭国。此时此刻的太武帝拓跋焘或许不会想到，他的孙子后来娶了冯弘的孙女。冯弘的孙女后来被称为冯太后，这个女人后来决定了整个北魏后来的历史走向，导演了中国历史上又一次大规模的民族融合。

冯弘的孙女没有名字，我们姑且称之为冯氏女。

北燕被灭亡的那一年，冯氏女尚且没有出世。不过几年之后，冯氏女的父亲，已经做了北魏臣民的冯朗，因为一场重罪被灭族抄家。从此，罪人之后的冯氏女被作为奴婢没入宫中，在北魏的后宫长大成人。冯氏女，小小年纪就经历了国破家亡的苦痛，也让冯氏女从小对北魏朝廷有一种难言的复杂情感。

公元 452 年，拓跋焘的孙子拓跋濬（jùn）登上帝位，史称北魏文成帝。而冯氏女的命运，此时也迎来了一个千载难逢的转机。就在这一年，拓跋濬封冯氏女为贵人。冯贵人一步登天，成为后宫的宠儿。这一年的拓跋濬十二岁，冯贵人十岁。

作为一个普通女人，尤其是来自罪臣之家又是汉族出身的普通女人，冯贵人低调且务实，她想成为一个贤良淑德的人。对丈夫举案齐眉，从一而终，这也是她作为一个女人的最大理想。尽管，在私下里，冯贵人有女汉子的时刻，也有野性狂放的一面，但是在面对自己的另一半拓跋濬的时候，冯贵人从来都是夫唱妇随，体现自己最最女人的那一面。冯贵人的温柔贤惠，为自己积攒了来自朝堂之上的口碑，也得到了拓跋濬最大的回报。公元 456 年，时年只有十四岁的冯贵人被拓跋濬封为皇后，升级为冯皇后。

就在冯皇后正式册封的一个月之后，拓跋濬的儿子拓跋弘被封为皇太子。按照"子贵母死"的旧制，拓跋弘的亲生母亲李氏被赐死。拓跋弘从此被交给冯皇后抚养，冯皇后视为己出，一直抚养拓跋弘到他成年。

冯皇后的传统汉家女人相夫教子之梦，终于还是归为幻灭。

公元 465 年，年仅二十五岁的北魏文成帝拓跋濬驾崩，拓跋弘继位称帝。这件事情对于冯皇后的触动很大。冯皇后和拓跋濬少年时代相识相知，可谓青梅竹马。十几年来，冯皇后在拓跋濬的荫庇之下，一步步由一个罪臣之女成为贵人，又成为皇后。十几年来，一脸懵懂的豆蔻少女，蜕变为一个知书达理、母仪天下的成熟女人。冯皇后对拓跋濬，是那种亦夫妻亦朋友亦恩人的奇妙关系。在这次意外之前，冯皇后曾经设想过同拓跋濬一起慢慢变老，一起看身边的秋去冬来，花谢花开，一起享受儿孙绕膝的天伦之乐。不过，当拓跋濬永远离开人世的那一刻，冯皇后瞬间感到天塌地陷，原来属于她的美好憧憬终于灰飞烟灭。

作为一个女人最大的梦想已经破灭，冯皇后悲痛欲绝。皇帝去世的第三天，按照传统，拓跋濬生前吃穿住用行的生活用品全部予以焚烧。精神已经接近崩溃的冯皇后，流着眼泪扑进了火海之中。史书上如此记载："国有大丧，三日之后，御服器物一以烧焚，百官及中宫皆号泣而临之。后悲叫自投火中，左右救之，良久乃苏。"（《魏书·皇后列传》）这让人震惊的一幕让我们自动脑补，不禁想起了《权力的游戏》中的龙母。同样是在丈夫死去之后，身处一片火海。和龙母一样，冯皇后出身前朝皇族，又成长于贫贱，凭借自己的努力一步步成长，最终在一场大火之后浴火重生。

在火海之中被救出的冯皇后，已经不再是原来的冯皇后，她已经涅槃，而完全成为了另外一个人。从这一天开始，冯皇后下决心不再依附于任何男人，也不会再幻想做一个相夫教子的"良人"。这场突如其来的噩耗，将冯皇后性格中最刚强的那一面激发出来，她从此无所畏惧。她要做回本真的自己，做一个真正的女人，冯皇后将用自己的毕生，去追求属于女人的生命真谛。

升级为冯太后的冯氏女，首先要做的第一件事情，是夺取政权。

献文帝拓跋弘继位之后，朝廷内最大的权臣叫作乙浑。乙浑这个人相当跋扈，也相当贪婪。在文成帝时期，他已经官至侍中（相当于办公厅顾问），车骑大将军（军事统领，二把手）。在文成帝死后，乙浑趁机矫诏，短短一年之内杀掉大量威胁自己地位的政敌，进而封自己为太尉兼丞相。乙浑这样的人，就像狗啃石狮子——吃相难看又自不量力。

公元 466 年，冯太后密谋，除掉了乙浑势力，并灭了乙浑三族。

第二年，也就是公元 467 年，献文帝拓跋弘喜得贵子，起名拓跋宏。按照前朝制定的"子贵母死"制度，拓跋宏的生母李氏被赐死，拓跋宏也像自己的父亲拓跋弘一样，被交给了冯太后抚养。

政权初步稳定，冯太后开始着手做计划中的第二件事情——寻找爱情。

文成帝去世的时候，冯太后只有二十三岁，正是一个女人的生理巅峰。抛开封建礼制那一套不说，让这样的女人独守空房，本身是一件非常困难的事情。更何况，北魏是鲜卑人的国家，汉化和儒化对于人性的束缚，也还远远没有后世宋明那样的极端。何况即便是汉家王朝，前文提到的很多皇室女子，也都是在丈夫死后一嫁再嫁。

冯太后喜欢的人，叫作李弈。

冯太后的想法很简单，江山社稷虽好，但她仍需要一个懂自己的情人。

不过，李弈和冯太后在一起，并没有太长时间。公元 470 年，献文帝拓跋弘找到合适的借口，杀掉了李弈，将这段皇家宫闱之内的丑闻做了一个彻底的了断。不过，拓跋弘没有想到的是，他低估了李弈在冯太后心中的地位。我们可以想见，对于一个用心去爱了的女人而言，爱人之死势必会造成强烈的伤害。第二年，冯太后施加了强大压力，献文帝拓跋弘被迫退位做了太上皇，让位给自己的儿子拓跋宏，拓跋宏就是北魏孝文帝。

公元 476 年，冯太后又设计杀掉了自己一手抚养长大的拓跋弘。

已经死去的拓跋弘更加没有想到的是，他当年的鲁莽行为没有解决任何问题，反而让此后的冯太后在这方面变本加厉。既然再也无法找到像李弈一样优秀的情人，那无非就是单纯的生理需求。丈夫死后浴火重生，思想上已经完全放开的冯太后意识到，她失去的是一棵树木，而得到的却是整个森林。朝堂之上，那些高颜值、高学历的大臣们，一个又一个拜倒在冯太后的石榴裙下、暖纱帐中。比如，吏部尚书王叡（ruì）、尚书仆射李冲等，这些美男子们不仅被冯太后拥入怀中，而且他们形成了一个鲜明的政治团队，成为了冯太后在参政和施政中的左膀右臂。

在政坛和情场分别大显身手的冯太后，开始着手做计划中的第三件事情，那就是改革旧制。

北魏的体制，积弊已久。虽然鲜卑人擅长军事上的征服，也一步步地在推行"去鲜卑化"而进行了初步汉化。但是，上百年来，北魏的体制内，一直是汉制和鲜卑部落制两套体系并存，也就是古代版本的"一国两制"。比如汉语和鲜卑语并存，汉服和鲜卑服并存；比如儒家官制和鲜卑贵族官制并存，儒家士绅和鲜卑军政豪强并存。出身于鲜卑化汉族家族的冯太后，身处两种文化的结合点，她对于这种病态的"共生"深恶痛绝。她的出发点，并不是出于自己的汉人身份，而是完全为了施政需要，为了北魏的江山社稷考虑。

冯太后先后的几个举措，重点就是推翻这种病态的"共生"。

在冯太后的一手推动之下，北魏实施了"班俸禄"制度，也就是说，给朝廷的各级官员建立严格的工资薪酬体制。这个举措非常及时。因为北魏自开国以来，就实行了"以战养战"的官员放养式管理。换句话讲，北魏的官员们，为了养家糊口，就必须上阵杀敌去掠夺，如果不能上阵杀敌的，就利用职权，进行贪污、受贿、抢占等方式的薪酬回报的自我激励。这种粗放式的、野蛮生长式的薪酬架构，已经远远无法让北魏的官僚体系有效和健康运转。所以，冯太后的"班俸禄"制度是一针见血，对症下药。

此外，冯太后推行了"均田令"。我们前文曾经论述过土地兼并的问题，这个问题在北魏同样存在。因为战争，大量的荒地处于待开发状态。因为土地兼并，大量的农民破产，被迫卖身进入地主豪强的庄园。"均田令"

的实施，让大批破产农民重拾积极性，开垦了大量荒地，重新有田可耕，自给自足。同时，大幅增加了国家赋税和徭役来源；与此同时，大量内迁的普通鲜卑人，慢慢放弃游牧生活方式，转而进行农耕生产，逐步融入汉族生产生活方式。

冯太后的改革，恰好掐住了当时社会矛盾的七寸，所以获得了巨大的成功。除了"班俸禄"和"均田令"之外，冯太后还先后实施或制定了其他改革措施，如逐步汉化、移风易俗等等。这些措施，在冯太后去世之后，由她的孙子北魏孝文帝继续向前推进。冯太后和孝文帝的改革，前赴后继，薪火相传，后人把他们的改革放在一起，合称"太和改制"。

虽然对前面的献文帝拓跋弘采取了非常极端的措施，来维护自己至高无上的权力。但是后来对献文帝的儿子孝文帝拓跋宏，冯太后没有先入为主地带着自己的偏见。她将孝文帝视若己出，用各种手段来培养和锤炼这位后来的传奇帝王。

冯太后对孝文帝的影响，分成三个层面。

第一个是"言传"，也就是儒家经典的学习。

当时即便是在北魏文化界，也是两制并行，汉文化并没有取得绝对统治地位。但是，冯太后依然让年幼的拓跋宏选择了学习汉文化，攻读儒家经典。除儒家之外，孝文帝还熟读道家的《老子》《庄子》，同时对佛教经典也颇有研究。正是这种博采众家之长的涉猎，让孝文帝有一颗超越他时代的世界观，支撑他后来的建功立业。

为让孝文帝更加聚焦地研习，冯太后专门为他著述了《劝戒歌》三百余章和《皇诰》十八篇。这种举措，不禁让我们想起了之前所提到的朱元璋为后人所创作的《皇明祖训》。虽然《劝戒歌》和《皇诰》的原文已经不可考，不过我们有理由相信，对比《皇明祖训》，出自冯太后的女人手笔的这两部作品一定更加贴近生活，更加具备政治上的可操作性。

冯太后对孝文帝第二个层面的影响，我们称之为"身教"。

作为北魏王朝事实上的最高统治者，为人所称道的是冯太后在生活中的平常心。她厉行节约，平易近人，像一个普通人那样看待身边的富贵繁华。无论吃穿用度，冯太后都尽量做到不事铺张。她身上所体现的很多优良品质，都深深影响了年幼的拓跋宏。成年之后的孝文帝，低调虚心，事必躬亲，两代人在个人品质方面如出一辙。

政治来不得半点软弱，也来不得半点儿女情长。冯太后担心成长于皇宫的孝文帝，成为温室中的花朵，或者只会纸上谈兵的书呆子。所以，她经常用非常极端的方式，来表达自己内心深沉殷切的期望。曾经有一次，寒冬腊月，数九寒天，冯太后因故把只穿单衣的少年拓跋宏，单独关在了一间小屋里，三天三夜没有吃饭。

长大后的孝文帝，学到了冯太后身上那种与生俱来的刚强。后来孝文帝推行改革的过程，就集中体现了冯太后这种铁血无情的政治手段。神挡杀神，佛挡杀佛，即便是太子元恂（xún）出面阻挡改革，孝文帝也没有任何的心慈手软。

冯太后对孝文帝影响的第三个层面，叫作"事业"。

每一个男人都是从孩子成长而来的，即便是富二代，即便是皇帝，小时候面对零食和玩具的诱惑，也不过就是最普通的芸芸众生之一。成年之后的男人们，可能不缺钱不缺房子，也可能不缺名不缺地位。但是大部分人还是感觉缺点什么，只要觉得还缺点什么，那就会空虚。尤其是，这种空虚会因为时间的推移而放大。这种放大后的空虚累计到一定程度，男人就又重新回归到了孩提时代，成为精神上的儿童。

一个真正的男人和内心没有长大的男人之间最大的区别，其实是事业。这事，跟你当下拥有多少金钱、地位和权力，其实关系并不大。金钱如粪土，酒肉穿肠过，佳丽三千莺歌燕舞，这种生活带给人的一定不是脚踏实地的充实感。冯太后给与孝文帝最大的遗产，就是"事业"。这个事业的灵魂是持续汉化，富国强兵。后来，孝文帝终其短暂的一生，都在一丝不苟地完成冯太后所交接的事业。

冯太后用自己的刚强和慈爱，一手培养了北魏孝文帝，祖孙二人联手将北魏王朝推上发展的巅峰。

公元 490 年，一代传奇女子北魏冯太后离开人世，谥号"文明太皇太后"。她去世之后，北魏孝文帝拓跋宏连续五天滴水未进，他失去的是自己的亲人，也失去了自己的精神支柱以及事业上的同路人。

　　冯太后的一生，接近完美。从罪臣之后，到皇宫婢女；从青年丧夫，又重新振作，最终迈上了帝国权力的巅峰。作为女人，她一步一个脚印，完成了自己教科书式的成长之路。无论生活还是事业，冯太后做到了她能够做到的一切，她无愧于她的时代，也无愧于整个中国历史。

东施效颦

　　冯太后去世之后，孝文帝继承了冯太后的衣钵，对北魏进行了持续的汉化，尤其是将首都从平城（大同）迁到洛阳。内迁的鲜卑人无论从风俗习惯还是从衣食住行上，都更加接近汉人。大量鲜卑姓氏也进行了汉化，比如独孤部的"独孤"，被改成了"刘"，而皇家姓氏"拓跋"也从这个时代开始，改为"元"姓。

　　公元 499 年，孝文帝驾崩，太子元恪（kè）继位，也就是北魏宣武帝。

　　宣武帝一朝，"子贵母死"的制度，已经造成了宫内严重的白色恐怖气氛。后宫上到皇后，下到宫女，每个人都期盼自己生的孩子是个王爷或者公主，而不是生太子。最极端的情况是，女人们生完儿子之后，自己又亲手杀掉。比如宣武帝的皇后高英，就有很大的嫌疑曾经亲手杀死过自己的儿子。此外，高英这个人，又是历史上比较有名的河东狮，在她的把持之下，宣武帝很少有机会能够临幸到其他的嫔妃。所以，到宣武帝元恪的执政末期，皇帝没有继承人，成了困扰帝国最大的问题。

　　不过事有例外，宣武帝有位嫔妃叫作胡氏女的，就偶然怀孕了。而且关键是，胡氏女不信"子贵母死"这个邪，她发誓要为皇帝生下儿子。其实胡氏女的想法并不是偶然的。在宣武帝时代，胡氏女不怕死的自信来自两个方面：一个是自己的出身。与前文提到的冯太后出身寒微不同，胡氏女是当朝司徒（相当于政府中枢）胡国珍的女儿。当时的胡国珍年过七旬，后来足足活了八十岁，一生经历了太武、文成、献文、孝文、宣武几个皇帝，在宣武一朝可谓德高望重；另一个不怕死的原因，是宣武帝笃信佛教，佛教不杀生的思想对宣武帝影响至深。胡氏女不惧祖制，坚决为宣武帝生一个儿子，也是对宣武帝信念的一种充分预估。

　　其实，中国的佛教恰恰就兴盛于南北朝时期，尤其是北魏。北魏虽然曾经经历过太武帝灭佛，但从文成帝开始修建大同云冈石窟，到后来孝文帝在洛阳修建龙门石窟。佛教在北魏一朝，获得了前所未有的地位。说到底，太平盛世时期，需要儒家的"修齐治平"来巩固统治者的皇权，也为古代读书人的"入世"奠定了强有力的理论基础；不过，在三国两晋南北朝的大乱世，"苦海无边""生死轮回""因果报应"，这样的思想才更加符合当时寻常百姓心境。既然"入世"报国无门，索性"出世"修行，坐禅"吃斋"化缘，这样的平静在乱世中更显得弥足珍贵。

反过来讲，对于庙堂之高的统治者，能够让更多的臣民形成同样的精神信仰，更加有利于政权的稳定，又何乐而不为呢？所以，在当时的这种社会思潮之下，南朝的梁武帝时代，才出现了中国禅宗始祖菩提达摩。而梁武帝更是几次以皇帝身份遁入空门出家为僧；北朝也是类似情况，恰恰因为佛教为西来的"胡人宗教"，反而在北朝更有存在的理由。五胡乱华时代的中国北方，高僧佛图澄劝说军政长官们放弃杀生，佛教得到北方各族下层人民的人心。北朝到宣武帝时期，皇帝公开在皇宫之内宣扬佛法，由僧人将这些佛事活动记录成册，编纂成《内起居》一书。此外，宣武帝建立了北魏的皇家寺院——瑶光寺，单是房间数量就达到了500多间。到宣武帝末期为止，北魏全国共有登记在册的佛寺13727所，远远不是"南朝四百八十寺"所能够比较的。

摸准了皇帝的脾气秉性，而胡氏女也足够走运，她最终成功地生下了一个儿子，这个孩子被起名字叫作元诩。这个孩子，也成为宣武帝唯一的儿子。最终如胡氏女所料，宣武帝并没有执行"子贵母死"的祖制，反而因为生子，胡氏女被升为充华。而从胡氏女生子开始，宣武帝也就借此机会，彻底废除了在北魏王朝历史上执行了100多年的"子贵母死"的祖制。

应该说，对比冯太后的悲剧家庭，胡充华的起点确实足够高。出身名门，丽质天成。无惧祖制，诞下皇子。看起来，胡充华的成长之路也应该足够精彩才对。不过，不管是现在还是以后，胡充华同冯太后最大的区别，就是后者懂得如何节制自己的欲望，而前者的欲望则缺乏逻辑而显得太过任性。

公元515年，宣武帝去世，年仅五岁的元诩继位，史称北魏孝明帝。随后，高皇后被尊为皇太后，而胡充华被尊为胡太妃。显然，胡太妃这个名头，无法让人提起更大的兴趣。一个月之后，胡太妃将高皇后逼到瑶光寺出家为尼，自己封自己为皇太后，临朝听政。不过，当时的瑶光寺贵为皇家寺院，虽然高皇后已经被贬，但吃穿用度的标准却并没有降低太多。此外，瑶光寺历年以来聚集了太多前朝嫔妃或者贵妇。名为寺院，夜里却经常留宿大量精壮男子做"道场"。瑶光寺的尼姑，是名副其实的风月尼姑。很显然，这样的生活比之在寂寞深宫，反而更增加了高皇后的生活情趣。而这一定不是胡太后想要看到的。三年以后，对高皇后充满仇视的胡太后，找到借口处死了她。

胡太后出自司徒之家，从小受到了良好的教育，聪明伶俐而又多才多艺。所以，在政坛上，比起干练务实的冯太后，胡太后对于很多表面文章也格外在意。比如，她自顾自地在朝堂上自称为"朕"，要求朝臣在奏疏中称她为"陛下"；又比如，她要求按照《周礼》中的规矩，代替年幼的孝明帝主持每年的祭祀活动。发展到后来，朝廷的一系列婚丧嫁娶的大典，几乎全部绕开孝明帝，而由胡太后一手主持。事实上，胡太后的这些酸腐文人的无聊小聪明，赢了面子而输了里子，对于自己政治声誉的建立反而起到了负作用。

同冯太后一样，当胡太后初步稳定了政治地位之后，就开始着手寻找自己的情人，以填补自己空虚的感情世界。胡太后锁定的猎物，是皇帝的四叔——清河王元怿（yì）。胡太后的眼光是不错的，在一众文武大臣里面，元怿无论外形、才华还是办事能力，都算是数一数二的人物。史载，元怿"幼而敏惠，美姿貌，高祖爱之。"（《魏书·卷二十二》）尤其是拿元怿对比元怿长兄，被孝文帝废掉的太子元恂——"恂不好书学，体貌肥大"（《魏书·卷二十二》），元怿实在是惊为天人了。而事实上，鲜卑人的习俗中，嫂子同自己的小叔子在一起，也算不得什么大逆不道的事情。不过，胡太后欠考虑的地方有两处：第一，冯太后的李弈，只是单纯地作为情人存在。而元怿却有相当大的政治影响力，他一个人，兼任了孝明帝一朝的司徒、太傅（高级顾问）、太尉三个重要职务；第二，冯太后和李弈的结合，是两情相悦。但是胡太后和元怿的结合，却是胡太后采取手段诱奸元怿在前，之后两个人才日久生情的。从某种意义上讲，在男权社会中，女人太过主动的男女之情会为世人所不齿，这件事大大降低了胡太后的个人威望。

以上所述的两个原因，在朝堂上持续发酵，终于酿成了一起宫廷政变。

公元 520 年，怀有政治野心的宦官刘腾和宗族元叉，以胡太后和元怿的桃色事件为借口，发动突然袭击，杀死元怿，软禁了胡太后。同时，刘腾和元叉控制了京城的局势，把持了北魏朝政。不过，在政变之后的几年里，刘腾和元叉二位，比胡太后也没有好到哪里去，他们两个变本加厉地卖官鬻爵，淫乱宫廷，大失人心。公元 523 年 2 月，刘腾病死。胡太后同心腹密谋，控制了元叉，重新夺回政权，再度临朝听政。

三年过去，再一次回到权力中心的胡太后，体会了人世间的大起大落。她终于明白了有权不用、过期作废的深刻道理。这次政变，让胡太后更加珍惜自己的时间，她用有限的时间奉献到欲壑难填的纵情享乐中去。

元怿之死让胡太后感到万分恼怒，她要用自己还算年轻的身体，来报复这个男权社会对她的不公。她开始不断地寻找不同的男宠，比如郑俨，比如李神轨和徐纥……李神轨、徐纥甚至和胡太后"并见亲侍"……不仅仅是纵欲无度，对这些男宠，胡太后只管享受男色而并不计较男宠们的人品层次。男宠们的不学无术，给国家带来了一场场政治灾难。

特别值得一提的是，当时胡太后的男宠之一，北魏猛将杨华，因为政治原因，逃到了到南梁避难。文艺女青年胡太后，为解相思之苦，给自己宠爱的男人杨华，写下了一首脍炙人口的诗词——《杨白花》，这首词一直流传到今天。让我们来欣赏一下杨白花的原文，感受一下胡太后的思想境界。

阳春二三月，杨柳齐作花。

春风一夜入闺闼，杨花飘荡落南家。

含情出户脚无力，拾得杨花泪沾臆。

秋去春还双燕子，愿衔杨花入窠里。

词的确是好词，但可惜它不该出自风流而毫无节制的胡太后之手。

胡太后二次临朝之后的种种作为，激起了满朝文武的愤慨；长期以来的朝野矛盾，也激起了来自边疆的"六镇之乱"。内外交困之下，孝明帝元诩密诏带兵在外的权臣尔朱荣，回朝主政，稳定局势。胡太后已经感受到了来自于朝野上下的巨大压力，她知道自己有可能被再次夺权。公元528年，为了继续牢牢地掌握政权，一不做二不休，胡太后伙同众多男宠，杀掉了自己的亲生儿子、时年十八岁的孝明帝元诩。

杀掉亲生儿子，已经足够让人瞠目结舌。不过，更加让人意想不到的是，孝明帝死后第二天，胡太后居然谎称一个叫作元姑娘的北魏公主是个男孩，拥立元姑娘为帝。几天之后，在纸里包不住火的情况下，胡太后紧接着拥立临洮王元宝晖（孝文帝拓跋宏之孙）的两岁儿子元钊为帝，史称北魏幼主。

同年四月，权臣尔朱荣进入洛阳。尔朱荣先是挟持民意，将胡太后和北魏幼主元钊扔进黄河溺死。之后又大开杀戒，一口气杀掉了北魏皇族和百官公卿共1300多人，史称"河阴之变"。六镇之乱以及河阴之变，彻底动摇了北魏王朝基业，在之后的几年中，六镇之乱被平定，六镇军人挟持北魏皇族，将北魏分为西魏和东魏。从此，延续一百五十年的北魏，走上了灭亡的不归路。

胡太后也许至死也不会明白，作为政治人物，她必须要懂得平衡生活和工作。享受生活必须要以勤奋工作为基础，荒废了工作，生活也一定不会继续。或许，胡太后看到了冯太后为她设计的完美女人攻略，但胡太后充其量只是学到了皮毛，完全没有领会冯太后在前朝后宫游刃有余的精髓。

胡太后的起点很高，下场却令人唏嘘。她的任性和欲壑难填，害了自己，也埋葬了当时最为朝气蓬勃的中原王朝——北魏。子贵母死制度，也随着北魏的灭亡走入历史尘埃，带给我们的是对男权社会无尽的反思。

目录

根据《史记》的记载，在公元前 661 年发生了这样一件事情，春秋诸侯中的超级大国晋国，对晋国西边的霍国、耿国、魏国三国发动了灭国之战。晋国的领导人晋献公最终吞并了这三个小国，凯旋而归。在这场战役中表现勇敢的两个人，一个叫作赵夙（sù），是晋献公的御戎（驾马车的人）；另一个叫作毕万，是晋献公的车右（执干戈御敌的人）。后来晋献公为了表彰他们两个，就把征服的耿地赐给了赵夙，把魏地赐给了毕万。从此以后，毕万的后人就以魏地为氏，繁衍生息，自称魏氏。

　　这件小事是茫茫历史长河中一朵不起眼的小浪花，不过它却成为后来一连串故事的开端。

礼崩乐坏

在周王朝开国近四百年之后，公元前 770 年，因为遭遇内乱，周平王将国都从镐京 ① 迁到了河洛地区的陪都洛邑（洛阳）。值得一提的是，东迁的时候，为增加在洛邑新都的安全系数，周平王还迁移了几个开国时的诸侯。比如姬姓西虢国，随同周平王一起东迁。最终从陕西宝鸡，一直迁移到了今天的河南三门峡一带，扼守崤函通道的门户，地跨黄河两岸。

在东迁洛邑之后，周王朝就开始被称为东周，以区别于定都镐京的西周。也正是从东周开始，周王室的权威不再，诸侯开始进入蠢蠢欲动的争霸时代。不仅周王室的地位受到挑战，甚至诸侯国的统治者们都开始受到了来自于贵族们的挑战。换句话讲，这个时候，《周礼》对国家的约束已经不足，开始出现崩盘的前兆。最为严重的事件，发生在晋国。这件事情的起因是，晋国的宗法制受到了严重的挑战。

事实上，宗法制作为分封制的有效补充，早在西周开国的时候，周王朝就已经向各诸侯国进行推广。而宗法制中的一个基本原则，就是严格的嫡长子继承制。嫡长子继承制，简而言之就是周王室的王位和财产，必须由嫡长子继承。嫡长子也就是正妻所生的儿子，其他妻子生的孩子，称为庶子，庶子可以被分封到王朝的战略要地做诸侯；以此类推，庶子在自己的封地，也一样贯彻嫡长子继承制，继承权力和财产的嫡子称为大宗，而庶子则被分封，成为小宗；诸侯以下，宗法制还被推广到卿大夫、士。

宗法制作为一个普适原则，以立法的形式在王国内部消除了关于继承权的争议。在西周开国一直到周平王东迁长达四百年的时间内，宗法制依靠周王室的声望和诸侯国的坚决执行，维护着至高无上的权威。不过，随

---

① 镐京：古都名。西周国都。故址在今陕西省西安市西南沣水东岸。

的，也就是齐桓公①。齐桓公成名早，而且身边有管仲②这种百年难遇的人才辅佐，所以人家齐桓公不仅有武功还有文治，况且他提出了"尊王攘夷"的口号，带来了空前的政治红利。

晋献公比齐桓公，确实比不了，但晋献公的长处就是打仗，周边的国家，他能灭的灭了，不能灭的也打服了。当时号称"献公并国十七，服国三十八"。（《韩非子·难二》）

在晋献公南征北战的过程中，征服了一个叫作骊戎的游牧民族，又从骊戎得到了骊姬和她的妹妹，姊妹二人深得晋献公的欢心。随后，骊姬帮晋献公生下了一个叫作奚齐的儿子。晋献公戎马倥偬一辈子，老了老了，天上掉下个异域情调的骊姬，并且没过多久就老来得子，充分证明了老国王雄风犹在。这事无论换成谁，心里都跟吃了蜜一样高兴。

国王高兴之余，骊姬的枕边风就开始使劲吹了。

经过一系列并不高明的运作之后，晋献公终于逼死了身为太子的申生。随后，得到消息的其他两个儿子，重耳和夷吾开始逃亡。在当时那种情况下，两个公子的选择并没有错。因为事情发展到这一步，前景已经非常明朗，申生挂了，他俩不可能坐以待毙。兄弟俩也是心有灵犀，一个往北逃往翟国，一个往南逃往梁国，一南一北给老国王和小妖精好看。但是这两个公子一跑，在骊姬的嘴里，就坐实了这俩公子心里都有鬼。

孩子们亡命天涯，气恨难消的晋献公也到了油尽灯枯的时刻。

晋献公驾崩，骊姬的儿子奚齐登位。

骊姬母子没有根基的王位，其实只是无根之木，无源之水。殚精竭虑

---

① 齐桓公：（约前716－前643年），姜姓，名小白，春秋五霸之首，先秦五霸之一，公元前685－前643年在位，春秋时齐国第十五位国君。齐桓公任管仲为相，推行改革，实行军政合一、兵民合一的制度，齐国逐渐强盛。前679年，诸侯与齐桓公在鄄（juàn）地盟会，齐桓公从此成为天下诸侯的霸主。

② 管仲：（约公元前723－公元前645年），姬姓，管氏，名夷吾，字仲，谥敬，春秋时期法家代表人物，颍上人（今安徽颍上），周穆王后代。中国古代著名经济学家、哲学家、政治家、军事家。被誉为"法家先驱""圣人之师""华夏文明的保护者""华夏第一相"。

回晋国大展宏图，那么带着年过花甲的舅舅，回去探望外祖父狐突总行吧？

而且，就在一年之前，那个德高望重、生前曾经永远伟大正确的齐桓公，也在齐国的内乱中悲惨地死去。他一死，未来重耳以及重耳背后的这个流亡政府是否还能够继续开张，都存在着极大的变数。

赵衰和狐偃，觉得自己的使命感油然而生。

在一场酒宴之后，赵衰、狐偃，还有齐姜，一起想办法把公子重耳灌醉了。等到重耳醒来的时候，重耳已经躺在了西去的马车上。所以，男人怕的不是喝酒之后醉卧温柔乡，而是酒醒之后——不知何处是他乡。

重耳大怒，但是事情已经无可挽回了。重耳知道，自己无论怎么想做一个采菊东篱下的普通人，都无法摆脱自己的贵族身份，也无法离开政治的漩涡。十几年前，重耳逃亡翟国。离开翟国时，一模一样的场景，重耳同样悲伤地告别了他在翟国的老婆。至今重耳还记得，他对自己的翟国老婆说：等我二十五年，我一定回来。但是翟国老婆对重耳说：二十五年，我早就死了，不过我等你就是。（"重耳谓其妻曰：'待我二十五年不来，乃嫁。'其妻笑曰：'犁二十五年，吾冢上柏大矣。虽然，妾待子。'"《史记·晋世家》）

重耳把自己的无名邪火都撒在了自己的舅舅狐偃身上，"这一去，如果事不成，我杀了你吃肉！"（"事不成，我食舅氏之肉。"）重耳这一路，几经周折，还是多亏了身边那些死士们。除了狐偃、赵衰之外，十几年的生死与共筑成的友情，其他包括颠颉、魏犨（chōu）、胥臣，个个都是好样的。

公元前637年，公子重耳，顺利到达秦国。

而这个时候，晋国的情况也已经发生变化，晋惠公夷吾去世，晋惠公的独子公子圉即位，公子圉也就是晋怀公。

秦穆公已经等了重耳太久太久。

重耳刚刚一来到秦国，秦穆公就寻找秦国宗室之女许配给重耳。而且秦穆公似乎也知道，重耳刚刚离开齐姜的郁闷之情。所以这一次，秦穆公很慷慨，重耳一娶就是五个。耐人寻味的是，这五个宗室女中，就包括了已经成为晋怀公的公子圉的前妻——怀嬴。

春秋时期正处于青铜时代的末期。

人类从石器时代率先进入青铜时代并不是偶然。作为常见金属，铜的化学活动性比较低，所以从自然界中获取黄铜，对早期人类并不是一件特别难的事情。但是单质铜的加工却比较困难，因为铜的熔点接近 1100 摄氏度，这个温度早期人类并不容易获取。所以，作为妥协，人类就使用了黄铜的合金——熔点较低（800 摄氏度）的青铜。青铜事实上是一种铜锡合金，具备黄铜所不具备的很多优点，比如耐磨、硬度高等。不过青铜的获得比黄铜更加不易，因为除了需要有铜之外，还需要有锡，而同时有铜矿又有锡矿这个条件，无疑是给青铜的获取增加了更大的难度。正因为如此，青铜被上古中国人当作"美金"（《国语·齐语》："美金以铸剑戟，试诸狗马；恶金以铸鉏、夷、斤、斸，试诸壤土。"）。青铜只是用来做礼器和兵器，而一般不会用来做农具。退一步讲，因为青铜较脆，即便用青铜做农具，它也不会在耕种时发挥更大的作用。

所以，当时的中国人，耕种时只能用一些工作效率低下的木制工具。比如翻土，用到的工具叫作耒耜（lěi，sì），如图 1-3。耒耜在使用时把尖头插入土壤，然后用脚踩横梁使木棍深入，然后翻出。试想一下，一个普通人，要这样踩多少脚，翻多少次土，才能够翻完一亩地呢？这样的劳动效率，占用了更多的劳动力，又不能产出更多的粮食，进而无法养活更多的人口。

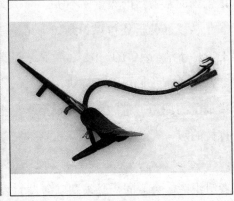

图 1-3 耒耜

三家分晋

公元前 473 年，越王勾践灭掉吴国。随后，越王北上徐州，同其他诸侯如齐、宋、晋、鲁等进行会盟，越王勾践 [1] 成为春秋时期最后一位霸主。

这件事情对于诸侯们的震动是比较大的，因为大规模开发的时间较晚，所以越国长期以来被认为是化外之地。在春秋时期，虽然越王被公认为是夏朝王族后人，但是这并不能改变越国整体的国民形象。史载，越国"文身断发，披草莱而邑焉"（《史记·越王勾践世家》）。也就是说，在中原人眼中，越国人纹着身，披头散发，城市内常见的建筑也是茅草屋。被越王勾践灭国的吴国，是名正言顺的姬姓诸侯国，被灭掉的时候已经立国近六百年。这件事情当然也震动了晋国，晋国是和吴国同样的姬姓诸侯，同样立国六百年，想一想难免唇亡齿寒。而且同病相怜的是，晋王室在当时所控制的区域，只是龟缩在了曲沃以及曲沃周围的几个小城内。当年的晋文公、晋献公，何等英雄了得？如今晋王室的衰微，确实让人感到无限唏嘘。

以这件事情为借口，公元前 457 年，当时的晋国正卿智伯瑶，要求卿大夫们协助重振晋王室，希望智氏和韩赵魏四家，分别拿出一百里和一万户来赠与晋王室。并且智伯瑶以身作则，带头先割地出来。对于当时的晋国来讲，一百里土地和一万户人口，这个数字并不是个小数字。要知道，前面讲的越王勾践灭吴，最后一战越军的兵力只是不到五万而已。

在这种情况下，有人妥协，有人反抗。妥协的是魏韩的魏桓子、韩康

---

① 越王勾践：（约前 520—前 465 年），姒姓，本名鸠浅，音译成了勾践，又名菼执，夏禹后裔，越王允常之子，春秋末年越国国君。越王勾践三年（前 494 年），被吴军败于夫椒，被迫向吴求和。三年后被释放回越国，返国后重用范蠡、文种，卧薪尝胆使越国国力渐渐恢复起来。越王勾践二十四年（前 473 年），破吴都，迫使夫差自尽，灭吴称霸，成为春秋时期最后一位霸主。

古魏国和战国魏国之后，历史上出现的第三个魏政权，就是曹操建立的"魏"。曹操一生没有称帝，但他的后人们建立了大魏王朝。不过曹魏没有摆脱"晋"的如影随形，最终被"晋"所取代。晋王朝司马氏的发迹，始于司马懿。

的总体描述。得到陇右，往东翻过低矮的六盘山就可以占领关中，而不用担心秦岭这样的天然隔断。所以，这就是演义中提到的诸葛亮"六出祁山"的根本原因。

为什么要花大力气讲述蜀国的北伐路线选择？是因为司马懿和诸葛亮的斗法，大多发生在这个区域。如果不看地图，就会影响我们对于整个战争形式的判断。而几十年后，蜀国被灭的路线，也是沿着蜀道而行，只是在军事动向上恰好相反而已。

所以，诸葛亮北伐这事，在小说中看起来威武雄壮，但事实上却压根不是那么回事。诸葛亮北伐，无论战争烈度，还是能够动员的兵力，都是非常有限的。在司马懿看来，诸葛亮是以蜀国全国之力，对抗曹魏的西部边陲而已。即便占领了陇右，也不代表你能打下关中；即便占领关中，也不代表你能出崤函通道东征。更加关键的一点，诸葛亮北伐根本就不是一个军事问题，而是一个经济问题，或者说是一个后勤问题。

经济问题，恰好是司马懿的强项。

山地作战不同于平原和旷野作战。山地作战无论运兵还是运粮，路线选择受地形的影响较大，所以拒险而守的战争成本要远远低于劳师远征。此外，万一后勤粮草供应不上，平原地区可以很容易在半路找到村镇临时补给。而在山地地区却并不是那么容易的一件事情，更何况土地并不够肥沃的关陇地区。所以，我们看到《三国演义》中出现了"木牛流马"这样的山地运输工具，也出现了煞费苦心的"诸葛妆神"以掩护蜀军的麦收劳作。翻开历史，更是有很多次征讨，都是以粮草不足为借口就退兵了。除了粮草补给问题，地形的崎岖难行对战事的影响则更为明显，比如在正史记载中，公元230年，曹真率一路军队出子午道，张郃率一路军出褒斜道，司马懿率一路军自汉水逆流而上。三路大军，会攻汉中。不过这样一场筹备严密的战役，却仅仅是因为一场大雨，就班师回朝了（"会天大雨三十余日，栈道断绝。"《资治通鉴·魏纪三》）。

所以，在诸葛亮和司马懿的正面交锋中，谁更能够解决后勤问题，谁就能够获取最后的战争胜利。事实上，精打细算的司马懿，在几年中的连

不过，司马懿东征辽东，当时却存在一个现实困难。

我们后世耳熟能详的"辽西走廊"，在当时并不存在。

跟我们今天看到的辽东完全不同，当时的辽东，因为燕山山脉以及道路断绝的阻隔，确实近似于一个地缘意义上的孤岛。根据地质研究以及长期以来的历史记载表明，"辽西走廊"彻底露出海面，距今不到两千年。而在露出海面之后的很长一段时间内，从山海关直到锦州的辽西走廊上，遍布海水侵袭而成的沼泽。而在三国那个时代开始，直到近一千年之后的辽金时代，辽西走廊才正式出现在历史书中。据史书记载，当时五代后晋的晋少帝石重贵，就是沿着辽西走廊被发配到了辽东。（"自范阳行数十程，过蓟州、平州，至榆关沙塞之地，略无供给，每至宿顿，无非路次，一行乏食，宫女、从官但采木实野蔬，以救饥弊。又行七八日至锦州，契丹迫帝与妃后往拜安巴坚遗像，帝不胜屈辱，泣曰：'薛超误我，不令我死，以至今日也。'又行数十程，渡辽水，至黄龙府，即契丹主所命安置之地也。"《旧五代史·后晋·少帝纪》）

而实际上，就当时的情况来讲，即便是像晋少帝一样穿越了辽西走廊，九死一生到达了真正意义上的辽河西部，也就是辽西。那么我们即将面对的，依然是一个比辽西走廊更辽阔的大片沼泽、湖泊、草原组成的湿地地区，这片大湿地横亘于今天的辽宁省中部，大凌河往西走100公里左右，所以干脆起了个名字，叫作"辽泽"。（"十八年，从征高丽，及师旅至辽泽，东西二百馀里泥淖，人马不通。"《旧唐书·列传·卷二十七》）

所以，即便是辽西走廊早早露出海面，而且辽金的时候还曾经启用过这个地理大通道，然而"辽西走廊"的真正繁荣，只不过是始于明代。当时明太祖朱元璋开国，徐达在辽西走廊的最南端，设立了山海关①，于是

---

① 山海关：位于河北省秦皇岛市东北15千米处，是明长城的东北关隘之一，素有中国长城"三大奇观之一"（东有山海关、中有镇北台、西有嘉峪关）与"天下第一关""边郡之咽喉，京师之保障"之称，与万里之外的嘉峪关遥相呼应，闻名天下。明洪武十四年（1381年）筑城建关设卫，因其依山襟海，故名山海关。

（yí，二声）道，第十一军可带方道，第十二军可襄平道。凡此众军，先奉庙略，骆驿引途，总集平壤。"（《隋书·帝纪·卷四》）

所以，包括秦岭之间的巴蜀蜀道在内，不用迷信一条道路就可以包打天下，因为路总是人走出来的。从这个角度而言，我们也不要迷信很多所谓学者在地图上画出来的精确路线图，那一定也不是金科玉律。我们前文讲到的后金绕开当年的"辽西走廊"无数次入塞，走的路线也是不一而足。其中还包括了绕开"辽西古道"，甚至是包括了绕开整个燕山山脉，钻到了大同宣府一侧的居庸关方向，都能够顺利地到达北京城下。总而言之，就军事斗争而言，道路的选择是以快速高效击败敌人为目的。在此基础上，不管怎么走，都不算错。

司马懿面临的课题是一样的。

当年曹操没有完成的事业，司马懿要开始面对了。

用诸葛亮出手，天降大雨三十多天，蜀道之难更是比登天还难。

曹真的部队在子午谷走了三十天，才走了一半路（"曹真发已逾月，而行裁半谷。"《资治通鉴·魏纪三》）。进退维谷，只能退兵。

如今曹真没了，曹爽上台，曹爽自认为要比老爹强得多。而且曹爽的目的也并不单纯，他是迫切地想在朝堂之上建功立业。为将来的政治生涯发展，增加更多的可能性与筹码。

于是，曹爽一意孤行地出兵了。

之前的司马懿、曹真，数次伐蜀都无功而返，在多年的相持中，也始终保持了稳扎稳打的作战方略。然而，这并不意味着司马懿这帮子老人能力差，或者进攻的欲望低，而是审时度势，谨慎出牌的必然选项。不过，并不是每个人都是司马懿，并不是每个人都具备对后勤精打细算的能力。后生曹爽并不了解魏蜀作战一线的真实情况，很快就陷入粮草和军需物资的极度短缺中，这样的仗根本打不赢。同年五月，曹爽被蜀汉名臣费祎击败，伤亡士卒无数，仓皇逃回京城。

司马懿对这位晚辈的关照，并没有换来曹爽的同理心。对于司马懿这样一位年近七旬的老者，曹爽总觉得他是自己身边的大麻烦。最开始曹爽还能够和司马懿一起商量军国大事，后来曹爽直接把司马懿降职变成了没有实权的太傅。随后，曹爽开始提拔自己的两个兄弟，曹羲和曹训。曹羲和曹训的新岗位更加惊心动魄，分别做了中领军、武卫将军，也就是说，这两个人已经成了中央保卫团的团长和副团长了。发展到了最后，曹爽已经完全不顾及司马懿的意见，甩开膀子自己来做决断。

公元247年，曹爽软禁了先帝曹叡的遗孀郭太后，控制了政权。一时之间，朝廷说了算的，就只有曹氏三兄弟。不仅如此，曹爽本人的吃穿用度，还不断地向皇室的标准看齐；更有甚者，利令智昏的曹爽，还从魏明帝曹叡死后留下的妻妾中挑选了七八个长相标致的，带到自己府上为自己提供服务。果然曹爽和曹叡是从小的好玩伴，好兄弟。"兄弟妻，不客气"这样的事，做出来一点都没有违和感。

曹爽的不臣之心，昭然若揭。

李丰、太常（掌管宫廷典礼）夏侯玄、光禄大夫（皇帝近臣）张缉等人，准备发动政变拿下司马师。不过看看这三个人的职务就知道，皇帝也找不到太多能够支持他的实权派了。结果显而易见，没有等皇帝动手，司马师便先下手为强，除掉了李丰、夏侯玄和张缉三个人，并灭了三族。

同一年，效仿自己的父亲司马懿诛杀曹爽，司马师也提前奏请了郭太后的旨意，废掉曹芳，另立高贵乡公曹髦为皇帝。

对内铁腕，对外铁血。

继承了司马懿的军事才华，司马师在历次对外战争中，都身先士卒。

公元255年，镇东将军毌丘俭以及扬州刺史文钦，假借郭太后的名义起兵，反对司马师的专权。不得不说，这是一个属于郭太后的时代，郭太后虽然居住在洛阳的深宫，但她的名字就是一块金字招牌，百用百灵。这场战争，以毌丘俭的被杀和文钦的溃逃为结局。但是司马师在平叛的过程中，被惊吓过度，最终导致眼病复发。

同年，司马师在许昌病死。临死之前，司马师将弟弟司马昭从洛阳叫到许昌，将自己的大将军印交给司马昭，要求司马昭在自己死后做自己的继承人。但是这个时候，新上任不到一年的新皇帝曹髦，却一直在观察司马昭兄弟的动向。

曹髦时年只有十四岁，但却有着超出他年龄的成熟。如果说之前的皇帝曹芳，只能算是曹叡养子的话，曹髦则是魏文帝曹丕正根正苗的孙子，魏元帝曹叡的侄子。曹髦作为曹魏的几个傀儡皇帝之一，是其中比较有头脑和有勇气的一位。曹髦继承了曹操和曹丕的良好基因，饱读诗书，能诗善画。可惜他的很多画作，已经失传了。自从意外登上帝位那天开始，曹髦就立志做一个敬业的好皇帝，厉行节俭，事必躬亲。小小年纪就不浮夸，明白压在皇帝身上的责任和义务，这样的成熟在历朝历代的皇室纨绔子弟中都不多见。

不过，曹髦这样的皇帝，生不逢时。他恰好遇到了司马昭，以及司马氏几代人前赴后继的篡位事业。

就在司马师和司马昭在许都进行工作交接的时间窗内，曹髦一面下令

尾声，贵族门阀阶层已经逐渐形成。很多时候，用生不如用熟，看才能不如看背景家世。当然，邓艾和钟会两人都是司马氏一家的亲信，不过司马氏一家的亲信并不意味着就是司马昭本人的亲信。司马懿对邓艾有知遇之恩，之后邓艾又跟着司马师东征西讨，不过邓艾同司马昭本人的私人交情一般；反而是钟会，这些年一直跟随司马昭左右，堪称司马昭最信赖的谋士。尽管邓艾可能是当时作为统帅的最合适的人选，但是司马昭依然坚定了使用钟会的意图。

公元 263 年八月，魏国以钟会为主将，兵分三路攻打蜀国。其中邓艾率兵三万余人，由狄道（今甘肃临洮）进军，主要作战意图是牵制蜀军主力；诸葛绪率三万余人，主要战略意图是切断蜀军退路；钟会自率主力十余万人，准备先取汉中，再取四川。见图 2-3。

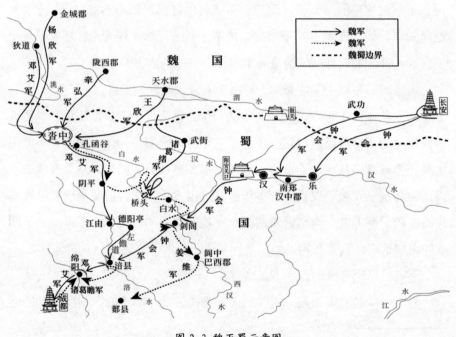

图 2-3 魏灭蜀示意图

此时，蜀国的领兵大将，叫作姜维。

姜维比邓艾小五岁，时年六十岁。当年诸葛亮北伐期间，姜维从曹魏政权归顺了蜀国，此后一直被诸葛亮寄予厚望。但直到诸葛亮去世之前，姜

终神兵天降出现在江油。迫降了江油之后，邓艾部队快速奔袭绵竹。在绵竹，同诸葛亮的长子诸葛瞻展开遭遇战。最终诸葛瞻力竭战死，邓艾大获全胜。

蜀后主刘禅，在邓艾大军兵临城下的情况下，率众投降。与此同时，刘禅命令远在剑阁的姜维也放下武器，向钟会投降。

至此，伐蜀战争结束，蜀国灭亡。

他的嫡长子司马炎。几个月后，司马炎废掉了皇帝曹璜，自称皇帝，改国号为晋，司马炎就是晋武帝。

第三章

魏晋模式——禅让

　　三十五岁的司马迁，开始立志撰写史记，属于他的辉煌才刚刚开始；而三十五岁的司马曜，坟头草已经长到了一米高，早早就命丧黄泉。他的死因，是一年之前的一句玩笑话。他取笑他的嫔妃张贵人变得又老又丑，年过而立的绝望主妇张贵人妒火中烧，怒不可遏，用被子把这个可怜的皇帝活活闷死在床上。

　　实际上，华夏民族内心深处大一统的意识，早就作为信仰渗入了我们的血液之中。对于中国古代士大夫而言，家国天下之梦是一种本能召唤，并不会因为国家的衰落，政坛的腐败，甚至于个人生活的拮据，就会让这个梦想束之高阁。

　　如果说李隆基半世雄主，半世柔情；李存勖半世英雄，半世狗熊。那么我们认为，萧衍则做了阳间菩萨，阴间饿鬼。

零狗碎，而"十三曹"才是真正的帝国权力中枢，所以国家的大事小情基本就都归了丞相来处理。而皇帝则专心后宫，管好自己的吃喝拉撒睡就好了。反正皇帝的财务同样由丞相来打理，绝对不会出现亏空，国库的银子对皇帝来说取之不尽，用之不竭。对比秦汉的"三公九卿"和丞相负责制，我们突然发现，除了公民的选举权存在差异之外，在上层建筑上这不就是今天在英国和日本流行的君主立宪制？

所以，全世界最早的"虚君政治"，其实出现在中国。

事情发展到这个地步，皇帝突然发现，自己被忽悠了。

皇帝毕竟是一家一姓的皇帝，皇帝的先人们，冒着九死一生打下来的天下，怎么莫名其妙就成了外人的？说白了，丞相的权力大到这步田地，对丞相本人忠诚度的考量，就已经远大于对执政能力的考量了。那么问题来了，既然如此，何必要选一个如此精明强干的人做丞相呢？选择自己身边信得过的人来执掌政权，岂不是更好？

皇帝有自己的小算盘。

精明如汉武帝刘彻，终于要拿"相权"开刀了。

与丞相所统领的"外朝"相对应，汉武帝搞出了一个"内朝"或称"中朝"。外朝有外朝官员，向丞相汇报；而中朝则有中朝官员，直接向皇帝汇报。外朝官固然有文武大臣，而中朝官也不含糊，侍中和常侍这些皇帝近侍，固化为皇帝身边的文职，而皇帝中朝常备的大司马，前后左右将军这些，则已经是明显的武将属性了。（"大司马、左右前后将军、侍中、散骑诸吏为中朝。"——明·王鏊（ào）《亲政篇》）就这样，还不算上如果遇到外敌入侵，出征统帅的遴选都是由皇帝来直接任命。

汉武帝搞了个"中朝"来抗衡"外朝"，君权打压相权也还算是扭扭捏捏。而到了汉武帝以后，后来的皇帝则把"中朝"的"尚书"直接升级为"尚书台"，在尚书台设置了尚书令。尚书台成了国家最高权力机构，这样一来丞相这个位子就尴尬了。不仅仅是大权旁落，而丞相要是有过失，还要交由尚书令来审判处理。而到了东汉时期，丞相的地位，并没有因为在名称上改为"大司徒"或"司徒"而有任何改变。皇帝中朝在尚书台之外，设

打乱顺序

重读

中国史

下

唐岛渔夫◎著

华龄出版社
HUALING PRESS

前　言

浩如烟海的中国历史，纷繁芜杂到让很多人望而却步。

我一直想用自己的语言，写一点相对通俗易懂的历史。我要写的历史不是通史，当然更不是教科书，但却能够基本将中国历史的脉络用某种逻辑串联起来。我写的历史可能会有点儿"八卦"，但是却没有脱离最基本的历史事实。

关于本书：

（1）历史的模块化

我将用模块化的概念来写历史。我会根据我的逻辑方式，将历史的时间顺序完全打乱，之后重组。这样的历史读起来不枯燥，而且独立成章。

（2）历史的立体化

我会把平面的历史立体化——之前我们会疑惑，三国魏蜀交兵为什么要用到木牛流马？赤壁之战为什么会跑到了湖北去保卫南京？疑问的原因，是平面的历史只关心政治军事，而不会涉及太多历史背后的经济、地理常识。在我的写作中，会尽量把平面历史立体化，将重要的历史事件交代清楚。

这是最好的时代，信息摄取的便利程度远超我们的先人；这是最坏的时代，各种段子手笔下的历史轮番霸占着我们的眼球，真伪难辨。就像我们坐拥满汉全席，却吃出了爆米花的味道……

中国人的信仰——敬天法祖、儒家思想、多神崇拜，都和中国历史息息相关。当代中国人若不懂历史，也就没法理解古代中国人的精神世界。所以，我把历史像魔方一样重置、变换、归纳、总结，而最终，万变不离其宗。我希望，我们都能看到中国历史的脉络和伏线，以及千载之下从未变过的中国人的精神世界。

本书以时间为序，从魏说起，北魏定国号为"魏"，寓意对抗"晋"，阐述历史上成对出现的"魏晋"。三家分晋，春秋战国礼崩乐坏；三国归晋，三国后期的故事；魏晋模式，魏晋易代所确立的禅让制；魏晋情仇，不断成对出现的"魏晋"两个政权，并在后晋和魏州范延光的对抗结束后讲述"刘汉"血统和刘邦、刘秀、刘备、刘裕四人侧重点不同的创业史，以刘裕的"气吞万里如虎"结束全书。

目录

第一章
三家分晋

这件小事是茫茫历史长河中一朵不起眼的小浪花，不过它却成为后来一连串故事的开端。

在这场跨越半个多世纪的战争中，君子之道被丢到了汾河顺流冲走，取而代之的是丛林法则，弱肉强食。

从晋献公灭三国，到赵魏韩三家分晋，之前的三家和之后的三家，都有魏。魏晋的故事一直在延续，并且将跨越千年。

根据《史记》的记载，在公元前 661 年发生了这样一件事情，春秋诸侯中的超级大国晋国，对晋国西边的霍国、耿国、魏国三国发动了灭国之战。晋国的领导人晋献公最终吞并了这三个小国，凯旋而归。在这场战役中表现勇敢的两个人，一个叫作赵夙（sù），是晋献公的御戎（驾马车的人）；另一个叫作毕万，是晋献公的车右（执干戈御敌的人）。后来晋献公为了表彰他们两个，就把征服的耿地赐给了赵夙，把魏地赐给了毕万。从此以后，毕万的后人就以魏地为氏，繁衍生息，自称魏氏。

　　这件小事是茫茫历史长河中一朵不起眼的小浪花，不过它却成为后来一连串故事的开端。

周封诸侯

我们从晋国的源头开始说起。

公元前 1046 年，周武王姬发灭掉商朝，建立周王朝。为了更好地维护自己的统治，周王朝进行了一系列事关意识形态统一的政治变革。后来这种变革被周公旦写成了一本书，叫作《周礼》①。按照《周礼》的要求和组织形式，周王朝将自己的王室成员以及开国王公贵族，分封到了全国各地。这样一来，《周礼》成为周王朝政治经济生活领域的最高指示，而分封制又保证了所有封国全都按照周天子的要求，在普天之下复制粘贴。

这件事情在那个时代是创造性的。

周天子的理想图景是这样的——天下一统，周天子据有首都，而首都之外的重要据点，都由自己信任的封臣来驻守。这些据点被称为采邑，采邑连同周围的土地被称为诸侯国，封臣们的诸侯国代代相传，永远效忠周王室。分封的这些诸侯国，平时纳贡称臣，战时则拱卫京师。为了保证封国同周王室的步调一致，周王朝用《周礼》来推行政治制度的标准化，防止封国自行其是，也防止封国的僭越行为。

为了进一步体现分封制的权威，周天子将不同的的封国诸侯爵位，有所区分地分成了五等，即"公、侯、伯、子、男"。在各个封国，对土地和人民进一步进行分封，诸侯以下，设立卿大夫和士。从而，从中央到地方，形成了"周天子—诸侯—卿大夫—士"这样严格的等级分封制度。此外，人民也分成几种，居住在城市的被称为"国人"，居住在城郊的被称为"野人"，国人主要作为兵源，野人主要负责耕种，是拥有自由的自由民；

---

① 《周礼》：儒家经典，十三经之一。世传为周公旦所著，但实际上成书年代尚有争议。《周礼》《仪礼》和《礼记》合称"三礼"，是古代华夏民族礼乐文化的理论形态，对礼法、礼义做了权威的记载和解释，对历代礼制的影响最为深远。

而作为贵族家中私人财产的非自由民，就是奴隶。

打开地图，看一看诸侯国的形势。如图 1-1 所示。

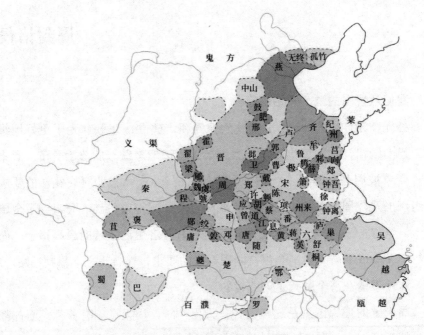

图 1-1 周朝的诸侯国形势图

周王朝是姬姓，因此诸侯国的大部分都是同宗的姬姓。《荀子·儒效》
记载："周公兼制天下，立七十一国，姬姓独居五十三人。"由于周王朝
把首都设立在关中平原的镐京（西安附近），因此在首都周围分封了血缘
最为亲近的几个封国。比如前文提到的毕万的祖先毕公高，作为姬姓的一
支，封国就在镐京近郊的毕国。此外，对于当时的社会生产条件下开发出
的几个成熟地区，山东平原一带封了姬姓的鲁国、曹国；河南河洛地区，封
了姬姓的卫国、蔡国。为巩固边防，在东北边疆上封了燕国，东南边疆上
封了吴国。

京畿附近，包括后来的西都镐京，以及后来的东都洛邑，都被封上了
王室姬姓里面最为靠谱的人。周文王的一个弟弟，虢（guó）叔封在镐京
的西边，也就是今天的陕西宝鸡附近，被称为西虢国，拱卫关中平原的西
大门；而周文王的另外一个弟弟，虢仲则被封在洛阳的东边，也就是今天

的河南荥阳一带，被称为东虢国，防守洛阳盆地的东大门。

除了京畿之外，还有一个区域，周天子十分看重，在选择封臣的时候他煞费苦心。这个区域就是关中平原的大 BUG——河东地区。因为这个地方既是成熟的已开发地区，又是拱卫京师的战略要地。这个区域，在当时还无法称为"山西糖葫芦"。由于年代太早的原因，整个山西糖葫芦是从南往北慢慢开发的，当时经济最先开发，人口最为集中的地区就是今天广义的汾河谷地的西南部，也就是运城盆地与临汾盆地一带。那么我们知道，这个区域西隔黄河守望关中平原，和关中实际上同一个地理单元。与此同时，这块地区南隔中条山脉，扼守着天下第一要冲崤函通道。这条崤函通道，在当时人的概念中，西可以进关中平原，东又可以入洛阳盆地，是核心中的核心、重点中的重点。这条崤函通道虽然并不适合大的国家的存在，但是崤函通道一侧的汾河谷地，可以做的文章就比较多了。于是，为了无限增加自己和自己后人的安全感，最终周天子在这块风水宝地上，一口气分封了魏国、霍国、韩国、晋国等若干个姬姓国。

就像是在一个硕大无比的棋盘上下围棋一样，周天子在整个国家范围之内，按照重要程度的区分，封了如此之多的封国。京畿附近，被几个姬姓国家看护得好似铁桶一般，而在京畿之外，虽然也有不少的异姓国，但无论山东、河北、河南，还有开发稍微差一些的江南地区，都像掺沙子一样放进了很多的姬姓国。棋盘上几乎所有周天子感觉关键的部位，都放上了他感觉靠谱的棋子。

如此落子，星罗棋布。江山永固，打完收工。

周天子对自己的政治布局感到满意，接下来就要解决经济的问题。

与《周礼》和分封制相匹配，周王朝在全国范围内推行了"井田制"。

在生产力水平普遍不高的上古时代，百姓的吃饭和穿衣问题是国家的头等大事。所以，耕地是最为重要的国家财富，无论种田吃饭还是植桑养蚕，都离不开耕地。已开垦的耕地周边，道路和渠道纵横交错，把土地分隔成方块，形状像"井"字，因此称做"井田"。周王朝的井田，中间是"公田"，周围是"私田"。庶民和奴隶优先耕种肥沃的"公田"，在"公田"

的劳动之余，庶民可以去耕种相对贫瘠的"私田"，以维持自己的生存。公田一般登记在册，要给周天子缴赋税，而私田则可以作为诸侯的自留地，免于赋税。在公田中，贵族委派的奴隶们和庶民们共同劳作，产出的粮食最后会按照比例分配给个人做口粮。所以"井田制"是一种原始的、近似于公有制的劳动分配方式，这个体制保证了西周到春秋四百多年的经济秩序稳定。

如上，按照《周礼》的政治架构和井田制的经济模式，所有值得信赖的王室贵族、开国功臣、前朝遗老被分封在了不同的地区。周天子觉得整个天下一切尽在掌握，剩下的事情，就是安安稳稳地做自己的本职工作，闲庭信步享受"普天之下，莫非王土"的荣耀就好。不过，事情却不像周天子想象的那样简单。

他至少忽略了两点，第一，人的本性是自私的，何况即便是至亲亲人，几代之后血缘关系上也会越来越疏远；第二，生产力是向前发展的，所有的经济行为只会顺应经济规律，而不是遵循政治说教。

礼崩乐坏

在周王朝开国近四百年之后，公元前 770 年，因为遭遇内乱，周平王将国都从镐京①迁到了河洛地区的陪都洛邑（洛阳）。值得一提的是，东迁的时候，为增加在洛邑新都的安全系数，周平王还迁移了几个开国时的诸侯。比如姬姓西虢国，随同周平王一起东迁。最终从陕西宝鸡，一直迁移到了今天的河南三门峡一带，扼守崤函通道的门户，地跨黄河两岸。

在东迁洛邑之后，周王朝就开始被称为东周，以区别于定都镐京的西周。也正是从东周开始，周王室的权威不再，诸侯开始进入蠢蠢欲动的争霸时代。不仅周王室的地位受到挑战，甚至诸侯国的统治者们都开始受到了来自于贵族们的挑战。换句话讲，这个时候，《周礼》对国家的约束已经不足，开始出现崩盘的前兆。最为严重的事件，发生在晋国。这件事情的起因是，晋国的宗法制受到了严重的挑战。

事实上，宗法制作为分封制的有效补充，早在西周开国的时候，周王朝就已经向各诸侯国进行推广。而宗法制中的一个基本原则，就是严格的嫡长子继承制。嫡长子继承制，简而言之就是周王室的王位和财产，必须由嫡长子继承。嫡长子也就是正妻所生的儿子，其他妻子生的孩子，称为庶子，庶子可以被分封到王朝的战略要地做诸侯；以此类推，庶子在自己的封地，也一样贯彻嫡长子继承制，继承权力和财产的嫡子称为大宗，而庶子则被分封，成为小宗；诸侯以下，宗法制还被推广到卿大夫、士。

宗法制作为一个普适原则，以立法的形式在王国内部消除了关于继承权的争议。在西周开国一直到周平王东迁长达四百年的时间内，宗法制依靠周王室的声望和诸侯国的坚决执行，维护着至高无上的权威。不过，随

---

① 镐京：古都名。西周国都。故址在今陕西省西安市西南沣水东岸。

着生产力的不断发展，诸侯之间由于发展的不同，出现了实力上的此消彼长。被分封的诸侯，土地和人口的多寡最开始是按照周天子的个人意愿来执行，但当实力出现差距，很多诸侯的土地人口与自身实力又出现极大的不匹配的时候，战争的隐患就萌芽了。不仅仅是诸侯之间，同一个诸侯的大宗与小宗之间也是如此。

发生在晋国的案例，名字叫作曲沃代翼。我们可以看一看晋国的地图，如图1-2所示。

图 1-2 山西地形图

公元前745年，晋国的晋昭侯把曲沃这个地方封给自己的叔叔成师，成师也就是曲沃桓叔（谥号为桓，排行为叔）。列国里面类似这种分封可谓司空见惯，这次分封的不同之处在于，曲沃这座城市坐落于临汾谷地的腹地，不仅城市面积比晋昭侯本人的首都翼城要大出许多，也比翼城更有发展空间。这件事情，事实上已经违背了《周礼》的要求，也就是小宗僭越。不过，晋昭侯想当然地认为这件事情影响不大，也就不了了之。

果然不出所料，随着曲沃小宗的势力一天天变强，曲沃桓叔以及他的家臣们胃口也越来越大。从曲沃桓叔开始，曲沃小宗开始了长达67年的针对翼城大宗的战争。在这场跨越半个多世纪的战争中，君子之道被丢到了汾河顺流冲走，取而代之的是丛林法则，弱肉强食。在战争中，晋国翼城大宗先后有五位诸侯王被杀掉，晋国国君的威望变得一文不值。经历了先后三代人的前赴后继，公元前678年，曲沃桓叔的孙子曲沃武公战胜了翼城大宗，取代原来的晋侯而成为新的晋国国君。更加让人感到诧异的是，时任东周天子的周釐[1]（xī）王，非但没有对曲沃武公兴师问罪，反而将错就错，正式册封曲沃武公为晋武公。

这件事情的影响很恶劣。第一个恶劣影响，曲沃作为小宗，依靠实力战胜大宗并取而代之，这事在《周礼》的时代，开了恃强凌弱，谁拳头大谁就有理的先河。第二个恶劣影响，因为实力所限，周釐王对这种明显的越礼行为，进行了默许甚至纵容。从此，周王室作为列国裁判员的权威荡然无存，逐渐沦为彻底的摆设。事实上，在晋国发生的"曲沃代翼"，正式宣布了周王朝"礼崩乐坏"的开始。

比刚才提到的两个恶劣影响更加现实的问题，发生在了新生的晋国。通过不正当手段获取政权的晋武公，毕竟心中发虚，所以包括他本人以及他的后世子孙们在内，都不约而同地对晋国的王室贵族采取了比较极端的手段，反而更加倚重于异姓卿大夫。比如晋武公的儿子晋献公，执政期间找到各种借口对晋国公族进行诛杀，后来更是决定不再立公子公孙[2]们为贵族。这样一来，晋国的权力，明显地向异姓大臣们倾斜，相应的土地和财富，也慢慢向异姓卿大夫们手中集中。后人总结晋国的这种政治形态，称之为"晋国无公族"。

曲沃代翼，小宗取代大宗，其实只是诸侯国内部的内战，只是为"礼崩乐坏"做了一个极坏的示范，还远谈不上诸侯兼并战争。而晋献公上台之后，则开启了诸侯兼并战的序幕。我们再次将目光闪回到公元前661年，聚焦正文开始之前的那个片段中，晋献公利用便利的地理交通条件，先后兼

---

[1] 釐：古同"僖"，用作谥号。

[2] 公子公孙：当时之制，诸侯之子称公子，公子之子称公孙。公孙之子不可再称公孙，乃以其父祖之字为氏。

并了今天山西省临汾盆地以及运城盆地中晋国周边的一些小国。从此，他的胃口越来越大，甚至开始盯上了周王室的命根子——崤函通道。

公元前 658 年，晋献公发兵，南下攻打西虢国。而晋军南下的必经之路，是坐落在今天运城盆地边缘的虞国。晋献公假意借道，途径虞国攻打西虢国，在灭掉西虢国之后，顺手牵羊地灭掉了虞国。应该来讲，"假途灭虢"在军事上是成功的，而且作为一条计策成功跻身"三十六计①"。然而，这次"假途灭虢"，晋国在道义上却得到了零分。原因之一，不管是西虢国还是虞国，都是根正苗红的姬姓诸侯，而晋国也是姬姓国。灭姬姓魏国、姬姓霍国，或许可以称之为"卧榻之侧岂容他人酣睡"。但是越境灭掉西虢国，用欺骗的方式灭掉虞国，明显是太过分了。原因之二，南下攻取崤函通道，灭掉周王室亲自设立的西部屏障西虢国。这件事情，等于是打脸周天子。而周王室又一次默许了这件事情的发生，等于是彻底地让自己的颜面扫地。

假途灭虢之后，晋献公以及他背后的晋国，对《周礼》的侵蚀已经浸入骨髓。

---

① 三十六计：是指中国古代三十六个兵法策略，语源于南北朝，成书于明清。它是根据中国古代军事思想和丰富的斗争经验总结而成的兵书，是中华民族悠久的非物质文化遗产之一。

国势衰微

晋献公对外文治武功，但英雄总有白头的那一天。

我们知道，曲沃代翼之后，晋武公、晋献公一直到后来的晋国历代王，都是出自于曲沃小宗。所以，晋国后来的国君，对于姬姓人的态度跟当初的周天子完全相反，他们反感所谓《周礼》的约束，反而是认为异姓卿大夫更加可信。

那么问题来了。

在当时的大环境下，你不愿意承认《周礼》的先进性，也不愿意承认宗法制的科学性，自己又没有办法创造一种更加合理的政治和社会制度，只能是用旧瓶装着新酒往前发展，时间久了就必然会生乱。新酒必然不满足于旧瓶的束缚，而旧瓶则必然被反向推动改革，虽然这种改革也是一种相当不情愿的无奈选择而已。

晋献公的问题不仅仅在于"晋国无公族"——不去封赏晋国的姬姓贵族，甚至要把原来晋国大宗家的王孙公子统统杀掉（"故晋之群公子多，不诛，乱且起。乃使尽杀诸公子。"《史记·晋世家》）。杀掉原来的公子们也就算了，就连自己亲生的公子们也要冷处理。

晋献公本来是有不少公子的，其中优秀的也不少，比如太子申生，公子重耳，公子夷吾等。这些成年的孩子从小耳濡目染，被英雄老爸影响，早早也就以贤闻名，名声在外。说白了，这些孩子无论哪个接班，都能够做到对下服众，对上让晋献公放心。

不过后来发生的事情，让人感到十分遗憾。

作为春秋时期的小霸之一，整个北方范围内能够被晋献公放在眼里的，也就是齐桓公①。齐桓公成名早，而且身边有管仲②这种百年难遇的人才辅佐，所以人家齐桓公不仅有武功还有文治，况且他提出了"尊王攘夷"的口号，带来了空前的政治红利。

晋献公比齐桓公，确实比不了，但晋献公的长处就是打仗，周边的国家，他能灭的灭了，不能灭的也打服了。当时号称"献公并国十七，服国三十八"。（《韩非子·难二》）

在晋献公南征北战的过程中，征服了一个叫作骊戎的游牧民族，又从骊戎得到了骊姬和她的妹妹，姊妹二人深得晋献公的欢心。随后，骊姬帮晋献公生下了一个叫作奚齐的儿子。晋献公戎马倥偬一辈子，老了老了，天上掉下个异域情调的骊姬，并且没过多久就老来得子，充分证明了老国王雄风犹在。这事无论换成谁，心里都跟吃了蜜一样高兴。

国王高兴之余，骊姬的枕边风就开始使劲吹了。

经过一系列并不高明的运作之后，晋献公终于逼死了身为太子的申生。随后，得到消息的其他两个儿子，重耳和夷吾开始逃亡。在当时那种情况下，两个公子的选择并没有错。因为事情发展到这一步，前景已经非常明朗，申生挂了，他俩不可能坐以待毙。兄弟俩也是心有灵犀，一个往北逃往翟国，一个往南逃往梁国，一南一北给老国王和小妖精好看。但是这两个公子一跑，在骊姬的嘴里，就坐实了这俩公子心里都有鬼。

孩子们亡命天涯，气恨难消的晋献公也到了油尽灯枯的时刻。

晋献公驾崩，骊姬的儿子奚齐登位。

骊姬母子没有根基的王位，其实只是无根之木，无源之水。殚精竭虑

---

① 齐桓公：（约前 716 —前 643 年），姜姓，名小白，春秋五霸之首，先秦五霸之一，公元前 685 —前 643 年在位，春秋时齐国第十五位国君。齐桓公任管仲为相，推行改革，实行军政合一、兵民合一的制度，齐国逐渐强盛。前 679 年，诸侯与齐桓公在鄄（juàn）地盟会，齐桓公从此成为天下诸侯的霸主。

② 管仲：（约公元前 723 —公元前 645 年），姬姓，管氏，名夷吾，字仲，谥敬，春秋时期法家代表人物，颍上人（今安徽颍上），周穆王后代。中国古代著名经济学家、哲学家、政治家、军事家。被誉为"法家先驱""圣人之师""华夏文明的保护者""华夏第一相"。

一辈子，一朝登上大位，却发现心里越发没底了。老国王生前，靠的是老国王的荫庇，但老国王这棵大树一倒，母子二人其实也就没了着落。对比骊姬母子这样的外来户，公子夷吾和公子重耳，早就是混迹晋国官场多年的老江湖了。

我们经常被"公子"这个词给骗了，总以为这个称呼就是给贾宝玉这样粉雕玉琢般的少年人准备的，但实际上春秋战国时期，只要是列国诸侯的儿子，都叫公子，而列国诸侯的女儿，也经常被叫作女公子。比如公子重耳，逃亡的那一年都已经四十多岁了。跟贾宝玉的形象压根就搭不上杠。成年的这些公子中间，不管是公子重耳还是公子夷吾，哪怕是已经死了的太子申生，哪个没有背后的外戚势力？哪个没有自己交好的王公贵族呢？

骊姬母子显然是太天真了。

登上王位的快乐并没有持续几天，骊姬母子二人被名将里克杀掉。里克当年跟着老国王浴血奋战了一辈子，为晋献公立下汗马功劳，打下了一个大大的版图。如今老国王年纪慢慢大了，偶尔也不那么清醒了，里克也就顺势站队了太子申生这一边。等到哪天老国王百年之后，里克一家依然能够跟着太子申生享受荣华富贵，荫庇子孙。然而，里克并没有预料到太子申生之死，如今一怒杀掉骊姬母子的他并不代表任何政治派别，他只代表他自己。所以，即便是随后骊姬的妹妹，带着自己生的晋献公的另外一个儿子卓子，也来凑王位的热闹时，结局仍然是一模一样——被杀了事。

里克连杀两任小国王，跑回来收拾局面的，正是躲在梁国的公子夷吾。

公元前 650 年，公子夷吾登上晋国王位，公子夷吾也就是晋惠公。

公子夷吾回来了，并没有带来晋国安定团结的大好局面。公子夷吾如果老老实实做一个守成之主还不错，但经历骊姬之乱，两任国君被弑，晋献公去世之后的这个烂摊子，对公子夷吾来说显然有点太难了。

促成公子夷吾回国争位，从国内来看，是里克力排众议才定下来的事情，毕竟早在收骊姬之前，晋献公就有包括公子申生在内的九个儿子。而公子夷吾和公子重耳的名气虽大，但现在是戴罪之身。所以公子夷吾许诺里克，事成之后赐给里克汾阳作为封地。而最关键的一票在国外，因为当时秦穆公作为公子夷吾和公子重耳的姐夫，力挺成年的小舅子公子夷吾回国即位，条件是割晋国在黄河以西的土地给秦国，让秦国在地缘上能够同晋国以黄河为界。

我们来分析一下当时的情况。

于私德，秦穆公算得上是乘人之危，但站在秦国的国家利益角度上，这个要求合情合理。而里克虽背负了弑君的罪名，但能够以一人之力统一所有晋国公卿贵族的想法，迎回公子夷吾。里克走的这条路，实际上等于是把自己的利益跟公子夷吾完全绑定，没有回头路可言。所以，对晋献公时代就已经功成名就的里克来说，区区汾阳一块封地，跟一世英名比起来，根本也就不算什么了。

但是，回到国内的公子夷吾，做了一个最坏的决定。

对里克的承诺不算数了，不仅汾阳不给了，还杀掉了里克；对秦国的承诺也不算数了，河西之地也不给了。

这不是最糟糕的。

糟糕的是，当时晋国的国力，跟当年的晋献公时代已经不可同日而语。

在随后的秦晋大战中，晋惠公夷吾屡战屡败，无可奈何之下，晋惠公只能让自己唯一的儿子公子圉（yǔ）到秦国去做人质。

公子圉的到来，暂时缓和了两国关系，公子圉在秦国一住就是五年。其间，秦穆公还把一位名叫怀嬴的秦国宗室之女嫁给了公子圉。然而，片刻的和平依然挡不住事情的急转直下。

公子圉不辞而别，逃跑了。

晋文中兴

秦穆公①是个有格局的人，他一直在下一盘大棋。

秦穆公当年用五张羊皮换来了百里奚②，以奴隶之身而登堂入室，百里奚是秦穆公用人的下限；之后，秦穆公又重用了齐孝公的公子絷叔，以国君之子的身份效力秦国，公子絷叔是秦穆公用人的上限。有了百里奚和絷叔这样的人，秦穆公西灭戎族，威震陇右；东出函谷，拓地千里。

用人不拘一格，布局的出手和落子都出人意料，秦穆公不是一般人。

把怀嬴这个小女子嫁给公子圉，其实也只是秦晋这盘大棋的其中一招。这一招虽然没有想象中那么出彩，但很显然，作为下棋高手的秦穆公，是有后手的。秦穆公的目光向东看，东边齐国就是秦穆公的另外一个冷棋子——公子重耳。

此时身在齐国的公子重耳，已经来到了他流亡生涯的第十九个年头。

公子重耳的人生理念中，原本这辈子如此度过，就已经不错了。

当时齐国的国君，是齐桓公。

齐桓公是个有正义感的人，这些年来"尊王攘夷"的大旗一竖，北击山戎，南伐蛮楚，期间大会诸侯。晋献公这样的老英雄，也要卖齐桓公一个面子，忙不迭地到中原来参加齐桓公组织的诸侯联席会议，生病来不了还要发致歉信。虽然齐桓公也在不断兼并周围的小国，但周天子对齐桓公

---

① 秦穆公：（前683—前621年），一作秦缪公，嬴姓，赵氏，名任好，秦德公少子，春秋时期秦国国君，在位三十九年（前659－前621年），谥号穆，被《史记索隐》等书认定为春秋五霸之一。

② 百里奚：（？—前621年），姜姓，吕氏，百里氏，名奚，字子明，齐国没落宗室子弟，齐中废公无诡孙，春秋虞国（今山西省平陆县北）人。春秋时虞国大夫，后入秦做大夫。为秦穆公时贤臣，著名政治家、思想家，又称"五羖大夫"，是秦穆公用五张黑羊皮从市井之中换回的一代名相。

的政治表现是予以肯定的。而且在多年之后，孔子也在自己的论述中说，"齐桓正而不谲。"（《论语·宪问》）所以在齐桓公的照顾之下，公子重耳日子过得还不错。

齐国的口音跟晋国差别很大，天气和饮食也小有差异，但这一点并不妨碍王孙公子在齐国的贵族生活。锦衣玉食、好酒好肉的招待着，齐桓公还把宗室的一位叫作齐姜的女子嫁给了公子重耳做老婆。

齐姜是典型的齐国王室女子。

齐国王室出美女，尽人皆知。

当年的齐国公主文姜，风流妖娆。因为一个文姜，差点引发了齐鲁两国大战。至今我们在《诗经》中，还能找到很多描写文姜的段落，比如，"汶水汤汤，行人彭彭。鲁道有荡，齐子翱翔。"（《国风·齐风·载驱》）而文姜的姐姐宣姜，也是一位绝色女子。当年宣姜许配给卫宣公做儿媳妇，但宣姜的美貌却让卫宣公本人欲罢不能。后来老公公终于趁着儿子不在家，把儿媳妇弄进了自己后宫了事。

齐姜的美色我们知道得并不确切，但有了齐姜，年过半百的晋国老公子重耳，乐不思蜀、乐而忘形。

除了美色之外，重耳即便想家了，在齐国想说晋国的方言也同样没有问题。重耳流亡的这些年来，周围一直没有缺少晋国的死士们追随，比如赵衰（cuī），又比如狐偃。赵衰这个人一直忠心耿耿，他当时负责掌管公子重耳流亡政府的后厨工作，有一次在和重耳走散的情况下，赵衰自己饿了个半死，也没有动公家的口粮；狐偃是重耳的舅舅，狐家是翟国的大姓，因此也比旁人更加知道政治斗争的套路。当时骊姬之乱事发，公子重耳逃亡，狐家人两边下注。狐偃和弟弟狐毛追随重耳，而留下了他们的老父亲，也就是重耳的外祖父狐突在朝中涉险坐镇。

年过半百的重耳，在齐国过于逍遥，有了齐姜的温柔乡，更加让老公子重耳感到人生无憾。但你重耳不走，你也不能不管手下弟兄的前程。像赵衰和狐偃这些外乡人，在齐国本身就过得不自在，更不用说他们还有自己的亲戚朋友在晋国，这些人随时都有被内乱波及的危险。哪怕你不想杀回晋国大展宏图，那么带着年过花甲的舅舅，回去探望外祖父狐突总行吧？

而且，就在一年之前，那个德高望重、生前曾经永远伟大正确的齐桓公，也在齐国的内乱中悲惨地死去。他一死，未来重耳以及重耳背后的这个流亡政府是否还能够继续开张，都存在着极大的变数。

赵衰和狐偃，觉得自己的使命感油然而生。

在一场酒宴之后，赵衰、狐偃，还有齐姜，一起想办法把公子重耳灌醉了。等到重耳醒来的时候，重耳已经躺在了西去的马车上。所以，男人怕的不是喝酒之后醉卧温柔乡，而是酒醒之后——不知何处是他乡。

重耳大怒，但是事情已经无可挽回了。重耳知道，自己无论怎么想做一个采菊东篱下的普通人，都无法摆脱自己的贵族身份，也无法离开政治的漩涡。十几年前，重耳逃亡翟国。离开翟国时，一模一样的场景，重耳同样悲伤地告别了他在翟国的老婆。至今重耳还记得，他对自己的翟国老婆说：等我二十五年，我一定回来。但是翟国老婆对重耳说：二十五年，我早就死了，不过我等你就是。（"重耳谓其妻曰：'待我二十五年不来，乃嫁。'其妻笑曰：'犁二十五年，吾冢上柏大矣。虽然，妾待子。'"《史记·晋世家》）

重耳把自己的无名邪火都撒在了自己的舅舅狐偃身上，"这一去，如果事不成，我杀了你吃肉！"（"事不成，我食舅氏之肉。"）重耳这一路，几经周折，还是多亏了身边那些死士们。除了狐偃、赵衰之外，十几年的生死与共筑成的友情，其他包括颠颉、魏犫（chōu）、胥臣，个个都是好样的。

公元前 637 年，公子重耳，顺利到达秦国。

而这个时候，晋国的情况也已经发生变化，晋惠公夷吾去世，晋惠公的独子公子圉即位，公子圉也就是晋怀公。

秦穆公已经等了重耳太久太久。

重耳刚刚一来到秦国，秦穆公就寻找秦国宗室之女许配给重耳。而且秦穆公似乎也知道，重耳刚刚离开齐姜的郁闷之情。所以这一次，秦穆公很慷慨，重耳一娶就是五个。耐人寻味的是，这五个宗室女中，就包括了已经成为晋怀公的公子圉的前妻——怀嬴。

毫无疑问，这次秦晋之间的嫁娶，政治宣示意义浓厚。

公元前 636 年，秦穆公派人把重耳护送到黄河，东征晋怀公。带着秦穆公的期待，誓死追随自己十几年的晋国死士，甚至包括了最近闻风投到重耳阵营的晋国大夫栾枝、郤（xì）谷。当然，这期间，公子重耳的外祖父狐突被晋怀公处死，无疑也增加了重耳此次出兵的正义性。

这是一场没有悬念的战争。

配合公子重耳的进攻，晋国国内的栾氏、郤氏、先氏、狐氏等贵族在京城绛（山西绛县）发动政变。而重耳攻入河东，在战争中杀掉晋怀公，在他六十一岁这一年，登基称王。

重耳就是晋文公。

登位之后的晋文公，众望所归。而且这位已经年届六旬的老者，年轻时代在晋国，也累积了太多世族人脉。凭借武力登位之后，晋文公迅速发展了生产，壮大了国力。并且凭借同齐国以及秦国的良好关系，为自己赢得了非常舒适的外交环境。

其实晋文公回国后的顺风顺水，也是非常容易理解的，首先，晋文公有一大批属于自己的亲信，而这些亲信背后，基本上各自都站着一个庞大的卿大夫集团世家为后盾。此外，晋献公之后近二十年，晋国内忧外患，对内乱成一锅粥，对外割地赔款、丧权辱国。人心思定思安，晋文公这种具备相当政治经验的老者回归，自然是自带主角光环。

晋文公登位之后，至少做了两件大事，是影响了后世历史进程的。

第一件事，是王子带事件。

王子带是当时的名义上的春秋共主周襄王的弟弟，周襄王娶了一位异族狄人女子为自己的后宫，结果这位异族女子和王子带这位小叔子厮混在了一起。于是周襄王兄弟反目，王子带又伙同狄人势力杀回京城洛邑（洛阳）。周襄王被驱逐，一口气逃到了今天的河南巩义附近。在这种情况下，周襄王号召当时的几个大国出面，为自己主持正义。

当时收到勤王檄文的大国，包括秦国，也包括了晋国等国家。

赵衰为晋文公献计，希望晋文公无论如何赶在秦国之前，抢一个头功，他的理由也很充分——"求霸莫如入王尊周。周晋同姓，晋不先入王，后秦入之，毋以令于天下。方今尊王，晋之资也。"（《史记·晋世家》）也就是说，这是一次千载难逢的"尊王攘外"的好机会，晋国作为周天子同姓的姬姓国，只要是把握好了这次机会，晋文公霸业可期。而如果让秦国抢了先机，那么就很难号令四方了。

晋文公最终听信了赵衰的建议，王驾亲征，处死王子带。为周襄王讨回了正义，也让周天子重归大位。

这件事情的结局中，有一个地方是有点意外的。

周天子复位，兴奋之余，把今天几乎整个的河内地区赐给了晋国（"周襄王赐晋河内阳樊之地。"《史记·晋世家》）。晋国的势力彻底发展到了太行山以南，黄河以北，并且隔河同周天子所在的洛阳盆地相望。

应该说，晋国早已不是周朝肇始时期，那个为周天子看家护院的姬姓国。如今的晋国，坐镇河东，虎视关中，东进可出太行争霸中原，南下则可以顷刻之间勤王周天子。勤王之后，晋文公名利双收，成为毫无疑问的春秋五霸之一。

这件事情是一个标志性事件，由于王子带叛乱的影响，周天子的威望日落西山，王畿更加缩水。秦国、晋国等群雄兼并小国，逐鹿中原，更加肆无忌惮，而《周礼》的约束则越来越微不足道了。

晋文公对后世影响更大的一件事情，是三军六卿制度的确立。

所谓的"军"，是指春秋时代确立的诸侯军制编制之一，一军大概有一万两千人左右。其实早在晋献公时代，就已经突破了诸侯设置一军的限制，当时的晋献公把一军扩为两军，自己领上军，而太子申生领下军。而到了晋文公时代，随着征战越来越频繁，战争规模越来越大，地域的跨度也从北方延伸到了南方。两军不够用了，就扩展到了三军：上军、中军和下军。

每一军，都设置一将一佐，相当于一个军长，一个副军长。比如当时的一次战斗序列："赵衰举郤縠将中军，郤臻佐之；使狐偃将上军，狐毛佐之，命赵衰为卿；栾枝将下军，先轸佐之。"

有了三军，这些军长、副军长一共六个人，这六个人就是"六卿"。

后来六卿的权力越来越大，除开战争时期，也包括了国内的和平建设时期。辅佐晋文公的一些比较大的世族，就开始慢慢把持了六卿职务。所依靠的，就是权力的终身制以及宗法制所规定的世袭制。晋文公在世以及晋文公之后的一百多年中，晋国一共出现了十一个卿大夫世家，轮流做六卿的职务。

让我们记住这十一个世家——狐氏、胥氏、先氏、郤氏、栾氏、范氏、中行氏、智氏、韩氏、赵氏、魏氏。

晋文公登位之后，只活了短短八年。

在这短短八年里，晋国攀上了列强霸主的位置。

不过，盛极则衰，晋文公时代所种下的种种因果，必将在以后成倍地显现。

铁器出现

在继续讲述晋国的故事之前，重点谈一谈春秋战国时期的经济情况。

我们前文讲到周天子分封诸侯，诸侯到封国就任，事实上跟空降没有太大区别。诸侯们首先要加固原有的城墙甚至于原地筑城，建成一个一个的据点，然后再去耕种据点周围的"井田"。这里需要说明一点的是，当时的封国内，除据点和"井田"之外，还有大量的高山、森林、湖泊处于原始未开发状态，那里多半还生活着大量的蛮族和原住民。所以，以当时的生产力水平而言，如果当时的普通人想要远足，除了最基本的舟车之外，还要做好非常充足的口粮以及安全准备。因此平时，基本上贵族和庶民们都是待在国都以及国都之外的一些据点内。这些据点，有点类似于古代欧洲的城邦，或者说是面积扩大，交通拉长了的城邦模式。"城邦"之外，"井田"的数量不多。所以庶民们各司其职。当时居住在城内的"国人"，主要从事征战，为诸侯或者周王室服兵役；而居住在城外的"野人"，则主要从事耕种等农业生产活动，为诸侯或者周王室缴赋税。这样分析的话，各国的兵源主要来自"国人"，而国人主要居住在城市，所以春秋时期，各诸侯国的常备兵的数量并不多。

从以上分析还可以得到如下结论。春秋时期发动战争，是成本非常高的一件事情。战争的三大要素，人、武器和后勤，在当时的生产力条件下，都非常落后。我们可以这样讲，当时的小国根本不具备长途奔袭和发动大规模战争的能力，带的粮食如果不够，士兵们半路就得饿死了，根本撑不到打仗的那一天；退一步讲，只是带够了去程粮食，而没有带回程的粮食，那万一吃了败仗，回来也得等着饿死。所以，春秋时期有能力进行诸侯争霸，或者组织诸侯会盟的，必须是以强大的后勤能力为基础，否则免谈。

当时生产力水平低下的主要原因，是生产工具和耕作方式的限制。

春秋时期正处于青铜时代的末期。

人类从石器时代率先进入青铜时代并不是偶然。作为常见金属，铜的化学活动性比较低，所以从自然界中获取黄铜，对早期人类并不是一件特别难的事情。但是单质铜的加工却比较困难，因为铜的熔点接近 1100 摄氏度，这个温度早期人类并不容易获取。所以，作为妥协，人类就使用了黄铜的合金——熔点较低（800 摄氏度）的青铜。青铜事实上是一种铜锡合金，具备黄铜所不具备的很多优点，比如耐磨、硬度高等。不过青铜的获得比黄铜更加不易，因为除了需要有铜之外，还需要有锡，而同时有铜矿又有锡矿这个条件，无疑是给青铜的获取增加了更大的难度。正因为如此，青铜被上古中国人当作"美金"（《国语·齐语》："美金以铸剑戟，试诸狗马；恶金以铸锄、夷、斤、斸，试诸壤土。"）。青铜只是用来做礼器和兵器，而一般不会用来做农具。退一步讲，因为青铜较脆，即便用青铜做农具，它也不会在耕种时发挥更大的作用。

所以，当时的中国人，耕种时只能用一些工作效率低下的木制工具。比如翻土，用到的工具叫作耒耜（lěi，sì），如图 1-3。耒耜在使用时把尖头插入土壤，然后用脚踩横梁使木棍深入，然后翻出。试想一下，一个普通人，要这样踩多少脚，翻多少次土，才能够翻完一亩地呢？这样的劳动效率，占用了更多的劳动力，又不能产出更多的粮食，进而无法养活更多的人口。

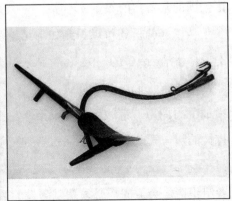

图 1-3 耒耜

这一切的彻底改观，来自冶铁技术的提高，铁器的出现，中国由青铜时代进入铁器时代。这个伟大的演进，恰好出现在春秋战国之交。铁也就是我们前文提到的"恶金"，相对于青铜的"美金"，铁的这个称呼略显低贱。不过与青铜相比，铁具备很多优良性能，比如硬度更强，延展性更好，韧性更是完胜青铜。这不是最重要的，最重要的是铁矿石的分布区域，要远远多于铜矿和锡矿。虽然人类最早发现铁的存在，很可能是因为天上坠落的陨石，但很快，人类就在自然界大量地发现了铁矿石。春秋末期，"皮囊鼓风"技术的使用，更是极大地提升了冶炼的温度。

自从有了铁的出现，农具大量地应用了铁器，极大提高了生产效率。而与此同时，牛耕也出现了，牛耕的出现解放了人的双手，也减少了劳动者的数量。多余的劳动者于是被解放出来，更多地参加对外战争或者进行城市建设。

自从有了铁的出现，兵器也多了很多选择。比如青铜时代，因为青铜硬而脆，所以只能制作成刺杀用的剑或者啄击钩杀用的戈；然而铁器时代，除了刺杀、啄击钩杀之外，铁还可以被制作成劈砍用的刀，极大地提高了武器的攻击效率。

当劳动效率成倍提高，生产出大量粮食的时候，土地就会养活更多的人口，更多的人口反过来会开垦更多的荒地。而周王室的赋税主要来自诸侯国的公田，这种额外开垦的荒地是诸侯的私田，并不属于赋税范畴。随着时间的推移，新开垦的私田，数量一定越来越多，质量也越来越高，私田的各项指标最终就会超过公田。到这个时候，周王室只能默许诸侯国私田的大量存在，以便国家从新开发的私田中抽取赋税。换句话讲，随着生产力的发展，周王室发明的"井田制"最终走到了历史的尽头，而代之以大量公卿贵族据有的私田。

生产力的发展，还极大拓宽了诸侯们的活动范围，他们不再局限在自己的"城邦"内，目光开始看得更远。人口和粮食的增加，带来了战争兵源和后勤的更新换代，诸侯之间的大规模战争成为可能。

卿家兼并

事实上，晋献公之后，虽然晋国有过"骊姬之乱"。但很快出现了更加英名盖世的晋文公，晋国在短时间内再次攀上国力的顶峰，后世多以"齐桓晋文"来并称齐桓公和晋文公两位春秋时期最强大的霸主。

晋文公固然伟大，但他并没有解决"晋无公族"的问题，也没有解决卿大夫贵族们势大的趋势。恰恰相反，在晋文公南征北战的过程中，屡立战功的狐、赵、先、郤、魏、荀等姓氏的贵族门阀，反而在战争之后更加变本加厉地巩固并扩张了自己的势力。这些世袭贵族们不仅拥有自己的大量田产，还拥有自己的军队，甚至还可以自行征缴赋税徭役。

事实上，晋国的卿大夫已经成为国中之国，晋国和晋王室也就是一个缩小版本的周王室而已。我们可以想见，有晋文公这样的英主和精神领袖在，卿大夫们自然是惟命是从。但是当晋文公百年之后，晋国总会有一些后代君主们德不配位，而这个时候，卿大夫们就一定不会像今天这样俯首帖耳。个人魅力十足的晋文公在世，军事威慑仅仅作为管理中的下下策，或许晋文公只是给卿大夫一个脸子看，就足够做到政令通行了。但晋文公过世之后，后世国君们的管理，就不会是给个脸子看这么简单了。

公元前 628 年，晋文公离开人世。

留在晋文公身后的，是失去精神领袖的卿大夫们和他们的虎狼之师。

孔子在《论语》中语重心长："天下有道，则礼乐征伐自天子出；天下无道，则礼乐征伐自诸侯出。自诸侯出，盖十世希不失矣；自大夫出，五世希不失矣；陪臣执国命，三世希不失矣。天下有道，则政不在大夫。天下有道，则庶人不议。"

到春秋战国两个时代之交为止，晋王室基本已经沦为傀儡。晋国的政权被瓜分，掌握在六大家族手中，他们是韩氏、赵氏、魏氏、智氏、范氏、中行氏六大世袭贵族。如果说这个时候晋王室沦为了周王室那样的傀儡，那么这六大家族相当于缩小版本的六个诸侯国。这六家诸侯之间，充满了各种矛盾，内部的实力消长，外部的利益需求，让六家的土地兼并战争摆上日程。

先看一看战国初期的战争形式。

之前我们曾谈到过，生产力的增加，带来了战争规模扩大的可能性。实际上早在春秋晚期，战争烈度就已经提升到了相当强的程度。比如吴楚之战，吴越之战，都是不折不扣的大规模攻城战、灭国战。

反观春秋早期，战争基本遵循《周礼》。譬如诸侯国之间一言不合，发生战争，大家想到的首先不是动刀枪，而是率领自己的大军，到阵前进行辩论。这个时候，战争的参与者大部分是贵族以及国人这些有身份的人，即使是话不投机撕破脸，大家还是要顾忌脸面和身份。战端一起，双方往往会约好时间、地点，进行两军对垒。也就是打架之前，最起码知道说一声"好吧你等着，有种带着你的人，来颐和园后边那个野湖"这种话。道理讲不成，那就干脆用刀枪来说话。需要强调的是，即便是动刀枪，春秋早期的贵族们，心里想的还是讲道理。道理通了也就不存在战争的理由了，甚至各诸侯在战争之后还要到一起开个总结大会，对战犯进行批判，对战争中涌现的一些英模事迹进行表彰，这就是诸侯会盟。

历史发展到礼崩乐坏的战国，战争形式就完全不同了。除了贵族和国人之外，野人甚至大量新征服的蛮族都加入了战争，各诸侯国的常备兵数量大大增加。春秋时期的战争，多发生在旷野，以车战为主，车兵的数量远高于步兵。很多时候单凭战车数量，就可以吓退敌军了；但到了战国时代，迂腐的旷野车战被淘汰，各种兵书，如《孙子兵法》《吴子兵法》被用在了战争实践，大家再也不会约定战斗时间地点，各种阴谋和算计之后的遭遇战、突袭战、伏击战等战争形式开始批量出现。为适应不同战争形式的各种地形条件，步兵成为战争的主流，车兵渐渐退出历史舞台。战争的目的也不是去辩论忠孝仁义，而是赤裸裸地争夺土地、财富和人口，战争中特别注意杀灭对方的有生力量。

晋国六卿的土地兼并战争，就发生在战争形式和目的变化的时期。

公元前 490 年，晋国内战，赵氏赵简子击败了范氏和中行氏。

公元前 458 年，范氏和中行氏两家的土地，被智、韩、赵、魏四家瓜分。特别要补充一点，分赃会议开的并不公平，时任晋国正卿的智氏，获得了范氏和中行氏的大部分土地。不用多说，智氏利用职务之便，进行了以权谋私的无耻勾当。顺便说下正卿这个职务，相当于晋国的"首相"，在晋国相当于军政一把手的位置。所以，在韩、赵、魏三家还是子爵的情况下，智氏自称伯爵，以便体现自己的高人一等。换句话讲，瓜分范氏中行氏的功劳是大家的，但是只有智伯瑶在分赃之后名利双收。

这次分赃，也给接下来更加血腥的兼并，埋下了伏笔。

从最早的八卿变六卿，六卿变四卿，战争也让土地兼并的局势渐渐明朗。

三家分晋

公元前 473 年，越王勾践灭掉吴国。随后，越王北上徐州，同其他诸侯如齐、宋、晋、鲁等进行会盟，越王勾践①成为春秋时期最后一位霸主。

这件事情对于诸侯们的震动是比较大的，因为大规模开发的时间较晚，所以越国长期以来被认为是化外之地。在春秋时期，虽然越王被公认为是夏朝王族后人，但是这并不能改变越国整体的国民形象。史载，越国"文身断发，披草莱而邑焉"（《史记·越王勾践世家》）。也就是说，在中原人眼中，越国人纹着身，披头散发，城市内常见的建筑也是茅草屋。被越王勾践灭国的吴国，是名正言顺的姬姓诸侯国，被灭掉的时候已经立国近六百年。这件事情当然也震动了晋国，晋国是和吴国同样的姬姓诸侯，同样立国六百年，想一想难免唇亡齿寒。而且同病相怜的是，晋王室在当时所控制的区域，只是龟缩在了曲沃以及曲沃周围的几个小城内。当年的晋文公、晋献公，何等英雄了得？如今晋王室的衰微，确实让人感到无限唏嘘。

以这件事情为借口，公元前 457 年，当时的晋国正卿智伯瑶，要求卿大夫们协助重振晋王室，希望智氏和韩赵魏四家，分别拿出一百里和一万户来赠与晋王室。并且智伯瑶以身作则，带头先割地出来。对于当时的晋国来讲，一百里土地和一万户人口，这个数字并不是个小数字。要知道，前面讲的越王勾践灭吴，最后一战越军的兵力只是不到五万而已。

在这种情况下，有人妥协，有人反抗。妥协的是魏韩的魏桓子、韩康

---

① 越王勾践：（约前520—前465年），姒姓，本名鸠浅，音译成了勾践，又名菼执，夏禹后裔，越王允常之子，春秋末年越国国君。越王勾践三年（前494年），被吴军败于夫椒，被迫向吴求和。三年后被释放回越国，返国后重用范蠡、文种，卧薪尝胆使越国国力渐渐恢复起来。越王勾践二十四年（前473年），破吴都，迫使夫差自尽，灭吴称霸，成为春秋时期最后一位霸主。

子，反抗的则是"赵氏孤儿"赵武的曾孙，硬骨头赵襄子。

赵襄子有自己的判断。

首先，越王灭吴这件事情已经过去了十多年，即便是越王勾践本人，都已经离开人世近十年了。现在的诸侯"国际形势"，同十几年前又有很大的不同，比如在齐国，卿大夫田氏不是也在谋求颠覆齐政权？[①]虽然诸侯都知道齐王姜氏是大周开国元勋姜子牙的后人，但是诸侯不都是揣着明白装糊涂？既然时移世易，十几年后智伯瑶又拿这件事情出来说事，本身就很穿越。

其次，智伯瑶本人当时是晋国正卿，这个正卿的位子正是继承自赵襄子的父亲赵简子，赵襄子对智伯瑶上任之后的所作所为，本来就颇有微词。即便不提个人恩怨，赵襄子认为智伯瑶要求韩赵魏三家奉献土地给晋王室，本身就怀着不可告人的目的。在智伯瑶真正掌握晋国政权的情况下，所有政策的制定和解释权，都归智伯瑶。所以，匡扶晋王室，看起来一碗水端平，但真实目的难保不是为了削弱韩赵魏，得利的却是智伯瑶。

一个人硬气并不难，但是既然选择硬气，就要清楚自己可能付出的代价。而赵襄子的硬气来自自己的底气，底气则来自充分的准备。他有自己的一颗定心丸——晋阳。其实这个时候的晋国，已经将自己的封国区域，一路从临汾谷地推进到了北边的太原盆地、大同盆地。这两块新开拓的谷地，就属于赵氏家族，晋阳就恰好处于太原盆地的腹地。当然，赵氏提前布局晋阳，功劳要属于赵襄子的父亲赵简子。

赵简子，是个了不起的人物，曾经担任晋国正卿整整十七年。在他任期内，晋国几次对外会盟和争霸，即便到了春秋末期，晋国依然能够维护一个老牌大国的尊严。此外，在击败范氏和中行氏的过程中，赵简子充分体现了自己的铁腕。战争失败后，范氏和中行氏潜逃国外（卫国），赵简

---

① 田氏代齐：指中国战国初年陈国田氏后代取代齐国姜姓吕氏成为齐侯（齐威王始称齐王）的事件。《史记·齐太公世家》《史记·田敬仲完世家》讲述了姜齐以及田齐的兴衰史。公元前386年，周安王正式册命田和为齐侯，自此田氏在形式上取得了齐侯的合法地位。公元前379年，齐康公去世，奉邑入于田氏，姜姓吕氏从此退出统治齐国的历史舞台。史称田氏代齐。

子不依不饶地实施跨境缉拿和征讨，最终将范氏和中行氏斩草除根。

赵简子的高瞻远瞩还体现在，他重用家臣董安于，选址"西依龙山、东临汾水"的晋阳，用了六十多年时间将晋阳建设成为坚不可摧的堡垒。这个堡垒在赵简子之后的几千年中，一次又一次体现出极高的军事价值。比如前文提到的李渊父子，就是从晋阳起兵，进而席卷全国。赵简子临终之前，目光坚毅地对自己的继承人赵襄子说，如果有一天赵氏有难，晋阳城值得信赖。

晋阳城名垂青史的第一次高光时刻，终于到来了。

拒绝了智伯瑶的提议，赵襄子带着妻儿老小、赵氏的家臣和部队，挺进晋阳。

公元前455年，智伯瑶纠集了魏桓子、韩康子两家，将晋阳城团团围住。

依靠晋阳城的坚固，早在六十年前就已经开始的苦心经营，赵襄子抵抗了整整两年。直到有一天，智伯瑶出门考察晋阳城周围的地形。智伯瑶发现，在晋阳城的东北不远处，有一条河叫作晋水，智伯瑶想到了水攻。当然，选择水攻的问题会有很多，比如水攻实际上需要高超的工程技术水平，操作不慎的话，甚至可能杀人一万，自损一万；此外，水攻会对城内的军民实施无差别攻击。也就是说，水可以伤军队，当然也可以伤百姓。这样，水攻又不能立竿见影让敌人投降的话，城内将同仇敌忾，接下来的战斗将会更加惨烈。

两年的时间，耗光了智伯瑶所有的耐心，他最终选择了水攻这把双刃剑。

大水决口，冲进了晋阳城。城内百姓猝不及防，死伤无数，幸存的人们爬到了屋顶生活。城内的人们"悬釜而炊"（把锅吊起来做饭），后来发展到"易子而食"。不过，对于智伯瑶的痛恨，让城内的赵氏军民下定必死之决心，准备战斗到最后一个人。水攻之后，智伯瑶最不想看到的一幕出现了。

晋阳城依然在坚持，巍然不动。

城内的人上演着人间悲剧，城外的人却当作喜剧来欣赏。

智伯瑶带着魏桓子、韩康子，一起来观察水势。看戏痴迷，到了忘情的一刻，智伯瑶脱口而出，晋阳城虽然坚不可摧，但今天我才知道，原来大水也可以灭掉一个国家啊。

智伯瑶的得意忘形，不禁让魏桓子、韩康子感到心寒。他们自动脑补，不管是魏氏的封地安邑，还是韩氏的封地平阳，旁边各有一条河流经过。城内赵襄子即便有罪，数万百姓却无罪，水攻这种进攻方式，太过伤天害理。而面对这样的惨绝人寰，智伯瑶还能够谈笑风生，只能说明这个人猪狗不如。想到这一段，魏桓子、韩康子的信念，已经发生了动摇。

此时此刻的晋阳城内，也已经到了崩溃的边缘。感到走投无路的赵襄子，找到了自己的心腹张孟谈，要求他出城做说客，策反魏桓子、韩康子。

其实魏韩两家根本就不用策反。在魏桓子、韩康子的心中，已经痛骂智伯瑶是人渣几百遍、手刃智伯瑶几十遍。张孟谈的到来，无非是给了魏韩二人一个合适的台阶，从而保证后世史书不会骂他们二人出尔反尔。

公元前453年的一天夜里，三更天，杀声震天。

智伯瑶在睡梦中惊醒，在他的面前，赵魏韩三家里应外合。智伯瑶的部队已经溃不成军，最终全军覆没。智伯瑶本人，被三家的联军生擒活捉。战斗胜利之后，为了免除后患，同时也为了响应晋阳城百姓血债血偿的呼声，智伯瑶被满门抄斩，全家200多口人无一幸免。

两年以来，一直坐山观虎斗的晋国国君晋出公，终于跳到了前台，他开始向赵魏韩三家兴师问罪。不过很快，晋出公就被三家联军击败。随后晋出公病死，三家联合拥立新王，晋哀公。

晋阳之战，让晋国公卿四家变三家，晋国成为名义上的国家，晋哀公成为名义上的国君。此战过后，三家分晋的态势已然不可逆转。

又过了半个多世纪。公元前375年，赵魏韩三家的子孙们，瓜分完所有属于晋国国君的土地，晋国灭亡。

从晋献公灭三国，到赵、魏、韩三家分晋，之前的三家和之后的三家，都有魏。

魏晋的故事一直在延续，并且将跨越千年。

第二章
三国归晋

　　司马懿比不了自己的老对手诸葛亮，诸葛亮在后世被认为是忠臣，还是智慧的化身。但是这并不意味着，作为对立面，司马懿就必须背负奸臣和奸诈的骂名。作为曹魏王朝的两代托孤大臣，他掌握了权力，也就同时被权力绑架。他必须苦心钻营，直到权力的顶峰——政治就是如此残酷。

　　司马昭之心，显然已经路人皆知。把篡位如此隐秘而神圣的事业，篡成满城风雨，司马昭也算是独一份。

　　姜维这辈子，即便受到奸臣排挤，依然忠于蜀汉，为自己心中的信仰流尽最后一滴血。虽然才能有限，但姜维具备明知不可为而为之的浩然之气，杀身成仁，死得其所。

古魏国和战国魏国之后，历史上出现的第三个魏政权，就是曹操建立的"魏"。曹操一生没有称帝，但他的后人们建立了大魏王朝。不过曹魏没有摆脱"晋"的如影随形，最终被"晋"所取代。晋王朝司马氏的发迹，始于司马懿。

小会计的从政之路

司马懿人生中的第一份工作，是计掾（yuàn），也就是今天的政府会计兼统计员。

司马懿精通儒学，从少年时代起，他就以博学而闻名乡里，可谓博览群书，兼容并包。所以后来东汉政府组织举孝廉时，他被任命为计掾，一个在当时稍显另类的经济类公务员岗位。

作为经济类职业的一个典型代表，会计这份工作看起来简单而通俗，事实上却并非如此。古人的出世观念，更多的是去建功立业，往往第一个想到的就是"学好文武艺，货卖帝王家"；即便到了几千年之后，现代人重理轻文，也在讲"学好数理化，走遍天下都不怕"。实际上，这是一种认知上的偏颇。经济规律是一种很抽象的东西，但经济又同老百姓日常的吃喝拉撒睡息息相关。能够从纷繁芜杂的社会经济活动中总结出规律，又能够灵活正确地运用这种规律，这是一种真正高层次的能力。很多男生在年轻的时候喜欢直来直去，研究如何创造价值，顺带还会表达对于文科和财经科的鄙视；然而，随着年龄的增长，就会慢慢发现创造价值固然重要，但研究价值如何再分配则更加重要。很显然，平凡人生活的世界里，知道化学方程式固然重要，但理解股票大盘涨跌，或者银行加息降息，乃至于价格指数波动则来得更加实用。

会计作为司马懿的第一份职业，对他一生的性格养成影响至深。比如做事客观，精于算计，对于政治经济军事形势的决断往往以数据考量，而不是基于盲目的热情和冲动。透过后来所发生的很多事情，从司马懿身上，隐约能看到的是一个经济学者而不是一个政治家的影子。

在计掾这个位置上，司马懿勤勤恳恳、爱岗敬业。因为工作业绩的出色，他很快就引起了时任大汉司空曹操的注意。司空，相当于今天的国家水利部部长兼发改委主任的角色，事实上司空就是一个放大版本的计掾。因为职业背景的相似，司马懿和曹操在做事风格上多多少少有一些相似之处，且隔空能感到一种惺惺相惜。

公元201年，曹操的爱才之心，让他开始动用手上的资源去提拔司马懿这位"行业能手"。不过，司马懿有自己的小算盘，在他心中当时出山的机会并不是太合适。虽然早在五年前的汉献帝建安元年，曹操就把持了朝政，并挟天子以令诸侯。尤其是一年前的官渡之战，曹操以少胜多，击败了当时北方最大的诸侯——袁绍。袁绍士气受到重挫，但当时他并没有去世，他和他的儿子们依然占有河北地区的大片土地，整个北方的局势并没有完全明朗。此外，西北的马腾，东北的公孙康，南方的刘表、孙权、张鲁、刘璋等地方军阀，每一个的力量都不容小觑。在这种情况下，司马懿选择了装病，用以搪塞曹操的盛情邀请。虽然曹操并不相信司马懿这样一个年仅二十三岁的年轻人，会有什么样的大病能够让他卧床不起。但是最终，曹操并没有违背司马懿的个人意愿。

公元208年。

这一年，袁绍以及整个袁氏家族势力，已经被曹操大军所荡平；帝国背后的北方草原，乌桓势力也被击溃。大半个北方尘埃落定，曹操自封为大汉丞相，一家独大的势头不可逆转。与此同时，曹操在厉兵秣马，准备南征东吴。用人之际的曹操，这次再也没有考虑司马懿有没有生病的问题，派人强行把司马懿送到了京城洛阳。

由"请"变成了"抓"。显然曹操对司马懿的能力依然相信，只是对于人品已经有了深深的成见。这种成见让曹操对司马懿的使用举棋不定。何况精神层面上曹操本身就是同司马懿极其相似的两个人，曹操心里太清楚司马懿这种人的鸿鹄之志。正因为如此，此次司马懿在京城，仅仅是捞到了一个叫作文学掾的官职，相当于一个负责首都教育工作的部委公务员而已。

不仅如此，在此后的很多年中，曹操对司马懿的使用始终处于不冷不热的状态。比如赤壁之战、剿灭马腾这样的大事件，司马懿根本就没有得到参与的机会；又比如曹操讨伐张鲁，进占汉中的时候，司马懿向曹操献计，建议乘巴蜀空虚，马不停蹄地翻过大巴山占领整个四川。不过这个看起来很有创意的计谋，却被曹操讥讽为"得陇望蜀"而不了了之。这种情况，一直持续到了建安二十四年（公元219年）。这一年，司马懿被破天荒地任命为太子中庶子（太子老师），辅佐魏王太子曹丕。

尽管司马懿始终没有赢得曹操的充分信任，但在曹丕手下，司马懿依靠自己的多谋善断，迅速成为曹丕的左膀右臂。从这个时刻开始，四十岁的司马懿才正式在当时政坛显露头角。

公元220年，曹操去世，太子曹丕继承魏王之位。同年，曹丕废掉汉献帝，自称皇帝，史称魏文帝。

曹丕当政时间只有六年。公元226年，三十九岁的曹丕驾崩，传位于魏明帝曹叡。临终之前，曹丕将曹叡托孤给自己的四个心腹大臣——曹真、司马懿、陈群、曹休。这个时候的司马懿，已经官至曹魏王朝的抚军大将军，相当于今天的军委副主席。

此后，司马懿开始协助曹魏东征西讨，而他性格中的精于算计和谨小慎微，集中体现在了这段时间之内。

司马懿遇到的第一个对手，是蜀汉丞相诸葛亮。

当时的蜀国以攻代守，以战养战，不断发动针对曹魏的北伐战争。打开一张地图，我们可以看到，当时的蜀国，偏处一隅。尤其是关羽在前几年，丧失了湖北的荆襄地区之后，整个蜀国实际上只剩下了成都平原这块大本营。往北，利用地缘上的优势，蜀国还控制了汉中盆地；往南，利用诸葛亮前期的军事征服，蜀国还控制了云南的南蛮部落。然而，仅此而已。

如图2-1所示，成都平原是一块风水宝地，周围的崇山峻岭将整个平原封闭在中间，在军事上易守难攻，但是缺点也很明显，如果想出川一统天下的话，进出太不方便。事实上，出川的基本路线只有两条：一条是往东，出长江三峡，到湖北荆襄地区。东出之后，首先要面对的对手是东吴而不是曹魏。蜀汉与东吴恩恩怨怨的几座城市，不管是夷陵，还是白帝城，实际上都没有脱离长江三峡的地理范畴；另外一条路线是往北，翻越大巴山，则可以进入汉中盆地，幸运的是汉中地区在诸葛亮时代一直牢牢地掌握在蜀国手中。

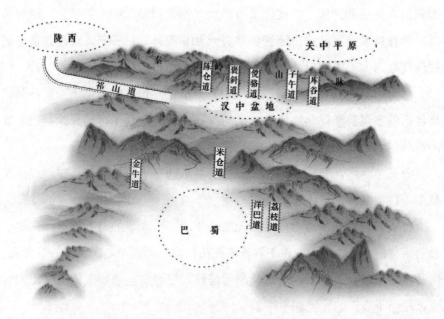

图 2-1 古蜀道示意全图

我们继续分析，如果以汉中为基地出兵的话，进军路线的选择就比较多样起来。汉中沿汉水东进，可以直达南阳盆地。比如前文提到的蒙古灭金一战中，窝阔台派拖雷尝试过，并且取得了军事上的巨大成功。但这条路线过于艰险，补给线又过于漫长，对士兵的单兵素质要求也很高。所以这个方案在三国时代，一直被蜀国弃之不用；从汉中穿越秦岭北上，理论上是可以直达大汉故都长安的。尤其是蜀国大将魏延曾经建议过的子午道，从地图上由汉中到长安看几乎就是一条直线。但是，子午道是典型的蜀道，夹在秦岭的大山中间盘旋蜿蜒，中间还需要有栈道才可通行。这条路线易守难攻，后勤和战术上的冒险让诸葛亮心有所惧。所以北出子午道这个计划，也被弃之不用，最多就是军事上的佯动而已；那么，只剩下一个选择，就是西进。从汉中一路往西北过去，就是甘肃的陇右地区。此路线的主路祁山道，非常平坦好走。从军事上来讲，后勤补给也相对容易。另外陇右在地缘上和关中是合为一体的，所谓的"关陇地区"就是对这一带的总体描述。得到陇右，往东翻过低矮的六盘山就可以占领关中，而不用担心秦岭这样的天然隔断。所以，这就是演义中提到的诸葛亮"六出祁山"的根本原因。

为什么要花大力气讲述蜀国的北伐路线选择？是因为司马懿和诸葛亮的斗法，大多发生在这个区域。如果不看地图，就会影响我们对于整个战争形式的判断。而几十年后，蜀国被灭的路线，也是沿着蜀道而行，只是在军事动向上恰好相反而已。

所以，诸葛亮北伐这事，在小说中看起来威武雄壮，但事实上却压根不是那么回事。诸葛亮北伐，无论战争烈度，还是能够动员的兵力，都是非常有限的。在司马懿看来，诸葛亮是以蜀国全国之力，对抗曹魏的西部边陲而已。即便占领了陇右，也不代表你能打下关中；即便占领关中，也不代表你能出崤函通道东征。更加关键的一点，诸葛亮北伐根本就不是一个军事问题，而是一个经济问题，或者说是一个后勤问题。

经济问题，恰好是司马懿的强项。

山地作战不同于平原和旷野作战。山地作战无论运兵还是运粮，路线选择受地形的影响较大，所以拒险而守的战争成本要远远低于劳师远征。此外，万一后勤粮草供应不上，平原地区可以很容易在半路找到村镇临时补给。而在山地地区却并不是那么容易的一件事情，更何况土地并不够肥沃的关陇地区。所以，我们看到《三国演义》中出现了"木牛流马"这样的山地运输工具，也出现了煞费苦心的"诸葛妆神"以掩护蜀军的麦收劳作。翻开历史，更是有很多次征讨，都是以粮草不足为借口就退兵了。除了粮草补给问题，地形的崎岖难行对战事的影响则更为明显，比如在正史记载中，公元230年，曹真率一路军队出子午道，张郃率一路军出褒斜道，司马懿率一路军自汉水逆流而上。三路大军，会攻汉中。不过这样一场筹备严密的战役，却仅仅是因为一场大雨，就班师回朝了（"会天大雨三十余日，栈道断绝。"《资治通鉴·魏纪三》）。

所以，在诸葛亮和司马懿的正面交锋中，谁更能够解决后勤问题，谁就能够获取最后的战争胜利。事实上，精打细算的司马懿，在几年中的连续几次战役中，都避诸葛亮之锋芒，步步为营，没有让诸葛亮占到太大便宜。

公元234年，诸葛亮发兵十万，再一次北伐进攻曹魏，负责防守的就是司马懿。这一次，诸葛亮来者不善，无论从兵力上还是从后勤上，都做了比较充分的准备。而且从路线选择上，这一次蜀军出褒斜道，如果顺利则可以直达关中平原西部的陕西宝鸡。这条路线，是诸葛亮六年来历次北伐中，路线最为靠近西汉故都长安的一次。

志在必得的诸葛亮，遇到了工于心计的司马懿。

全面分析了战局的司马懿，给自己的部队下达了"坚壁拒守，以逸待劳"的八字方针。司马懿要用自己充足的粮草，熟悉的地形，磨灭诸葛亮的热情，耗死千里奔袭的蜀军将士。双方相持的时间超过了百日，司马懿始终坚守不出。诸葛亮万般无奈之下，给司马懿送来了"巾帼妇人之饰"。但司马懿依然不为所动，反而请来了朝廷钦差辛毗（pí），持节立在自己门前，用朝廷的威严来浇灭魏军求战之心。

在诸葛亮再三派使者请战的情况下，司马懿和蜀国使者有这样一番对话。

"诸葛公起居何如，食可几米？"对曰："三四升。"次问政事，曰："二十罚已上皆自省览。"帝既而告人曰："诸葛孔明其能久乎！"（《晋书·宣帝纪》）也就是说，诸葛亮鞠躬尽瘁，事必躬亲，健康状况已经每况愈下。在同司马懿的周旋中无法取得军事上的主动权，更是让诸葛亮心急如焚。在这种情况下，司马懿根据使者的口述事实进行推断，诸葛亮可能确实命不久矣了。

果然不出司马懿所料，当年八月，诸葛亮病逝于五丈原。

临终之前的诸葛亮，嘱咐手下将自己葬在汉中。他要让蜀国人知道，汉中是蜀汉的门户，也是进攻关中的基地，一定不能轻易丢掉。司马懿这个时候，却犯了经济学者常见的一个错误——谨小慎微，坐失良机。他虽然成功地预言了诸葛亮的健康出问题，却没有料到这一天会来得这么快。在蜀军急忙撤军的情况下，甚至在蜀军出现魏延和杨仪内讧的情况下，司马懿还是眼睁睁看着蜀国的有生力量撤回汉中，失去了一个乘胜追击的天赐良机。

　　然而无论如何，在帝国西线的蜀汉相争中，司马懿出色地完成了任务。这件事情，也成为后来司马懿子孙们最值得骄傲的一件家族往事。

辽西古道

在西线战争告一段落的时候，司马懿的征战生涯，又遇到了他的第二个对手——来自辽东的公孙渊。

公孙渊对待中原王朝的态度，是跟他的老爹公孙康一脉相承的。当时公孙康有一个基本国策，叫作"恃远不服"（《三国志·魏书·武帝纪》）。意思是我孤悬海外，跟你之间道路不通，我就是事实独立的状态。当时公孙康的辽东，已经算是东北地区的一个小霸主的意思了。东边击败高句丽，西边打服了乌桓，公孙康自封自己为"辽东侯"还有"平州牧"，并且还时不时地穿上皇帝的制服，炫耀自己"天高皇帝远，作死没人管"的自由自在感觉。其实如果说这个"辽东侯"还说得过去，那么这个"平州牧"显然是凭空捏造了一个地名。当时的平州，根本就不是中原王朝的省级行政单位，况且原来的平州治所也根本就不在辽东。

后来曹操北征乌桓，袁绍的儿子袁熙、袁尚逃到了辽东，公孙康慑服于曹操强大的军事压力，斩了袁氏兄弟给曹操做投名状，这才免了曹操征辽东一战。

公孙渊的老爹公孙康虽然已经是独霸辽东，但出于东北江山永固的考虑，公孙康临死之前，并没有让自己的儿子公孙晃或者公孙渊接班，他自己指定的接班人是自己的弟弟公孙恭。公孙康敢于选择公孙恭的理由也很简单，因为公孙恭的身体有点问题，失去了做男人的能力。因此，公孙恭以后传位，一定还能够轮转到公孙康的这一支。

不过公孙渊却按捺不住自己那颗悸动的心，他长大成人之后，就胁迫公孙恭退位，同时囚禁了自己的叔叔公孙恭。

公孙渊治下的辽东，有点像今天的台湾，面对实力超出自己几十倍的曹魏，公孙渊政权坚持以作死为乐。当时的局势，整个华北版图都已经被曹魏收入囊中，在东北大部分地区还没有开发的情况下，公孙渊所据守的辽东（辽宁和朝鲜北部地区），已然成了孤悬于东北的一块死棋。在这种情况下，公孙渊不仅自称燕王，还擅自改了个年号——绍汉。这事还不算作死，公孙渊又偷偷联络鲜卑人，准备找机会入主中原。此外，公孙渊还派人到东吴向孙权称臣。特别是最后这件事，做得尤其有创意。在陆路交通完全被曹魏控制的情况下，孙权和公孙渊就这样隔着茫茫大海进行着通信往来。在度过了同东吴蜜月期的你侬我侬之后，公孙渊出尔反尔，杀掉吴国使者向曹魏献媚。

作为现代人，我们实在想不通公孙渊这样做的真实目的。然而联系今天的一些中国周边的政治现实，我们基本上能够读懂，小政权想在大国之间火中取栗的良苦用心。事实上，火中取栗固然让人能够挑动本地百姓的政治神经，但也是一种极端玩火的行为。

正如公孙渊所期待的那样，数年如一日坚持作死终于招来了大国的愤怒。

公元238年，魏明帝派遣司马懿，率马步兵共四万人，东征公孙渊。

出征之前，魏明帝问司马懿，公孙渊到底会如何御敌呢？司马懿用沙盘推演的方式回答说：事先弃城逃走，是上策；凭借辽水抗拒我大军，这是中策；坐守襄平（辽宁辽阳），那他就要当俘虏了。（《晋书·宣帝纪》："弃城预走，上计也。据辽水以距大军，次计也。坐守襄平，此成擒耳。"）魏明帝又问，征讨公孙渊大概需要多长时间？司马懿这一次用数据来说话，"往百日，还百日，攻百日，以六十日为休息，一年足矣。"（《晋书·宣帝纪》）

这次问答，体现了面对不同的对手，司马懿会选择完全不同的战法。而不同战法的选择，则完全是基于不同的数据分析。面对拥有完全地利优势的诸葛亮，司马懿采取的战法是以逸待劳；而面对辽东孤悬海外的公孙渊，司马懿采用的是大兵压境，以足够兵员和精良后勤为依托的全面战争。所以，司马懿的分析也是没错的，如果公孙渊面对如狼似虎的曹魏正规军，选择死守而不是弃城而逃，那就一定是死路一条。

不过，司马懿东征辽东，当时却存在一个现实困难。

我们后世耳熟能详的"辽西走廊"，在当时并不存在。

跟我们今天看到的辽东完全不同，当时的辽东，因为燕山山脉以及道路断绝的阻隔，确实近似于一个地缘意义上的孤岛。根据地质研究以及长期以来的历史记载表明，"辽西走廊"彻底露出海面，距今不到两千年。而在露出海面之后的很长一段时间内，从山海关直到锦州的辽西走廊上，遍布海水侵袭而成的沼泽。而在三国那个时代开始，直到近一千年之后的辽金时代，辽西走廊才正式出现在历史书中。据史书记载，当时五代后晋的晋少帝石重贵，就是沿着辽西走廊被发配到了辽东。（"自范阳行数十程，过蓟州、平州，至榆关沙塞之地，略无供给，每至宿顿，无非路次，一行乏食，宫女、从官但采木实野蔬，以救饥弊。又行七八日至锦州，契丹迫帝与妃后往拜安巴坚遗像，帝不胜屈辱，泣曰：'薛超误我，不令我死，以至今日也。'又行数十程，渡辽水，至黄龙府，即契丹主所命安置之地也。"《旧五代史·后晋·少帝纪》）

而实际上，就当时的情况来讲，即便是像晋少帝一样穿越了辽西走廊，九死一生到达了真正意义上的辽河西部，也就是辽西。那么我们即将面对的，依然是一个比辽西走廊更辽阔的大片沼泽、湖泊、草原组成的湿地地区，这片大湿地横亘于今天的辽宁省中部，大凌河往西走 100 公里左右，所以干脆起了个名字，叫作"辽泽"。（"十八年，从征高丽，及师旅至辽泽，东西二百馀里泥淖，人马不通。"《旧唐书·列传·卷二十七》）

所以，即便是辽西走廊早早露出海面，而且辽金的时候还曾经启用过这个地理大通道，然而"辽西走廊"的真正繁荣，只不过是始于明代。当时明太祖朱元璋开国，徐达在辽西走廊的最南端，设立了山海关[1]，于是

---

[1] 山海关：位于河北省秦皇岛市东北 15 千米处，是明长城的东北关隘之一，素有中国长城"三大奇观之一"（东有山海关、中有镇北台、西有嘉峪关）与"天下第一关""边郡之咽喉，京师之保障"之称，与万里之外的嘉峪关遥相呼应，闻名天下。明洪武十四年（1381 年）筑城建关设卫，因其依山襟海，故名山海关。

山海关也就成为整个燕山南麓长城防线的一部分，从而被纳入帝国边防体系来重点建设。而实际上，明代虽然早期曾经短暂地控制过东胜卫、开平卫和大宁卫三卫，但由于靖难之役之后，朱棣主动放弃大宁卫，将其交给了蒙古部的朵颜三卫。导致了从河北出辽东，只能走狭窄的辽西走廊。从客观上，也为辽西走廊的发展创造了内在条件。清代以后，辽西走廊已经成为河北去东北的必经之路。我们今天的铁路主要干线，也是穿越这片历代兵家必争之地。

综上所述，我们知道，"辽西走廊"的正式启用，已经是明清以后的事情了。那么问题来了，当时没有"辽西走廊"的情况下，中原王朝是如何同辽东进行有效联系的呢？

我们先沿着古人足迹，探寻一些早期人类活动的基本规律。

跟北方相对干燥的气候以及多平原、山间谷地的情况相当不同，中国南方多丘陵、低矮的群山以及茂密的山林连绵不绝。所以，为了交通便利和方便补充淡水，当时中国古人开发南方丘陵地区，早期大部分情况下是沿着大江大河走，最开始是以屯田的模式设立半军事性质的定居点，再后来慢慢通过内河航运补充生活和生产资料，定居点慢慢扩大，在本地就会开垦耕地，开始形成自给自足的中原田园式生活，于是就形成了早期的永久定居点。当然，这个过程中为了争夺生存空间，永久定居点就会和周围的土著人发生小规模战斗，但往往具备自卫功能的汉人定居点会在军事上略胜一筹。于是土著人只能把活动范围往更加偏远的深山老林里迁移，而在永久定居点的基础上，就会慢慢形成城市，城市的扩大，又会带动更大范围的更多周边新兴城市的发展。这一招在南方的水网纵横、丘陵连绵不断的情况下，是非常奏效的。比如我们今天看到的湖南，他很多城市的开发是相当早的，其实就是沿着湖南境内的几条大河进行的早期开发，比如湘江、资江、沅江、澧水、潇水等。而之所以南方经济在中国历史上曾经长期落后于北方，即便是中原争霸也很难出现南方军队的身影，一是因为地缘限制，二是南方经济是逐渐扩张的，需要人口、耕地以及经济总量的慢慢积淀的过程，这是一个历史进程。

在南方如此奏效的拓展土地方式，北方同样适用，而且北方甚至出现得更早。我们前面所讲的周封诸侯，诸侯国的早期生存模式就是如此，只是相对于南方的丘陵地带，北方沿着大江大河去建立定居点，更加容易和快速一些而已。

于是沿大江大河拓展，成为了一条古代人寻找定居点和找寻对外交通通道的定律。不过，对于非平原、非丘陵地带，尤其相对落差较大的大江大河而言，河水的湍急以及陡峭的河岸，会让古人的这种探寻方式大打折扣。反而是相对平缓一些的小河，更加具备我们以上所说的那些功能。

按照这个逻辑分析，我们再去寻找可能绕开辽西走廊，进入辽东的方式。

这个事情其实在司马懿之前，早已有人尝试过了，比如同时代的曹操。

史载：当时的曹操北击乌桓，上徐无山，走卢龙塞，过白檀，经平冈，直捣柳城（"（从卢龙口）上徐无山，堑山堙谷，五百馀里，经白檀，历平冈，步鲜卑庭，东指柳城。"《资治通鉴·汉纪五十七》）。我们分析一下曹操的进军路线，曹操是过今天的河北玉田（徐无山），从今天燕山南麓的卢龙塞（喜峰口）出塞，顺滦河支流的河流谷地（白檀，河北滦平北）一直往北，走老哈河河谷往东北，过辽宁凌源（平冈）一直到柳城（辽宁朝阳以南）。正是在这条道路的指引下，曹操击败了盘踞柳城的三郡乌桓。

不过，当时的记载中，这条道路崎岖艰难，曹操大军走得异常悲壮，去的时候遇到了连阴雨，道路断绝（"时方夏水雨，而滨海洿下，泞滞不通"）。而回来的时候，又遇到了严寒以及没有淡水的情况（"时天寒且旱，二百里无水，军又乏食，杀马数千匹以为粮，凿地入三十馀丈方得水。"《三国志·魏书·武帝纪》），正因此行如此折腾，所以在回军的途中，曹操的重要谋士郭嘉[①]才一病不起，未能帮助曹操参与后来的赤壁之战以及一统天下的

[①] 郭嘉：（170－207年），字奉孝，颍川阳翟（今河南禹州）人。东汉末年曹操帐下著名谋士。郭嘉原为袁绍部下，后转投曹操，为曹操统一中国北方立下了功勋，官至军师祭酒，封洧阳亭侯。在曹操征伐乌丸时病逝，年仅三十八岁。谥曰贞侯。史书上称他"才策谋略，世之奇士"。曹操称赞他见识过人，是自己的"奇佐"。

行动。

由此我们就比较清楚了，绕开当时滨海大道的辽西走廊直奔辽东的道路实际上早就有，只是在三国时代就已经道路荒废二百多年了。所以当时曹操的另外一个谋士田畴才说："自建武以来，陷坏断绝，垂二百载，而尚有微径可从。"（《资治通鉴·汉纪五十七》）而这一次曹操出塞，北击乌桓，等于是把这条道路重新疏通了一遍。不过曹操后来并没有派兵去继续攻打辽东，而是派人镇慰了公孙渊的老爹公孙康，让他把袁氏兄弟的人头给送了过来。

那么实际上，北击乌桓，曹操等于只是走了"辽西古道"的前半段，也就是从喜峰口到凌源，又到柳城的这一段。那么辽西古道的剩下一半又是如何走呢？

其实剩下的一半就更加简单了，按照我们前面所说的逻辑，沿着平缓的河谷找出路。从凌源到柳城走的就是大凌河河谷，那么从柳城（辽宁朝阳南）出发继续沿着大凌河谷向东南方向，穿过医巫闾（lǘ）山，就到了辽西。

实际上，我们看到"医巫闾山"这个名字，就应该能够清楚，这条"辽西古道"，其实早在春秋战国时代就已经通了。因为当时的古人把天下名山分成"五岳"和"五镇"。五岳我们不用讲，"五镇"长期以来也很有名，如果说"五岳"是五个方向上的神山，那么"五镇"就相当于五个方向上"五岳"的副神了。五镇包括了东镇沂山（山东）、南镇会稽山（浙江绍兴）、西镇吴山（陕西宝鸡）、北镇医巫闾山（辽宁北镇）、中镇霍山（山西霍州）。

而医巫闾山被封为圣山，成为中国古代的"五镇"神山之一，就在周代。

过大凌河谷，穿越医巫闾山，这就是当年"辽西古道"的终点。

现在，我们就比较清楚了。"辽西古道"的重点在于沿河谷而行，最为重要的河谷就是后半段的大凌河河谷。所以，知道了这个关键点之后，后来的"辽西古道"路线设计也就繁多了起来。比如从河北的迁安出发，走青龙河河谷北上，一直到大凌河河谷，这就是另外一条"辽西古道"。

那么既然沿着大凌河河谷走才是王道，索性就不用从燕山南麓出塞，而直接走傍海的大路，北上直接到大凌河源头，就更加容易想到了。那么这条路就是走山海关，到辽宁绥中，之后从辽宁绥中到辽宁建昌，找到大凌河河谷。这就是第三条"辽西古道"。见图2-2。

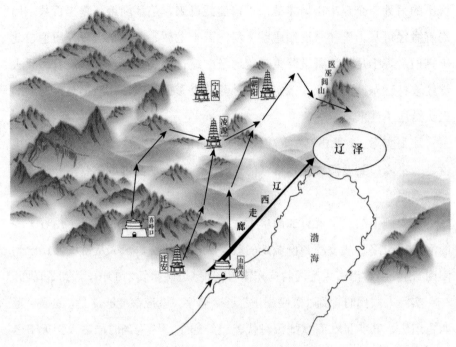

图 2-2 辽西古道示意图

因此，所有的事情都是一通百通，只要我们想明白了，从这些并不那么巍峨的小山之间，沿着略显平缓的河谷，就可以寻找到去辽东的道路，这件事就变得非常简单了。而同样是远征辽东，同样是沿海的辽西走廊没有彻底被变成大路。到了隋炀帝东征的时候，就夸张到出现了无数条去辽东的道路。我们看当时的历史记载："左第一军可镂方道，第二军可长岑道，第三军可海冥道，第四军可盖马道，第五军可建安道，第六军可南苏道，第七军可辽东道，第八军可玄菟道，第九军可扶余道，第十军可朝鲜道，第十一军可沃沮道，第十二军可乐浪道，右第一军可黏蝉道，第二军可含资道，第三军可浑弥道，第四军可临屯道，第五军可候城道，第六军可提奚道，第七军可踏顿道，第八军可肃慎道，第九军可碣石道，第十军可东暆

（yí，二声）道，第十一军可带方道，第十二军可襄平道。凡此众军，先奉庙略，骆驿引途，总集平壤。"（《隋书·帝纪·卷四》）

所以，包括秦岭之间的巴蜀蜀道在内，不用迷信一条道路就可以包打天下，因为路总是人走出来的。从这个角度而言，我们也不要迷信很多所谓学者在地图上画出来的精确路线图，那一定也不是金科玉律。我们前文讲到的后金绕开当年的"辽西走廊"无数次入塞，走的路线也是不一而足。其中还包括了绕开"辽西古道"，甚至是包括了绕开整个燕山山脉，钻到了大同宣府一侧的居庸关方向，都能够顺利地到达北京城下。总而言之，就军事斗争而言，道路的选择是以快速高效击败敌人为目的。在此基础上，不管怎么走，都不算错。

司马懿面临的课题是一样的。

当年曹操没有完成的事业，司马懿要开始面对了。

马踏辽东

司马懿这次征东，其实在曹魏一朝并不是第一次。

之前，曹魏名将田豫就曾经尝试过攻打公孙渊。

在演义小说中，田豫的名气并不大，但真实的田豫可不是一般人，他曾经是刘备的老班底之一。田豫在刘备这里，相当于一个徐庶式的人物。当年刘备在辽东公孙瓒帐下听用，田豫就追随刘备，但后来田豫的老妈年老体衰，田豫要回去尽孝道。离别的时候，刘备痛哭流涕。从此，田豫就再也没有机会和刘备一起创业。他回来之后被公孙瓒重新启用，并且再后来一直追随曹魏，屡立战功。当年鲜卑名将轲比能，从中原败逃塞北一战，就是输给了田豫。

田豫是渔阳人，从小生长在渤海海边，并且在公孙瓒帐下多年，知道辽东的风土人情，山川地理。所以早在曹魏明帝时代的公元232年，皇帝就要求田豫征辽东。而田豫当时选择的进攻方式，也不同于旁人。他准备动用舰队，从海路直接进攻。当时的田豫确实也曾小试牛刀，他在山东成山这个地方，杀掉了东吴舰队的总指挥周贺，阻止了东吴与辽东的一次联手。

然而，由于魏明帝曹叡并没有完全下定跨海征东的决心，这次行动胎死腹中。

除了名将田豫之外，司马懿之前还有一次征辽东事件。

公元237年，也就是在司马懿起兵东征的前一年。

魏明帝曹叡任命毌丘俭①为幽州刺史,准备东征,同时宣公孙渊入朝。如此双管齐下,其实对于远在辽东的公孙渊来说反而是好事,等于是提前给公孙渊预了个警。而等到毌丘俭大军费尽九牛二虎之力到了辽东,偏偏又赶上了连续十天的阴雨,辽河涨水,仗又一次没法打了。

两次东征,两次失败。

司马懿这次东征,是魏明帝时代的第三次。

很显然,司马懿对于之前的两次失败,还是从中提取了很多经验的。比如,对于辽河水势的估计。又比如,对于进军路线的选择。

司马懿最终选择的路线,是出榆关(山海关),走碣石,北上至大凌河河谷,出辽东。也就是选择我们之前所提到的"辽西古道"中的第三条路线。

司马懿大军到达辽东,公孙渊派主力在辽河一线修筑阵地阻挡魏军。然而司马懿不为所动,采用避实击虚的策略。除了派一部人马在辽河牵制之外,大部人马直奔襄平城。只用了很短的时间,司马懿大军就将襄平城团团围住。

这个时候,恰好赶上辽东暴雨,辽河大水肆虐。魏军将士的军心开始出现动摇,有人希望能够躲避大水,将营地搬迁;也有人希望,能够像当年攻打上庸城孟达叛军那样——团团包围,速战速决。学者风范的司马懿,这个时候又开始用数据说话:(当年)"孟达众少而食支一年,吾将士四倍于达而粮不淹月,以一月图一年,安可不速?以四击一,正令半解,犹当为之。"(《晋书·宣帝纪》)。

也就是说,当年打孟达,兵力对比是四比一。而粮草对比则是魏军支撑一个月,而孟达可以支撑一年。所以,必须要速战速决。言外之意,此

---

① 毌丘俭:"毌丘",复姓。读音为 guàn qiū,不要写作"毋丘"或"母丘"。毌丘俭:(?－255年)字仲恭,三国时河东闻喜县人。历任曹魏时期尚书郎、羽林监、荆州刺史等职。为讨辽东(辽左)而徙幽州刺史。辽东平定后,封安邑侯。据史书记载,魏·正元二年五月(公元255年),毌丘俭为保魏室政权,不幸落入司马氏之手,假借东宫协谋讨伐司马师,兵败被杀。史载,正始年间,毌丘俭还曾数次率兵征高句骊,破丸都山城,刻石记功。

次辽东围城战，双方的兵力相差并不悬殊，而这一次，魏军则是做了充分的后勤准备，而且辽河涨水，反而是更加有利于用战船运送军粮。这次最应该采取的方式就是围城打援，直到把城内的公孙渊困死为止。

司马懿的语言，充满了理智，又充满了绝情。

几个月之后，襄平城破，公孙渊战死。城破之后，被司马懿斩杀的军民俘虏，接近万人。这场战争，前后共持续八个月，比司马懿预想的时间提前四个月结束。

算上班师的时间，差不多也就刚好是一年。

精确！

战争的结局很惨烈，但公孙渊"求仁得仁"，怨不得别人。

辽东之战的第二年，公元239年，魏明帝曹叡去世。年仅七岁的齐王曹芳继位。曹叡临终托孤，受命大臣一个是司马懿，另一个是曹爽。

高平陵

曹爽是曹真的长子，并且因为曹真去世早，曹爽很早就承袭了曹真的爵位。对于曹真来说，他的出身只是曹操家族的一个普通族人，但是曹真的生身父亲却在一次战斗中为曹操的统一大业捐躯。因此，丧父的曹真在早年被曹操收为养子。所以不管曹真还是曹爽，其实法律意义上讲算是皇族一脉。正因为如此，曹爽与魏明帝曹叡年纪相仿，二人是从小玩到大的发小。

当年曹丕去世，曹丕临终托孤曹真，被拜为大将军；而魏明帝曹叡临终则托孤曹爽，曹爽此后也官升大将军。

司马懿和曹真同一个辈分，当年又一起作为托孤大臣辅佐了魏明帝曹叡。所以，在司马懿眼中，曹爽是自己的子侄，是一个还没有完全成熟起来的政治素人。在很多时候，司马懿还表现出对这位晚辈的关照。

比如，在公元 244 年，曹爽想为自己多增添一点拿得出手的政绩，于是决定，到魏蜀交兵的一线去捞取一点政治资本。

从牌面上看，此时的蜀国已经失去了诸葛亮，放眼望去，当时的三国中只有蜀国是个软柿子。然而要知道，魏蜀前线就是当年司马懿一战成名的地方，对当地的情况可谓了如指掌。司马懿奉劝曹爽不要贸然出兵，因为他太清楚当地的作战特点和后勤补给的艰苦程度。之前的经验告诉司马懿，在蜀道上打仗，进攻一方是天然吃亏的一方。如果没有灭蜀的十足把握，草草进攻只会损兵折将，得不偿失。

我们前文就曾经说过，当年曹爽的老爹曹真，也曾经挑头搞了一个数道并进，多路伐蜀的军事行动。当时的司空陈群几次三番出面阻拦，都拦不住曹真急于扬名立万的心情。于是曹真自带人马出子午谷进攻汉中，并派司马懿顺汉水逆流而上，准备与曹真会合。但那一次的伐蜀，根本就没用诸葛亮出手，天降大雨三十多天，蜀道之难更是比登天还难。

曹真的部队在子午谷走了三十天，才走了一半路（"曹真发已逾月，而行裁半谷。"《资治通鉴·魏纪三》）。进退维谷，只能退兵。

如今曹真没了，曹爽上台，曹爽自认为要比老爹强得多。而且曹爽的目的也并不单纯，他是迫切地想在朝堂之上建功立业。为将来的政治生涯发展，增加更多的可能性与筹码。

于是，曹爽一意孤行地出兵了。

之前的司马懿、曹真，数次伐蜀都无功而返，在多年的相持中，也始终保持了稳扎稳打的作战方略。然而，这并不意味着司马懿这帮子老人能力差，或者进攻的欲望低，而是审时度势，谨慎出牌的必然选项。不过，并不是每个人都是司马懿，并不是每个人都具备对后勤精打细算的能力。后生曹爽并不了解魏蜀作战一线的真实情况，很快就陷入粮草和军需物资的极度短缺中，这样的仗根本打不赢。同年五月，曹爽被蜀汉名臣费祎击败，伤亡士卒无数，仓皇逃回京城。

司马懿对这位晚辈的关照，并没有换来曹爽的同理心。对于司马懿这样一位年近七旬的老者，曹爽总觉得他是自己身边的大麻烦。最开始曹爽还能够和司马懿一起商量军国大事，后来曹爽直接把司马懿降职变成了没有实权的太傅。随后，曹爽开始提拔自己的两个兄弟，曹羲和曹训。曹羲和曹训的新岗位更加惊心动魄，分别做了中领军、武卫将军，也就是说，这两个人已经成了中央保卫团的团长和副团长了。发展到了最后，曹爽已经完全不顾及司马懿的意见，甩开膀子自己来做决断。

公元247年，曹爽软禁了先帝曹叡的遗孀郭太后，控制了政权。一时之间，朝廷说了算的，就只有曹氏三兄弟。不仅如此，曹爽本人的吃穿用度，还不断地向皇室的标准看齐；更有甚者，利令智昏的曹爽，还从魏明帝曹叡死后留下的妻妾中挑选了七八个长相标致的，带到自己府上为自己提供服务。果然曹爽和曹叡是从小的好玩伴，好兄弟。"兄弟妻，不客气"这样的事，做出来一点都没有违和感。

曹爽的不臣之心，昭然若揭。

面对曹爽的倒行逆施，司马懿再一次选择了韬光养晦。采取的手段跟自己在四十多年前的手段没有什么两样——装病。上一次的装病，让曹操一片狐疑，但这一次的装病，却成功骗过了曹爽。曹爽庆幸自己终于摆脱了司马懿的束缚，开始逍遥自在地放纵自己。要知道，政治斗争并不是比谁更加跋扈，而是比谁更加能够审时度势，有时候还要耐得住寂寞。已经完全迷失心性的曹爽，下场一定是自取灭亡。

公元 249 年，曹魏正始十年的正月。

魏少帝曹芳拜谒魏明帝的高平陵，曹爽兄弟及其重要关键职务的曹爽亲信也一起参加。司马懿已经谋划很久的政变行动，终于等来实施的最好机会。之前的装病，之前的隐忍，都是为了这一刻的到来。

司马懿随即派人封锁了都城洛阳城的四门，并占领了皇家武器库。与此同时，司马懿派出自己的亲信，接管了曹爽兄弟在京城的武装。在确认了京城已经完全戒严，并且所有关键部门都在司马懿本人掌控之后，司马懿入宫觐见郭太后。在奏请了郭太后的旨意之后，司马懿向魏少帝曹芳发了一封长文，阐述了自己发动此次政变的心路历程、现实感觉以及未来的美好蓝图。

曹爽兄弟三人，显然还处于蒙圈状态。

如果论当前的态势而言，曹爽兄弟三人最多也就是进不了洛阳城了，司马懿并没有派兵过来的意思。而且，现在的皇帝曹芳在曹爽三人手上，只要曹爽愿意，他们兄弟三人完全可以带着皇帝另起炉灶，只要是皇帝在，这个天下无论做什么事情都可以以皇帝的名义来办理，甚至矫诏。可以发布的圣旨，包括且不限于勤王，并围攻洛阳的司马懿。司马懿充其量就是控制了郭太后以及一个洛阳城。此时此刻拥有皇帝的曹爽兄弟三人，才是真正掌握了天下。

然而，曹爽依然在蒙圈。

曹爽阵营也不是没有明白人，比如曹爽以前的部下桓范。

桓范是当时的农业与经济部部长（大司农），他算不上是曹爽的亲信，只是当年曹爽曾经破格提拔过桓范。但桓范绝对算得上是明白人，而且是看不惯司马懿的明白人。司马懿看重桓范的能力，政变之后就准备让桓范接替曹羲的中领军一职，同时控制局面。但桓范并没有就范，而是找机会逃出了洛阳城。桓范找到了曹爽，告诉曹爽事情并没有糟糕到缴械的那一步，而且希望曹爽审时度势，抓紧带着皇帝去另起炉灶，然后起兵杀回来。不仅如此，桓范还补充了一句，如果没有军粮，可以找我啊，我就是大司农，官印我都揣在身上了！

可是，官二代的曹爽赶不上为国捐躯的爷爷，甚至赶不上志大才疏的老爹，他已经被眼前的政变搞得有点不知所措了。曹爽掏出了一把刀，从天一擦黑就开始发呆，一直呆到了五更天。正在这个时候，突然曹爽把刀扔到了地上，大喊一句——就算投降，我也能继续荣华富贵！（"我亦不失作富家翁！"《资治通鉴·魏纪七》）

桓范气得七窍生烟——曹真也算人五人六，怎么会生了你们这群犊子玩意儿！等着灭族吧！（"曹子丹佳人，生汝兄弟，犊耳！何图今日坐汝等族灭也！"《资治通鉴·卷第七十五》）

投降回去之后，司马懿将曹爽三兄弟一网打尽，又诛灭三族。一起被诛三族的，还有那个头脑冷静的桓范。或许，曹爽至死都没有看懂，他面对的对手看起来已经垂垂老矣，但作为会计行业出身的佼佼者，司马懿越老越优秀。

我们来复盘整件事情的经过。

从事件的经过来看，其实曹爽并没有要篡位的想法，他最多也只是要夺了司马懿的权力，并没有把事情闹大的想法，甚至可能连想都没有想过后果。而司马懿则充分算计到了曹爽的这一点，不惜铤而走险摆了曹爽和皇帝曹芳一刀。精明的老会计司马懿，其实这一次也算是兵行险着，跟他的老对手诸葛亮一样，高平陵政变，唱了一次洛阳的空城计（正史中，并没有记载诸葛亮曾经玩过空城计）。皇帝在曹爽手上，司马懿拿着郭太后的批准就敢搞政变，只不过是一时之间，唬住了曹爽，换成别人也未必成功。

高平陵之变，站在司马懿的角度，空城计唱得的确成功。

经过了曹爽擅权以及司马懿高平陵一役，一圈折腾下来，曹芳这个皇帝事实上已经当得非常弱势了。在诛杀了曹爽兄弟之后，司马懿无论威望还是权力，都一时无两，成为朝堂之上说一不二的第一人。只要司马懿愿意，基本上没有人能够阻止他做任何选择。但是司马懿一生都在算计，他做出的所有决定，只有一个标准，就是划不划算。司马懿一生做了无数划算的事情，但是谋朝篡位一定不是其中之一。

公元251年，司马懿去世。

临终之前，司马懿辞去了所有的政府职务。

纵观司马懿的一生，我们没法简单地给他一张脸谱，以定位他是忠臣或者奸臣。司马懿比不了自己的老对手诸葛亮，诸葛亮在后世被认为是忠臣，还是智慧的化身。但是这并不意味着，作为对立面，司马懿就必须背负奸臣和奸诈的骂名。

司马懿是一个合格的精于算计的大魏王朝公务员，在他生前，他所做的一切都经过了周密的安排，无论是战争还是政变。作为曹魏王朝的两代托孤大臣，他掌握了权力，也就同时被权力绑架。他必须苦心钻营，直到权力的顶峰——政治就是如此残酷。

司马懿生前未必有篡权的想法，就算有，他也没去实践。或许，司马懿只是想做另一个曹操，而在他生前，他做到了他能够做到的一切。

仅此而已。

弑君

司马懿死后，他的长子司马师继承司马懿的爵位，被任命为抚军大将军。

同司马懿的长寿相比，司马师这辈子不算长命，只活了四十几岁。而且在继承司马懿的衣钵之后，司马师只活了四年。尽管如此，司马师却是司马氏一家最为关键的中间环节，他承上启下，为后世兄弟子侄们做了很多示范性和开创性的工作。司马师敢为人先，在司马氏一家篡位的漫漫征途上，他为后来者赚取了足够多的经验教训。

司马师是司马家第一个被称作权臣的人。

司马懿同志终其一生，并没有太过离谱，到最后入土之前，都在魏帝曹芳面前保持了一副忠君报国的光辉形象。盖棺定论的时候，我们可以说，在他生前的大多数时间里，我们最多可以称他为重臣，而远远谈不上权臣。不仅不是权臣，恰恰相反，司马懿还曾经为朝廷诛杀了曹爽等权臣，并且在整个过程中得到了包括郭太后在内的政治势力的支持，并没有发生大的流血冲突以及政坛上的撕裂。这说明司马懿在高平陵事件之前，是有清晰判断舆论导向以及人心向背问题的，至少在账面上我们看到的是这样的。司马懿的发迹，跟曹操的慧眼识人是分不开的，老上级曹操做了一辈子权臣都不曾慢待汉献帝，曹魏的两朝托孤重臣司马懿，也不是那种忘恩负义的人。

不过司马师的时代，就没有那么多思想负担了。司马师的爵位是承袭自他的父亲司马懿，皇恩浩荡这个事在司马师看来并不存在。反而，在司马师心目中，曹魏的天下是靠司马懿父子们在苦苦支撑。

此外，司马师是司马家第一个废立皇帝的人。

公元254年，魏帝曹芳不满司马师的专权，暗中联络中书令（皇帝秘书）

李丰、太常（掌管宫廷典礼）夏侯玄、光禄大夫（皇帝近臣）张缉等人，准备发动政变拿下司马师。不过看看这三个人的职务就知道，皇帝也找不到太多能够支持他的实权派了。结果显而易见，没有等皇帝动手，司马师便先下手为强，除掉了李丰、夏侯玄和张缉三个人，并灭了三族。

同一年，效仿自己的父亲司马懿诛杀曹爽，司马师也提前奏请了郭太后的旨意，废掉曹芳，另立高贵乡公曹髦为皇帝。

对内铁腕，对外铁血。

继承了司马懿的军事才华，司马师在历次对外战争中，都身先士卒。

公元255年，镇东将军毌丘俭以及扬州刺史文钦，假借郭太后的名义起兵，反对司马师的专权。不得不说，这是一个属于郭太后的时代，郭太后虽然居住在洛阳的深宫，但她的名字就是一块金字招牌，百用百灵。这场战争，以毌丘俭的被杀和文钦的溃逃为结局。但是司马师在平叛的过程中，被惊吓过度，最终导致眼病复发。

同年，司马师在许昌病死。临死之前，司马师将弟弟司马昭从洛阳叫到许昌，将自己的大将军印交给司马昭，要求司马昭在自己死后做自己的继承人。但是这个时候，新上任不到一年的新皇帝曹髦，却一直在观察司马昭兄弟的动向。

曹髦时年只有十四岁，但却有着超出他年龄的成熟。如果说之前的皇帝曹芳，只能算是曹叡养子的话，曹髦则是魏文帝曹丕正根正苗的孙子，魏元帝曹叡的侄子。曹髦作为曹魏的几个傀儡皇帝之一，是其中比较有头脑和有勇气的一位。曹髦继承了曹操和曹丕的良好基因，饱读诗书，能诗善画。可惜他的很多画作，已经失传了。自从意外登上帝位那天开始，曹髦就立志做一个敬业的好皇帝，厉行节俭，事必躬亲。小小年纪就不浮夸，明白压在皇帝身上的责任和义务，这样的成熟在历朝历代的皇室纨绔子弟中都不多见。

不过，曹髦这样的皇帝，生不逢时。他恰好遇到了司马昭，以及司马氏几代人前赴后继的篡位事业。

就在司马师和司马昭在许都进行工作交接的时间窗内，曹髦一面下令司马昭继续留守许都，一面暗中组织宫廷政变。然而，胳膊拧不过大腿，司马昭识破了曹髦的战略意图，带大批军队赶回洛阳。曹髦的计划落空，万般无奈地封司马昭为大将军。司马昭接替了司马师的位置，继续在曹魏一朝独霸朝纲。

不过，曹髦的心中，始终都有一个强大的信念。为了这个信念，他可以忍辱负重。为了这个信念的实现，即便付出生命也在所不惜。

五年后。公元 260 年的一天晚上，曹髦在宫中召见侍中王沈、尚书王经、散骑常侍王业，告诉他们自己即将发动政变除掉司马昭的想法，并且在下达动员令的演说中，用到了一句流传至今的名言——"司马昭之心，路人皆知！"。然而如此的慷慨陈词，居然没有让周围的人受到感动。只能说年轻的皇帝根基尚浅，对于政治的认识也太过理想化，并且马上他就将感受到来自这个世界深深的恶意。当曹髦转身去召集人马的时候，王沈、王业两个人，则跑去司马昭的府邸，将皇帝即将起事的消息原封不动地汇报给了司马昭。

很显然，皇帝只是一位正义少年，不是一个痞子英雄。

这是一场自杀式的刺杀行动。

当皇帝挥动长剑，呼喊口号，带领自己的亲信和仆从杀奔司马昭家中的时候，司马昭早有准备。其实政变在策划的那一刻起，就已经注定这场以卵击石的悲壮。即便如此，司马昭的团队中，也没有人轻易敢背上"弑君"的骂名。任凭年轻的皇帝持剑疾进，人群反而慢慢向后退去。关键时候站出来的，是前朝重臣贾逵的儿子贾充。当时的贾充，担任帝国的中护军一职，也就中央警卫团团长。已经过了不惑之年的中央警卫团团长贾充，在电光石火的一瞬间，不仅没有积极参与保护皇帝的工作，反而对自己的部下大声呵斥："主公司马昭养着你们这些人，正是为了今天，你们还犹豫个啥呢？"（"公等养汝，正拟今日，复何疑！"《晋书·列传·第十章》）一声断喝之下，一名叫作成济的人站了出来。在贾充的言辞煽动与恐吓之下，猛士成济挥动长戈迎上前去。一戈下去，长戈贯通了曹髦的前胸，皇帝当场死亡。

这件事情过后，最大的得利者是司马昭。

曹髦既然已经死去，刚好正中司马昭的下怀，他拥立了常道乡公曹璜（huáng）为帝，曹璜也是曹魏的最后一位皇帝。随后，司马昭又假借郭太后的名义（又是这个烂借口），追废曹髦为庶人。这场政变中表现突出的先进个人成济，下场很悲惨，他被以弑君之罪诛三族。中国自古以来不缺莽夫，而像成济这样改变历史进程而又留下姓名的莽夫，不知道算是他个人的大幸或者是历史的大不幸。

经过这么一场京城械斗，司马昭之心，显然已经路人皆知。把篡位如此隐秘而神圣的事业，篡成满城风雨，司马昭也算是独一份儿。

灭蜀之战

　　收拾掉最强劲的政敌，司马昭终于有机会腾出精力，研究一下天下大势。

　　在他的心目中，统一全国的先后顺序是先蜀后吴。蜀国在东吴的上游，所以在拿下蜀国之后，水陆并进，东吴也指日可下（"今宜先取蜀，三年之后，在巴蜀顺流之势，水陆并进，此灭虞定虢，吞韩并魏之势也。"《晋书·帝纪第二》）。司马昭的这番论述，是十分具有战略眼光的。不仅仅在他那个时代，放眼之后的一千多年华夏战争史，这个路线的选择也不过时。后来司马昭去世，他的后人也是按照他的战略构想，最终实现了全国的统一。

　　不过，司马昭选择伐蜀统帅的时候，他始终犹豫不决，因为他手中，同时有两张好牌可用。其中一个叫钟会，另外一个叫邓艾。

　　钟会是当时司马昭府中的智囊团成员，长期以来担任司马昭的随军参谋。钟会的父亲叫作钟繇（yáo），是三国时期著名的书法家。所以钟会在京城洛阳，出身富家子弟。钟会从小聪明伶俐，因为才华横溢在京城名声很响。长大之后，和其他的门阀二代们的仕途轨迹一样，钟会先是在宫中作为见习生担任秘书郎（政府秘书文员）。后来因为受到司马家族的关注，不断升迁。到司马昭时代，年轻的钟会终于登堂入室，成为司马昭的重要幕僚。在历次的平叛斗争中，钟会为司马昭屡出奇谋。在当时很多人眼中，钟会就是西汉张良在世。

　　对比钟会，邓艾的身世就比较寒酸了。

　　邓艾出身没落贵族家庭，到他父亲这一代的时候，已经是家贫如洗，甚至被政府强迫，全家编入了屯田农户。和钟会的聪明伶俐不同，邓艾从小就落下了口吃的毛病，遭到很多人的白眼，和钟会的秘书郎更是无法相提并论。邓艾这辈子的第一份工作是放牛娃，小小年纪就扛起了生活的重担。邓艾是典型的寒门二代，他没办法站在父辈的肩膀瞭望世界，只能用知识改变自己的命运。所以，在这段贫穷的日子里，邓艾一直没有放弃读书学习，而且自学的习惯贯穿了邓艾的整个人生。在周围一堆屯田农民的环境中，邓艾算是不折不扣的文化人，因为这个缘故邓艾被推荐成为当地负责屯田的基层公务员。然而一直到邓艾四十岁左右的时候，才当上了当时的典农功曹（负责屯田的基层官吏）。

一个偶然的机会，邓艾到京城洛阳汇报工作，恰好遇到了司马懿。直到这个时候，邓艾才找到了赏识他的伯乐。大器晚成的邓艾，在此后的很多年中，一直从事跟农业有关的工作，为司马懿的军事屯田出谋划策，开垦农田、兴修水利，工作业绩斐然。

公元 243 年，已经年届四十五岁的邓艾，终于为自己的生命打开了另外一扇门。这一年，受到司马懿的重托，邓艾出任南安（甘肃陇西）太守，出现在了对抗蜀国的第一线。此后，邓艾利用自己积累的丰富农业、水文和地理知识，屡次在军事斗争中摧城拔寨。到公元 258 年为止，邓艾已经平步青云，升任为西部战线的最高军事长官——征西将军①。

司马昭的举棋不定，来源于对两个人背景的深刻了解。

首先从年龄上讲。公元 263 年这一年，钟会三十八岁，正值一个男人职业生涯的黄金年龄。而这一年的邓艾已经六十五岁，体力精力够不够用还是一个问题。从这一点上讲，选邓艾不如选钟会。其次，从个人风格上讲，钟会是学院派，谋士生涯多年他见过很多大场面，但从来没有单独掌兵的经验。而邓艾是典型的实战派，在魏蜀交兵的一线带兵多年，对于西部的山川地理，兵马钱粮了如指掌。从这一点上讲，选钟会不如选邓艾。

不过司马昭考虑的点并不在这里。

当时已经是三国末期，两汉的人才选拔方式，举孝廉②制度已经接近

---

① 征西将军：相当于雍州、凉州军区司令员，负责今天的陕西、甘肃一带。

② 举孝廉：是汉朝的一种由下向上推选人才为官的制度，孝廉是察举制的主要科目之一。被举人的资历，大多为州郡属吏或通晓经书的儒生。孝廉，即孝子廉吏。举孝察廉原为察举二科，汉武帝元光元年初令郡国举孝廉各一人，即举孝举廉各一人。在两汉通常的情况下，孝廉则往往连称而混同为一科。孝廉一科，在汉代属于清流之目，为官吏晋升的正途，汉武帝以后，迄于东汉，不少名公巨卿都是孝廉出身，对汉代政治影响很大。

尾声，贵族门阀阶层已经逐渐形成。很多时候，用生不如用熟，看才能不如看背景家世。当然，邓艾和钟会两人都是司马氏一家的亲信，不过司马氏一家的亲信并不意味着就是司马昭本人的亲信。司马懿对邓艾有知遇之恩，之后邓艾又跟着司马师东征西讨，不过邓艾同司马昭本人的私人交情一般；反而是钟会，这些年一直跟随司马昭左右，堪称司马昭最信赖的谋士。尽管邓艾可能是当时作为统帅的最合适的人选，但是司马昭依然坚定了使用钟会的意图。

公元 263 年八月，魏国以钟会为主将，兵分三路攻打蜀国。其中邓艾率兵三万余人，由狄道（今甘肃临洮）进军，主要作战意图是牵制蜀军主力；诸葛绪率三万余人，主要战略意图是切断蜀军退路；钟会自率主力十余万人，准备先取汉中，再取四川。见图 2-3。

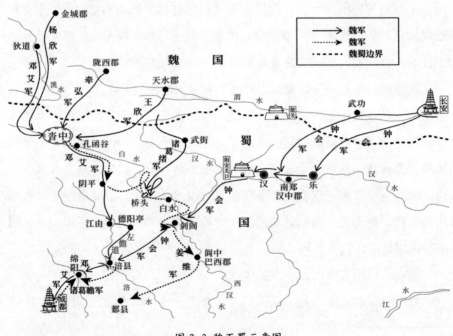

图 2-3 魏灭蜀示意图

此时，蜀国的领兵大将，叫作姜维。

姜维比邓艾小五岁，时年六十岁。当年诸葛亮北伐期间，姜维从曹魏政权归顺了蜀国，此后一直被诸葛亮寄予厚望。但直到诸葛亮去世之前，姜维都没有被委以太大的重任。并且在之后，无论接替诸葛亮的蒋琬还是后来的费祎①，都始终在地位和权力上压了姜维一头。直到公元253年，费祎意外死亡之后，姜维才一跃成为在魏蜀交兵一线的领军人物。

姜维在演义中被写成诸葛亮的徒弟，在诸葛亮之后蜀国唯一可以和诸葛亮相提并论的人物，但事实却并非如此。在政治上，姜维和诸葛亮之间，至少有一个司马懿的差距。在当时蜀后主刘禅的最高权力机构中，姜维的发言权甚至远远小于宦官黄皓，对刘禅的决策影响力很小，更谈不上和刘禅的私交；在军事上，姜维和诸葛亮之间，至少有两个邓艾的差距。姜维虽然继承了诸葛亮的遗志，始终坚持北伐，且像诸葛亮一样大多走了祁山进军，但战果却乏善可陈。不仅战功寥寥，姜维还完全放弃了诸葛亮当年一些非常好的军事部署。比如在诸葛亮时代，汉中盆地作为成都平原的门户，一直是防守中的重中之重。诸葛亮帐下大将魏延，就曾经先后做过八年的汉中太守。诸葛亮的战术中，拒险把守秦岭的各个关口，是他保守汉中的最基本部署。然而在姜维时代，姜维撤掉了防守秦岭山谷隘口的兵力，着重布防了汉中盆地中的汉城（陕西汉中市勉县）和乐城（陕西汉中市城固县）两个堡垒。按照姜维的战术构想，集中兵力保卫这两个堡垒，然后用一支机动部队在四周进行打援的战斗，那么很容易击溃敌人了。

不得不说，姜维的这个战术思想非常大胆，诱敌深入，聚而歼之。但是他忽略了一个最基本的事实：汉中盆地和关中之间的秦岭，汉中盆地与成都平原之间的大巴山②，才是形成魏蜀争雄局面的两个最基本的要素。尤其是更加险峻、更加高大的秦岭，让司马懿和曹爽前后几十年同蜀国对峙

① 费祎（？－253年2月），字文伟，江夏鄳县人，三国时蜀汉名臣，与诸葛亮、蒋琬、董允并称为蜀汉四相。深得诸葛亮器重，屡次出使东吴，孙权、诸葛恪、羊茞等人以辞锋刁难，而费祎据理以答，辞义兼备，始终不为所屈。诸葛亮死后，初为后军师，再为尚书令，官至大将军，封成乡侯。费祎主政时，执行休养生息的政策，为蜀汉的发展尽心竭力。后为魏降将郭循（一作郭脩）行刺身死。

② 大巴山脉：位于中国西部，是中国陕西、四川、湖北三省交界地区山地的总称。东西绵延500多公里，故称千里巴山，简称巴山。大巴山也是嘉陵江和汉江的分水岭，四川盆地和汉中盆地的地理界线。

中徒呼奈何。在魏蜀作战中，后勤能力的影响被无限放大，而个人能力的影响被无限缩小，这一点是诸葛亮和司马懿两个老冤家用无数生命总结出的血淋淋的经验。诸葛亮临终遗命，把自己安葬在汉中，而不是回成都，就已经说明了问题。

更加要命的是，魏蜀双方在国力和兵力上有着巨大的差距。

东汉末年的中国，全国分成了十三个州。魏占据了其中的九个州：幽州、冀州、兖州、青州、徐州、豫州、凉州、雍州、并州；吴拥有三个州：荆州、扬州、交州；而蜀国只拥有区区的一个州：益州。况且，当时的南方开发成熟度远不如北方，曹魏所占据的九州，几乎就拥有了当时中国绝大部分的耕地面积和人口。所以我们都被演义小说给带歪了，根本不存在所谓的蜀汉"三分天下有其一"，而是"十三分天下有其一"。见图 2-4。

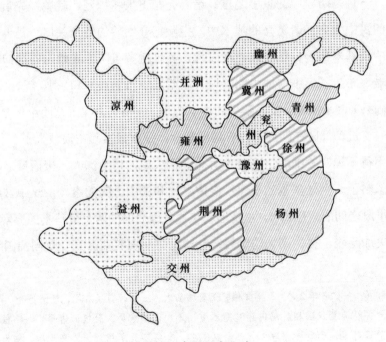

图 2-4 东汉行政区划

如果按照姜维的战术模式，弃蜀道天险而守"汉、乐二城"，等于将擅长平原旷野作战的大批曹魏部队送入了开阔的汉中盆地，就等于是洪水决堤之势。而且兵法上所讲的"围城打援"，被姜维变成了"被围打援"，只能说这个战术真的太过浮夸了。

此外，公元262年，也就是司马昭组织的伐蜀战争的前一年，姜维在侯和（甘肃卓尼）被邓艾击败。在朝内黄皓不断施加压力的情况下，姜维没有办法，为避祸而退到了沓（tà）中（甘肃舟曲），去做起了邓艾的老本行——屯田。特别需要指出的是，这个沓中，已经向西大大地远离了汉中盆地。它地处甘南地区，甚至比"六出祁山"的祁山（甘肃礼县）还要往西，如果继续往西的话，就是已经处在古丝绸之路上的凉州"河西四郡"。我们只能有一个结论——姜维从内心深处，事实上早已经放弃汉中。就沓中的地理位置而言，很有可能姜维已经做了黄皓派人抓捕他的最坏打算。

内乱，则避祸西出凉州；外乱，则快马回师汉中。我想这就是姜维最原始的想法。但是姜维还是没有料到，此次魏军的来势之凶；当然也没料到，汉中防线会垮得如此之快。见图2-5。

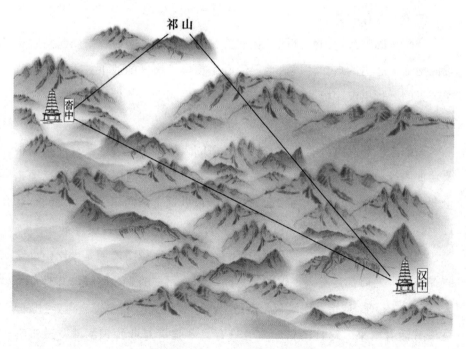

图 2-5 汉中、沓中、祁山地缘图

战争在东西两线同时打响。西线，邓艾的三万多人马将沓中团团包围；东线，钟会兵分几路迅速突破了褒斜道和傥骆道等蜀道天险，没有遇到任何抵抗。进入汉中盆地后，钟会根本没有理会"汉、乐二城"，分兵两万人围城，自己带主力南下。至此，姜维的战略部署彻底落空。

不过好在姜维还有自己的B计划，那就是汉中尽失之后，退守大巴山防线。大巴山防线的关键之处在剑门关，也就是剑阁。

姜维从沓中出发，直奔阴平（甘肃陇南文县），又从阴平出发，直奔剑阁。邓艾部队从背后狂追不舍，魏军的另外一路诸葛绪部队也半路赶来，没有想到姜维居然逃出生天。在剑阁，姜维和赶来驰援的廖化合兵一处，凭险据守。

这里有一个小插曲。因为没有追上姜维，诸葛绪被钟会以畏战的名义军法处置，关进了木笼囚车，押送洛阳。同时，钟会也收编了诸葛绪的部队。原来的三路大军，如今变成了两路。东路是阻滞在剑阁的钟会，西路是迟滞在阴平的邓艾。

两个人各有盘算。

学院派的钟会，虽然部队开拔前信心满满，但是面对甘南川西高原险峻的地形、恶劣的自然环境，他已经心生畏惧。这样的战争方式，是他前所未见的。如果汉中能够和盘拿下，那也不失为大功一件，这个时候钟会已经动了退兵的心思。（《三国志·姜维传》）

实战派的邓艾，尽管在伐蜀战争之前的大讨论中，曾经建议司马昭不要仓促西征。然而一旦带兵在外，参与到战争其中的时候，邓艾就已经完全变身，成为一个以服从为天职的军人。最近这十年，邓艾最熟悉的，莫过于甘南川西这片土地。最终，他策划了一个石破天惊的奇袭方案。

此前，我们图示了许多入蜀的蜀道，不管是穿越秦岭还是大巴山，这些蜀道至少之前都是有人走过的。然而，此次邓艾的奇袭路线，却是亘古未有。亘古未有，是指之前没有人走过，还有一种可能，是之前有人走过，但是没有活着出来。这样的冒险，也只有具备强大专业知识的邓艾敢于尝试。应该说，是历史选择了邓艾，历史将铭记这一刻。

邓艾身先士卒，率军自阴平出发，一口气向南绕开剑阁两百多里。攀登小路，修筑栈桥，越过七百余里无人区，翻越马阁山，进入成都平原，最终神兵天降出现在江油。迫降了江油之后，邓艾部队快速奔袭绵竹。在绵竹，同诸葛亮的长子诸葛瞻展开遭遇战。最终诸葛瞻力竭战死，邓艾大获全胜。

蜀后主刘禅，在邓艾大军兵临城下的情况下，率众投降。与此同时，刘禅命令远在剑阁的姜维也放下武器，向钟会投降。

至此，伐蜀战争结束，蜀国灭亡。

司马代魏

成都的刘禅投降邓艾，剑阁的姜维投降钟会。

看起来一切都尘埃落定，大家都应该各回各家，各找各媳妇的时候，剧情突然出现了一个完全出乎意料的大反转。

事情出在了邓艾的一封信上。

大功告成之后，邓艾以天子的名义，按照原来的官制，重新分封了包括刘禅在内的蜀国的大小官员。这样做的目的很简单，抓紧医治战争的创伤，尽快让蜀国的正常生产生活进入正轨。严格来讲，这样做也算不得是什么欺君之罪，前朝东汉光武帝刘秀的手下邓禹就曾经这么干过。毕竟，以当时的交通条件论，书信往来一次需要数月时间，更何况是蜀道难行的情况下。在此期间，如果长时间保留蜀国旧有官制，万一有朝廷大员或者绿林草莽以拥戴皇帝刘禅的名义起事，也不是完全没有可能。

安排妥当之后，邓艾写信回洛阳，汇报灭蜀之战，并且和司马昭一起探讨了当前全国军事形势。邓艾的信大概有两块内容，一是蜀国已经被消灭，那么现在正是进攻东吴的好机会。但是如果说蜀国的善后处理得好，那么吴国就会直接投降，也就不用大动干戈了。二是蜀国这边善后，我邓艾处理得已经很好了，刘禅暂且不押回洛阳，要让东吴知道，投降的皇帝不是俘虏。明年再封刘禅做个扶风王，那么榜样的力量是无穷的，吴国皇帝一定投降。

这封信，第一感觉并没有太大毛病，邓艾的出发点显然是为了江山社稷，这个无可置喙。不过对司马昭来讲，这封信却犯了大忌。首先是，邓艾的先斩后奏没有问题，特殊情况下是没有欺君之罪这个说法的。但是这事显然不应该拿出来炫耀，潜规则是潜规则，如果把潜规则喊出来了，那就等于打了所有当事人的耳光；此外，对于刘禅是不是押回洛阳的问题、应不应该封王的问题、攻不攻打东吴以及什么时候攻打的问题，这些显然已经超出了邓艾应该参与的话题范围了。原因前文曾经分析过，邓艾跟司马昭，显然还没有熟到可以无话不谈的程度。

这些都不是最致命的，最致命的是，当时的信件显然不会像今天一样直接快递到司马昭手中，一定是要经过驿站和快马加鞭才可以。而蜀国的信函送到洛阳，就一定要走汉中、关中、河洛这条路线。所以，这封信在没有到达司马昭手中之前，就已经到了钟会手中。

钟会是对邓艾心有芥蒂的。原因有三个：首先，邓艾奇袭成都，抢了主帅钟会的风头，并且在朝廷备案的时候也拿了头功。灭蜀之后，钟会曾代表伐蜀部队向朝廷请赏，朝廷的嘉奖是封主帅钟会为司徒，封邓艾为太尉。这事明显是本末倒置了，虽然同是位列三公，但是邓艾接下来要做国防部长，而钟会却要去做人事部长和教育部长，邓艾压了钟会一头。其次，邓艾写信给司马昭的时候，钟会还是名义上的伐蜀部队主帅，是邓艾的顶头上司。但邓艾在自己的信函中，把自己的功劳夸了个遍，又信口开河指点江山了一通，却只字未提钟会。而且，邓艾还明知道这封信会先送到钟会手中。最后一点，也是最重要的一点，钟会这个人私心甚重。前面除掉诸葛绪已经是一个信号，如果再除掉邓艾，那么三股部队合一，再加上蜀国降兵，钟会就会坐拥不少于 20 万的大军。拥兵自重这事，至少对钟会没有坏处。

但老将邓艾是个直肠子，他只考虑了江山社稷，而完全没有考虑政治因素。

钟会私自更改了邓艾的信件内容，加重了邓艾居功自傲的语气，而实际上即使原来的内容，也已经足够让司马昭心有猜忌了。司马昭的回信只有一句话：此事应该先汇报，不宜马上实行（"事当须报，不宜辄行。"《三国志·魏书二十八》）。这句话虽然说得够委婉，但意思已经流露得太明显。但依然没有点醒邓艾，因为邓艾马上又写了第二封信。

邓艾不仅直肠子，还有不怕死的二愣子精神。

他第二封信的要点也有两点。第一点，我邓艾做过的事是没错的；第二点，孔子和孙子的圣贤理论也证明，我做过的事是没错的。

司马昭再一次的回信，主送了钟会和当时的监军（相当于政委，职责是监督军队）卫瓘（guàn），却没有抄送邓艾。内容也很简单，抓捕邓艾，押送回京。卫瓘这个人，在我们前文中曾经出现过，他的一生中参与了很多影响中国历史走向的大事，而这一次的表现，无疑是最精彩的。

按照司马昭的手谕指示，卫瓘先行一步，迅速从剑阁赶往成都。在捉拿邓艾的过程中，邓艾基本算是束手就擒。要知道成都当时是邓艾的地盘，而且邓艾在自己的部队中，正是一生中威望最高的时刻。推断一下，邓艾很有可能受到了诸葛绪事件的误导，因为诸葛绪跟邓艾一样是被押解回京的，但诸葛绪这个人后来保住了性命。不仅没有死，甚至在司马氏夺权之后，被封为乐安亭侯。但是邓艾只是职业的军人，而不是职业的政客。他远没有考虑清楚，他所担的罪名是"谋反"，而诸葛绪是"畏敌"，二者之间有天壤之别。

邓艾和诸葛绪一样，被装进了木笼囚车，之后在半路上，被卫瓘派人杀掉。

一代将星，蒙尘陨落。

公元264年正月十五，钟会大军开进成都。

作为三军统帅，从成都看天下，跟作为幕府谋士，在洛阳看天下，显然是两个感觉。三路大军，三去其二，巴蜀天险，尽在掌握。进入成都之后的钟会，心态已经开始出现变化。而这个时候，投降后的姜维敏锐地观察到了这种变化，并且他认为这是自己翻盘的最后的一个机会。策反钟会，搅乱魏军，同时借机带蜀军旧部咸鱼翻身。这个机会虽然渺茫，但是自从怀着悲愤投降的那一刻起，姜维已经抱定了玉碎之决心。

姜维的力劝，还有自身的膨胀，让钟会相信，自己可以做第二个刘备。况且当年刘备千辛万苦，年过半百才做到的事情，自己在短短几个月之内，已经做到了。胜利来得太过轻松，会让人丧失对当前形势最基本的判断，哪怕是做了一辈子参谋工作的钟会也不例外。当然，最后直接促成钟会谋反的，是我们的老朋友贾充率精兵一万进入汉中，同时，老上级司马昭也亲率十万大军进入关中。

随后，钟会谋反。借口是郭太后遗训（还是这个万年老梗），要求诛杀司马昭。但除了姜维之外，追随他的士兵只有几百个，与其说是钟会造反，看起来更像是一场黑帮火拼。而这场"成都火拼"的烈度甚至低于当年高贵乡公曹髦领导的"洛阳械斗"。事实证明，钟会是一名优秀的参谋，而远不是一名合格的统帅。即便实质上是一场械斗，监军卫瓘依然提升到一个高度来重视，并且发布了战斗檄文。械斗持续的时间没有很久，钟会、姜维以及其他几百人战死。

我们评价姜维，他并不像诸葛亮，而更像是诸葛亮的儿子诸葛瞻。姜维这辈子，即便受到奸臣排挤，依然忠于蜀汉，为自己心中的信仰流尽最后一滴血。虽然才能有限，但姜维具备明知不可为而为之的浩然之气，杀身成仁，死得其所。

最后，我们复盘一下。

整个伐蜀之战以及后来的剧情反转，虽然看起来充满了各种意外，但是如果通盘考虑下来，整件事更像是一场用心良苦的阴谋。如果我们不是拘泥于过程，而只看结果的话。这件事情最后的得利者，分别是司马昭、贾充、卫瓘。

从阴谋论的观点出发，我们做这样一个假设。其实当初，司马昭心中伐蜀最合适的人选，始终都是邓艾。但邓艾不是自己的心腹，所以派钟会做三军统帅。钟会这个人虽然是自己的心腹，但之前并没有掌过兵权。此次鱼入大海，为防生变，派卫瓘监军。钟会和卫瓘在一起，如有苟合，则尾大不掉，于是派贾充盯住汉中，随机应变。整个西部战场，为防不测，司马昭本人带十万大军，坐镇长安。

按照这个逻辑，"螳螂捕蝉，黄雀在后"，黄雀的背后则是一把弓箭正在瞄准，而使用这把弓箭的人，就是司马昭本人。

不管怎样，荡平蜀国之后，司马昭的第一步战略构想已经成功。再等三年，司马昭就可以继续他的第二步计划，灭吴。但是，千算万算的司马昭却没有算中自己的短寿。公元265年9月，司马昭去世。接替司马昭的，是他的嫡长子司马炎。几个月后，司马炎废掉了皇帝曹璜，自称皇帝，改国号为晋，司马炎就是晋武帝。

灭吴之战

司马炎登基之后，三国变两国，中国进入了一个长达十五年时间的南北朝时期。公平一点讲，在刚刚登基称帝的相当长一段时间内，司马炎还是比较低调的，毕竟司马氏一家三代基业，从重臣到权臣，从敬业到擅权，但最后真正篡位却是司马炎。篡位这个事，首先是来之不易，其次是让司马炎背负了相当大的精神压力。在这种压力之下，对于皇帝这份职业来讲他不敢怠慢，即便不是兢兢业业，但也基本算中规中矩，而且在私人生活和个人操守上也不敢太过任性。

在立国之初，司马炎采取了"无为"而治的方式来获取民心。比如，我们在司马炎前期的从政经历中，随手都可以找到类似记载，比如《晋书·武帝纪》中就有"冬十月，听士卒遭父母丧者，非在疆场，皆得奔赴"（前线的士兵在父母去世时，可以回家奔丧），"郡国守相，三载一巡行属县……见长吏，观风俗，协礼律，考度量，存问耆老，亲见百年。录囚徒，理冤枉，详察政刑得失，知百姓所患苦"（郡太守和封国国相，每三年就要下基层一次，去了之后要慰问老人，探望百岁老人，还要清理冤案，了解百姓疾苦）等记载。

正因为如此，在晋武帝司马炎开国之后的几年中，他都没有再继续按照司马昭的战略统一全国，反而是休养生息，苦练内功。

晋武帝司马炎的对手，是当时的东吴皇帝孙皓。

如果说司马炎的治国之策是无为而治的话，那孙皓的治国之策就是随心所欲。随心所欲的境界有两层，一层叫作想起一出是一出；还有一层叫作想怎么玩就怎么玩。

先说想一出是一出。孙皓同志的年号在所有皇帝中都独树一帜，天上下甘露了，年号就叫甘露；地里挖了一枚印章，年号就叫天玺。所以，孙皓的年号还有"宝鼎""凤凰""天册""天纪"等，我们尽可以发挥自己的想象力去猜测年号的寓意。尽管国力衰微，但孙皓也学习人家蜀国搞北伐。不管事先有没有周密策划，既然北伐比较时尚那就必须参与一下。次次都要御驾亲征，有时候还带上自己的母亲还有后宫嫔妃一起北伐；而且孙皓还玩迁都，从建业（南京）迁到武昌（湖北鄂州）。九月份迁过去，后来就反悔了，当年十二月份又迁回来了。

再说想怎么玩就怎么玩。孙皓的大臣们，俸禄在2000石以上的，家里但凡有女儿，都要登记造册，每年申报。女孩到了十五六岁的年纪，先要让孙皓过目，孙皓看不上的才准许嫁人；就这样年年充实后宫，后宫人满为患，只能另起楼阁。于是，孙皓大修昭明宫。工程期间，俸禄在2000石以下的官员，全部停下本职工作，到山里去监督伐木工作；对于不听号令的大臣们，或者私下说怪话的，抑或是孙皓看着不顺眼的，孙皓就用酷刑来惩戒，这些酷刑包括且不限于挖眼、剥脸皮、砍双脚等。

事实上，孙皓的这种治国方式，已经让他在朝野内外，民心尽失。

晋武帝司马炎方面，在处理好内政之后，也开始观察东吴的动静。

公元269年，司马炎任命羊祜（hù）为荆州诸军都督。

荆州这个地方非同寻常，地理位置恰好是原来的魏蜀吴三国的交界处，居天下之中。当时的天下十三州，晋占了十个半，而其中那个半个，就是指的荆州，而另外半个是在东吴手上。荆州一线，是晋吴双方各自防御的重中之重，当年的赤壁之战，就是发生在这个地方。在这里，羊祜遇到的对手，是东吴的陆抗。

羊祜和陆抗可谓棋逢对手。

这两个人都出身世家，羊氏是汉魏之交连续九代的官宦出身，而陆抗更不含糊，他是东吴名将陆逊的第二个儿子，世袭江陵侯。两个人都熟悉水军作战，无论带兵还是治军，都有自己独特的一套。羊祜注重对荆州本地经济的开发，在他都督荆州期间，荆州地区的人口增加、教育发达、社会稳定。而陆抗则沿荆州一线，储备了充足的粮草武器，构筑坚固的城防工事。而在荆州前线对峙的很长一段时间里，二人甚至惺惺相惜，慢慢发展出来一种超越战争的友情。所以，后人把他们合称"羊陆之交"。

在二人对峙的这段时间内，双方都没有轻举妄动。

公元 274 年，陆抗去世。

两年之后，羊祜向晋武帝上书，希望尽快启动灭吴之战。然而，在以贾充为首的大臣们阻挠之下，这个建议被拒绝了。

公元 278 年，羊祜去世。临终之前的羊祜，三番五次向晋武帝表达早日南征的想法，并且将自己总结出的进军方案和盘托出。

公元 280 年，按照羊祜生前的战略部署，晋武帝司马炎强制任命贾充为大都督，兵分六路起兵伐吴。其中有五路是由北向南走陆路，而有一路从巴蜀地区，顺流而下直奔建业。晋军二十万，水陆并进，气势浩大。众叛亲离的孙皓，不断听到前线失利的消息。兵临城下的时候，孙皓派出大将张象率精兵一万出城迎敌，结果一万人马不战而降；孙皓又派出大将陶濬出城御敌，结果当天晚上，士兵们就做鸟兽散。

没有任何悬念。战争仅仅持续了两个月，而且大部分时间并不是血腥的厮杀，是其他几路陆军部队在等待巴蜀水军从水路汇合。

公元 280 年，孙皓投降，吴国灭亡。

从这一年开始，三国归晋。

在三国归晋的过程中，魏在其中起到了起承转合的作用。

三国归晋，虽然结束了几十年的战乱局面，但是志得意满的司马炎，随后也步孙皓后尘，走上了随心所欲的治国道路。三十年之后，司马炎开创的西晋灭亡，把中国带入一个更长更黑暗的战乱时代。

第三章 魏晋模式——禅让

　　三十五岁的司马迁，开始立志撰写史记，属于他的辉煌才刚刚开始；而三十五岁的司马曜，坟头草已经长到了一米高，早早就命丧黄泉。他的死因，是一年之前的一句玩笑话。他取笑他的嫔妃张贵人变得又老又丑，年过而立的绝望主妇张贵人妒火中烧，怒不可遏，用被子把这个可怜的皇帝活活闷死在床上。

　　实际上，华夏民族内心深处大一统的意识，早就作为信仰渗入了我们的血液之中。对于中国古代士大夫而言，家国天下之梦是一种本能召唤，并不会因为国家的衰落，政坛的腐败，甚至于个人生活的拮据，就会让这个梦想束之高阁。

　　如果说李隆基半世雄主，半世柔情；李存勖半世英雄，半世狗熊。那么我们认为，萧衍则做了阳间菩萨，阴间饿鬼。

司马氏连续三代人的不懈努力，终于实现了旧王朝的和平演变。

汉魏与魏晋的连续两次"禅让式"的易代堪称经典，它开启了一种成功模式，当然也开启了一个潘多拉魔盒。这种伪善的禅让，在魏晋之后又死循环式地轮番上演，各路大神你方唱罢我登场，好不热闹。

所以，我们这节主要讲禅让。

讲禅让，就必然涉及到君权与相权相互制衡的问题。假如君权无法控制相权，那么虚头巴脑的禅让能否上演，则就完全看相权所有人的政治觉悟了。在丛林法则横行的世界里，皇帝靠别人的政治觉悟活着，绝对是世界上第一等不靠谱的事情。所以，谈禅让之前，先谈君权与相权爱恨交织的前世今生。

君权与相权

当皇帝，是个让人非常纠结的事情。

当昏君很容易。如果皇帝做事不用计较后果，不怕丢了社稷江山，那么酒色财气一来，神仙也挡不住皇帝的任性。当明君就得事必躬亲，而且做的事情，也多半都是吃力不讨好的苦差事。比如最基本的抓革命、促生产。稍微再上一个档次，还有选贤任能、澄清吏治、治理水患、赈济灾民。皇帝本人的精力再充沛，每天这么多政务下来，身体也很难吃得消。比如前文提到的柴荣和王朴，君臣二人双双搞了个过劳死，英年早逝。当然也有身强力壮又扛造的主儿，就像前文提到的朱元璋。但这种人几百年也不会有一个，所以你根本不用指望。

那么问题来了。人都是有惰性的，皇帝也不例外。民间的土财主有钱了还要忙不迭地享受三妻四妾、声色犬马的生活，更何况皇帝还掌握了普天之下最至高无上的权力。所以，皇帝要想自己轻松，首先需要职业的官僚体系来帮助自己治理天下，其中的重中之重，就是要有一个职业经理人来帮自己掌控这个庞大的官僚体系。因此，宰相这个角色应运而生。宰相是做公司总经理的职业经理人，那么皇帝就是做公司董事长的公司拥有人。"宰相"这个词不是皇帝拍脑袋拍出来的，而是有着显赫的出身背景。传说先秦时代，伊尹为商汤做"相"，周公为武王做"太宰"。皇帝们充分发挥自己的想象力，把这两个词合在一起，就是"宰相"。

自从宰相诞生的那一天起，皇帝们的享乐事业就焕然一新。然而，这个世界上从此也就有了"君权"与"相权"的纷争。

首先澄清一个问题，宰相和丞相是完全不同的两个概念。宰相是一个虚指，泛指皇帝所拥有的这家公司的代理负责人，而丞相则是一个具体职务。宰相和丞相在概念上的差别，就好像"老板"和"总经理"这两个说法的差别。所有的公司负责人，都可以被泛称为老板。因此总经理可以被下属称为老板，而老板不一定就非得是总经理。所以丞相就是宰相，宰相则未必是丞相。丞相多半是一个人担任，而宰相则未必，甚至宰相可能是很多人同时担任，只要皇帝愿意。

有些朝代有丞相这个说法，比如秦朝和西汉。而有些朝代则没有，比如李唐和朱明。所以，如果有人跟你说曹操和诸葛亮是丞相，那就没问题。而如果有人给你说，杨国忠和姚广孝是丞相，那么这个人多半就是信口开河了。

丞相这个职务，最早设置于秦朝。而秦朝设置丞相，则是遵循了上古传说中的"三公九卿"制度。

三公九卿——在三省六部正式出现之前，中国古代最负盛名的政治体制。

三公九卿在历朝历代所指代的内容都有所不同，尤其在史料缺乏的先秦时代，很多的职务虽然有名字，但是具体责权范围已经不可考了。所以到了秦始皇统一六国，他就按照自己对"三公九卿"制度的理解，创造性地真正实施践行了这一先秦理念。

三公——指丞相，太尉，御史大夫；九卿的职务职责如下：

1. 奉常，掌管宗庙礼仪，地位很高，属九卿之首。

2. 郎中令，掌管宫殿警卫。

3. 卫尉，掌管宫门警卫。

4. 太仆，掌管宫廷御马和国家马政。

5. 廷尉，掌管司法审判。

6. 典客，掌管外交和民族事务。

7. 宗正，掌管皇族、宗室事务。

8. 治粟内史，掌管租税钱谷和财政收支。

9. 少府，掌管专供皇室需用的山海池泽之税及官府手工业。

"三公"的概念，和后来三省六部中的"三省"完全不同。三省体现的是三权分立和制衡的想法，而三公则只是分管业务的不同，丞相负责政治，太尉负责军事，御史大夫负责监察。显而易见，在动刀兵较少的大一统和平时期，丞相的地位就毫无悬念地凸显出来了。更何况，后来"三公并立"名不副实，御史大夫沦为向丞相汇报的"副丞相"的角色。

如此一来，丞相这个角色的设定，就变得非常强大。丞相成为朝堂之上真正的一人之下，万人之上。只要能够保证丞相对自己的绝对忠诚，皇帝大可以专心后宫，不用为大政方针中的琐事烦忧了。

而事实上也是如此。

因为在"三公九卿"制度的基础上，还出现了"六尚十三曹"制度。

"十三曹"相当于丞相的秘书处。十三曹的负责人说白了就是丞相本人身边的机要秘书，只不过分工各有不同。由于丞相下辖九卿，九卿的分工专业性很强，丞相本人也不是神仙，有需要讨论的问题，丞相就只能找自己的机要秘书商量决定。所以，九卿和十三曹，都各自分管国家政事的各个层面，直接向丞相汇报。但区别在于，九卿是丞相的外部行政机构，十三曹则是丞相的内部中央智囊团。

我们简单看一下"十三曹"的构成，如下：

"西曹主府吏署用事，东曹主二千石长吏迁除事，户曹主民户祠祀农桑事，奏曹主奏议事，辞曹主辞讼事，法曹主邮驿科程事，尉曹主卒徒转运事，贼曹主盗贼事，决曹主罪法事，兵曹主兵事，金曹主货币盐铁事，仓曹主仓谷事，黄阁主簿省录众事。"（《宋书·志·卷三十九》）

后世在"十三曹"的基础上，演变出了"六曹"。在"六曹"的基础上，才慢慢形成了后世三省六部中的"六部"。

西汉"十三曹"，业务范围几乎涵盖了国家政治生活的全部，丞相大权在握。

丞相很忙，那么皇帝在干什么？

皇帝的事务，由"六尚"来负责。六尚其实也是秘书处，只不过是皇帝本人的秘书处。而且六尚这个秘书处的下辖事务很有限，是指尚衣、尚食、尚冠、尚席、尚浴、尚书，也就是皇帝的生活起居这个层面的东西。

如此一来，有了"六尚十三曹"。"六尚"只是负责皇帝身边的鸡零狗碎，而"十三曹"才是真正的帝国权力中枢，所以国家的大事小情基本就都归了丞相来处理。而皇帝则专心后宫，管好自己的吃喝拉撒睡就好了。反正皇帝的财务同样由丞相来打理，绝对不会出现亏空，国库的银子对皇帝来说取之不尽，用之不竭。对比秦汉的"三公九卿"和丞相负责制，我们突然发现，除了公民的选举权存在差异之外，在上层建筑上这不就是今天在英国和日本流行的君主立宪制？

所以，全世界最早的"虚君政治"，其实出现在中国。

事情发展到这个地步，皇帝突然发现，自己被忽悠了。

皇帝毕竟是一家一姓的皇帝，皇帝的先人们，冒着九死一生打下来的天下，怎么莫名其妙就成了外人的？说白了，丞相的权力大到这步田地，对丞相本人忠诚度的考量，就已经远大于对执政能力的考量了。那么问题来了，既然如此，何必要选一个如此精明强干的人做丞相呢？选择自己身边信得过的人来执掌政权，岂不是更好？

皇帝有自己的小算盘。

精明如汉武帝刘彻，终于要拿"相权"开刀了。

与丞相所统领的"外朝"相对应，汉武帝搞出了一个"内朝"或称"中朝"。外朝有外朝官员，向丞相汇报；而中朝则有中朝官员，直接向皇帝汇报。外朝官固然有文武大臣，而中朝官也不含糊，侍中和常侍这些皇帝近侍，固化为皇帝身边的文职，而皇帝中朝常备的大司马，前后左右将军这些，则已经是明显的武将属性了。（"大司马、左右前后将军、侍中、散骑诸吏为中朝。"——明·王鏊（ào）《亲政篇》）就这样，还不算上如果遇到外敌入侵，出征统帅的遴选都是由皇帝来直接任命。

汉武帝搞了个"中朝"来抗衡"外朝"，君权打压相权也还算是扭扭捏捏。而到了汉武帝以后，后来的皇帝则把"中朝"的"尚书"直接升级为"尚书台"，在尚书台设置了尚书令。尚书台成了国家最高权力机构，这样一来丞相这个位子就尴尬了。不仅仅是大权旁落，而丞相要是有过失，还要交由尚书令来审判处理。而到了东汉时期，丞相的地位，并没有因为在名称上改为"大司徒"或"司徒"而有任何改变。皇帝中朝在尚书台之外，设置了太傅（皇帝智囊团）这个职位，丞相（大司徒，司徒）也就彻底沦为了摆设。

三公九卿制度之后的很多年中，又出现了三省六部制。丞相虽然没了，但是三省中间，中书省负责决策，门下省负责审核，尚书省负责实施。后来围绕三省，出现了各种相当于的丞相的宰相角色，比如"中书令""录尚书事""同平章事"等职务，依然是"相权"对"君权"的一大威胁。所以到了朱元璋时代，索性废除了相权这个职责，转而成立了内阁，由品级不高的内阁大学士直接向皇帝汇报。进而到了清代，又出现了更加体现皇帝集权的"军机处"以及军机大臣，"相权"也就彻底退出了历史舞台。

而在"三公九卿"到"三省六部"的转化过程中的三国两晋南北朝时期，则是"君权"与"相权"交锋最为激烈的一段时期。正因如此，在这一时期的所谓"禅让制"，让人感到目不暇接。最让人感到啼笑皆非的，就是南北朝的南朝。

南朝的禅让，开始于可怜的东晋王朝。

东晋的乱源，说来话长。

东晋往事

两千年前的司马迁绝对想不到，有朝一日司马家族的人居然也做了皇帝。而且曹魏家踏着刘汉家的尸体上位，而司马家又踏着曹魏家的尸体上位，如果司马迁他老人家地下有知，一定也会为刘汉家的后人感到汗颜。只是司马家的晋帝国，虽然在东汉三国的战乱废墟上建立起来了，但无论从哪个角度看，这个帝国都显得有点言过其实。尤其是到了东晋，这种情况愈演愈烈，不仅政权摇摇欲坠，司马家的皇帝也是个个平庸又短命。

比如司马曜（yào）就是。

司马曜是东晋的第九任皇帝，历史上称为晋孝武帝。

三十五岁的司马迁，开始立志撰写《史记》，属于他的辉煌才刚刚开始；而三十五岁的司马曜，坟头草已经长到了一米高，早早就命丧黄泉。他的死因，是一年之前的一句玩笑话。他取笑他的嫔妃张贵人变得又老又丑，年过而立的绝望主妇张贵人妒火中烧，怒不可遏，用被子把这个可怜的皇帝活活闷死在床上。

司马曜同志，生得荒唐，死得窝囊，是东晋历任皇帝悲惨命运的一个典型缩影。

司马曜的父亲叫作司马昱（yù），历史上称为晋简文帝。司马昱同志年轻时，曾经是一位风流王爷，他身边姬妾成群，风月无边。并且这些女人们针对定制化的客户需求，不断地优化服务，推陈出新。但这些女人们为司马昱生下来的五个儿子，却死的死，废的废，这件事让司马昱十分郁闷。在苦苦等了近十年之后，司马昱的御用算命先生，才发现了出身卑微的李陵容（"王使善相者视之……相者惊曰：'此其人也。'"《资治通鉴·晋纪二十五》）。相比之前的众位佳丽，李陵容长得并不出色。不仅不出色，而且李陵容长得又黑又高，她的肤色之黑，黑出了中国历史的新高度。史载：

"（李陵容）黑而长，宫人谓之'昆仑'。""昆仑"所对应的，就是古代的"昆仑奴"，也就是说，李陵容长得跟黑人有的一拼。

但就是这样的李陵容，命却够硬，她为一把年纪的司马昱连续生了两个儿子——司马曜和司马道子。可见，女人长得漂亮和能生养，这两件事情根本毫无关联。

四十二岁的司马昱，得子不易。

然而即便如此，一直到司马昱临死之前，传位给太子司马曜的优先级，都远远比不上获得当时权臣桓温的表态来得更加重要。

桓温，出身于谯（qiáo）国桓氏，是东晋门阀士族阶层的优秀代表之一。

桓温这个人，生而富贵，但他并不甘于平庸，天天削尖脑袋总想折腾点事出来。桓温年轻时候常说的一句话——"男子不能流芳百世，亦当遗臭万年"。所以，此后的桓温，生命不息折腾不止，是治世之能臣，也是乱世之奸雄。

司马昱临终之前，一天二十四小时之内，连发了四道诏书。传位诏书修改了一遍又一遍，皇帝坚持要远在帝都之外的桓温入朝参与自己的后事，之后才肯将帝国皇位传给司马曜，否则司马昱连死都不敢死。不过，拥兵躲在长江上游白石（安徽当涂，属马鞍山）的桓温，却隔岸观火，迟迟不肯入朝。司马昱不得已才对传位诏书定稿——"传位司马曜是不得已而为之，如果司马曜这个孩子岁数小不堪大用，将来就把皇位禅让给你桓温。"（"少子可辅者辅之，如不可，君自取之。"《资治通鉴·晋纪二十五》）

看桓温脸色才敢传位，源于司马昱内心深处那种无时无刻的、深深的恐惧感。

自司马氏衣冠南渡以来，东晋的国家政权本身就是依靠几个较大的士族门阀在撑场面。比如桓温家族背后的谯国桓氏，帮助东晋开国皇帝司马睿开国的琅琊王氏、颍川庾氏，以及后来的后起之秀陈郡谢氏等。如此，国家和社会资源大量掌握在豪门士族手中。而很多时候，东晋朝廷实际能够辐射的势力范围以及能够调拨的资源，也仅限于首都建康（南京）周边及以南的江南地区而已。在桓温弄权的十几年间，当时的相权已经远远超过了君权。鼎盛时期的权臣桓温，不仅被任命为"丞相"（外朝）和"录尚书事"（中朝），还同时兼任了大司马（军委主席）一职，可谓党政军大权集于一身。不仅如此，桓温拥兵自重，一次西征，三次北伐，战功虽然毁誉参半，但兵权却是货真价实牢牢掌握在了自己手中。毫无疑问，桓温是帝国现实存在的最强大且声望最高的军政明星。更何况，晋简文帝司马昱的上台，直接原因就是桓温废黜了简文帝司马昱的前任——东晋废帝司马奕。

司马奕是东晋第七位皇帝。

桓温早就看年轻的皇帝司马奕不顺眼，只是苦于找不到合适的借口。因为司马奕这个人虽然作为皇帝治国乏术，但也不是个喜欢生事的人。和东晋其他大多数皇帝差不多，司马奕一生庸庸碌碌，谨小慎微。

没有借口，创造借口也要上。

桓温说，根据他所掌握的大量证据表明，皇帝司马奕其实已经失去了做男人的基本生理功能（"乃言帝为阉。"《晋书·帝纪第八》）。司马奕不服，说自己还有几个孩子，这就是自己是个真正男人的铁证；桓温说，这几个孩子压根就不是你的，不信你看，是不是孩子长得不像你，反而像在后宫的几位帅气叔叔？于是，连司马奕自己都开始懵圈了。

说理，理屈词穷；动武，没那本事。

只能被废。

其实桓温只是想证明，只要他愿意，他随时可以决定皇帝这个职务的任免。

权臣对皇帝行废立之事，这在整个东晋历史上，尚属首次。而这次废立，则空前震动了帝国朝野（"废立既旷代所无"《资治通鉴·晋纪二十五》）。因为按照辈分来讲，会稽王司马昱是开国皇帝司马睿的小儿子，而被废黜的司马奕则是司马睿的曾孙，出自司马睿长子晋明帝司马绍一系。然而司马奕被废，权臣桓温选择的继承人则是司马奕爷爷辈的司马昱，惊世骇俗的"皇太爷"即位，这根本就不是皇太子，皇太弟，甚至是皇太叔这些常规继承方式所能够匹敌的了。换个角度看，司马睿的皇位传给了长子司马绍一系，一直到了曾孙这一代居然又改弦更张，轮转到司马睿小儿子司马昱这边来了。等于是东晋司马睿开国，传了七个皇帝之后，又重新回到了司马睿的儿子这一代。这种有悖于常理的皇位继承上的乱弹琴，在当时的朝野居然进行得顺理成章，这显然不符合华夏民族长期以来家族伦理式的普世道德观。

年过半百的司马昱心里明镜似的。

司马奕被废，叔爷爷司马昱摇身一变做了皇帝，但司马昱的政治地位，却并不会因此比之前做会稽王的时候好到哪里去。反而因为接了皇位这个烫手的山芋，让他自己成为众矢之的，随时都有杀身之祸。正因如此，登基称帝的当天，五十来岁的司马昱哭得涕泪交流（"东向流涕，拜受玺绶"）。而在即位之后的那些日子里，司马昱更是活在巨大的不安之中。

桓温的脚有毛病，所以每次入宫见司马昱，都要耀武扬威地乘车马进来。而每次看到桓温，新皇帝司马昱都是哭得梨花带雨（"帝引见，便泣下数十行"）。传达的信息再明显不过，我老实，桓温你别欺负我，不信你看我年过半百的人了，天天哭成狗一样。

好在演戏装孙子的日子，过得并不漫长。

短短八个月之后，公元 372 年 9 月，司马昱撒手人寰。

当皇帝之前开开心心做王爷活了半个多世纪，结果当皇帝之后不到一年就挂了。可见，做皇帝这事，并不是什么时候什么人物都能够胜任的。

司马昱这辈子，皇帝当得憋憋屈屈，临死写个传位诏书又搞得尊严尽失。皇帝的位子，父死子继本来天经地义，如今却变成了扭扭捏捏，必须桓温批准才敢实施。桓温不点头，皇帝这个位子，司马昱也就只能让自己的儿子司马曜先执行工作，至于试用期结束之后，转不转正再说。而在诏书里，则写上"如不可，君自取之"这样的话，就准备和个稀泥，打个马虎眼，闭眼蹬腿一死了之。

然而除了桓温的谯国桓氏之外，朝廷的外围还有其他的豪门士族，比如琅琊王氏。琅琊王氏是东晋帝国这家老店的创始会员之一，素来有"王与马，共天下"的说法（《资治通鉴·晋纪十三》）。琅琊王氏的势力，在东晋一朝时有沉浮，但是这个家族的政治影响力却始终如一。

王氏族人拒不接受司马昱这封丧失革命气节的传位诏书，推动朝议将诏书内容改为，皇帝驾崩后桓温辅政，但桓温要做诸葛亮那样的人。（"家国事一禀大司马，如诸葛武侯（诸葛亮）、王丞相（王导）故事。"《资治通鉴·晋纪二十五》）这样在各个士族门阀的共同抵制之下，桓温想借先帝驾崩而谋求进一步上位，乃至于谋朝篡位的想法落空，司马曜才得以顺利接班。

司马曜登上帝位，但这个皇帝并没有执政根基，帝国的各种矛盾依然存在。

士族门阀联手挫败了桓温的阴谋之后，琅琊王氏、陈郡谢氏在朝，而谯国桓氏在野，这样的政治格局，看起来只是在账面上达到了均衡，而远远谈不上对坐拥数万虎狼之师的桓温的制衡。退一步讲，士族门阀之间，如果没有最好的平衡点与着力点，那么最好大家都不要身处权力的火山口上。王氏与谢氏固然担心桓温的反戈一击，桓温也不是傻子，他难道就不担心王氏与谢氏挟天子以令诸侯？随便矫诏，就可以中央的名义出兵讨逆。这样的政治局面之下，不管是哪一派士族门阀，晚上都睡不好一个囫囵觉。

怎么办？

朝野的政客们想到了一个人。这个人叫作褚蒜子。

褚蒜子是当年东晋第四个皇帝——晋康帝司马岳的皇后，也就是开国皇帝司马睿的孙媳妇。褚蒜子这个名字谈不上有多文雅，甚至隔着屏幕都能闻到一股浓浓的北方抠脚大汉气息。但褚蒜子这个名字本身，就是一段传奇。

褚蒜子一生三次垂帘听政，经历了六个皇帝，死后被尊称为"崇德太后"，是一位名副其实的奇女子。褚蒜子一生之所以能够经历这么多皇帝，并不是因为她是个长寿的女人。事实上褚蒜子只活了六十岁，但架不住东晋皇帝们死的太快。

早在司马曜之前很多年，褚蒜子就曾经分别以母亲和婶婶的身份，临朝听政过两次了。这一次，帝国君主只有十岁，内朝士族们互相掣肘，桓温在外围虎视眈眈。晋室危急存亡的关键时刻，大家又一次将目光对准了时年四十八岁的崇德太后褚蒜子。当然，从辈分上来讲，褚蒜子作为长辈，尤其是司马曜的远房嫂子，即便在司马家族内部也有足够的威望辅佐幼主。

褚蒜子又一次垂帘听政，身份是司马曜的堂嫂。

实际上，司马曜本来是个足够幸运的人。

他登位仅仅一年之后，权臣桓温就因为病重一命呜呼；又过了三年，母仪天下的太后褚蒜子还政于皇帝；再过了一年的公元 377 年，陈郡谢氏家的俊才谢安，开始着手组建"北府兵"。若干年后的北府兵威震华夏，击败强大的前秦，赢得了淝水之战，一时间让帝国重新呈现出欣欣向荣的态势。不仅如此，功高震主的一代名相谢安，并不留恋权位，很快就净身出户，主动离开了政治旋涡的中心。

应该说，年轻的司马曜，此刻的心情好似春天里的蜜蜂。

谢安离去之后，他一手提拔的下属，也是司马曜一母同胞的弟弟司马道子，顺利接收了相权。公元 385 年，谢安辞世，年仅二十一岁的司马道子一口气兼任了三个位高权重的位子——扬州刺史（相当于首都市长）、录尚书事（相当于国务院总理）、都督中外诸军事（相当于军委主席）。尤其是这个"都督中外诸军事"，听起来格外嚣张。这个职务在历朝历代的授权都有所不同，但不管是在哪个时代，都至少是能够掌控京畿附近军事安全的狠角色。

当时的司马曜兄弟放眼海内，内朝王氏与谢氏似乎已经开始走向衰落，外朝的谯国桓氏因为桓温、桓冲两兄弟的相继离世，变得青黄不接。北府兵固然厉害，但目前看起来，还能够被"都督中外诸军事"所掌控。这一切，看上去都不太真实。常年被门阀士族所钳制，每天活得像兔子一样惴惴不安的东晋皇室，突然一下子柳暗花明，豪门世家们看起来都靠边站了。

司马曜和司马道子两个人，无法掩饰自己内心的狂喜。

然而，从小在母亲李陵容的溺爱中长大的两兄弟，显然都不具备掌控大场面的耐心与魄力。两个人都好酒色，好礼佛，都喜欢用皇室特权来无限制地满足自己的私欲。关键是，两个私德都有瑕疵的人，居然还互相看不上。于是外部矛盾刚刚告一段落，兄弟二人之间的矛盾又开始摆上台面。君权与相权之争，显然并没有因为扮演角色的是一母同胞的两兄弟，在斗争烈度上就有所弱化。

　　君相之争中，只要不撕破脸大打出手，具备天然斗争优势的依然是君。因为在中国古代，皇帝总是可以利用自己的特权，不通过任何行政程序，而对国家的大政方针进行修改。比如司马曜兄弟二人斗法的过程中，荆州是首都建康上游的战略要地，他们兄弟俩曾经对荆州的人事任命产生很大的分歧。弟弟司马道子利用相权，从吏部发布命令任命了他的心腹王国宝。但得到消息的哥哥司马曜则先发制人，发布"中诏"直接任命了自己的近臣殷仲堪。所谓"中诏"，也就是不通过行政程序，而从宫中直接发出的皇帝诏令。

　　是君相同时又是兄弟的二人之间的"猫鼠游戏"，虽然时常是哥哥占据上风。但与胜负无关的是，这样主相相持的局面，破坏了帝国的政治氛围，耗空了司马家族好不容易积攒起来的一点政治积蓄。

　　更加雪上加霜的，是司马曜的暴毙。身后留下的，则是迷雾重重的帝国残局。

　　既然还政之后，司马兄弟二人依然争斗不休，那么收拾残局的还得是外人。

再不生帝王家

公元 396 年，司马曜暴毙，匆忙中并没有留下遗诏，而朝廷当然也没有相关预案，只能让当时的太子司马德宗继位。与此同时，司马道子依然掌握相权。司马德宗是东晋的第十位皇帝，史称晋安帝。

晋安帝司马德宗有几个异于常人之处。

第一个特点，晋安帝是一个人畜无害的人。史书上概括得比较含蓄，只是说晋安帝不够聪明。但在实际描述中，这位老兄不知寒暑，不知饥饱，生活不能自理，已经是非常严重的智障表现了。（"安帝幼而不慧，口不能言，至于寒暑饥饱亦不能辨，饮食寝兴皆非己出。"《资治通鉴·晋纪三十》）正因为傻到这个程度，所以晋安帝基本上很难完整地表达自己的思想，更谈不上会有自己的想法和主张。

因此这样一个人，在东晋末年的乱世纷争中，至少算是一个人畜无害的人。

第二个特点，相比东晋王朝的其他皇帝，晋安帝在位时间相当长。23年的在位时间，仅次于他父亲司马曜的 24 年。东晋国祚总共有 103 年，而他们爷俩加起来，一共在位 47 年之久；而其他九位皇帝加起来，也不过在位 56 年。其实奥秘很简单，智商才是晋安帝最大的保护色。晋安帝拥有他人所不具备的智商上的巨大硬伤，所以他被认为是最完美的傀儡皇帝。因此，在其后的很多年中，权臣和叛将们只是想挟持他，而并没有几个人会对这样一个人畜无害的无知青年起杀心。

总而言之，生活在乱世，聪明人未必比傻子存活得更久些。

第三个特点，晋安帝的皇帝生涯非常坎坷。司马曜以及他的兄弟司马道子，败光了司马家的人品，也失去了帮助晋帝国绝地反击的最后机会。到了晋安帝这里，已经完全没有了司马曜那样的运气。同样是执政二十多年，晋安帝司马德宗一直生活在内忧外患、颠沛流离之中。在晋安帝一朝，几乎处处可以作乱，人人能够造反。外戚可以造反，比如国舅王恭；皇族也可以造反，比如司马休之。寒门可以造反，比如出身贫寒的孙恩；士族也可以造反，比如桓温的儿子桓玄。军头可以造反，比如北府兵的刘毅；宗教人士也可以造反，比如孙恩的继任者卢循。各路反贼，动不动就高呼"杀进建康城，活捉万岁爷"的革命口号，把整个江南搞得狼烟四起。而司马德宗本人，更是被各路反贼俘来虏去，从京城被抓到浔阳（江西九江），又从浔阳被抓到江陵（湖北荆州），然后再从江陵被抓回京城。这样的流离转徙，放在正常皇帝身上想必会天天以泪洗面，而好在我们的司马德宗同志是个傻子，对于他的内心世界而言，这样的坎坷生活应该会比乏味的和平年代，感觉起来更加好玩才对。

最终，让司马德宗从光怪陆离又壮美绚烂的旅途中清醒过来的，是刘裕。

刘裕，刘宋王朝的开创者（下一部会细讲），司马王朝的终结者，东晋后期帝国范围内最强大的一支职业军队——"北府兵"的掌兵者。刘裕一手匡扶了晋室，又一手将司马家族推入了万劫不复的深渊。

他用了近二十年的时间，帮东晋皇室剪除了所有国内的反对势力，同时又举兵北伐，收复了汉人的龙兴之地关中。之后，公元417年冬天，五十四岁的刘裕带着无上的荣耀返回京城，作为自晋室衣冠南渡一百年来的战功第一人，他想知道，相权天花板的极限在哪里。

实际上，历史上有这个想法的人，刘裕并不是第一个。

东晋司马氏的老祖先司马昭，曾经尝试过相权的无限尊荣，当时司马昭从曹魏皇帝手中拿到的封号是——晋公，大将军，加侍中，都督中外诸军、录尚书事，加九锡（cì）；再往前追溯，曹操从汉献帝手中拿到的尊荣是——魏公，丞相领冀州牧，加九锡，赞拜不名、入朝不趋、剑履上殿。不管是曹操还是司马昭，他们的相权极限中，都有一个"加九锡"的动作。而事实上，如果再往前追溯，篡汉的王莽，也曾经被"加九锡"。

那么什么叫作"加九锡"？

"锡"在古代，通"赐"。九锡也就是九种礼器。九锡是天子赐给有特殊功劳的诸侯、大臣们的九种器物，是皇帝给予大臣的最高礼遇。九锡的内容包括车马、衣服、乐、朱户、纳陛、虎贲(bēn)、斧钺、弓矢、鬯(chàng，古代祭祀用酒)。

刘裕知道，加九锡这件事情非常严肃，也非常敏感。除了上述的王莽、曹操、司马昭之外，包括三国的孙权以及本朝作乱的桓玄(桓温之子)。古往今来，也无非只有几个人而已，况且这些人还都不是一般人。作为一名贫苦出身的寒门子弟，刘裕已经做到了在他能力范围内的一切。扫平内乱之后，整个帝国内已经没有任何可以反抗他的武装力量；帝国之外，西到关中，北到河北，南到越南，东到大海，能打的都被他打了个遍。前些年一直担忧的没有子嗣的问题，如今也不是问题了。在娶了一些二婚有生育经验的女人之后，他在四十多岁有了人生第一个儿子，而如今早已是"七郎八虎"，儿孙绕膝。

刘裕考虑的，是人生的精神追求，是如何才能最大化实现自己的人生价值。加九锡，就是其中的选项之一。

公元418年，刘裕被封相国、宋公，总百揆(kuí，总百揆也就是总领百官)、扬州牧，加九锡。

有王莽、曹操、司马昭的先例在，"加九锡"这事几乎跟"谋朝篡位"成了同义词。在达到相权的极限之后，刘裕也已经想顺势挑战君权，就像当年的王莽等人所做的一样。况且，刘裕相信了当时的一句谶言"昌明之后，尚有二帝"(孝武帝司马曜之后，东晋还会有两个皇帝。《晋书·帝纪第十》)，这句话在当时的民间流传甚广。虽然谶言已经言明东晋气数将尽，但为了凑够"二帝"这个数字，公元419年初，刘裕派人将司马德宗秘密处决掉，转而立司马德宗的弟弟司马德文为帝，司马德文就是晋恭帝。

晋恭帝这个皇位，很显然就属于凑数的。司马德文就相当于前台的演员，什么时候上，什么时候下，由不得自己，关键看导演刘裕的心思。既然是演员，那么你的台词必须是经过审核的，不能脱稿自由发挥，一切都按剧本来。

司马德文也确实是这么做的。

公元 420 年七月的一天，刘裕的心腹傅亮来到皇宫，要求晋恭帝正式宣布禅位给刘裕。并且，为了防止皇帝耍赖，傅亮随身早就带好业已定稿的禅位诏书。司马德文并没有表现出过多的反抗，顺从地誊写了一遍。不仅如此，皇帝还意犹未尽地说了一句台词："桓玄作乱时，晋室已经失去了天下。正因为有刘裕，东晋才延长了将近二十年。今天这件事，我心甘情愿。"（"桓玄之时，晋氏已无天下，重为刘公所延，将二十载；今日之事，本所甘心。"《资治通鉴·宋纪一》）

剧本上好，演技也不错。

司马德文退位两天之后，回到了自己的琅琊王府。

与此同时，刘裕继位，建立宋朝，刘裕就是宋武帝。

司马德文入戏太深也好，好汉不吃眼前亏也好，总之刘裕受禅这件事，表面上看起来和谐得很，一切都按照预先计划进行。然而，这件事情的遗憾之处，在于后续故事的发展。

公元 421 年，刘裕派人，用被子捂死了已经毫无威胁的司马德文。这件事怎么看都像是一部精彩电影的狗尾续貂之作，要知道当年篡位的曹氏厚待了刘氏后人，司马氏又厚待了曹氏后人，让表面上伪善的禅让制，最终以大团圆的结局收场。然而，英明一世的刘裕，居然在这件事情上不依不饶，对逊位皇帝采取了最极端的手段。非但对皇帝本人痛下杀手，刘裕后来又变本加厉，索性对东晋皇室司马氏进行了大屠杀。

这件事，也为后世的"禅让"，起到了一个恶劣的示范效应。

登上皇位之后的刘裕，不改艰苦朴素的本色，在私生活方面非常克制。刘裕本人是贫寒子弟出身，靠军功一步步踏踏实实走来，终于夺取天下。所以在刘裕登基之后，一改魏晋士族门阀对于官僚系统的把持，选拔大量寒门子弟进入官场。以至于当时有句话颇为流行，叫作"寒族掌机要，士族居虚位，宗室镇要州，典签控州镇"。"典签"实际上也大部分出身寒族，相当于皇帝本人差遣到地方州郡的特派员身份。与此同时，刘裕厉兵秣马，希望能够继续北伐，光复汉家故土。不过属于他的时代已经远去，历史再也没有给他时间去实现自己的宏伟蓝图。

公元422年，宋武帝刘裕驾鹤西去。

刘裕之后的刘宋皇帝，大部分都不太成器。期间虽然也曾短暂出现过宋文帝刘义隆的"元嘉之治"以及"元嘉北伐"等治世与壮举。但刘裕大部分的子孙后代，无论怎么看都是满满的负能量。虽然刘裕在生前，从四十二岁到五十二岁，拼上老命生出了七个儿子，但正是膝下的这群"七郎八虎"，在刘裕死后进行了残酷的自相残杀。其中有逆子弑父，有叔侄相残，有兄弟相杀，不等刘宋皇室的敌人们动手，刘裕的子孙后代们自己就快把自己杀干净了。刘宋皇室的男人们嗜杀，而女人们也巾帼不让须眉，比如刘裕的曾孙女——山阴公主刘楚玉，在自己有丈夫的情况下，还蓄养了三十多个男宠，来满足自己骄奢淫逸的欲望。

刘宋王朝，就在这种杀戮与淫乱中走到了尽头。

公元477年，刘裕一统天下半个多世纪之后，刘宋最后一个皇帝登上帝位，这个人叫作刘准，史称宋顺帝。觊觎皇位的人，叫作萧道成（兰陵萧氏）。

萧道成参透了刘宋王朝的生存密码，那就是无底线地互相背叛与互相伤害。在反复斟酌之后，萧道成决定主动推翻这个让他感到绝望的皇权体系，重建一套属于自己的全新的系统。对于篡位称帝这件事来说，萧道成并没有太好的参考模板，只好又完全复制了前朝的刘裕模式。依然是虚伪的套路，狗血的演技，俗不可耐的台词。

公元479年三月，宋顺帝任命萧道成为齐公，相国，总领百官，加九锡，同时还兼任骠骑大将军、扬州牧、南徐州刺史。四月，宋顺帝刘准退位，萧道成受禅称帝。触景生情，十二岁的废帝刘准感慨地说道："愿生生世世，再不生帝王家"（"愿后身世世勿复生天王家"《资治通鉴·齐纪一》）。退位之后，宋顺帝终究也难逃一死，很快就被萧道成除掉。

让人倍感讽刺的是，刘准的前辈中有个叫刘子鸾的，十几年前曾经被自己的哥哥、刘宋第六个皇帝前废帝刘子业赐死，临死之前也说出过一模一样的一句话（子鸾临死谓左右曰："愿后身不复生王家。"《南史·卷十四·列传第四》）。所以，至少在刘宋这个朝代，生在皇室确实是一件让人感到绝望的事情，不被自己的同姓亲族杀掉，也会被外来篡位的异姓叛臣杀掉，总之是九死一生。

更加让人感到悲哀的是。宋顺帝被杀的同时，大量刘宋皇族成员，被萧道成灭绝式地屠杀。重演了宋武帝刘裕当年，对东晋皇室所做的一切。

正所谓，因果终有报。

皇帝的情怀

萧道成出身于名门望族的兰陵萧氏，他所建立的朝代，名字叫作齐，为了和北朝高欢后人建立的"北齐"以示区别，历史上称萧道成建立的齐为"南齐"，萧道成就是齐高帝。

南齐是南北朝时期一个实在乏善可陈的朝代，短短二十三年的寿命，居然换了七个皇帝。单是在公元494年这一年，就连续出现了三个皇帝，三个年号。短暂的南齐，对外军事节节败退，丢失大量领土给强大的北魏。对内，萧氏皇族和前朝的刘宋皇族有样学样，自相残杀玩得不亦乐乎。萧道成的侄子齐明帝萧鸾，因为得位不正，索性把皇位正统——萧道成家的子孙们，有计划和成建制地屠杀掉，甚至几岁的孩子都不放过。萧鸾临死之前，告诉自己的儿子萧宝卷说"作事不可在人后"（《南齐书·卷七·本纪第七》），也就是说，凡事还是要杀杀杀——先下手为强，后下手遭殃。于是，齐后废帝萧宝卷也就顺理成章地接过了父亲的枪，继续在朝野内外大杀四方。

终于有一天，萧宝卷杀到了兰陵萧氏的远房亲族萧懿这里。

萧懿的死，是毫无疑问的冤案。功高震主这事，是不考虑版权的，放在历朝历代都是极其雷同的剧情。然而这事对萧懿本人虽然是个悲剧，不过萧懿之死却催生了一个新的皇帝——萧衍。

萧衍是萧懿的弟弟。

萧懿之死，受到刺激最大的，就是他的弟弟萧衍。

萧衍是一位传奇人物，他堪称剧情不断反转又不断改变走向的一生，有点类似于前文讲到的唐玄宗李隆基和后唐庄宗李存勖。这类人虽然职业身为皇帝，但骨子里却是情绪化非常严重的普通人，或者称作性情中人。他们作为这类性格人群的典型代表，有一个特点——年轻时候风生水起混职场，后半辈子又顾影自怜玩情怀。

比如李隆基，开创了大唐盛世，但最后回归了爱情真谛。又比如李存勖，完成了父亲遗志，之后就开始投身戏曲表演事业。也正如我们即将提到的梁武帝萧衍——萧衍在自己的青年和中年时代，爱岗敬业，身先士卒地带领南朝人民"撸起袖子加油干"，开创了一个南朝汉人王朝前所未有的大场面。在梁武帝执政的前期，南朝人民无论物质文明还是精神文明，包括面对北朝异族统治时，有意无意间所流露出来的汉族文化和信仰的优越感，都是梁武帝之前的宋和齐所少见的。南宋所谓的"元嘉之治"以及南齐所谓的"永明之治"，怎么看都像是我们汉人的史学家拿着一桶劣质的装修专用油漆，在为南朝的汉人正统粉饰太平。而梁武帝前半期的南朝，则是实打实的盛世图景，不需要任何浮夸的溢美之词来整容。

当然，和李隆基与李存勖一样，多才多艺的萧衍玩起情怀来，也不遑多让。

萧衍爱好诗赋，拥有自己的"诗友会"——"竟陵八友"①。流传到今天的萧衍的作品虽然不多，但其中不乏上乘之作；萧衍爱好下棋，他的"棋搭子"也不是一般人，是号称南朝第一战神的白袍陈庆之②；萧衍爱好史学，一言不合就写史，一写就是六百卷。这本书，据说是萧衍为了弥补司马迁《史记》之后只有断代史的缺憾，立志搞一本震铄古今的"通史"。只不过今天这本书失传了，我们只能通过想象，来猜测这本书的伟大。

然而，和宋徽宗这样的文艺皇帝有所不同的是，人家萧衍确确实实是曾经做过英雄的，而不是从年轻时候就悲天悯人、无病呻吟。

---

① 竟陵八友：南北朝齐永明年间，有一大群文士集合于竟陵王萧子良左右，形成了一个文学群体，文学史上称"竟陵八友"。《梁书·武帝本纪》："竟陵王子良开西邸，招文学，高祖（萧衍）与沈约、谢朓、王融、萧琛、范云、任昉、陆倕并游焉，号曰'八友'。"

② 陈庆之（484—539年），字子云，汉族，义兴国山（今江苏省宜兴市）人，南北朝时期南朝梁将领。出身寒门，少为梁武帝萧衍随从。梁普通年间，任武威将军、宣猛将军等职。陈庆之身体文弱，难开普通弓弩，不善于骑马和射箭，但是却富有胆略，善筹谋，带兵有方，是一位深得众心的儒将。因平时爱穿白色袍子，因此所以当时有童谣曰："名师大将莫自牢，千兵万马避白袍"。

在自己的哥哥萧懿被杀之后，萧衍起兵。从江陵（荆州）顺长江而下，依靠地缘上的优势（后文会讲），并没有费太多周折，就攻破都城建康，拿下了嗜杀无度的萧宝卷。萧衍转而立萧宝卷的弟弟萧宝融为皇帝，史称齐和帝。

当然，杀掉萧宝卷，只是一系列完整计划的第一步。未能免俗的是，在这个南北朝道德沦丧的大乱世，萧衍需要获得更加持久的安全感。而获得更持久安全感则别无他路，只有干掉皇帝，自己取而代之；更加未能免俗的是，在皇帝工作交接这件事情上，身为半个文化人的萧衍则毫无创意，全盘照抄了前人。

和前朝没有任何区别，萧衍顺理成章拿到了相权的极致——中书监、大司马、录尚书事、骠骑大将军、扬州刺史，封建安郡公，进为相国，总百揆，封十郡为梁公，备九锡之礼，加远游冠，绿綟绶，位在诸王上。（《南史·卷六·梁本纪》）

公元 502 年，萧衍接受萧宝融的禅让，荣登皇帝之位。

值得一提的是，虽然和南齐皇族一样，同出兰陵萧氏，萧衍并没有继承南齐这个"齐"的国号，而是改为"梁"。根本原因，是因为齐高帝萧道成当年追封祖先，并没有追溯到萧衍的先人。所以，萧衍上位，只能自己另选国号，而无法继承国号"齐"。从这一点上讲，萧衍的萧梁，有点类似于刘宋。宋武帝刘裕，出身于刘邦弟弟楚王刘交一系。刘邦当年同样只是追封了自己的长辈，而并没有封过自己的兄弟为帝。所以，作为刘交后人的刘裕，只能另外选择"宋"作为国号，而不能继承国号"汉"。

后半生的萧衍，玩情怀玩得最为轰轰烈烈的一件事，就是崇佛。

萧衍本人对于佛学颇有研究，并且在后世禅宗弟子的记述中，萧衍曾经同佛家禅宗祖师达摩，有过非常精彩的论辩。萧衍问："何为圣谛第一义？"达摩说："廓然浩荡，本无圣贤"。萧衍又问："对朕者谁？"达摩说："我不认识"。

话不投机，鸡同鸭讲。

达摩告辞，一苇渡江。

萧衍其后顿悟，然而达摩已经飘然而去。

达摩的本意是度化，是让身为皇帝的萧衍禅心笃定。萧衍玩的则是情怀，看上去面面俱到，实际上六根未净，尘缘未了。萧衍的所谓"情怀"，其实跟今天很多 70 后、80 后未老先衰的怀旧情结，以及人到中年的"同学会""战友会"，并没有太大区别。所谓叶公好龙，实则是一种精神寄托，而并非真的一心向佛罢了。彼时彼地的萧衍认为，自己的那点佛教小情怀，被达摩居高临下地深深鄙视。

他感到不爽。

这场论辩对梁武帝萧衍的价值观产生了深深的影响。

公元 527 年，年过花甲的萧衍，在建康（南京）附近的同泰寺出家，三天后返回皇宫。之后，改年号为大通，大赦天下。从这一天开始，此后的很多年中，萧衍又三次委身同泰寺。这三次，无一例外地都是有皇室或者大臣们凑钱，把出家的皇帝从寺庙中赎回。而赎金则价格不菲，都成为了表达对佛祖无上崇敬的功德钱。

其实，萧衍并不知道，就在他闹哄哄地搞佛寺赎身的同时，达摩回到了嵩山，找了个石洞，面壁九年苦心修行。多年以后，禅宗兴盛于六祖惠能。而达摩则被尊为"禅宗初祖"，同时又位列西天佛国二十八祖之一。

达摩在北边修的是心，萧衍在南边修的是形。

萧衍终究是尘缘未了。

前半生的萧衍，打着儒释道三教一体的大旗，建功立业开创盛世。但这个期间的萧衍，则潜心研究佛理，并在帝国版图范围之内，修建了大量佛寺。在传经和弘法方面，佛教徒萧衍功不可没。

萧衍的努力的确立竿见影，而且直到今天都还影响深远。

比如汉传佛教吃素和禁欲，都源自皇帝萧衍身体力行在全国范围内的推广。

不过，萧衍痴迷佛法，为帝国带来的却是不折不扣的灾难。

比如此时此刻的淮西，就有一个狼子野心的人，正在注视着帝国发生的一切。

南京南京！

淮西冷眼旁观的这个人，名字叫作侯景。

侯景，羯族，出身于六镇军人。和西魏权臣宇文泰、东魏权臣高欢，都是六镇起义时的亲密战友。侯景是一个天生脑后有反骨的人，他的乱世生存法则很简单——有奶便是娘，没奶就杀了娘。战友高欢掌权之后，侯景作为六镇嫡系，被高欢封在河南（河南道，也就是洛阳盆地以东，黄河以南，淮河以北的地区），做起了逍遥快活的"河南王"。

公元 547 年正月，高欢去世，高欢的儿子高澄上台。

五天之后，侯景起兵作乱。

侯景的如意算盘是，高欢是自己的老铁不假，但晚辈高澄和自己谈不上什么交情，搞不好就会落一个兔死狗烹的下场。趁现在自己身体不错，地盘也不小，还有和乱世群雄讨价还价的本钱在，不如拿自己手上的河南之地做投名状，投靠自己另外一个老战友，西魏的宇文泰。也就是说，在高欢手下的铁饭碗怕是端不下去了，不如改换门庭，再去找宇文泰领下一个铁饭碗。为了全面了解史实，我们可以看看图 3-1。

不过人算不如天算，宇文泰并不买侯景的账。

虽然同样出身六镇，又和侯景一样，是当时北方的五胡蛮族之一，但宇文泰此生不遗余力地倡导汉文化以及推行朝野汉化，是他那个时代不多的明白人之一。一生戎马生涯的老江湖，又怎么会轻易着了侯景的道？高欢老领导尸骨未寒，甚至丧事还没有出"头七"，侯景就起兵背叛老领导的儿子。这事根本就不是人干的，这样的人就算是搬着金山银山来投靠，宇文泰也要心里掂量掂量成色和风险。于是，宇文泰接到侯景叛乱的消息，火速给侯景封了一堆空头官衔——太傅、河南道行台、上谷郡公等。

然后，就没有然后了。侯景，你自生自灭去吧。

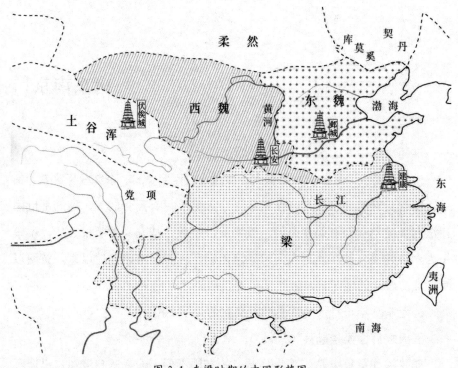

图 3-1 南梁时期的中国形势图

侯景觉得，这个世界深深地辜负了他。

好在当时的华夏大地，皇帝开的公司是三家竞争的关系——除西魏、东魏之外，还有萧衍的南梁。职业经理人只要有实力，也不愁跳槽没有去处。即便没有实力，只要前期的个人简历足够光鲜，即便后来招摇撞骗、混吃混喝，也总会有公司愿意接盘和尝试，职业经理人也依然还是不愁职场生涯的延续。

接盘侠，是梁武帝萧衍。

梁武帝萧衍英明半生，后来虽然潜心佛法，但相对宇文泰而言，他绝对不是政坛上的白痴。虽然年过八旬，但梁武帝心里依然有光芒万丈的理想在。萧衍的想法是，接纳侯景，一定是个稳赚不赔的买卖。虽然当时距离东晋永嘉年间汉人"衣冠南渡"，已经过去两百多年了，但是当时的南朝士族门阀们，对于收复北方故土依然有着愚公般的偏执。东晋时期位极人臣的琅琊王氏、谯国桓氏，南朝时权倾一时的兰陵萧氏、太原王氏，虽然个个身在南方，但哪个不是把北方的郡望放在前面自报家门？书法造诣有成的王羲之、王献之父子，甚至已经是南渡的第二代、第三代，都依然口口声声自称自己为山东琅琊人。

实际上，华夏民族内心深处大一统的意识，早就作为信仰渗入了我们的血液之中。对于中国古代士大夫而言，家国天下之梦是一种本能召唤，并不会因为国家的衰落、政坛的腐败，甚至于个人生活的拮据，就会让这个梦想束之高阁。

侯景来投，带来的不仅仅是侯景的数万军队，还有河南之地的十三州锦绣山河。对于梁武帝萧衍而言，自二十年前白袍陈庆之北伐失利之后，南梁始终无力再次组织北方攻势。这一次，堪称天赐良机。更何况，萧衍的宠臣兼智囊朱异，在这件事情上也坚定地支持皇帝的想法。

和宇文泰一样，萧衍马上加封了侯景一连串官衔——河南王、大将军、持节。看上去也是空头支票，手段并没有比宇文泰高明多少；但和宇文泰不一样的是，萧衍又派了五万南梁军队，对侯景的叛乱进行支援。南梁直接派兵，这对侯景来讲，可是实打实硬马硬桥的雪中送炭。

战争结局，南梁赔了夫人又折兵。

东魏高澄的平叛军队，先是击溃了南梁援军，俘虏了萧衍的侄子萧渊明。之后又几乎全歼了侯景叛军，夺回河南之地。而侯景本人，则仅仅带着八百残兵败将逃到南梁境内的寿阳（安徽寿县）。羊肉没吃到，惹了一身骚。梁武帝萧衍无奈地接受了这个败局，并且默认了三姓家奴侯景，钻到了自己淮西腹地的现实境况。

我们在前文中，曾经用了大量文字，论证了淮西之地对于江南地区的重要意义。而实际上，淮西就相当于江南的"命门"。如果有一个居心叵测之徒屯兵淮西，那么江南地区就寝食难安。当年的赵构，对于精忠岳飞尚且不放心，更何况一个如同丧家之犬的侯景。

然而，淮西虽然是江南地区的地理大 BUG，但好在江南地区还有自己可以仰仗的、历经多年的政治中心和军事堡垒——建康（江苏南京）。见图 3-2。

图 3-2 南京地图

很多人谈到南京，必然会谈到"虎踞龙盘"的城市格局。然而，这并不是南京这座城市的真正价值所在。我们先来看看，什么是所谓的"虎踞龙盘"。

"虎踞龙盘"的说法，最早出自于诸葛亮。据说当时诸葛亮出使江东，曾经对于东吴首都建业发出了"钟阜龙蟠，石城虎踞"（宋·张敦颐·《六朝事迹编类》）的感慨。钟阜，也就是钟山；石城，也就是石头城。虎踞龙盘的意思，也就是西边石头城就像老虎一样卧着，而南京东郊的钟山，就像一条巨龙一样盘着。后来，由这句话开始，才衍生出了诸如"虎踞龙盘"的各种引用。此外，所谓龙在东，虎在西的"虎踞龙盘"地貌，又正好对应了"左青龙右白虎"的风水（见图 3-3）。因此，南京地形的名气就越来越大。

不过，这真的是事实的全部吗？

我们把地图拉远，放大来看，如下图。我们发现，江南地区"南山北江"

图 3-3 南京地形示意图

地缘形态，恰好被自然形成的山水，牢牢围在一个半封闭的区域。围在中间的这个江南或称江东，就是自东吴一直到东晋"永嘉南渡"，并且一直到南宋"建炎南渡"这段时间，中国南方最为富庶、最为人杰地灵的区域。而南方从江南再往南的闽越地区、岭南地区的大规模开发，则是到了明代以后的事情了。见图 3-4。

既然江南的经济中心地位在中国古代一度无可取代，那么如何在军事上布防江南，则就水到渠成地成为冷兵器时代的一个重要课题。

从地图上看，江南地区从南部遭受外来入侵的可能性极小，南部群山环抱的地理条件，为这块江南鱼米水乡带来了最大程度的心理安全底线。那么江南地区经营的政权，最大的威胁依然来自北方。长江方向，可以承受的外来入侵，主要来自淮西和淮东。

长江在芜湖、马鞍山一线，江流由南而北，这条防线主要承受的是来自于西部淮西的威胁。这在前文中，曾经不止一次地提到过；长江在镇江

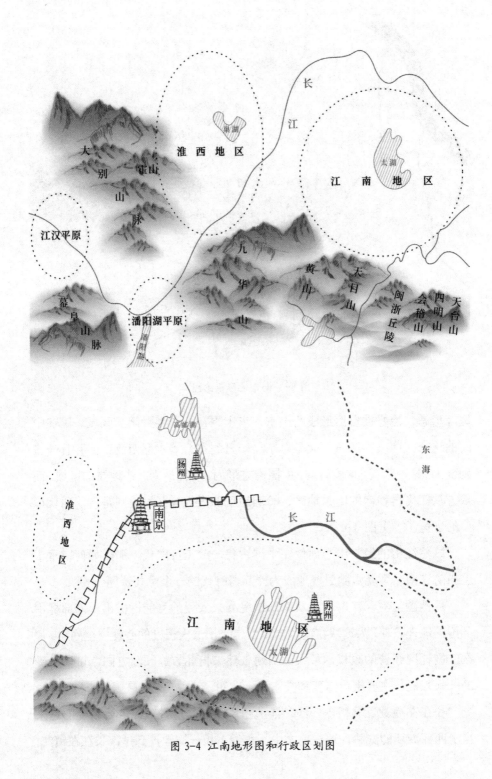

图 3-4 江南地形图和行政区划图

图 3-5 流经南京的长江

一线，江流自西向东，这条防线主要承受的是来自北部淮东的威胁。那么问题来了，究竟是哪个城市，既能够抵御西部威胁，同时又能够辐射抵御北部威胁呢？

没错，正是南京。见图 3-5。

地图再次拉近，看端详。

长江在南京这个地方，恰好拐了一个九十度的直角大弯，由南北走向变成了东西走向。由于这个转折来得过于突然，长江甚至在拐弯的地方，由湍急的流水和泥沙交互冲击，形成了一个巨大的沙洲——八卦洲。如果都城选择在南京，就进攻来讲，这里是杀出江南的军事桥头堡，无论向北还是向西，冲出去就是一望无际的江淮平原。江南地区，则充当了源源不断的后勤基地，提供充足的粮草和兵源；就防守而言，南京是一个缩小版本的"天子守江南"或者干脆是"天子守国门"，单独承受来自北方和西方的军事威胁。南京是江南的北大门，南京一丢则江南不保。在中国古代，如果江南这块南方核心区一丢，则坐拥东南半壁江山的偏安游戏，九成九以上也玩不成了。

至此，水落石出。

这才是定都南京的真相，而不是所谓的"虎踞龙盘"。

地缘政治不是风水八卦。

军事战略威胁，远比左青龙右白虎来得更加鲜活。

所以，我们反过头再看东吴定都建业（南京）的理由，就比较容易理解了。东吴当时保有东南地区，号称占据了当时东汉十三州的扬州、交州、荆州三个州。但事实上，以当时的经济发展水平论，东吴无非是占据了江南地区、周瑜训练水军的鄱阳湖平原地区、同关羽打得不亦乐乎的江汉平原地区、洞庭湖平原地区。其中的重中之重，就是开发较早且水患较少的江南地区。江南地区不仅经济发达，人口众多，而且能够提供相对比较大的战略纵深。这种战略纵深跟北方没法比，但放眼当时的整个南方，都是首屈一指的。如此，以江南地区为基地或者跳板，向西和向北参与三国争雄，同时扼守长江水道，南京就是首选。

仅此而已。

东吴经营建业之后，其后的东晋延续了相似的建都思路。而且东晋南迁的遗老遗少们，不仅仅是时刻准备向北经营和出兵的问题。就当时的东晋政权而言，大量北方人南迁，他们无时无刻不盼望收复故土，杀回北方。当时的很多北方移民，很多年都不肯入籍江南。而且侨居的士族，将自己居住的村镇或者城市，直接命名成北方的相同城市名字，比如南兰陵、南琅琊等。就东晋而言，建都南京依然是一个最佳选择。

其后在江南地区偏安的宋齐梁陈，政治文化上直接沿袭东晋。当然某种程度上，宋齐梁陈对于南京（建康）的经营，也有点类似于五代梁晋汉周对于开封的因袭——匆忙和惯性使然。

至此，我们似乎终于看到了六朝古都南京的建都总纲略。

然而，这依然还不是事实真相的全部。

在之前的很多文字中，我们都选择性无视了淮东。然而事实上，淮东的没落，是在公元 1194 年黄河改道，夺淮入海之后的事情了。至少在六朝时期和后来的隋唐时期，淮东地区还繁花似锦，是当时全中国最为富庶的经济中心之一。

淮东地区的中心城市，就是扬州。

"烟花三月下扬州"——当年的扬州名气之大，甚至要盖过南京。

自江南地区走大道一路向北，跨越长江，出镇江（镇江市京口区）就是扬州（扬州市瓜洲镇），到扬州也就到达了淮东地区的腹地。而事实上，千百年来，这里确实是跨越长江渡口最为完备、最为便捷的一条通道。古诗所说的，"京口瓜洲一水间"，就是指长江南岸的镇江的京口区与长江北岸扬州的瓜洲镇这一段。所以，在历史上守江南，需要先守好镇江；而守镇江，则要先守好江北的扬州。尤其是隋炀帝修大运河之后，镇江、扬州二城，在南北方向上扼守大运河，东西方向上守望长江，堪称黄金十字路口。江北的扬州一丢，马上就是长江南边的镇江，这就直接威胁到都城南京的安全了。所以，扬州（瓜洲）和镇江（京口）一线，是防守南京最为重要的一条生命线（尤其在有了大运河之后）。见图 3-6。

行文到这里，我们突然有一种似曾相识的亲切感。如果把南方北方的地形地理做个对照来看，我们居然能够找到大量的共同点。如果说淮东就是辽东，那么京杭运河就是辽东走廊，而扬州镇江就是"关宁防线"。由京杭运河，出扬州、镇江之后下江南，那么江南地区就是黄淮海平原。

所以很显然，南京就相当于北京。

南京沿长江抵御西方北方来敌的防线，无论怎么看都像是出北京的太行山和燕山抵御西部北部少数民族入侵的防线。只是时空交错的大背景下，北京倚仗的是山势，而南京倚仗的是水形。见图 3-7。

我们干脆把之前大量谈到的北方地形图，对比今天提到的南方地形图。如下图。如果我们把南方的水替换成为北方的山，居然能够将中国的南方和北方，完全一致地进行数学建模。见图 3-8。

在这个数学建模中，一二三四五号地区，统称为核心区：

一号地区，北方是黄淮海平原，南方就是江南地区。

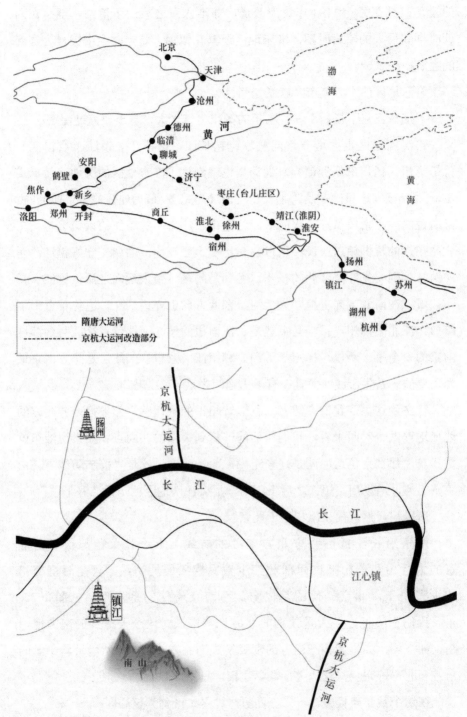

图 3-6 京杭大运河示意图，长江流经镇江地图

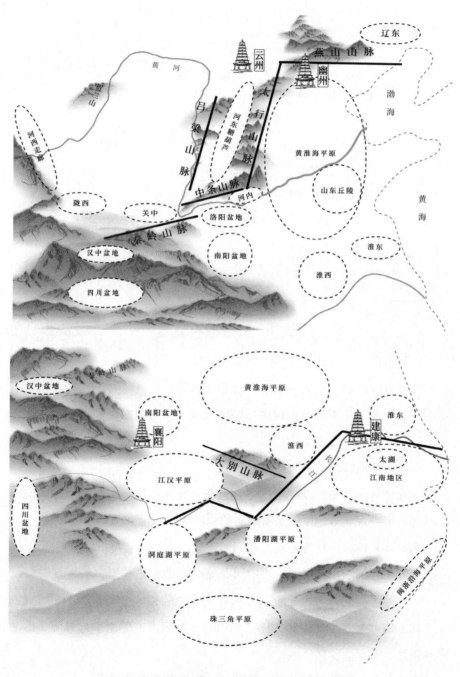

图 3-7 长江流域地缘图

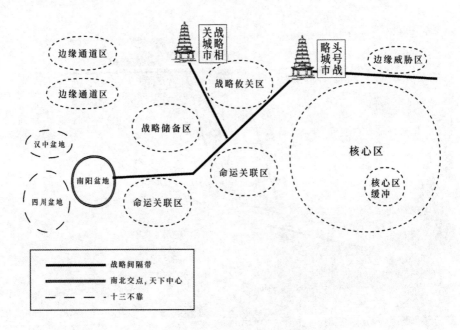

图 3-8 南方北方的数学建模

二号地区，北方是河东地区，南方就是淮西地区。

三号地区，北方是关中地区，南方是江汉平原。

四号五号，北方是河内地区与洛阳盆地，南方是鄱阳湖平原与洞庭湖平原。

六七八号地区，统称为边缘区。

六号地区，北方是辽东，南方是淮东。辽东和淮东虽然是边缘区，但是却是向南进入一号地区的最有威胁的陆路通道，因此战略价值极高。

七号八号地区：北方是陇西和河西走廊，古中国陆路对外交通通道。

南方是粤闽浙沿海平原，古中国海陆对外交通通道。

黄色地区，北方山东丘陵，对应南方的太湖水网。

北方的北京（幽州）和大同（云州），对应南方的南京与襄阳（后文讲襄阳）。

不仅如此，我们从这建模上，甚至可以得到更多的信息。

紫色地区，远离了北方与南方各个地理人口单元的争霸战，从而成为"十三不靠"的地区。这也就解释了，为什么一旦进入四川盆地（含汉中盆地）之后，大部分政权都沦落成为名副其实的偏安一隅；而绿色地区，是南方与北方的分界线，可以称之为北方，当然也可以称之为南方。而在现实中，南阳归属在河南，但是无论风俗习惯则更加像南方的湖北。这个地方不南不北，又联通南北，我们称之为"天下之中"，甚至称之为整个中国的地理中心也不为过。

至此，我们的数学建模就成为一把钥匙，完全解读了中华地理的奥秘。

北方能够守住幽云十六州一线固然重要，但一旦这个地区不保，则很有可能连整个北方都陷入兵荒马乱之中，那么北方的数学模型，作为一个整体也将不保；退守南方，则需要使用南方同样的一副数学模型，组织第二套防守方案。

结论是，南方和北方，其实是一对孪生兄弟。

完美！

我们再回到我们的主题，淮西之于江东，就相当于山西之于黄淮海平原。

山西糖葫芦如果不保，则很难从容守住黄淮海大平原，因为通过"太行八陉"以及地理上的居高临下，来自西方的军事力量，可以分分钟发起对东部的冲击。而对南京而言，淮西如果被敌人占领，则敌人隔着长江就可以窥伺江南地区的核心腹地，南京就会处于腹背受敌的危险境地。其实当年的明太祖朱元璋，他正是淮西人。虽然朱元璋当年在建都上颇费了一番脑筋，还一度在长安、洛阳、开封之间游移不定，但他最终选择了南京。朱元璋选择南京定都的理由除了"虎踞龙盘"和"华夏建模"的分析之外，是因为他想把淮西老家和南京都城，放在一起来防守。南京淮西互为犄角，都城放在南京，就可以向西辐射老家淮西的安全。两个地方一荣俱荣、一损俱损。经营南京，兼顾淮西，也就能够腾出手来布置好向北的长江防务。

此时此刻的梁武帝萧衍，坐镇在貌似固若金汤的建康府。但叛军侯景在淮西的存在，就好像有人在萧衍的背后放了一条恶狼，让他感到如鲠在喉。

而实际上，面对像一头肥羊一样的建康城，侯景很快就坐不住了。

在淮西驻守的侯景，冒用东魏权臣高澄的口吻，给梁武帝萧衍写了一封信。这封信的大意是：战争中的双方——东魏与南梁可以互相退一步，以迅速达成南北和解。条件是，东魏用被俘的南梁皇亲国戚萧渊明，来换取东魏叛逃到南梁的侯景，如此则双方各取其利，皆大欢喜。这封信的内容，表面上看起来是能够自圆其说的。尽管在操作上，南梁去搞定拥兵自重的侯景，其技术难度要远远高于东魏释放一个蹲大牢的战俘萧渊明。但问题的关键是，梁武帝萧衍是一个坚定的佛教徒，他笃信上天有好生之德，从而对同族子弟萧渊明的被俘，表现出了前所未有的关切。因此，他对信的真实性并没有表示出太多的怀疑。在同宠臣朱异经过充分讨论之后，萧衍答应了所谓东魏权臣"高澄"的和解条件，也就是同意用侯景换回自己的侄子萧渊明。

后果很严重。

脑后反骨、三姓家奴的侯景终于找到借口可以自立门户了。

公元548年，用了三个月的时间，侯景一路从寿阳（安徽寿县）打到了都城建康（江苏南京）。其间，侯景的进军，并非没有遇到抵抗，也并非没有人替朝廷把脉，但萧衍的宠臣朱异，一直不以为然。讽刺的是，侯景在起兵之初，曾一度打出了"清君侧"的口号，清除对象就是朱异。然而即便如此，朱异本人也并没有把侯景的内乱当作一盘菜。当侯景率领八千叛军，准备在采石（安徽马鞍山）渡江的前夕，梁武帝萧衍的另外一名大臣羊侃劝说萧衍分两路主动出击，一路守采石，而另外一路围魏救赵打寿阳。朱异居然还天真地说："景必无渡江之志"（《资治通鉴·梁纪十七》）。实际上，朱异的信心源泉并非基于事实，而完全基于对皇帝的阿谀奉承。因为早在侯景起兵之初，萧衍就曾经带着轻蔑的笑意，给这次叛乱定调子——"侯景这种人还能干点啥？看我不乱棍打死他。"（"是何能为？吾以折棰笞之！"《南史·列传·卷八十》）

凡事都先看领导定调子，这就是典型的唯上，朱异的唯上害人害己害国家。而一个沉溺于佛教的皇帝，周围一群阿谀奉承、不学无术的大臣，可见当时南梁的朝政不可收拾到了何种程度。

即便是侯景兵临城下，萧衍也并非完全没有翻盘的机会，毕竟侯景的部队，的确太过乌合之众。但侯景之不堪，也挡不住南梁朝政之糜烂。

比如，城破前夕，萧衍派自己的另外一个侄子萧正德为平北将军，抵御侯景。岂料萧正德拿到兵马钱粮之后，就急不可耐地投奔了叛军，所有军需物资全部资敌。更加极品的是，这个叫作萧正德的侄子，其实早在二十年前就曾经背叛萧衍投降过北魏鲜卑人，只是由于萧衍的妇人之仁才苟活到现在；又比如建康城外城破之后，侯景围攻台城（外城中有宫城，宫城中有台城）。前来勤王的十几万南梁军队，推举柳仲礼为主帅对战侯景叛军。然而，这位柳大帅给叛军带来的伤害，远不如他给建康百姓带来的伤害更大。史载："而仲礼常置酒高会，日作优倡，毒掠百姓，污辱妃主。"（《南史·列传·卷三十八》）这已经不仅仅是欺压百姓的问题了，连萧衍宫中的妃子也惨遭柳大帅的军队蹂躏。

千钧一发之际，萧衍行政团队的表现，让人感到绝望和沮丧。

南京保卫战期间，最为正能量的一件事情，莫过于萧衍宠臣朱异的羞愧而死。

但这事本身，于事无补。

侯景的叛军虽然实力有限，战略战术上采取"百道攻城"——这就是典型的抡王八拳的打法，打到哪儿就算哪儿，全凭人海战术。这虽然远远谈不上什么章法，但效果却出人意料地好，侯景意外地夺取了最后的胜利。

公元548年12月，建康城破。

公元549年12月，江南全境沦陷。

让人感到无限悲凉的是，其实早在城破半年之前，已经八十五岁高龄的"菩萨皇帝"——开创南梁帝国的梁武帝萧衍，就已经饿死在都城的台城中。情怀是个好东西，它让人活得更加真实，活得更加不忘初心。然而，情怀并不能当饭吃，对于皇帝而言也无法让自己的帝国更加文治武功。一旦选择了皇帝这个苦差事，就意味着你必须兢兢业业地做好本职工作，一直到咽气的那一天。如果中间倦怠了，想缓口气玩玩情怀，这事本身就很可怕。

如果说李隆基半世雄主，半世柔情；李存勖半世英雄，半世狗熊。

那么我们认为，萧衍则做了阳间菩萨，阴间饿鬼。

僧辩与霸先

侯景的胃口，大得吓人。

侯景的胃口，跟自己的实力增长相匹配，是一步步提升的。由寿阳起兵时的 800 壮士，到采石渡江时的 8000 壮士，一直到后来围攻台城时的 80000 壮士。侯景觉得，自己的手段是有效的，自己正走在一条无比灿烂的康庄大道上。

侯景的信心，来源于南朝根深蒂固的士族门阀制度。

北方的豪门大族，几百年拒不融入南方寒门土族的日常生活中。侨居当地的同时，蓄养了大量本地门客、佃户还有奴婢。由于九品中正制的存在，北方寒族尚且报国无门，更不用提当地的土族人民。所以当时的中国南方，水面之下始终存在着"本省人"和"外省人"的矛盾。而侯景的叛乱，恰好迎合了本地土族的这种微妙心态。侯景打着"解放土著"的口号，放手发动基层群众来"吃大户"和"打秋风"，大肆屠杀北方豪门大族。当年威震江南的四大家族，琅琊王氏、陈留谢氏、陈郡袁氏、兰陵萧氏，分别不同程度地受到清洗，更不用提散落民间的大量北方豪族士绅。因此，在短时间内，侯景在南方土族心中树立了崇高的威望，获取了之前侯景根本无法想象的民间支持，投军参与侯景之乱的本地土著不可胜数。

然而，这种表面上的应者云集，实际上是极为不长久的。

原因很简单，侯景的本意并不是解放土著，他的种种做法天生是反人类的。短时间内固然可以蒙蔽江南民众，时间久了则盖不住狐狸尾巴。六镇出身的侯景，缺乏最基本的文化和信仰，这种纯粹的乱军，对于自己的后续发展并没有长远打算。走一步看一步的心态，让侯景本人包括他的叛军，看起来像没头的苍蝇。侯景在拿下都城建康之后，开始自称"宇宙大将军"，这个称号已经远远超越了前文提到的李世民的"天策上将"以及在后文中即将提及的黄巢的"冲天大将军";并且侯景在此之上增加尊号为"都督六合诸军事",而这个称号也远远秒杀了前文我们提到的那个霸气无比的"都督中外诸军事"。在短短三年之内,侯景连续拥立了叛徒萧正德、萧衍三子萧纲、萧衍长房皇孙萧栋三个皇帝,之后又无一例外地全部废掉。最后,在公元551年,侯景索性自称皇帝。想象力匮乏的侯景,最后选择了"汉"作为自己的国号。然而侯景从来不考虑,"汉"这个无上尊贵的称呼,跟你一个来路不正的六镇胡人有个毛关系?

侯景叛军,最开始还能够将杀戮控制在士族阶层,然而战端一开,局面则很难控制,很有可能的一种情况就是无差别屠杀。史载,"千里绝烟,人迹罕见,白骨成聚如丘陇焉"(《南史·列传·卷八十》)。经济大倒退的同时,文化也遭到空前毁灭。比如当时南梁宫室的三万卷藏书,被叛军付之一炬。

侯景的倒行逆施,最终造成北方士族与南方寒族的共同愤慨。他的倒台,也就成为一种必然。

北方士族中的代表人物,王僧辩。

南方寒族中的代表人物,陈霸先。

王僧辩也说不好自己的软骨病到底开始于什么时候。他向来引以为豪的,来自北方太原王氏的、看起来又红又专的高贵血统,在这个乱世变得一文不值。自己宣誓效忠的人,是梁武帝萧衍的第七个儿子——驻防江陵(荆州)一带的湘东王萧绎(yì)。然而侯景围攻建康期间,自己仅仅带着兵马一万人勤王,即便如此还在萧绎的暗中授意之下磨洋工。最后还没有到达建康,就传来了梁武帝萧衍饿死的消息。战争已经结束了。而梁武帝萧衍一死,萧衍的儿孙们还有兰陵萧氏的皇亲们非但不想着团结一心,共赴国难。反而各自占地为王,人人都想在这乱世分一杯羹。这样有违天理伦常的事情,挑战了王僧辩幼时建立起来的儒家道德价值观,让他经常感到三观尽毁而又无能为力。

萧衍太子萧统家的子女,全部被侯景控制在京城建康。一起被控制的,还有萧衍三子萧纲;在武昌割据的,是萧衍六子萧纶;在江陵割据的,是自己的后台老板萧绎；在益州（四川）割据的，是萧衍八子萧纪。此外，还有广州割据的远房皇亲萧勃。

六子、七子、八子三个人，视京城继位的萧纲、萧栋为眼中钉肉中刺。而王僧辩的老板萧绎更是变本加厉，在老父亲尸骨未寒的时候，就想对哥哥萧纶和弟弟萧纪下毒手。当王僧辩准备执行攻打萧纶这个任务的时候，因为内心过于纠结，从而贻误了战机，惹得萧绎大怒。盛怒的萧绎，居然手起刀落，砍伤了王僧辩。对此，王僧辩不仅屈辱地默默承受了这一切，而且在后来的兄弟内讧中，王僧辩又率部击溃了萧纶。

老六萧纶临终前，曾经言辞恳切地给老七萧绎写了一封信，其中有一段话，让人读来心生无限感慨。那段话是这样写的——"父亲萧衍死后，逃出来的只有兄弟三人（老六萧纶，老七萧绎，老八萧纪）。如果自己还内讧，还要臣子干什么？今天家仇未报，我们不能再内讧了。骨肉相残，赢了也残酷，输了更是输了节操。"（"余尔昆弟，在外三人，如不匡救，安用臣子？如使逆寇未除，家祸仍构，料今访古，未或弗亡。夫征战之理，义在克胜。至于骨肉之战，愈胜愈酷，捷则非功，败则有丧，劳兵损义，亏失多矣。"《梁书·列传》）

勤王和内讧事件之后，王僧辩觉得，自己越来越不像最初的那个自己了。

和王僧辩不同，陈霸先是个浑不吝，他一直在走自己的路。

说来，陈霸先的祖上家世并不算太差，祖上也算是追随晋室南迁的世家大族之一。然而南迁二百多年后，到了陈霸先这一辈，所谓的"世家"还在，"大族"没了。陈霸先同学出生在江南的农村，长大之后，靠自己的本事混成本村的村委会成员（乡间里司）之一。再之后，陈霸先又到了首都建康，混成了当地一座油库的仓库管理员。在社会上摸爬滚打多年以后，陈霸先终于凭借一股子好勇斗狠的蛮劲，得到了兰陵萧氏族人的赏识，从而进入了军队。

陈霸先同志的发迹，是因为南征交州（越南）。

从公元545年到548年，用了三年时间，陈霸先一举荡平了交州地区的李贲叛乱，远布国威于今天的越南北部一带。

陈霸先的发迹之路，跟当时很多的寒门子弟并无二致。如果说王僧辩这种人，生下来就知道，如果没有太大的意外，未来自己就是受命于天的统兵将领；而陈霸先这种人，则是依靠自己的一点头脑，外加每天死人堆里玩命才有的今天。

王僧辩和陈霸先，虽然都是当世英雄，但从骨子里面就是完全不同的两种人。

武力征服越南之后，陈霸先宣誓效忠了交州（治所广州）的皇亲萧勃。然而侯景之乱开始，各路勤王大军陆续开赴江南前线的时候，萧勃却按兵不动。非但按兵不动，他还要保存实力，阻止陈霸先北上勤王。陈霸先和王僧辩不同，他并非出身豪门士族，他输得起也放得下，他知道自己服务的中央政府在江南，而自己的家乡也在江南。所以，陈霸先只能派人送信，遥尊名义上的主战派萧绎，并起兵开赴北方前线。

北上勤王的路上也不消停。

公元550年，在江西，萧勃派大将蔡路养半路拦截陈霸先。然而陈霸先的词典里，并没有妥协两个字。陈霸先不管对手是谁，一旦决定，就是挡我者死；反正大不了挡我者不死，那就是我死。正所谓，光脚的不怕穿鞋的。陈霸先的这种天生不畏强暴的精神气质，正是来源于南朝下层寒门出身的少年时代。所以，底气不足的蔡路养，并不是岭南猛虎陈霸先的对手，最终大败而回。

特别值得一提的是，当时陈霸先同蔡路养的战斗中，蔡路养军中涌现了一位千年一遇的猛将——萧摩诃（hē）。

萧摩诃出身于兰陵萧氏。蔡路养是萧摩诃的姑父，萧摩诃从小由蔡路养抚养大。当时的萧摩诃只有十三岁，但在同陈霸先的作战中，他勇冠三军。（"单骑出战，军中莫有当者。"《陈书·列传·卷二十五》）

后来蔡路养兵败，萧摩诃投入陈霸先军中。多年以后，萧摩诃成为陈霸先麾下对抗北齐，最为勇猛的一位"万人敌"。动不动就单人独骑，带着几名亲兵杀入敌军阵中，斩将夺旗，无往而不利。

击败蔡路养之后，陈霸先沿赣江北上。而与此同时，王僧辩沿长江东征侯景。两位将星，最终在淮西这块神奇的地方胜利会师。

北僧辩，南霸先。

毋庸置疑，他们二人是当时山河破碎的帝国范围内，所剩不多的，能打仗、会打仗、想打仗的两位斗士。当时的陈霸先因为一统越南，因此名气要远大于王僧辩。然而即便如此，豪气干云的陈霸先刚一见面，就拿出了三十万石军粮给王僧辩做见面礼。要知道当时的陈霸先，军粮总共也只有五十万石而已。这样的开场，让惺惺相惜的王僧辩与陈霸先二人，革命友谊愈加纯粹。

王僧辩和陈霸先，歃血为盟，共破侯景。

从淮西到建康，王陈二人只用了一个月的时间，就彻底击溃了侯景叛军。

公元552年3月，三年以来，给江南人民带来深重灾难的侯景兵败身亡。

事情却并没有就此结束。

在内讧中火拼掉六哥萧纶，益州的八弟萧纪，乃至于众多萧衍其他子孙之后，老七萧绎终于顺利登上了帝位，史称梁元帝。然而，由于在萧氏内讧中杀人太多，萧绎不敢到建康即皇帝位，改由王僧辩镇守建康，陈霸先镇守京口（镇江，相当于前文数学建模中，北方的山海关）。而他本人，则只敢窝在自己最熟悉的江陵（荆州），做一个外勤皇帝。

而且，就外部环境来讲，梁元帝萧绎的上台，代价来得有点太过沉重——为了打击八弟萧纪，萧绎采取攘外必先安内的策略——默许了西魏名将尉迟迥占领益州（四川）；逼反了侄子萧詧（chá。梁武帝萧衍之孙，梁武帝太子萧统三子），萧詧勾结西魏占领襄阳，就像一颗钉子一样牢牢地钉在了孱弱南梁的脊背之上（见前面的地缘分析）；而之前因为侯景之乱丢失的河南、淮西、淮东等地，北齐高氏更是（东魏在侯景之乱不久被北齐取代）予取予求。堂堂汉人正统的南梁，在西北、正北、东北三个方向上受制于人。在丢失了益州、襄阳、河南、江淮之后，不仅版图缩水严重，而且整个的北方门户洞开，随时有亡国灭种的危险。

不甘心的梁元帝萧绎，决心向西魏宇文泰讨回公道，索回领土。

然而，外交的底气说到底还是来自拳头。梁元帝萧绎貌似正义的举动，却招来宇文泰变本加厉的报复。公元554年，宇文泰派于谨和杨忠（隋文帝杨坚父亲）讨伐梁元帝。同年，梁元帝战败投降。之后不久，手上沾满萧氏族人鲜血的梁元帝萧绎求仁得仁，被自己的亲侄子萧詧用土袋闷死，身死国灭。临终之前，这位书生皇帝，居然命人烧毁了自己收藏四十余年的十四万卷藏书。就古代而言，这个数字是极其惊人的，破坏力也是继秦始皇焚书坑儒之后最大的。对此，我们的书生皇帝临终之前，居然还振振有词地说："正是因为读书太多，才会有今天啊"（"读书万卷，犹有今日，故焚之。"《资治通鉴·梁纪二十一》）。

内讧内行，外战外行；典籍无存，罪无可恕。

在侯景之乱废墟上复国的梁元帝，怎么看都像是个中兴之主。可惜，这是个假的中兴之主。

事情依然没有彻底结束。

梁元帝死后，帝国内外一地鸡毛。

同年，王僧辩和陈霸先联手，开始收拾旧山河。他们准备在建康拥立梁元帝的儿子萧方智继承皇位。两位将星想当然地认为，所有的一切都即将尘埃落定，南梁人民即将结束多年战火，拥抱久违的安定生活。以新皇帝为核心的中央领导集团，将会在当世两大将星的羽翼之下，放手展开改善国计民生的经济建设。但就在这个当口，来自于北方强权的北齐，又传来了不同的声音。北齐皇帝高洋向建康的王僧辩喊话，告诉王僧辩说，自己手中的俘虏萧渊明（侯景之乱前被俘），才更加适合做南梁的皇帝，而不是年少的萧方智。这种赤裸裸的对于南梁内政的干涉，让王僧辩感到无比愤懑。

但是很显然，王僧辩的软骨病已经深入骨髓。

在权衡各方利弊之后，王僧辩决定屈服于北齐霸权，打破和陈霸先的约定，改立萧渊明为皇帝，而立萧方智为太子。

这个决定，让中兴梁朝、匡扶新主的王僧辩名声扫地。

陈霸先感到怒不可遏，他体内的战斗基因被一次又一次地唤醒——内政中的四处掣肘，外交中的丧权辱国，让这个南梁军事强人徒呼奈何。从梁武帝到梁元帝，从萧勃到王僧辩，靠山山倒。同事不靠谱，上司不靠谱，皇帝不靠谱，这个世界上唯一还算靠谱的，就只有陈霸先本人而已。他决定，一切都要依靠自己来解决。在这个没有任何道德底线的乱世，指望谁都指望不上。

公元555年9月，镇守京口的陈霸先大军东征，水陆并进一举攻破建康，王僧辩战败身亡。

僧辩僧辩，遇事总有僧人之辩；霸先霸先，遇事总是霸气为先。北僧辩，南霸先，一对乱世将星，自此阴阳两隔。与此同时，陈霸先废掉萧渊明，立萧方智为皇帝，萧方智也就是梁敬帝。

拥立皇帝有功的陈霸先，挟天子以令诸侯，凭借自己一往无前的勇气，在极其困难的内忧外患之中，一统南方各州。应该来讲，在南朝所有皇帝之中，打仗最不要命最具备彻底革命精神的，陈霸先是除宋武帝刘裕之外的第一人。此后，陈霸先被封为尚书令、都督中外诸军事、车骑将军，领扬、南徐二州刺史。再之后，更是"总百揆，赐黄钺，加九锡，封陈公"。

公元557年10月，梁敬帝禅位给陈霸先。

陈霸先改国号为"陈"，陈霸先也就是陈武帝。又过了三十多年，南陈被来自于北方的大隋用武力征服。南陈最后一个皇帝——陈后主陈叔宝，被隋军在一口枯井中俘虏。可悲的是，来自北方的大隋皇族杨氏，人家自称根正苗红的北方名门望族——"弘农杨氏"，因而并不认同南方所谓的汉人正统。

让那些虚头巴脑的门阀士族的假惺惺，见鬼去吧。

你丫自称正统，我比你还正统；你所谓保留汉人余脉，洒家还是卧底多年的汉人中兴呢。大隋皇族人家不需要，而且始终也没有给陈叔宝任何禅让的机会。甚至于，隋文帝索性把陈叔宝的名号从陈后主贬为"长城公"。从而在形式上，结束了从魏晋开始的，连续三百多年的虚伪的禅让死循环闹剧。

以隋唐为界限，隋唐以前的各个朝代，以君权与相权的争斗为主，因此朝代的更迭以禅让为基本形制；隋唐以后，随着士族门阀彻底退出历史舞台，加之以帝国内部集权制度的不断完善。来自内部的下克上式的朝代更迭，越来越少。取而代之的，朝代更迭的形式，转变为大规模的灭国之战。

第四章
魏晋情仇

别人矫诏是死罪，而司马越矫诏是日常工作。

司马家这帮败家子打仗，怎么看都像是菜鸡互啄，打个仗不仅没有套路，而且下手还极其狠毒，对自己的宗室亲属也不放过。而且最后决胜，居然不是靠自己，还要靠外人帮忙。

魏与晋，就像一对虐恋情人，纠缠千年，相爱相杀，终于在中国历史中合二为一，堪称佳话。

正如我们前文已经讲到的那样，三国归晋之后仅仅持续了不长的时间。司马炎驾崩，贾南风开始弄权。贾南风在位的时候，帝国还至少保持了在表面上的稳定，但贾南风一死，反而打开了一个潘多拉魔盒。西晋之前分封的各路王爷们纷纷粉墨登场，在北方大地上展开了一轮又一轮的厮杀。

八王之乱

八王之乱，起自贾南风专权。

我们前文已经讲过，当时贾南风为了干掉擅权的辅政大臣杨骏，起用了楚王司马玮。不过贾南风和楚王司马玮联手搞定了杨骏，下山摘桃子的却是汝南王司马亮与重臣卫瓘。没有办法，贾南风只能再次伙同司马玮发动政变，干掉了汝南王司马亮与卫瓘；之后的贾南风与楚王司马玮分赃不均，同室操戈，贾南风又干掉了楚王司马玮；再之后，赵王司马伦看不惯贾南风的所作所为，矫诏干掉了贾南风。

接下来的故事，我们会看得费劲，讲起来也费劲。八王之乱的皇族混战中并没有太过明显的正义与邪恶之分，而且过程复杂又枯燥。此外，大量司马家族的名字雷同的人纷纷登场，而且往往打个照面就挂掉。光是熟悉一系列"司马X"的名字也会让我们头昏脑涨，所以，我们不妨整理一下，用更加简洁的方式来表达这段混乱的历史。我们争取用最简练的语言来描述最复杂的故事，在此过程中，有些不必要的信息也会被简化或者删除。我们的目标是，理清大体脉络。在开始讲述之前，我们先看一下司马家族世系图，如图4-1所示。

我们先认识一下参与八王之乱的各位仁兄，分别是：汝南王亮、楚王玮、赵王伦、齐王冏（jiǒng）、长沙王乂（yì）、成都王颖、河间王颙（yóng）、东海王越，在表中已经标红。为了简单易懂，列表4-1。

接下来，我们用PK大战的方式，来总结一下历次政变，每次政变就是一个回合。如下：

第一回合 贾南风 & 楚王玮 PK 杨骏

过程：公元291年三月，贾南风密谋联络楚王玮进入京城，杨骏被杀，杨芷被关到金镛城，之后饿死。杨氏被诛灭三族。

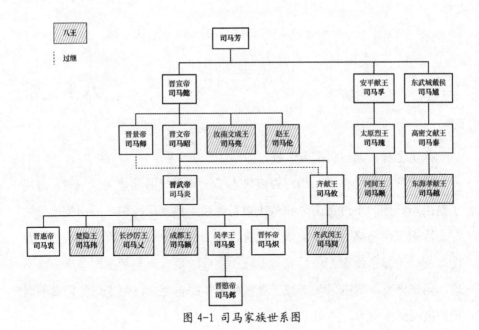

图 4-1 司马家族世系图

表 4-1　八王世系图

封号	姓名	支配远近	与惠帝血缘
汝南王	司马亮	司马昭的四弟，司马炎的四叔， 晋惠帝司马衷的四叔祖父。	A A
楚王	司马玮	司马炎的第五子， 晋惠帝司马衷的五弟。	A A A A
赵王	司马伦	司马昭的九弟，司马炎的九叔， 晋惠帝司马衷的九叔祖父。	A A
齐王	司马冏	司马昭孙子，司马炎的亲侄子， 司马攸的长子，晋惠帝司马衷的堂兄 （司马攸过继给司马昭的哥 哥司马师，承袭齐王封号）	A A A
长沙王	司马乂	司马炎的第六子， 晋惠帝司马衷的六弟。	A A A A
成都王	司马颖	司马炎的十六子， 晋惠帝司马衷的十六弟。	A A A A
河间王	司马颙	司马懿的三弟司马孚之孙，司马炎 的堂兄（族兄），司马衷的族伯。	A
东海王	司马越	司马懿的四弟司马馗之孙，司马炎 的堂弟（族弟），司马衷的族叔。	A

结果：贾南风 & 楚王玮胜。

后果：汝南王亮同卫瓘联合执政。

第二回合 贾南风 & 楚王玮 PK 汝南王亮 & 卫瓘

过程：公元291年六月，贾南风再次联络楚王玮进入京城，杀汝南王亮和卫瓘，汝南王亮被灭族，仅余幼子司马羕。卫瓘一家子孙九人被杀。

结果：贾南风 & 楚王玮胜。

后果：楚王玮暂时控制洛阳。

第三回合 贾南风 PK 楚王玮

过程：公元291年六月，贾南风借口楚王玮矫诏滥杀，处死了楚王玮。

结果：贾南风胜。

后果：贾南风把持朝政。公元300年，贾南风杀掉司马衷唯一的儿子司马遹。

第四回合 贾南风 PK 赵王伦

过程：公元300年，赵王伦矫诏政变，逮捕贾南风，之后送去金镛城，以金屑酒赐死。

结果：赵王伦胜。

后果：公元301年，赵王伦自立为皇帝，晋惠帝被废，软禁于金镛城。

第五回合 齐王冏 & 成都王颖 & 河间王颙 PK 赵王伦

过程：公元301年，齐王冏 & 成都王颖 & 河间王颙兴兵讨伐赵王伦，赵王伦兵败被捕。之后送去金镛城，以金屑酒赐死。

结果：齐王冏 & 成都王颖 & 河间王颙胜。

后果：公元301年，齐王冏迎回晋惠帝，自己自任大司马，独霸朝纲。

第六回合 河间王颙 & 长沙王乂 PK 齐王冏

过程：公元302年，河间王颙矫诏兴兵讨伐齐王冏，并诈称长沙王乂为其在洛阳内应。长沙王乂被逼反，杀齐王冏。

结果：河间王颙 & 长沙王乂胜。

后果：公元302年，长沙王乂开始独霸朝纲。

第七回合 河间王颙 & 成都王颖 & 东海王越 PK 长沙王乂

过程：公元303年，河间王颙&成都王颖讨伐长沙王乂，被长沙王乂打败。

公元304年，东海王越兵变，烧死长沙王乂。

结果：河间王颙&成都王颖&东海王越胜。

后果：同惠帝支持最近的司马颖独揽政权，废太子成为皇太弟。

第八回合 河间王颙&成都王颖 PK 东海王越

过程：公元304年，东海王越讨伐成都王颖，被河间王颙&成都王颖打败。东海王越逃回封地山东，拒不回朝。东海王越虽然被重创，但是还有半管血。

结果：河间王颙&成都王颖胜。

后果：河间王颙&成都王颖实力巩固。

第九回合 河间王颙 PK 成都王颖 PK 东海王越

过程：公元304年，东海王越联合北方胡人，满血归来。再次讨伐成都王颖，成都王颖被打败。河间王颙乘乱进入洛阳，掌握政权，并废掉了成都王颖的皇太弟身份，改立司马炽为皇太弟。

结果：河间王颙胜。

后果：河间王颙掌握首都洛阳，要东海王越回朝，东海王不肯。

第十回合 河间王颙&成都王颖 PK 东海王越

过程：公元305年七月，东海王越讨伐河间王颙，河间王颙被打败，成都王颖被打败；东海王越挟持惠帝掌握洛阳，同年司马颖被杀。同年惠帝猝死，后司马颙被杀。

结果：东海王越胜。

后果：公元306年，东海王越获得最后的胜利，晋怀帝司马炽立为傀儡。东海王越辅政，掌握朝廷大权，"八王之乱"结束。

好像还是有点儿混乱，我们索性再整理一张表，如表4-2所示。

至此，从公元291年到306年十五年的"八王之乱"告一段落。在整个的过程之中，中央政府威信扫地，各诸侯王轮番上演挟持皇帝的好戏。同时，东海王司马越开了引入胡人的先例，此风一开，事就闹大了，也更加复杂了。

表 4-2　"八王之乱"人物简介表

封号	姓名	进攻力	持久力	在八王之乱中的表现	战绩
皇后	贾南风	8	3	胜率非常高，但因一个小失误被秒杀。	三胜一负
权臣	杨骏	3	1	胜率为零，刚一上场就被人使用必杀。	零胜一负
汝南王	司马亮	3	1	胜率为零，刚一上场就被人使用必杀。	零胜一负
楚王	司马玮	9	0	胜率较高，只顾进攻不顾防守，被连击必杀 KO。	两胜一负
赵王	司马伦	5	3	胜率中等，攻守平衡，过渡性人物。	一胜一负
齐王	司马冏	5	3	胜率中等，攻守平衡，过渡性人物。	一胜一负
长沙王	司马乂	5	3	胜率中等，攻守平衡，过渡性人物。	一胜一负
成都王	司马颖	9	7	胜率中上，攻强守弱，坚持到最后一刻才被 KO。	三胜两负
河间王	司马颙	10	8	胜率最高，下手不够凶残，最后一刻才被 KO。	五胜一负
东海王	司马越	8	10	打不死的小强，擅长召唤异国神兽，唯一胜利者。	两胜两负
晋惠帝	司马衷	0	0	完全属于酱油男，傀儡中央首脑。	零胜零负
晋怀帝	司马炽	0	0	基本属于酱油男，傀儡中央首脑。	零胜零负

匈奴刘汉

春秋无义战。

八王之乱也是如此，没有任何正义可言。

这事让人看在眼里，觉得难受，觉得无话可说，觉得想做些事情来改变，但是又不知道该从何做起，比如刘渊。

关于刘渊，我们很多人都有误会。

刘渊从小被人说长相不俗，这话绝对不是恭维，因为刘渊祖上确实是匈奴，他的身上跟其他人流的是不一样的血。刘渊不仅是匈奴后人，而且据说还是冒顿单于的直系后人。

然而仅此而已，除了长相血统，刘渊和其他的汉族孩子没有任何区别。他是一个被汉化极深的匈奴人，刘渊从小熟读诗书，对于儒家典籍烂熟于胸，并且他的价值观也是偏儒家正统的。比如说在七岁的时候，刘渊失去了母亲，刘渊在母亲灵前哭得死去活来，因为在刘渊的想法中，这个"孝"字并不简单。在整个儒家思想体系大厦中，关于家的概念就是以孝字为核心，而关于国的概念就是忠字为核心。如果要在这个国家混，你就必须要忠孝两全，而孝是根本。所以，"孝"不仅仅要做出来，而且要给别人看得到，这样的"孝"才有意义。

刘渊不仅仅是一个被严重汉化的匈奴人，他还有着一些自己祖先遗传的本事，比如弯弓搭箭，比如舞刀弄枪。而且上天也赐给了刘渊一副好身板，高大威猛，胡子拉碴。只要刘渊往人群中一站，就是典型的一副西部风格的电影片花。

如此器宇轩昂的刘渊，后来就做了五部匈奴中的左部帅。当年曹操为了分化呼韩邪单于带进中原的南匈奴，就把匈奴人分成了左中右南北五部，合称"五部匈奴"。刘渊的左部帅，权力相当大。而且几年之后，成都王司马颖镇守邺城，推荐刘渊担任了宁朔将军、监五部军事。也就是说从这个时候开始，刘渊就成了掌管五部匈奴军事的人了。

可谓大权在握。

对于"八王之乱"这件事，刘渊有话说，可是没人听他说。

别说没人听他说，就算是皇帝本人，还不是被掳来掠去？没有发言权。

就算是这个提拔刘渊的成都王司马颖，还不是把刘渊当成自己的一把刀来用，他看重的无非也就是刘渊带兵打仗的本事，否则怎么会提拔他这样一个胡人呢？

东海王司马越赢了"八王之乱"的最后一局，但是他却顺势控制了皇帝。当时的皇帝虽然已经不是略显迟钝的晋惠帝司马衷，而是换成了喜欢研究历史的司马衷的兄弟司马炽，但司马越却把皇帝软禁在邺城，不许皇帝有人身自由，而所有的圣旨其实都是矫诏。别人矫诏是死罪，而司马越矫诏是日常工作。况且，这也只是一个暂停，一个暴风雨中间短暂的平静，谁知道司马越会不会被另外一个司马家的孩子给砍死呢？

局势早就不可控了。

况且，就算这个片刻的安宁，还不是靠了刘渊这样南迁的胡人给的？当时情势危急，东海王司马越手下大将祁弘，招来了鲜卑和乌桓的骑兵参战，一举扭转了战局。而刘渊效力的成都王司马颖这边，刘渊自告奋勇去找五部匈奴，以夷制夷，只不过刘渊这边下手没有那么快，才让鲜卑和乌桓的人击败司马颖，这样司马越才勉强赢下了这八王之乱的最后一战。

换句话讲，司马家这帮败家子打仗，怎么看都像是菜鸡互啄，打个仗不仅没有套路，而且下手还极其狠毒，对自己的宗室亲属也不放过。而且最后决胜，居然不是靠自己，还要靠外人帮忙。也就是说，你们八王混战，最后还是要靠五部匈奴和鲜卑、乌桓那些人来大决战，真是脸皮厚得可以。

再进一步想，司马家这些败家子，分明就是没有拿五部匈奴这些蛮族后人当人看，而是纯粹当成了战场上的杀人机器而已。就比如这个祁弘吧，打着正义的旗号，带着两万鲜卑人进入长安烧杀抢掠，这事也真是够奇葩。

刘渊的想法，并不完全错。

当时的底层匈奴人，其实在进入中原之后过得并不如意。刘渊这种，至少还能接受完整的汉地儒家教育，但像刘渊这种自称有家世而且还有名分的匈奴人，少之又少。对于大多数的匈奴人来讲，受教育这事显得太过奢侈。而且因为不擅长汉语，经常被当成奴隶卖来卖去，做苦力或者当兵的胡人非常普遍。即便是上层有身份的匈奴人，也就仅仅是个名义上的被尊重而已，实际上汉人心中的胡人地位并不高。当年匈奴右部的当家人，猛将刘猛只是不想在中原生活，叛逃出塞。结果就被汉人军队追上，杀死了事。

非我族类，其心必异。看来，无论匈奴人混到什么程度，在汉人的眼中，依然是家奴而已。我刘渊把心窝子都掏给皇室司马家，人家也就是当个驴肝肺。当年晋武帝司马炎时代，老皇帝几次三番想杀了刘渊，这事刘渊也是早有耳闻。

此次司马颖找刘渊去五部匈奴搬救兵，还给了刘渊一个北单于的名分。刘渊一路向北，他已经不想回去了。这一次龙入大海，已经不需要再解释什么。

刘渊召集了五部匈奴，商议大事。这个大事就是举兵，建立一个新的帝国。当年的冒顿单于，倒霉就倒在没有高度，最后还是吃了没有文化的亏。而现在的刘渊还有刘渊的族人，早就在汉地接受了良好的教育。如此有理想、有道德、有文化、有纪律的匈奴人，依然没有忘记自己祖辈在草原上圆月弯刀、来去如风的战斗素养，那么，如此举事，又何愁大事不成呢？

刘渊举事，果然就是按照套路来的。

刘渊是严格按照汉制来设置的文武百官，除了皇帝也叫作单于之外，跟汉地朝廷几乎没有区别。这并不是最重要的。重要的是，皇帝需要正统，那么刘渊也终于为自己找到了一个最好的正统来源。

当年的汉朝皇帝同冒顿单于约为兄弟，又有远嫁和亲的公主这档子亲戚关系，那么刘渊就是大汉皇帝的外甥，而且本来刘渊就姓刘，继承汉朝正统，那就是天经地义的。

这是刘渊的逻辑。

光有逻辑还不算完，还要证明这件事的合理性。

永兴元年，也就是公元304年，刘渊在左国城（山西离石）自称汉王，宣布继承汉家正统，起兵讨伐晋朝。不仅如此，刘渊还追谥蜀汉后主刘禅为"孝怀皇帝"，同时祭祀自刘邦以下的三祖五宗神。（"年号元熙，追尊刘禅为孝怀皇帝，立汉高祖以下三祖五宗神主而祭之。"《晋书·载记一》）

简单解释一下什么叫作"三祖五宗"，这里说的还是庙号的问题，就是能够配享庙号的八位皇帝。三祖，分别是：汉太祖高皇帝刘邦、汉世祖光武皇帝刘秀、汉烈祖昭烈皇帝刘备。五宗，分别是：汉太宗文皇帝刘恒、汉世宗武皇帝刘彻、汉中宗宣皇帝刘询、汉显宗明皇帝刘庄、汉肃宗章皇帝刘炟。这里的八位皇帝，基本上已经涵盖了从西汉到东汉，从东汉到蜀汉的最为英明神武的皇帝们。

刘渊的这一招，实在是有点出人意料。

因为汉之后是三国，如果说三国没有正统的话，那么汉之后就是晋。既然晋不合天理伦常了，那么复汉就是合理的，这个逻辑上说的通。更何况，刘渊自己心里也清楚，即便是复汉不成，做一个上不着天下不着地的"魏"，也不是不可以。"魏"是被"晋"取代的，那么我"复魏"总可以吧？（"上可成汉高之业，下不失为魏氏"）

在八王之乱司马氏民心尽失的当口，刘渊的一系列举动，显然是具有社会进步意义的。虽然他是个匈奴人不假，但这个匈奴人却是个比普通汉族老百姓更加崇汉的人。

然而，战争终究还是要见血，要杀人的。

刘渊这边皇帝还没做几天，并州刺史司马腾在晋阳（太原）就派兵过来了。司马腾是已经掌权的司马越的亲弟弟，不过说白了这个司马族人也是个纸糊的，只一战不利，就带着两万军民"东出娘子关"——逃跑了。司马腾一路收拾残兵败将，一口气跑到了邺城。刘渊不费吹灰之力，白白拿下了太原一座空城，势力发展到了整个山西南部。

不过呢，做皇帝这个事很有意思。没做的人都想做，做了的人就得面对皇帝需要面对的那些事。说白了皇帝也就是一份工作，你有了工作就必须付出劳动。除了富二代，还得是那种富可敌国的富二代，全世界没有哪份工作，躺着就可以舒舒服服过一生的。况且皇帝这份工作，全天下的事跟你都有关系，只要是你想干好点，没人拦着你的敬业之心，而且保不齐是要累出人命的。

做了皇帝没几天，刘渊就发现自己的"都城"没粮食吃了。养活这么多部队，还有那么多战马，没粮食了可不行，那不行那就去抢吧。

之前在晋朝皇帝手下打工打了半辈子，靠着左部帅的虚名，由帝国财政补贴养活着这个闲人，刘渊就算不能天天满汉全席，好歹也是衣食无忧。如今自己创业了，才发现不当家不知柴米贵。如果自己不能想办法搞钱，也就只能是到一处抢一处。就这样的发展态势，跟自己起兵之前的那些安邦定国、悬壶济世的宏观战略相比，似乎都显得格调太低了。

然而，都城没粮食了，文武百官也都要饿肚子了，怎么办？索性就迁都吧。

于是迁都，从左国城迁到了黎亭（山西壶关），结果没几天，黎亭的粮食也被刘渊的大军吃没了，只能再迁都，这次的都城准备迁到蒲子（山西隰县）。

自起兵以来，匈奴刘汉一路走来，都城是吃一个空一个，空一个再换一个。

刘渊部队再次迁都的过程中，遭遇到了一个人。

这个人，叫作刘琨。

尴尬的晋阳

和刘渊相比，刘琨不用冒称"大汉之甥"，因为刘琨就是大汉皇室后裔。一直以来，刘琨都自报家门——中山靖王之后。而且这事也得到了洛阳首都各界名流的认可，所以，刘琨就是皇室血统，这事在当时尽人皆知。

刘渊遇到了刘琨，就是一个冒牌货遇到了一个品牌货。

不过，除了一个别人认同的好的家世，刘琨这些年在西晋官场上的名声，并没有任何过人之处。而且刘琨年轻的时候，追随贾南风的侄子贾谧（mì），加入了一个首都非常知名的文学社——金谷二十四友。不过，其实这个所谓的"贾谧"，并不是贾南风的侄子，而是外甥。贾谧是韩寿和贾午的儿子，也就是我们前文讲到的"韩寿偷香"的两位本尊。因为贾充家里生不出儿子，仅有一个叫作贾黎民的儿子，还被郭槐给吓死了，于是贾谧才过继给了贾黎民。

因为贾南风这位大神的存在，贾谧的名声并不怎么样。

不仅"金谷社"的组织者不怎么样，各位成员的成色也是良莠不齐。陆机①、左思这些名人，显然还是不错的，至少在文学造诣上可圈可点。但如果掰着指头数数其他人，就不是那么回事了。比如说，金谷二十四友的活动地点，金谷园的拥有者石崇，这个人也是二十四友之一。但是，石崇早年靠打劫致富，到了致富之后又在洛阳城中跟人斗富，一个很典型的炫富阔少形象。

---

① 陆机（261－303年），字士衡，吴郡吴县（今江苏苏州）人。西晋著名文学家、书法家。出身吴郡陆氏，为孙吴丞相陆逊之孙、大司马陆抗第四子，与其弟陆云合称"二陆"，又与顾荣、陆云并称"洛阳三俊"。太安二年（303年），任后将军、河北大都督，率军讨伐长沙王司马乂，却大败于七里涧，最终遭谗遇害，被夷三族。陆机与潘岳同为西晋诗坛的代表，形成"太康诗风"，世有"潘江陆海"之称。

比石崇更有名的，还有潘岳，潘岳也就是我们前文提到的"潘安"，那个曾给贾南风废黜司马遹立下汗马功劳的美男子。潘岳的才华毋庸置疑，但是这个人在政治上的污点，却让他毁誉参半。

所以呢，刘琨早年混迹的这个文学社，其实并不怎么样。到了八王之乱一起来，二十四友更是被牵扯到政治风波中去了。因为贾南风一案的连累，石崇和潘岳两个人，更是在同一天被执行死刑。刘琨也不可避免地被搅和进了这缸大浑水。

凭借着这些年习武打仗历练的本事，刘琨直接参与了八王之乱。

刘琨的家世好，本事大，再加上在金谷社中累积的一点点名气，所以八王虽然打来打去，搞成了一锅粥，但刘琨却总能够左右逢源。比如赵王司马伦、齐王司马冏、东海王司马越，不管谁短暂地掌握政权，都没有亏待过他。

公元306年九月，东海王司马越任命刘琨为并州刺史，加振威将军、领护匈奴中郎将，要求刘琨去河东收复失地。但无论谁都看得出来，司马越开的就是个空头支票。而且关键是，司马越只拨了一千多人马给刘琨。

刘琨明白，此时此刻的河东，那就是个贼窝子。

缺兵少将，逆势而上，用脚指头想也知道难度有多大。然而，信念使然，刘琨觉得自己必须去。多年以前，他和祖逖①（tì）一起在司州共事，同床而卧，闻鸡起舞，各自都有一番报国之心。如今大敌当前，国家正在用人之际，他知道，他跟老同事的约定，就要实现了。

刘琨北上山西的途中，恰好遭遇了刘渊手下的前将军刘景。双方都没有料到这场遭遇战。刘景没有料到，是因为几乎所有的西晋官员，都在纷纷逃离河东这块是非之地，居然还有官员反向冲进了河东；刘琨则是没想到之前被传说得神乎其神的匈奴部队，也如此不经打，刘渊的人也不过

---

① 祖逖：（266－321年），字士稚，范阳遒县（今保定市涞水县）人，东晋军事家。曾任司州主簿、大司马掾、骠骑祭酒、太子中舍人等职，后率亲党避乱于江淮，被授为奋威将军、豫州刺史。他在建武元年(317年)率部北伐，收复黄河以南大片领土，使得石勒不敢南侵，进封镇西将军。但因势力强盛，受朝廷忌惮。太兴四年，祖逖目睹朝内明争暗斗、国事日非，忧愤而死，追赠车骑将军。

如此。

刘琨随即进入了晋阳，并展开了刺史工作。

第二年，公元308年，刘渊正式称帝，定都蒲子。

称帝之后的刘渊，粮食又不够吃了，于是迁都，到了平阳（山西临汾）。

刘渊的粮食不够吃，刘琨的日子也好不到哪里去，因为他费劲占据的晋阳，几乎是一座空城。前任刺史司马腾跑了个干净，还带走了几万军民，还有几乎所有的粮食，这意思也基本是不想回来了。

刘琨不是接了个烂摊子，而是接了个空摊子。

这不是最恐怖的事情，更加恐怖的事情是，官军在河东与河北战场连战连败，大量国土已经不在帝国中央掌控之中了。那么至少，在河东的晋阳，总算是来了一个刘琨，好歹还能撑住场面，被击溃了的军民，还可以投奔刘琨。即便如此，在河东的北部有拓跋鲜卑人，而在河东的南部就是刘渊的匈奴汉国，刘琨被夹在了中间。

那么河北这边，则完全成了无政府主义，因为河北的情况是最复杂的，简单来讲，河北这边的地方实力派分成了几种：

第一种是内迁的胡人，比如长期在河北北部、东北部一直到辽东盘踞的段部鲜卑人；第二种是地方的实力派，这些人长期在河北做官，同时又参与了"八王之乱"，都是手握兵符的地头蛇，以常山郡的王浚为代表；第三种是"八王之乱"后，被打散的八王手下的部将们。这些人可能并不见容于中央，只能自己单干，比如司马颖死后，他手下趁乱起事的大将公师藩。

当然，这还乱得不够。

因为八王之乱的胜利者东海王司马越，后来还政于洛阳的晋怀帝，之后他为了自保，就跑到了河北、河南、山东一带抢占地盘。

司马越的弟弟司马腾，这人虽然是个纸糊的，一路从晋阳跑到了邺城。不过这个司马腾，却又是个影响了历史的人物。当时公师藩被杀，公师藩手下的牧民领袖汲桑以及羯人石勒乘机起事，打着为公师藩报仇的名义横行河北，攻破了邺城，杀了司马腾。于是司马腾从山西带出来的两万军民，就彻底沦为难民了。沦为难民的穷苦汉人，索性就在河北成立了一个难民军团，这个难民军团因为战斗力强大，被称为"乞活军"。

所以，当时在晋阳的刘琨，过得极其尴尬。

北边是胡人武装拓跋鲜卑，南边是匈奴汉国；东边从北向南，又有段部鲜卑、军阀王浚，还有东海王司马越、牧民军、乞活军在这里混战。在地方，北方的汉人老百姓已经没法过男耕女织的生活了，纷纷躲进了"坞堡"①以自保；而所谓的中央，虽然依然据有长安和洛阳，但是长安和洛阳也是狼烟四起，晋怀帝的小朝廷眼看着是朝不保夕的节奏。见图4-2。

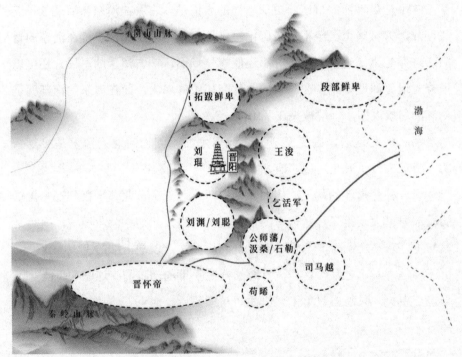

图 4-2 刘琨驻扎在晋阳时的中国北方形势图

① 坞堡：又称坞壁，是一种民间防卫性建筑，大约形成王莽天凤年间，当时北方大饥，社会动荡不安。富豪之家为求自保，纷纷构筑坞堡营壁。黄巾之乱后，坞堡驻有大批的部曲和家兵，成为故吏、宾客的避风港。陈寅恪认为："西晋末年戎狄盗贼并起，当时中原避难之人民……其不能远离本土迁至他乡者，则大抵纠合宗族乡党，屯聚堡坞，据险自守，以避戎狄寇盗之难。"坞堡可以算是一种地方自卫武力，后来演变成南宋的义军、清代的团练。

魏晋重生

刘琨在晋阳的生活与战斗，并没有想象中那样艰难，情况很快就有所好转。毕竟，放眼当时的整个北方，也就是只有刘琨治下的晋阳附近，还算是有点微茫的希望。河西走廊上的西凉依然享有略显奢侈的和平，但毕竟远离了华夏核心区。河北虽然打得热闹，但也暂时没有波及晋阳。南部的刘渊，一门心思地想打进洛阳，战略重点也还没有顾得上背后的刘琨。刘琨在洛阳权贵圈子里面锻炼出来的交际能力，在这个时候获得了无以复加的高光表现，无论是胡人武装的段部鲜卑还是拓跋鲜卑，都与他相处甚欢，这极大程度地稳定了后方。

晋阳这座城市慢慢恢复了人气，甚至还经常能够听到鸡叫狗吠孩子哭。

然而，金谷二十四友时期养成的贵族公子的秉性，也在刘琨身上表现得淋漓尽致，好不容易聚拢的人心，有时候会因为刘琨本人的任性，变得有点微妙复杂。有人来投奔，同时也会有人离去，刘琨这家新成立的创业公司，人才流失率的问题令人瞠目结舌。（"人士奔进者多归于琨，琨善于怀抚，而短于控御。一日之中，虽归者数千，去者亦以相继。"《晋书·列传三十二》）

除了管理不善的问题，刘琨的公子哥习气也来了。

情况稍微好转，刘琨就开始纵情声色，开始继续自己在洛阳的奢靡生活了。刚开始自力更生、艰苦奋斗没几天，故态复萌（"然素奢豪，嗜声色，虽暂自矫励，而辄复纵逸。"《晋书·刘琨传》）。而且刘琨本人对音乐非常痴迷，他也顺势提拔了一些懂音乐的人上台，作为自己的重要幕僚。

比如徐润，因精通音律，便以此游走于当时的权贵朋友圈中，刘琨奉其为知音，大手一挥，居然就让这位娱乐圈人士做了晋阳令。

正因为刘琨个人在文学艺术上的成就，也让刘琨本人的沙场生涯，体现出了跟其他人的显著不同。刘琨本人善于吹奏胡笳，当时人有传说，刘琨曾经用胡笳退敌（"在晋阳，常为胡骑所围数重，城中窘迫无计，琨乃乘月登楼清啸，贼闻之，皆凄然长叹。中夜奏胡笳，贼又流涕歔欷，有怀土之切。向晓复吹之，贼并弃围而走。"《晋书·刘琨传》）。这样的风流倜傥，书生意气，放在刘琨身上，居然没有任何唐突之处。

刘琨这种性格的人，也让当时的一些汉人军阀看不上，尤其是与刘琨隔着太行山的邻居，常山郡的王浚。跟刘琨一样，王浚也是名门，出自太原王氏。而且王浚这个人混迹河北多年，跟很多蛮族领袖都有交情，而且战场上也特别能打。此时此刻的王浚虽然在表面上宣誓效忠朝廷、效忠司马越，但实际上却是一个如假包换的地方军阀。

事实上，当时整个北方战乱不断的情况下，刘琨和王浚都是比较有说服力的两个人。两个人首先家世都不错，政治上污点也不多。关键是，他们都是汉人武装，都宣誓效忠晋皇室，并且也并非"八王之乱"已经名声尽毁的司马氏势力。因此，当时北方的汉族百姓，有投奔刘琨的，也有投奔王浚的。这样一来，两个人实际上在明里暗里就存在了竞争关系。

这是心照不宣的。

当时的刘琨，准备往太行山以东的中山（河北定州）方向上扩大地盘，结果王浚觉得这会损害自己的利益，于是一言不合，就跟刘琨开战了。都自认为遥尊晋怀帝正统的两个军阀，居然在战场上兵戎相见了，这事毕竟在外人看起来不怎么好。从此以后，刘琨也就打消了东出太行的想法。

与此同时，全国的混乱形势也有新的发展。

牧民军的头领汲桑战死之后，羯族人石勒①成了牧民部队的最高长官。跟刘渊的出身完全不一样，石勒是一个典型的社会底层人。当年作为

---

① 石勒：（274—333年），字世龙，羯族，上党武乡（今山西榆社）人。十六国时期后赵建立者，史称后赵明帝。也是中国历史上唯一一个奴隶皇帝。石勒发轫于第一次反东海王起义时，追随牧帅汲桑投靠公师藩。后投靠汉赵（前赵）刘渊。石勒在汉人张宾辅助之下以襄国为根据地，先后灭了王浚、邵续与段匹磾等西晋在北方的势力，又吞并曹嶷。319年十一月称赵王，都襄国。329年吞并关中灭前赵。令后赵成为当时北方最强的国家。

胡人奴隶，石勒就是在河东期间，被并州刺史司马腾卖到河北来的。石勒掌握了部队之后，很快找到了匈奴人的精神领袖刘渊，加入了匈奴汉国。石勒的地盘还是河北一代，但在形式上统一由刘渊节制。

其间，刘琨曾经派人招抚过石勒。但石勒知道自己的出身，别说自己身上流着羯人的血，就算石勒不是个羯人，他自己也很难和刘琨这样的王孙公子尿到一个壶里去。所以，文学造诣很深的刘琨，写了一篇他自信完全能够感动自己的长信，文绉绉地来招抚，结果被石勒搞了个没趣。石勒说——我做的事，迂腐如你，是不懂的。你是汉人我是胡人，大家道不同不相为谋（"事功殊途，非腐儒所闻。君当逞节本朝，吾自夷，难为效。"《晋书·载记第四》）。

石勒不会作诗，不会音乐，也不会贵族情调。像他这种从小充满仇恨长大的羯人，除了杀人斗狠之外，他没有可以仰仗的东西。刘琨的招抚，显然带着很强的一厢情愿的色彩。刘琨引经据典，口若悬河，甚至还晓之以民族大义，比如"存亡决在得主，成败要在所附；得主则为义兵，附逆则为贼众。义兵虽败，而功业必成；贼众虽克，而终归殄灭"（《晋书·载记第四》）。

石勒不是刘琨，也不是刘渊，他自己甚至知道自己很 LOW。

石勒送给了刘琨一些名马，还有奇珍异宝，婉言谢绝了刘琨的好意。

看完东部战场，我们再看西部。

公元 310 年，刘渊病死于平阳。刘渊的第四个儿子刘聪，通过政变上台。

晋怀帝永嘉五年，也就是公元 311 年，刘聪派人攻打洛阳，石勒在东部战场上予以配合。洛阳被攻破，三万军民被杀，晋怀帝司马炽被活捉，后来被带到平阳杀死。

讽刺的是，就在洛阳城破的前不久。东海王司马越带领 20 万大军征讨石勒，晋怀帝司马炽却在司马越背后，派征东大将军苟晞进攻司马越。最后司马越死于内讧，晋怀帝也在洛阳兵败被俘。

晋怀帝被俘，永嘉第一任临时政府宣告倒台。

公元 313 年，司马业在长安登基，改元建兴，史称晋愍帝。封刘琨为大将军、都督并州诸军事，加散骑常侍、假节。

即便是拿到了如此高的头衔，刘琨后来却并没有起到更大的作用，整个河北地区，石勒几乎成了一霸。在公元314年这一年，石勒围攻王浚。刘琨认为王浚这个人和自己以前有过节，并且在晋怀帝被俘之后，王浚一直有自立的倾向。于是，刘琨就没有去营救，反而是隔岸观火。后来王浚兵败，被石勒杀掉，又是一场杀人焚城的表演。

如今放眼望去，整个北方除了中央之外，正规部队就只剩下了刘琨的晋阳还在苦苦支撑。

石勒没有犹豫，大兵西进，围攻晋阳。

公元316年，晋阳城破，刘琨败走，投奔了河北段部鲜卑。

刘琨失败的同时，刘聪的部队攻破长安，晋愍帝司马业被俘，被押回平阳。

永嘉第二任临时政府，也宣告倒台。

至此，八王之乱后随之而来的就是永嘉之乱，西晋两代皇帝被掳走。整个北方除偏居西北一隅的凉州之外，只有河北刘琨还在苦苦支撑。洛阳、长安陷入战火之中，生灵涂炭，哀鸿遍野。大批士人、百姓南渡避难，史称"永嘉之乱"。

刘琨力战近十年，尽自己微薄之力苦撑危局，无奈大势已去。

后来晋愍帝被杀，刘琨和段部鲜卑的头领段匹磾（dī）等联名劝进，希望在江南的司马睿能够继承大统，延续晋帝国基业。

公元318年，司马睿正式登基称帝，史称晋元帝。

刘琨劝进，后来有了司马睿的上位；而五年之前，刘琨表请当时的晋怀帝任命拓跋鲜卑的拓跋猗卢①为代王。

我们知道，司马睿所重建的，正是东晋；而这个拓跋代国，也就是后

---

① 拓跋猗卢（？—316年），鲜卑族，神元帝拓跋力微之孙，桓帝拓跋猗迤胞弟，十六国时期鲜卑拓跋部首领。295年至307年，统治拓跋部西部国土；307年，统一拓跋三部。316年，被其长子拓跋六修所杀。北魏道武帝拓跋珪称帝后，追谥拓跋猗卢为穆皇帝。

来北魏的前身。

刘琨，留守晋阳，转战十年。从此与魏和晋，全部扯上了关系。

比较意外的是刘琨的结局。

公元318年，东晋权臣王敦派人送信给段匹磾，要求段匹磾杀掉刘琨。段匹磾随后私下处决掉了刘琨，让这位乱世风流公子又兼铁血柔情的刘琨，提前离开了这个东晋十六国的大乱世。

冉魏与晋

八王之乱动摇了西晋的国本，在中央虚弱同时又有大量胡人迁入内地的情况下，以匈奴、鲜卑、羯、氐、羌为首的五胡，开始建立属于自己的政权。在此期间，北方汉族蒙受了非常大的灾难，土地被侵占，人民被屠戮，宫室被焚烧，大量晋朝贵族和士大夫阶层，有能力进行家族迁移的，纷纷跨过长江避难江南。

公元317年，晋王室成员司马睿在大臣王导、王敦的拥立之下，自称晋王，在形式上继承了西晋的正统地位。司马睿（司马懿曾孙）第二年自称皇帝，他建立的晋政权，被称为东晋，司马睿就是晋元帝。东晋的建立，保留了北方汉人士族心中的一块精神家园。正因为士族南迁，东晋集中了当年东吴的豪门大族，以及南迁后的北方士族大户，从而东晋开始，中国的士族门阀制度发展到顶峰。

在东晋建立的同时，北方在长达一百多年的时间中，出现了先后十六个割据政权。所以，这段时间又被称为东晋十六国时期。这十六个政权，可以分为"五凉"（前凉、北凉、西凉、后凉、南凉）、"四燕"（前燕、后燕、南燕、北燕）、"三秦"（前秦、西秦、后秦）、"二赵"（前赵、后赵）以及北方的胡夏，南方的成汉。见图4-3。

很多时候，这十六个国家被称为五胡十六国，不过，这种说法并不严谨。因为在十六国中，前凉的张氏政权、西凉的李氏政权以及北燕的冯氏政权都是货真价实的汉人政权，而不是由"五胡"所建立。其中北燕的冯氏，也就是我们前文所提到的冯太后的先人；而西凉李氏，则出自我们前文所提到的陇西李氏，同时也是李唐王朝的直系祖先。

不过除了上述三个政权之外，同时期，北方还出现过一个汉人政权。这个政权的建立者叫作冉闵，他所建立的政权，国号为"魏"。所以很多人把冉闵建立的这个魏，叫作冉魏。

图 4-3 东晋十六国形势图

　　冉闵建立的魏，时间非常短暂，从公元 350 年到 352 年，仅仅持续了两年时间。而且，关于冉闵的史料非常匮乏，仅存的记载有很多错误和前后矛盾之处。同时，对于冉闵本人的事迹，也出现了很多不同观点。比如冉闵的"杀胡令"，冉闵在执政期间对大臣的猜忌以及由此引发的杀戮，历来争议颇多。也正因为如此，后世史家并没有把冉闵建立的魏列为十六国之一。

　　在北方的一众胡人政权中间，冉闵把自己建立的冉魏，作为一个比较纯粹的汉人政权来看待。因此，在他刚刚称帝的时候，曾经派人到东晋政府，声称要联手一同抗击胡人（"胡逆乱中原，今已诛之。若能共讨者，可遣军来也。"《晋书·卷一百七》）。不过，这个提议并没有收到来自东晋政府的官方回应。不仅没有回应，后来东晋还对冉魏进行了军事讨伐，劫掠冉魏百姓到东晋（"晋卢江太守袁真攻其合肥，执南蛮校尉桑坦，迁其百姓而还。"《晋书·卷一百七》）。

冉闵找东晋拉联盟这个事吧，表面上看起来合情合理，毕竟都是当时代表汉人的政权。但是仔细分析起来，这事属于极端不明智和不严肃的行为，因为刚一开始建政，冉闵就称帝了。

称王和称帝有着本质的区别。正常人都想过一把做皇帝的瘾，但是在乱世称帝这事，本身就容易成为众矢之的，更何况是身处中原四战之地称帝。在古人的天下观理论中，别说中原腹地的冉闵，就算是化外之地的朝鲜、越南、琉球都不敢自己称皇帝，即便是王位的更迭，都需要中原正统皇帝的册封才可以。前车之鉴，羽翼未丰就被枪打出头鸟的，比如一百多年前三国的袁术。称帝之后仅仅两年，就被曹操、吕布、孙策三家联手消灭。此外，从政治上讲，当时东晋皇帝晋穆帝司马聃（dān）才是汉人正统的合法代表，这个事情无论在南方还是北方的汉人眼中，都是一件不容置疑的事情。当时割据一方的汉人势力，如前凉张轨、西凉李暠（hào），开始建政的第一件事情，都是要到东晋首都"遣使奉表"，否则私自称王，没有经过东晋中央政府的报备，那也是非法的。即便是异族，比如代国拓跋氏（鲜卑）、北凉沮渠蒙逊（匈奴）、后秦姚兴（羌）、后燕慕容盛（鲜卑）等胡人政权，也都不论真假地，先后尊东晋为天下正朔。从这个意义上讲，冉闵的政治觉悟甚至远远低于胡人。

历史是不容假设的，冉闵后来陷入中原同五胡的混战之中无法自拔，最终在短短两年之内兵败身死，连同自己的雄心壮志，一起被湮没在滔滔历史长河中。

这一次的魏晋恩仇，是历史上第四次，也是非常让人扼腕叹息的一次。

雄心勃勃的北魏

又过了三十多年，公元386年，年仅十五岁的鲜卑领袖拓跋珪复活了十六国中的代国，建元称帝，国号"魏"。

拓跋珪所建立的这个魏，是历史上的第五个"魏"。

关于拓跋珪为何自称"魏"，史家历来有很多观点，不过很多人认为，拓跋珪是为了宣示"司马代魏"是非法的。所以，为了证明自己的正统性，索性自称大魏，这样，也就从一个政治高度，否定了东晋的执政合法性。后人甚至有这样的说法"晋朝僭越篡曹魏，遭灭族司马氏果报。五胡乱华晋南渡，拓跋珪称帝续魏祚"，这种说法，不仅肯定了北魏是因为正统才自称大魏，而且还强调了北魏延续了曹魏的国祚。

不过如果查阅史料的话，北魏国号的确认，并没有确凿证据表明，"魏"这个国号是针对"晋"而来的。比如《魏书》中提到，北魏最早是源自十六国时期的代国，所以在"代"和"魏"的国号之间，朝堂上出现了争论。但是最终，拓跋珪下诏，确认魏为国号（"昔朕远祖，总御幽都，控制遐国，虽践王位，未定九州。逮于朕躬，处百代之季，天下分裂，诸华乏主。民俗虽殊，抚之在德，故躬率六军，扫平中土，凶逆荡除，遐迩率服。宜仍先号，以为魏焉。布告天下，咸知朕意。"《北史·魏纪一·太祖》）。

而且根据拓跋珪的诏书，我们可以得到这样的结论，拓跋珪之所以选择"魏"这个国号，也是想和过去的代国做一个切割。拓跋珪的先祖，十六国时期的代国拓跋氏，始终尊东晋为正统，代国的历代国君们也被东晋册封为代王。代国一直以东晋为北方的代言人而自居，进而和其他胡人国家混战不休。然而这个代国的下场很不好，被前秦苻坚所灭。所以，为了摆脱过去代国的影响，拓跋珪力排众议，最终选择了"魏"。

所以，不管拓跋珪的这个魏和之前的曹魏有没有联系，或者到底有没有特别针对东晋，对篡魏自立的"晋"的合法性进行质疑。无论是何种答案，拓跋氏"魏"的建立，都宣告了对东晋的一种摆脱，进而进入平起平坐的阶段。而事实上，北魏建立后，东晋的朝政日渐衰弱，最终在公元420年，被刘宋王朝所取代。反观生机勃勃，如旭日东升的北魏，则在公元439年一统北方，实现了多年以来晋想完成而始终没有实力完成的历史任务。

这一次，也是历史第五次的魏晋成对出现，魏的表现要好过晋许多。

十六国时期，除了冉魏、拓跋魏以外，北方还曾经出现过一个翟魏。这个翟魏政权坚持战斗了四年，但影响不及冉魏，名头也不及拓跋魏。和十六国时期的很多小国命运雷同，像流星一样划过天际，很快消失得无影无踪。

魏晋故事的尾声。

北魏后来被权臣分裂为东魏、西魏。东魏于公元550年被北齐取代，而西魏则撑到了公元556年。从此，魏晋二位冤家对头，在历史上消失了很长一段时间。

公元936年，在五代十国的乱世中，石敬瑭又建立了一个叫作晋的政权。为了同西晋，东晋相区分，历史上把石敬瑭这个晋，叫作后晋。

石敬瑭在历史上的评价很低，在建立后晋的过程中，石敬瑭得到了来自于契丹耶律德光的军事援助。正因为如此，在后晋建立之后，石敬瑭割让了"幽云十六州"给契丹。从而让中原政权失去抵抗游牧民族的天然屏障，进而在南北对峙的过程中，始终处于非常被动的态势。不仅如此，石敬瑭认小自己十岁的耶律德光为父，完全丧失了作为中原皇帝的气节。

值得一提的是，在石敬瑭建立后晋政权之后的第二年，后晋将领范延光就在魏州起兵反叛石敬瑭。范延光和后晋军队，在魏州城（河北大名）相持了一年之久，谁也无法吃掉谁，最终握手言和。这次战争，被称为后晋汜水之战。

这一次汜水之战，为魏晋恩怨情仇画上了一个圆满的句号。由晋灭三国，到三国分晋，又到三国归晋，魏和晋之间的故事传诵千年。

后世司马光，写《资治通鉴》，在该书中，把魏和晋分别列为同时代的正统王朝。正因为如此，后世史书中经常把三国两晋那段长达 200 年的历史，称为魏晋时代。所以后来的魏晋南北朝，魏晋风度，也都是因此而得名。

　　魏与晋，就像一对虐恋情人，纠缠千年，相爱相杀，终于在中国历史中合二为一，堪称佳话。

第五章
刘邦——谜之征程

很多时候，历史确实就是由各种意外向前推动的。

有很多人，小到棋局，大到职场，都能够叱咤风云，但轮到自己做关键选择的时候，却每每坐失良机。他们把每一件事情都当成项目来运作，用项目管理的维度综合评判整件事情，这让他们经常立于不败之地。但命运绝不是这样算计得来的，很多时候，生活的赢家，往往是刘邦这种顾虑较少，遇事迅速决策的人。

作为领袖人物，刘邦和项羽的差距，主要体现在管理能力上。管理其实并不难，只有四句话：有足够号召力招到合适的人；合适的人在合适的位置上；合适位置上的人做合适的事情；合适的事情得到合适的回报。简单的四句话，很多管理者做不好。

上述讲到后晋和魏州起兵的范延光最终握手言和，魏晋千年情仇宣布告一段落。几年之后，真正取代后晋的是后汉，后汉的开国皇帝叫作刘知远[①]。刘知远虽然身为沙陀族，却冒认祖宗，自称是东汉皇族后代、刘邦后人，所以才将自己的国号确定为"汉"。

异族冒认刘氏祖先的，刘知远并不是第一个。早在刘知远之前六百年的西晋末年，身为匈奴人的刘渊[②]也曾经自称正宗汉室刘氏后人。为了从政治上拔高自己起兵反对西晋的合法性，刘渊甚至追尊蜀汉后主刘禅为孝怀皇帝。（"追尊刘禅为孝怀皇帝，立汉高祖以下三祖五宗神主而祭之。"《晋书·载记第一》）

令我们非常好奇的是，身为刘氏后人到底有何等荣耀，选择"恢复汉室"这个口号，又有何等魔力，能让人前赴后继，不断延续汉朝国祚呢？

我们从刘邦开始讲起……

---

① 刘知远：（895—948 年），即后汉高祖（947—948 年在位），河东太原人，沙陀族。五代十国时期后汉开国皇帝，称帝后改名为刘暠。雄武过人，屡立战功。开运四年（947 年），刘知远称帝，复为天福十二年。其统治期间，各地割据成势，且手下多贪婪之辈，因此形成弊政，敛赋成灾。乾祐元年（948 年）正月，刘知远因病崩于万岁殿，庙号高祖，葬于睿陵（今禹州市西北三十公里的柏嘴山之阳）。

② 刘渊：（？—310 年），字元海，新兴（今山西忻州北）人，匈奴族，匈奴首领冒顿单于之后，南匈奴单于于夫罗之孙，左贤王刘豹之子，母呼延氏，十六国时期前赵政权开国皇帝，304—310 年在位。刘渊在父亲死后接掌其部属，八王之乱时诸王互相攻伐，刘渊乘朝廷内乱而在并州自立，称汉王，建立汉国（后改为赵，泛称前赵，亦作汉赵），308 年称帝，改元永凤。310 年，刘渊病死，在位六年，谥号光文皇帝，庙号高祖。

初出茅庐

天下大乱这事，对于大部分平民百姓家庭来讲都是一场灾难，不过对于很多人来说，却是不折不扣的机遇，比如说刘邦。

刘邦这辈子，从生下来那天，就赶上了中国历史上波澜壮阔的一个时代。战国四君中的魏国信陵君、赵国平原君、楚国春申君，他们的名字依然熠熠闪光；紧接着是赵国名将李牧①，为秦赵战争谱写了一曲最后的慷慨悲歌；再之后，是秦王扫六合，一统天下。

这些，都发生在刘邦的童年和青少年时代，然而可惜的是，所有这些，和刘邦没有半毛钱的关系。在这段时间里，刘邦坚持做一个吃瓜青年。在这样的日日蹉跎中，已经到了不惑之年的刘邦，仅仅是在老家沛县做了一个亭长的职位，相当于今天的乡长。然而，受制于当时的人口和经济情况，实际上这个所谓的乡长，并不怎么受人待见。职场的发展不够顺利还是小事，关键是刘邦还一直没有老婆。不知道应该感到庆幸还是悲哀的是，刘邦虽然没有老婆，却也不缺女人。不仅不缺女人，甚至还有了一个叫作刘肥的私生子。

除了不缺女人，刘邦也不缺兄弟，比如沛县的主吏掾（也叫功曹，组

---

① 李牧（？—公元前 229 年），嬴姓，李氏，名牧，战国时期赵国柏仁（今河北省邢台市隆尧县）人，名将、军事家，与白起、王翦、廉颇并称"战国四大名将"。李牧先是在赵国北部边境，抗击匈奴；后以抵御秦国为主，因在宜安之战重创秦军，得到武安君的封号。公元前 229 年，赵王迁中了秦国的离间计，夺取了李牧的兵权，不久后将李牧杀害。

织部长）萧何、狱掾（监狱长）曹参①、沛县民间有名的屠户樊哙②、车夫夏侯婴等人，都在当时和刘邦过从甚密。所以，刘邦虽然不是正人君子的标准模板，但刘邦最大的特点是广交朋友。在当时的沛县，刘邦算是基层公务员队伍中，带有一点儿江湖气的人物，因此他黑白通吃，不管在官场还是民间都算有名号。

正因为这层原因，刘邦在自己四十三岁这一年，采取又哄又赚、连蒙带骗的手段，娶到了从山东到沛县落户的吕氏人家的女儿——吕雉。吕雉这年只有十七岁，且吕家生活殷实，不愁吃穿。所以，这是刘邦人生中做的第一笔精明划算的好买卖。

然而好景不长，刚刚过了几天安生日子的刘邦，居然在一次负责押运劳改犯的途中喝醉了酒，醒来的时候，劳改犯已经走丢了很多。作为基层公务员，刘邦的心里很清楚，走丢了刑徒，按照秦律这就是死罪。好汉不吃眼前亏，生性就是浑不吝的刘邦，索性就近上了芒砀（dàng）山，占山为王做起了山大王。

在芒砀山，山大王的事业发展得并不顺利。刘邦的身边只有像樊哙这样的猛士，而没有出谋划策的谋士，也远远谈不上先进理论的指导。况且，当时虽然秦二世在朝中同权臣赵高③倒行逆施，但整个大秦朝的形势还没有分崩离析，还处于暴风雨来临前最平静的那个时刻。芒砀山上的革命军人

---

① 曹参（？—公元前190年），字敬伯，汉族，沛人，西汉开国功臣，名将，是继萧何后的汉代第二位相国，史称"曹相国"。公元前209年，跟随刘邦在沛县起兵反秦，身经百战，屡建战功。刘邦称帝后，对有功之臣，论功行赏，曹参功居第二，赐爵平阳侯，汉惠帝时官至丞相，一遵萧何约束，有"萧规曹随"之称。

② 樊哙：（公元前242—公元前189），沛人，出身寒微，早年曾以屠狗为业。西汉开国元勋，大将军，左丞相，著名军事统帅。深得汉高祖刘邦和吕后信任。曾在鸿门宴时营救汉高祖刘邦。封舞阳侯，谥武侯。

③ 赵高（？—前207年），嬴姓，赵氏。本为秦国宗室远亲，任中车府令，兼行符玺令事，"管事二十余年"。秦始皇死后，赵高发动沙丘政变，与李斯合谋伪造诏书，逼始皇长子扶苏自杀，另立始皇幼子胡亥为帝，自任郎中令。他在任职期间结党营私，苛暴更甚。设计害死李斯，继之为秦朝丞相。更迫秦二世自杀，另立子婴为秦王。后被子婴设计杀掉，诛夷三族。

们，经常因为运营不善导致缺衣少穿。每当这个时候，刘邦家中的小媳妇吕雉，还要经常送粮送衣过来劳军。

刘邦这种看不到任何前途的革命事业，在苦熬了几年之后，终于初现曙光。

公元前209年，陈胜、吴广在大泽乡（安徽宿州）起义，打响了武装反抗秦朝暴政的第一枪。陈胜、吴广两个人做的事情，今天看来似乎习以为常，但实际上在当时是非常具有开创性的。

让我们把目光回溯到先秦时期，以当时一个普通中国人的身份来观察世界的话，对于起义这件事情，我们并没有太多概念，甚至没有更多可以参考的先例。先秦一直到秦末，战争的对垒双方，主要以贵族为主。不管是武王伐纣，还是春秋战国，平民百姓只是跟着贵族们的旗帜亦步亦趋。虽然也有类似于"国人暴动"①这样的历史事件，但是无论从哪个角度分析，这样的偶发的零星事件，都属于街头械斗的规模，而且也完全不知道革命的最终目的是什么。对于先秦的老百姓来说，他们甚至不敢想象，有一天自己也能像贵族们那样人前显贵。

陈胜、吴广的起义实际上解决了两个问题，第一个是革命的正当性问题。陈胜的一句——"天下苦秦久矣"，让个人走投无路的暴动，变成了"为万民伐无道"的革命运动。后世无论替天行道、除暴安良、均贫富，实际上都是在陈胜这句话的基础上做的修改和延伸而已。第二个问题是革命的方向性问题。之前"国人暴动"这样的零星反抗，不过是赶走了一个贵族，又请来了一个贵族，而完全没有想到由"国人"们自己去做贵族。"王侯将相，宁有种乎？"这种口号，终于在大泽乡起义中提出来了。换句话讲，陈胜、吴广的暴动，让农民军们明白，他们不是在为自己而战，而是为普天下受苦人而战。战争的目的也不是为了再让贵族们掌权，而是要自己当家作主。

---

① 国人暴动：公元前841年（一说公元前842年）发生在西周首都镐京（今陕西省西安市长安区西北）的以平民为主体的暴动。"国人"在此指西周、春秋时对居住于国都的人的通称。当时国人有参与议论国事的权利，甚至对国君废立、贵族争端仲裁等有相当的权利，同时有服役和纳军赋的义务。

已经有如此高度的革命理论，启发了隐藏在芒砀山中打游击的刘邦。限于文化水平，这样的理论刘邦没法自己琢磨出来，但这个理论却贴合了刘邦的处境，让他豁然开朗。

无需再犹豫。大丈夫相时而动，正当其时。

公元前209年，刘邦杀回沛县。召集萧何、曹参等亲朋故旧，自称"沛公"，投身到了陈胜、吴广掀起的革命洪流中去。短短几个月时间，刘邦的起义队伍，扩张到3000人左右。

当时在全国范围内，像刘邦一样，群起响应陈胜、吴广起义的人，并不在少数。这些人，可以非常明显地划分为两大类，第一个阵营是平民造反派，这类人出身草根，啸聚一方，比如沛县起义的刘邦、淮南起义的英布[①]、山东起义的彭越[②]；第二个阵营是地方实力派，这类人出身好，号召力强，比如会稽（绍兴）起义的项梁、鄱阳起义的吴芮。

需要指出的一点是，当时的陈胜，打出了"张楚"（扩大楚国）的旗号，更加强化了推翻秦二世的起义正当性，也空前提升了陈胜农民军在原楚国贵族心中的份量。包括像刘邦、彭越这种原本跟楚国八竿子打不着的外国人，都自称是为楚国而战。这样一来，项梁这种根正苗红出身楚国贵族的领袖们，身边就容易聚集更多的平民农民军。

项梁是原来楚国的贵族，项梁的老爸叫项燕。当年秦始皇统一六国，秦楚的最后一战，秦国派出的是大将王翦，而楚国挂帅的就是大将项燕。项燕最后一战功败垂成，自杀殉国。项梁从小知道这些楚国旧事，在心里暗自埋下了仇恨的种子。平时项梁就已经凭借还不错的家境，广交朋友、招兵买马了，就只等复仇机会的来临。陈胜、吴广起义的大旗一竖起来，项

---

① 英布（？—前196年），秦末汉初名将。六县（今安徽六安）人，因受秦律被黥，又称黥布。初属项梁，后为项羽帐下将领之一，封九江王，后叛楚归汉，汉朝建立后封淮南王，与韩信、彭越并称汉初三大名将，前196年起兵反汉，因谋反罪被杀。

② 彭越（？—前196年），别号彭仲，昌邑（今山东省菏泽市巨野县）人。西汉开国功臣、诸侯王，秦末聚兵起义，初在魏地起兵，后率兵归刘邦，拜魏相国、建成侯，与韩信、英布并称汉初三大名将，西汉建立后封为梁王，都定陶（今山东菏泽定陶区）。后因被告发谋反，被刘邦以"反形已具"的罪名诛灭三族，枭首示众。

梁就趁天下大乱之际，杀了会稽郡守殷通，誓师起义。

此时的刘邦，主动投奔了项梁。

虽然在沛县是知名人物，但是放眼全国，有几个人知道刘邦是哪一号人物？所以自从投奔了项梁的农民军，刘邦迅速提升了自己的知名度。从困兽犹斗在苏北一隅，到追随项梁策马奔腾，刘邦的革命处境也大为改观。

应该说，投靠项梁，是刘邦这辈子做的又一笔稳赚不赔的好买卖。

豫西通道

秦末，全国革命形势的急转直下，开始于陈胜农民军的西征失败。

陈胜、吴广起义初期的声势非常浩大，全国各地像刘邦一样群起响应的大有人在。农民军本身铺的摊子也越来越大，后来陈胜选择在陈县（河南淮阳）建立政权，算是暂时有了属于自己的革命根据地和指挥部。陈胜选择了陈县，其实还是蛮有战略眼光的。说陈县大家很陌生，这个地方其实就是后来的陈郡或者陈州，陈郡后来出了个陈郡谢氏，谢氏的谢安、谢玄后来星光熠熠；而陈州就更熟悉了，这就是民间传说中包公陈州放粮的地方。

而且在，陈桥兵变之前，赵匡胤的归德军治所是河南商丘，而郭威女婿张永德的忠武军就驻扎在河南淮阳（陈县），两个地方呈互相牵制之势，一起拱卫开封。

陈县这个地方虽然地处中原四战之地，但一直是河南淮西一带的核心城市之一，要知道陈胜他们起事的大泽乡（今安徽宿州）一样在淮西。从大泽乡出发的话，距离最近的大城市就是陈县，从陈胜的时代往前数，陈县当年曾经是春秋战国时期陈国的都城，无论人口和城郭，都比较适合建政。

从陈县出发，往西可以进入洛阳，往北过黄河就可以去河北了。在陈县，陈胜做临时修整，继续保持进攻的态势，农民军的总方略就是如此。

陈县建政之后，陈胜派吴广率主力西征，派武臣、周市等人率领偏师，扫荡东方六国故地。这样的安排，主力的意图在于西入关中灭秦，而偏师的意图在于占领山东六国故地。虽然我们再也无法去了解，陈胜在一统天下之后，究竟会做出何种国家体制的选择，但在当时，他分兵出击的战略方向是问题不大的。

战略意图很好，但问题在于后期战术执行得太差。

吴广西征，攻打关中的首选道路，就是前面几次提到的"崤函通道"。从陈县出发，一路进入崤函通道的必经之路，就是函谷关。而进入函谷关之前，如果想要用最短路线进入关中，大军需要先走黄河沿岸的"崤函通道"延伸部分。

那么，什么是"崤函通道"延伸？我们先来看一下关中到洛阳的地缘结构图，如图 5-1 所示。

图 5-1　关中到洛阳的地缘图

我们已经知道，古代长安与洛阳之间，也就是关中平原与洛阳盆地这两个人口地理单元之间，隔着一个"崤函通道"。崤函通道，主要是负责从关中到洛阳的问题，而如果想要从洛阳东出平原地区，则要走洛阳东边的虎牢一线。这是最短距离，所以围绕虎牢关，才会发生了如此之多真真假假的历史与传说。我们不妨把虎牢关一线这条北靠黄河、南靠嵩山的狭窄地带也起个名字，叫作"豫西通道"。于是，一条更长的线路出现了，把崤函通道与崤函通道的延伸部分相叠加，再加上"豫西通道"，这个长长的通道，我们起个名字——"豫西走廊"。豫西走廊，等于是西起潼关，中间经古函谷关，沿着黄河继续往前延伸到洛阳盆地。之后继续向东，沿嵩山以北和黄河以南形成的虎牢一线狭窄地带，东出大平原。那么豫西走廊的西段，就是崤函通道；中端就是洛阳盆地北部，沿黄河一线；而最东段，则是豫西通道。

豫西走廊，相当于一个加强版和加长版的崤函通道，是由关中东出关东六国的必由之路之一。那么，这条豫西走廊的价值几何呢？

我们再来详细分析一下关中东出关东的路线问题。如图 5-2 所示。

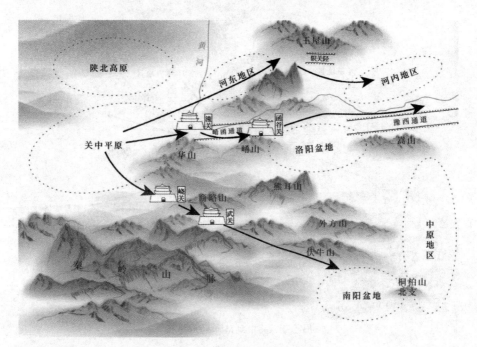

图 5-2　关中东出关东的路线图

从北到南，一共有三条道路，可以作为出关的选择。

第一条路线，过黄河，走河东的运城盆地，沿中条山走到王屋山南麓，穿越轵关陉到达河内地区。我们给这条路线起个名字——轵（zhǐ）关道。

第二条路线，过崤函通道，沿黄河沿岸的豫西走廊，穿越洛阳盆地，走豫西通道，到达中原地区。这就是上文提到的"豫西走廊"。

第三条路线，由关中东南出峣关，沿丹江穿越秦岭，过武关，到达南阳盆地。这条路在古代被称为"武关道"。

这三条路线中，最容易想到也是最容易通过的路线，就是第二条"豫西走廊"。

那么我们把方向反过来看，从东到西进入关中，基本上就必须过豫西走廊。而要想过豫西走廊，就绕不开豫西走廊最东边的"豫西通道"。

两千多年前的豫西通道上，几座重要堡垒一字排开，如荥阳、成皋（虎牢，荥阳汜水镇），巩县（河南巩义）等。陈胜、吴广农民军需要进攻第一座堡垒，就是中国历史重镇——荥阳。

结果吴广的军队气势如虹地到达荥阳，然而却无法攻克坚城。士气受挫之下，反而被阻滞在了荥阳城下，动弹不得。

陈胜反复斟酌之后，指挥部队采取了军事冒险策略——吴广继续围攻荥阳，而由大将周文另率一部人马，绕开荥阳，直奔关中。这个策略，看起来有点像靖难之役中的朱棣，但不是每个人都有朱棣那么好的运气。

在周文部队十万人马进入关中后，秦二世派大将章邯迎敌。章邯带领修筑骊山陵墓的几十万刑徒组成临时部队，和农民军正面交锋。周文后来自杀，农民军失败，被迫东撤。章邯穷追不舍，率领大军东出函谷关，沿着豫西走廊进入中原。

兵败如山倒。

吴广、周文西征的这一路农民军主力遭受挫折，那么几路偏师呢？

几路偏师反而发展得不错：

北伐中的武臣一路，在黄河强渡白马津（河南滑县），最终占领了河北的赵国故地；北伐的另外一路，周市的部队占领了魏国故地。然而这两路北伐的农民军兄弟，一旦掌握了政权就开始不听陈胜节制。尤其是武臣，甚至直接宣布自己为赵王，同陈胜分庭抗礼了。

南征的邓宗发展得也不错，攻占了原属楚国故地的九江郡（治所安徽寿春），邓宗这一路总起来说算是在陈胜的节制之下。

另外一路偏师，农民军领袖召平，东下广陵（江苏扬州），在打不下来的情况下，又听到了西征失败的消息。于是召平一不做二不休，假传陈胜的旨意，封项梁为楚国上柱国的职位。

项梁拿到了召平手中鸡毛做的令箭，率八千子弟西渡长江，加入更大的战团中去了。

然而，西征失败，几路偏师各自为战，不能统一协调指挥，农民军面临土崩瓦解。公元前 208 年，在越来越低迷的士气之中，吴广和陈胜先后在内乱中死去。

陈胜死后，被部从埋葬在芒砀山。

大泽乡起义，告一段落。

革命理想

陈胜去世之后，农民军中再也没有人像陈胜一样，在全国范围内有如此的号召力，战国贵族们的复辟势力心中开始有了想法。而且当时的普通人，并没有太多关于国家政治制度的可参考模板。如果已经证明秦朝大一统的政治制度无法更好地解决全国人民的政治经济问题，那么最好的选择还是回到秦以前全国分裂的旧时代，恢复秦、楚、齐、燕、赵、魏、韩七国并立的态势。在当时的普通人看来，这是天经地义的一件事情。

尤其是，跟着陈胜、吴广一起闹革命的这帮泥腿子，战争初期能够凭着一句"王侯将相，宁有种乎"，群情激愤，所向披靡。然而，一旦革命受到挫折，每个人心中都会滋生一种想法：我的祖上八辈贫农，自从我记事开始，家里所有亲戚除了种地的、捕鱼的，就是为国家服兵役的、当农民工的。我真的有这个命出将入相？真的有这个命享受荣华富贵吗？

革命意志动摇的，大有人在。比如前文提到的陈胜麾下北伐的大将周市。

当时周市打下了魏国故地，也独立于陈胜总部之外拥兵自重，但是在原则性问题上周市却不敢造次。那边武臣在赵国故地都已经称赵王了，但周市思来想去也不敢称王。农民军兄弟们一起进言，希望还是周市做魏王。结果周市反而挨个给兄弟们做思想工作，要求大家能够统一思想，迎接贵族后代入主。同时，派兄弟们到陈县，去请魏国的贵族后代赶紧过来走马上任。一次不行两次，两次不行三次，最后一连跑了五个来回。陈胜终于被搞得没了脾气，派了前魏国贵族魏咎到魏国故地。在周市的拥立之下，魏咎上位成了魏王，而周市则做了魏国的国相。

所以，在陈胜、吴广失败之后，泥腿子们自认不如贵族更有革命前途，这事跟人生格局无关，这就是那个时代普通人的朴素价值观，也是在更广泛的民意面前的一种无奈的妥协。

顺应拥立战国贵族的汹涌民意，此时的项梁也及时找到了楚国王室后人——熊心。以项梁为首的楚人共推熊心为楚王，定都盱眙（xūyí，今江苏盱眙。后迁都彭城）重建楚国。熊心继承了自己祖父——战国楚怀王的名号，继续称"楚怀王"。

项梁的美好蓝图——以楚怀王为天下共主，做形式上的"周天子"，彻底恢复战国政治态势。

这是项梁本人的价值观，也是他神圣的革命理想。

当时的北方，已经大乱。除了自称赵王的武臣，还有被周市拥立的魏王魏咎，其他各路豪强纷纷建立割据政权，称王建制。武臣的部将韩广跑到燕国故地，自立为燕王，齐国贵族田儋（dān）自立为齐王……

令人啼笑皆非的是，为了从形式上更加接近当年的战国旧秩序，最好是再来一出战国七雄的威武雄壮。项梁甚至派出了谋士张良，带着韩国贵族韩王成，跑到战国韩国旧地搞"反攻复国"的大业。

张良出身于韩国贵族世家，秦始皇嬴政一统华夏之后，韩国被灭。没有了韩国，也就没有了张良这一支贵族的存在，张良本人也就成了普通人。身负国恨家仇的张良，年轻时候还曾经策划过刺杀嬴政的活动，几乎得手。

张良早年得到了良好的教育，满腹韬略。并且，因为经历了由官宦家庭落魄为布衣之家的苦痛，张良的内心还十分强大、十分坚毅，强大坚毅到有点儿"二杆子"（俗语，死心眼儿的意思。）。张良在项梁的要求下，辅佐韩王成，即便是在复国大业并不是那么顺利的情况下，张良同志依然把这件事上升到战略角度来执行。革命事业暂时受挫，张良还一度带着韩王成在韩国故地的颍川（河南禹州）附近打起了游击战。

张良这样的人，有理想有实践，能抬头看天，也能脚下看路，不简单。

当然除北方以外，南方各实力派，也纷纷割据一方。

一时之间，各地诸侯并起，乱成了一锅粥。

应该说，项梁是一位相当有责任感的军事统帅，他具有很高的革命理想。立熊心为楚王，为楚国复国成功，甚至还要为六国中的其他五国一一复国，项梁已经一步步接近了自己理想中的革命新秩序。剩下的事情，就是如何诛灭暴秦，为楚国复仇，并实现自己家族几代人的夙愿。但就在立楚怀王不久，项梁在同章邯的一场战斗中意外死去，带着深深的遗憾撒手人寰，留下了一个局势尚未明朗的乱世。

这事是一个意外。但很多时候，历史确实就是由各种意外向前推动的。

战神章邯

当时的章邯，就像一头下山的猛兽，沿着豫西走廊杀进关东，如入无人之境。

当初修筑李珊陵墓的几十万刑徒，到了章邯手中居然变废为宝，力挫周文，把农民军搞得狼奔豕突，将他们赶出了关中。这还不算，之后的章邯所向披靡，一路杀死、招降农民军领袖无数。而在这个过程中，章邯手中的新兵变老兵，老兵变老兵油子，战斗力反而越来越强。章邯的人越打越多，仗也越打越大，陈胜、吴广相继死于乱军之中。

再之后，章邯横扫河北，杀掉魏国国相周市，逼死魏王魏咎，处死齐王田儋。

项梁来救，也没有什么用。

定陶一战，章邯夜袭项梁，所有的士兵静默行军，口中衔枚（嘴里叼着筷子，防止交头接耳地发出声音）。这一战杀得楚军大败，项梁战死。

项梁意外离世，楚怀王一喜一忧。

喜的是，朝廷上最大的权臣没有了，但是自己身边依然人才济济，战将如云。

忧的是，没有项梁这根国之栋梁撑场面，目前的摊子需要自己通盘考虑了。

当前的摊子就像一个迷局，并没有那么容易解。

面对战神一样存在的章邯，楚怀王心有余悸，失去项梁带来的困扰，要远大于没有了项梁那一瞬间的轻松感觉。翻了翻手中可用的牌，项梁生前已经培养了不少可用之才。河北战线，各路反王战事吃紧，如果河北群雄垮掉，那么迟早轮到楚国。更何况，楚怀王在名义上，还是陈胜身后这个天下的共主。楚怀王决定要以攻代守，否则等到河北战事结束，章邯反戈一击，只能坐以待毙。

　　和当年的陈胜没有什么两样，楚怀王迅速派出了两路大军。

　　一路由刘邦率领，西征关中；另一路由大将宋义率领，北上攻击已经进入中原地区的章邯。同时，在天下诸侯割据的情况下，楚怀王发出了对秦战争总动员："先入定关中者王之。"（《史记·高祖本纪》）

　　当时秦军的声威，如日中天；关中之险，山河四塞。有陈胜西征的失败案例在前，刘邦的这次西征看起来艰险无比。而且此次西征和北伐，看上去和上一次陈胜的战略方针一样，实际上则大相径庭。此次河北战局不够明朗，章邯分分钟有可能对楚怀王的都城彭城造成威胁。所以这一次的战略决胜点跟陈胜那一次刚好相反，这一次楚军的主力部队部署，重点不在西征，而是在北伐。而西征部队，则是执行一个放大版的"围魏救赵"。刘邦的部队，只要起到战略牵制作用即可，而楚怀王未必抱定了多大的期望可以打进关中。而且那句"先入定关中者王之"，政治宣传的效果大过实际操作，他希望以此瓦解章邯部的士气，尽快解关东战场之危局。

　　楚怀王手下的官僚团队，对这次西征的前景纷纷表示不看好。

　　不过我们仔细分析，章邯已经率几十万军队东出函谷关，关中实际已经兵力空虚。经过陈胜西征军的一番折腾，关中仅有的守备，也已经是强弩之末。整个天下都知道，如今的战神章邯才是最难啃的一块骨头。刘邦西行，遇到的困难再多，也不会多过在河北战场上的凶险。而且因为是偏师，楚怀王对于刘邦的战略实现，也不会有太多过高的要求。在这种情况下，刘邦先行西征的压力小很多，实际遇到的抵抗也有限；而其他主力部队则需要先对付河北战场的秦军主力，只有在取胜的条件下，才能够调转枪口直奔关中。在这种非对称的作战条件下，楚怀王却说——"谁先占领关中就给谁封王"，存在着极大的忽悠成分在内。

　　如果你不把这句口号当成一种政治作秀，这事看上去，似乎对楚怀王手下的其他势力来说相当不公平。

　　比如宋义手下的将领——项羽就是这么想的。

　　项羽是项梁的侄子，因为屡立战功，当时被封为长安侯兼鲁公。跟随宋义北伐的这一年，项羽年仅二十四岁，堪称少年英雄。我们不妨拿刘邦同志做一下对比，此时的刘邦和项羽在项梁手下共事几年，俩人也曾经一起在战场上出生入死，而且取得的成就也差不多，刘邦被封为武安侯，兼任砀郡长（刘邦老家的行政长官）。不过这一年的刘邦，已经四十八岁了，和项羽的岁数整整相差一倍。

项羽虽然岁数不大，但堪称升级版的项梁。同项梁相比，项羽具备更强的革命理想主义情怀，带兵打仗的本事也比项梁更胜一筹。比起项梁的老成持重，项羽做事更加出其不意，不拘一格，比如，在叔侄二人创业初期，会稽起兵的过程中，项羽就曾经当机立断，手刃会稽郡守殷通，为项梁创业前期打开局面，立下了汗马功劳。

同样一句"先入定关中者王之"这句话，中年人刘邦和青年人项羽的解读却完全大相径庭。刘邦关注的是"入关中"，因为到现在为止，刘邦一直都是农民军中一股比较大的势力而已，远远谈不上列土封疆。北方的齐王、燕王、赵王、魏王一大堆，跟刘邦也没有半毛钱的关系。这一次西征，一旦成功，进则可以击败秦军，为自己赢得关中这块革命根据地，退则可以龙入大海，离开中央控制，一路上发展真正属于自己的嫡系部队，捞到最大的实惠。和刘邦相反，项羽关注的则是"王之"，项羽更加向往的是春秋争霸中的王霸之业。推翻秦朝，亲自为楚国复仇这件事情，固然是项羽的家族使命；而群雄会盟，大封诸侯，则被项羽认为是自己人生履历中的辉煌一笔。

所以，虽然个人目的不同，但这一次刘邦西征的差事，也正是项羽想做的。但此时此刻的项羽，威望还远远不能和当年的项梁同日而语，项羽的西征请求被楚怀王严词拒绝了。

楚怀王想法很简单：一直到今天为止，被项梁匡扶社稷，拥立为王的事情都还像是做梦，有时候会半夜里掐一掐自己的大腿，看看这个梦真不真实。项梁活着的时候，楚怀王偶尔还战战兢兢，但万万没有料到的是，项梁居然这么快就挂了。幸福来得太突然，而且还一个接着一个。所以尽管得位太过容易，但机会来了，楚怀王心里依然有光芒万丈的复国豪情。他不想做傀儡，他要尽快摆脱项氏对自己的影响。项梁死了，不是还有个项羽吗？楚怀王绝对不想用一个姓项的来代替另外一个姓项的。

所以，楚怀王的"先入定关中者王之"这句话，一定不是临时起意，而是有过非常成熟的战略考量。对章邯来说，这句话就是忽悠，对于项羽或者宋义来说，就是骗局一场。

对楚怀王的工作安排，项羽虽然心中有千般不满，但是最终还是无奈地跟随宋义的大军北去，眼睁睁看着刘邦大军出发。

西行漫记

公元前 208 年的后九月（闰月），刘邦踏上了西去之路。

刘邦的心情，其实也不踏实。

除去秦军的士气正在顶峰之外，关中地形也是典型的易守难攻，摆在刘邦面前的，其实并不是一片坦途。一年前陈胜兵败的往事历历在目，进入关中并没有项羽想得那样简单。刘邦的这次西征，实际上在秦人看来，是农民军的二次西征。第一次西征以农民军的大败而告终，这一次，秦军严阵以待，尤其在函谷关到潼关一线。

更何况，楚怀王的主力部队都布置在了都城彭城附近，对章邯可能的进攻如临大敌。而西线战事只是负责牵制，所以楚怀王交给刘邦的人马非常有限。正因为如此，刘邦也只能自力更生。仗着自己的老家也在附近，也仗着自己在这个地盘上人脉还不错，刘邦怀里揣着楚怀王的调令，先北上山东一带，收容陈胜和项梁兵败之后留下的残兵、逃兵甚至是降兵。

心里并不踏实的刘邦，队伍先折向北，奔山东绕了一个圈。

山东之行的收获颇丰，不仅补充了四千多的人马，还结交了山东本地豪强彭越。让我们记住这个名字，这个人在接下来的故事中，还会出现。

有了这些新招募的人马，刘邦开始西行。

西行之路，跟我们想象中的西征都不太一样。尽管我们后来知道刘邦率先进了关中，但那只是结果而已。从某种意义上讲，刘邦的这次出发，并不太像是一次军事讨伐性质的西征，而更加像是一次战争宏观决策之下的战略转移。所以，刘邦的西征跟上一次周文西征的雷霆万钧以及进入关中之后的决战并溃败，没有任何可比之处。

从淮北到关中，西行这一路，刘邦的部队整整走了十一个月，路线也很曲折。

这其实并不是磨洋工。

刘邦的部队一边走一边盘算，一边走一边密切监视当时关中的动静，以及河北战场的动静。与此同时，刘邦部队的所到之处，打土豪分田地，放手发动群众，源源不断的新兵接踵而至。

在持续不断的政策攻势之下，沿途一些当地的人才也相继慕名而来。比如，高阳（河南陈留）郦（yì）食其（jī）。郦食其是一个非常有个性的人，尽管本事不小，但脾气也很古怪。所以在高阳，一般人他都看不上，被本地人称为"狂生"。郦食其这样的狂生酸腐，对上了浑不吝的刘邦，两个人恰好就是天生绝配。

郦食其口才好，平素里骂街也骂惯了，但刘邦不是贵族出身，他不顾面子，也跟着对骂。郦食其没想到，居然碰到一个比他还能骂街的主儿。郦食其平时最为擅长的战法，就是诱导别人进入他的知识圈子内全面围剿，在他最擅长的领域挖苦得别人无路可走。但刘邦呢，不管你是否在知识和思想上居高临下，他只管把最复杂的事情用最简单的方式表达出来。

刘邦的满不在乎，刺激了郦食其一定要证明给刘邦看的冲动，这事在心理学上其实是解释得通的。打破了第一道心理障碍，两个人在天下大势上相谈甚欢。于是，郦食其决定加入刘邦的队伍，后来郦食其成为刘邦外交战线上的一位重要人物。而且和郦食其一起归顺的，还有他的弟弟郦商，郦商率属下四千人马来投，也成为刘邦军队的骨干将领之一。

最为重要的一次人才引进，是张良。

此时此刻的张良，就在刘邦西行之路的颍川（河南禹州）怀揣着一颗复国之梦，陪着并没有太多号召力的战国贵族韩王成打游击。连续的失败，持续不断的拉锯战，耗尽了张良的耐心。这样的革命前途，未免太过渺茫。

于是，张良放弃了为韩王成"反攻复国"，转而加入到了刘邦的西行队伍。

郦食其和张良的及时加盟非常重要，因为此时的刘邦，人马不过万余人。在完全没有充足的兵源的严峻形势下，刘邦的行军计划一直坚持直奔崤函通道，继而沿着崤函通道西去入秦。刘邦进洛阳盆地，并非沿着豫西通道，而是迂回到了南部。但即便如此，要想进关中，他依然绕不开"豫西走廊"。虽然按照既定计划，刘邦就像前文讲到的李世民那样，扫清了洛阳城周围的几个重要据点。不过就在不久前，在洛阳东部战线上，刘邦刚刚被当地秦将击败。

刘邦这一路走来，只是凭借着各地秦将的防守漏洞，辗转腾挪，侥幸没有被剿灭。而如果再继续这样下去，攻洛阳攻不下，西去也没有胆，那就只能白白耗在洛阳盆地了。不过，好在郦食其和张良都是河南本地人，熟悉本地的风土人情，山川地理，他们能够帮助刘邦做更大方向上的战略规划。那么我们看当时的情况，刘邦的人马在洛阳以东，他可以有以下几种选择，如图 5-3 所示。

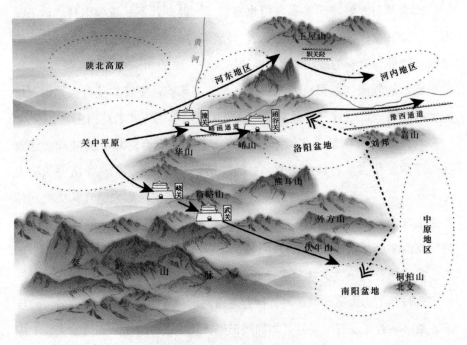

图 5-3　从洛阳到关中的地缘形势图

选择一，不管洛阳战败这件事，绕开洛阳直奔崤函通道。

选择二，步步为营，继续围攻洛阳郡，在拿下洛阳之后再走崤函通道。

选择三，南下南阳盆地，拿下南阳郡之后，绕道武关道进入关中。

选择一，需要承担的风险太大。

因为当初吴广西征，打不下荥阳的情况下，周文的二路大军绕开荥阳，直取关中，这是已经验证过的一个选择，是个死局。这次刘邦不仅没有打荥阳，反而是绕开荥阳，从洛阳盆地南部攻洛阳，结果洛阳也没有打下来。换句话讲，当时的周文进关中，身后埋着荥阳这个大钉子；而这次要想绕开洛阳，那么刘邦就需要同时面对荥阳、洛阳两个钉子。

选择二，刘邦的兵马不够。

当时狂生郦食其，就曾经直言不讳地嘲笑过刘邦的人马少。不仅人少，还都是乌合之众（"足下起纠合之众，收散乱之兵，不满万人，欲以径入强秦，此所谓探虎口者也。"《史记·郦生陆贾列传》）。凭借这帮子乌合之众，去攻打固若金汤的洛阳，胜算不大。

选择三，这是条野路子。

如果不是沿着黄河南岸走崤函通道直接进关中，而是南下绕路，出洛阳盆地往南翻过伏牛山，就是南阳盆地，从南阳盆地往西北，走武关过秦岭，就可以到达关中。但是我们这样讲，只是理论上的分析，实际上秦岭深处太过迂回，也太过险峻。

而且还有一点，刘邦那个时代的武关道，还处于相当原始的阶段，是在刘邦之后才扬名天下。在秦汉之前，也只是在秦楚争霸的时候，偶尔会有大军经过这里；秦汉之后的武关道，黄巢和李自成倒是曾经一头扎进这条路，而且李自成还在商洛山优哉游哉地讨女人生孩子。但是要知道，那都是泥腿子被政府军打得没有办法的办法，才钻进了秦岭深处，躲避人家的兵锋。你让刘邦带着号称楚军的正规军，往山沟子里钻？

但凡有别的选择，谁肯钻山沟子？

不过，好在刘邦同志是不顾面子、只顾里子的人。

实用主义至上的刘邦，综合考虑可能的战争成本，最终选择了武关道。

从淮北到山东，从山东到淮西，从淮西到洛阳，又从洛阳南下到南阳，刘邦的这个战略大迂回，迂回得让人眼花缭乱。所以我们才说，楚怀王的所谓"先入定关中者王之"，无论对项羽还是刘邦，都是一个惊天骗局。对项羽来说，是要项羽带着自己的精锐去跟章邯死磕；而对刘邦来说，不给主力，让刘邦自谋生路，还要起到战略牵制作用。万一最后在入关中的问题上出现矛盾，项羽刘邦还要找楚怀王裁决。

最后能够在这件事情上最大获利的，就是楚怀王。

重新制定了新的战略方向，刘邦的军队南下南阳盆地。在打不打南阳的问题上，张良坚持拿下南阳郡的核心城市宛城。于是，刘邦部队集中火力拿下宛城，消除后顾之忧。之后从南阳盆地出发，大军进入秦岭。

刘邦部队，先下武关，再克峣关。

神不知鬼不觉，刘邦的部队突然在蓝田出现。

公元前207年10月，刘邦军队攻破咸阳，秦王子婴投降，秦朝灭亡。

下克上

几乎是在刘邦军队攻破咸阳的同时，项羽的军队获得了对章邯大军的决定性胜利。

当时陈胜时期，最早的赵王武臣已经被部将杀死。而武臣的手下张耳、陈馀审时度势，拥立了新的赵王——赵歇。赵王歇的舒服日子并没有过多久，战神章邯就已经兵临城下。赵王歇君臣几个人，被章邯大军团团围在了巨鹿（河北平乡）。

当时楚怀王兵分两路西征北伐，北伐的主要战略目的，就是解巨鹿之围。

这支北伐的队伍出发后不久，戏剧性的一幕就发生了。

北伐的这一路统兵五万，宋义为上将，项羽为次将，范增[1]为末将。大军一路北上，来到了安阳这个地方。在具体的战略安排上，宋义和项羽发生了比较大的分歧：项羽认为应该尽快渡河，杀敌人一个出其不意，这样就能迅速解巨鹿之围；而宋义则坚持先隔岸观火，等到章邯和赵王歇互相消耗得差不多了，再坐收渔翁之利。宋义到底是说了算的，他既然这么说了，也就这么做了。宋义在安阳逗留，连续四十六天，饮酒作乐，只管听巨鹿前线的军情汇总。要知道当时已经入冬了，恰逢天降大雨，在安阳城中的士兵们没有足够的衣服御寒，不能够再拖下去了。宋义你可以在暖房内稳坐钓鱼台，但是当兵的可就熬不住了。当兵的熬不住，就有哗变的可能，更不用说提振士气去跟敌人玩命了。

项羽是个急性子，苦谏不成，开始动粗了。

---

[1] 范增（公元前277—公元前204年），居鄛人（今安徽巢湖西南）。秦末农民战争中为项羽主要谋士，被项羽尊为"亚父"。在鸿门宴上多次示意项羽杀刘邦，又使项庄舞剑，意欲借机行刺，终未获成功。后被项羽猜忌，辞官归里，途中病死。

最后项羽杀了宋义，提着宋义的项上人头发布了战时紧急指示。老大死掉了，老二就成了老大。应该来讲，项羽确实具备"下克上"的能力，就在几年之前，他杀掉会稽郡守助项梁起兵的往事还历历在目，今天宋义同志就已经身首异处了。但如果说下克上，已经成为一种习惯，那么这种不按套路出牌的工作方式，难免会引起大家的质疑，尤其是对顶头上司而言。

项羽接替宋义，成为新的北伐主帅。与此同时，他也成为了北伐楚军与诸侯联军的总元帅。不过，项羽并没有获得诸侯联军的广泛认可，基本上都是名义上配合项羽的行动。于是项羽率领本部人马，只携带三天军粮，渡过漳水，同章邯部队决战。

当时项羽的部队渡河以后，项羽下令将造饭用的铁锅全部打碎，这件事情后来也就被称为"破釜沉舟"；而当项羽对章邯总攻开始的时候，只有项羽的本部人马在拼杀，诸侯联军都在袖手旁观，这件事情后来则被称为"作壁上观"。有项羽本部人马破釜沉舟的革命精神，那么诸侯们的作壁上观也就无所谓了。最终，项羽大破章邯，章邯率部投降。

项羽依然没有按照套路出牌。

章邯投降之后，项羽杀掉二十万降卒。

杀降不祥，这件事情早在春秋战国时期就是已经约定俗成。当年违反此原则的秦国大将白起，后来落得个畏罪自杀的下场。项羽杀降的理由，是怕降卒太多，容易生乱。但这件事更从一个侧面说明，项羽事先并没有安置大量降卒的预案。也就是说，在项羽看来，战争只是一门打仗的艺术，需要的只是自己排兵布阵，对士兵和武器的组合使用而已。而和战争相关的后勤、兵源、管理、调拨、受降等，那并不是项羽关心的。

但不管怎么说，巨鹿之战的胜利，让项羽巩固了自己项梁接班人的地位。当时整个天下，能够对项羽构成实质威胁的，也就只有关中的刘邦。不过项羽并不这么想，在项羽心目中，刘邦只是一个平民造反起家的地方势力而已。刘邦和其他东方的所谓齐王、魏王、赵王这些草台班子，并没有任何实质上的不同。况且，如果刘邦割据一方，也并没有什么不好，项羽要实现的，正是重新分封诸侯的宏图霸业，只要按照这个剧本，天下大定则指日可待。然而，唯一让项羽感到有点恼火的是，刘邦居然敢先行攻破了咸阳城。这意味着刘邦已经对关中和咸阳进行了报复和劫掠，而这并不符合项羽的剧本。

项羽马不停蹄，剑指关中。他要去开创属于他的大场面。

战后会议

项羽为主帅，带领各路诸侯联军共四十万，走崤函通道，破函谷关进入关中。

当项羽进入关中的时候，他看到了一个与他的想象完全不同的景象。关中地区秋毫无犯，咸阳城完好如初，刘邦大军屯兵咸阳郊区的灞上，军队纪律也井然有序。

项羽感到了一种震撼，当然也有欣慰。在项羽的王霸事业中，这正是他想要的效果。诸侯的所作所为都必须符合他制定的行为规范，而只有霸主才可以不受任何条条框框的限制，为所欲为。刘邦此次进入关中，则是为其他诸侯起到了一次模范带头作用。刘邦这样的好同志，今后大会诸侯时，甚至可以作为先进典型做事迹汇报。而项羽心中膈应的楚怀王的那句"先入定关中者王之"，现在也再没人敢提了。

然而，项羽并不知道，匪气十足的刘邦也并不是善类。年轻时候就沉迷酒色财气，对咸阳城的花花世界岂有不动心的道理？只是能做大事的人，可贵的并非无欲无求，而是能够用自己的意志力克制自己的欲望。对于咸阳城的一切，刘邦最后听从了樊哙和张良的建议，同时又让萧何为部队起草了"约法三章"。正是这样，刘邦才能在极短的时间之内，赢得了关中父老的民心。

不过即便如此，项羽还是感到不放心，他要亲自试试刘邦这个人是不是甘心做诸侯，是不是完全按照剧本来演绎角色。于是，项羽在鸿门设宴，款待刘邦。这一次鸿门宴，与其说是一次宴会，不如说是一次面试，一次项羽对刘邦的面试。

这一年的项羽二十六岁，而这一年的刘邦五十岁。

刘邦心里很清楚，鸿门宴是非去不可的。

原因一个是，自己尚未在关中站稳脚跟，实力也还不够跟项羽掰手腕，项羽带了40万大军入关，而自己手上充其量只有10万人；此外，项羽此次前来，不是代表他自己，而是代表整个诸侯联盟。比如随同他一起进关的，还有南方的吴芮、英布，北方的张耳、田市等地方势力。得罪项羽，就是得罪天下诸侯。还有一个原因是最关键的，刘邦对自己的人身安全心中有谱。刘邦和项羽曾经在项梁手下做过同事，刘邦大概知道项羽性格中的那么一点狂傲。毕竟当时的天下共主是楚怀王，而楚怀王曾经有过"先入定关中者王之"的承诺，如果杀掉刘邦，那么项羽也必然会在各路诸侯面前失去信誉。

　　所以，鸿门宴就算是龙潭虎穴，刘邦还是硬着头皮去了。陪同刘邦的，是一文一武，张良和樊哙。在鸿门宴的现场，项羽的谋士范增几次暗示项羽不要放走刘邦，或者干脆当时就杀掉刘邦，但项羽最终并没有听从范增的劝告。宴席险象环生，但樊哙的勇敢、张良的机智，最终让刘邦全身而退。通过这场鸿门宴，刘邦通过了项羽的面试，同时也为自己获取了极高的政治加分。

　　鸿门宴之后，项羽进入咸阳城。

　　在项羽的概念中，只有铁和血，才能够震慑敌胆。之前的会稽郡守是，大将宋义是，坑杀的20万降卒也是。于是，按照项羽脑海中已经彩排过很多次的想法，诸侯联军有计划地对咸阳进行了劫掠，对秦王宫进行了焚烧，同时杀掉了已经投降过刘邦一次的秦三世子婴。

　　一切尘埃落定之后，项羽开始了那个自己奋斗一生的大场面——分封诸侯。

　　这个场面，项羽的脑海中已经期待了太久太久。

　　秦朝灭亡，分封诸侯，恢复旧时诸侯秩序，一切都看来很完美。项羽就像一个任性而浮夸的导演，给每个演员都分配了角色，想让每个角色都按照事先制定好的台词和剧本来演绎剧情。不得不说，项羽是革命理想主义的典型代表。

　　项羽遥尊楚怀王熊心为"义帝"，自封为西楚霸王，又一口气分封了十八路诸侯。其中刘邦为汉王，章邯为雍王，司马欣为塞王，董翳为翟王，魏王豹为西魏王，申阳为河南王，司马卬为殷王，赵王歇为代王，张耳为常山王，当阳君英布为九江王，吴芮为衡山王，共敖为临江王，韩王成仍为韩王，燕王韩广为辽东王，臧荼为燕王，齐王田市为胶东王，田都为齐王，田安为济北王。

看似每个人都皆大欢喜，但诸侯入选的标准，全凭项羽个人好恶。而且这其中忽略了三个问题，第一个，随同他入关中的诸侯联盟，有很多人在封地名不副实。比如田市虽然被封王，但他在齐国的人脉和威望远不如田荣。第二个，有很多地方军事实力派，因为没有随同项羽进关，没有得到任何封赏，比如山东的彭越。此外，有人虽然得到封赏，但封赏却无法匹配战功。比如先破关中的刘邦，仅仅捞了个"汉王"，封地也在偏居一隅的巴蜀和汉中。不仅如此，项羽还把关中一分为三，封雍王章邯、塞王司马欣、翟王董翳（yì），利用地缘上的优势，用来监控汉王刘邦。见图5-4。

一句话，在项羽主持之下，诸侯分赃不均，公元前206年的这一次战后会议，只是为下一次更大规模的内战储备力量而已。

图 5-4　项羽分封诸侯示意图

值得一提的是，这次分封诸侯之后不久，项羽再一次以下克上，派新上任的临江王共敖、衡山王吴芮、九江王英布，杀掉了义帝熊心。项羽本人也并没有在关中逗留太久，就急匆匆回到自己的故乡彭城（江苏徐州）定都，安心做起了西楚霸王。在项羽眼中，取代秦朝而在关中自立，远不如衣锦还乡所带来的那种快感（"富贵不归故乡，如衣锦夜行，谁知之者？"《史记·项羽本纪》）。就像孔雀爱惜自己的羽毛，更胜过得到果腹的食物。项羽并不在乎实际利益，反而更加在乎作为统帅的名誉和荣耀——即便只有刹那。

还定三秦

刘邦受封汉王，采邑在巴蜀和汉中。

尽管对于战后分赃会议的结果颇有微词，但汉王刘邦还是不得不接受了这个结果。他对于项羽的色厉内荏已经了如指掌。所以，一切安排都只是暂时的。现在的刘邦，需要积蓄力量，静待时局变化。条件艰苦的芒砀山打游击，尚且能够坚持两年，如今有了一个稳定的后方根据地，更是不在话下。所以，既来之，则安之。

岁数大了的浑不吝心境，不是年轻后生所能够揣摩的。

巴蜀早在战国秦国的时候，就已经得到了全面的开发，到秦末的时候，俨然已经成为富庶的鱼米之乡。而汉中盆地，则更是传统的粮食产地。刘邦在这里可以补充大量的军需给养。同时，汉中和巴蜀因为古代地理环境的闭塞，在秦末天下大乱中得到了难得的清净，刘邦的军队在这里得到了最大程度的休整，同时补充了兵源。

更加重要的是，刘邦在这段略显平淡的日子里，遇到了一位不世出的天才统帅——韩信。[1]

韩信的优点和缺点一样明显。

优点是他遇事总能够想到万全之策，在之后带兵打仗的过程中，这种性格特质让他几乎白战不殆。缺点当然也跟性格有关，韩信总是在决定自己前途的选择上犯犹豫，瞻前顾后的性格让他在一众同事面前显得极其

---

[1] 韩信（约公元前231－前196年），汉族，淮阴（今淮安市淮阴区）人，西汉开国功臣，中国历史上杰出的军事家，与萧何、张良并列为"汉初三杰"。汉四年，韩信率兵击齐，攻下临淄，并在潍水全歼援齐的二十万楚军。次年十月，韩信围歼楚军，迫使项羽自刎。汉朝建立后，吕后与相国萧何合谋，将其骗入长乐宫中，斩于钟室，夷其三族。

异类。

其实这个不难理解，有很多人，小到棋局，大到职场，都能够叱咤风云，但轮到自己做关键选择的时候，却每每坐失良机。他们把每一件事情都当成项目来运作，用项目管理的维度综合评判整件事情，这让他们经常立于不败之地。但命运绝不是这样算计得来的，很多时候，生活的赢家，往往是刘邦这种顾虑较少，遇事迅速决策的人。

刚刚到巴蜀之地的时候，韩信就犯了一次混。因为不被重用，同时感到革命前途无望，韩信在一个晚上偷偷地开了小差。这件事情被萧何发现，他当天晚上快马加鞭把韩信追了回来。这件事情，后来被称为"萧何月下追韩信"。

也恰是因为这件事情，韩信引起了刘邦的注意。他们二人才展开了一次关于汉王江山如何打，并且能够打多久的大讨论。这次对话的结论，韩信认为汉王是关中民心所向，而项羽则渐渐失去人心，东出平天下那是迟早的事，也是肯定能够成功的事。事实上，从这次对话开始，刘邦终于下定决心找准时机，东征以定天下。

不过还没等刘邦东征，因为战后分赃不均，关东诸侯很快就出事了。

公元前206年5月，山东的田荣赶走了齐王田都，杀掉胶东王田市，自立为齐王。关中分封诸侯之后，田荣显然是第一个拿错剧本的演员。已给自己定义为"天下诸侯秩序维持者"的项羽，不敢怠慢，亲率大军镇压。

关东出事了，关中也不消停。

首先关中的三个王，封的就非常不合理。见图5-5。

从地缘上来讲，关中平原是个自成一体的人口地理单元，你把整个关中平分给了章邯和司马欣，这就摆明了让两个人互相感觉不爽。而且这样切分成了两部分，也很难攥成一个拳头对付刘邦。这样搞的话，就和项羽离开关中前的战略构想背道而驰了。这还没有算上陕北那边的翟王董翳。

再说人员构成。

司马欣和董翳两个人本来就出自章邯的秦军部队，等于三个人是同一个部门的上下级。正是由于三个人都出自秦军，后来关中大地这边，又被

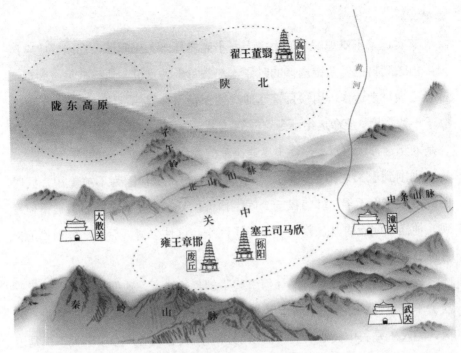

图 5-5　三王分封示意图

称为"三秦"。有这样关系的三个人，假设能够抱团对外，那武林盟主项羽的秩序就被破坏了；而如果反过来，三个人如果经常闹内讧，那么刘邦就有隙可乘了。

里外里，吃亏的都是项羽。

所以说，项羽对关中这样的安排，确实是心太大了。

实际上，刘邦这边，也正是利用了这一点。

公元前 206 年 10 月，刘邦拜韩信为大将，曹参、樊哙为先锋，兵出陈仓道，谋取关中。用了八个月的时间，刘邦部队扫平三秦势力，章邯自杀，司马欣、董翳投降，关中尽为刘邦所得。从此关中成为刘邦稳固的大后方，源源不断的粮草和兵源，支撑着刘邦一统天下的战争。

公元前 205 年 3 月，刘邦以为"义帝"报仇的名义，联络天下诸侯，正式向项羽宣战。兵出函谷关，一路向东。

下邑之谋

在开战初期，刘邦的斩获颇丰。

沿黄河北岸一线的魏王豹、河南王申阳、韩王郑昌、殷王司马卬，这些既没有实力又缺少气节的诸侯王，纷纷投降刘邦。自立为王的齐王田荣，赵王歇，则呼应刘邦的起兵。一时之间，从东到西，"反楚联盟"的诸侯们，沿着黄河贯穿了整个中国北方，而刘邦则集合了诸侯国联军整整56万军队，直指楚国的都城——彭城。

所向披靡的胜利，让刘邦颇感意外，但他没有想到，更大的意外还在后边。

公元前205年4月，趁项羽的主力部队深陷与齐王田荣的战争泥潭无法脱身，刘邦大军没有遇到太多抵抗，就攻占了彭城。巨大的胜利之后，刘邦开始以天下诸侯共主自居，俨然项羽第二。年过半百的刘邦，在彭城大摆筵席，大肆搜罗美女，积攒了半辈子的恶习都在这一次胜利之后总爆发。

不过，短暂的胜利背后，蕴藏着巨大的危机。这支部队虽然已经占领楚国的都城，但却远远没有遇到过楚军主力，根本没有受到真正的考验。诸侯军队各自为战不说，连最基本的协调统一都成问题。由于各诸侯孤军深入，粮草军饷的调拨已经开始出现短缺的情况。最最关键的一点，这支临时拼凑的军队，大部分的士兵是步卒，军中能够用作战斗的马匹少之又少。

诸侯们狂欢的时候，项羽的军队悄悄在一个拂晓，逼近了联军大营。

刘邦没有想到的是，项羽在齐国战场以迅雷不及掩耳的速度回师。让他更加没有想到的是，项羽这一次只带了骑兵三万。

三万对五十六万，这是一场冷兵器时代世界战争史的奇观。

战争过程呈现出极其不对称的一边倒。项羽的三万骑兵，气势如虹，如入无人之境，诸侯联军的56万人一触即溃。项羽不仅收复了彭城，而且之后率领骑兵，穷追刘邦。广袤的黄淮平原，成为项羽的狩猎场，刘邦军队如惊弓之鸟，慌不择路。在一些短兵相接的战斗中，项羽的骑兵甚至不用动手，只需要将惊恐万状的步兵们驱赶到河边，刘邦的人马就开始自我践踏，躲闪不及的就掉入河流中溺死。这场追逐的游戏，从彭城追到谷水（今安徽符集），之后又被驱赶到泗水（今江苏徐州东），之后又被追赶到睢（suī）水（今安徽宿州）。

战役结果。刘邦的56万大军，阵亡的有20多万，其他的作鸟兽散。最后跟着刘邦逃出重围的，只有十几个骑兵。慌乱奔逃之中，刘邦的父亲刘煓（tuān）、妻子吕雉被项羽生擒活捉。

刘邦这次，算是彻头彻尾地完败。战后，几乎所有的诸侯又都重新投回到了项羽的怀抱。从这一刻开始，刘邦又陷入了咸阳会议后的窘境——项羽功高盖世，从者云集，而自己孤立无援，孤掌难鸣。刘邦此前所有的努力，现在看来都已经毫无意义。然而出人意料的是，大胜之后，项羽却没有选择乘胜追击，

心灰意冷的刘邦，一路收拾残兵败将，逃到了下邑（今安徽砀山）。支撑刘邦的，只剩下了信念。他的信念也没那么伟大，只有简单的一句话：留得青山在，不愁没柴烧。

应该说，这次战争对刘邦的打击是空前的。他从一个沛县泼皮一路走到了今天，一无所有的时候他浑不吝，因为他不怕失去；遇到挫折的时候他玩世不恭，因为他知足常乐。然而，短短一个月内，率诸侯联军，攻破敌人首都，突然攀上人生巅峰之后又突然坠落谷底，这种滋味确实不好受。在下邑的一次军事会议中，万念俱灰的刘邦说，关东地区我也不想要了，谁如果能为我出力，我就把关东给谁好了（"吾欲捐关以东等弃之，谁可与共功者？"《史记·留侯世家》）。

这个时候，从人群中站出来一个人，这个人正是张良。

张良为刘邦分析，虽然诸侯已经树倒猢狲散，但是依然有三个人可以用。一是在彭城之战前后，首鼠两端的九江王英布；二是在项羽关中封侯的时候，遗漏的实力派彭越；三是刘邦的大将韩信（"九江王黥布，楚枭

将，与项王有郄（xì）；彭越与齐王田荣反梁地：此两人可急使。而汉王之将独韩信可属大事，当一面。即欲捐之，捐之此三人，则楚可破也。"《史记·留侯世家》）。这件事情，被后世史书称为"下邑之谋"。

其实如果同项羽相比，刘邦并不会打仗。然而难得的是，刘邦往往从善如流，更加难得的是，刘邦能够在战争中学习战争。在彭城之战中，至少刘邦学到了三件事情——第一，诸侯是靠不住的。所谓人不为己，天诛地灭。从这个意义上来讲，几乎所有的诸侯都是墙头草。所以诸侯联军也不过是乌合之众，求人不如求己。第二，进攻的成本是高昂的。除非有十足的把握歼灭敌人，如果在黄淮平原上长驱直入，粮草供应很难协调，而一旦失败则很容易成为流寇。第三，攻城略地固然重要，但是如果不能消耗掉敌人的有生力量，那么占领再多的城池，即便占领对方的首都，也没有任何意义。

痛定思痛，刘邦的彭城之战，输得很值。

他先后做了几个部署，第一个就是退守荥阳。见图5-6。

前文我们曾经分析过，出函谷关往东，就是豫西通道。豫西通道基本是沿黄河南岸，其中最重要的地理单元，就是"洛阳盆地"。洛阳盆地，在地缘上来讲，属于缩小版的又一个关中。这片盆地西有函谷关，东有虎牢关（成皋），南有伊阙雄关，北有邙山和孟津黄河天险。

站在刘邦的角度，洛阳盆地就是离自己最近的根据地，也是他下一步出击中原的桥头堡。退守洛阳盆地，是刘邦军队获取来自关中、巴蜀源源不断粮草兵源的不二选择。沿黄河南岸，自西向东，有巩县、成皋、荥阳三大坚城，荥阳是最靠东边的一个，而且最关键的是，荥阳东北的敖山上，有来自陆路和黄河漕运的粮草库——敖仓。

有了荥阳和敖仓，就可以保卫洛阳盆地，有了洛阳盆地，也就有了基地。有了基地，才可以最大可能地接受来自于关中和巴蜀的援助。这套逻辑，深深地刻进了刘邦的内心深处，尤其是在彭城大败之后。

刘邦的第二个部署，派韩信北伐，开辟北方战场。

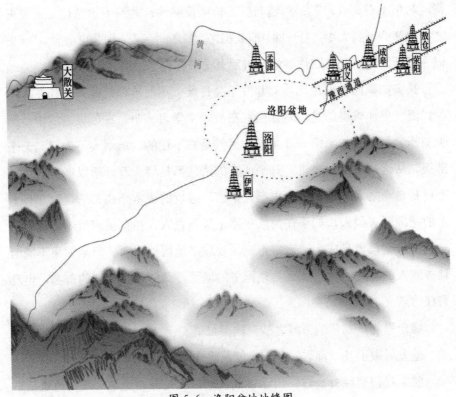

图 5-6　洛阳盆地地缘图

这个部署的高明之处在于，刘邦对诸侯们的心理把握得十分到位。虽然这个时候，几乎所有诸侯都转投了楚国阵营，但诸侯们并没有特别坚定的政治立场，在局势尚未完全明朗的情况下，他们一定不会死心塌地地追随刘邦或项羽中的任何一方。所以，刘邦并不奢求诸侯们能够助其一臂之力，只要他们不起兵针对自己，就是最好的立场。也就是说，派出韩信的军事行动重在威慑，意在告诉北方诸侯们，不动最好；动，就打你打到灭国为止。

派出韩信去北方扫荡，相当于一个放大版的"围城打援"。灭蜀之战中的姜维，曾经在汉中采用过这种策略，放魏军进来围攻汉、乐二城，然后再在外围进行游击。然而，魏蜀双方实力的悬殊，让这种战术在钟会大军面前是失效的。不过韩信这一次的北方战场，却截然不同，同时诸侯们在面对汉军时的战斗意志，也是值得怀疑的一件事情。

不过这个部署的关键点在于，作为"肉包子"存在的刘邦，是否能够有足够的决心来顶住项羽的进攻。从而在时间上，能够足够撑到韩信反戈一击的那一刻。

刘邦的第三个部署，按照张良的想法，拉拢彭越和英布。

在彭城之战中，刘邦的心灵遭到深深的创伤，在关东一马平川的大平原上，几乎无险可守。如果有骑兵在手，那么几乎所有的方向都可以作为进攻方向。然而这一点又极大地启发了刘邦。如果有这么一支力量，纵横驰骋在山东，河北和苏北的平原上，那么项羽必然不能首尾相顾。而还有很关键的一点，如果说关中、巴蜀是刘邦的粮仓，那么山东、河北、苏北则恰恰是项羽的粮仓。所以，拉拢彭越的目的非常明确，断项羽粮道，让楚国士兵和马匹吃不上饭。

英布的情况比较特殊。

2000多年前，秦朝末年的南方，相对于当时的北方来讲，更多的是不毛之地，开发的程度较差，所以远远谈不上兵家必争之地。而当时南方的几个诸侯，其实是被项羽道德绑架过的。当年参与杀义帝熊心的计划，临江王共敖、衡山王吴芮、九江王英布三个人都有份。也正因为如此，项羽眼中的南方，是自己理所当然的"基本盘"。

然而，英布是一个心怀异志的人。英布早年作为刑徒，曾经在修筑骊山陵墓的工程中做劳改犯。英布的朋友圈，大部分是朝廷重犯、江洋大盗之类的角色。所以，英布这个人下手狠辣，不按套路出牌。正因为这点相似之处，项羽当年也颇为看重英布。比如当年坑杀章邯部队的二十万秦军降卒，实际执行者就是英布本尊。然而，英布在彭城之战中的举棋不定，让项羽对英布的忠诚产生怀疑，进而开始进行赤裸裸的武力威慑。

公元前205年7月，彭城之战后的第三个月，英布叛楚投汉。

英布的投敌，在项羽看来，并不是一个太大的问题。因为这个时候，英布已经被项羽击溃，异常狼狈地离开了自己的封地九江。既然英布败逃到荥阳，那就刚好把刘邦和英布一勺烩了。项羽的盘算，并没有像刘邦那样远大，他压根没有想到过要建立一个集权的中央政府。一年前在咸阳，他曾经有过这样的机会，但他并没有这么做。不仅如此，项羽也没有欲望为自己建立一块稳固的根据地，进行有效管理，并推行赋税和徭役。项羽的核心问题只有一个，那就是刘邦，只要快速拿下刘邦，其他的诸侯们自然慑服，到时项羽自然会还给天下人一个太平世界。

不过，和项羽设想的不太一样，豫西通道上的荥阳之战，其困难程度远远超过了项羽此前所经历的巨鹿之战或者彭城之战。根本原因，在于刘项二人对于这场战役认识上的巨大差距。

项羽要速战速决，刘邦要以拖待变。

项羽要取刘邦项上人头，刘邦要为项羽做一个合格的肉包子。

决胜荥阳

关键是，项羽和刘邦之间，还隔着一个萧何。

萧何在沛县"组织部"做公务员期间所锻炼出来的组织才能，终于可以大显身手。萧何在关中制定典章制度，颁布利民政策，在几年的战乱之后，重新让关中农业恢复活力。在刘邦彭城大败之后，萧何用了很短的时间，募集大量关中兵源，使汉军重整旗鼓；此外，关中的粮草，也源源不断地通过陆运和漕运输送到楚汉相争的前线。陆运就是走传统的崤函通道，而漕运则是沿黄河顺流而下，到荥阳的敖仓做战略储备。

话说漕运这种运输方式，跟陆运相比具有划时代的意义。古代的陆路交通，受限于工程条件，条件极其艰苦。所以连平时听大人讲故事的三岁孩童，都知道"兵马未动，粮草先行"的基本道理。古代战争的陆运是一件极其坑爹的事情，基本靠马拉骡运，肩扛人抬，所以消耗的人力畜力是海量的，而这些人力畜力路途中消耗的粮食也同样是海量的。长距离、大规模战争，运送粮草的人力马匹，光是在路途上的消耗，可能就占到了所运粮食十之八九了，能够运送到前线的几乎微乎其微。古代战争，十万人运粮，一万人打仗的事，并不稀奇。即便是到了近代战争，陆路交通和运输工具大大改进的情况下，这种情况也没有得到大规模改善，比如解放战争中的淮海战役，解放军兵力60万，但是光是动员运送后勤物资的民工，就动员了543万人之多。

漕运也就是通过河流来运输。这种方式在中国首次应用在战争中，零星可见于春秋战国时期，而大规模的应用，则是在十几年前的秦始皇时期。不管北征匈奴还是南征百越，秦军都应用了当时最先进的漕运和运河开凿技术。不过萧何作为后生晚辈，居然在秦始皇去世之后不久，就用这种最现代的后勤补给方式来大规模武装部队，只能说汉军打仗，已经结合了当时最先进的科技知识。所以，荥阳既是豫西通道的门户，同时也是黄河漕粮的重要基地。荥阳兵守敖仓粮，敖仓粮养荥阳兵，两地互为犄角。因此，刘项在荥阳对峙，不是历史的偶然。

公元前 205 年 12 月，项羽亲率大军围困荥阳，荥阳之战爆发。

项羽手中没有萧何这张牌，但是他自信能够凭借硬实力迅速击败刘邦，但他显然低估了敖仓、荥阳、成皋、巩县……这条沿黄河一字排开的"链式防御体系"的威力。刘邦在荥阳布设重兵，一定不是想和项羽决一死战。作为一个合格的肉包子，在西线只需要死死拖住项羽，消耗项羽的有生力量就是胜利。剩下的事情，交给韩信和彭越他们去做吧。当然，消耗有生力量不假，以空间换时间也不假，这条链式防御体系的荥阳、成皋都可以丢，但是刘邦的底线是巩县。巩县一丢，则洛阳盆地不保，洛阳盆地不保，则关中就危险了。

就打仗本身而言，项羽手上也不是没有牌，比如谋士范增就是。在鸿门宴上，范增的计谋虽然功亏一篑，但是这一次，范增不想再让刘邦逃走。不过可惜的是，这位年过七旬的倔强老人，在荥阳之战刚刚开始，就和项羽发生严重争执，负气离开了楚军。

荥阳之战，整整持续了八个月。战争就像一个绞肉机，楚汉双方的士兵不断地投入战斗，又不断地被抬出来或者就地埋起来。刘邦的士兵们倒下了，来自关中、汉中还有巴蜀的新兵们，可以接过前辈的枪。甚至韩信在北方战线的俘虏，也可以送到荥阳的前线充当炮灰。而粮食消耗光了，黄河漕粮可以源源不断地供应，刘邦军队甚至还在敖仓和荥阳之间，修筑了专门运粮的"甬道"，以此保证持久战的需要。反观项羽，就没有这么幸运了，在他的后方是一望无际的大平原，几乎无险可守。反复无常的各路诸侯，在韩信强大的军威之下，有一些被迫卷入战争，比如燕王臧荼、常山王张耳。另外，刘邦派大将灌婴，率一支机动性极强的骑兵反攻项羽后方，配合东线战场提前埋下的钉子彭越，不断地滋扰着项羽的运粮部队。

不过，随着战事的不断扩大化，刘邦的日子也没有好到哪里去。敖仓到荥阳的甬道不断被攻破，破了补，补了破，如此反复争夺，城内守军的粮草也渐渐开始出现短缺。

　　在刘邦的很多很多个人生信条中，其中有一条，刘邦一直在坚决执行，那就是"打得过就打，打不过就跑，跑不远接着跑，跑远了再接着打"。这一次，也不例外。公元前204年4月的一天，刘邦利用城内将士的掩护，城内妇女的迷惑，趁着夜色逃出了荥阳城。同年7月，荥阳城破。

刘邦称帝

就这样，在敖仓、荥阳、成皋、巩县一线，项羽和刘邦反复争夺，很多堡垒几易其手。项羽虽然胜多负少，但被消耗了大量有生力量；刘邦虽然胜少负多，但是好在作为肉包子的本钱没丢，年过半百的猥琐老头，越活越精神。项羽的军队即使已经兵临巩县城下，却依然没有冲破刘邦的最后一道防线。在这种拉锯式的攻守游戏中，时间过去了两年多。

在这两年多中，全国战局发生了很多显著性的变化。

在北方，韩信大军如摧枯拉朽，席卷宇内，几个比较大的诸侯，如魏、赵、燕、齐相继被韩信平定，辽东、河北、河东、河内、关中、汉中、巴蜀……汉军版图从北到西连成一片；在南方，英布奉刘邦之命到九江一带招罗旧部，逐渐也形成规模，持续对项羽施加压力；在东部战线上，以彭越为代表的敌后武装，声势浩大，让项羽焦头烂额。

当刘邦的各路势力，逐渐从东西南北四个方向上悄悄对项羽形成压力的时候，项羽才渐渐意识到，自己已经在不知不觉中陷入了死棋境地。这个残局不仅无法破解，而且看起来，刘邦的胃口不止是建立王霸之业那么简单。

项羽感到脊背发凉，他再也没有心情围攻肉包子囤积重兵的豫西防线，他要回彭城。回到当初那个梦开始的地方，在那里，他想静静。

公元前203年8月，楚军消耗掉最后一点军粮，主动提出同刘邦议和。议和的结果，双方以鸿沟为界，中分天下。鸿沟这个地方，也在荥阳，换句话讲，当年项羽带着彭城之战的余威，雄心勃勃地来和刘邦争夺天下。打了两年多，结果纹丝不动，还是在原地踏步。不仅如此，之前已经被自己摆平的诸侯们，如今死的死，降的降。放眼全国，公开支持自己的诸侯，只剩下了临江王共敖、衡山王吴芮这两个在政治上有污点的人。而且这个所谓的"中分天下",几乎算是对自己的嘲弄罢了,因为当时所谓的天下,只剩下了起家的江淮地区还在自己手中,其他四个方向上的国土,都在名义上推刘邦为天下共主。

项羽感到无限的悲凉,一种英雄末路的悲凉。议和之后。同年九月,作为善意的体现,项羽释放了被关押两年半的刘邦家人。十月,项羽撤军。但气势正盛的刘邦,当年就撕毁议和协议。像刘邦这样的性格,一旦得势,他一定不会放过稍纵即逝的机会。而且,刘邦这种不讲诚信的决定,也绝对不会因为父亲和妻子的回归,而产生任何道德上的负罪感。此时的刘邦,早过了知天命之年,他从童年到青年,曾经信奉过很多东西,但现在的他,只相信实际。

其实,西楚霸王项羽,在这一刻已经失败了,从精神上已经垮掉了。

公元前202年12月,垓下(今安徽省灵璧县)。

两个月之前,刘邦的大将灌婴,在敌后战场上攻占了项羽的首都彭城,项羽已经退无可退。此时此刻,刘邦、韩信、彭越、英布的四路大军,加上很多趁火打劫的诸侯们,完成了对项羽部队四面合围。

刘邦的部队60万,项羽的部队10万。

刘邦的部队,不是三年前那个56万的乌合之众,而是在内战中摸爬滚打了四年的老兵油子;项羽的部队,也不是当年西楚霸王率领的雄姿英发的三万骑兵,而是士气低迷到了极点的受伤的野兽。

刘邦部队担任主攻的,是一生用兵如神,攻必克战必胜的韩信。

当世还活着的两大战神,韩信和项羽的正面对决,让人充满期待。但遗憾的是,这是一场来得太迟的大餐,一场严重非对称的战役。此时的战役,已经没有了任何战争中的艺术元素,诸如地形、粮草、阴谋、武器、阵法,都已经被抛之脑后。剩下的只有喊杀、对冲、杀戮、流血、哀号……汉军的恃强凌弱,楚军的困兽犹斗。汉军虽众,但楚军并没有丢掉勇气,连番冲杀,也让汉军损失惨重。战斗结束,楚军只剩下了一座孤零零的垓下城,四周黑压压都是汉军的旗帜和长矛。

汉军弟兄中,同样也有大量的楚人。当夜晚来临的时候,垓下城周围响起了楚国的歌谣。黄淮平原的初冬，寒风阵阵，垓下城内，一片萧瑟。

在这种肃杀之气中，项羽悄悄地挑选了他手中能够聚齐的最精锐的八百骑兵。打开城门，杀出重围。经过一昼夜的浴血奋战，最终项羽单人独骑来到了乌江（今安徽和县）边上。最终，西楚霸王项羽在这里拔剑自刎。

历时四年的楚汉之争，以刘邦的全面胜利而告终。

我们复盘一下刘邦和项羽的楚汉之争。

刘邦当然不是一个完美的人，不仅不完美，他还痞气十足，在个人品德上有很多让人不齿的地方。但在面对理想主义者项羽的时候，刘邦的优点尽显，最终取得了全面胜利。

身在乱世，业务能力的高低多半是以带兵打仗的水平而论，从这个角度上讲，刘邦的业务能力远不如项羽。更不用提相差二十四岁的年龄，二人在体力和精力上的巨大差异。

不过作为领袖人物，刘邦和项羽的差距，主要体现在管理能力上。

管理其实并不难，只有四句话：有足够号召力招到合适的人；合适的人在合适的位置上；合适位置上的人做合适的事情；合适的事情得到合适的回报。

简单的四句话，很多管理者却做不好。

项羽的号召力不错，但他几乎把管理者所犯的错误犯了个遍。分封诸侯，不能把合适的人放在合适位置上，合适位置上的范增又无法做合适的事情，做了合适事情的英布，又没有得到合适的回报。反观刘邦，他的号召力也足以让他招揽到足够的人才，关键是物尽其用，张良、韩信、萧何……合适的人在合适的位置上，各司其职，使得汉军就像一架战争机器一样完美地运转。

因此，我们只能说，作为一个糟糕的管理者，项羽输得不冤。

公元前202年2月，刘邦登基称帝，定国号为"汉"，史称汉高帝。

刘邦的称帝，是中国历史上划时代的一件大事。汉代继承了秦代的很多优秀基因，延续了一个强大王朝的大一统国家形式。汉代创立了很多新的典章制度，其中有很多在此后延续千年。更加重要的是，大汉王朝给了华夏民族一个新的名字——汉族，从此以后，"大汉民族＋大一统＋儒家文明"成为一个文化符号，正如欧洲中世纪各国的"罗马文化＋封建制＋基督教文明"一样，中华文化成为中国乃至东亚都共同信奉的普世价值观。

　　正因为如此，之后的一千多年中，刘氏汉朝的影响力经久不衰。刘氏后世子孙薪火相传，甚至有异族冒认称帝，成为中国历史中一个独特的文化现象。

第六章
刘秀——情之承诺

绿林军的这种做法，等于是开启了一种模式——农民军+刘氏子孙=大汉正统。换句话讲，这是商战中，小工厂的产品，贴大品牌的牌子的竞争模式。

中国古代一直都有"山河形便"的说法，所以行政区划基本上就同地理人口单元相匹配。但这种行政划分方式有着天然的缺陷，就是地方的行政长官非常容易利用山河阻隔形成独立王国。尤其是到了王朝末世，藩镇割据或者军阀混战，很多时候都是由于山河阻隔形成的天然屏障割据造成了。

公元25年六月，刘秀在河北鄗城（今河北柏乡）称帝，仍然定国号为"汉"，史称东汉，改元建武。刘秀的复汉工作办公室，终于正式挂牌成立。

王莽的失败

依靠着姑母王政君的提携，也依靠着自己作得一手好秀的本事，王莽终于登上了梦寐以求的帝位。这一年，是公元9年，距离汉高祖刘邦创建汉朝，已经过去了两百多年。

成功登基的王莽，心里并不轻松。作为汉帝国的大管家，他清楚地知道这个国家的问题在哪里，也知道自己身上的担子到底有多重。在过去的几十年中，不管是元帝、成帝、哀帝、平帝，都没有解决当时社会的几个核心问题——土地兼并，农民破产，物价飞涨……王莽能够成功地对大汉王朝进行和平演变，上台执政，除了依靠权术之外，其中还有一个重要原因，社会矛盾积重难返，让有能力且有口碑的王莽上台，成为众望所归的一件事情。不过，这种"众望所归"的另外一层隐喻，就是如果万一处理不好社会问题，那么大家对王莽的信任只会一点点崩溃，而对他篡夺皇位的道德质疑，则会一点点愈演愈烈。

非常不幸地，王莽看到了社会的弊病在哪里，但是开出的药方却完全不对症。比如针对土地兼并，王莽开出的药方是恢复"井田制"。然而我们曾经在前文中分析过，这个井田制恰恰是因为不符合社会潮流而被淘汰的一种旧制度，如今拿出来解决当下的社会问题，无异于刻舟求剑。比如针对农民破产，卖身为地主的家奴这种情况，王莽要求在全国范围内禁止买卖奴婢。不过这个措施治标不治本，家奴的身份并不会因此而改变，而实际的家奴生意也从来没有得到抑制。又比如针对商业中的盘剥和高利贷等问题，王莽首创了"五均六管"制度。简单点讲，设置类似于我们今天工商局、物价局的政府监管机构，来统一管理市场。此外，对盐、铁、酒等重要产品的交易，收归国有。改革货币制度，抑制通货膨胀等。

很显然，在距今将近2000年的古代社会中，王莽实施了很多明显带有超越王莽所在时代的改革行为，而当时的政治制度却完全无法保证这些改革的顺利推行。比如所谓的"五均六管"改革，王莽所设立的"司市官"（工商局或物价局局长）们，最后却成为商品交易中的一道壁垒，一个损公肥私的黑洞。王莽的改革不仅没有解决社会矛盾，反而起到了抱薪救火、扬汤止沸的作用，更加激化了已经非常微妙的社会矛盾。

改革的失败还不是最可怕的，随之而来的天灾人祸更可怕。王莽即位之后，先后因为一些毫无意义的借口，同匈奴和高句丽这些北方游牧民族开战。在战争无法速胜的情况下，新莽在北方边境长期保有了一支几十万人的常备军。这支常备军的存在，让王莽的国库陷入困顿不堪的境地。此外是天灾，在王莽上任之后，一直没有解决好黄河水患问题。王莽执政几年之后，全国范围内又开始发生旱灾、蝗灾和瘟疫。在老百姓已经走投无路的情况下，王莽居然别出心裁地发动老百姓用草根来煮汤，显然这是当政者本人罔顾事实的一种想象而已。

公元17年，荆襄地区的绿林起义爆发；公元18年，中原地区又爆发了赤眉起义。与此同时，当时受灾尤其严重的河北地区，如铜马、青犊、高湖这样的十几股起义军，上百万人参与到了同官府和地主富农武装的战斗中去。一时之间，新莽王朝统治的中国大地，狼烟四起。见图6-1。

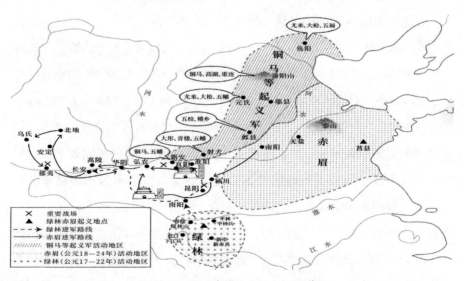

图 6-1　绿林、赤眉、铜马起义形势图

娶妻当得阴丽华

在一众农民起义当中，汉朝刘氏宗室的子弟们也看到了改朝换代的希望。而且，比起泥腿子们"吃上一顿饱饭"的革命动机，宗室子弟们的"人心思汉"，显得更加有说服力，也更加能够引起知识分子的共鸣。

刘秀就是这样的一位宗室子弟。

刘秀是刘邦的九世玄孙，祖上刘发虽然是庶出，但却是如假包换的皇室血脉。从先人刘发被分封为长沙定王开始，遵循汉武帝确立的"推恩令"原则，刘发后人一代代被分封。结果，职位越封越小，封地越来越少，到了刘秀这一代，几乎已经成为普普通通的种田人。换句话讲，刘秀的出身，比当年的先祖刘邦，也好不到哪里去。不仅家境一般，而且父亲刘钦在刘秀七岁的时候就早早离开人世，留下了刘縯（yǎn）、刘仲、刘秀兄弟三人，在叔叔刘良的拉扯下长大。

虽然家境一般，但这并没有影响到刘秀兄弟的快乐成长。

在老家南阳舂（chōng）陵（湖北枣阳）乡里的这段日子里，刘秀的长兄刘縯舞枪弄棒，好侠养士，在当地小有名气。而刘秀则勤于农事，成长为一位种田能手。不仅如此，少年刘秀，虽然出身一般，但跟当年的杨坚没有什么两样。他还曾经借京城太学大规模扩招的机会，投身到长安太学，接受了正规的国家官办教育，系统地学习了《尚书》这样的国学经典。这事，刘秀确实要感谢王莽同志。如果没有王莽在行政命令上面的扩大太学招生规模，也绝对不会有刘秀这样出身的人能够登堂入室进入国家最高学府。

要知道当年的京城太学，这里不仅是一个学校，还是一个圈子。这就类似于今天的老板们去读 MBA 班，在班里你的成绩可以倒数，但是你借助这个平台，能够获得更多的人脉。这件事情在古代尤其重要，因为古代人混职场就是混官场，混官场就需要积攒人脉，而人脉的积攒有时候需要等待机会，有时候没有机会就需要创造机会，甚至是捏造机会。比如婚姻关系组成的所谓"姻谊"，或者同乡关系组成的所谓"乡谊"，甚至是同年考中功名的所谓"年谊"。八竿子打不着地创造各种名目，来拉更多的社会关系，深刻践行"多一个朋友多一条路"的理念。像刘秀这种，能够在京城太学读书并且能够和很多国家精英或者世家子弟同窗，比那些乡谊年谊之类的，实在是更加名正言顺，机会也实在是太宝贵了。

在京城太学，刘秀结交朋友，学习知识，最重要是从乡野农村来到了当时的国际化大都市长安，极大地开阔了刘秀的眼界。

曾经有一次，刘秀在长安城中遇到了当时的执金吾（首都卫戍司令）出行。豪华的气派，人生的风流，让青春萌动的少年刘秀，猛地联想到了故乡远近闻名的美女阴丽华，并且发出了"仕宦当作执金吾，娶妻当得阴丽华"（《后汉书·皇后纪》）的人生感慨。当时的刘秀并不会想到，从这一刻开始，他将为了这个人生夙愿执着一生。

几年之后，无权无势没有门路的刘秀，在长安的求学生涯宣告结束，并没有在长安官场谋得一官半职，只能回乡继续务农，在家乡做一名高学历的种田能手。不过，完成了人生最初沉淀的刘秀，即将迎来命运的重大转折。

公元22年，绿林、赤眉等各路起义军席卷全国，转战几年，势力越来越大，很多宗室子弟也纷纷投身革命。刘秀兄弟终于按捺不住心中的激动。在大哥刘縯的积极组织之下，刘秀兄弟以及家族成员，拉起了一支武装，号称"春陵军"。

在刘縯、刘秀兄弟的春陵军刚刚起事的最初一段时间内，他们的进展并不顺利。首先是军队的经费问题。缺衣少粮自不必说，连最基本的战斗装备都相当简陋，比如当年的刘秀，就经常骑着一头牛上阵杀敌，这场景看起来极其恶搞。其次是号召力的问题。虽然兄弟二人是皇室子弟不假，但是要知道当年刘邦在全国分封了很多刘氏封国，经过二百年的繁衍，刘氏子孙早已遍布各地，刘秀兄弟在其中并没有什么两样。正因为如此，刘秀兄弟只能投奔活跃于荆襄地区，势力更强的绿林军。

春陵军和绿林军的合流，让刘秀兄弟的革命事业焕然一新。

绿林模式

在刘秀的概念中，自己的长兄刘縯是理所当然的带头大哥。无论江湖豪气，还是性格做派，刘縯都是那种锋芒毕露的人。平时哥俩开玩笑，刘縯也经常以先祖刘邦自比。自从加入绿林军的队伍之后，在大哥刘縯的带领下，刘秀他们这支"舂陵军"，渐渐在整个起义军队伍中打出了名气。虽然队伍中的宗室子弟并不在少数，但刘縯显然是那种具备领袖天然属性的人。在此期间，以刘縯为代表的整个家族，为绿林军的造反事业抛头洒热血。比如在刚刚加入绿林军不久的一场战斗中，刘秀的二哥刘仲、姐姐刘元、叔叔刘良家的两个儿子等数十人先后壮烈牺牲。

所以在很短的时间内，刘縯以及刘縯背后所代表的舂陵刘氏，就在绿林军中树立了相当高的威望。

公元 23 年，绿林军首义之后的第七个年头。越来越多的人马，越来越复杂的派系，使得绿林军内部迫切需要推举一位"共主"，来统一协调各路人马，以利于今后造反事业的兴旺发达。既然"人心思汉"，那么推举一位刘氏宗室子弟做皇帝，就成为水到渠成的一件事情。毫无疑问，呼声最高的是能力和威望更加突出的刘縯。

然而出人意料的是，绿林军的各路将领们，最终选择了刘縯的族兄——刘玄。将领们选择刘玄的理由也很简单，刘玄性格懦弱，更加容易被大家所控制。对于当时素质和受教育水平都相对较低的绿林军弟兄来讲，集体的利益固然重要，但是在乱世这种朝不保夕的生活中，为了崇高的理想而奋斗，显然不如保证眼前的富贵尊荣更加重要。在绿林军的将领们看来，推举刘縯这样一位德才兼备的人为皇帝，将来一旦自己德不配位，随时都有被拿下的危险。这种情况，显然已经背离了他们最初选择造反这份职业的人生规划。相反，选择刘玄这样一个看起来人畜无害的人，至少暂时，所有的派系是能够达成共识的。

公元23年2月，刘玄被立为皇帝，恢复国号为"汉"，改元"更始"。所以，刘玄的这次恢复的"汉"，又被称为"玄汉"，或者称为更始政权，刘玄就是"更始帝"。史载，刘玄登基称帝，众人山呼万岁的那一刻，刘玄居然"羞愧流汗，举手不能言"（《后汉书·刘玄刘盆子列传》）。很显然，我们的这位更始帝，做梦都不会想到，天上居然真的会掉馅饼，而且是像磨盘那么大的一张馅饼。

刘玄称帝后，封自己的族弟刘縯为大司徒，刘秀为太常偏将军。

不管刘玄个人素质如何，但绿林军拥立刘玄称帝这件事，就像是引爆了一颗原子弹，排山倒海一样震撼了新莽政权。

这件事情的可怕之处在于，打出了"汉"这个旗号称帝，等于是从根子上否定了新莽政权的正统性与合法性。当绿林军还是绿林军的时候，在天下老百姓尤其是读书人心目中，绿林军只能是"流寇"或者"民贼"，充其量算是还没有成功状态下的"陈胜、吴广"。然而，一旦有刘氏子孙称帝建政，那么绿林军也就不再是绿林军，而是复活了当年的大汉王朝。

关键是，绿林军的这种做法，等于是开启了一种模式——农民军＋刘氏子孙＝大汉正统。换句话讲，这是商战中，小工厂的产品，贴大商标牌子的竞争模式。这个口子一旦打开，全国活跃的十几、几十股农民军，都可以模仿。而且这个刘氏子孙甚至可以是假的，而不用一定是正牌汉室血脉，刘邦当初的封国遍布各地，子孙千千万，谁又能保证谁是不是刘邦后人呢？

这事显然是让新莽政权陷入了一片恐慌。如果从法理上无法自圆其说，那么之后的路只会越走越窄。而且，更加让人担心的是，玄汉政权建立之后不久，主力部队十万多人，就在刘縯的率领之下，直扑南阳郡的治所宛城。要知道，这个宛城其实就是我们前面所讲的南阳盆地的中心地带。如果南阳盆地一丢，则大军过武关就可以直扑关中。二百年前的刘邦，正是走的这条道路灭掉了大秦。这件事情，已经成为进攻关中的一个经典案例了。所以，一定要将这个玄汉政权消灭掉，时间上越快越好，以起到以做效尤的效果。

不过心急吃不了热豆腐。这个时候，"南绿林，北赤眉"这两支当时最大的起义部队，赤眉一直是实力较强的一支。正因为如此，新莽的精锐部队都被抽调到山东一带打击赤眉了。绿林的势力范围荆襄、南阳一带，并没有新莽朝廷的重兵。所以，朝廷必须尽快成军，尽快开到南方作战。

迅速成军，并不意味着要降低作战素养，然而不幸的是，新莽政权恰好犯了这个错误。首先，这支讨伐绿林的部队是短时间内由各州郡的地方部队拼凑起来的。由各州郡的领导同志一行带队，限期到洛阳集合，之后从洛阳一起开拔。之后，又会合了一线作战的严尤和陈茂的部队。虽然在短短一个月的时间内，从人数上终于凑出了42万这样吓人的数字。然而，各州郡领导们率领的各地士兵们操着不同的方言，很多都是新兵蛋子，而且没有过协同作战的经验，这使得指挥和协调上的成本成倍增加。此外，让人费解的是，此次王莽派来率领这42万大军的统帅，居然是自己的堂弟大司空王邑和司徒王寻。换句话讲，几十万人的兵团首脑，一位是当时的水利部长兼发改委主任，另外一位是教育部长。王邑和王寻这两个人，或许在王莽眼中是出类拔萃的公务员，但是带如此多的士兵，打如此重要的仗，用的却是两个高级官僚。

王莽同志的这个玩笑，开得有点大了。

天下之中

我们先来看一张宛城所在的南阳盆地的地形图，如图 6-2 所示。

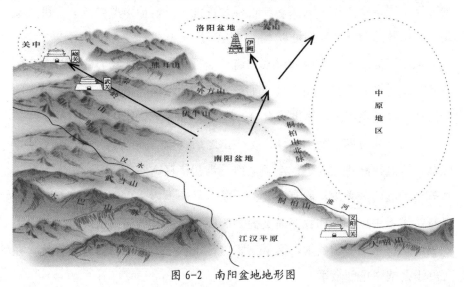

图 6-2　南阳盆地地形图

南阳盆地这个地方，古代称为"宛"，历来是个人杰地灵、群英荟萃的地方。从古至今，无数英雄豪杰都在这里写下了自己的名字。不过先不要急着举诸葛亮的例子，诸葛亮的"臣本布衣，躬耕于南阳"一句中提到的这个南阳，治所跟今天的南阳盆地是不是在一个地方，一直有争议。但其实南阳盆地压根就没必要纠结一个诸葛亮的问题，因为说到底，人家诸葛亮是山东人，只不过是跑到南方来开荒种地了。就算是攀上了这层关系，也不能证明诸葛亮种过地的地方，地底下就能掘出来金元宝。诸葛亮的官司先放一放没关系，因为南阳只需要掰着指头，算一算自己手里有的名人就可以了。张衡、张仲景他们，都是实打实的南阳人。

我们知道，刘縯和刘秀兄弟的老家在湖北枣阳，其实也是南阳盆地的边缘地带。而等到兄弟二人开始创业，组建舂陵军，主要活动地区就是在南阳盆地。包括绿林军早期的核心活动范围，也是在南阳盆地。

和常规意义上的盆地比起来，南阳盆地是一个盆地，又不是一个盆地。南阳盆地的北面、西面、东面三面有山，不过南部却呈开放状态。其实说南阳盆地是一个半盆地，或者一个簸箕形盆地，更加贴切一些。

我们仔细来看，南阳盆地的西边，是秦岭余脉和大巴山的余脉；北面是伏牛山，其实也是广义上的秦岭余脉；而东边则是桐柏山的北支余脉，东南方向上则是桐柏山。其实这样说容易说乱了，桐柏山严格意义上讲，又是大别山脉的余脉，我们可以不用纠结细节。

从南阳盆地出发，西北过武关道，就是关中平原。我们前一节讲到的刘邦，就是放弃攻打洛阳，离开了最为繁忙的崤函通道。转而迂回到了南阳盆地，攻克宛城之后钻进了秦岭，过武关、峣关，出现在了关中。

而往东北方向，南阳盆地出伏牛山之后，就面临两个选择，一个是直接北上，过伊阙雄关，进入洛阳盆地。当初诸葛亮的隆中对策，为刘备量身打造的战略规划中，就有重要的一条，命一上将，出宛洛。还有一个则是直接进入中原，比如我们前文提到的成吉思汗家老四拖雷灭金的千里大迂回，从汉水出南阳盆地，又从南阳盆地出伏牛山，往开封方向行军，在三峰山之战中重创金军。

那么我们不妨再来回顾两张全国人口地理单元图。如图6-3、6-4所示。

从图中可以发现，当时在我们的分析中，南阳盆地距离其他所有的地理人口单元的距离都很远，其实又都不远。后来在我们的数学建模中，绿色区域是一个"十三不靠"，又是一个十三都靠。南阳盆地的东北部边缘属于黄河流域，东部边缘是淮河的发源地，而西部南部则是汉水流域。也就是说，我们可以把南阳盆地看成北方，也可以看成南方。

南阳盆地，是名副其实的天下之中，非它莫属。

当然，因为簸箕口朝向南方荆襄地区的原因，南阳盆地在实际的自然人文以及风俗习惯中，更加偏南方。所以南阳盆地这个地方的人民，在心理上更加归属于南方。不过即便如此，南阳盆地在近现代一直被划给河南管辖。

这个事其实起源于元代。

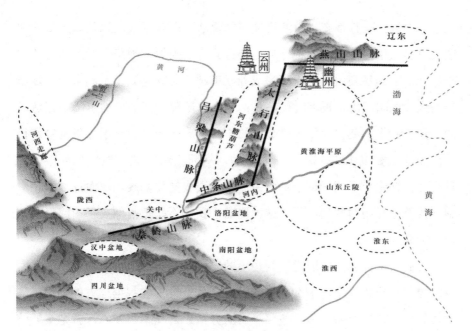

图 6-3　北方和南方人口地理单元图（一）

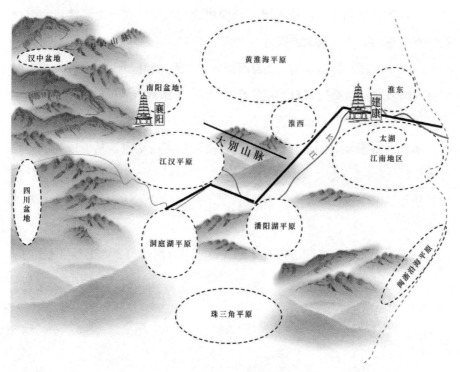

图 6-4　北方和南方人口地理单元图（二）

中国古代一直都有"山河形便"的说法，所以行政区划基本上就同地理人口单元相匹配。但这种行政划分方式有着天然的缺陷，就是地方的行政长官非常容易利用山河阻隔形成独立王国。尤其是到了王朝末世，藩镇割据或者军阀混战，很多时候都是由于山河阻隔形成的天然屏障割据造成的。到了元代，蒙古人用军事征服的方式统一全国，建立了行省制度。行省区划，主要以中央军事控制为目的，从而不惜打破自然地理界限。而且这种区划完全不顾区域经济联系，人为造成文化割裂，从而形成互相牵制，甚至于互相钳制的局面。这种局面，我们不妨把前面的"山河形便"反过来说，叫作"山河分治"。

　　我们前文提到的，蜀道最为艰险的一段在秦岭，如果有哪个军事实力派掌控了巴蜀和汉中，那么就很容易像刘备一样形成割据一方的局面，隔秦岭同北方政权对峙。那么按照"山河分治"的基本出发点，就把秦岭整个划归陕西，把汉中和巴蜀之间的相对低矮的大巴山，当作陕西与四川的边界。尽管我们知道，汉中人民对于四川的归属感，要远大于陕西，但他们依然被称为陕西人或北方人。

　　和汉中人民同样尴尬的，还有河南省的"河内地区"以及安阳一带，明明在黄河以北，却要被划归"河南省"；而当年清兵入关的秦皇岛地区，本来在风俗习惯和口音更加接近辽宁，反而被划归了河北。

　　所以，南阳地区到了元代以后，也被划归了河南省，从而成为了"北方人"。

　　所以，南阳盆地是"天下之中"，只不过是个略显尴尬的"天下之中"。

　　占据天下之中，南阳的位置如此关键。那么南阳出事，王莽坐不住了。

昆阳之战

大司空王邑和司徒王寻，一路浩浩荡荡，杀奔南阳。

要知道，这是 42 万人的军队，光是行军的气势，也已经足够出尽风头了。当时正在执行占领任务的绿林军偏师，王凤和刘秀正是被 42 万人的霸道阵势所震慑，索性就近在昆阳这座小城驻扎，静观其变。见图 6-5。

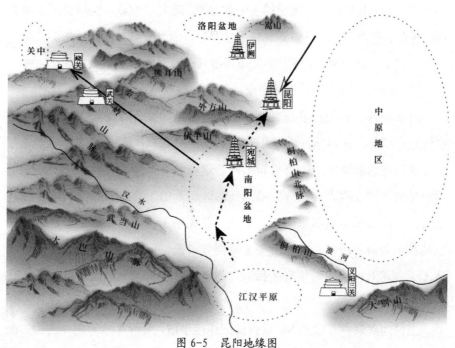

图 6-5　昆阳地缘图

从军事动机上讲，王邑和王寻此次南下作战，一是为了解宛城之围，二是消灭更始政权。从这个意义上讲，这次来的首要目标就是宛城。新莽军队优先去吃掉宛城城下陷入苦战的十万人之众的刘縯部队，这是一个显而易见的战略选择。况且昆阳并不是一个大城市，小小昆阳只是因为机缘巧合，王凤和刘秀这路绿林军偏师的驻扎，才变成了新莽军队沿途行军的一个肉包子。那么王邑和王寻两个人手握四十多万大军，完全可以分别带队，一队留下来打昆阳，而另外一路人马去解宛城之围。

哪怕退一步讲，南阳的治所是宛城，宛城也就是整个南阳盆地的政治经济文化中心。离开宛城东出伏牛山之后，广袤的平原上有很多或大或小的据点堡垒，昆阳只是其中不起眼的一个，所以昆阳更加谈不上战略要地。而且一线指挥员严尤也建议，即便是涉险绕开像昆阳这种既坚固又没有战略价值的小城，大军直奔宛城也是上上策。不过，王邑却傲气十足，说："吾昔围翟义，坐不生得以见责让，今将百万之众，遇城而不能下，非所以示威也。当先屠此城，蹀血而进，前歌后舞，顾不快邪！"（《资治通鉴·汉纪三十一》）也就是说，王邑觉得手中握有如此雄壮的部队，绕开昆阳小城的话，对自己的尊严是一种侮辱。他不仅要赢，而且要赢得迅速，赢得漂亮。

一言不合，王邑42万大军兵锋直指只有一万守军的小城，昆阳。

昆阳城内，则是另外一番景象。

汉军统帅王凤的心里没底，他想趁着王邑还没有对昆阳实施合围，提前跑路。而且，王凤响应者也不在少数。毕竟在农民军心中，流寇作战方式是最熟悉的套路之一。刘秀却不同意这个意见，原因有两个：一是如果不守昆阳，那么敌人会直奔宛城，到时候汉军的主力，刘縯部队就会腹背受敌；二是如果弃城而逃，士气上就已经先输了，队伍分散之后，难免被王邑各个击破。所以，刘秀希望王凤固守待援，而自己带人出城求援。虽然王凤依然对刘秀的对策有所狐疑，但刘秀却说干就干，当晚就带领十三个骑兵杀出城外。

王邑的部队，人数太多，攻打昆阳这座小城，无异于杀鸡用宰牛刀。当大军陆续抵达，对昆阳实施合围的时候，居然从里到外围了整整十几层。新莽大军，旌旗猎猎，杀声震天，万箭齐发。在王邑的计划中，昆阳这座小城，指日可下。而且这一次，王邑一定要彻彻底底地摧毁这座小城，也就是说，无论从精神或者肉体上都要让这座城市屈服，要让泥腿子的绿林军为僭越称帝而感到后悔。在这种思维方式的主导下，王邑又一次拒绝了严尤"围三缺一"的建议。虽然王邑知道，严尤的说法是围城战中的一个常识。但他不仅拒绝了严尤的提议，王邑甚至还拒绝了城内对手汉军统帅王凤的投降请求。面对汉军提议，王邑给出的答案是——不许投降，也绝不存在"投降输一半"，绿林军必须要按照一败涂地的剧本来演。不仅要输，还要输得有演技，输得创意无限。

然而，王邑没有想到的是，他的四面合围且不许投降的策略，让走投无路的城内将士迸发出了前所未见的洪荒之力。这场围城战，整整打了一个月，昆阳城非但没有被拿下，反而搞得王邑的大军士气低落。在压倒性的军事优势之下，一个月时间，损兵折将而不能前进半步的时候，部队的信心就会慢慢消散。当信心尽失的时候，畏战情绪就会像病毒一样悄悄传播。这种畏战情绪，比损兵折将本身，对王邑部队的杀伤更加明显。

公元23年6月1日，刘秀所调集的郾城、定陵汉军援兵到达昆阳。可惜刘秀带来的人并不多，区区一万七千人而已。但关键是，新莽和汉军双方的信息并不对称，王邑、王寻大军并不知道刘秀的虚实，也不了解来自宛城前线的虚实。当时在王邑大军中已经开始流传一个消息，刘縯大军已经攻破宛城，大部援兵随后就到。事实上，这个连蒙带唬的消息源头，就是刘秀。

援兵虽然不多，但刘秀别无选择。高学历、高智商、高颜值，在血淋淋的战场并没有什么卵用，只有拿起武器拼死杀敌，才有活的可能。刘秀亲自率领1000步兵骑兵，作为先头部队，先行冲入王邑大军阵营。当平日里文弱而俊秀的刘秀都开始身先士卒的时候，他身后的士兵，战斗力以一当十。短暂的几次短兵相接，王邑大军没有占到任何便宜。可以说，从这一刻开始，新莽军队的军心开始慢慢崩塌，部队士兵开始暗暗躁动不安。为了避免出现各路人马互相配合上的混乱，而导致大军阵型崩溃，王邑和王寻严令各部兵马，不准随便穿插和移动。

这个时候，刘秀精心挑选了3000名敢死队成员。悄悄地从城西的河边绕路到了新莽大军的指挥部所在地，像鬼魅一样杀到了王邑和王寻面前。因为按照王邑安排，其他部队并没有过来施以援手。而是远距离欣赏着王邑和王寻的一万部队，与刘秀率领的三千敢死队火拼。

又是一次战争史上的奇迹。

几十万人的大军按兵不动，远远地在一旁，做一群安静的美男子。

无论士气还是杀气，王邑的部队根本无法和刘秀相提并论。王邑的阵型一触即溃，很快，王寻就死在乱军之中。王邑大败，一旁的几十万看客，肝胆俱裂。此时，恰好风雨大作，山洪暴涨，城内已经压抑了一个月的王凤汉军杀出城外，这场景，单是想一想，就已经觉得骇人不已了。新莽几十万军队，如同草原上被饿狼追杀的黄羊，哀号着，狂奔着，四散逃命。

史载："莽兵大溃，走者相腾践，伏尸百余里。会大雷、风，屋瓦皆飞，雨下如注，川盛溢，虎豹皆股战，士卒赴水溺死者以万数，水为不流。"（《资治通鉴·汉纪三十一》）

战役以汉军的全面胜利告终，王邑、严尤仅仅带着一千多人，狼狈逃回了洛阳。昆阳之战，创造了中国古代战争史上的一个神话。

与刘玄称帝复汉这种精神层面的行为相比，昆阳之战的实际示范效应是空前的，所谓杀人诛心，更始政权做到了既诛心，又杀人。在全国范围内，泥腿子闹革命也好，地方列强造反也好，纷纷拿起刀枪杀掉新莽的地方官而自立。自立之后，很多人选择了遥尊大汉正统，改用"更始"年号。一时之间，昆阳之战将全国的革命斗争推向一个新高潮。

当然，昆阳之战也为更始政权赢得了实惠。战后光是搬运战利品，就花了整整一个月，运不走的，统统就地烧掉。由这场战役赢得的人气，让附近的平民、山贼、儒生，纷纷投靠这个以复汉为名的政权。

刘縯之死

刘秀打赢了昆阳之战，刘縯打赢了宛城之战，兄弟二人在东西两条战线上双双取胜，让更始政权在荆襄、南阳地区站稳脚跟，也让刘縯兄弟在更始政权内部出尽了风头。刘縯兄弟的风头自然也惊动了中央政府，急火攻心的王莽诏令全国，所有的政府办公场所内都要悬挂刘縯的画像，每天用弓箭来射这个乱臣贼子画像以泄愤。此外，重金悬赏，杀掉刘縯则奖励食邑 5 万户，黄金 10 万斤。然而这样的方式，反而成为对刘縯兄弟的官方宣传。衍生而出的广告效应是惊人的，在当时广袤的帝国版图内，知道刘玄的人未必很多，知道刘縯兄弟的人未必很少。

马到成功，功高震主。

当绿林军的首脑们，沉浸在胜利的喜悦中并且摩拳擦掌准备进攻关中的时候，他们决定先在新的根据地——宛城，大会诸将。会议有一个主要议题，那就是诛杀刘縯，以绝后患。这件事情，其实并不是偶然，早在农民军的将领们拥立刘玄的那一天，刘縯就应该清楚早晚会有这一天。说到底，队伍中的绿林军老班底以及春陵军的新面孔之间，多少还是有芥蒂的。更始政权的创始团队，毫无疑问是绿林军，那么目前春陵军的势力空前扩张，只会让两个团队之间的裂痕更加深化。即便今天刘玄和刘縯的位置互换，想必刘縯在皇帝宝座上也不会坐得太踏实。如果这种裂痕持续存在并深化，那么很有可能有一天，绿林军和春陵军之间会有一场内讧。对此，这支队伍中的很多明眼人都看得很清楚。只是刘縯所信奉的江湖义气麻醉了他自己，他一直以为，族兄刘玄应该不会这么快对自己下毒手。至少在拿下长安，刘玄正式复汉之前，这支部队还需要自己。不过，很多时候，历史都是由小人来改写的。

汉军发动灭新战争之前，不久，刘縯被杀，年仅三十七岁。

刘縯的被杀，让刘秀始料未及。

实际上，在新莽天下大乱前后，坊间曾经流传着许多神秘的乱世谶言。其中有一条是——刘秀当为天子。即便是刘秀本人，也曾听朋友这样提起过，只是当时世人很多都以为，这个"刘秀"指的是当时王莽的国师刘秀（刘歆）。还是一介布衣的刘秀曾经半开玩笑地回应这件事：怎么就知道不是我呢？（"何用知非仆邪？"《后汉书·李王邓来列传》）然而对于从小失去父亲的刘秀来讲，他最欣赏的女人是阴丽华，最欣赏的男人就是自己的长兄刘縯。如果将来兄弟两个真的能够成事，大哥刘縯才是更加具有帝王之相的那个人。退一步讲，即便大哥刘縯不是那个人，那么至少，刘縯也是刘秀发迹最信赖和最重要的左膀右臂。

不过，大哥刘縯的惨死，让刘秀的很多信念产生动摇。如果像大哥一样优秀的人都不能见容于这个世界，那么性格偏文弱偏忠厚的自己呢？而且，杀掉刘縯的居然还是自己所效忠的皇帝兼族兄——刘玄。生活中失去长兄，刘秀倒还可以应付，那么如果事业上失去了方向，又将如何是好呢？在这种迷茫之中，刘秀对于刘縯之死，保持了最大的克制。他深居简出，不为刘縯服丧，不接触舂陵军旧部，外人甚至无法知晓刘秀真实的内心活动。

很快，刘玄加封刘秀为武信侯。刘秀不仅平静地接受了武信侯这个封号，而且他还平静地荣归故里，迎娶了自己朝思暮想的佳人阴丽华。刘秀将一切怒火都深深地埋藏在自己的心底，这个怒火迟早要爆发，但一定不是现在。

河北定鼎

公元23年8月，更始政权兵分两路，分别攻打长安和洛阳。与此同时，已经完全失去抵抗力的新朝皇帝王莽，率领群臣在长安举行"哭天大典"。很显然，这样的行为艺术完全无法挽救王朝的命运。同年九月，王莽死于乱军之中，新莽政权灭亡。王莽的首级被割掉，后来被保存在国库之中，一直到公元295年，晋惠帝司马衷执政期间，王莽的头骨才在一次大火之后灰飞烟灭。平心而论，对于王莽这样一位勇于尝试的探索者来说，这样的结果的确有点太过残酷。

绿林军围攻长安和洛阳的同时，刘秀也迎来了自己跳出囚笼的好时机。

当时的天下，诸侯并起，其中有一些势力，至少在名义上是归顺更始政权的。然而，河北地区的诸侯山头最多，思想也最为不统一，各路军头们态度并不清晰，都在盘算着采取何种手段才能让自己在乱世之中获取最大利益。所以，在王莽死后，西部战局逐渐明朗，那么开拓东部，镇慰河北就成为当务之急。所谓镇慰，也就是说用刘玄"复汉"之后的大汉正统金字招牌，到各地进行官员的考察和任命，同时对前朝政策进行拨乱反正，对前朝的冤假错案进行平反等。根据结果，现任官员不值得信赖的予以撤职换人，叫作"镇"。而值得信赖的，则继续留任，叫作"慰"。也就是说，用最和平的手段，对全国地方官僚系统进行换血。而既然要镇慰河北，那么必然要派出声望和能力比较高的人出巡。当前的绿林军中，最适合的人选就是刘秀。虽然刘玄不情不愿，但是在刘秀以及刘秀亲朋故旧的斡旋之下，刘秀终于成功拿到了这个差事。

公元23年10月，刘秀持节渡河，到达河北。正史上并没有明确记载此次前去河北，刘秀到底带了多少人。但是，从持节出发的这个细节来看，应该并没有多少人马，因为如果动刀兵的话，就完全没必要用持节这种方式了。

谈一下持节。

节，也就是节杖，又称为符节，是古代使臣代表皇帝出行，手中所持的代表皇帝权力和国家威望的凭证。节的材质一般为竹竿，后来也有造价比较高的金质铜身。节长达八尺（汉代计量单位，相当于 180cm 左右），最上面装饰着旄羽，汉初为红色，后来改为黄色。持节的情节我们并不陌生，前文所提到的苏武牧羊，是为大汉皇帝持节。司马懿面对诸葛亮高挂免战牌，为了平息将士的求战呼声，则是大魏皇帝派人持节拒战。正是因为持节这件事情的严肃性，所以，持节一般是临时的，或者单次的。丢掉了节，就称为"失节"。要求皇帝给以长期持节的权力，称为"假节"。所以，如果有大臣主动要求皇帝给自己"假节"的，一般也就离死或者离篡位不远了。

换个角度讲，刘玄的皇帝之位本来就不够牢固，刘秀为刘玄这样的人持节，基本上跟拿了一根烧火棍没有太大区别。

离开刘玄的刘秀，忽然觉得天地无限广阔，然而很快，他又陷入更加郁闷的情绪之中。作为一个外乡人，来到了天高皇帝远的河北，在一个四战之地，面对一众草莽英雄，刘秀感到老虎吃天，无处下口。现在的刘秀，已经失去了兵权，手里仅仅只有一个符节，而这个符节，实际上仅仅只是一个护身符而已。拿着这个符节，最多能够保证不会随便被本地的地头蛇吃掉，因为没有哪个地头蛇敢于公开和当时第一个打出复汉旗号的更始政权作对。不过要说用符节来要求别人归顺或者效忠，这个难度就太大了。符节实际上代表了刘玄的更始政权，刘秀可以借用皇权，在外便宜行事，给当地的草头王们分封官职，开一些空头支票。但草头王心中都有一本账，这样的封赏分明就是空手套白狼——人家现在就有的地盘，不用你封就有；人家现在没有的地盘，你即便封了人家，人家也要靠自己去抢才行。在乱世混口饭吃本来就不容易，不带这样忽悠人的。而且，刘玄派出来镇慰河北群雄的官员，刘秀并不是第一个。几个月之前，刘玄的另外一位官员韩鸿，就曾经镇慰过一遍了。这事在河北群雄们看来，其实就是刘玄组团忽悠，太过浮夸和滑稽可笑。

尤其是绿林和刘玄，虽然打出了大汉旗号攻占关中，但无论怎么看，都还是像一帮泥腿子闹革命，刘玄则更是谈不上任何个人魅力。更何况，在遥远的关中与河北之间，至少在地理上，还间隔着另外一股足够强大的泥腿子——赤眉军。再往远处看，陇右的隗嚣、巴蜀的公孙述，看起来个个都不是善茬。

在刘秀宣慰河北的最初几个月内，偌大个河北，居然只有信都（今河北冀州）这样一个并不重要的城市肯归顺刘秀，其他的诸侯则作壁上观，静待时局发展。拿着符节四处碰壁的刘秀，甚至一度动了一走了之，重新回老家舂陵的念头。

刘秀遇到的困境，其实类似于在销售工作中，到省外或者国外的陌生地区，去开拓新市场的困境。缺少足够的人脉和资源，仅仅靠一个品牌知名度就要去打开空白市场，完全不考虑当地实际的市场情况，这样的初期开拓难度极大。不过，这样的市场开拓，其实也是有套路可循的。比如刘秀，就慢慢地摸索出了一些可供参考的套路。

套路之一，招揽人才，组建团队。

刘秀选拔人才不拘一格，唯才是举。在这一时期投奔刘秀的人才中，学历高的比如刘秀的太学同学邓禹，学历低的比如贩马为生的吴汉；有出身贫寒的朱祐，有儒生出身的贾复，还有官二代的铫（yáo）期；从地域上讲，有南阳地区的岑彭，有河北地区的寇恂（xún），有中原地区的冯异，有关中地区的景丹……在刘秀整个创业过程中，他手下的人才形形色色，这些人拥有共同的革命理想，想跟刘秀一起做大事，轰轰烈烈过一生。

套路之二，细分市场，各个击破。

当时河北的众多草莽英雄，其实并不是铁板一块，如果仔细分析的话，情况各不相同。这其中大概分三类人，第一类是纯正的农民军，比如铜马、尤来等。他们不管是组织纪律还是政治觉悟，都充满了草根革命的盲动性。第二类人是地方实力派，这些人出身乱世，心怀异志。在能够保证获取最大利益的情况下，他们不在乎名誉，不在乎道德约束。比如当时刘秀在河北最大的政治对手，宣布"复汉"并假冒汉成帝之子称帝的王郎，就是其中典型的代表。第三类是自视甚高的前朝官僚，这些人大部分受过良好教育，恪守儒家道德。如遇到太平盛世，这些人情愿为官一任，造福一方，并青史留名。

对刘秀来讲，他需要加以改造和利用的，是第一类；需要去打击的，是第二类；需要争取的，则是第三类。

套路之三，本地化。

商战中的本地化，包含了品牌营销和售后支持等很多层面。而刘秀作为来自荆襄地区的南方人，他需要做的就是尽快成为"本地人"，而成为本地人最有效的手段，就是迅速迎娶本地人，成为本地人的女婿。时年只有二十七岁的刘秀，同河北地区的名门望族进行政治联姻，这件事情很快被提上了议事日程。

政治联姻，说起来简单，事实上是非常复杂的一件事情。首先，是对于联姻对象的选择问题。对于当时无钱无枪、偏居信都一隅的刘秀来讲，非常迫切的是要人、要钱、要地盘。所以，一定要找到这样一个岳父，具备他所需要的所有元素，而且这位岳父还碰巧有年纪相仿的女儿或者亲戚。此外是门当户对的问题，在当时，刘秀是名声大噪的皇室子孙，更始政权官封武信侯的高官。所以，他不会平白无故去找一位农民军的领袖联姻，即便是农民军领袖有人有钱有地盘也不行。否则，就是自降身价，更加不利于镇慰工作的开展。

另外，即便上面两个因素都具备了，还有最重要的一点，准岳父的家庭必须接受刘秀才行。也就是说，乱世之中，要想赢得女方家庭青睐，没有过硬的聘礼，根本就是痴人说梦。而这一点，落魄中的刘秀并没有十足的把握。况且，刘秀在一年前已经婚配过一次，正妻正是他挚爱的阴丽华。在古代，你可以娶妻，可以纳妾，甚至可以去找青楼妓女，但是正妻只能有一个，而且没有特殊原因，不能轻易休掉正妻。从这个意义上来讲，刘秀必须先去隐瞒自己已经婚配的事实，做隐婚一族，然后再去赢得准岳父的认可。即便如此，娶妻的机会也是有且仅有一次，不可能同时脚踩几只船。所以，隐瞒婚史之后的刘秀，必须好好把握这仅有的一次机会，找到合适的准岳父。

　　放眼望去，在河北这块一马平川的大平原上，符合刘秀准岳父资格的人，恰好就有这么一位，而且这个人和刘秀还有血缘关系。这个人就是汉景帝七世孙，当时镇守真定（今河北正定）的真定王——刘杨。当时的刘杨，坐拥十万人马，占据了河北地缘上最中央的位置——真定。这样一个皇族加实力派的豪强，在当时是各方拉拢和结盟的对象，比如在邯郸僭越称帝的王郎，自从登基以来就一直在不遗余力地笼络以刘杨为首的汉室苗裔，以增加自己伪皇室成员的合法性。刘杨此时，也正在投不投王郎之间举棋不定。

　　刘杨有一位外甥女，刚好到了待嫁年龄，这位外甥女的名字叫作郭圣通。

　　可以想象，要迎娶郭圣通的话，需要的硬条件一定十分苛刻。

　　不过，很快刘秀就解决了这个问题。

幽州突骑

经过很长一段时间的"统战"工作，前朝的两位官僚终于同意归顺刘秀。这两个人，一位是上谷（今河北宣化）太守耿况，一位是渔阳（今北京密云）太守彭宠。

耿况这个人，是当时地方官员中非常有代表性的一类。

站在当时地方官员的角度看全国革命形势，当时的天下范围内，大部分的官员还都是新莽时期任命的。而且最为集中性的战事都集中在长安、洛阳一带。农民军闹事一般都是流寇作战，整个全国范围内，还有海量的行政区并没有被战火波及。新莽政权执政的十几年，不仅是改革没有深入人心，老百姓心目中对于新莽也充满了各种质疑。那么在新莽政权风雨飘摇的当口，地方官员起兵勤王的并不多，反而是绝大部分人都在骑墙。骑墙的做法很容易理解，虽然新莽这个王朝并不值得怀念，但一旦新莽政权倒了，那么地方官们就都成了前朝余孽。一旦新政权走马上任，还不知道要发生什么事情。这个时候，地方官员们能够做的就是隔岸观火，并招兵买马壮大自己，同时静观其变。

新政权走马上任，就会对地方官员们重新进行镇慰工作。地方官员对于新政权的面试就开始了，如果地方官十分认可这个新政权，那么"传檄而定"这种事情也不是不可能发生；而如果这个新政权看起来非常荒唐，地方官员们依然会在观望，因为他们并不清楚，这个新政权会不会随时倒掉。

刘秀作为镇慰大员，来到河北之后一直没有打开局面。一方面是因为自己来晚了，之前已经有好几波人"镇慰"过了。地方官中那些容易被忽悠的，早就被忽悠过了；另外一方面，也就是因为各路地方官员们举棋不定、首鼠两端的骑墙想法。

不过耿况倒是骑墙派地方官员中的一股清流。

我们知道，更始帝刘玄在镇慰河北的过程中，先后换了几波人。镇慰大员说到底还是代表了皇帝，不管真的假的，基本上都是像刘秀一样持节来的。天高皇帝远，其中很多人可能会拿着持节这个事情做文章，要么借机推荐并安插自己的亲信，又或者收受贿赂，拿前朝地方官的顺水人情。耿况遇到的镇慰人员，就属于心术不怎么正的那一种。

刘秀之前，最早的一波镇慰官员，是带着皇帝的口谕而来的。新皇帝刘玄昭告天下说——先降者复爵位（《资治通鉴·汉纪三十一》）。于是，出身世家子弟，并且在新莽时期就已经担任上谷太守的耿况，率先响应了刘玄的号召。当第一波宣慰大员来到上谷的时候，耿况早早交出了前朝王莽的太守印信。但耿况是关中扶风人，他并不是河北本地人，只不过是新莽时期空降过来就职的一个外地人。于是这个宣慰大员就耍起了心眼，迟迟不给耿况同志新政权的任命书。

这件事惹恼了当时耿况的手下寇恂。

寇恂和耿况不一样，寇恂本来就是上谷本地人，而且是上谷本地的世家大族，如假包换的地头蛇一枚。寇恂当时担任上谷的功曹（组织部长），自从耿况来到上谷担任太守之后，耿况和寇恂的关系相处得极好。刘玄的草台班子派来的宣慰大员，居然用这种小人伎俩对付自己的老领导，寇恂气不过，就采取了简单粗暴的方式，从宣慰使者手中抢回了太守印信，宣慰使者无奈宣布了对耿况的任命书。

于是，耿况官复原职，旗号也顺利地由新莽政权切换到了刘玄政权。

后来到了公元 24 年 2 月的时候，刘玄政权顺利地把都城从洛阳迁到故都长安，等于是这个新的"刘汉王朝"更加名正言顺了。耿况更加觉得有必要同刘玄建立关系，于是就派出了自己的儿子耿弇（yǎn）到长安去运作，以图澄清上一次任命时的误会，并巩固自己在上谷一亩三分地的地位。

不过事有凑巧。

耿弇出发之后，去长安的道路不好走，于是在河北逗留，并没有走多远就遇到了刘秀。耿弇和刘秀一见如故，并且耿弇心里清楚，刘秀不仅代表刘玄宣慰河北，而且刘秀本人就是正根正苗的大汉苗裔。于是耿弇决定，索性就不走了，并且希望自己的老爹耿况一起来支持刘秀。

儿子耿弇说服耿况让老爹支持刘秀，这事好说，可不好做。

当时河北南部的大部分城市，都宣布支持王郎，尽管大部分人都知道王郎的这个大汉苗裔是冒充的，他根本就不是汉成帝后人。但王郎的手下兵多粮足，大部分的地方官员依然选择站队王郎。

说服耿况的工作，耿弇一个人搞不定，就求助了耿况最为信任的寇恂。

寇恂说：河北南部，不过一众宵小之徒，即便都跟了邯郸的王郎也不足为惧。只要有了上谷的支持，刘秀就能在河北站稳脚跟。而上谷如果说需要那么一点外力支持的话，就一定是渔阳（"今上谷完实，控弦万骑，举大郡之资，可以详择去就。恂请东约渔阳，齐心合众，邯郸不足图也。"《后汉书·邓寇列传》）。

渔阳的太守，正是彭宠。

彭宠和耿况不一样，彭宠是当时地方官员中非常有代表性的另外一类。

宣慰使者到来的当口，耿况差点吃亏，但彭宠却顺势得利了。

彭宠就是上文提到的南阳宛城人，也不是河北本地人。彭宠的老爹当年就是做渔阳太守的职务，彭宠并没有子承父业，却稀里糊涂上了大司空王邑的贼船。王邑昆阳一战被刘秀打得一败涂地，惊魂未定的彭宠一口气跑到了渔阳，在自己老爹当年的老部下家里躲避风头。但巧合的是，当时宣慰河北的另外一位使者韩鸿，刚好也是南阳人。于是"老乡见老乡，七个隆咚锵"。韩鸿的忽悠加上彭宠老爹老部下的拥戴，最终让彭宠忽悠到手了渔阳太守的职务。

彭宠当时手握重兵，坐镇燕山北麓，于是也成了王郎眼中的香饽饽。

在刘秀和王郎两个人中间，彭宠的部下吴汉，坚决支持刘秀。

吴汉也是南阳人，是韩鸿宣慰河北时，和彭宠一起得利的南阳老乡之一。吴汉虽然是南阳人，但是早年长期在幽云一带贩马，对于渔阳本地非常熟悉，并且在长期的贩马生涯中，结交了许多河北地区的豪侠之士。

南阳老乡的力挺，再加上上谷方向上的寇恂也来了。

一不做、二不休，彭宠决定和耿况联手助力刘秀，对付邯郸的那个假皇帝王郎。

　　这一次的决定，成了刘秀镇慰工作的转折点；这一次的决定，也成了文中以上提到所有人的命运转折点。

　　上谷加上渔阳，这就是一个缩水版本的"幽云十六州"。如果说地缘优势在当时并不是摆在第一位的，那么更加至关重要的一点，是他们支援给刘秀的秘密武器。这个武器是邯郸王郎朝思暮想的，也是让当时的刘秀大喜过望的。

　　耿况和彭宠提供的秘密武器就是幽州突骑。

　　幽州突骑，是当时帝国范围内最强大的一支骑兵部队，最早出现于西汉王朝同匈奴的历次战争中。作为对抗匈奴的常备军，幽州突骑一直是汉帝国一支值得信赖的特种兵。在新莽掌握政权之后，幽州突骑更是因为连年对匈奴和高句丽的战争，在当时让敌人闻风丧胆。冷兵器时代骑兵和步兵的差别，就如同今天坦克洪流和肉体之躯之间的差别，更何况，幽州突骑的马是精心挑选的良种马，人是经过国家意志专业训练的特种部队。

　　得到了四千幽州突骑以及两千幽州步兵的刘秀，瞬间成为坐镇河北的一支虎狼之师。而这个响当当的求婚敲门砖，也成为刘秀迎娶郭圣通最重要的砝码。公元 24 年春，刘秀隐瞒婚史，以正妻的名义迎娶了郭圣通。当然，郭圣通的嫁妆也是响当当的，那就是舅舅刘杨以及真定郭氏家族对刘秀毫无保留的支持。虽然我们并不知道，从少年时期就发誓要迎娶阴丽华，并且在一年前刚刚新婚燕尔的刘秀，此时此刻在内心深处是不是会涌上一丝丝歉疚的感觉。但是我们知道从这一刻起，外乡人刘秀在河北生根发芽，河北成为刘秀起家的基地。

　　之后的"镇慰"工作，刘秀再也不用拿着更始政权的符节到处忽悠。左手，是四千幽州突骑外加刘杨的几万兵马；右手，是来自河北上谷、渔阳、真定、信都等地盘的宣誓效忠。刘秀的镇慰工作变得极其简单，先自报家门是汉景帝九世玄孙，你们服不服。不服就告诉他们，现在的河北地区从北到南的几个大郡已经先后归顺，你们服不服？还不服，就派四千幽州突骑全副武装出来对着你狂吼，看你是要自杀还是被杀。

之后发生在河北的历次战斗，刘秀也确实没有遇到太大阻力。

公元24年5月，刘秀大军攻破邯郸，王郎被杀，"赵汉"政权覆灭。

同年，以铜马为首的河北起义军，被刘秀大军各个击破。此后，大量铜马农民军被刘秀收编，成为刘秀麾下统一训练和出征的正规军。

刘盆子

在荡平了河北最主要的几股势力之后，刘秀的部队已经"跨州据土，带甲百万"（《后汉书·光武帝纪》）。追随刘秀的诸将们，称颂刘秀"言武力则莫之敢抗，论文德则无所与辞"（《后汉书·光武帝纪》），不断进言，希望刘秀早日称帝。

反观此时的刘玄更始政权，在进入长安之后已经迅速堕落。内向而懦弱的刘玄，沉溺于酒色之中无法自拔，索性把执政大权全部扔给了自己的丈人赵萌胡作非为。受教育程度不高的农民军领袖们，也好不到哪里去，纷纷重新划分地盘，在自己一亩三分地上欺男霸女，卖官鬻爵。

更始政权的名存实亡，让刚刚归附于玄汉政权的天下诸侯，重新开始分崩离析。在公元 25 年 1 月，孺子婴被拥立为帝；同年 4 月，公孙述在巴蜀自称天子。此时此刻，另外一大波起义部队赤眉军，也正在积极筹备拥立汉室苗裔刘盆子为帝。

在牛鬼蛇神都可以纷纷自立为帝的情况下，正宗汉景帝玄孙的刘秀已经无法再坐视不理。可以这样讲，如果再不称帝，那么在更始政权已经分崩离析，且其他诸侯纷纷称帝的情况下，刘秀部队有沦为师出无名的杂牌军的危险。

公元 25 年 6 月，刘秀在河北鄗（hào）城（今河北柏乡）称帝，仍然定国号为"汉"，史称东汉，改元建武。

刘秀的复汉工作办公室，终于正式挂牌成立。

公元 25 年，在刘秀称帝的这个月，整个国家同时有三个宣称自己为"汉"的政权并存。之前刘玄的更始汉，刘秀的建武汉，还有一个赤眉军拥立的赤眉汉。三个"汉朝"建立的方式各不相同——绿林军和刘玄的关系，带有某种意义的互相利用；刘秀，是实打实地自己一点点积沙成塔；

比较让人哭笑不得的是"赤眉汉"。

赤眉军的领袖叫作樊崇，樊崇所领导的赤眉农民起义，是比较有代表性的中国古代农民军起义。古代农民军的起义，无论哪朝哪代，经常会有经历非常相似的曲线。

起义最开始，毫无疑问可以称之为起义，因为是生活所迫的饥民造反，带有天然的正义性。不过起义之后最大的问题是发展问题。饥民造反之后第一件想到的事情就是杀富济贫，先填饱肚子再说。那么按照剧情发展的第二步，填饱肚子的饥民很有可能会去攻击附近的州县，进攻之后，肯定是开仓放粮而非施政。那么然后呢？得到了武装的起义军，很有可能就会去选择攻打更多的州县，与此同时，在法不责众的精神鼓舞之下，更多想吃饱肚子的饥民，就会自发地加入起义军的队伍。也就是说，以吃饱肚子为口号的"程序正义"，很有可能会支撑最开始一段时间的饥民造反。

真正的问题会出现在占领更多州县之后。初期的极速扩张，导致队伍越来越大，占领的地盘越来越多，人多了地盘多了，就需要有更好的管理和分配原则。于是，就需要大量的政治、经济、军事高级人才加入队伍。然而，历代受儒家教育的读书人，是不屑于跟农民军站在一起的。因此，农民军真正能够得到的高级管理人才，少之又少。但是，这大量的人员有吃饭和穿衣的需要，打仗的话还需要海量的军需物资，这些又如何解决呢？于是，很多的农民军就被迫选择了"流寇"作战，打一个地方，抢一个地方。

于是，农民军初期的正义性，到了后期就会慢慢丧失殆尽。农民军的下场，往往落入人人喊打的境地，在人民战争的汪洋大海中越陷越深。

所以，梁山泊宋江的焦虑，并不是他一个人的，而是普天下造反这个行业的群体焦虑。农民起义从哪里来到哪里去，最终的归宿又在哪里？除了转正洗白之外，谁都不可能一辈子打家劫舍，即便是有了除暴安良这块遮羞布。招安招安，招甚鸟安，可是不招安又能如何呢？

赤眉军面临着相同的问题。

到公元23年为止，赤眉军已经流寇作战了五年，战斗人员已经发展到几十万。看到一母同胞的绿林军已经占领长安，建立政权。樊崇迫不及待地要求洗白，很快就去找刘玄商量招安的事情。然而，让樊崇失望的是，刘玄的反应极其冷淡。

这件事情让樊崇的职业自尊心受到了极大的刺激，既然无法入职刘玄的团队，那就索性自己创业好了。不仅创业，创业成功之后还要推翻刘玄的团队。绿林能够做到的，赤眉一样可以做到。但是绿林人家是以刘玄的汉室后人的名义推翻新莽政权，所以赤眉必须照方抓药。他们在自己的队伍中，一口气找了七十多个汉室之后，其中血缘最好的有三个人，刘茂、刘孝和刘盆子。因为无法找到一种更加民主的方式来决定候选人当选皇帝的程序，于是，樊崇采用了抓阄的方式决定皇帝位子的最终归属。

最终，胜出的是时年只有十五岁的刘盆子。

刘盆子这个类似于农村"狗剩子""三胖子"乳名一样的名字，其实十分贴合刘盆子的出身，因为他在赤眉军中本来就是放牛娃的职业定位。刘盆子不是自愿参军的，而是被拉壮丁拉到赤眉军的。然而，在军中有吃有喝，还有黄牛作伴，刘盆子居然随遇而安，而且学得一手驯牛的好本事。不过，把一个放牛能手放在皇帝这个位子上，他的表现还不如刘玄正常。

不过无论如何，从这一天开始，赤眉军就贴牌了"汉朝"这块百用百灵的知名品牌。赤眉大军三十万，浩浩荡荡，雄心勃勃，直取长安。

公元25年9月，赤眉军攻下长安，更始政权被灭掉。同年10月，刘玄被杀。

当赤眉军和绿林军在关中鏖战的时候，刘秀悄悄地南下。公元25年十月，刘秀抵达洛阳。在刘秀的心目中，他有一个非常大胆的想法。像他的先祖刘邦一样，离开偏居一隅的河北，南下占据洛阳盆地，扼守天下第一的交通要冲。以洛阳盆地为基地，西边控制崤函通道，中间卡死豫西通道，从而完成自己统一全国的战略布局。

不过，刘秀的想法，比当年的刘邦更加大胆。刘秀实际控制的区域，只有河内、南阳、襄樊、河东（山西南部）等区域，而没有像刘邦的巴蜀、汉中、关中这样稳固的西部后勤基地。扼守洛阳，实际是占据了天下正中的一个四战之地，南部确实威胁不大，只是一众打酱油的前朝（新莽）地方官和刘玄的地方官在骑墙。但毫无疑问，刘秀将在东西两个战线上同时开战。按照当时的形势来看，西边，是关中的赤眉军、陇右的隗嚣、巴蜀的公孙述等诸侯。而东边，则是同样宗室之后的梁地刘永，以及一直都有不臣之心的渔阳彭宠和自己的亲戚，真定刘杨。

然而，刘秀非常自信于自己的战略。他的成竹在胸，来源于对整个形势的精心研判。

首先是军需问题。

刘秀的根据地基本盘里面，有一个地方叫作河内，也就是夹在今天太行山以南和黄河以北的这片平原区域，这里是中国古代传统的产粮区，而且，刘秀也拥有像萧何一样，能够为他做后勤部长的河北名臣寇恂。巧合的是，当年的萧何没有发迹之前，曾经担任过沛县功曹（组织部长），而寇恂早年也是追随耿况，担任上谷功曹。由此可见，组织部长这个角色了不得。

寇恂借助地缘上的优势，把河内成熟的粮食，从河内过黄河孟津渡口，运粮到洛阳盆地。这样一来，洛阳地区就有源源不断的粮草补给，从而保证首都的后勤刚性需求。换言之，河内之于刘秀，就相当于关中之于刘邦。

此外是号召力的问题。

当时人心思汉，天下有三个"汉"。赤眉攻下长安之后，虽然灭掉了一个玄汉，但是随后刘永在梁地自称天子，等于减了一个，又加了一个。赤眉汉以及赤眉皇帝刘盆子，并不能得到天下士人和读书人的广泛支持，所以不足为惧。自己的亲戚刘杨，虽然也号称汉室之后，但他的志向仅仅限于自保，远没有争霸天下的企图。真正能够跟刘秀可以争夺正统的，实际上是雄踞梁地的刘永。如果考虑到这一点，等于是重现了当年先祖刘邦和项羽楚汉争雄的战略态势，那么占据洛阳盆地是上上之选。

最后就是一个地缘问题。如图6-6所示。

表面看起来，洛阳是四战之地不假。不过仔细分析一下对手的地盘——东方战线，刘秀就像刘邦对抗项羽一样占据地利优势。巴蜀、汉中实际上

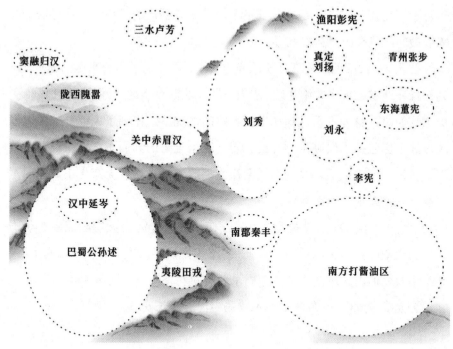

图 6-6　群雄割据的地缘图

并没有太多对外的扩张空间，最大的可能就是北出蜀道天险到关中；陇西，是真正的西北边陲，陇西的扩张要么入关中，要么走祁山道进巴蜀；关中，实际上经过连年征战，已经完全不能够养活赤眉三十万大军，而且现在已经成为地缘上的死地。向南是延岑，再往南是公孙述，向西是隗嚣，向东是刘秀堵在武关和函谷关，向北就是一望无际的陕北高原，东北就是黄河天险和刘秀的河东地区。刘秀的同学邓禹，此时已经率领大军占领河东地区，同时越过黄河汾阴，占领了整个关中北部的上郡（今榆林，延安）、北地（今陕甘宁交界）、安定（今宁夏一带）三个郡。

除了以上所分析的因素之外，还有一个因素不可忽视，那就是前期所招揽的各类人才。在平定河北的过程中，刘秀锻炼了队伍，积累了经验，在接下来更大舞台的诸侯争霸中，刘秀手下的很多将领，都具备独当一面的能力。从某种意义上讲，刘邦只有一个韩信，而刘秀却有很多个邓禹。

这样的分析下来，无论天时地利人和，刘秀都是当之无愧的强者。事实上，几乎所有的有利条件都在向着有利于刘秀的方向发展，这就形成了一种看不见摸不到，但是却无处不在，又无坚不摧的"势"，这时候刘秀需要做的，就是因"势"利导。

公元 26 年 12 月。流寇性质的赤眉汉军，已经到了山穷水尽的地步。作为一群外地农民来到关中建政，赤眉汉军无法获得当地百姓的真心拥戴。更加糟糕的是，身为汉军，却在走投无路的情况下，盗掘了大部分的西汉皇陵，其中也包括了汉高祖刘邦的长陵。饥饿难耐的赤眉军在关中向西，被隗嚣伏击。回来之后，又同邓禹两次遭遇，元气大伤。无奈之下，赤眉军只能出潼关向东，返回故乡。

公元 27 年 1 月，刘秀大将冯异，在崤底（今河南灵宝阳店镇）伏击了饥肠辘辘的赤眉军，赤眉完败。此后，樊崇率仅存的十多万人向南逃跑，刘秀亲率大军追击。逃跑途中，赤眉军全员向刘秀投降。同年，樊崇被杀。

公元 27 年 3 月，刘秀大军占领关中，进入长安。

四海归一

四海之内如今只剩下了两个姓刘的，还挂着大汉的金字招牌——刘秀和刘永。

刘永是当年汉景帝弟弟，梁王刘武的八世孙，因为新莽之乱，梁国这个刘姓诸侯国被官方注销了。心有不甘的刘永，在刘玄称帝后跑去要封赏，于是刘玄也就做了顺水人情，把刘永封在了梁国。不过刘永的胃口并不是止于梁王而已，刘玄的统治渐渐土崩瓦解之后，梁王刘永趁机宣布称帝。与此同时，刘永还联络了山东地区的两个豪强，张步和董宪。刘永给两个人开出了空头支票，张步被封为辅汉大将军，而董宪被封为翼汉大将军。

实际上，刘永根本毫无胜算。

作为刘姓皇室，刘永倒霉就倒在了他的祖上有据可查，根本就没法忽悠。比如说当年的河北王郎吧，冒认是汉成帝之子，居然是应者云集。要说河北王郎还算是有种，毕竟汉成帝距离现在的时间太近了，史书上没写的，谁敢胡说。人家王郎敢这么喊，在外人看来也算是底气足；相比之下，三水割据的卢芳就无耻多了，冒认是汉武帝刘彻的曾孙。至于说中间谁生了谁到了他这一辈，根本就不敢提，完全是蒙混过关。

说不清完蛋，说得太清楚的也完蛋。

刘永的祖上既然是梁王刘武，那也就是说，刘永的祖上只是汉景帝的弟弟，而不是汉景帝的后人。况且这个弟弟，当年还曾经觊觎皇位，跟汉景帝闹过别扭。飞将军李广当年就是因为私下接受了梁王刘武的封赏，而犯了政治错误。相比之下，刘玄、刘杨这些人再不济，也是有据可查的汉景帝后人。刘永在这点上，跟刘盆子差不多，刘盆子的家谱再往上查，只能是从汉高祖刘邦开始。

家谱搞得太清楚，刘永显然是吃亏吃大发了。

刘永的两个所谓的大将军，一个张步，一个董宪，跟刘永基本上平起平坐，根本就没有把刘永这个皇帝放在眼里。当年的上谷耿况、渔阳彭宠死保刘秀剿灭河北群雄的事情，压根就不会发生在刘永身上。

而事实上，刘永所占据的中原地区在地利上，跟刘秀的洛阳这个龙兴之地，也根本没法比。过程比当年的刘邦剿灭项羽更加简单。

公元27年四月，盖延和吴汉的部队合围刘永，刘永死于乱军之中。公元29年，刘秀大将耿弇击败刘永的余部张步，占领山东全境。同年，自称燕王反叛刘秀的彭宠，被家奴杀死，退出了历史舞台。

公元30年，刘永的另外一个余部董宪，被吴汉斩杀，刘永势力彻底消亡。

到公元31年年初为止，整个东方战场的战争全部结束。放眼天下，还能够跟刘秀叫板的，只剩下陇右隗嚣和巴蜀公孙述。虽然表面上看起来，好像是一个三分鼎足的局面，然而这三足却是瘸腿的。刘秀几乎占据了当时全国面积的九成左右。隗嚣只占有西北的一点点地盘，况且隗嚣的背后还有已经宣誓效忠刘秀的西凉窦融。而公孙述只能躲在巴蜀，利用山河之险困兽犹斗。

汉军集中优势兵力进攻隗嚣。吴汉、岑彭、耿弇、盖延、来歙（xī）……光武帝刘秀手下头顶光环的将星们先后登场，全国敌一隅的优势尽显。这件事情我们不妨称之为"陇右轮战"。在轮战的整个过程中，刘秀手下的各路军头们，都获得了空前和宝贵的一线作战经验。公元33年，隗嚣去世。公元34年，隗嚣侄子隗纯率众投降。

公元35年3月，刘秀派大军水陆并进，合围巴蜀。陆路，沿祁山道南下；水路，沿长江一路挺近巴蜀腹地。由于公孙述的顽强抵抗，这场仗持续了一年多。公元36年11月，公孙述战死。

从称帝开始，刘秀用了十一年时间，终于完成了全国的统一。

期间，并没有太像样的对手能够给刘秀制造太多麻烦。

相对于刘邦来讲，光武帝刘秀一生堪称完美。他为自己最欣赏的男人——长兄刘縯完成了生前的雄心壮志，完成了刘氏子孙们对于汉朝的中兴，开创了长达二百年的东汉王朝。在个人方面，刘秀宽厚睿智，在当政之后采取了极其柔性的手段来治理国家，追随他的功臣们不但没有被杀戮，刘秀还专门为功臣们排定云台二十八将，之后由刘秀的后世子孙们为开国功臣们建云台阁和个人画像，世代受香火供奉。

需要特别提到的是，刘秀一生最喜爱的女人阴丽华。

刘秀在统一天下之后，念念不忘自己的挚爱阴丽华。他于公元 41 年废掉了皇后郭圣通，立阴丽华为皇后。即便如此，刘秀依然没有亏待郭圣通，而是给了她一个"中山王太后"的名分，继续享受荣华富贵。值得称道的是，刘秀一生养性修身，远离酒色，终其一生他只有阴丽华、郭圣通，还有许美人三个后宫。巧合的是，阴丽华、郭圣通各自为刘秀生了五个儿子，刘秀和许美人则生了一个儿子。

公元 57 年，刘秀驾崩，刘秀和阴丽华的长子刘庄继位，刘庄就是汉明帝。汉明帝刘庄继承了刘秀宽厚仁慈的性格特质，包括刘庄和他的子孙后代们，始终对阴丽华、郭圣通的族人一视同仁，这在整个东汉一朝，都传为佳话。

公元 64 年，阴丽华走完了波澜起伏的一生，与刘秀合葬在原陵，终于为刘秀在少年时期的那个夙愿，画上了一个圆满的句号。

无论对刘縯，还是阴丽华，刘秀的一生无愧于自己当初的承诺。

第七章
刘备——殇之复汉

　　诸葛亮的真正伟大之处在于，他是中国历史上不可多得的多学科的复合型人才。

　　刘备虽然一直实力很渺小，曹操虽然一直貌似很强大，但是刘备总是能够在合适的时间合适的地点出现，给曹操找不痛快。刘备的滚刀肉战法，确实无法给曹操致命一击，但曹操却每次都是像吃了苍蝇一样难受。

　　如果说赤壁之战是隆中对的通行证，那么夷陵之战则是隆中对的墓志铭。

部曲与察举制

王莽被打倒，诸侯被击溃，刘秀的东汉王朝天下一统。然而真正的社会问题却依然没有解决。面对之前的土地兼并、家奴买卖等问题，王莽给出了很多自己的解决方案。虽然这些救世良方最后被证明无济于事，但至少王莽是帮后来者勇敢地试错。不过后来者刘秀，却是有自己苦衷的。

刘秀能够乱世起家，实际上和地主豪强的援助是强相关的。刘秀本人，最早依托于南阳刘氏家族的扶持。之后，不管是阴丽华家族还是郭圣通家族，不管是上谷耿况还是真定刘杨，都是名副其实的地主豪强。因此，刘秀登基之后，采取了更加温和的方式来拉拢各级豪强，使得整个社会处于暂时的平衡之中，呈现出"中央政府—地方政府—豪强地主—平民百姓"，这样的分层方式。某些时候，豪强地主和朝廷命官相结合，势力甚至大过地方政府，地方政府还要反过来依靠豪强地主们来对地方事务实施管理。

新莽天下大乱时期崛起的地主豪强们，已经不仅仅是对土地的大量占有，还在此基础上开始拥有自己的私人武装——"部曲"，用来应对农民军的冲击以及各路诸侯的骚扰。部曲是指豪强地主们利用手中掌握的人脉资源整合而成的武装力量。

部曲的源头，是春秋战国时期的"门客"或者"食客"。当时的贵族们，当有了一掷千金的能力之后，就开始豢养大量门客作为谋士或者勇士，门客们平时在贵族们手中领取薪水，遇到突发事件，则为贵族们提供"士为知己者死"的回报。战国末期的养客之风盛行，当时的"战国四君子"——齐国孟尝君、赵国平原君、魏国信陵君、楚国春申君，都是养客的大户。比如前面提到的刘邦，他最初的人生理想就是做一名门客。为实现做门客的理想，刘邦曾经慕名去投奔过魏国信陵君魏无忌。

说到底，是一个人才选拔途径的问题。秦代以前，尚未有十分科学的成体系的人才选拔制度，只能依靠贵族们的威望，去吸引人才，或者是主动招揽在社会上有足够名望的人才。就算是孔子的弟子三千甚至包括孔子本人，目的还是要炒作出名气之后，提高身价，然后投身到诸侯或者贵族们手下做高级门客。到了西汉时期，逐渐发展出了比较完善的人才机制，那就是"察举制"。察举制选拔人才，包括"选"和"拔"两个层面，选是指遴选那些出身布衣的读书人，"拔"是指提拔下级官吏。不过，不管是选还是拔，都需要招揽那些品德高尚、有学问、有才干的人才可以。察举制并非选之后就可以直接任用，选拔之后还要经过国家统一组织的考试。这样的考试分很多科目，其中最有名的当属"举孝廉"。这种选拔加考试的选拔人才方式，一定程度上体现了它的科学性，同时为普通读书人提供了一条入仕之路。然而，这种方式沿用到了东汉时期，就已经弊端丛生了。

察举制这个制度固然很好，但是人的本性是自私的，比如举孝廉这种事情，到底谁孝谁不孝，孝的程度到底是谁高一点还是低一点，感性判断就要远大于理性。有权有势的地方豪强，自然会选自己人去朝廷做官，这些人在朝廷为官之后，则又反过头来效忠于地方豪强。所以察举制提拔的官员，多出自豪强地主们的宗族、宾客、门生、故吏、乡党等。于是，朝廷命官和豪强地主家族相结合，形成了新的一个称呼——世家大族。从刘秀建立的东汉开始，世家大族中，经常有"四世三公"这样的现象出现，其实这并没有太多值得自吹自擂的，只是一种社会发展的必然现象罢了。

世家大族发展的最高表现形式，是同刘姓皇室联姻，甚至与皇帝结为儿女亲家，成为外戚进而实现外戚干政。世家大族的出现，使得东汉外戚干政的严重程度，要远远高于西汉。

外戚和宦官

外戚干政，多半发生在皇帝幼年，也就是子少母壮时期。子少母壮有一个必要条件，那就是先皇短命。在这个角度上讲，东汉的皇帝们一直在前仆后继地配合着外戚干政。从东汉第三位皇帝，也就是光武帝刘秀的孙子汉章帝刘炟（dá）开始，一直到最后一个皇帝汉献帝刘协（不包括刘协）为止，多达十一个皇帝，居然没有一个能够成功活过三十五岁的。

年幼的皇帝被母亲或者外戚控制，那么随着年龄的增长，皇帝就会慢慢对这种政治态势心怀不满。久而久之，皇帝自然会暗暗积蓄力量进行反抗。不过，深宫长大的皇帝们，可以利用的资源，多半就是身边的宦官。于是，利用宦官来颠覆外戚，就成为一条通俗易懂、简单易行的夺权手段。不过这种做法的弊端就是，当失去了外戚势力做制衡，朝堂上又开始新一轮宦官专权。于是，外戚和文官集团，则会积蓄力量进行下一轮针对宦官的夺权。

就这样，东汉王朝进入了一个怪圈——外戚和宦官交替专权，这种走马灯似的纠缠一个轮回接着一个轮回，长达近百年。我们尝试用一个表格来描述这段周而复始的王朝自我毁灭之路，如表 3-1 所示。

表 3-1　外戚、宦官争权时间表

	时间	早亡皇帝	驾崩年龄	外戚专权	宦官夺权	夺权时间
第一轮	88 年	汉章帝	31 岁	窦太后和窦宪	郑众	92 年
第二轮	105 年	汉和帝	26 岁	邓太后和邓骘	江京	121 年
第三轮	125 年	汉安帝	31 岁	阎太后和阎显	孙程	125 年
第四轮	144 年	汉顺帝	19 岁	梁太后和梁冀	单超等人	159 年

终结这个死循环的，是在东汉桓、灵二帝时代，宦官乱政的最后一次狂欢。

话说在公元 167 年，汉桓帝刘志驾崩。

刘志在生前做过的最为轰轰烈烈的事情，就是利用宦官单超等人铲除掉外戚梁冀的专权。第二件轰轰烈烈的事情，是同当时的朝堂之上和之下的读书人们怄气。怄气的根源，是因为读书人对于宦官们的乱政表达了自己的不满，也采取了比较极端的措施。这些事情当时闹得很大，皇帝因此逮捕、查办了很多士大夫和读书人，并且皇帝对所有涉案党众都实施了剥夺政治权利终身的惩罚，所以这件事情也被称为"党锢之祸"。

除上述事件之外，刘志的职业生涯乏善可陈。

刘志活了三十五岁，在东汉的短命皇帝们中间应该算是高寿，而且他拥有一个多达五千多人的后宫嫔妃队伍。即便如此，刘志并没有留下一个男丁来继承他的事业。当刘志撒手人寰的时候，他只能将帝位传给自己的远房侄子——刘宏，刘宏也就是汉灵帝。

汉灵帝虽然只有十岁，但他继承了汉桓帝的执政精髓，一是更加变本加厉地重用宦官，二是继续进行"党锢"。所以，在汉灵帝一朝，不管是在朝廷还是民间，社会矛盾都已经累积到了无可调和的程度。在这种情况下，东汉政府又遭遇了一次全国范围内的旱灾，破产农民们走投无路。走投无路的时候，也正是思想产生极大动摇的时刻，当时的人们纷纷选择信仰了道教的一个小分支——太平道。

公元 184 年，河北人张角，利用"太平道"发动了黄巾起义。

黄巾起义，虽然起义主体是贫苦农民，不过无论从哪个角度看，都更像是一次宗教暴动，而不是一次农民的正义反抗。黄巾起义从开始起事到灭亡，都没有提出真正有建设意义的政治主张。也就是说，它致力于砸烂一个旧世界，但远远没有做好准备去建立一个新世界。从这个意义上讲，黄巾甚至不如新莽时期拥立汉室的绿林和赤眉。黄巾起义的最初原因也是吃不上饭，但是这支"七州并举"的几十万人的起义部队，起义之后只知道"吃大户""打秋风"，最后发展到连最最基层的老百姓也要进行掳掠。黄巾起义带给老百姓的痛苦，远大于它解放老百姓所带来的快乐。发展到最后，"打击黄巾，保卫家园"，甚至成了一种群众的自发行为。所以，宣称"黄天当立"的黄巾起义开始没多久，就迅速地站到了地主和平民百姓的共同对立面上。

暴动只持续了不到一年，当年十一月，黄巾起义基本被平定。

值得一提的是，黄巾起义被迅速剿灭之后，为了更好地追剿黄巾余部，汉灵帝接受汉宗室刘焉的建议，将部分刺史改为州牧，由宗室或重臣担任，为地方执政官增加兵权。所谓刺史，也就是东汉时期"州"的最高行政长官，相当于今天的省长。东汉全国分为十三个州，州以下设郡县。以国家意志，改刺史为州牧，重新进行授权，实际上，州牧就变成了省一级的军政一把手，在未来也就很可能成为拥兵自重的一方诸侯。

此外，在黄巾之乱的过程中，前文提到的世家大族为了保卫自己的地主庄园，大大加强了"部曲"的建设，这些部曲组成人员，大部分是地主们家中的佃农，平时做佃农，战时为部曲。这些部曲成员，真正成为地主的私人地方武装。

州牧和部曲两层军事实体的形成，是黄巾起义之后东汉王朝特有的一种军事现状。

外有地方军阀和世家大族，内有宦官和外戚，老百姓刚刚经历了黄巾之乱。就在这样的内外情势下。公元189年，年仅三十二岁的汉灵帝驾崩，留下了一个烽火连天的神州大地。

汉灵帝有两个儿子，长子刘辩和三子刘协。因为汉灵帝生前并没有明确到底立谁为太子，所以立储问题成为他死后的动乱之源。长子刘辩是汉灵帝与何皇后之子，也是当时朝中大将军（相当于今军委主席）何进的亲外甥。毫无疑问，外戚集团支持的皇储人选是刘辩。然而，本着敌人的朋友就是敌人的朴素辩证观，宦官集团支持的人选是刘协。

外戚与宦官的宿命对决，一触即发。

大将军何进先发制人，抢先拥立刘辩登基，史称汉少帝。何皇后升级成为何太后，何进一家掌握朝中的军政大权。何进这个人，屠夫出身，从小并没有受到良好的教育，成年后虽然因为外戚的身份一步登天，但作为国家高级公务员的远见和谋略都很成问题。当何进掌握大权之后，首先想到的就是彻底铲除宦官集团。不过，他居然鬼使神差地向并州牧（相当于今山西省省长）董卓求助，希望董卓能率大军进入洛阳，诛杀宦官。

要说何进这辈子，杀人远远不如杀猪经验更丰富。其实诛杀宦官，根本犯不上要兴师动众地引入外兵。只要发动政变，紧闭四门，血洗皇宫便是。如果引入外兵，这些外兵的忠诚度首先就很成问题。外兵们劳师远征，无论吃穿用度、粮草军饷都是一个巨大的开支。这还不是最致命的，致命的是，何进这个诛杀宦官的所谓"密谋"，因为汇报次数过多，讨论得过于充分，讨论时间又过于漫长。搞得好好一个密谋，变成了朝堂上人人都在讨论的一个八卦新闻，深居宫中的宦官们，居然也对何进的想法了如指掌。

说到底，何进还是吃了没有文化的亏。公元 189 年 8 月 25 日，何进又一次进宫向何太后汇报诛杀宦官的工作进展。这次进宫后，他就再也没有出来。宦官们瞅准机会一拥而上，将何进活活砍死。何进被杀，但何进的部下袁绍并没有像何进一样迂腐。袁绍当即率军杀入宫中，逢太监就杀，见宦官就砍。短短两天时间，共有两千多宦官被杀。

宦官集团和何进外戚集团，同归于尽。东汉的外戚与宦官之间的悲欢故事，至此告一段落。然而，宦官和外戚虽然同时消失，但东汉王朝的悲剧却没有因此而停止。因为，并州牧董卓的部队，紧接着就开进了长安。

困顿半生

讲刘备之前，花了很多篇幅交代东汉末年的社会背景，是想厘清两个问题。第一个问题，是真实历史中的刘备与演义中的差别；第二个问题，是刘备和刘秀的差别。

至少在遇到诸葛亮之前，刘备走的都是一条不折不扣的军事机会主义路线。刘备选择这条路线，并非是因为他不够聪明，而是因为形势所迫，不得不走上这条居无定所的军事路线。

东汉末年，诸侯争霸形势的最终形成，有赖于两次全国性的军事集结。

第一次是黄巾起义。

当时的天下诸侯与列强，在汉灵帝的倡议之下纷纷拿起刀枪对抗黄巾军。在后期，汉灵帝更是出台了很多政策，为州行政长官（刺史改州牧）加强军权。刘备本人，正是在镇压黄巾期间起家，走上了武装割据的这条不归路。出身贫寒的刘备，起点相对别人就要低得多，他并没有自己的家族势力可以倚仗。甚至就连造反的注册资本，都是源自张世平、苏双——两个外地贩马商人的资助。从这个意义上讲，卖草鞋出身的刘备，跟白手起家并没有什么分别，这点甚至远远比不了在乡下放牛的刘秀。

第二次军事集结，是讨伐董卓。

本来何进暴死，宦官被诛，并州牧董卓来到京城洛阳是来稳定局势、收拾旧山河的。不过，职业军人出身的董卓却心怀异志。常年在西北边疆同羌人作战，让董卓养成了残忍嗜杀、暴戾蛮横的做事风格。这一点，同京城洛阳的士人大儒们温良恭俭让的传统仕宦风格格格不入。董卓麾下的三千凉州兵，由汉族和羌族老兵组成，这支军队无论从建制还是作战方式，也截然不同于内地军人。正因为如此，董卓来到洛阳之后，非但没有稳定局势，反而独霸朝纲，最终让东汉末年的政坛局面变得不可收拾。

进入洛阳之后的董卓，先是凭个人好恶，废掉汉少帝刘辩。改立年仅八岁的陈留王刘协为皇帝，史称汉献帝。董卓则自封为太尉，开始在朝廷擅权。之后，董卓派人杀掉了洛阳的执金吾（首都卫戍司令），改由自己的亲信吕布，接管了京城的卫戍工作。再之后，杀掉汉少帝刘辩，毒死了何进的妹妹何太后。这些举措如果还可以理解为政变夺权的必要步骤的话，那么更加夸张的在后面。气焰嚣张的董卓，纵容自己的凉州兵，在繁花似锦的洛阳城中，大肆奸淫掳掠，在洛阳城的城郊，盗掘皇陵坟墓。一时之间，洛阳沦为人间地狱。

在这种情况下，地方实力派以及世家大族们，开始秘密联络起兵讨伐董卓。公元 191 年，冀州牧韩馥（fù）、兖州刺史刘岱、长沙太守孙坚等十几路兵马进军洛阳。走投无路的董卓只好挟持汉献帝，迁都长安。一年之后，董卓被自己的部将吕布杀死。

讨伐董卓这件事，实际上是继镇压黄巾之后，对地方军阀势力的第二次洗牌。随着朝政的糜烂不堪，这次洗牌也奠定了东汉末年群雄割据的基本态势。两类军阀在讨伐董卓的战争中得利最多。第一类是传统的世家大族，比如河北的袁绍、江淮的曹操、江南的孙坚等；第二类是地方实力派，比如董卓部将吕布、荆州刘表、益州刘璋等。

刘备既不是世家大族，也不是声名显赫的地方大员。同样是父亲早亡，刘备甚至不能像刘秀一样，有南阳刘氏家族势力可以依靠。因此在整个讨伐董卓的过程中，刘备基本上属于旁观者的角色。非但没有趁机扩充自己的势力，反而慢慢地沦为一个不起眼的小军头。换句话讲，两次诸侯大洗牌的军事集结，刘备只是在第一次镇压黄巾中有所发展，第二次讨伐董卓则基本没有任何表现。

从开始起跑就落后，这也就决定了刘备称霸道路之艰辛。

刘备虽然没有像刘秀一样，有进入国家最高学府太学进行学习的经历。但刘备曾经求学于东汉末年的大儒卢植，在学业上虽不出类拔萃，但也算是师从名家。然而，在东汉末年的诸侯争霸中，刘备的这些知识储备看起来百无一用。自身军事实力的穷困，远不足以让他从诸多世家大族的斗争中脱颖而出。虽然刘备时常将自己汉室宗亲的身份放在嘴边，但距离汉高祖刘邦开国已经四百多年，东汉末年一个普普通通的汉室宗亲身份，基本上不会给刘备带来更多实惠。

作为一个普通军头，在长达十几年的征战生涯中，刘备先后依附过自己的同学公孙瓒、徐州牧陶谦、吕布、曹操、袁绍、刘表等军阀。说刘备反复无常的确有点刻薄，不过实力有限的刘备，执行的的确是不折不扣的军事机会主义路线。

颠沛流离的刘备，在投靠同为汉室宗亲的荆州刺史刘表之后，已经年过四十。对于渺茫的前途、残酷的现实，他经常也会流露无力之感。比如有一次，刘备对刘表感叹道："平常身不离鞍，髀（bì）肉皆消。今不复骑，髀里肉生。日月如流，老将至矣，而功业不建，是以悲耳。"（《资治通鉴·汉纪五十六》）因为经常不骑马，大腿上肥肉滋生。然而老之将至，劳碌而无功。对于一个胸有大志的人来说，这件事非常让人悲伤。

不过，在这段并不光彩的职业生涯中，刘备依然体现出了自己的个人闪光点。比如在同各大军阀周旋的过程中，刘备不断强调自己的汉室宗亲身份，成功地为自己做足了品牌宣传。换言之，虽然刘备的势力尚小，但刘备却始终没有忘记为自己打造一个名门正派的光辉形象，以证明自己的根正苗红。不过单从基因上为自己找依据是远远不够的，当时的汉室宗亲，前有刘岱、刘焉，后有刘表、刘璋，来头都比刘备要大得多。

刘备更加重要的闪光点，是为自己的汉室宗亲品牌注入了蓬勃的生命力，那就是执政能力。无论是前期的高唐、平原，还是更大的舞台徐州、小沛，刘备坚持了"为官一任，造福一方"的崇高的公务员职业操守。其实，在东汉末年的黄巾起义以及诸侯争霸的连年战乱中，老百姓要求得并不过分。不同于和平年代的国泰民安、路不拾遗，战乱年代的老百姓需要的只是执政者对于平民阶层的体恤，甚至这种体恤哪怕只是一种口号，但是你一定要让百姓看到你的诚意。

而这恰恰是刘备的长处。

爱民如子以及仁德宽厚，这些为官时的性格特质，在刘备身上体现得淋漓尽致。因此，在刘备真正发迹之前，他在职场上赚足了必要的良好名声。比如在做平原令的时候，曾经有本地居民刘平雇凶杀刘备，然而刺客却成功地被刘备所感动。转而以实情相告，使得刘备化险为夷。又比如几年之后，战败之后的刘备离开荆州，十万荆州军民追随刘备，不离不弃。

所以，髀肉之叹固然是一种穷途末路的感慨，然而反过来讲，髀肉之叹正说明，年过不惑的刘备依然胸怀大志，不甘于命运的摆布。更加可贵的是，刘备踏踏实实做好自己的眼前事，从来不会因为好高骛远而忽视对细节的关注。

刘备真正的职业生涯，也正是从荆州开始的。因为，在这里他遇到了诸葛亮。

隆中对策

诸葛亮在中国历史上，是一个被严重神化的人物。这样神化之后的人物光芒，往往容易扭曲我们对诸葛亮真实成就的客观判断。所以，如果要了解真实的诸葛亮，则必须清楚诸葛亮本人的思想。

诸葛亮思想的集中体现，是"隆中对"。

公元207年，屯驻在荆州的刘备，以求贤为目的，慕名拜访"躬耕南阳"的诸葛亮。诸葛亮在自己的寒舍草堂接待了刘备，同时将自己对天下形势的分析和盘托出，这次政治形势解读，被称为"隆中对"。

陈寿《三国志》所记载的隆中对，其实篇幅并不长，但信息量却非常大。隆中对的大意是——当前的全国政治形势已经基本明朗，天下十三州，绝大部分归曹操，而东南归孙权。到目前为止，还能够有所作为的是益州和荆州。益州、荆州虽小，但足够成为刘备起家的根据地，况且不管是益州刘璋，还是荆州刘表，都不具备割据一方的才能。所以，只要刘备占据了这两个地方，那么就可以从益州北上关中长安，或从荆州北上洛阳。只要天下时局有变，长安、洛阳指日可下，那么光复汉室也就水到渠成了。

"自董卓已来，豪杰并起，跨州连郡者不可胜数。曹操比于袁绍，则名微而众寡，然操遂能克绍，以弱为强者，非惟天时，抑亦人谋也。今操已拥百万之众，挟天子而令诸侯，此诚不可与争锋。孙权据有江东，已历三世，国险而民附，贤能为之用，此可以为援而不可图也。荆州北据汉、沔，利尽南海，东连吴会，西通巴、蜀，此用武之国，而其主不能守，此殆天所以资将军，将军岂有意乎？益州险塞，沃野千里，天府之土，高祖因之以成帝业。刘璋暗弱，张鲁在北，民殷国富而不知存恤，智能之士思得明君。将军既帝室之胄，信义著于四海，总揽英雄，思贤如渴，若跨有荆、益，保其岩阻，西和诸戎，南抚夷越，外结好孙权，内修政理；天下有变，则命一上将将荆州之军以向宛、洛，将军身率益州之众出于秦川，百姓孰敢不箪食壶浆以迎将军者乎？诚如是，则霸业可成，汉室可兴矣。"（《三国志·诸葛亮传》）这段短短的文字，涉及到了政治、经济、军事方面的诸多内容，而其中所引用的内容，又涵盖了地理、地缘、历史等课题。见图7-1。

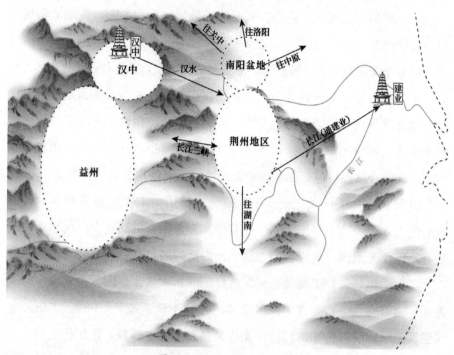

图 7-1　荆州、益州地缘图

比如这句"荆州北据汉、沔，利尽南海，东连吴会，西通巴、蜀"，短短几句话，清晰地勾勒出荆州这个地方的重要性。站在古人的角度，荆州这个地方无论水路还是陆路，都堪称古代中国最重要的交通枢纽。荆州的重要性，诸葛亮是实实在在看在眼中的。

此外，这句"益州险塞，沃野千里，天府之土，高祖因之以成帝业"，显然是引用了几百年前刘邦创业的史实。如果没有扎实的历史知识储备，很多人往往将目光对准刘邦和项羽在鸿沟一线的军事争夺，而忽略了真正的后勤基地——巴蜀、汉中、关中等地。而诸葛亮恰恰点出了问题的关键点，同时这句话也给自称"汉室贵胄"的刘备以极大的创业信心。

诸葛亮的整个政治形势分析中，最惊心动魄的一句是"天下有变，则命一上将将荆州之军以向宛（南阳治所）、洛，将军身率益州之众出于秦川"。这句已经从简单的地缘分析，进而上升到了战略层面的考量。占据益州、荆州的最终目的，还是要两个拳头打人，一路攻洛阳，一路攻长安。要知道长安和洛阳，正好就是两汉的两都，拿下长安、洛阳，则全国的霸业可成。这样的深谋远虑，除非有长时间的数据分析和判断，否则诸葛亮一定不敢随便夸这样的海口。

就整个隆中对而言，还有一个最重要的关键点，那就是正式打出了"复兴汉室"的口号。如果说之前的刘备还在扭扭捏捏的话，那么从隆中对开始，刘备就从内心深处将自己原来那点镜花水月，想说又不敢说的情愫彻底理论化、系统化。"匡扶汉室"的理论一旦提出，则刘备的革命事业就具备了天然合法性，进而在法理的正义性上要远远高于曹魏和东吴。

诸葛亮的真正伟大之处在于，他是中国历史上不可多得的多学科的复合型人才。他能够将毕生所学的各种知识，融会贯通到自己的职场生涯中，不仅仅是地理、地缘、历史这些，后期的诸葛亮，甚至能够发明运输工具"木牛流马"和"诸葛连弩"这样的战场大杀器。因此在后勤和军工方面，诸葛亮也造诣颇深。换句话讲，躬耕南阳却胸怀天下，读书破万卷又包罗万象。耕读传家的精神，在诸葛亮身上集中体现。他所代表的，正是儒家的"入世"观念，以及中国古代千千万万个普通读书人的道德情怀。

不过诸葛亮虽然在《隆中对》中提出了"匡扶汉室"的理论路线，但这个理论却又有着致命的先天缺陷，让自己落入一个诡异的悖论之中。

首先是针对隆中对的短期目标——占领荆州、益州而言。

荆州的当家人是刘表，益州的当家人是刘璋。刘表和刘璋也是汉室之后，如果从纯技术操作的角度来讲，刘备的"匡扶汉室"，一定不能先让刘氏子孙同室操戈，否则的话，岂不是背离了"匡扶汉室"的初衷？那么刘备同其他"有枪便是草头王"的地方军阀又有什么区别呢？

这个悖论，对于一直以宽厚仁德作为招牌的刘备来讲，是一个难解的困局，让刘备始终处于无法自圆其说的窘境之中。刘备后来夺取荆州和益州的曲折过程，是刘备这种矛盾心态的集中体现。

其次，则是隆中对的长远目标——与曹魏和东吴三分天下。

应该来讲，其实三家之中最有帝王之相的应该是曹操。曹操不仅占据了当时绝大部分最为富饶的地区，而且曹操还是名正言顺的汉献帝刘协的股肱之臣。至少在表面上看，只有曹操在全国的征战才是"匡扶汉室"，而不是躲在角落里面割据一方的地方军阀。虽然东汉朝廷历经董卓擅权，李傕（què）郭汜之乱，但汉献帝这块金字招牌始终没有倒，而且曹操一直到去世，他也没有真正篡位称帝。所以只要有光武帝刘秀的嫡系子孙汉献帝刘协在，那么其他各路的刘氏子孙都是旁支远亲，当然也包括刘备在内。

即便针对东吴而言，孙权也一直是遥尊汉献帝的汉室正朔。甚至是后来汉献帝被废，曹丕和刘备先后称帝，在相当长的一段时间之内，孙权都一直没有登基，反而是继续奉汉献帝的"建安"年号。而一直到曹丕称帝九年之后，孙权才在大臣们的拥立之下，自称皇帝。

所以，刘备所处的形势，同当年的刘秀完全不同。在新莽时代，王莽已经成为全国人民的众矢之的。而西汉嫡系后代的缺失，更是让众多刘姓子孙们纷纷看到荣登大宝的希望。然而东汉末年却并没有出现像王莽这样的人物，不管董卓、吕布、李傕、郭汜、曹操，他们并没有废汉献帝而自立。更加悲催的是，汉献帝刘协和蜀汉丞相诸葛亮同一年出生，又同一年去世，汉献帝顶着前朝皇室嫡系子孙和魏朝山阳公的名头一直活到了公元234年。不得不说，这件事让刘备创业团队的号召力大打折扣。

这事，我们没有办法用今天的道德标准去看那个时代，而只能站在当时的情形之下来理解整个局。当时曹操在世，曹操一直奉的是大汉正朔，并没有僭越称帝。汉献帝同志的身体一直硬硬朗朗的，并且用的一直是"建安"的年号。就算是个傀儡吧，那当时以孔融为首的"建安七子"，也是以建安的年号来闯荡江湖的，后世从来没有人说是"曹魏七子"。

那么曹操去世之后，曹丕上位，并且很快让汉献帝交出了皇帝印玺。即便如此，曹丕也并没有杀掉汉献帝刘协，而是用国家俸禄养着汉献帝做一个干吃饭不干活的"山阳公"。从道统观点来讲，人家曹丕的皇帝之位就是合法继承自汉献帝，虽然这个禅让看起来太假，但那也是官方认证程序。而且关键是汉献帝只要不死，就能够一直证明曹丕皇位的合法性。而前朝的遗老遗少即便是发动政变搞复辟，那也轮不到拥立刘备。要拥立也一定是拥立汉献帝，否则就名不正言不顺。汉献帝就算死了，人家还有亲儿子、亲孙子，这些人"复汉"的优先级，也远远高于一个早已出了五服的刘备。

况且，不仅曹丕没有杀汉献帝，后来曹魏、西晋，历朝历代都供养着汉献帝的后人。这个世袭"山阳公"从曹丕时代开始，一直传到了西晋末年的"永嘉之乱"，历经近一百年。熬死了刘备，也熬死了蜀汉、东吴。至今在我们邻国日本的一些野史记载中，还风传永嘉之乱中逃出来了一个叫作"刘阿知"的人，号称是汉献帝刘协的后人，后来东渡到了日本，繁衍至今。日本今天的坂上、大藏、原田三个姓氏，据说就是由大汉的刘姓演变而来。

我们再退一步，从阴谋论的角度来讲，曹魏没有篡汉的时候，刘备以及其他的刘氏皇族，巴不得曹操或者曹丕早日宣布篡汉。而一旦篡位成功，"刘备们"又巴不得退位的刘协抓紧时间离开人世。

而事实上，后来曹丕篡汉之后，刘备团队策划刘备称帝，蜀汉立国，对外所宣称的就是曹丕害死了汉献帝刘协。而刘备称帝之后再辟谣，说是官方当时被谣言给骗了。但是刘备已经称帝，木已成舟，就不可能再退位了。

总而言之，刘备的所谓"匡扶汉室"，只是自己把自己感动了，把不明真相的围观群众感动了，实际上很难做到让割据的诸侯们心服口服。

诸葛亮的《隆中对》，也只是一种战略构想。那个乱世的文人谋士脑海中，其实很多人都有一份这样的构想，只是实现的方式以及效忠的君主不同而已。诸葛亮的隆中对策，只是从理论上解决了刘备的生存问题，让刘备知道自己在哪里，要去哪里。但要想完全按照计划来实践这份对策，除了自身的努力之外，还要擅长借力打力，而且还需要一点点的运气。

《隆中对》的最终成败，是由两场战役所决定的。第一场战役叫作赤壁之战，第二场战役叫作夷陵之战。

我们先看赤壁之战。

华夏宝葫芦

不看地形图来写战争，就是耍流氓。因此我们还是先看图，如图 7-2 所示。

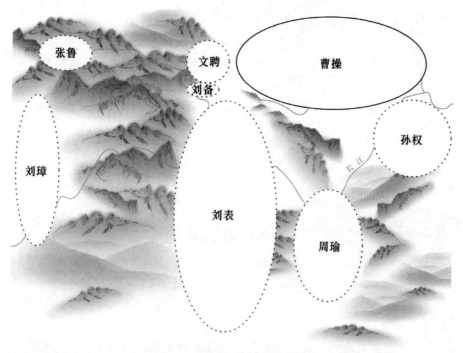

图 7-2 曹操称霸北方地缘图

当时的全国革命形势已经越来越明朗了，北方大部分被曹操控制，除了辽东和西凉之外；而西南方向上，有汉中的张鲁和巴蜀的刘璋；东南有孙权，荆州有刘表。刘备驻扎在新野，等于是寄居在刘表的荆州。而千万不要以为刘表是个容易蒙的糊涂蛋，其实刘表收留刘备也是有私心的。

我们前文曾经分析过南阳盆地的地缘形势，而如果把南阳盆地以及江汉平原放在一起，恰好组成了一个宝葫芦的形状，我们不妨就称其为"华夏宝葫芦"。这个宝葫芦的上半部分，就是南阳盆地；而宝葫芦的下半部分，就是江汉平原；这两部分加在一起，就是中国的"天下之中"。

这个宝葫芦以荆州（湖南汉寿）、襄阳为中心，向北可以直接威慑南阳盆地。只要控制了南阳盆地，西北出武关威慑关中，北部走伊阙直达洛阳，东北出伏牛山直扑中原；向西走水路，西北沿汉水可以直达汉中，沿长江过三峡可以直通巴蜀；向东走长江，可以直接威慑东吴的首都建业（南京）；荆州向南，则可以控制整个湖南东部地区。见图7-3。

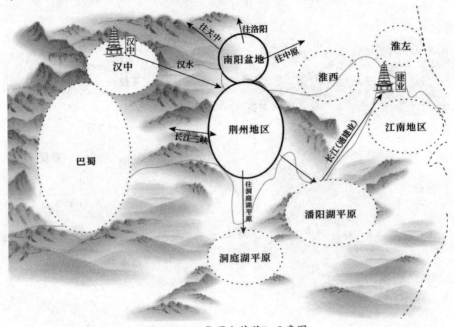

图 7-3 "华夏宝葫芦"示意图

当时刘表所处的荆州，下辖三个比较大的地理人口单元——从北到南依次是，南阳盆地、江汉平原以及洞庭湖平原。那么刘表就把荆州的治所，设置在了"宝葫芦"的脖子这个地方，也就是襄阳。襄阳以北，我们可以称为北荆州，而襄阳以南，我们称为南荆州。

再看一下就刘备所处的位置——新野（今河南新野）。

很明显，新野的位置异常尴尬，因为刘表的治所是襄阳，刘表大将文聘的治所是宛城（今河南南阳），刘备的新野，就被夹在了襄阳和宛城的正中间，中间一马平川，无险可守。

刘表的想法虽然没有明说，但是就当时的全国革命形势来看，曹操南下那是分分钟的事。早在曹操北征乌桓结束之后，曹操就已经在邺城铜雀台以南，开凿了一个巨大的人工湖，叫作"玄武池"，就在这个池子里操练水军，只等南征了。那么为了防备来自北方的巨大压力，刘表在南阳重兵布防，一直由大将文聘来守南阳的治所宛城。那么为了拱卫荆州的中心襄阳，如果说文聘是第一道防线，那刘备就是很明显的第二道防线了。

好在人家文聘有一所坚城宛城，还有东边伏牛山、桐柏山组成的天然防线。而担任第二道防线的刘备，则完全是个给刘表挡刀的。刘表的如意算盘是，如果刘备你能打你就打，打不过也是你先死，你死之前我跑先。

刘备不会不知道这层关系，但是因为走投无路，也只能接受当时的这种安排。而到了刘表去世，荆州大乱，不仅是曹操的机会来了，刘备的机会同样来了。

由于《三国演义》这本小说的存在，很多的地名我们并不清楚它的地理位置，而且小说把东汉末年的州名、郡名、城市名，放在一起混着说，特别容易混淆。所以，很多人读了多年的赤壁之战，说起来头头是道，实际上还是一知半解。那么我们还是用地图的方式来解读，见图7-4。

首先澄清几个概念：

当年刘表所拥有的荆州实际上是个省级单位，跟今天的荆州市压根就不是一回事。当时的天下分成十三州，荆州就是其中一个，而且是其中面积比较大的一个。当时荆州的治所，我们已经提到了，是在襄阳，也跟今天的荆州市没有任何关系。

按照东汉末年的行政区划，州下设郡，当年刘表治下的荆州，曾经有七个郡，被合称为"荆襄七郡"。到了后来曹操把北部多设了两个郡，所以荆州就成了九个郡，合称"荆襄九郡"。很显然，荆襄九郡在后世的名气更加大一些。当时的荆襄九郡，分别为——南阳郡、南乡郡、襄阳郡、南郡、江夏郡、长沙郡、武陵郡、零陵郡、桂阳郡。

值得注意的是，这些郡，基本上都是按照地缘来划分的。

从北到南来说——南阳郡和南乡郡占据南阳盆地，南阳郡在盆地东部，

图 7-4　赤壁之战地缘图

南乡郡在盆地西部；襄阳郡占据了今天的宝葫芦最细的瓶颈部分，同时也是荆州的治所所在，相当于一个独立于其他八个郡之外的省会直辖郡；而长沙郡、武陵郡、零陵郡、桂阳郡，则是长江以南的、以洞庭湖平原为核心的江南四郡。这四个郡中间又有区分，基本上是以湘江为界，西边是武陵郡、零陵郡，而东边则是长沙郡和桂阳郡。

　　所以，我们在听到演义小说中说荆州的时候，绝大部分时候是指一个州或者说是今天的一个省的概念；而如果说到江夏、零陵、长沙的时候，指的是州以下的郡的概念；而如果说到新野、樊城、夏口的时候，毫无疑问就是城的概念。

　　这些概念厘清了，才能够做到不糊涂。

　　比如大意失荆州吧，指的是失去了一个省级单位。要是失了一座城，那就不叫失荆州了，充其量是失去了一座城。又比如说夏口这座城，它属于江夏郡管理，所以夏口和江夏这俩地名不能同时并列出现。

赤壁鏖战

东汉建安十三年，也就是公元 208 年，中国北方的战事告一段落。过去的十几年中，曹操平定了吕布、袁术、袁绍以及游牧部落的乌桓。放眼整个北方，只有西凉的马腾还算是一方诸侯，辽东则是偏居一隅，其他地区已经没有人可以和曹操相抗衡。曹操的野心昭然若揭，下一步就是要拿下战略要地的荆州，他所需要的只是一个合适的条件与借口而已。

同年，刘表病死，曹操南下的机会已经完全成熟。

曹操南下，刘表的小儿子刘琮望风而降。曹操大军不费吹灰之力，占领了荆州北部，兵锋直指长江。刘琮虽然降了，但在北方给刘琮挡刀的文聘和刘备就比较尴尬了。而确实不出所料，两个人的反应都比较令人唏嘘。

文聘是荆州本地人，而且是南阳宛城人，所谓南阳人守南阳土，丢了南阳文聘就最为痛苦。当刘琮决定投降，并且准备带着文聘一起时，文聘羞愧难当。文聘说：我不能保全荆州，那么还是等着治我的罪吧（"聘不能全州，当待罪而已"《资治通鉴·汉纪五十七》）。而到了整个荆州官僚团队自刘琮以下全部受降之后，文聘才姗姗来迟，几乎是最后一个到曹操面前报到的高级将领。而且文聘还流着眼泪说，自己又是惭愧，又是没脸（"实怀悲惭，无颜早见耳。遂歔欷流涕。"《三国志·魏书·文聘传》）。

后来文聘被曹操重用，成为一代名将。

比文聘更加尴尬的是刘备。

刘备说到底还是寄居在荆州的实力派，远远谈不上是荆州的嫡系，而且刘备是为当年的刘表挡刀的，这一点众所周知。刘备的这种原始属性，也就决定了刘备和荆州派系一定是大难临头各自飞，刘备甚至没有在第一时间得到刘琮投降的消息。刘琮投降，文聘投降，曹操的大军兵不血刃，已经进入南阳郡的治所宛城了，刘琮才想起来通知一下刘备，刘琮派去给刘备送通知的人，叫作宋忠。

刘备可是真生气了——宋忠同志，你丫就是来送终的吧？大祸临头了，才知道来跟我说一声，我就是杀了你宋忠，都不能解我心头之恨（"今断卿头，不足以解忿，亦耻丈夫临别复杀卿辈。"《资治通鉴·汉纪五十七》）。

当然，刘备并没有杀宋忠，因为杀了也没有用，只会加深自己跟荆州派系的对立情绪而已。当前的问题是，因为之前的一些纠葛。曹操能够放过刘琮，但一定不会放过刘备。

刘备和曹操的关系，说来话长。

刘备虽然一直实力很渺小，曹操虽然一直貌似很强大，但是刘备总是能够在合适的时间、合适的地点出现，给曹操找不痛快。刘备的滚刀肉战法，确实无法给曹操致命一击，但却令曹操每次都像吃了苍蝇一样难受。

曹操攻打徐州的陶谦，刘备跟陶谦一伙。

曹操攻打吕布，刘备和吕布一伙，后来没有办法才跟了曹操。

再后来董承受皇帝之托，建立反曹联盟，刘备也加入董承一伙。

再后来曹操攻河北袁绍，刘备又辗转跑到河北跟袁绍一伙。

正因为如此，曹操才跟刘备杠上了，在中原大地追得刘备没处躲。最后，刘备被逼无奈才投了刘表。

曹操到荆州。

刘备战死是死，投降也是死。必须要死扛到底。

再说，一年前的隆中对还没有看到任何端倪，刘备不可能半途而废。刘备派诸葛亮到东吴游说，最终促成了刘备集团和东吴的联手抗曹。

赤壁之战，正是在这种情况下发生的。

要说赤壁之战，其实曹操一方也打得特别别扭。

首先战役的爆发具有很大的突然性。曹操对于南下进攻刘表这件事，已经做好了打硬仗的思想准备，然而他并没有料到刘表会死得如此之快，更加没有料到随后刘琮会率领部从束手就擒。胜利来得如此容易，让曹操没有理由停下战争的脚步。更何况，在他的战略方案中，占领荆州本来就是从长江上游顺流而下，进而威慑东吴的第一步。换句话讲，进攻东吴本来就在曹操的日程表上，只是没有预想中来得这么快而已。

然而东吴的行政中心在建业（江苏南京），而另外一个副中心在柴桑（江西九江），两地距离荆州都有相当的距离。这就使得屯兵江陵（今荆州市）的曹操大军，在进攻东吴的问题上出现了两种可能的选择。一种是迅速顺江而下，先攻柴桑，再收建业。另外一种选择则是先花一段时间巩固荆州根据地，消化荆州北部五郡，并"传檄而定"南部四郡。等到把荆州全境消化的差不多了，再从战略宏观角度来个大的布局，调兵谴将，水陆并进，兵分两路直扑东吴腹地。

我们先看第一种选择。

在古代南方，冷兵器为王的时代，第一种选择很容易为人所接受。因为当时的南方开发比较晚，刘表的荆州看起来地盘很大，从北到南，**跨越了黄河、淮河流域，一直到属于南方水系的汉水、长江、湘江流域，**但其实并不是那么回事。因为南方气候湿润，水网纵横，地形也以低地丘陵为主，导致当时南方的陆路交通极其不发达。和开发充分的北方相比，中国南方除了江南地区之外，华南和东南、西南地区，长期以来都不是**跨州连郡的大片耕地，**而是原始森林间或其中。所建的城市，也很多都是在比较大的河流两岸的小块平原上所建立的定居点，慢慢才发展成城市。

陆路交通的极其不发达，主要城市逐水而建，导致了人类活动包括战争在内，都是沿着大江大河进行。比如同样是攻打东吴，前文讲到的晋灭吴之战，晋军六路大军齐发，最后还是等着王濬沿长江的水路大军到达之后，全军集结，才最终解决问题。

如果曹操选择第二种方案，也不是不可以。如果这样做的话，曹操部队连战连胜的势头就会戛然而止。几十万陆路大军南下，之前光后勤补给就筹备了很长时间，如今除了留下部分部队把守荆州之外，大部分都要原路返回。而无论前进还是后退，军粮总是需要消耗的。

假设部队退回中原，重整旗鼓，将大军重新部署，就像后世的晋军一样，配合水军线路，在陆上从东到西，对长江沿岸的建业、柴桑同时发起攻击。水陆并进，让东吴首尾不能相顾。这种进攻方案，其实是非常理想化的一种方案，在长江几千公里的防线上，做如此大的战术安排，所要调动的人力物力资源，显然不是那么简单的事情，也不可能在短时间内部署完成。我们可以看后世的南征，晋武帝司马炎用了十五年的时间来筹备灭东吴；再后来的隋文帝杨坚虽然英明神武，但也是用了整整八年的时间筹备灭南陈。而此时的几十万曹操大军，已经屯兵东吴上游这个绝对优势的地理位置。曹操不想重新班师，重新花时间筹备新的进攻方案，他已经不想再等了。

更何况，此时此刻的东吴领袖孙权，就驻扎在柴桑这个前沿军事指挥部，沿长江直捣柴桑无论从哪个方面讲，都是曹操可以想到的最佳方案。

战役的突然性之外，还有个让曹操十分别扭的点，那就是战斗的遭遇性。

绝大部分的战争，不会像日常生活中的约架一样简单，比如两人一言不合，约好时间地点，双方各自带着自己的小弟们进行火拼。当然，中国古代的春秋时期，曾经盛行过这种决斗似的、高贵冷艳的贵族战争。但是发展到战国时期，这样迂腐的作战方式就已经退出了历史舞台。所以在后世的战争中，伏击战、闪击战、遭遇战……各种战术选择以及战争实例层出不穷。战役爆发的地点，往往不是以人的意志为转移，比如我们前文提到的高梁河之战、捕鱼儿海之战，都是在非常偶然的情况下，发生在彼时彼地的决定性战役。

正因如此，赤壁之战的爆发，一定不会像是演义中或者说是电影中所展现的那样。双方沿着长江南北两岸扎下大营，你来我往地进行着斗智斗勇，甚至是还走近对方大营"草船借箭"，这样的演义方式显然不符合真实作战的基本常识。

我们看一下陈寿的记录，

史载："公至赤壁，与备战，不利。"（《三国志·武帝纪》），此外还有"瑜、普为左右督，各领万人，与备俱近，遇于赤壁，大破曹公军"（《三国志·吴主传》）。非常明显，赤壁之战是一场猝不及防的遭遇战，至于说这场仗为什么发生在赤壁，那只能说是巧合。

公元208年12月，当时的曹操部队正顺流而下，而孙权和刘备的部队正在逆流而上，恰好就在赤壁这个地方碰上了。遇到了就要开打，而这场遭遇战显然曹操的准备不利，首战即告失利。失利之后的曹操，只能"引次江北"（"初一交战，操军不利，引次江北。"《资治通鉴·汉纪五十七》）。需要指出的一点是，赤壁这个地方在长江的南岸，而北岸就不叫赤壁了，叫作乌林。之后发生的所谓"火烧赤壁"，其实并不在赤壁，而在乌林，所以确切地说应该叫"火烧乌林"。

所以，整个赤壁之战应该分两次，第一次是在赤壁，因为是小的遭遇战，我们称之为"赤壁小战"；第二次是在乌林，而乌林这一次是决定性的，所以叫作"乌林大战"。

曹操的第三个别扭之处，是对自然环境的不适应。

相比北方，南方的文明传播时间相对较晚；相对平原，高山大泽的开发状态也相对落后。所以当年的长江沿岸，跟今天的自然风貌完全不同，很多地方还是待开发状态的原始丛林。比如说当年长江流域的洞庭湖、鄱阳湖，就分别被称为"云梦泽"和"彭蠡泽"，无论面积还是水文情况都远超今天的规模。因此，北方人到南方，水土不服是一件非常正常的事情。同时代的诸葛亮南征孟获，所谓"五月渡泸，深入不毛"（诸葛亮《出师表》），士兵们最怕的不是打仗，而是弥漫在原始森林中的"瘴气"。这种由蛇虫走兽尸体腐烂而形成的瘴气，往往就是造成非战斗性减员的罪魁祸首。即便是到了现代战争中，当年戴安澜的部队在野人山中，也是伤亡惨重。

尽管曹操的军队中，有着七八万人的刘表荆州兵，但大部分士兵组成还是以北方兵为主。正因为如此，曹操军中由于水土不服造成的大面积瘟疫流行，让曹操猝不及防。

史载："时又疾疫，北军多死，曹公引归"《三国志·先主传》，此外还有"公烧其余船引退，士卒饥疫，死者大半"（《三国志·吴主传》）。更加耐人寻味的是曹操本人的一句话："赤壁之役，值有疾病，孤烧船自退，横使周瑜虚获此名。"（出自《江表传》）

综上所述，我们可以这样认为，赤壁之战是一场遭遇战。战争的决定性因素，除了火攻奇袭以及双方准备程度的高低之外，还有曹操军中的瘟疫。

赤壁之战历来是有争议的，因为各方的记载都有出入。

东吴一方，说得事无巨细；刘备一方，附和说东吴说得对；曹操一方，强调东吴沽名钓誉。

赤壁之战的知名度很高，关于其中的一些细节，很多人耳熟能详，不做赘述。

不管赤壁之战规模的大小到底如何，但毫无疑问的是，战役最终以孙刘联军的大获全胜而告终。然而，即便如此我们却并不认为曹操就"大获全败"了。就整个南征而言，曹操此次拿下了整个荆州的北方三个半郡（半个江夏郡），占据了整个的南阳盆地，以及进出江汉平原的襄阳郡这个锁钥之地。荆州其他六个郡，则被刘备和孙权瓜分，这事也成为接下来刘备和孙权翻脸的导火索。

不仅如此，其实在赤壁之战中，曹操主力并没有被完全重创。这次交战的重要意义在于，战役的失败给曹操留下了难以磨灭的痛苦回忆。尤其是败走华容道的这段回忆。

当时败走的曹操走到华容这个地方，人困马乏，精神已经崩溃到了极致。加上道路泥泞不堪，凑巧又遇到了大风，整支部队惨状不忍卒读（"公船舰为备所烧，引军从华容道步归，遇泥泞，道不通，天又大风，悉使羸兵负草填之，骑乃得过。羸兵为人马所蹈藉，陷泥中，死者甚觽。"《三国志·魏书·武帝纪》）。然而，强打精神的曹操为了振奋士气，离开华容之后居然大喜，说——刘备同志还是不如我啊，如果在这个地方早点放火，那么我不就完蛋了？结果话音刚落，刘备派人放火的人就到了，当然，这时候的曹操也跑了（"刘备，吾俦也，但得计少晚。向使早放火，吾徒无类矣。"《山阳公载记》）。

正因为华容之败败得如此狼狈，在赤壁之战之后的很多年里，全国范围内占据军事上绝对主导地位的曹操，再也没有组织过大规模的南征。

赤壁之战对于隆中对的实现，是决定性的。

战后曹操得到了荆襄九郡中的三个半，而刘备得到了包括江北的南郡在内的五个郡。东吴则仅仅分得了江夏半个郡，而这半个郡还是在战前孙权部队打败黄祖之后抢回来的。相对曹操的南征，得了便宜却大败而回；相对东吴的抗敌，大获全胜却寸土未得。可以这样讲，从新野夹缝中求生，到获取大半个荆州，刘备才是赤壁之战结局的最大受益者。

凭借在战争中捞取的资本，刘备开始慢慢按照诸葛亮的剧本来铺陈情节。

人设崩塌

进击中的刘备，势不可挡。

按照诸葛亮隆中对的想法，刘备这个时候拥有了荆州的一部分，从原来的一穷二白，到已经称得上有了一块根据地。北方的曹操暂时不会南侵，南侵也未必会从南阳方向上来；而东面的孙权暂时处于联盟状态，看起来短时间也不会动刀兵。所以，这个时候的刘备，暂时可以腾出手去研究西川的问题。

不过西川的问题，并不好解决。

因为自出道开始，刘备一直是打的"汉室苗裔、爱民如子"的人设。

我们前文讲过，东汉末年已经完全是世家大族的社会，刘备作为一个已经没落了的汉室苗裔，并且沦落到了卖草鞋的窘境，和曹操、袁绍这些人根本就没法比。所以我们回顾刘备的早期创业史，才会发现刘备真的吃苦吃得太多。也正因为如此，刘备必须具有一些其他人所没有的特殊技能。汉室苗裔这事，刘备自己说过，诸葛亮说过，曹操和孙权至少是没有否认过。那么在群雄眼中，这事就是默认的，但是默认的前提是，大家都不觉得你拥有这个光荣称号就有什么用处。所以，也就不介意你到处说；而爱民如子的人设则更加容易理解，刘备确实是从底层上来的一位乱世军阀，所以他能够吸引更多人才加盟的技能里面，爱民如子就是一个非常好的噱头。

举个例子来说，当年在新野撤退，"携民渡江"，不仅仅是新野和樊城两地百姓追随，更加重要的是荆州一地人才的追随。在《三国志·蜀书·先主传》中有一句——"琮左右及荆州人多归先主"。也就是说，当时刘表的整个行政团队，很多人不愿意跟着刘琮一起投降曹操，所以都跟着刘备一起南逃。而这些人才是"携民渡江"队伍中的，真正让刘备眼前一亮的人，或者我们干脆这样讲，刘备携民渡江，不管结果如何，这出戏是不得不唱的，而且必须要唱好，因为这是做给荆州本地精英们看的。况且即便是刘备本人，也毫无掩饰地说了一句："夫济大事必以人为本，今人归吾，吾何忍弃去。"（《三国志·蜀书·先主传》）。

因为有这两个人设在，刘备在革命生涯的前期虽然吃的苦不少，但是对上，无论败成什么样，都能投奔到别人门下混口饭吃；对下，无论到哪里，都能够为官一任，造福一方。

刘备的这种人设，来到夺西川这里，却不太灵了。

首先来讲，刘璋也是汉室苗裔，跟刘备等于是同宗。而且人家刘璋对刘备是没有什么戒心的，视之如自己的肺腑（"刘豫州，使君之肺腑，可与交通。"《三国志·蜀书·刘璋传》）。刘备如果趁机夺了人家刘璋的地盘，那就是非常不道德的一件事情了。这里并非是因为同室操戈的问题，而是因为刘璋十分信任刘备，刘璋从来没有想到把刘备招来，居然会引狼入室。

此外，刘璋这个人虽然打仗不太狠，但人家好歹也是宽厚仁慈，这一点上比刘备的爱民如子也没有差到哪里去。刘璋的这个特点，在正史上也有正面描写，当时刘备兵临成都城下，很多人建议刘璋坚守孤城，以拖待变，因为当时成都城中的粮食足够城内的军民吃整整一年没有问题。然而，刘璋却说："父子在州二十馀年，无恩德以加百姓。百姓攻战三年，肌膏草野者，以璋故也，何心能安！"（《资治通鉴·汉纪五十九》）

关于具体情况，我们先看一下当时的割据形势图。如图7-5所示。

刘备虽然是赤壁之战的最大受益者，但是刘备心里却并不踏实。

首先，刘备占据的地区，经济都不太发达，当时刘表的荆襄九郡的核心区，其实是北荆州，也就是人家曹操手里的那三个郡。况且曹操手中掌握着南北交通的命门——襄阳。曹操手中握有襄阳，也就对南部的江汉平原拥有绝对的地缘上的优势，这就相当于在华北平原上，有人手握幽云十六州一个道理。只不过，襄阳是缩小版的幽云而已。

对孙权，虽然拥有地缘上的优势，顺流而下，就可以直接攻击江夏（武

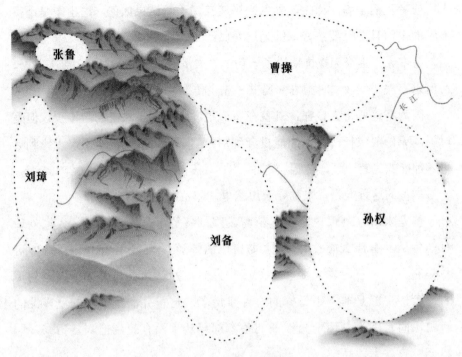

图 7-5　割据形势图

昌）。但也正是因为这一点，让孙刘联盟变得极其不稳固，卧榻之侧岂容他人酣睡。孙权的建业以及重镇柴桑的上游，他不会让刘备在这里坐实。因此自从赤壁之战结束的那一天开始，孙刘两家就已经貌合神离。而且孙权已经开始在暗中筹备，要跟刘备开一仗。

所以，赤壁之战的喜悦没有让刘备开心多久，生活又开始归于惨淡，还有持续多年的那种不安全感。那么正在这个时候，刘璋邀请刘备入川，去对付在汉中的张鲁。

这真是踏破铁鞋无觅处，得来全不费工夫。

刘璋以礼相待，远接高迎，把刘备请进了益州。要知道，如果从长江中游的荆州地区攻击上游的益州，那是多么困难的一件事情。

那么站在刘璋的角度，其实也并没有那么大公无私。刘璋的小心思跟当年的刘表没有多大区别，当时的刘表把刘备安排在新野，把文聘和刘备当成了给自己挡刀的第一、第二梯队。而刘璋也差不多，他把刘备请进来的主要目的，是为了对付汉中的张鲁，而站在更加广义的角度来讲，汉中方向上还可以抵抗来自北方曹操的威胁。只不过，刘璋当时没有想清楚，刘备来了，那就是以狼驱虎，在本质上并没有太大差别。

进入西川后的刘备，从刘璋的手中拿到了兵马钱粮，开赴了对付张鲁的前线。然而刘备并没有实打实地投入战斗，而是"未即讨鲁，厚树恩德以收众心"（《资治通鉴·汉纪五十八》）。也就是说，刘备不仅没有进攻张鲁，反而是在当地割据，收买当地人的民心了。其实刘备这样的做法是可以理解的，不仅是可以理解，而且还大有深意。

张鲁不是一般的军阀，而是一个政教合一政权的领袖。张鲁的爷爷就是张道陵，也就是"正一道"的创始人，其实也是古代中国道教的创始人。这个张鲁，实际上就是道教"正一道"的第三代"张天师"。

当年的张天师，在普通民众中的号召力同样很恐怖。

你刘璋自己不去打张天师，而是怂恿刘备去打。刘备带去的只是军队，去了也只是杀人。杀人容易，诛心难，如果杀了张天师，又怎么能服汉中之民众呢？而且刘备是个志向远大的人，他干的不是一锤子买卖，从来就不会做杀人屠城的事情。他要做的，是做威服四海的真正的王者。那么如果在汉中地区大开杀戒，或者取了张鲁项上人头，以后刘备还怎么在汉中长治久安呢。

当然，这些只是背景故事，现实是，刘备违背了自己的誓言，不去攻打张鲁。

刘备和刘璋终于撕破了脸。

再之后，刘备在内，而诸葛亮、张飞、赵云则在外逆流而上入川，双方里应外合，最后包围了成都。即便如此，战争还是持续了两年多，最终结果是刘备逼降了刘璋。

刘备的入蜀之战虽然取得全胜，然而，刘备的人设却从此彻底崩塌。

换句话讲，刘备入川，人品上已经先败了。

三国鼎立

建安二十四年，也就是公元 219 年，对于刘备来说是关键的一年。

在西线，刘备取得了对曹操的汉中之战的胜利。刘备的大将黄忠，还阵斩曹操军中名将夏侯渊，曹操的势力彻底退出汉中，撤到了秦岭以北；在东线，刘备的大将关羽按照诸葛亮规划中的"命一上将将荆州之军以向宛、洛"出兵北伐，在襄樊一带取得了对曹操的大捷。东线的锋芒直逼中原，大为震动的曹操，甚至一度动了迁都的念头。

一时间，刘备集团的风头无二。

然而，乐极生悲。

同样是在建安二十四年的冬天，东吴部队趁关羽北伐的机会，在背后偷袭了刘备荆州治下的南郡。不仅偷袭了南郡，还在关羽回军驰援的时候，寻找机会杀掉了关羽。关羽的失败，使得荆州尽数丢给了东吴，刘备势力彻底退出了荆襄九郡。刘备的地盘迅速地缩水，变成了只有巴蜀和汉中的偏安态势。这个变化，极大地影响了诸葛亮隆中对中两个拳头打人的战略构想。此后的蜀汉虽然依然有机会，但基本上只能处于战略防御态势。

公元 221 年，曹丕篡汉之后，刘备也自称皇帝，仍定国号为"汉"。至少在名义上，刘备是复兴了汉室，虽然这种复兴带有那么一点点悲壮。

称帝之后的刘备，要做的第一件事就是御驾亲征。以为关羽报仇为名义，兵出三峡，进攻东吴。对诸葛亮隆中对起到决定性影响的第二场战役——夷陵之战即将爆发。

如果说赤壁之战是隆中对的通行证，那么夷陵之战则是隆中对的墓志铭。

夷陵之战是一场非常奇怪的战争。

我们先看这场战争的目的。战争的目的其实区分起来无非有几个，第一是攻城略地甚至是灭国之战。战争目的是占据更多地盘，获取更多资源，这是一个对战争目的最为直接和粗浅的认识。第二是杀伤对方有生力量。围绕这个主要目的，甚至可以不计一城一地的得失。第三是政治目的，也就是说战争只是一种实现政治利益的手段。也就是所谓的"以战养战""以打促和"等招数，以战争的形式，来保证政治目的的实现。

从这几个角度上，我们来看一下夷陵之战。

刘备出兵的目的，并不是为了重新夺回荆州。

根据史料记载，刘备此次出兵充其量带了五万士兵，这五万士兵远征荆州，还要走几百里的水路。劳师远征本来就犯了兵家大忌，在江汉平原上以逸待劳的东吴的兵力，比五万人只多不少。退一步讲，即使刘备能够出奇兵夺取荆州，然而守住荆州也是异常困难的。关羽失荆州的教训之一，就是从益州到荆州战线拉得太长，首尾根本无法呼应。

我们再来看刘备是不是为了杀伤对方有生力量。

夷陵之战的前期，刘备从奉节出发，沿途几百里一直到夷陵。在崇山峻岭中，沿长江一路层层推进，直到江汉平原的夷陵一带。沿着长江一线，刘备层层设防，甚至还分兵接收了东吴放弃掉的巫山、秭归等山城。实际上，刘备能够到达夷陵前线的士兵人数是有限的。用这样的逻辑去集中优势兵力歼灭敌人，显然是异想天开的一件事情。

我们再来看一看政治目的。

战争有惩罚敌人的目的，也就是说让敌人吃一点苦头，为自己曾经犯过的错误吸取教训。然而，单纯的惩罚是没有意义的，惩罚的背后一定是有某种政治利益的获取。也就是说，即便是惩罚，也一定是具有政治意义的，谁都不会为了一时兴起，就去劳民伤财进行一场完全没有必要的战争。不过，即便从这个意义上讲，刘备的东征也毫无意义。按照隆中对的内容，东和孙权是一个长期战略，而不是临时起意。这种一时冲动的东征，除了让蜀吴之间的仇恨越来越深之外，没有任何积极意义。反而，在两国两败俱伤的时候，很有可能强大的魏军会在背后捅刀子。

根据以上分析，我们得出结论，此次刘备东征的战略目的极其不明确。如果说有，很有可能只有一个，那就是泄愤。

我们说夷陵之战是一场奇怪的战争，还有一个原因，那就是地理因素。

我们经常讲到巴蜀的时候，就一定会说易守难攻这个概念。然而易守难攻这个概念是站在攻方的角度来讲的。对于巴蜀驻军来说，除了长江流向是自西向东这一个优势之外，要想在秦岭大巴山余脉围成的崇山峻岭中出川作战，同样是一件非常不容易的事情。也就是说，如果川军作为攻方，易守难攻这个概念要反过来，"攻难守易"。所以，巴蜀之地最好的战略定位是做好防守，老老实实做一个封闭的粮仓，而并不适合出川作战一统天下。

此时的刘备，跟当年巴蜀汉中起家的刘邦也没有任何可比性。

当年的刘邦，之所以能够成功，是因为传说中的"明修栈道，暗度陈仓"，利用关中的混乱局面还定三秦，一举取得了关中作为继续前进的根据地。如果没有夺取关中这个梗，那么困守巴蜀和汉中，刘邦的机会也不大。而当时刘邦出川的关键有两个，第一是当时的情况比较混乱，项羽分封了十八路诸侯，这十八路诸侯还远远没有到重新洗牌的时候，刘邦反而是其中比较大的一股势力；第二，虽然关中在地理上连成一片，但在当时却被项羽在政治上人为地划为三部分，有三个诸侯王在关中，而且后来也没有形成合力。

跟当年的刘邦相比，刘备在北方面对的是一个统一的强大的曹操集团。

北方不容易，那么沿着水路向东出川呢？

当时的魏蜀吴三国，魏蜀的天然分界在汉中以北的秦岭，蜀吴之间的天然分界，是从今天湖南湘西、湖北恩施、十堰一线的连绵群山。对于这两条由山脉形成的天然屏障而言，谁是进攻方，谁就要承担更多的后勤负担。而防守方，则不用为漫长的补给线发愁。从某种程度上讲，在这样的地区作战，就是拼后勤。

所以，刘备此次出川作战，从奉节到夷陵，绵延七百里的漫长补给线，最为重要的事情是后勤工作。后勤工作中的押粮运草，则需要沿长江顺流而下，穿过漫长的高山峡谷、杂草密林。为此，刘备特意留诸葛亮在巴蜀负责后勤筹措，而责成大将赵云，专门负责调拨粮草。然而，绵延七百里的补给线，最有效的运送方式还是漕运，也就是用运粮船队沿江而下。这就决定了，出川的士兵们，只能沿着长江以及长江两侧的山地挺近，而不敢随意离开这条生命线。

刘备的东征大军，水陆并进一路浩浩荡荡向东吴进发。然而，等刘备的部队步步为营，耗时半年之久到达江汉平原的第一道防线——夷陵的时候。刘备却不敢轻易地离开长江一线，也就是说，刘备的部队不敢贸然地离开自己的补给线。能不能打下夷陵是一回事，打下夷陵冲到平原一线，在后勤受到限制的情况下，会不会重蹈关羽的覆辙则又是一回事。

于是，在这种情况下，夷陵之战出现了非常奇怪的一幕。双方各自在自己的阵地驻扎，时不时地派人去骂阵、求战。平原上，东吴的统帅陆逊，不肯轻易地上山；而山上，刘备的部队则不敢轻易地下山。

显然，这样的僵持对于防守方更加有利。刘备的水军长期生活在船上，陆军长期生活在山上。时间一久，高山和大江对于人类的生理考验也就来了，更何况，这个时候已经渐渐进入了难熬的夏季。

结局从一开始就注定了，刘备不会有任何胜算。

公元 222 年 8 月，东吴统帅陆逊派出的小分队，趁着天干物燥的气候条件，在长达几百里的长江一线，对沿江分散在各处的刘备营寨，有计划地实施了火攻。刘备的蜀汉军队如同受惊的兔子一样四散逃奔，刘备率领部从逃到了马鞍山上，被东吴部队围攻，差点儿丢掉性命。惊魂未定的刘备，一路涉江而上，一口气逃到了白帝城。

此役过后，蜀汉军队几乎全军覆没，蜀吴边界重新被平推到了巫山一线。

夷陵之战过后，蜀国的元气大伤，在很长一段时间内，只能收缩在巴蜀和汉中自保。之后的至少五年之内，诸葛亮都致力于恢复经济的内政工作，而无暇进行军事行动。

败逃到白帝城的刘备，无论身心都受到了极大的创伤。这位年过花甲的老人，在职场奋斗了一辈子，复兴汉室的宏愿此时看来已经变得无比渺茫。隆中对策之后的十几年间，刘备一步步实现了当初的那个战略构想。然而，如今无论客观现实还是主观身体条件，都再也不允许他去继续推进这个计划。作为汉室苗裔，刘备带着深深的惆怅迎来了自己生命最后的时刻。

公元 223 年 4 月，刘备在白帝城驾崩。临终之前，刘备托孤诸葛亮，由诸葛亮来代替自己实现"复兴汉室"的梦想。尽管壮志未酬，然而刘备由一个布衣起家，既不是世家大族，又不是地方大员，在一众大小军阀之中脱颖而出。在所拥有的牌面实力，比自己的同族刘秀要逊色许多的情况下，刘备最终历经磨难，在益州创造了属于自己的基业，从而延续了大汉皇帝的尊号。

刘备的一生，无愧于自己的姓氏和家族。

第八章
刘裕——武之飞扬

整个帝国，就像是一个大的合资公司，是由各个门阀大股东们合资入股而筹建而成。坐在龙椅上的东晋司马族人，其实只是东晋这个品牌的持有者而已，也就是说，比起门阀士族们用实力说话的实际股份，东晋皇帝反而只是用知识产权入了个干股而已。

篡位如果作为一个项目来运作的话，那么至少也要先立项评估一下。重点是项目的可行性，还有就是项目的风险，项目可能的收益等等。如果从这个角度上讲，桓玄的篡位可以算得上是非常没有必要的一次。

南燕慕容超一直作大死，所以才被弄到南京菜市口，身首异处。而后秦，则一直坚持不懈地走在作大死的路上，这些年来，已经做好了挨一次大揍的充分准备。

九品中正制

盛行于两汉的察举制度，到了东汉末年已经名存实亡。豪门贵族们垄断了整个察举制度选拔人才的途径，导致出现了大量的世家大族。而三国时代的世家大族们，则在诸侯割据的历史舞台上写下了浓墨重彩的一笔。

正因为如此，新生的曹魏政权，开始着手研究一种新的人才选拔机制，来替代已经自然消亡的察举制。皇帝们的出发点，当然是希望绕开世家大族对地方政权的实际控制，选拔更多没有背景、没有关系的具有真才实学的寒门二代进入官场。然而，皇帝们需要世家大族对于自己的绝对效忠，而不敢公开得罪世家大族的势力，而世家大族也不甘心放弃既得利益。所以，新的人才选拔机制，只能采取折中的方式来曲线救国。魏文帝曹丕时代，在朝堂上各方势力的博弈与妥协之后，"九品中正制"应运而生。

九品中正制建立的初衷是简单而快乐的。既兼顾了各方利益，同时又考虑了实际情况。具体操作上，在全国各个州郡设立"中正"这个类似于常设考评官的职位，其中在州设立大中正，而在郡设立小中正。人才选拔的内容有三个方面：一是家世评价，也就是看看人才的出身和家世好不好；二是行状评价，这一点主要侧重于人才的基本素质，以德才兼备为判定标准；三是定品，也就是确定品级，共分为上上、上中、上下、中上、中中、中下、下上、下中、下下等九个品级。九品中正制的这种运作方式，保证了人才的家世、道德、才能三者并重的人才选拔。至少在看上去，这个新制度确实立志于革除当年察举制时代的弊端，为寒门学子打开了一扇通往仕途的阳光大道。

然而，问题还是出在了执行上。

当时各个州郡的"中正"，其担任者严格要求必须是二品，而二品只能出自世家大族。这样一来，世家大族所提拔的官吏，依然是自己的门生故旧。最开始的时候,中正们还能够考虑一下德才这些条件,发展到后来,演变成了只看家世而不管个人能力的局面。同东汉末年的察举制相比,九品中正制根本还是换汤不换药,最后依然是世家大族垄断官场,普通百姓还是无缘进入仕途。而且,自从有了九品中正制这个贞节牌坊,之前在察举制下还显得扭扭捏捏的世家大族们,索性披上了合法经营的外衣,公开地进行官场交易。

九品中正制到了东晋时期,终于出现了"上品无寒门,下品无士族"的极端情况。世家大族把持了整个官场,从而正式形成了门阀士族阶层。阶层的固化,使得寒门子弟出人头地的机会越来越渺茫,这让当时的政局出现了很多潜在的变数。

寒门子弟中的佼佼者,开始尝试各种能够想象的到的方式来展示自我,在死一般沉寂的制度中发出自己的声音。其中有两类人,一类是通过习武来进入基层公务员队伍,又通过替权贵们在战场上卖命来改变命运。这是一种最容易想到的仕途之路,首先魏晋南北朝是中国的大动荡大整合时期,从中央政府的角度,除了发展经济和组织生产之外,需要保有一直数量庞大的军队以应对战场上的不时之需。而从老百姓的角度来讲,战乱导致朝不保夕,与其在家等死倒不如在战场上赌赌运气。门阀士族的权贵们,常年养尊处优,不管他们灵魂深处曾有多么高贵,一旦失去了斗志,他们的精神领域也已沦落到和一只猪差不多。而像冲锋陷阵、杀人流血这种战场上的游戏,不是贵族们能够随随便便就玩得起的,于是寒门子弟的士兵们自然而然看到了升迁的希望。所以寒门子弟做士兵、次等士族人员做中下层军官,是当时军队里的常见现象。

除了这类人之外,寒门子弟中还有一类人,他们并不想通过在战场上卖命来改变命运,他们想要一种更加便捷的通道,一种凭借一点点勇气,以及一点点小聪明就能够扭转乾坤的好运。

这两类人中的代表,前一类是刘裕,后一类是孙恩。

北府兵

刘裕号称是西汉楚元王刘交的后人,而刘交正是汉高祖刘邦的亲弟弟。

话说两晋那个时代的人,在九品中正制的强大社会思潮控制之下,如果出门不说自己是名门之后,似乎都不太好意思跟人打招呼。即便是北方进中原的五胡,往往也都拐弯抹角说自己是出自炎黄之类的话,更不用说汉人了。比如同样是老刘家的子弟,刘裕之前半个世纪,曾经有一个叫作刘琨的人,也就是当年跟祖逖一起闻鸡起舞的同窗好友。刘琨当时混迹于一个西晋一朝有名的文学团体"金谷二十四友",相当于一个笔友会、文学社之类的组织,出门自报家门跟刘备就没有什么两样——本人刘琨,中山靖王之后,孝景帝玄孙。而刘裕的时代往后查,到了唐代依然有个叫作刘禹锡的诗人,号称自己也是中山靖王之后。要说这中山靖王刘胜也真是有造化,凭着生前一套把妹的好本领,生了一百二十多个儿子。结果到了后世,只要是姓刘的,就可以说自己是中山靖王之后,关键你还无言以对。因为证实虽然难,证伪就更难了,估计刘胜生前,自己也搞不清楚自己每个孩子都长什么样。

站在这个角度上讲,刘裕自称是楚王刘交后人,其实是透着一股子质朴的。因为他这个确实是比较冷门的,万一查证起来,造假的成本也比较高,那么我们暂且不提这个话题。先说楚王刘交之后,能不能给刘裕带来实惠。

号称自己是大汉皇室刘姓之后,说来这样的出身也算是系出名门了,然而在东晋的时候,事情却并不是那么回事。之前虽然"人心思汉"了几个世纪,也出现了刘秀"光武中兴"以及刘备"鼎足三分"这样的"复汉"行动。然而随着三国归晋的开始,老百姓们开始相信天命已经转了,大汉的气数已尽。而且,灭掉西晋的匈奴刘汉,一个蛮夷,竟然也敢自称汉高祖刘邦的后人。这件事已经足够让"汉"这个百年老字号蒙羞了，然而仅仅十几年之后，远在巴蜀的氐族人李寿居然也乘乱自称大汉皇帝。由此看来，大汉王朝皇帝的位子，从一开始的皇室贵胄，已经沦落到东晋时的人尽可夫。复汉行动，从一开始的汉室苗裔领导，到今天的匈奴、氐族的五胡都可以信口冒认，刘氏子孙也已经不值钱了。

家族门第本来已经足够落魄，而刘裕的出身则更是毫无亮点。刘裕出生之后，母亲就因为难产离开了人世。因为家徒四壁，无力养活这个弱小的婴儿，父亲刘翘差一点就将刘裕抛之荒野。长大之后的刘裕，情况也好不到哪里去。家境的贫寒同当年的刘备相差无几，只是刘裕除了像刘备一样做卖草鞋这种小本生意之外，还具备了砍柴、种地、打鱼等多种经营才能。除此之外，刘裕还擅长赌博，只是刘裕的赌博多半是为了补贴家用，而不是嗜赌成性。

正如我们前文所分析的那样，最终刘裕还是走上了从军之路。刘裕加入的部队，叫作"北府兵"。

北府兵名扬天下的一战，就是淝水之战。

早在淝水之战爆发前，中国北方五胡混战中，逐渐崛起了一个氐族人建立的强大王朝——前秦。前秦之所以叫作前秦，是对应后来出现的后秦而言的。这支氐族人的首领苻洪最早崛起于关中之地，关中也就是"秦"，所以后来苻洪家的老三苻健在苻洪去世之后自称皇帝，建立了前秦王朝。苻健称帝仅仅三年之后就驾崩了，于是苻健的儿子苻生即位。不过这个苻生太过任性，逼反了苻健的侄子苻坚，于是苻坚杀掉了苻生而自称皇帝。

就这样，前秦建立短短三年，换了三任皇帝。在一片血与火之中，苻坚登上帝位。不过即便如此，苻坚却是超越他的民族，甚至是他的时代而存在的一个人。

苻坚大胆启用了汉人王猛，王猛帮助苻坚设计了一系列类似于汉人王朝一样的规章制度、典范礼仪，与此同时加强中央集权，逐步消除氐族人早期的原始部落属性。更加重要的是，前秦作为一个氐族人建立的国家，在教育上奉行汉化，最终使得前秦成为在当时混乱的十六国中，汉化最为深入的一个少数民族政权。在王猛的帮助之下，苻坚几乎一统北方。然而可惜的是，因为积劳成疾，年仅五十岁的王猛，在公元 375 年早早就离开了人世。

王猛其实相当于苻坚手下诸葛亮的角色，而实际上苻坚也在王猛生前直言不讳地如此评价过王猛。但我们仔细分析，王猛所取得的成就，其实已经远远超越了当年的诸葛亮。尤其是在当时那样一个"五胡乱华"的时代，王猛等于是凭借一己之力，紧急为北方的胡化倾向踩了刹车。并且辅佐一个还能够接受汉化的苻坚，几乎一统天下。王猛死后，苻坚也为王猛追谥"武侯"的称号，跟诸葛亮的诸葛武侯，是一模一样的。

不过，在王猛生前的战略构想中，却并不包括南征东晋。

临终之前的王猛，告诫苻坚不要讨伐东晋王朝，因为汉之后就是晋，晋就是响当当的汉人正统。就算是晋这个王朝看上去羸弱不堪，但是晋在天下百姓以及所有的读书人心中，也是有分量的。

苻坚却并不这样想。

因为当时的北方，战争已经告一段落。而在王猛去世前两年的时候，苻坚的部从也已经牛刀小试尝试了南征，只不过方向是西南。当时在氐族将领杨安的带领之下，前秦军队一举拿下了东晋版图内的汉中和巴蜀两个重要战略支点，将东晋政权彻底逼到了东南一隅。而且在王猛死后一年，苻坚彻底灭掉了前凉、前燕以及鲜卑拓跋氏的先人所建立的代国。

到公元 376 年为止，前秦已经一统当时中国的北方。

而苻坚的野心，也膨胀到了极点，他也渐渐忘记了王猛临终时的告诫。

就在同一年，东晋孝武帝司马曜开始亲政，这一年的司马曜十四岁。我们已经知道，司马曜是东晋非常幸运的一位皇帝。司马曜登基之后一年，权臣桓温就病死了；登基之后三年，司马曜的堂嫂崇德太后褚蒜子就还政司马曜。后来的司马曜执政长达二十四年，要知道东晋王朝中间经历了十一个皇帝，总共加起来国祚也不过 103 年。

亲政之后第二年，司马曜启用谢安，开始着手组建北府兵。

北府兵，是魏晋时期一支威名赫赫的特种部队，其战斗力之凶悍在整个中国历史上也不多见。北府兵这个名字特别容易让人误会。首先北府兵虽然名为"府兵"，但这个"府兵"同北朝的府兵制下的府兵概念毫无关系。北府兵最开始算是谢安身后的陈郡谢氏士族的私人部队，后来升级为国家军队，是不折不扣的职业军人，而不是半职业的"府兵"。此外，"北府兵"的本义，并不是来自北方的意思。北府兵的得名，是因为当初的创建地在京口（镇江），京口在当时又称"北府"，仅此而已。然而巧合的是，当时的京口聚集了大量逃难到江南的北方流民，这些人中有很多加入了北府兵。所以组成北府兵的主要基层作战人员，恰恰就是北方汉族百姓。因为北方流民的缘故，所以北府兵就是一群不折不扣的流氓无产者，而且关键是，这群无产者对于北方蛮族充满了刻骨的仇恨。这样的一群人，只要是动员得当，训练到位，他们所迸发出来的能量是惊人的。

谢安只是负责着手组建北府兵，而实际的操盘人是谢家子弟——谢玄。

谢玄是谢安的侄子，是当时那个时代少有的能臣良将。当时的外朝，谯国桓氏如日中天；内朝，说了算的其实就是陈郡谢氏。所以，让当时担任宰相的谢安在国家政府机关，给谢氏家族的子弟们安排个工作，并不是什么难事。需要考验谢安的是，这个人是否出类拔萃。谢安是从小就看好谢玄的，所以面对北府兵的组建，如此重要的工作岗位，谢安毫不犹豫地选择了自己的亲侄子谢玄。

针对这件事情，当时的中书郎（中央办公厅秘书）郗（xī）超直言不讳——"安违众举亲，明也。玄必不负举，才也。"（《晋书·卷七十九》）。作为谢安在朝堂上的政治对手之一，郗超一直和谢安不和。而在谢安举贤不避亲的情况下，能够得到郗超的这样一句评价，谢玄确实有他的过人之处。

北府兵在谢玄的招募、训练和组织之下，很快就拿捏成型了。

公元 378 年，苻坚按捺不住自己南征东晋蠢蠢欲动之心，终于发动大军，分成东西两路南下伐晋。当时的西路军，由自己的长子苻丕率领，走南阳盆地，进攻襄阳（湖北襄阳）。而东路军，则由大将彭超统帅，直接进攻江淮大平原上的重镇彭城（江苏徐州）。

西路军的进展虽然非常缓慢，但是第二年也拿下了襄阳，俘虏了守将朱序；而东路军则将彭城团团围困，看起来也指日可下。

襄阳丢了，但江汉平原和江南之间还隔着长江水路，还隔着鄱阳湖平原这块东晋传统辖区，看起来也并非是迫在眉睫。但彭城可就不一样了，彭城历来是淮北重镇，属于典型的"平原建大城"。南侵的部队虽然在一马平川的平原上能够任意驰骋，但却不敢轻易绕开徐州直捣南京。而明成祖朱棣，也是在靖难之役后期，打服了徐州方向上的军队之后，逼得徐州守军闭门不出，这才放心地绕开徐州，直奔南京。

就当时的情况来看，彭城一丢，那么淮东就危险了。我们前文曾经分析过，淮东的重镇扬州一旦失守，而扬州到镇江就是一条黄金水道，那么东晋的都城建康也就危险了。

就在千钧一发之际，谢玄接到调令，帝国准备派这支刚刚成军不久的北府兵，去解彭城之围。谢玄到彭城的时机显然不对，因为这个时候去，很容易被围城部队搞出一个"围城打援"。不过即便如此，谢玄依然带着一万多人的北府兵部队，救出了彭城城内的军民，并成功地撤出彭城，给前秦留下了一座空城。退回来的北府兵，在淮东的三阿（江苏宝应）从容布置第二道防线，最终击退了前秦军的进攻。

此一战，打出了东晋的军威国威，并且一扫半个世纪以来东晋甚至包括之前的西晋汉人部队屡战屡败的糟糕战绩。彻底卸下了"恐胡症"的负担，从此以后甚至让前秦的很多军人患上了"恐汉症"。

战后，彭超畏罪自杀。

东晋方面为谢玄以及此次战役中涌现出来的高级将领，比如刘牢之等加官进爵，其中谢玄被封为"冠军将军"。

四年之后的公元383年，前秦和东晋之间刀兵再起，苻坚的部队兵临淝水。谢安派自己的弟弟谢石挂帅，谢玄和刘牢之等人担任主将，率领北府兵迎敌。

淝水之战是一场非常诡异的战争。

第一个诡异之处，淝水并非什么大江大河。

淝水的名气之小，即便曾经发生过如雷贯耳的淝水之战。千百年来，我们中真正知道淝水在哪个位置的人依然少之又少。

淝水又作肥水，源出安徽省肥西县、寿县之间的将军岭。出将军岭以后分成南北两支。北支流入淮河，被称为东淝河；而南支则流入巢湖，最终汇入长江，被称为"南淝河"。似乎还是不够清晰，那么我们这样讲，今天的安徽省会之所以得名"合肥"，就是因为合肥地处南淝河和东淝河相交之处，而两条河相交的确切地点名气就比较大了，叫作"逍遥津"。

发生淝水之战的地方，就在东淝河注入淮河的河道交叉处。

这个交叉处有个在中国历史上非常有名的城市——寿阳（古寿春，今安徽寿县）。见图8-1。

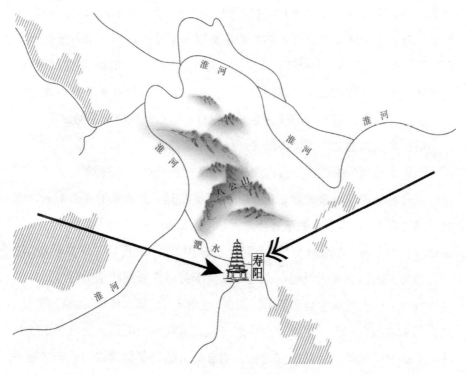

图 8-1 淝水之战示意图

第二个诡异之处，降将朱序居然得到了苻坚重用。

朱序是在襄阳之战中被俘的，之后就投降了苻坚。按道理说，襄阳城被围整整一年，期间朱序死守襄阳，打退了苻坚部队一波又一波的进攻，使得前秦损失很大。但奇怪的是，朱序投降之后，苻坚并没有杀掉朱序。反而是封朱序为前秦的经济部长（度支尚书），掌管了前秦的兵马钱粮工作。或许苻坚有自己更加远大的目标，那就是用朱序做一个榜样，招降更多的东晋汉人将领。然而，苻坚并不知道，从这个时候开始，朱序就成了东晋打入前秦的间谍。来自前秦最核心的情报资料，源源不断地送到东晋谢石的办公桌上。

而且就在公元383年这一年，苻坚的部队节节胜利，大军渡过淮河之后，迅速拿下了淝水西岸的重镇寿阳。然后苻坚派出了朱序去策反谢石。不过，这个策反事件，让苻坚搬起来石头砸了自己的脚。

谢石面对前秦部队所向披靡的战斗形势，本来是准备坚守不出，以拖待变。不过朱序到了东晋大营，却对谢石说——"要打就赶快打，否则等前秦百万大军全部集结完毕，东晋的胜算就非常小了。"（"若秦百万之众尽至，诚难与为敌。今乘诸军未集，宜速击之；若败其前锋，则彼已夺气，可遂破也。"《资治通鉴·晋纪二十七》）话说到这份儿上，谢石还是将信将疑，于是谢安的儿子谢琰也出来劝谢石，谢石最终决定主动出击。

第三个诡异之处，战役还没有开打就胜负已分。

因为这场战争的胜势一方，决战还没开打就开始自乱阵脚。

当时苻坚准备强渡淝水之前，实际上已经有一支前秦的先头部队，冲到了淮河以南，淝水以东的东晋阵地上，这个人是前秦的大将梁成。结果，梁成带着五万人马，在洛涧（一条小河）之战中败给了北府兵大将刘牢之。这个首战失利的消息极大震动了苻坚，以至于苻坚在观察敌情的时候，曾经误以为八公山上的草木全部是东晋部队，也留下了"草木皆兵"的成语典故。

后来洛涧之战后，谢玄、刘牢之带领北府兵继续向西，一直到达了淝水这个地方，同苻坚军队隔河对峙。谢玄派人给苻坚提建议——苻坚能不能把部队往后退一退，让北府兵过河同前秦部队决战（"君远涉吾境，而临水为阵，是不欲速战。诸君稍却，令将士得周旋，仆与诸君缓辔而观之，不亦乐乎。"《晋书·卷七十九》）。

苻坚居然同意了这个建议，于是前秦大军同时向后运动。

正在这个时候，暗通东晋的朱序在阵中大喊——"秦兵败矣"（《资治通鉴·晋纪二十七》）。瞬间，之前初战失败阴影，以及长期以来存在于秦军士兵心中的"恐汉症"统统一起发作了。后面的部队以为前面的部队真的已经失败了，索性前军变后军，后军变前军，兵败如山倒。

北府兵趁机全军出击，前秦一败涂地。

北府兵，一战扬名天下，成为帝国范围内拥有淝水之战这样光辉战史的英模部队。

五斗米道

刘裕从军之后，就到了北府兵中效力。

最开始刘裕是孙无终的手下。

孙无终是最早一批加入北府兵的创朝元老之一，和刘牢之一样，在谢玄手下效力。当年的宰相谢安，在淝水之战两年之后驾鹤西去；而冠军将军谢玄，也在谢安离世三年之后离开人世。新的冠军将军，就是孙无终。

在孙无终手下，刘裕表现优秀，担任司马（高级军官）一职。

让刘裕声名鹊起的战斗，主要是针对东晋的海盗头子——孙恩。

孙恩和刘裕有着相似的家庭背景和出身，然而，孙恩却最终选择了和刘裕背道而驰的职场发展途径。

孙恩的祖上，山东琅琊孙氏，其实说起来也算是当地的名门望族。他有据可查的先祖孙秀，曾经在"八王之乱"中做过西晋宰相，在任期间还处死了当时"金谷二十四友"中的石崇和潘岳。不过，随着北方进入五胡十六国无休止的战乱之中。大批汉族人南迁，孙恩的先人，就是当时南迁浩浩荡荡大军中的一个。

西晋永嘉之乱后，大约有九十万汉人南迁，在现在看来固然是一场移民的史诗，但在当时，可谓是一场国破家亡的浩劫。南迁之后的汉人，在心路历程上，经历了致力于"反攻北方"，到心态趋于平和，一直到三代之后逐渐本土化的过程。开始寄居在南方的北方汉人，往往按照同乡关系，聚集在一个地方生活，甚至还沿用原来的故乡地名，比如山东移民建立的南临沂、南琅琊等，所有这些充满北方特色的移民居住点，按照大小和等级不同，被称为"侨州郡县"。

最开始的侨州郡县人，无时不刻都在想着打回北方去、解放汉人。这些侨民并没有什么安顿的打算，当然也并没有土地可以耕种，所以他们不纳赋税，不服徭役。然而，随着时间的变迁，"反攻北方"只是成为了一种政治宣誓，而成功的希望却越来越渺茫。大量的侨州郡县人迫切需要进行"土断"，也就是实行本土化，成为国家征取徭役的"编户齐民"。那么问题来了，北方的上层士族，乘势攫取了大量田产，转而成为扎根于南方的新的士族阶层；而无钱无势的中下层士族，则慢慢沦为了部曲或者佃农，又或者获取了一点田地，成为彻彻底底的平头百姓。

孙恩的家族，就是在这个历史进程中慢慢衰落，逐步沦落到南方汉人的社会底层。

孙恩这样的经历，在当时非常典型，这样的过程很容易让人仇视社会。如果说北府兵中的北方汉人，把满腔的仇恨化作战场上奋勇杀敌的勇气的话；那么以孙恩为代表的这类北方汉人，则把人生的世态炎凉，全部归罪于社会的不公。于是，孙恩开始有了自己的小算盘。他利用道教中的"五斗米道"为工具，开始慢慢有计划地准备招兵买马对抗东晋朝廷。

五斗米道，其实在我们前文中曾经就有出现过。当时的汉中割据军阀张鲁，利用的就是"五斗米道"，企图在汉中地区建立一个政教合一的政权。而张鲁本人，就是五斗米道的第三代天师。

我们简单看一下何为"五斗米道"。

道教最早的一点点雏形，叫作黄老学说，我们前文说的汉武帝的祖母窦太后就十分喜欢"黄老学说"。黄老之学属于道家，创始人是老子李耳。但道家并没有具体宗教的各种基本属性，跟道教并不是一回事。在道家的基础上，后世用其基本思想作为本源，创立了道教。早期原始状态的道教比如春秋战国时期的"方仙道"、东汉末年的太平道，都只是昙花一现，并没有形成真正的传承。而道教的兴盛，实际上就是从张道陵开始的。

张道陵所创立的宗教，以"黄老学说"作为理论体系，而以老子李耳作为始祖，他的宗教被定名为"正一道"，因为正一道的教主都世袭姓张，而最早的张天师张道陵则自称被太上老君点化，封为天师之位，所以"正一道"也被称为"天师道"。"五斗米道"的得名，是因为当初入教的教徒，都要交纳五斗米，这其实是外界对"正一道"的蔑称。比如《三国志》中就带有立场地记载道——"从受道者出五斗米，故世号米贼。"（《三国志·张鲁传》）。

张鲁之后，第四代张天师把正一祖庭从四川青城山搬到了江西龙虎山，从而带来了南方正一道的蓬勃兴盛。

历朝历代的道教发展繁荣壮大，也出现了很多个流派。所以，"正一道"反而淹没在众多道教流派之中。一直到了元代，蒙古统治者才册封从张道陵开始的历代张天师，以及后世张氏历代子孙。这样，正一道才被抬到了道教最至高无上的地位上。值得注意的是，到了明代由于朱元璋对于元代蒙古人的排斥，又提出了"全真道"与"正一道"两家"双核"道教模式。

所以，孙恩当时的宗教就是正一道，也叫"天师道"。

孙恩以"天师道"为自己的政治工具，逐渐在江南地区聚集了大量信徒。到了晋安帝司马德宗时代，帝国皇叔司马道子的儿子司马元显，发布了一道诏令。命令三吴各公卿以下，原为官奴而被士族门阀由农奴转为佃户的人收归都城建康，并改了个名字叫作"乐属"，这件事情激起了当地门阀士族的不满。于是趁局势混乱，孙恩的宗教势力开始正式起事。

起事之后的孙恩及其教徒，逐渐演化成了一支足迹遍布整个南方内河和外海水域的水上部队。这支部队神出鬼没，性质也从最开始的起义举动，逐渐演变成专门以打家劫舍为主业的海盗。在很短的时间之内，孙恩的恶名响彻江南、华南，岭南沿海、沿江的大小城市。后来，以至于在之后的很多年中，南方百姓都统称海盗为"孙恩"，可见孙恩在普通民众中间的影响力。

孙恩真正扬名立万，是因为在一次战斗中，孙恩的教徒们杀掉了淝水之战的民族英雄谢琰。谢琰之死，震动朝野，东晋这才下血本一定要跟孙恩较量一下。于是，刘牢之、孙无终等淝水旧将悉数出动，其中当然也包括刘裕。在此期间，刘裕从孙无终处跳槽到了刘牢之麾下，做了参军（参谋）。

孙恩的恶名昭彰，更多地是为刘裕做了嫁衣裳。

因为随后，以刘裕为代表的北府兵，用了三年的时间剿灭了孙恩的部队。在此期间，刘裕获得了自己个人威望上的迅速提升。他用身先士卒的牺牲精神，慢慢建立了属于自己的个人品牌。有一次，在刘裕同孙恩海盗部队的战斗中，刘裕不顾个人安危，手提长刀冲锋在前。史载"贼临岸欲下，裕奋长刀仰斫杀数人，乃得登岸，仍大呼逐之，贼皆走，裕所杀伤甚众。刘敬宣怪裕久不返，引兵寻之，见裕独驱数千人，咸共叹息。因进击贼，大破之，斩获千余人"（《资治通鉴·晋纪三十三》）。这句"裕独驱数千人"，意思是说，刘裕一个人狂追驱赶着几千海盗，这个阵势实在是惊为天人。这种看起来极其不正常的情况，实际上在某种特定条件下是成立的——海盗们通信系统失灵，后军并不知道前军情况，又突然传来统帅被斩杀的消息，于是慌不择路地逃命。反正刘裕神勇的这一幕，被刘敬宣看到了，而刘敬宣正是北府兵掌门人刘牢之的儿子。

公元 402 年，在北府兵的不断打击之下，孙恩投海自尽，罪有应得。

孙恩死后，孙恩的妹夫卢循又接过了接力棒，继续率领海盗在东南沿海活动。

在整个讨伐孙恩的过程中，刘裕脚踏实地，步步高升。从最开始刘牢之手下的北府兵参军（参谋），到最后被封为建武将军，领下邳（今江苏睢宁）太守。更加重要的是，上到庙堂之高，下到江湖之远，很多人从此开始知道了之前还名不见经传的猛将刘裕。

刘裕的发迹，才刚刚开始。

剿灭桓玄

刘裕所处的东晋王朝，从建立那天开始，一直到灭亡为止，皇帝一直都是个弱势群体。东晋皇帝们的悲催之处在于，他们不仅个个短命，而且往往在位时间也很短。此外，大部分东晋皇帝们自始至终，都没有取得至高无上的皇权，反而被门阀士族们把持了真正的权柄。北方的门阀同南方的门阀勾结，共同瓜分了帝国的权力。整个帝国，就像是一个大的合资公司，是由各个门阀大股东们合资入股筹建而成。坐在龙椅上的东晋司马族人，其实只是东晋这个品牌的持有者而已，也就是说，比起门阀士族们用实力说话的实际股份，东晋皇帝反而只是用知识产权入了个干股而已。东晋皇帝的存在，只是为了证明这个帝国在法理上的正统性，他们仅仅是维系门阀士族们之间权力平衡的工具而已。

从第一任皇帝司马睿开始，琅琊王氏扶持司马睿登基又辅佐司马氏平定江南，于是就有了后来的"王与马共天下"。此后的一百年内，几个大族，如颍川庾氏、陈郡谢氏、谯（qiáo）郡桓氏，你方唱罢我登场，轮流成为帝国的实际操盘手。这种情况愈演愈烈，到了刘裕所处的这个时代，实际上很多门阀士族已经不把皇室放在眼中，转而开始阴谋取而代之。比如谯郡桓氏中的桓玄，就是其中一个。

桓玄是典型的富二代公子哥形象，不仅长得风流潇洒，吟诗作对也是样样精通。桓玄的父亲桓温，就已经在前朝做了半世的权臣，到了新时代，桓玄更是变本加厉，把东晋的皇帝逼到了墙角里。但要说起篡位这项技术活儿，当老子的桓温比当儿子的桓玄更有资格做这件事情。当年的桓温，携北伐的胜利之势回师京城，可谓一时间权倾朝野。桓温最后并没有实施篡位，不是因为仁慈，而是因为他突然病死，白白失去了篡位的最佳时机。

不过，篡位这事绝对硬拗不来。

篡位如果作为一个项目来运作的话，那么至少也要先立项评估一下。重点是项目的可行性，还有就是项目的风险、项目可能的收益，等等。如果从这个角度上讲，桓玄的篡位可以算得上是非常没有必要的一次。

　　当时东晋的皇帝是晋安帝司马德宗。司马德宗是大晋王朝第二个白痴皇帝，他那股子不知寒暑的"淳古之风"，甚至还不如当年晋惠帝司马衷。换句话讲，在皇帝都是摆设的整个东晋时代，碰巧这个皇帝还是个摆设中的摆设。既然是个摆设，那么朝堂上真正说了算的，无非还是几个大家族而已。人人都想拿掉这个摆设，因为这件事做到并不难；人人又不敢拿掉这个摆设，因为出头的椽子先烂。所以，门阀士族们都在观望，看看到底谁先忍不住去吃这第一口螃蟹。事实明摆着，吃第一口螃蟹的人，需要担一个篡位的恶名，然而又捞不到太多真正的实惠，除非他能够有绝对的实力控制局面。

　　或许当年的桓温可以，但至少桓玄，绝对不是篡位这块料。

　　年仅三十三的桓玄，虽然是个不折不扣的公子哥，但是打内战这事，他还是耍得有模有样。而他的对手则比他更年轻、更公子哥儿，这个人正是我们前文提到的司马道子的儿子司马元显。

　　公元401年，当时孙恩的大军逼近建康，桓玄的部队从江陵起兵，谎称帮助朝廷勤王，要顺流而下直奔京城。而司马元显则发布紧急戒严令，命桓玄的部队不准轻举妄动。双方虽然都保持了克制，但是互相也都探明了对方的底细，桓玄更是派兵到江汉平原的各个重要城市、关隘，同时封锁了长江漕运通道，关起门来成了一个独立王国。

　　北府兵的态度，非常关键。

　　北府兵的实际掌门人刘牢之在观望。

　　刘牢之打仗是一把好手，不过在仕途上的情商太低。他的如意算盘是，不管谁是朝中的掌权者，他都能够左右逢源。然而，政治的残酷性在于，不站队和乱站队的结局，都是一样的凄凉。幻想能够永远立于不败之地，这样的人从古至今也找不到几个。刘牢之这辈子，先后跟定了几个当权派，先有王恭，后有司马元显。

当年刘牢之的老上司王恭，因为不满司马道子和司马元显父子弄权，起兵打内战，攻打司马元显。结果刘牢之阵前反水，投了司马元显。这件事直接导致了王恭兵败被杀。

到如今，刘牢之已经在司马元显手下工作到了第四个年头。桓玄起兵，刘牢之希望能够延续自己的政治生命，于是在仔细斟酌之后，他又在阵前投了桓玄。和刘牢之一起投降的，还有刘裕以及全部的北府兵弟兄。于是桓玄，也就成了刘牢之四年之内的第三个老板。毫无疑问，在这几年之间，刘牢之每一次的背弃，都来得太过随性。

于是两个公子哥之战，桓玄战胜司马元显。随后桓玄进入建康城，杀掉了司马道子以及司马元显父子。

投降之后的刘牢之，反而更加引起桓玄的猜忌。万分忧惧之下，刘牢之没有多久就选择了自杀。

刘牢之自杀之后，桓玄用自己的堂兄桓修掌控北府兵。随后，北府兵的一众高级将领被桓玄找各种借口杀掉，其中就包括了刘裕的老领导孙无终。因此，刘牢之的几个得力手下比如司马休之等人，还有刘牢之的儿子刘敬宣，纷纷逃亡到了北方的南燕政权。简而言之，北府兵的老大没了，北府兵全部骨干员工，几乎在一夜之间就全部被杀或者跳槽了。但是北府兵这支英模部队的番号还要保留，更要好好训练，为桓玄所用。

因为这个时候，孙恩的妹夫卢循，又杀奔建康府。

大敌当前，自己的堂兄桓修在北府兵中根本就谈不上什么号召力。于是，在没有办法的情况下，桓玄重用了巍然不动，而且在军中名气极大的刘裕，让刘裕继续在桓修手下做参军。

其实刘裕也是兵行险着。

刘裕之所以没死，一是因为大敌当前，出于稳定军队的需要，桓玄并不敢把北府兵的将领们赶尽杀绝；二是因为刘裕并非出身豪门大族，这一点跟当年的刘牢之几乎一模一样。桓玄杀掉了几乎所有北府兵中的老一辈管理层，反而提拔了寒门出身的新生代管理层刘裕，这也算是有栽培刘裕的意思。也就是说，寒门出身的人掌控北府兵最合适不过，这样能够最大程度地保证北府兵就是一个纯粹的帝国杀人机器,这个机器必须由寒门做头,豪门大族的人要么利用这个机器,要么就被这个机器所杀。当年的刘牢之由王恭投司马元显,又由司马元显投桓玄,其实并不是因为刘牢之笨。而是因为刘牢之虽然手握北府兵,但他必须依附于一个豪门大族的人做靠山,这是寒门子弟的最终宿命。

刘牢之死了,就培养一个刘裕做下一个刘牢之。退一步讲,这个时候的刘裕也羽翼未丰,先凑合用着,一旦发现不行,再除掉刘裕也不迟,这就是桓玄的如意算盘。

当然,能够平安地度过这段时间,并且能够在刘牢之死后,成为桓玄叛乱的最大受益者,刘裕的个人素质也是一个重要因素。他从小生活贫苦,没有什么可输的;他曾经做过赌徒,敢于拿自己的身家性命去赌一个可能的前程。与那些士族门阀的纨绔子弟相比,刘裕拿得起放得下,并且能够在最极端的情况下保持一颗平常心。

刘裕的忍辱负重,虚与委蛇,最终赢得了桓玄的信任。桓玄也想利用刘裕的名望,来整合这支百战百胜的北府兵,因此,桓玄将自己的信任略带一点投机地加于刘裕身上。

有一次,桓玄的妻子刘氏特意提醒桓玄,说她看到刘裕这个人走路的姿势异于常人,看样子像是"龙行虎步",不如趁早杀掉。妻子的劝谏,桓玄未必没有重视("刘讳龙行虎步,视瞻不凡,恐不为人下,宜蚤为其所。"《宋书·本纪·卷一》)。但桓玄不是普通的公子哥,他是一个有野心的公子哥。桓玄说——"我方欲平荡中原,非刘讳莫可付以大事。关陇平定,然后当别议之耳。"

也就是说,桓玄不杀刘裕,还有一个非常宏远的理想,那就是北伐中原,光复关陇,一统天下。等到这个理想实现之后,再做计较。

公元 403 年,晋安帝禅位给桓玄,桓玄登基,改国号为楚,史称"桓楚"。桓玄并不知道僭越称帝的代价,富二代们的通病往往是野心太大,而眼界和格局又太小。高歌猛进时缺乏清醒的头脑,遭遇挫折时又拿不出背水一战的勇气。桓玄当时最应该做的事情,至少也应该是对内假装励精图治，对外发动战争转移国内矛盾。然而，桓玄迅速地腐化堕落，没有几天功夫就纵情声色去了。

桓玄的篡位虽然并不成功，但他却成功地成了当时地方实力派们的箭靶，也为群雄并起提供了天然的土壤。反正以前晋安帝虽然智商不怎么够用，好歹还是正根正苗的皇室正统，当时的士族门阀虽然没有把他放在眼里，但至少不敢僭越作乱。如今好了，终于有人出头把晋安帝搞掉了，全国范围内的军阀们心里都松了一口气。既然你桓玄可以做皇帝，那么我们一样可以做皇帝，至少是可以不奉中央号令，不承担赋税徭役，事实上列土封疆了，这个事情简直是开心极了。

中国南方的诸侯们，纷纷自立为王或者拥兵自重，而且在表面上，纷纷高举义旗，声讨桓玄的劣行。

公元 404 年初，刘裕率领麾下的北府兵起义，讨伐桓玄。随后，刘裕被各路反桓玄的诸侯们推举为盟主。

在很大程度上，桓玄的部下，包括桓玄自己，都是被北府兵的名气吓死的。在很多城市的争夺中，都没有正常的交战，而是敷衍了事。毕竟，愿意为一个篡位的伪皇帝真心卖命的人也不多。大部分情况下，桓玄派来镇压刘裕的兵马，都是打个照面，然后就以"北府兵太厉害，我们打不过"为借口就不打了。即便主帅是桓玄家族的谯国桓氏，也无法真正掌控中基层官兵的人心向背问题。甚至一度，桓玄同志还找了一帮跳大神的，准备把刘裕给跳死，结果自然是不了了之。

公元 405 年六月，众叛亲离的桓玄兵败被杀。随后，在刘裕的武力保护之下，晋安帝在荆州地区的江陵（荆州古城）复位。

中兴晋室的刘裕，达到了个人名望的极盛。

刘裕，再造华夏。

横扫华南

桓玄篡位两年，这两年中，南方天下大乱，和北方的"五胡乱华"遥相呼应。整个中国，都在风雨飘摇之中。如果说之前东晋的白痴皇帝，至少还维系着法理上的正统性；那么桓玄篡位，则让深受儒家正统思想洗脑的汉族军头们，有意无意地长舒了一口气，放下了心理上迈不过去的坎。所谓"秦失其鹿，天下共逐之"，正当其时。

当时割据的群雄，北方是一群异族的真小人，南方是一群汉族的伪君子，真正的底层百姓，则在这些军头们无休止的纷争中疲于奔命。出身社会底层的刘裕，比其他人更加明白魏晋十六国时期的百姓，到底在承受何种亘古未有的苦难。如何早日结束这一切，是摆在刘裕面前的一道难题。幸运的是，处于人生急速上升期和变化期的刘裕，遇到了一个人，这个人的名字叫刘穆之。

刘穆之对于刘裕的作用，相当于柴荣身边的王朴、苻坚身边的王猛，甚至要更甚一些。刘穆之的一生，兼具了当年萧何的后勤调度、张良的运筹帷幄、诸葛亮的鞠躬尽瘁等特点。如果说刘邦的命太好，早早就结识了萧何与张良；刘备的命太差，遇到诸葛亮的时候已经荒废了群雄逐鹿的黄金时段；那么刘裕遇到刘穆之，则是合适的时间遇到了合适的帮手。

凭借北府兵对自己的效忠，依靠刘穆之的一手策划，公元407年，刘裕接替了去世的王谧（mì，琅琊王氏），入朝掌握了朝堂上的军政大权。从此以后，刘裕不再是一个单纯依靠武力的地方军阀，转而成为了"挟天子以令诸侯"的在世曹操。

接下来刘裕要做的事情，就是要一统天下，不仅仅要恢复桓玄篡位之前的东晋版图，更要起兵北伐，解救普天下在分裂局面中受苦受难的黎民百姓。

不过，同前辈刘邦或者刘秀相比，甚至同没有完成统一的刘备相比，刘裕的统一战争名气并不大，甚至平淡到了没有太多的谈资。或许是当时的对手面对刘裕都太过弱小，又或许是刘裕本人太过英明神武。更何况坐拥东晋皇室正统，文有刘穆之，武有北府兵，这样的一把好牌，无论怎么打都不会太差。

从公元405年开始，刘裕的大军收淮北，灭南燕，击溃了孙恩余部卢循，击败了盘踞荆州的刘毅；攻巴蜀，占汉中，挫败了司马休之的反叛。兵锋之盛，甚至一直打到了林邑国（越南南部顺化等地）。十几年间，刘裕将东晋故土全部恢复，并且一直向北蚕食，大半个中国尽在掌握。如图8-2所示。

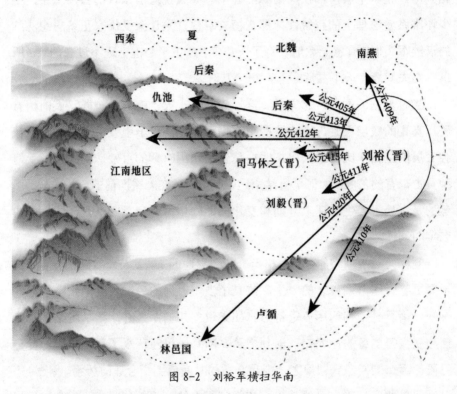

图8-2 刘裕军横扫华南

不过，刘裕真正的课题来自北方。

北魏不用说，当时的鲜卑人已经开始露出自己的獠牙，从十六国的代国开始，历代鲜卑拓跋氏先人，一点点积攒自己的实力，只等着厚积薄发的那一天。当时的北魏明元帝拓跋嗣，也是一位非常有作为的君主，在他手下担任博士祭酒（中央智囊团）的崔浩，后来协助鲜卑拓跋氏一统中国北方。

北魏之外，直接和东晋接壤的还有羌族人建立的后秦。

后秦重要之处有两个，第一是后秦的版图。

后秦的版图东西长、南北短，西起关中平原、洛阳盆地，东到南阳盆地以及河南之地，一个非常狭长的长条形。刚好横亘在东晋与北方新兴的霸主北魏之间，刘裕要想继续北伐，就必须先打败后秦。

第二个重要原因是后秦刚好占据了关中与洛阳，这两块地方非同寻常。

关中平原和洛阳盆地的战略地位自不必说，这里是汉人王朝的两个龙兴之地和精神家园，况且西晋王朝的历代祖陵就在这个地区，能够打回洛阳乃至于关中，才能在精神上让东晋皇室以及东晋整个国家释怀。自从永嘉之乱以来，东晋的历次北伐最多只是逼近这块地区，从来没有能够将这块西晋故土收复。这块地区长期被异族统治，对于当时汉人来讲，是一种源自灵魂深处的耻辱。

正因为如此，刘裕北伐，尤其是刘裕对后秦之战，关系到帝国国运，也关系到汉人的荣誉。

五路北伐

刘裕的北伐，其实早在一统南方之前，就已经开始了。

第一次是刘裕以讨还南阳盆地以及淮北诸郡的名义，向后秦皇帝姚兴发难，结果姚兴因为后秦境内战事吃紧，就答应了刘裕的要求。刘裕兵不血刃就从谈判桌上拿回了今天的南阳盆地以及河南的大片失地。

第二次是针对山东东部的南燕政权而言的，当时南燕政权的首领慕容超，经常跑到淮北一带来袭扰东晋的边防线。于是刘裕对南燕发动了灭国之战，最后收回全部南燕国土，并且把慕容超押送回了都城建康，在菜市口斩首示众。

这两次北伐之后，刘裕才开始了统一南方的战争。

后来南方的战事告一段落，公元416年8月，刘裕决定起兵北伐。

刘裕这次起兵的时机，选择得恰到好处。

首先是这一年的正月，后秦皇帝姚兴去世，他的儿子姚泓继位，但是姚兴的其他几个儿子姚弼、姚愔、姚耕儿开始争夺帝位，后秦陷入内乱之中；其次是北方强敌匈奴首领赫连勃勃，以及西边刚刚崛起的西秦，不断袭扰后秦，令后秦军队疲于应付。

不过，即便从道义角度来讲，也不能认为刘裕就是乘人之危。因为就在这一年的年初，后秦姚兴死前不久，还刚刚派兵南征襄阳。只不过派过去攻打襄阳的大将鲁宗之，走到半道上死了。死了还不算完，姚兴又派了鲁宗之的儿子鲁轨继续进攻襄阳。后来被东晋一方的雍州刺史赵伦之击退了鲁轨才算了事。

我们只能这样讲，南燕慕容超一直作大死，所以才被弄到南京菜市口，身首异处。而后秦，则一直坚持不懈地走在作大死的路上，这些年来，已经做好了挨一次大揍的充分准备。

刘裕对于北伐，做了非常周密的安排。

首先是指挥部的选取。

我们先来看一张图。如图 8-3 所示。

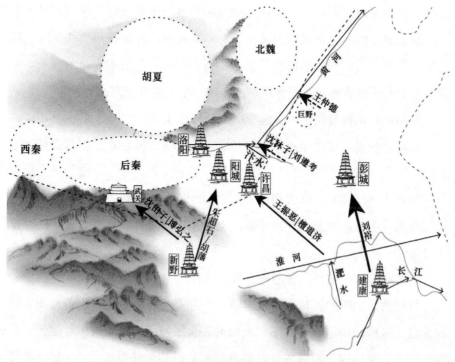

图 8-3　刘裕北伐的指挥部 —— 彭城地缘图

跟以前的很多领袖相比，刘裕是个与众不同的人，不同之处在于刘裕本人就是个武将，后来又是个统帅。刘裕本人能够带兵打仗，也能够像萧摩诃那样单打独斗，百万军中取对方项上人头。这一次的北伐，刘裕并不是不想亲自上阵杀敌，而是这一次东晋的五路大军齐出，各方的信息传递、情报汇总、协同作战非常关键。所以，刘裕这一次，需要做一个总指挥的角色。那么指挥部的选取，就显得尤为重要了。

我们前文曾经讲到过一个经典案例 —— 雍熙北伐，当时的宋太祖赵光义派五路宋军齐发，声势浩大，然而最终却功败垂成。非常重要的一个因素就是指挥部选在了远离战场一线的开封。于是，各方的信息传递不畅，配合也非常迟缓，最终导致了五路大军无功而返，也导致了自雍熙北伐之后的很多年中，宋军再也不敢主动出击，整个帝国转入被动防御的军事战略态势。

当时的赵光义在开封坐镇指挥，却要兼顾到西起雁门关，中间经飞狐口，一直到东边三关直到大海的边防线的作战，千里之遥，谈何容易。而一个经典的反例就是萧太后，萧太后开始是在燕山南麓靠居庸关一侧坐镇指挥，兼顾了山前和山后两路的战事。而当战场形势发生变化的时候，萧太后又带着小皇帝移驾到了涿州作战一线，重点来盯东路战事。

我们把目光再转回来，看这一次的刘裕北伐。

刘裕并没有坐镇建康指挥，而是北上到彭城。刘裕在彭城其实是有危险的，因为彭城这个地方虽然是个大城，但它无险可守。不过彭城在指挥上的好处也显而易见，就像当年的萧太后一样，彭城往西往北，距战场一线的距离并不远。而且在彭城坐镇，刘裕本人可以作为机动力量，随时投入战场。

看完指挥部的选择，我们再看人员选择。

很显然，中间的王镇恶、檀道济①一路是主打，因为他们的路线是直奔许昌，过豫西通道直奔洛阳，之后准备再过崤函通道进关中。这无论从路线还是人员组成上都是主打。然而很有意思的一件事情是，王镇恶和檀道济都不是东晋所谓的传统门阀士族阶层。

王镇恶按道理说家世并不差，他是我们前文提到的苻坚的宰相王猛的孙子，但是后来前秦发生内乱，王镇恶跟随自己的父亲流落到了南朝，天天过着寄人篱下的生活。让王镇恶做主打的考量是，他是关中人，而且是名门之后，又熟悉关中山川地理，并且自带本地人的光环，容易迅速取得关中人的支持。而且东晋一方对王镇恶也给予了非常高的期望值，大军开拔前，刘穆之就曾经激励王镇恶说：刘裕同志给了你这么大的信任，你一

---

① 檀道济（？—436年），东晋末年及南朝宋初将领，汉族，祖籍高平金乡（今属山东金乡县卜集乡檀庄）。檀韶、檀祗之弟。曾参与讨伐卢循，灭后秦及元嘉北伐等战役，是开国元勋。宋元嘉十三年（436年），宋文帝病重，彭城王刘义康担心其谋反，矫诏召檀道济入朝将檀道济及其子等八人一并杀害。

定要好好表现啊（"公今委卿以伐秦之任，卿其勉之！"《资治通鉴·晋纪三十九》）。而王镇恶的回答也不含糊——拿不下关中，我以后就不过长江了（"吾不克关中，誓不复济江。"《资治通鉴·晋纪三十九》）。

檀道济出身寒门，他比王镇恶的童年更加不如，从小父母双亡，正是因为跟着刘裕混北府兵，才有了今天。寒门穷小子一路凭军功走到现在，成为了新任的"冠军将军"，可见檀道济在背后付出了多少高于常人的努力。而且檀道济还利用打仗之余，把自己的经验总结成了一本兵书，流传演变到了今天，依然有蓬勃的生命力，这本书叫作《三十六计》。

跟檀道济一样出身寒门的，还有在边路协同作战的王仲德。只不过王仲德虽然出身寒门，却不想被士族门阀们看不起，到处跟人宣传自己是名门之后。结果这个谎言反而被很多士族们戳穿了，在贵族朋友圈当成笑话在说，这事一直让王仲德耿耿于怀。

除了这几个人之外，朱超石是典型的将门之后，世家大族出身。而沈田子和沈林子是亲哥俩，这两个人的出身有点类似于孙恩。南渡之前是高门大姓，但是南渡之后家族迅速衰落。没办法的情况下，这哥俩的老爹追随孙恩闹革命，最后兵败身死，满门被杀。

所以，我们看到，刘裕的这五路人马的统帅，人员组成还是很有讲究的。

就出身来讲五花八门，但都谈不上有多好，在北府兵中都是凭本事走到今天。但是在具体安排上，刘裕确实又综合考虑了身份背景。不得不说，这支部队的各路统帅人员名单，刘裕一定是动脑子了。

最能体现刘裕此次北伐安排之周密的，就是水军的运用。

水战在中国古代，是独树一帜的一道风景线。

逆水行舟

我们很多人都知道，北方人善马，南方人善船。南方地势不平，水网纵横，又有长江天险，所以也造就了南方人善船、善水战，同时南方的渔业、漕运业、造船业、内河航运业等蓬勃发展。正因为南方的这个特点，历朝历代的统一战争，多半都是北方统一南方，但攻打南方则必须先操练水军，没有水军参与的南征，是绝对不可能成功的。比如曹操在南征之前，就在邺城旁边的玄武池操练过水军。那么我们不妨把角度换一下，如果南方人组织北伐，是不是也可以运用自己的长处呢？

答案是，可以。

并且，刘裕把这个长处运用到了极致。

首先刘裕发迹，就是因为征讨孙恩，而孙恩就是个著名的水贼和海盗。在剿灭孙恩的过程中，刘裕以及北府兵的将士们，早就习惯了水上作战。而最后孙恩战死，也是在水上发生的。就因为这事，孙恩死后还被"五斗米道"的教徒尊为"水仙"。不过问题来了，南方水网纵横，尤其是刘裕他们长期活动的江南地区，更有很多著名的水乡。但是北方并不具备这样的水文地形条件，也不具备庞大的造船业基础，如何运用水战这个特点进行北伐呢？

其实，我们对于古代的中国北方的水系，是有误会的。中国古代人对于北方的水系，早就有非常深入的认识。当时的北方，长期以来就有黄河、济水、淮河三条大河，而这三条大河同长江加在一起，合称为"四渎"。而后来，由"江、河、淮、济"组成的"四渎"，更是发展到了同五岳并列，已经完全被神格化了。跟五岳一样，中国的很多地方都专门建有供奉"四渎"神灵的庙宇。后来隋炀帝时代修凿大运河，其实主要目的就是为了沟通这四条河。当然，因为黄河改道，黄河抢了济水在山东的入海口，今天已经完全看不到了。然而在古代行军打仗中，一个好的一线指战员就一定能够想到如何去利用这些水系做文章。比如我们前文提到的萧何，早在汉代就已经知道利用黄河做漕运，从而保证了刘邦在同项羽争霸的过程中一直都有充足的后勤补给。

那么我再仔细分析一下。

我们前文提到过很多次，对于自然的河流或者人工的运河来讲，就像是古代的高速公路。我们在此基础上，还会经常用到的一个词就是"顺流而下"，好像打仗就是要顺流而下，才能够打胜。比如前文提到的西晋灭东吴、隋灭南陈，都是从四川开始就顺流而下，最终漂到了长江下游攻占南京，打完收工。这事，其实又是个误区。

如果所有的船都顺流而下，无法走回头路，那岂不是所有船只都会堆积在下游，上游的船则越来越少了？那么西晋灭东吴、隋灭南陈，都是一锤子买卖，在四川造完的大船，只用一次，就扔在南京本地处理掉了？

这事还有个非常容易解释的方式，就是运河的开凿。人们经常问一个问题，京杭大运河的流向是什么样的？究竟是由北往南流，还是由南往北流？事实上，我们这个问题本身就问错了。因为运河的开凿只能够沟通不同的河流、水系，而并不能够解决地势高低的问题。所以对于运河来讲，如果笼统地谈流向问题，显然不够科学，如果要问水的流向，我们只能回答，水往低处流。

运河在不同的地域之间跨度比较大，流向也比较复杂。遵从水往低处流的宇宙定理，有的地段是由南往北流，有的地段则是由北往南流。如图4-3所示。

也就是说，如果有一条船从北京出发，一直沿着京杭大运河到南京的话，它要经过的地区，有的需要顺水行舟，而有的则必须要逆水行舟，你必须做好万全的准备。否则，顺流而下容易，再逆流而上可就难了。

很显然，打仗的时候，顺流而下自然好，而逆流而上也不是不行。

如何逆流而上，古代人想出了很多好办法。

第一是利用纤夫。

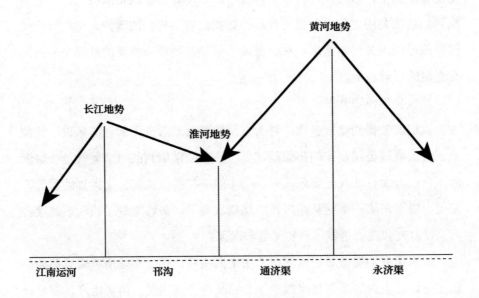

图 8-3　隋朝大运河流向图

　　这是最容易想到的一个点子，所以隋炀帝南巡的时候，可不仅仅是隋炀帝以及他带的后宫佳丽三千在船上。你要考虑到沿途的警戒，就一定有战船伴行。大船不容易靠岸，则需要有蒙冲斗舰来往交通。而岸上，则经常要用大量的纤夫和牲畜来拉船。很显然，岸上的人和动物同样要吃喝拉撒睡，那就需要带更多的粮草。而如果粮草不够了，就命当地的官府来征缴。年年这么折腾，你说沿途老百姓还能受得了？

　　第二个办法是利用风力。

　　只要有风，就可以用风帆。风帆张开，和迎面来风形成一定的角度，就可以控制船的行进方向，那就可以逆水行舟。这个技术，在中国古代早就开始大规模使用，到今天的奥运会还有专门的赛事。

　　第三个办法是利用划桨。

　　划桨的效率，跟地势的高低以及投入人数的多少有关系。如果地势的高低差别较大，河水湍急，那么就算是划桨也不好使。而如果投入划桨的人数较多，那速度自然会有保证，但也必然会增加军费开支。

　　很显然，这些问题在北伐的刘裕这里，都已经有了充分的考量。

因为，刘裕的五路大军中，其中有两路，就是走黄河水路，而且都是逆水行舟。其中的沈林子一路，走汴水入黄河，沿着当年萧何的路线，反向进入洛阳盆地；而王仲德一路作为疑兵的可能性则更大，因为王仲德出击的地方非常偏，在山东的巨野泽附近。巨野泽是一个大泽，就是当年古济水冲击而成的。巨野泽在刘裕那个时代已经有一点淤塞，所以王仲德就疏通河道，由巨野进入黄河。当时的黄河防线就是东晋的边境线，黄河以北已经是北魏的地盘了。所以，王仲德这一路，很显然是用来牵制、迷惑，乃至于震慑北魏方向上可能的敌人。

那么我们分析到这里，刘裕最初的战略构想就呼之欲出了。

首先，主打的是中间这一路，由王镇恶和檀道济，北府兵骨干中的骨干主打，沿陆路方向直奔许昌和洛阳盆地，之后乘胜沿着崤函通道杀入关中。

其次，副攻分成两路，水陆并进。

西边的朱超石由新野奔阳城（河南登封），直逼洛阳盆地；东边的沈林子由汴水入黄河，逆流而上，也是直扑洛阳盆地。

最后，疑兵也分两路，水陆并进。

最西边的沈田子带领偏师，走武关道，沿途虚张声势，吸引后秦注意；最东边的王仲德带领水师偏师，走巨野入黄河，牵制震慑北魏军队。

最终的构想中，占领关中分两步走：

第一步，中间的三路不管主打还是副攻，应该能够在洛阳盆地成功会师。这一步的主要目的是光复洛阳。

第二步，占领洛阳之后，刘裕将会带人来同诸将会合。之后依然是水陆并进，陆路走崤函通道进关中，水路则依然逆流而上沿黄河绕开潼关天险进关中。这一步的主要目的是光复长安。

这事在刘裕的脑海中，是一个堪称完美的作战草案。

但是这个草案中，有一方的态度非常关键，那就是北魏。

北魏当时的国力来讲，是蒸蒸日上的态势。就北魏的野心来讲，一统黄河以北也是他的基本国策之一。而且当时的北魏宰相崔浩，也正是年富力强，无论体力、精力都还不错。

当时的北魏元帝拓跋嗣就问崔浩，可不可以趁着刘裕大举北伐，北魏乘虚而入去攻打建康呢？

崔浩给出了他自己的见解——今西有屈丐、北有柔然，窥伺国隙。陛下既不可亲御六师，虽有精兵，未睹良将。长孙嵩长于治国，短于用兵，非刘裕敌也。兴兵远攻，未见其利，不如且安静以待之……愿陛下按兵息民以观其变，秦地终为国家之有。可坐而守也（《资治通鉴·晋纪四十》）。

换言之，在崔浩的建议之下，北魏在宏观战略上，对刘裕北伐采取了观望的态度。这里的长孙嵩，就是拓跋嗣手下掌兵的太尉，这次刘裕北伐，拓跋嗣就赐予长孙嵩符节，让他去黄河北岸全权处理，并见机行事。

战争一触即发。

水战专家

战争打响，刘裕部队的进展出奇地顺利。

主力部队，王镇恶、檀道济部队迅速拿下了许昌，进抵荥阳；陆路偏师朱超石的部队没有遇到抵抗，阳城守军就开城投降了；而沈林子这边，水路偏师任务完成得也不错，一路沿黄河逆流推进到了洛阳以北的水面上。最后三路大军会合，共同向洛阳盆地进发。

几乎没有任何悬念。

王镇恶檀道济这一路，八月出发，结果到了十月，就拿下了重镇洛阳。

期间，最为戏剧性的一幕发生在最东路的王仲德部。

沿黄河西进的王仲德部队出山东，进而来到了滑台（河南滑县），比较尴尬的是，这个滑台虽然在黄河（古黄河）的南岸，但此时此刻却属于北魏管辖。因为东晋和北魏还没有正式谈判过，所以当时所谓的黄河分界线，还不是黄河为界。而真正以黄河划界，那已经是战后的事了。令人啼笑皆非的是，当时的北魏兖州刺史尉建，突然发现东晋部队居然从黄河逆流而上，自己要被滞留在黄河南岸包饺子了，慌忙弃城而逃，拉都拉不住。搞得王仲德还蛮不好意思，于是进入滑台以后，连忙对外宣布："剧情是这样计划的，我们东晋要打仗，本来就是要借道北魏，借道费都算好了——布帛七万匹。所以来滑台也不是来掐架的，但是你们北魏的人居然跑了。"（"晋本欲以布帛七万匹假道于魏，不谓魏之守将弃城遽去。"《资治通鉴·晋纪·晋纪三十九》）。

事情闹大了，成了个外交风波。

这个逃跑的尉建同志上了北魏军事法庭，被搞死了。

之后北魏跑过来质问刘裕当局，刘裕正好借此机会，阐明了自己的立场，说："洛阳，晋之旧都，而羌据之；晋欲修复山陵久矣。诸桓宗族，司马休之、国兄弟，鲁宗之父子，皆晋之蠹也，而羌收之以为晋患。今晋将伐之，欲假道于魏，非敢为不利也。"（《资治通鉴》）。

那意思再明显不过，我就是要借道了。暗含的意思也太明白了，这道你是借也得借，不借也得借。因为我们这是去拜谒东晋祖陵，我们很有正事儿。

需要提及的一点是，沈林子上岸，跟陆路部队会合。因此当时在洛阳会合后的大军，由王镇恶、檀道济、沈林子三人带队。由于进展太快，速度已经远远超过了当初的预判。于是王镇恶等人经过商议，决定改变原来在洛阳静待刘裕然后再西进的既定计划。他们把洛阳的东晋部队又分成两路，一路由王镇恶率领，另外一路由檀道济和沈林子两个人带队，迅速西进。而朱超石和胡藩，则作为机动部队，脱离陆路这一波人，转而去同刘裕会合了。

而这个时候的刘裕，也已经知道了前敌的情况。刘裕按捺不住即将收复汉晋故土的那种兴奋感，他决定离开彭城，留下自己十岁的儿子刘义隆把守彭城。而刘裕本人，则把战时指挥部的位置继续向前线移动。

这一次刘裕所率领的，又是水军。

就刘裕来讲，他在幼年所受到的教育十分有限，他的战争才能，都是在战争中不断学习，不断摸索而来的。比如就在几年前，他最开始不够熟悉南燕的战法，当时的骑兵已经普遍在战斗中装备了马镫，这使得骑兵的战法变得更加灵活多变，杀伤力也更大。刘裕经过潜心研究，到后来能够从容地应付慕容超的重甲骑兵。当时刘裕所用的办法是批量装备战车，这种战车装有轮子，并且外面用金属包裹，这种战车能够有效地阻滞骑兵突击。研究透了重甲骑兵，其实也就解决了南方军队面对北方军队时最大的一个劣势。

又比如在同孙恩和后来卢循的战争中，刘裕又摸透了水战的门道。

其实中国古代的水战历史，由来已久。

春秋战国时期的吴楚交兵，其实就已经动用了大量的战船参战。到后来，战船的分工更加细致，从最开始的一窝蜂地在水上混战，到后来已经像陆战一样，成为按照套路来打的一种战争形式。船队的组成，从一开始单只船的结合，到后来成为一个有机体。有的船专门负责指挥，有的船专门负责作战，此外还有补给船、巡逻船等分类。

而水兵们的战斗形式也更加多样了，离得远了可以射箭，可以用投枪，离得近的船只之间可以互相撞击、剐擦，看到最后哪一艘船先撑不住撤出战斗。如果两边的船都很结实，那就干脆让士兵跳帮，打接舷战。近战或者追击的时候，还可以用钩镰枪，钩住对手的船只，就可以推开对手的船或者锁定对手的船。这样打还是不过瘾，于是就有了三维立体式的打法，比如有火攻，还有潜入到水下的水鬼凿船，直到凿沉为止。

到后来，水战高科技的玩意儿也用上了。

比如拍杆，拍杆这个东西就是把一块巨石，绑在一个杆子上面支撑，当敌船接近的时候，把杆子放倒，用巨石砸敌船。这样的拍杆，如果装备到一艘大船上，高处的势能砸下来，小一点儿的敌船，瞬间就可以被拍成木屑。

而像我们如上提到的水战方式方法，当时北方的游牧民族别说掌握不了，估计连见都没见过。这其实也就是，刘裕敢于带水军主力北上，从淮河流域杀到黄河流域，转战几千公里而毫无惧色的根本原因。

刘裕带队，和朱超石、胡藩一起率领船队，于公元417年3月8日，大军进入黄河。

北岸，北魏的部队如临大敌，沿途数千骑兵，一路跟随刘裕船队西进。

双方，都对对方抱有敌意，因此，当时的形势十分微妙。

最先动手的，还是北魏部队。

当时刘裕的船队前进，主要是用纤夫，也就是军队中的壮劳力。但是黄河水急，在南岸行进的士兵拉纤，有时候纤绳就会断掉。这个时候，断了纤绳的战船，有可能就会漂到北岸。而漂到北岸的晋军士兵，马上就被北魏士兵杀死了。这事激怒了刘裕，刘裕派兵登岸，但是登岸的士兵太少，也不成体系，北魏部队又是以机动力非常强的骑兵为主，所以解决不了实际问题。

刘裕还是开动脑筋，想出了一个好办法。

沿黄河西进，为什么不把步兵、车兵还有水军的优点全部集于一身，来展开战斗队形呢？

于是，战车一百辆，协同步兵两千人登岸。登岸之后，步兵在内，车兵在外，围成半圆。战车在前，水军在后，在身后形成了强大的保护和支援。刘裕的大军，沿黄河北岸，形成了一个新月形的阵型，人称"却月阵"。这个阵型当然并不只是以防守为主，因为以朱超石为首的将官们，纷纷拿出了强弓利箭。而北魏方面带队的正是长孙嵩，他率领三万人围攻刘裕的"却月阵"。当战情危机的时候，东晋部队则把长矛折成三四尺长的断矛，然后再用大锤发射出去。每一次的发射，都能够贯穿北魏士兵三四个人。在东晋军队这样的杀伤力下，北魏终于停止了进攻。

可能会有人问，能够抵挡骑兵的战车，想来尺寸、重量也不会小，怎么能够随船携带，又怎么能够带得了那么多呢？

这里我们要看一看刘裕的战船——史载："公还东府，大治水军，皆大舰重楼，高者十余丈"（《宋书·本纪·卷一》）。也就是说，刘裕的战船，很多都是"大舰重楼"，而且高达十几丈。这样的战船与其说是战船，不如说是刘裕那个时代的"战车母舰"。

用这样的水军来对付北魏，北魏连想都不敢想。

北魏的司令长官（太尉）长孙嵩知道，这样耗下去也不是办法。于是，只能和刘裕握手言和，无条件同意刘裕借道西征的举动。并且，互相交换了食物，以示友好。（"诏假裕道，裕于舟中望嵩麾盖，遗以酃酒及江南食物，嵩皆送京师。诏嵩厚答之"《魏书·列传·卷十三》）。

北魏借道，晋军将士是用智慧、勇气与鲜血换来的。

气吞万里如虎

就之前发生在关中地区的历次战役来讲，陆路才是双方争夺的主流，然而这并不意味着水路就不重要。黄河的"几"字形大转折，就在崤函地区，因此水路始终是关中争夺战的一个变数。前文提到的李渊起兵就是龙门渡渡河，而三国时候的曹操平定关中，更是从蒲津渡，北渡黄河到达河东，又西出黄河直捣关中，成功地两次渡河而一统关中之地。

这些经典案例，无一例外都是渡河。

那么如果不渡河，有没有办法从黄河逆流而上进入关中呢？

当然可以。我们看图8-4。

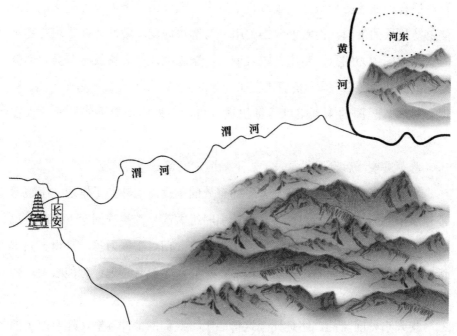

图8-4　黄河、渭河地缘图

沿黄河逆流而上，就可以进入渭河，而渭河则正好流经长安。

从公元 416 年 10 月开始，原以为拿下洛阳，关中也就大局已定的王镇恶，苦苦战斗了十个月，结果到了公元 417 年，依然在崤函通道艰苦奋战，无法从陆路方向上正面进入潼关。其间很多士兵因为觉得胜利无望，已经动了东归的心思，军心士气已经低迷到了崩盘的边缘。反而是王镇恶打发沈林子去支援偏师沈田子，沈家兄弟在武关道打得有声有色。而正面战场的崤函通道，依然坚如磐石，不可撼动。

王镇恶提议，继续用水军进攻。

公元 417 年 8 月，在刘裕的批准之下，王镇恶的部队从潼关布置水军，沿黄河逆水进入渭河，大军直逼长安。

晋军最擅长就是水军，游牧民族最为欠缺的短板，也就是对于水军认识的不足。别说是游牧民族，就算是北方汉人，也未必见过南方汉人最为先进的战船。诡异的事情终于发生了——王镇恶的部队在行进过程中，所乘的船都是蒙冲斗舰。所谓"蒙冲斗舰"就是那种船速极快的狭长小船，这种小船在外面的防护极好，经常是用生牛皮把外面包裹得极为严实。对外能够防敌人的箭矢，而对外攻击则用弓弩解决问题。蒙冲斗舰是东晋那个时代作战的主力船只，当年三国时期的赤壁之战，最后决战时东吴方面就是用蒙冲斗舰冲锋，来对抗曹操连在一起的大船。蒙冲斗舰还有个特点，快速行进时，里面的人划桨以保证快速行进，但外面却看不到里面的人在划桨。

晋军进攻，后秦军队看呆了，不知道这究竟是何方神圣。

发愣的当口，蒙冲斗舰没有受到有效的干扰，就冲到了岸边。王镇恶带领水军下船，然而因为水流湍急，小船绝大部分都被冲到了下游。王镇恶见状大喊："吾属并家在江南，此为长安北门，去家万里，舟楫、衣粮皆已随流。今进战而胜，则功名俱显；不胜，则骸骨不返；无他岐矣。卿等勉之！"（《资治通鉴·晋纪四十》）。

想开小差回家的，还是死了这份心吧。我们的蒙冲斗舰，还有船上的衣服粮食，都已经被水冲走了。要想回家回不去，只能拼死一战！

比蒙冲斗舰问题更加诡异的是，沈田子兄弟偏师，吸引了几乎所有后秦主力。

王镇恶的大军并没有受到太多干扰，以闪电一般的速度占领了长安。后秦皇帝姚泓率领文武百官投降。后秦宣告灭亡，从此退出了历史舞台。

龙兴之地，华夏故都，回归汉人之手。

然而，正当刘裕大军筹划稳定关中，并制定进一步进军方案的时候，一个意外的噩耗传来，刘裕的股肱之臣刘穆之去世，都城建康的主心骨轰然倒塌。在刘裕统帅大军进行北伐的时候，刘穆之以超出常人几倍的精力兢兢业业为刘裕镇守着都城，然而长期的操劳终于让他积劳成疾。

我们翻阅史书的时候，对于刘穆之有如下的记载："宾客辐辏（còu），求诉百端，内外咨禀，盈阶满室，目览辞讼，手答笺书，耳行听受，口并酬应，不相参涉，皆悉赡举。又数客昵宾，言谈赏笑，引日亘时，未尝倦苦。裁有闲暇，自手写书，寻览篇章，校定坟籍。"（《宋书·列传之二》）。这段话翻译成白话文，意思就是刘穆之经常手口眼并用来处理政务。并且经常是事无巨细都要过问，所以大量认识不认识的人，都来找到刘穆之解决问题。即便是闲暇的时候，也要翻阅奏章和校订文字。

其实看到这里，我们已经非常清楚了——刘穆之是过劳而死。

失去了刘穆之的刘裕，心情就如同夷陵之战中全军覆没的刘备。一个刘穆之，不仅仅能够抵得上一支强大的军队，他更是刘裕心中的精神支柱。没有了刘穆之，刘裕再也无心继续自己的北伐事业。因为如果继续北伐的话，万一都城建康有变，那么自己就成了丧家之犬。刘裕越想越害怕，耐不住心中越来越大的哀痛与恐慌，于是刘裕安排自己同样是年仅十岁的儿子刘义真，率领王镇恶等将领留守长安，而刘裕本人则率领主力从关中一线回师建康。

刘裕的想法是，索性将手中权力夯实。大权完全在握之后，再北伐不迟。

然而，让刘裕始料未及的是，他走后不久，长安内乱。沈田子杀掉了王镇恶，雍州长史（雍州刺史幕僚）王修又杀掉了沈田子，刘义真又杀掉了王修。内讧之后的长安城，很快被攻破。

来自北方草原胡夏政权的赫连勃勃，率军进占长安。

长安得而复失，刘裕气吞万里如虎的北伐事业戛然而止。

公元 420 年，刘裕废掉了东晋最后一个皇帝晋恭帝司马德文（晋安帝的弟弟），代晋称帝，改国号为宋，史称宋武帝。

无论从哪个方面讲，刘裕都是一位不错的皇帝。他出身贫寒，作为逆袭的典型案例，在魏晋南北朝门阀士族时代显得颇为难得。刘裕深知民间疾苦，做皇帝之后实行了轻徭薄赋，减轻平民百姓的负担。尤为重要的是，刘裕用北府兵的铁犁实现统一，因此他的政治决策具备天然的彻底性。他对东晋时期已经完全僵化的"九品中正制"进行了改革，要求选拔人才的体制回归到最初的精神内涵，而不是由世家子弟把持官场。因此，大批的寒门子弟得到重用，比如刘穆之、檀道济等人，都是不折不扣的下层出身。

然而，对于这样一位有作为的皇帝而言，最为遗憾的事情就是，他再也没有时间去实现自己一生的抱负——收复华夏旧河山，一统天下。

公元 422 年，宋武帝刘裕驾崩。

留在他身后的，是一个全新的时代——南北朝。

刘邦建立的汉朝，在中国历史上影响极其深远，他所产生的持续效应，让整个华夏民族受用至今。汉人的名字，成为一个民族骄傲的符号。托名汉室之后，成为了很多人的一种精神上的自我激励。

除了西汉、东汉、蜀汉、匈奴刘汉、氐族李汉，后世伪托汉朝的政权也屡见不鲜。比如五代十国的时候，北方刘知远的北汉、南方刘龑的南汉，不管是真是假，似乎只要是和汉朝扯上点儿关系，就能够保证自己政权的合法性。即便是已经过了一千多年，这种近乎宗教式的狂热依然不退烧。

刘氏汉朝，在中国历史上，将永远熠熠生辉。